Rolf Steyer   Michael Eid

Messen und Testen

Unter Mitarbeit von Anne-Kathrin Mayer

Mit 32 Abbildungen und 20 Tabellen

Springer-Verlag

Berlin Heidelberg NewYork
London Paris Tokyo
Hong Kong Barcelona
Budapest

Priv.-Doz. Dr. Rolf Steyer
Dipl.-Psych. Michael Eid

Fachbereich I – Psychologie
Gebäude DM
Universität Trier
54286 Trier

ISBN 3-540-56169-2 Springer-Verlag Berlin Heidelberg New York

Die Deutsche Bibliothek – CIP-Einheitsaufnahme
Steyer, Rolf:
Messen und Testen: mit 20 Tabellen / Rolf Steyer ; Michael Eid. Unter Mitarb. von Anne-Kathrin Mayer. -
Berlin ; Heidelberg ; New York ; London ; Paris ; Tokyo ; Hong Kong ; Barcelona ; Budapest : Springer, 1993
  (Springer-Lehrbuch)
  ISBN 3-540-56169-2
NE: Eid, Michael

Umschlaggestaltung: W. Eisenschink, Heddesheim
Satz: Reproduktionsfähige Vorlage vom Autor
26/3145 – 543210 – Gedruckt auf säurefreiem Papier

Vorwort

Warum ein neues Buch zu diesem Thema? Die Antwort heißt: Es gibt bisher eigentlich kein Buch zu diesem Thema! Entweder behandeln die vorhandenen Bücher die Meßtheorie (z.B. Krantz et al., 1971; Luce et al., 1990; Suppes et al., 1989; Orth, 1974; Roberts, 1979) oder aber die Testtheorie (z.B. Allen & Yen, 1979; Fischer, 1974; Lienert, 1989; Lord & Novick, 1968; Wottawa, 1985). Es hat uns nie eingeleuchtet, daß Messen und Testen etwas völlig anderes sind, so daß eine getrennte Behandlung dieser Themen notwendig wäre. Unserer Meinung nach bezeichnen diese Namen lediglich verschiedene Richtungen und Traditionen, die dasselbe Ziel verfolgen, nämlich Verfahren und Modelle des Messens zu entwickeln, die in den Sozialwissenschaften angewandt werden können. Sowohl die Meß- als auch die Testtheorie befassen sich mit Meßmodellen. Unterschiede bestehen lediglich im empirischen Ausgangspunkt.

Überblick. Das Buch ist in zwei Hauptteile und einen Anhang gegliedert, in dem die mathematischen Grundbegriffe behandelt werden, deren Kenntnis jeweils für die Behandlung der Hauptteile vorausgesetzt wird. Im ersten Kapitel geht es zunächst um eine allgemeine Einführung in die wissenschaftstheoretische Problematik, die mit Messen und Testen zusammenhängt, insbesondere um die Beziehung zwischen Theorie und Empirie sowie um die verschiedenen Begriffsarten.

Kapitel 1:
Wissenschafts-
theoretische
Überlegungen

Teil I:
Repräsentations-
theorie des Messens,
deterministische
Meßmodelle

In Teil I werden einige sehr einfache *deterministische Meßmodelle* mit nominal- und ordinalskalierten theoretischen Größen behandelt. In diesem Teil ist der Text an die Darstellung der Repräsentationstheorie des Messens von Suppes und Zinnes (1963) angelehnt. Von einer ausführlichen Darstellung komplizierterer deterministischer Meßmodelle haben wir abgesehen. Zum einen sind sie für ein Einführungsbuch zu komplex, und zum anderen finden sie — im Gegensatz zu stochastischen Meßmodellen, die in der Tradition der psychometrischen Testtheorie entwickelt wurden — in den empirischen Wissenschaften nur wenig Anwendungen. Eine Orientierungshilfe zu den nicht behandelten Modellen versuchen wir in Kap. 8 zu geben, mit dem wir den Teil über deterministische Meßmodelle abschließen. Für ausführliche Darstellungen sei der interessierte Leser auf die dreibändige Darstellung der Repräsentationstheorie durch Krantz et al. (1971), Luce et al. (1990), Suppes et al. (1989), die Handbuchartikel von Orth (1983) sowie Suppes und Zinnes (1963) und das Lehrbuch von Roberts (1979) verwiesen.

Teil II:
Stochastische
Meßmodelle

In Teil II werden drei der bekanntesten *stochastischen Meßmodelle* behandelt. Dazu gehören das Modell essentiell τ-äquivalenter Variablen, das Modell τ-kongenerischer Variablen und das Rasch-Modell. Die ersten beiden werden der *Klassischen psychometrischen Testtheorie* (KTT) zugeordnet, das dritte der *Probabilistischen Testtheorie*, für die im englischsprachigen Raum die zutreffendere Bezeichnung *Item-Response-Theorie* verwendet wird. Bei der Darstellung dieser Modelle lassen wir die eher technischen statistischen Fragen der Parameterschätzung und Hypothesentestung so weit wie möglich außer acht.

Schlußkapitel:
Ausblick

Im *Schlußkapitel* fassen wir den behandelten Stoff zusammen, geben einige Hinweise auf das, was nicht behandelt wurde, und ordnen den behandelten Stoff in die anderen Teilgebiete der Methodenlehre ein.

Anhang:
Mathematische
Grundbegriffe

Um Meßmodelle — und damit die formale Struktur eines Begriffs einer empirischen Theorie — präzise formulieren zu können, braucht man eine formale Sprache. Dies ermöglicht oder erleichtert logische Ableitungen, z.B. bei der Untersuchung, ob der Begriff und damit die Theorie, in denen der betreffende Begriff vorkommt, logisch widerspruchsfrei ist. In der Regel handelt es sich bei dieser formalen Sprache um Teile der Logik und Mathematik. In den Kapiteln des *Anhangs* werden die notwendigen Grundbegriffe eingeführt.

Für den
geduldigen Leser

Hinweise zum Lesen. Wir empfehlen zum Studium dieses Buchs die folgende Reihenfolge:

- Kap. 1 (Einführung),
- Anhänge A – D (Logik, Mengen, Relationen, Abbildungen),
- Teil I (Deterministische Meßmodelle; Kap. 2 – 8),
- Anhänge E – G (Wahrscheinlichkeit, Zufallsvariablen, Regression),
- Teil II (Stochastische Meßmodelle; Kap. 9 – 18),
- Kap. 19 (Ausblick).

Für den weniger
geduldigen Leser

Alle Kapitel, die mit „Vertiefung ... " beginnen, können beim ersten Lesen ausgelassen werden, ohne daß dadurch das Verständnis der nachfolgenden Kapitel allzu sehr leidet. Dies gilt auch für die Kapitel 13 – 15 zum Modell τ-kongenerischer Variablen.

Exemplarische
Darstellung!

Ein Blick auf das Inhaltsverzeichnis zeigt, daß wir eine exemplarische, aber gründliche Darstellung relativ weniger Modelle gegenüber einer breiten und notwendigerweise oberflächlicheren Behandlung möglichst vieler Meßmodelle vorgezogen haben. Mit der von uns gewählten Darstellung der verschiedenen Modelle in jeweils drei Kapiteln (Einführung, Anwendung, Vertiefung) hoffen wir, sowohl dem Neuling als auch dem Fortgeschrittenen etwas bieten zu können. Die Einführungs- und Anwendungskapitel können für einen ersten Kurs oder begleitend zu einer ersten Vorlesung verwendet werden. Die Vertiefungskapitel sind für besonders interessierte Studierende und für ein entsprechendes Seminar gedacht. Ohne Studium der Kapitel des Anhangs über die entsprechenden mathematischen Grundbegriffe dürften diese Vertiefungskapitel nur schwer verständlich sein.

Einordnung
in die Literatur

Für diejenigen, die mit dem in diesem Buch behandelten Teilgebiet der Methodenlehre vertraut sind, noch einige Bemerkungen: In der Tradition der *Repräsentationstheorie des Messens* geht man davon aus, daß sich in experimentellen Untersuchungen empirische Relationen zwischen

Meßobjekten herstellen lassen. So kann man z.B. mit dem Verfahren des Paarvergleichs eine Äquivalenz- und eine Ordnungsrelation hinsichtlich der Lautheitsempfindung herstellen. Darauf aufbauend können dann theoretische Funktionen eingeführt werden, falls die Ausgangsrelationen bestimmte Eigenschaften (wie z.B. Symmetrie, Transitivität etc.) aufweisen. In der Tradition der *psychometrischen Testtheorie* dagegen ist die adäquate Beobachtungsbasis das Antwortverhalten von Personen auf die Items des vorgelegten Testverfahrens oder Fragebogens. Unterschiede in den Gegenstandsbereichen scheinen die Unterschiede in der Wahl der Beobachtungsbasis zu bedingen. Auf einer abstrakten Ebene ist das Ziel jedoch identisch: Meßobjekte durch Zuordnung von Meßwerten zu charakterisieren, um damit quantitative Gesetzmäßigkeiten formulieren zu können.

Ziel von Meßmodellen

Tatsächlich wird in den Vertiefungskapiteln dieses Buchs gezeigt, daß bei allen behandelten Modellen — sowohl bei denjenigen, die aus der Repräsentationstheorie stammen, als auch bei jenen, die der Testtheorie zuzuordnen sind — die gleichen allgemeinen Probleme zu lösen sind. In allen hier behandelten Meßmodellen werden Annahmen formuliert, aus denen die Existenz einer oder mehrerer theoretischer Größen abgeleitet werden kann (*Repräsentations-* oder *Existenzsatz*). Deren Eindeutigkeit — und damit ihr Skalenniveau — wird dann im *Eindeutigkeitssatz* angegeben. Daraus läßt sich wiederum ableiten, für welche Aussagen gilt, daß ihr Wahrheitswert unter den zulässigen Transformationen invariant ist (*Bedeutsamkeitssatz*). Darüber hinaus kann man insbesondere bei stochastischen Meßmodellen untersuchen, wie die Annahmen empirisch überprüft werden können (*Testbarkeitssatz*) und wie man die theoretischen Größen auf nichttheoretische Größen zurückführen kann (*Identifizierbarkeitssatz*). Die in diesen Sätzen behandelten Fragen liefern auch die Gliederungspunkte bei den Vertiefungskapiteln.

Die allgemeinen Probleme, die in einem Meßmodell zu lösen sind

Die genannten allgemeinen Probleme wurden bisher bei den Modellen der Testtheorie weitgehend vernachlässigt. Lediglich in der *Probabilistischen psychometrischen Testtheorie* spielen sie in der Literatur eine gewisse Rolle (Colonius, 1980, 1982; Fischer, 1987; Hamerle, 1982; Hamerle & Tutz, 1980). Daß sie auch für Modelle der *Klassischen psychometrischen Testtheorie* relevant sind, wurde u.W. erstmals von Steyer (1989) gezeigt, der auch bereits auf die Ähnlichkeit in der formalen Struktur dieser Modelle hingewiesen hat. Ein Vergleich der Vertiefungskapitel zum Modell essentiell τ-äquivalenter Variablen bzw. zum Rasch-Modell macht die Gemeinsamkeiten dieser Modelle deutlich.

Danksagung. Beim Schreiben dieses Buchs haben wir viel von den Rückmeldungen der Studierenden profitiert, sowohl in den Vorlesungen selbst als auch zu den ersten schriftlichen Versionen. Besonderer Dank gilt Uwe Fischer, Ibolya Kállai, Heinrich Paessens, Heiko Rabenberg, Klaus Rothermund, Thomas Schmitt, Walter Stamm und Ulvi Suda. Die Kollegen K. Christoph Klauer, Hans Müller und Jürgen Rost haben uns einige wichtige Hinweise, insbesondere zum Rasch-Modell gegeben. Wertvolle Hilfe und Tips zur Textverarbeitung haben wir von Bernhard Baltes-Götz, Holger Möller, Christine Telser und Cathrin Fuchs erhalten. Antje Emmermann war uns bei der Erstellung der Abbildungen behilflich. Rita Schulz und Christine Telser halfen bei der Erstellung des Namen- und des Sachverzeichnisses. Andrea Geiß, Hans Müller, Peter Notz und Katharina Schmidt haben das Buch mit großer Sorgfalt korrekturgelesen, zur sprachlichen Verbesserung und Ausmerzung von Fehlern beigetragen. Anne-Kathrin Mayer sind wir in besonderer Weise zu Dank verpflichtet. Ohne ihre engagierte Mitarbeit und ihre Verbesserungsvorschläge hätte das Buch nicht in der vorliegenden Form erscheinen können. Wir hoffen, daß wir für weitere Auflagen auch von den Verbesserungsvorschlägen der Leserinnen und Leser profitieren können.

Trier, im Frühjahr 1993   Rolf Steyer · Michael Eid

Inhaltsverzeichnis

Symbole

Die folgenden Symbole erleichtern das Auffinden bestimmter Abschnitte innerhalb eines Kapitels.

Fragen. In diesem Abschnitt sind Fragen formuliert, deren Bearbeitung der Lernzielkontrolle dienen.

Antworten. In diesem Abschnitt sind die Antworten auf die Lernzielkontrollfragen formuliert.

Übungen. In diesem Abschnitt sind Übungen formuliert, die ebenfalls der Lernzielkontrolle dienen und das Erlernte festigen sollen.

Lösungen. In diesem Abschnitt sind die Lösungen zu den Übungen formuliert. Hier kann man feststellen, inwieweit die eigenen Lösungen zu den Übungen korrekt sind.

Weiterführende Literatur. Hier werden einige weiterführende Literaturhinweise gegeben.

1 Einführung

Phasen im
Forschungsprozeß
Forschung in einer empirischen Wissenschaft ist ein Prozeß, in dem sich mindestens
2 Phasen unterscheiden lassen, die immer wieder durchlaufen werden und einander
ablösen: Einer *empirischen Phase*, in der man Beobachtungen macht, folgt eine
theoretische Phase, in der Erwartungen und Hypothesen gebildet werden. Diese überprüft man wieder an neuen Beobachtungen, was u.U. Anlaß zu einer Revision der
Hypothesen gibt, usw. Während anfänglich sowohl in der Phase der Theorienbildung
als auch bei der empirischen Überprüfung intuitives und heuristisches Vorgehen
überwiegt, werden mit zunehmender Entwicklung eines Forschungsgebiets Präzisie-
rungen wichtig. Zum einen möchte man innerhalb der Theorie logische Widersprüche
vermeiden, und zum anderen will man wissen, ob sich aus der Theorie bestimmte
Aussagen über die Empirie *logisch ableiten* lassen. Nur wenn dies der Fall ist, besteht
eine logische Notwendigkeit, die Theorie zu verwerfen oder zu revidieren, falls sich
die aus der Theorie abgeleiteten Aussagen in der Empirie als unhaltbar erweisen
(s. das Falsifizierbarkeitskonzept von Popper, 1934/1984). Während sich in vielen
Phasen des Forschungsprozesses, insbesondere bei der Theorien*bildung*, induktives
und heuristisches Vorgehen als notwendig erweisen, gilt die deduktive Logik in der
Phase der Theorienprüfung als besonders nützlich, denn nur sie erlaubt es, Aussagen
— z.B. über die Empirie — so abzuleiten, daß sie wahr sein *müssen*, wenn bestimmte
andere Aussagen — die theoretischen Annahmen — wahr sind (s. Westermann & Gerjets, in Druck). Dies wiederum ist eine notwendige Voraussetzung für die Falsifizierbarkeit theoretischer Aussagen.

Aufgaben von
Meßmodellen
Die in diesem Buch behandelten Meßmodelle erfüllen in einer empirischen Wissenschaft mehrere Aufgaben: Sie explizieren die zu einem bestimmten Zeitpunkt im Forschungsprozeß angenommene *Verknüpfung von Theorie und Empirie* sowie die *logische Struktur* des jeweils betrachteten *theoretischen Begriffs*, die sich u.a. in der
Unterscheidung zwischen klassifikatorischen, komparatorischen und metrischen Be-
griffen ausdrückt. Ein wichtiger Aspekt bei der Verknüpfung von Theorie und Empirie ist der *Übergang von qualitativen Beobachtungen zu quantitativen theoretischen
Größen*. Besondere Rollen bei sozialwissenschaftlichen Meßmodellen spielen das
Meßfehlerproblem und das *Problem situationaler Effekte* bei Messungen. Meßmodelle
können zwar diese Probleme nicht beseitigen, aber doch wenigstens dazu dienen, das
Ausmaß der Meßfehlerbehaftetheit und situationaler Effekte abzuschätzen und durch
Einbeziehung dieser Effekte in die Meßmodelle verfälschende Einflüsse zu eliminie-
ren. Diese Punkte sollen nun näher erläutert werden.

1.1 Das Überbrückungsproblem

In den Humanwissenschaften wie Psychologie und Soziologie sowie in Teilen der Wirtschaftswissenschaften verstehen sich viele Forscher als *empirische* Wissenschaftler. Neben dem Kriterium der logischen Widerspruchsfreiheit ist für sie die *Erfahrung* oder *Empirie* das wesentliche Korrektiv für Theorien. Die Theorien einer empirischen Wissenschaft müssen also etwas über unsere Erfahrung aussagen und an ihr überprüfbar sein. Damit stellt sich das Problem der Verknüpfung von Theorie und Empirie, das für empirische Theorien von zentraler Bedeutung ist. Viele Autoren sprechen hier vom Problem der Operationalisierung (s. z.B. Gadenne, in Druck; Hager, 1987). Wir ziehen hier jedoch den weniger belasteten Ausdruck *Überbrückungsproblem* vor: Wie kann man die Kluft überbrücken, die sich zwischen Theorie und Empirie auftut? Wie kann man eine empirische Theorie und die darin vorkommenden theoretischen Begriffe mit Beobachtbarem verknüpfen? Ohne eine solche Verknüpfung wäre die betreffende Theorie nicht empirisch, d.h. sie würde nichts über die beobachtbare Realität aussagen.

1. Aufgabe von Meßmodellen: Überbrückung der Kluft zwischen Theorie und Empirie

Wie könnte man beispielsweise untersuchen, ob die Bleibelastung der Umwelt die Intelligenz unserer Kinder beeinflußt, wenn nicht der theoretische Begriff „Intelligenz" mit Beobachtbarem verknüpft wäre? Oder wie könnte man herausfinden, ob häufiges Fernsehen zu höherer Aggressivität führt, wenn nicht die Beziehung zwischen dem theoretischen Begriff „Aggressivität" und beobachtbaren Sachverhalten hergestellt wäre? Oder wie könnte man untersuchen, durch welche Maßnahmen die Ängstlichkeit eines Klienten vermindert werden kann, wenn nicht der theoretische Begriff „Ängstlichkeit" empirisch verankert wäre?

Beispiele

In den frühen Entwicklungsphasen eines Forschungsgebiets begnügt man sich in der Regel mit Plausibilitätsüberlegungen, um Theorie und Empirie miteinander zu verknüpfen. Diese führen dann zu sog. *Operationalisierungen*, in denen die theoretischen Begriffe versuchsweise und ad hoc für die jeweilige empirische Untersuchung relativ willkürlich mit beobachtbaren Begriffen — z.B. Testwerten oder experimentellen Bedingungen — gleichgesetzt werden. Diese Gleichsetzung hat explizit nur vorläufigen Charakter. Ein solches Vorgehen ist in diesen Phasen durchaus vernünftig, da u.U. auch bei diesem vereinfachenden Vorgehen inhaltlich interessante Phänomene entdeckt werden können. Während bei der Entdeckung eines neuen Gebiets oft grobe Skizzen genügen, um zu den interessanten Stellen zu gelangen, sind spätestens bei seiner Erschließung und Kultivierung mehr Präzision und weniger Willkür bei der Überbrückung von Theorie und Empirie erforderlich.

Operationali- sierung

1.1.1 Beispiel

Hat man z.B. die Hypothese, daß Frustration zu Aggression führt, so sagt dies so lange nichts über die Realität aus, wie die theoretischen Begriffe „Frustration" und „Aggression" nicht mit beobachtbaren oder erfahrbaren Ereignissen bzw. Sachverhalten in Beziehung gesetzt werden. Zwar können wir *intuitiv* aus den jeweils gegebenen situativen Bedingungen und dem Verhalten auf das Vorhandensein von Frustration bzw. Aggression schließen, es ist aber offensichtlich, daß ein solcher Schluß mit einer gewissen Unsicherheit verbunden ist. Personen haben im allgemeinen unterschiedliche Vorstellungen darüber, nach welchen Kriterien eine Einstufung des psychischen Zustands von Menschen als frustriert oder aggressiv vorgenommen werden kann. Bezeichnet Aggression beispielsweise nur offen feindseliges *Handeln*, oder rechtfertigt schon die Wahrnehmung von Veränderungen im *Ausdruck* diese Begriffsverwendung? Oder sollte von Aggression schon dann gesprochen werden, wenn sich bestimmte *physiologische Veränderungen* feststellen lassen? Wird eine Person als frustriert beschrieben, wenn sie spezifische Verhaltensweisen zeigt, oder fällt ein Beobachter sein Urteil, indem er davon ausgeht, wie er selbst die situativen Bedingungen erleben würde?

Beispiel für unscharfe umgangssprachliche Begriffe

Es liegt auf der Hand, daß ohne eine explizite Verknüpfung der theoretischen Begriffe mit beobachtbaren Sachverhalten auch keine *logischen* Rückschlüsse von der Empirie auf die Theorie vorgenommen werden können. Allenfalls sind dann Plausibilitätsschlüsse möglich, wie wir sie auch im Alltag verwenden. Denjenigen, denen letzteres unbefriedigend erscheint, könnte die Thematik dieses Buches interessieren. Es geht also um die präzise Verknüpfung von Theorie und Empirie.

1.1.2 Meßmodelle

In einer entwickelten *empirischen* Wissenschaft explizieren Meßmodelle die logische Struktur des theoretischen Begriffs und seine Verknüpfung mit empirischen Begriffen. Neben den in Anwendungen verwendeten *Meßinstrumenten* sind Meßmodelle und nicht die sprachlichen Konnotationen *bedeutungskonstituierend* für einen theoretischen Begriff einer empirischen Wissenschaft. Nach unseren obigen Überlegungen wird in einem Meßmodell, dessen Gegenstand die Verknüpfung von theoretischen und empirischen Begriffen ist, ein Begriff einer empirischen Theorie erst *definiert*. Die Bedeutung eines wissenschaftlichen theoretischen Begriffs (z.B. „Intelligenz"), zu dem dann auch empirische Untersuchungen durchgeführt werden können, kommt also nicht aus dem Namen und nicht aus seiner umgangssprachlichen Beschreibung, sondern aus den Items des Intelligenztests und dem Meßmodell, das die Beziehung zwischen den Antworten auf die Items und der theoretischen Größe „Intelligenz" angibt. Auch wenn die Items aufgrund eines theoretischen und intuitiven Vorverständnisses formuliert und ausgewählt werden, bleibt festzuhalten, daß nicht dieses Vorverständnis, sondern die gewählten Items zusammen mit dem Meßmodell die Bedeutung des wissenschaftlichen theoretischen Begriffs ausmachen. Wissenschaftliche Begriffe sind *Termini technici*, was man insbesondere dann nicht vergessen darf, wenn die Namen der wissenschaftlichen und der umgangssprachlichen Begriffe identisch sind. Inwieweit eine Übereinstimmung zwischen der Bedeutung des umgangssprachlichen Begriffs und der des wissenschaftlichen Begriffs vorliegt und wo die Begriffsbedeutungen divergieren, ist für jeden Fall neu zu prüfen.

Bedeutungskonstituenten eines theoretischen Begriffs in der empirischen Wissenschaft

Wissenschaftliche versus umgangssprachliche Begriffe

Die damit angedeutete Auffassung steht im Widerspruch zu einer in den empirischen Wissenschaften weit verbreiteten Grundhaltung, daß Konstrukte wie „Intelligenz" oder „Ängstlichkeit" bereits vorhanden sind und daß die damit bezeichneten Eigenschaften nur noch gemessen werden müssen. Menschen besitzen dieser Auffassung zufolge eine Eigenschaft „Intelligenz", die durch bestimmte Verhaltensweisen in bestimmten Situationen eindeutig definiert ist. Aufgabe des Wissenschaftlers ist es dann nur, diese Verhaltensweisen „aufzufinden" und Verfahren zu ihrer Erfassung zu entwickeln.

Theoretische Konstrukte messen oder konstruieren?

Diese Auffassung ist insofern richtig, als Begriffe wie „Intelligenz" in der Umgangssprache bereits vorhanden sind und bei deren individuellem Erwerb nur noch erlernt werden müssen. Unseren obigen Überlegungen zufolge gilt jedoch für die *Wissenschaft*, daß theoretische Konstrukte nicht einfach nur gemessen, sondern zunächst erst einmal neu definiert werden müssen. Sie sind nicht einfach da und müssen nur beobachtbar gemacht werden, sondern sind, aufbauend auf Beobachtbarem, erst einmal zu konstruieren. Nur so ist u.E. eine präzise Definition und Verknüpfung mit der Empirie zu gewährleisten. Dabei kann man sicherlich aus der „Weisheit der Sprache" lernen, indem man sich am umgangssprachlichen Verständnis orientiert (vgl. Brandtstädter, 1982, 1984, 1987; Reisenzein, 1984). Allerdings ist die Umgangssprache oft vieldeutig und kontextabhängig. In der Regel sind daher *wissenschaftliche* theoretische Begriffe explizit neu zu konstruieren. In entwickelten Forschungsgebieten werden sich diese wissenschaftlichen Begriffe dann zwangsläufig von den ursprünglichen umgangssprachlichen Begriffen unterscheiden, was natürlich zu erheblichen Mißverständnissen zwischen Wissenschaftler und Laien führen kann.

Teilaufgabe: Übergang von qualitativen zu quantitativen Größen explizieren

Bei vielen Meßmodellen sind die empirischen Beobachtungen qualitativer Art, z.B. ob eine Aufgabe gelöst wurde oder nicht. Ein Meßmodell kann dann den *Übergang zu metrischen theoretischen Größen* begründen, indem es die Beziehung zwischen dieser Größe und der qualitativen Beobachtung spezifiziert. Als Beispiel ist hier das *Rasch-Modell* zu nennen, in dem eine bestimmte gesetzmäßige Beziehung zwischen der Ausprägung der *Fähigkeit* einer Person, der *Schwierigkeit* der betrachteten Aufgabe und der Wahrscheinlichkeit der Person, diese Aufgabe zu lösen, formuliert wird (s. Kap. 16 – 18).

1.2 Logische Struktur eines Begriffs

2. Aufgabe von Meßmodellen: Explikation der logischen Stuktur eines theoretischen Begriffs

Oben wurde als Zweck von Meßmodellen die Verbindung von Theorie und Empirie genannt. Ein zweites Ziel, das mit Meßmodellen erreichen werden kann, ist die *Explikation der logischen Struktur* der Begriffe empirischer Wissenschaften. Daß auch dieses Ziel von erheblicher Bedeutung ist, ist leicht einzusehen, wenn man die verschiedenen Arten wissenschaftlicher Begriffe betrachtet: *klassifikatorische*, *komparatorische* und *metrische* Begriffe. Gibt es beispielsweise der Theorie zufolge nur 2 Ausprägungen von Frustration, z.B. vorhanden versus nicht vorhanden (klassifikatorischer Begriff mit 2 Klassen)? Oder gibt es viele Ausprägungen, bei denen es Sinn macht, davon zu sprechen, daß eine Person u_1 frustrierter ist als eine Person u_2 (komparatorischer Begriff)? Oder können wir gar in sinnvoller Weise von Frustration im Sinne eines metrischen Begriffs sprechen? Ein solcher metrischer Begriff der Frustration muß vorliegen, wenn es eine sinnvolle Aussage sein soll, daß der Unterschied in der Frustration der Personen u_1 und u_2 größer ist als der Unterschied in der Frustration von u_3 und u_4.

In den frühen Stadien der Entwicklung eines Forschungsgebiets dürften die meisten der verwendeten theoretischen Begriffe klassifikatorisch oder komparatorisch sein, was man in der Regel aus der Art ihrer Verwendung schließen muß. Oft ist die Verwendung jedoch uneinheitlich und widersprüchlich. Sobald dies als störend empfunden wird, ist es Zeit, mit entsprechenden Meßmodellen mehr Präzision herzustellen.

Die 3 Begriffsarten

Mit Hilfe *klassifikatorischer Begriffe* kann eine Objektmenge in 2 oder mehr disjunkte Klassen eingeteilt werden, d.h. in Klassen, die keine gemeinsamen Elemente haben. Wir können z.B. Menschen nach ihrem Geschlecht in die beiden Klassen „männlich" und „weiblich" einteilen. Diese beiden Klassen sind disjunkt, da ein Mensch entweder männlich oder weiblich ist, d.h. genau einer Klasse zugeordnet ist. Ein weiteres Beispiel für einen klassifikatorischen Begriff ist die Galensche Typologie „Melancholiker, Choleriker, Phlegmatiker und Sanguiniker".

Komparatorische Begriffe ermöglichen es, Objekte hinsichtlich einer Eigenschaft mit anderen Objekten zu vergleichen. Ein Beispiel ist die Härteskala für Mineralien. Diese können in eine Rangreihe der Härte gebracht werden, wobei das entscheidende Kriterium ist, daß mit dem härteren Mineral das weichere eingeritzt werden kann.

Unterschiede im Grad der Eindeutigkeit metrischer Begriffe

Metrische Begriffe erlauben feinere Unterscheidungen, als dies bei klassifikatorischen und komparatorischen Begriffen der Fall ist. „Länge", „Volumen", „Wahrscheinlichkeit", aber auch die meisten Begriffe der Differentiellen Psychologie, wie „Neurotizismus", „Intelligenz", „Ängstlichkeit", können als metrische Begriffe definiert werden. Dabei ist zu beachten, daß es innerhalb der Klasse der metrischen Begriffe wichtige Unterschiede gibt. Der Begriff der „Anzahl" (z.B. der Elemente einer endlichen Menge) ist beispielsweise völlig eindeutig definiert, d.h. die Anzahl der Elemente einer Menge kann nur durch eine einzige Zahl angegeben werden. Die „Länge" eines Objekts dagegen kann man durch mehrere Zahlen angeben, z.B. die Länge in Metern, die Länge in Fuß oder die Länge in Zoll. In diesem Sinn ist der Begriff der Länge also nicht völlig eindeutig definiert, da ein und dieselbe Länge durch viele verschiedene Zahlen charakterisiert werden kann. Diesen Sachverhalt werden wir in den späteren Kapiteln unter den Stichworten *Eindeutigkeit* und *Skalenniveau* ausführlicher behandeln und dabei feststellen, daß sich auch die 3 genannten Begriffsarten im Grad ihrer Eindeutigkeit unterscheiden.

1.3 Meßfehler und situationale Spezifität

Ein drittes Ziel, das man mit Meßmodellen erreichen kann, ist, Wissen darüber zu erlangen, in welchem Ausmaß Meßwerte *fehlerbehaftet* sind. Angenommen, wir wollen aufgrund eines Testergebnisses Aussagen über eine bestimmte Persönlichkeitseigenschaft der getesteten Person machen. Würden wir nun den Test mehrmals vorlegen, dann würden wir feststellen, daß die Person bei der ersten Vorgabe andere Antworten auf dem Persönlichkeitsfragebogen gibt als bei der zweiten oder dritten Vorgabe. Auch bei der Verrechnung der Antworten zu einem Testwert würden wir in der Regel feststellen, daß der resultierende Testwert bei jeder Meßgelegenheit ein anderer wäre. Demnach müßten wir dann auch verschiedene Aussagen über die betreffende

Persönlichkeitseigenschaft der Person machen, je nachdem, ob wir das Ergebnis bei der ersten, zweiten oder dritten Meßgelegenheit betrachten.

Zur Erklärung des Sachverhalts, daß die Testwerte der Person bei jeder der 3 Meßgelegenheiten anders ausfallen, sind prinzipiell 3 Möglichkeiten denkbar:

- Die zu messende Eigenschaft verändert sich zwischen den Messungen.
- Die Unterschiede kommen durch Meßfehler zustande.
- Sowohl Meßfehler als auch Veränderungen der Eigenschaft sind für die Unterschiede verantwortlich.

Beim ersten Punkt wird angenommen, daß ein eventueller Meßfehler vernachlässigbar ist. Nur diese erste Erklärungsmöglichkeit hat man in *deterministischen Meßmodellen* (s. Teil I), deren Anwendung daher in den Sozialwissenschaften nicht ganz unproblematisch ist.

3. Aufgabe von Meßmodellen: Ausmaß der Fehlerbehaftetheit von Messungen angeben

Meßfehler. Bei den letzten beiden Erklärungsmöglichkeiten dagegen wird vorausgesetzt, daß sich der beobachtete Testwert aus einem Meßfehler und einem Wert zusammensetzt, der die tatsächliche Eigenschaft der Person repräsentiert (s. Kap. 9). Im allgemeinen müssen wir davon ausgehen, daß der jeweilige Testwert der Person bei der Vorgabe des Tests mit einem Meßfehler behaftet ist und daß für jede Person ein „wahrer" Testwert existiert, d.h. ein Testwert, der nicht mit einem Meßfehler behaftet ist. Stochastische Meßmodelle (s. Teil II) dienen u.a. dazu, abzuschätzen, wie groß der Meßfehler ist, mit dem man bei einer Messung rechnen muß, aber auch dazu, die dadurch möglichen Verfälschungen zu kontrollieren.

Das Meßfehlerproblem ist eines der zentralen Probleme der empirischen Sozialwissenschaften. Es ist nicht auf Messungen mit Tests beschränkt. Bei jeder Beobachtung und Beurteilung von Objekten muß prinzipiell mit Meßfehlern gerechnet werden, falls man sich nicht auf die einfache Registrierung beobachtbarer Sachverhalte beschränken will, sondern mit der Beobachtung die zugrundeliegende Eigenschaft bzw. den zu erschließenden Zustand des betrachteten Objekts erfassen will.

4. Aufgabe von Meßmodellen: Ausmaß situativ bedingter Effekte angeben

Situationale Spezifität. Neben dem Meßfehlerproblem erschweren auch Veränderung und Variabilität der zu messenden Eigenschaften und Zustände von Personen das Messen in den Sozialwissenschaften. Das entsprechende gilt auch für die Messung anderer Objekte, z.B. Gruppen oder soziale Institutionen. So müssen wir bei Messungen stets damit rechnen, daß die situativen Bedingungen, unter denen wir beispielsweise eine Person testen, einen Einfluß auf den resultierenden Testwert haben. *Psychologische Messungen finden also nie in einem situationalen Vakuum statt.* Daher ist es wichtig abzuschätzen, welcher Anteil eines Testwerts auf Meßfehler, welcher Anteil auf die Besonderheit der Situation, in der der Test vorgelegt wird, welcher auf die zu messende überdauernde Eigenschaft des betrachteten Objekts und welcher auf die Interaktion zwischen dem Objekt und der Situation zurückgeht. Am Beispiel eines beobachteten Ängstlichkeitswertes formuliert heißt das, in welchem Ausmaß ist der Wert determiniert:

- durch die Ängstlichkeit der Person als überdauernde *Personeigenschaft*,
- durch die *Situation*, in der der Angstwert erhoben wurde (z.B. eine bevorstehende Prüfung),

- durch die *Interaktion* zwischen Person und Situation und
- durch den *Meßfehler*?

Entsprechende Fragen kann man auch bei der Messung von (sozialen) Einstellungen aufwerfen: Inwieweit kommt der beobachtete Wert auf einer Einstellungsskala durch die Einstellung der betreffenden Person als überdauernde Personeigenschaft zustande, wie stark beeinflußt die Situation, in der die Messung vorgenommen wird, das Ergebnis (Effekte des Gruppendrucks oder politischer Tagesereignisse), inwieweit spielen Interaktionen eine Rolle, und wie stark ist der beobachtete Wert meßfehlerbehaftet?

Während für das Meßfehlerproblem schon seit einigen Jahrzehnten Lösungen existieren, gibt es erst in jüngster Zeit befriedigende Lösungsmöglichkeiten für das Problem der situationalen Spezifität von Messungen (s. z.B. Steyer, 1987, 1988; Steyer & Schmitt, 1990a; Steyer et al., 1992). Allerdings handelt es sich bei diesen Modellen bereits um mehrdimensionale Meßmodelle, die den Rahmen dieses einführenden Lehrbuchs sprengen.

1.4 Zusammenfassung

In wissenschaftlichen Theorien kann man zwischen theoretischen und empirischen Begriffen unterscheiden. Damit stellt sich das Problem der Überbrückung zwischen den beiden Begriffsarten, das in entwickelten Forschungsgebieten mit Hilfe von Meßmodellen gelöst wird. In einem Meßmodell wird also die logische Struktur expliziert, die zur Überbrückung zwischen Theorie und Empirie dient. Hinter den rein technologisch erscheinenden Fragen des Messens und Testens verbirgt sich damit eines der zentralen wissenschaftstheoretischen Probleme der empirischen Wissenschaften.

Zur praktischen Relevanz von Meßmodellen

Neben diesen eher forschungsorientierten Fragestellungen ist aber auch der praktisch tätige Psychologe mit Fragen konfrontiert, die sich nur durch den Rückgriff auf ein Meßmodell beantworten lassen: Wie groß ist der Meßfehler, mit dem der beobachtete IQ meines Klienten behaftet ist? In welchem Ausmaß muß ich damit rechnen, daß der Depressionswert meines Klienten auch von der Situation beeinflußt ist, in der der Test vorgelegt wurde? Wie kann ich einen Einstellungs-, Persönlichkeits-, Befindlichkeits- oder Fähigkeitstest entwickeln? Welches sind die dabei anzustrebenden Gütekriterien? Auch hier erfordern verantwortliches Handeln und Entscheiden in der Regel wissenschaftlich fundierte Meßmodelle.

Zur wissenschafts- theoretischen Relevanz von Meßmodellen

Auch wenn es in frühen Stadien der Entwicklung eines Forschungsgebiets vernünftig sein kann, die Verknüpfung von Theorie und Empirie *ad hoc* durch Operationalisierungen herzustellen, bleibt festzuhalten, daß die dabei auftretenden Ungereimtheiten erst durch präzise Meßmodelle beseitigt werden können. Dabei wird nicht nur die Beziehung zwischen Theorie und Empirie expliziert, sondern auch die logische Struktur der theoretischen Begriffe selbst geklärt. Erst wenn ein Meßmodell expliziert ist, wird es möglich, logische Widersprüchlichkeiten in der Theorie selbst, aber auch

Box 1.1. Die wichtigsten Ziele von Meßmodellen

Überbrückung von Theorie und Empirie	Wie kann man theoretische Betriffe (z.B. Ängstlichkeit) und empirische Begriffe (Antwortmuster in einem Test) miteinander verbinden?
Explikation der logischen Struktur eines theoretischen Begriffs	In welchem Kontext ist die Verwendung des Begriffs überhaupt erlaubt? Handelt es sich um einen klassifikatorischen, einen komparatorischen oder einen metrischen Begriff?
Einbeziehung des Meßfehlers in das Modell	Wie wirken sich Meßfehler auf die beobachteten Werte aus? Wie stark ist ihr Einfluß, d.h. wie zuverlässig sind die beobachteten Meßwerte?
Einbeziehung situationaler Effekte in das Modell	Wie wirken sich situationale Effekte auf die beobachteten Werte aus? Wie stark ist ihr Einfluß, d.h. wie stabil sind die beobachteten Meßwerte?

zwischen Theorie und Empirie zu entdecken. Dies ist wiederum eine notwendige Voraussetzung für die Falsifizierbarkeit einer Theorie. Der Stellenwert von Meßmodellen dürfte nach den obigen Ausführungen auf der Hand liegen. Ohne eine Verknüpfung ihrer theoretischen Begriffe mit Beobachtbarem wären Disziplinen wie z.B. Psychologie, Soziologie, Wirtschaftswissenschaften, Biologie und Medizin keine empirischen Wissenschaften.

Fragen

1. Worin besteht das Überbrückungsproblem der empirischen Wissenschaften?
2. Welche Probleme gibt es bei umgangssprachlichen Begriffen wie z.B. Angst (s. die Diskussion der entsprechenden Probleme mit dem Begriff Frustration)?
3. Was versteht man unter dem Meßfehlerproblem?
4. Was versteht man unter dem Problem situationaler Spezifität?
5. Welcher der beiden folgenden Begriffe ist eindeutiger definiert als der andere, und in welchem Sinn: Anzahl der Elemente einer Menge, Länge eines Gegenstands?
6. In welcher Beziehung stehen die Begriffe der Umgangssprache und die theoretischen Begriffe einer empirischen Wissenschaft?

Antworten

1. Das Überbrückungsproblem besteht darin, wie sich Theorien und die darin vorkommenden theoretischen Begriffe mit Beobachtbarem verknüpfen lassen.
2. Umgangssprachliche Begriffe sind in der Regel nicht präzise definiert. Daher verstehen verschiedene Personen beispielsweise den Begriff „Angst" unterschiedlich, und bei der Beurteilung des Angstzustands einer Person werden sie zu unterschiedlichen Urteilen gelangen. Beim umgangssprachlichen Angstbegriff gibt es keine klare Beziehung zwischen Beobachtbarem (z.B. dem Urteil eines Beobachters) und dem theoretisch zu erfassenden Angstzustand. Es ist auch nicht möglich, wenigstens die Unsicherheit abzuschätzen, mit der ein Urteil über den Angstzustand behaftet ist.
3. Sozialwissenschaftliche Messungen (und nicht nur diese) sind in der Regel fehlerbehaftet, was sich z.B. darin äußern kann, daß eine Person bei wiederholter Vorgabe desselben Tests unterschiedliche Testwerte liefert. Daher geht man davon aus, daß sich der beobachtete Testwert aus einem Meßfehler und einem Wert zusammensetzt, der die tatsächliche Eigenschaft der Person repräsentiert. Man beachte jedoch, daß die Existenz von Meßfehlern nicht die einzig mögliche Erklärung für sich ändernde Testwerte einer Person bei wiederholter Messung ist. Andere Erklärungen sind wahre Veränderungen, z.B. durch Lernen oder Reifen, aber auch durch situativ bedingte Schwankungen.
4. Nicht nur Personeigenschaften, sondern auch die Situation, in denen eine psychologische Messung vorgenommen wird, und die Wechselwirkung zwischen Person und Situation beeinflussen das Meßergebnis. Mit adäquaten Meßmodellen sollte man daher die relativen Varianzanteile angeben können, die durch (a) Personen, (b) Situationen und Interaktionen sowie (c) durch Meßfehler zu erklären sind.
5. Der Begriff der *Anzahl der Elemente* einer Menge ist eindeutiger definiert als der Begriff der *Länge eines Gegenstands*, und zwar in dem Sinne, daß ein und dieselbe Anzahl jeweils nur durch eine einzige Zahl angegeben werden kann, wohingegen die Länge ein und desselben Gegenstands durch viele verschiedene Zahlen charakterisiert werden kann, wie z.B. in Metern oder in Fuß.
6. Zunächst einmal muß man eine grundsätzliche Verschiedenheit zwischen umgangssprachlichen Begriffen einerseits und den Begriffen einer empirischen Wissenschaft andererseits konstatieren, auch wenn in der Wissenschaft oft die gleichen Bezeichnungen wie im Alltag verwendet werden. Diese Einsicht bedeutet aber, daß Begriffe einer empirischen Wissenschaft grundsätzlich neu zu konstruieren sind. Inwieweit dabei die Erkenntnisse des Alltagswissens und der Analyse der umgangssprachlichen Begriffe berücksichtigt werden, ist jeweils von Fall zu Fall zu entscheiden. Das bedeutet, daß Begriffe der Alltagssprache und der Wissenschaftssprache in der Regel divergieren.

Übungen

1. Nennen Sie jeweils ein Beispiel für einen klassifikatorischen, einen komparatorischen und einen metrischen Begriff unserer Umgangssprache!
2. Geben Sie 2 Beispiele dafür, wie man den theoretischen Begriff *Ängstlichkeit* mit empirischen Begriffen verbinden kann!
3. Nennen Sie mindestens 3 Ziele, die mit Meßmodellen erreicht werden können!

Lösungen

1. Klassifikatorische Begriffe: Geschlecht, Geburtsort.
   Komparatorische Begriffe: Windstärke, Sympathie.
   Metrische Begriffe: Länge, Gewicht, Volumen, Temperatur.
2. Eine Möglichkeit besteht darin, einen Fragebogen zu entwickeln und in einem Meßmodell festzulegen, in welcher Beziehung die Antworten zu den Items dieses Fragebogens mit der zu erfassenden Ängstlichkeit stehen. Ein Beispiel für einen solchen Fragebogen ist das Trait-Angst-Inventar von Spielberger (1983). Eine zweite Möglichkeit bestände darin, verschiedene Beurteiler auf einer Ratingskala die Ängstlichkeit der zu beurteilenden Person einschätzen zu lassen. Die verschiedenen Beurteiler wären dann mit den verschiedenen Items des Fragebogens vergleichbar. Aber auch hier ist mit einem Meßmodell die Beziehung zwischen den Urteilen und der einzuschätzenden Ängstlichkeit herzustellen. In beiden Fällen brauchen wir also ein *Meßinstrument* (Fragebogen, Beurteiler) und ein Meßmodell, das die durch die Anwendung des *Meßinstruments* resultierenden Beobachtungen mit der zu erfassenden theoretischen Größe in Beziehung setzt.
3. (a) Die Überbrückung zwischen Theorie und Empirie. Im Falle qualitativer Beobachtungen beinhaltet ein Meßmodell auch die Begründung des Übergangs von qualitativen Beobachtungen zu metrischen theoretischen Größen. (b) Die Explikation der logischen Struktur eines theoretischen Begriffs und (c) die Quantifizierung des Meßfehlers. Ein weiteres Ziel ist die Quantifizierung situationaler Effekte.

Weiterführende Literatur

Meßmodelle wurden bisher in mindestens 3 verschiedenen wissenschaftlichen Traditionen entwickelt: der Repräsentationstheorie des Messens (die 3 Bände: Krantz et al., 1971; Luce, et al., 1990; Suppes, et al., 1989; sowie Orth, 1974, 1983; Roberts, 1979; Suppes & Zinnes, 1963), der psychometrischen Testtheorie (Fischer, 1974; Gulliksen, 1950; Kubinger, 1988; Lienert, 1989; Lord & Novick, 1968; Rost, 1988) und der Skalierung (Borg & Staufenbiel, 1989; Dunn-Rankin, 1983; Roskam, 1983; Sixtl, 1982; van der Ven, 1980). Mit dem Titel „Messen und Testen" soll angedeutet werden, daß Meßmodelle aus den ersten beiden Traditionen in die hier vorliegende Darstellung eingeflossen sind. Eine Einführung in die wissenschaftstheoretischen Fragen, die in dieser Einleitung berührt wurden, gibt Kutschera (1972). Insbesondere dessen Vorwort ist an dieser Stelle zur Einordnung des Stoffes in einen größeren wissenschaftstheoretischen Rahmen hilfreich. Lesenswert ist auch heute noch das Buch von Hempel (1952). Außerdem sei auf den Artikel „Warum Formalisierung in der Wissenschaft erwünscht ist" von Suppes (1983) hingewiesen.

Teil I

Deterministische Meßmodelle: Repräsentationstheorie des Messens

ÜBERBLICK

In diesem ersten Teil behandeln wir die beiden einfachsten Modelle der sogenannten *Repräsentationstheorie des Messens*, das Nominal- und das Ordinalskalenmodell. Dabei setzen wir voraus, daß sich der Leser mit den Grundbegriffen der Logik, der Mengenlehre, mit Relationen, Relativen, Abbildungen und Homomorphismen vertraut gemacht hat (s. Anhänge A – D). Bei Nominal- und Ordinalskalenmodellen handelt es sich um *deterministische* Modelle, bei denen weder Meßfehler noch situationale Effekte berücksichtigt werden. Ausgangspunkt bei dieser Art von Modellen sind eine oder mehrere *empirische Relationen*, die z.B. in einem Paarvergleichsexperiment hergestellt werden können.

Sowohl das Nominal- als auch das Ordinalskalenmodell werden jeweils in 3 Kapiteln behandelt, einem Einführungs-, einem Anwendungs- und einem Vertiefungskapitel. In den Einführungskapiteln stehen jeweils die empirischen Relationen und das Prinzip zur Konstruktion einer Skala im Mittelpunkt, die dann im Anwendungskapitel an Beispielen illustriert werden. Die zentralen Fragen in den Vertiefungskapiteln sind, welche Eigenschaften der betrachteten empirischen Relation(en) nötig sind, damit überhaupt eine Nominal- bzw. Ordinalskala konstruiert werden kann (*Existenzfrage*). Außerdem ist von Interesse, wie *eindeutig* Nominal- bzw. Ordinalskalen durch die Eigenschaften der Relationen definiert sind (*Eindeutigkeitsfrage*). Dabei wird sich zeigen, daß die Skalen nicht völlig eindeutig definiert sind, daß also für ein einziges Relativ mehrere Skalen $f, f',$ ... konstruiert werden können. Daher schließt sich die Frage an, welche Aussagen über eine solche Skala ihre Gültigkeit auch dann behalten, wenn man von einer Skala f zu einer zweiten Skala f' übergeht (*Bedeutsamkeitsfrage*). Schließlich wird auch untersucht, wie man überprüfen kann, ob die zugrundegelegte(n) empirische(n) Relation(en) die notwendigen Bedingungen zur Skalenkonstruktion erfüllen (*Testbarkeitsfrage*). In Kap. 8 geben wir dann eine Orientierung zu weiteren, hier nicht ausführlich dargestellten deterministischen Meßmodellen, insbesondere zu solchen, in denen auch *metrische* theoretische Größen eingeführt werden.

2 Einführung in das Nominalskalenmodell

Repräsentations-
theorie des
Messens

In diesem Kapitel geben wir eine kurze Einführung in das **Nominalskalenmodell der Repräsentationstheorie des Messens**. Dabei setzen wir die Kenntnis der Anhänge A – D voraus. Obwohl es innerhalb anderer Meßtheorien ebenfalls nominalskalierte Größen gibt (s. z.B. das Latent-Class-Modell im Rahmen der Probabilistischen Testtheorie; s. z.B. Langeheine, 1984; Rost, 1988), werden wir uns in diesem Einführungsbuch auf die in diesem Kapitel dargestellte Art von Nominalskalenmodellen beschränken. Da es sich dabei um die einfachste Art aller denkbaren Meßmodelle handelt, eignet es sich besonders zur exemplarischen Behandlung der allgemeinen Probleme, die sich bei *jedem* Meßmodell stellen.

2.1 Vorbereitende Überlegungen

Ausgangspunkt bei einem Nominalskalenmodell ist eine Relation R auf der betrachteten Menge U von Meßobjekten, wie sie z.B. durch einen **vollständigen Paarvergleich** hergestellt werden kann, d.h. durch den paarweisen Vergleich aller möglichen Objekte der Menge U hinsichtlich einer bestimmten Eigenschaft. Besteht die Objektmenge U beispielsweise aus 4 Nuß-Nougat-Cremes, so kann man alle $4 \cdot 4 = 16$ Paare aus dieser Menge nach dem Gesichtspunkt beurteilen lassen, ob die beiden Cremes gleich schmecken. Demnach bilden die **Indifferenzurteile** den empirischen

Empirische
Relation

Ausgangspunkt: Diejenigen Paare, die als *gleichschmeckend* beurteilt werden, stehen dann in der empirischen Relation R, nicht aber diejenigen Paare, die als nicht gleich schmeckend beurteilt werden. Wenn die aus diesem Paarvergleich resultierende Relation bestimmte Bedingungen erfüllt, kann man eine *Nominalskala* konstruieren, mit der die *Indifferenzurteile* der betrachteten Person und die dabei geltenden Gesetzmäßigkeiten auf eine einfache Weise beschrieben werden können.

Fragestellung

Die *Fragestellung* bei einem derartigen Vorgehen ist, *ob* und *wie* die Elemente einer Menge U (die Meßobjekte) in Klassen zusammengefaßt werden können, und zwar so, daß *jedes* Objekt u aus U zu *genau einer* Klasse gehört. Ist dies möglich, sagen wir, daß sich die Objekte *klassifizieren* lassen.

2.1.1 Ein einführendes Beispiel

Bevor wir zur Darstellung des *Fundamentalgesetzes* und zur Konstruktion einer Nominalskala kommen, wollen wir zur Einführung ein kleines Beispiel behandeln.

Paar $\langle u, v \rangle$

Die empirische Relation. Ein Verhaltensforscher hat seinem Hund „Pluto" in langwierigen operationalen Konditionierungsversuchen beigebracht, immer dann seine Pfote zu heben, wenn man ihm 2 Personen gleichen Geschlechts präsentiert. Pluto ist also in der Lage, die Paare $\langle u, v \rangle$ aus Elementen der Menge

Objektmenge U

$$U := \{\text{Fritz, Franz, Ferdinand, Liese, Lotte}\}$$

Relation R

nach der *Relationsvorschrift „u hat gleiche Geschlechtsmerkmale wie v"* zu beurteilen. Die dabei resultierende Relation R auf U ist durch die Relationslinien im linken Teil der Abb. 2.1 dargestellt.

Konstruktion der Nominalskala. Die von Pluto hergestellte Relation ist selbst bei nur 5 Personen in der Menge U schon recht unübersichtlich. Wir führen nun eine Nominalskala ein, die Plutos Verhalten auf eine sehr einfache Weise beschreibt. Dazu wählen wir die Menge

Wertemenge B

$$B := \{a, b\}$$

Nominalskala f

von Namen und führen auf U eine Abbildung $f : U \to B$ ein, indem wir zunächst einem beliebigen Element v der Objektmenge U den Namen a zuordnen. Zur Illustration wählen wir $v := $ Fritz. Danach wird den anderen Objekten aus U ein Name aus der Menge B nach der folgenden Regel zugewiesen:

$$f(u) := \begin{cases} a, \text{ falls } \langle u, v \rangle \in R, \\ b, \text{ andernfalls,} \end{cases} \quad \text{für alle } u \in U.$$

Wird also $v :=$ Fritz durch die Abbildung f der Name a zugeordnet, dann wird nach dieser Regel auch allen anderen Männern aus U durch f der Name a zugeordnet. Den Frauen aus U wird durch f dagegen der Name b zugeordnet.

Mit der durch eine Nominalskala vorgenommenen Namenszuweisung ist zugleich eine *Klassifikation* der Objekte aus U in sich nicht überschneidende Mengen verbunden, deren Vereinigung U ergibt. In diesem Sinne ist die Klassifikation

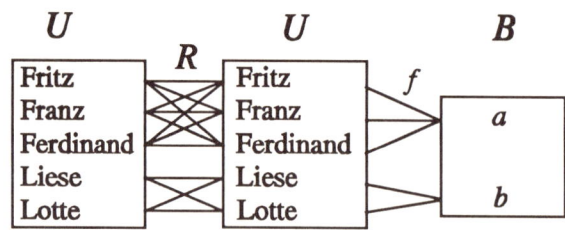

Abb. 2.1. Die von Pluto hergestellte Relation R und die Abbildung f

erschöpfend, d.h. *jedes* Objekt aus U wird klassifiziert. Im Vertiefungskapitel werden wir zeigen, daß die Relation R die Eigenschaften einer *Äquivalenzrelation* haben muß, damit wir überhaupt eine Nominalskala konstruieren können.

Das oben verwendete Prinzip zur Konstruktion einer Nominalskala kann man für Fälle mit mehr als 2 zu vergebenden Namen verallgemeinern. Die Konstruktion einer Nominalskala erfolgt in mehreren Schritten, wobei zwar nicht unbedingt ein Paarvergleich, in jedem Fall aber eine Relation R auf der zugrundegelegten Objektmenge U vorausgesetzt wird:

Regeln zur
Konstruktion einer
Nominalskala

- Man beginnt mit der (im Prinzip willkürlichen) Zuordnung eines beliebigen Namens a zu einem beliebigen Objekt — nennen wir es v — aus U.
- Danach wird allen anderen Objekten u aus U, die mit v in der Relation R stehen, der gleiche Name a zugeordnet.
- Danach nimmt man ein beliebiges anderes Objekt w aus U, das mit v *nicht* in der Relation R steht, und ordnet einen beliebigen, von a verschiedenen Namen b zu.
- Danach wird allen anderen Objekten u aus U, die mit w in der Relation R stehen, der gleiche Name b zugeordnet etc.

Bei der Zuordnung des dritten Namens c ist zu beachten, daß die Objekte, denen c zugeordnet werden soll, weder mit v noch mit w in der Relation R stehen.

2.1.2 Ziele einer Nominalskala

Die Abbildung f spielt im hier behandelten Modell die Rolle einer Nominalskala. Ein *erstes* Ziel, sie einzuführen, ist die damit einhergehende *Vereinfachung* in der Beschreibung der empirischen Relationen und damit der beobachteten Indifferenz- bzw. Diskriminationsurteile: Die von Pluto gebildete Relation hat $3^2 + 2^2 = 9 + 4 = 13$ Elemente (s. Abb. 2.1). Anstatt zu überprüfen, ob ein Paar $\langle u, v \rangle$ eines dieser 13 Elemente aus der Relation R ist, bei denen Pluto seine Pfote hebt, ist es viel einfacher, zunächst jeder der 5 Personen durch die Abbildung $f: U \rightarrow B$ die Namen a bzw. b zuzuordnen. Mit der so definierten Nominalskala f kann man die Indifferenz- bzw. Diskriminationsurteile Plutos auf eine sehr einfache Weise beschreiben. Immer dann, wenn $f(u) = f(v)$, hebt er seine Pfote. Die damit gewonnene Vereinfachung kommt auf der rechten Seite in Abb. 2.1 auch optisch durch die drastische Reduktion der Relationslinien zum Ausdruck. Man beachte, daß hier nicht unterstellt wird, daß *Pluto* einen Begriff gebildet hat, sondern nur, daß unser *Verhaltensforscher* einen Begriff konstruiert hat, mit dem er seinen Forschungsgegenstand (Plutos Indifferenzurteile) vereinfacht beschreiben kann.

Vereinfachung

Zusammenhänge
mit anderen
Variablen
darstellen

Ein *zweites* Ziel, das mit der Einführung einer Nominalskala erreicht wird, liegt in der Möglichkeit, auf eine einfache Weise *Zusammenhänge mit anderen* Variablen zu beschreiben. Die Tatsache, daß wir in unserem Beispiel eine Nominalskala konstruieren können, heißt ja nichts anderes, als daß Pluto in der Lage ist, Personen nach ihrem Geschlecht zu klassifizieren. Daher könnte man z.B. an der Frage interessiert sein, ob Pluto bei einem männlichen Experimentator genauso schnell wie bei einem weiblichen lernt, ob also bei beiden Geschlechtern gleich viele Konditionierungs-

Abb. 2.2. Anzahl der Konditionierungsversuche zur Diskrimination zwischen runden und eckigen Zeichen bei männlichem bzw. weiblichem Experimentator (fiktive Daten)

versuche nötig sind, damit Pluto eine bestimmte Art von Verhalten lernt. Als Beispiel sei die Unterscheidung zwischen runden und eckigen Zeichen genannt.

Während ein solcher Zusammenhang unter Verwendung der Nominalskala f leicht dargestellt werden kann (s. Abb. 2.2), wäre dies auf der Ebene der Relationen völlig unübersichtlich. Würde sich der in Abb. 2.2 dargestellte Zusammenhang zwischen der Lerngeschwindigkeit und dem Geschlecht des Experimentators für viele Paare von Experimentatoren unter sonst gleichen Bedingungen immer wieder zeigen, wäre dies ein Hinweis, daß bei Plutos Lernen auch motivationale Faktoren eine Rolle spielen: Offenbar arbeitet Pluto lieber mit Frauen als mit Männern.

2.2 Die Annahme

Durch eine Nominalskala werden den Elementen der Objektmenge U Namen zugeordnet, und zwar derart, daß den in der betrachteten Relation R stehenden Objektpaaren *dieselben* Namen zugeordnet sind, den nicht in R stehenden Objektpaaren dagegen *verschiedene* Namen. Nur dann ist eine derartige Zuordnung von Namen auch sinnvoll.

Die Zuordnung von Namen zu den Objekten aus U wird durch eine Abbildung $f : U \to B$ vorgenommen, wobei B eine Menge ist, aus der die zugeordneten Namen stammen. Die entscheidende Frage bei einem Nominalskalenmodell ist, ob die zugrundegelegte Relation die Voraussetzungen erfüllt, die für eine sinnvolle Namenszuordnung erforderlich sind. Für *sinnvoll* halten wir die durch eine Abbildung $f : U \to B$ vorgenommene Namenszuordnung, wenn für die Relation R und die Abbildung f das folgende *Fundamentalgesetz des Nominalskalenmodells* erfüllt ist:

Fundamentalgesetz $u\,R\,v$ genau dann, wenn $f(u) = f(v)$,   für alle $u, v \in U$.   (1)

Homomorphismus   Erfüllt f dieses Fundamentalgesetz, dann ist f nicht nur eine Abbildung, sondern auch ein *Homomorphismus* (s. Anhang D), also eine die Relation erhaltende Abbildung.

Inhaltlich bedeutet die mit dem Fundamentalgesetz formulierte Annahme nichts anderes, als daß denjenigen Objektpaaren durch f *dieselben* Namen zugeordnet werden müssen, die in der Relation R stehen, und denjenigen Objektpaaren *verschiedene* Namen zugewiesen werden müssen, für die dies nicht zutrifft. Im Kontext eines Nominalskalenmodells nennen wir einen solchen Homomorphismus f auch eine *Nominalskala.*

Man überzeuge sich, daß in Abb. 2.1 die Elemente u und v genau dann in der Relation R stehen, wenn $f(u) = f(v)$. In diesem Beispiel ist also das Fundamentalgesetz erfüllt. Man beachte jedoch, daß es nicht für jede beliebige Relation R möglich ist, eine Abbildung f zu konstruieren, die das Fundamentalgesetz (Gl. 1) erfüllt. Es handelt sich dabei also um eine *Annahme*, die in empirischen Anwendungen nicht zwangsläufig erfüllt ist, sondern nur dann, wenn die empirische Relation R bestimmte Gesetzmäßigkeiten aufweist.

2.3 Die theoretische Größe

Mit der im Fundamentalgesetz des Nominalskalenmodells formulierten Annahme über die Gesetzmäßigkeiten in der empirischen Relation wird eine theoretische Größe (die Abbildung f) eingeführt, mit der wir uns nun näher beschäftigen wollen. Wie *eindeutig* ist diese theoretische Größe durch die Annahme des Fundamentalgesetzes *definiert*? Welche Transformationen sind zulässig? Welches *Skalenniveau* hat sie, und welche Aussagen über die theoretische Größe sind bedeutsam?

2.3.1 Zulässige Transformationen und Eindeutigkeit

Nominalskala f '

Wertemenge B '

In Beispiel 2.1.1 wird der gleiche Zweck, der durch die Abbildung f erreicht wird, auch durch die im folgenden definierte Funktion $f': U \rightarrow B'$ erfüllt, wobei $B' := \{0, 1\}$. Einem beliebigen Element v der Objektmenge U wird durch f' zunächst der Wert 1 zugeordnet. Danach wird den anderen Objekten aus U, z.B. Fritz, ein Name aus der Menge B' nach der folgenden Regel zugeordnet:

$$f'(u) := \begin{cases} 1, \text{ falls } \langle u, v \rangle \in R, \\ 0 \text{ andernfalls} \end{cases} \quad \text{für alle } u \in U. \tag{1}$$

Wie man sich leicht überzeugen kann, erfüllt auch f' das Fundamentalgesetz:

$$u \, R \, v \text{ genau dann, wenn } f'(u) = f'(v), \quad \text{für alle } u, v \in U. \tag{2}$$

Zulässige Transformationen. Offenbar ist die Abbildung f bei einem Nominalskalenmodell durch das Fundamentalgesetz nicht *völlig* eindeutig definiert und daher zu einem gewissen Grad willkürlich. Die Geschlechtszugehörigkeit z.B., um die es ja bei Plutos Diskriminationsverhalten geht, kann durch die Zahlen 1 und 0 genauso gut repräsentiert werden wie durch die Zahlen 1 und 2, −1 und 1, oder durch die Worte

„männlich" und „weiblich" oder durch die Symbole ♂ und ♀. Von der ursprünglichen Abbildung $f: U \to B$ kann man in all diesen Fällen durch eine *eineindeutige Abbildung* $\phi: B \to B'$ eine neue Abbildung f' konstruieren, die ebenfalls das Fundamentalgesetz erfüllt (s. dazu Übung 3). Man sagt daher, daß eineindeutige *Transformationen zulässig* sind. (In diesem Kontext hat sich der Begriff „Transformation" eingebürgert, obwohl er eigentlich nur anwendbar ist, wenn $B = B'$; s. Anhang D.)

Eindeutigkeit. Darüber hinaus kann man zeigen, daß *nur* eineindeutige Transformationen und *keine anderen* zulässig sind. Für je 2 Nominalskalen f und f' gilt nämlich:

$$f(u) = f(v) \text{ genau dann, wenn } f'(u) = f'(v), \quad \text{für alle } u, v \in U. \tag{3}$$

Demnach wird 2 Objekten u und v durch f derselbe Name zugeordnet, wenn ihnen auch durch f' der derselbe Name zugeordnet wird, und ihnen werden durch f verschiedene Namen zugeordnet, wenn ihnen auch durch f' verschiedene Namen zugeordnet werden. Die Nominalskalen sind also durch das Fundamentalgesetz eines Nominalskalenmodells nicht völlig eindeutig festgelegt; sie sind aber auch nicht völlig willkürlich definiert, denn immerhin besteht zwischen je 2 von ihnen die durch Aussage 3 beschriebene Beziehung. Welcher Art diese Beziehung ist, wird im Vertiefungskapitel näher behandelt.

2.3.2 Bedeutsamkeit

Oben wurde gezeigt, wie eine Nominalskala konstruiert werden kann, wenn das Fundamentalgesetz dieses Modells erfüllt ist. Dabei zeigte sich, daß es nicht nur eine einzige Nominalskala gibt, die dieses Fundamentalgesetz für eine gegebene Relation R erfüllt. Damit stellt sich aber die Frage, welche Aussagen über die betrachtete nominalskalierte Größe f ihre Gültigkeit beibehalten, wenn man von einer Nominalskala f zu einer weiteren Nominalskala f' übergeht. Aussagen, die diese Bedingung erfüllen, heißen in der Meßtheorie *bedeutsam*. Bedeutsame Aussagen über eine Nominalskala f zeichnen sich also dadurch aus, daß sich ihr Wahrheitswert (s. Anhang A) nicht verändert, wenn man von einer Skala f, die das Fundamentalgesetz erfüllt, zu einer anderen Skala f' übergeht, die ebenfalls das Fundamentalgesetz erfüllt, und zwar bei identischer zugrundeliegender Relation R. Einige bedeutsame Aussagen sind im folgenden zusammengestellt. Dabei wird keinerlei Anspruch auf Vollständigkeit erhoben.

Bedeutsame Aussagen. Im meßtheoretischen Sinn *bedeutsam* sind z.B. die folgenden Aussagen:

(a) $f(u) = f(v)$.
(b) Die Anzahl der Elemente von U mit dem Wert $f(u)$ beträgt n.
(c) Der Modalwert von f (d.h. der Wert, der am häufigsten vorkommt) ist dem Objekt u zugeordnet.

*Auch falsche
Aussagen können
bedeutsam sein!*

Eine im meßtheoretischen Sinn bedeutsame Aussage ist nach (a), daß die Werte $f(u)$ und $f(v)$ zweier Objekte u, v aus U gleich sind. Die unter 2.3.1 durch die Aussage 3 charakterisierte Beziehung zwischen f und $f\,'$ garantiert, daß „ $f(u) = f(v)$" genau dann wahr ist, wenn auch „ $f\,'(u) = f\,'(v)$" wahr ist. Man beachte, daß die Aussage „ $f(u) = f(v)$" selbst dann im meßtheoretischen Sinn bedeutsam ist, wenn sie falsch ist. Dieses Beispiel macht klar, daß „bedeutsam" ein *Terminus technicus* ist und nicht mit dem umgangssprachlichen Begriff gleichen Namens verwechselt werden darf.

Das Entsprechende gilt für die Aussagen (b) und (c). Bei (b) ist zu beachten, daß bei der Aussage „Die Anzahl der Elemente von U mit dem Wert $f\,'(u)$ beträgt n" nur die Anzahl n und das Argument u invariant bleiben, nicht aber der Wert $f\,'(u)$. Entsprechend sind auch die Modalwerte von f und $f\,'$ im allgemeinen verschieden. Es gilt jedoch: Der Modalwert von f ist u zugeordnet genau dann, wenn der Modalwert von $f\,'$ dem Objekt u zugeordnet ist.

Nichtbedeutsame Aussagen. Wie wir gesehen haben, ist es auch bei Nominalskalen möglich, den Objekten *Zahlen* zuzuordnen, die dann allerdings nur die Rolle von Namen spielen. *Nichtbedeutsam* sind dann Aussagen wie:

Beispiele

(d) $f(u) > f(v)$.
(e) $f(u) + f(v) = \alpha$, wobei $\alpha \in \mathbb{R}$.
(f) Der arithmetische Mittelwert von f ist $\bar{f}$.

Geht man bei einer dieser 3 Aussagen von f zu einer anderen Skala $f\,'$ über, die ebenfalls das Fundamentalgesetz erfüllt, haben die analogen Aussagen nicht mehr den gleichen Wahrheitswert. Beträgt der arithmetische Mittelwert von f beispielsweise 10, dann kann er bei einer solchen Skala $f\,'$ durchaus bei 100 liegen.

Der hier verwendete Begriff der Bedeutsamkeit darf demnach nicht mit dem umgangssprachlichen Verständnis von Bedeutsamkeit verwechselt werden. Es ist keineswegs „verboten", den arithmetischen Mittelwert bei einer nominalskalierten Abbildung $f : U \to \mathbb{R}$ zu berechnen. Auch ist es falsch, daß — wie man manchmal liest — diese Kenngröße für eine Nominalskala nicht definiert sei. Tatsächlich ist es manchmal sinnvoll und notwendig, auch die Mittelwerte einer Nominalskala zu berechnen. Richtig ist aber, daß die Wahrheitswerte der Aussagen über diese Kennwerte *nicht invariant* sind, wenn man von einer Nominalskala f zu einer anderen Nominalskala $f\,'$ übergeht, und daß damit die Aussagen ihre Gültigkeit verlieren. Was bei nichtbedeutsamen Aussagen über eine Skala f gilt, wird im allgemeinen über die Skala $f\,'$ nicht mehr gelten.

*Beispiel für
sinnvolle, aber
nichtbedeutsame
Aussage*

Ein Beispiel für eine sinnvolle Aussage, die aber im meßtheoretischen Sinn nichtbedeutsam ist, ist eine Aussage über die Größe des arithmetischen Mittels einer Funktion f, die nur die Werte 0 und 1 annehmen kann:

$$\frac{1}{n} \sum_{i=1}^{n} f(u_i) = \frac{\text{Anzahl der Elemente von } U \text{ mit } f(u_i) = 1}{n} \,,$$

wobei n die Anzahl der Elemente von U ist. Der arithmetische Mittelwert von f, den wir auch mit $\bar{f}$ bezeichnen, ist also in diesem speziellen Fall gleich der relativen Häufigkeit dafür, daß f den Wert 1 annimmt. Dies ist eine sinnvolle und wichtige Information, die jedoch nur für die Zuordnung der speziellen Zahlen 0 und 1 gilt. Bei jeder anderen zweiwertigen Funktion läßt sich der Mittelwert *nicht* mehr als relative Häufigkeit interpretieren. Für nominalskalierte Größen gilt, daß sich ihr Mittelwert ändert, wenn man von einer Nominalskala f zu einer anderen Nominalskala f' übergeht, und daß Aussagen über eine solche Größe daher im meßtheoretischen Sinn nichtbedeutsam sind.

2.4 Empirischer Gehalt

Mit dem Fundamentalgesetz des Nominalskalenmodells wird tatsächlich eine empirische Gesetzmäßigkeit postuliert, die sich in der Empirie durchaus als falsch erweisen kann. Stünde beispielsweise bei dem unter 2.1.1 behandelten Beispiel auch ⟨Fritz, Lotte⟩ in der Relation R, dann wäre es logisch unmöglich, die unter 2.1.1 angegebene Regel bei der Namenszuordnung einzuhalten. Gibt man nämlich Fritz den Namen a, dann wird nach dieser Regel auch Franz, Ferdinand und Lotte der Name a zugeordnet. Zugleich müßte man aber auch Lotte den Namen b zuordnen, da Franz und Lotte nicht in der Relation R stehen. Eine doppelte Namenszuordnung durch f würde aber bedeuten, daß f keine Abbildung ist und daß das Fundamentalgesetz verletzt wird. Das Fundamentalgesetz impliziert also eine *empirische Behauptung*, da es bestimmte Sachverhalte postuliert. In unserem Beispiel *dürfen* also bestimmte Paare *nicht* in der Relation R, andere hingegen *müssen* in R stehen.

Empirische Behauptung beim Nominalskalenmodell

Im Vertiefungskapitel werden wir die empirische Behauptung des Fundamentalgesetzes genauer untersuchen, d.h. wir werden der Frage nachgehen, welche Bedingungen die Relation R erfüllen muß, damit tatsächlich eine Abbildung f konstruiert werden kann, für die das Fundamentalgesetz gilt. Außerdem werden wir dort unter dem Stichwort *Testbarkeit* die sich daraus ergebenden Möglichkeiten behandeln, die Annahmen des Nominalskalenmodells empirisch zu überprüfen.

2.5 Zusammenfassung

In diesem Kapitel wurde das einfachste Meßmodell, das *Nominalskalenmodell*, behandelt. Dabei sind wir von einer *empirischen* Relation ausgegangen und haben das (empirisch überprüfbare) *Fundamentalgesetz* als die zentrale Annahme, die ein Nominalskalenmodell konstituiert, eingeführt. In dieser Annahme wird die Existenz eines Homomorphismus postuliert, der allerdings nicht völlig eindeutig definiert ist. Für verschiedene Skalen f und f' kann man jedoch zeigen, daß den Objekten u und v durch f genau dann derselbe Name zugeordnet wird, wenn ihnen auch durch f' derselbe Name zugeordnet wird. *Bedeutsame Aussagen* sind z.B., daß die Werte $f(u)$ und $f(v)$ gleich sind, daß die Anzahl der Elemente von U mit einem bestimmten Wert $f(u)$ genau n beträgt und daß der Modalwert von f dem Objekt u zugeordnet ist.

Box 2.1. Das Wichtigste zu Nominalskalenmodellen

Fundamentalgesetz	Es wird die Existenz eines Homomorphismus $f: U \rightarrow B$ postuliert (z.B. $B = \mathbb{R}$) mit:

$$u \, R \, v \leftrightarrow f(u) = f(v), \quad \forall \, u, v \in U$$

Eine Abbildung f, die dieses Fundamentalgesetz erfüllt, nennt man *Nominalskala*

Eindeutigkeit	Der Homomorphismus f ist durch das Fundamentalgesetz nicht völlig eindeutig definiert. Für zwei verschiedene Homomorphismen f, f' gilt jedoch:

$$f(u) = f(v) \leftrightarrow f'(u) = f'(v), \quad \forall \, u, v \in U$$

Bedeutsamkeit	*Bedeutsam* sind (d.h. invariante Wahrheitswerte beim Übergang von einer Nominalskala f zu einer anderen f' haben) z.B. die folgenden Aussagen:

- $f(u) = f(v)$
- die Zahl der Elemente von U mit dem Wert $f(u)$ ist n
- der Modalwert von f ist $f(u)$

Nichtbedeutsam sind z.B.:

- $f(u) > f(v)$
- $f(u) + f(v) = \alpha$
- Der Mittelwert von f ist $\bar{f}$

Auch wenn die Verwendung von Nominalskalen trivial erscheint, darf man nicht übersehen, daß sie auf empirischen Gesetzen beruht. Im Vertiefungskapitel wird untersucht, welche Gesetze die zugrundegelegte empirische Relation R erfüllen muß, damit das Fundamentalgesetz erfüllt ist, und welche Möglichkeiten bestehen, die Annahmen des Modells empirisch zu überprüfen.

Fragen

?

1. Wieviele Paare sind bei einer Objektmenge U mit k Objekten in einem vollständigen Paarvergleich zu beurteilen?
2. Was ist der Unterschied zwischen einer Relationsvorschrift und einer Relation?
3. Wie lautet das Fundamentalgesetz eines Nominalskalenmodells?
4. Was versteht man unter (a) Nominalskala, (b) Homomorphismus?
5. Was versteht man unter (a) Indifferenzurteil, (b) Diskriminationsurteil?
6. Inwiefern vereinfacht die Abbildung f in Abb. 2.1 die Beschreibung des Diskriminationsverhaltens von Pluto?

7. Was heißt es, daß die Nominalskala f bei einem Nominalskalenmodell nicht völlig eindeutig definiert ist?

8. Was versteht man darunter, daß eine Aussage im Nominalskalenmodell *bedeutsam* ist? Geben Sie ein Beispiel für eine bedeutsame, eines für eine nichtbedeutsame Aussage und eines für eine falsche, aber im meßtheoretischen Sinn bedeutsame Aussage!

9. (a) Warum ist die Aussage „Der Modalwert von f ist $f(u)$" im Nominalskalenmodell bedeutsam?

   (b) Warum ist dagegen die Aussage „Der Modalwert von f ist α" im Nominalskalenmodell nichtbedeutsam?

Antworten

1. k^2.

2. Eine *Relationsvorschrift* gibt eine Regel an, nach der auf einer gegebenen Objektmenge U Elemente dieser Menge miteinander in Beziehung gesetzt werden. Die durch diese Relationsvorschrift erzeugte *Relation* ist eine Teilmenge des Kartesischen Produkts, das auf der Objektmenge gebildet wird. Sie enthält alle geordneten Paare aus der Menge U, die die gegebene Relationsvorschrift erfüllen.

3. Siehe Aussage 1 unter 2.2.

4. (a) Eine Nominalskala ist eine Abbildung auf einer Objektmenge U in eine beliebige Menge B, die das Fundamentalgesetz (s. Abschnitt 2.2) erfüllt.

   (b) U und B seien 2 Mengen, auf denen die Relation R bzw. S gegeben sei. Ein Homomorphismus ist dann eine Abbildung $f : U \rightarrow B$, für die gilt: $u\,R\,v$ genau dann, wenn $f(u)\,S\,f(v)$. Sind jeweils mehrere Relationen auf U und S gegeben, dann müssen die entsprechenden Aussagen auch für die anderen Relationen gelten.

5. (a) Bei einem *Indifferenzurteil* werden 2 zu beurteilende Objekte hinsichtlich einer bestimmten Eigenschaft als *äquivalent* angesehen.

   (b) Bei einem *Diskriminationsurteil* werden 2 zu beurteilende Objekte dagegen hinsichtlich einer bestimmten Eigenschaft als *nicht äquivalent* angesehen.

6. Statt alle Paare aus der Relation aufzuzählen, reicht es aus zu sagen, daß Pluto immer dann die Pfote hebt, wenn $f(u) = f(v)$.

7. Die Zuordnung von Werten zu Elementen der Objektmenge ist bis zu einem gewissen Grad willkürlich. So sind unendlich viele Abbildungen denkbar, durch die die auf der Objektmenge U angenommene Relation auf einen Wertebereich übertragen wird. Zwei beliebige Abbildungen f und f' stehen untereinander aber immer in der unter 2.3.1 durch Aussage 3 beschriebenen Beziehung.

8. Eine Aussage ist im Nominalskalenmodell dann bedeutsam, wenn ihr Wahrheitswert beim Übergang von einer Nominalskala f zu einer weiteren Nominalskala f' invariant bleibt. Bedeutsame Aussagen sind in diesem Sinne etwa Aussagen über die Gleichheit zweier Werte: $f(u) = f(v)$. Diese Aussage ist selbst dann bedeutsam, wenn sie für ein konkretes Paar $\langle u, v \rangle$ falsch ist. Eine nichtbedeutsame Aussage ist: $f(u) > f(v)$. Eine falsche, aber bedeutsame Aussage ist: $f(u) \neq f(u)$.

9. (a) Die Aussage „Der Modalwert von f beträgt $f(u)$" ist wahr genau dann, wenn die Aussage „Der Modalwert von f' beträgt $f'(u)$" wahr ist, wobei f' ebenfalls das Fundamentalgesetz erfüllt.

   (b) Die Aussage „Der Modalwert von f beträgt α" kann für eine ganz bestimmte Zahl α wahr sein. Geht man hier zu f' über, wird die entsprechende Aussage für dieses bestimmte α im allgemeinen nicht mehr wahr sein. Bei dem in Abschnitt 2.1.1 behandelten Beispiel ist beispielsweise a der Modalwert von f, da dieser Name 3

Objekten aus U zugeordnet wurde, der Name b dagegen nur 2 Objekten. Der Modalwert von f' (s. Abschnitt 2.3.1) ist jedoch nicht a, sondern 1 (s. Abb. 2.1).

Übungen

1. (a) Schreiben Sie durch Aufzählung ihrer Elemente die Relation R auf, die sich auf der Menge $U := \{$Fritz, Franz, Ferdinand, Liese, Lotte$\}$ aus der Relationsvorschrift „u hat die gleichen Geschlechtsmerkmale wie v" ergibt!
   (b) Geben Sie die Formel an, nach der man die Anzahl der Elemente in R berechnen kann!
2. Verändern Sie die Relation in Abb. 2.1 so, daß keine Abbildung f mehr konstruiert werden kann, die das Fundamentalgesetz erfüllt!
3. Geben Sie eine Abbildung $\phi: B \rightarrow B'$ an, mit der man die in Beispiel 2.1.1 vorkommende Abbildung f in die unter 2.3.1 definierte Abbildung f' überführen kann!
4. Geben Sie die Gleichheitsrelation $=$ auf der Menge $B := \{\male, \female\}$ als Teilmenge von $B \times B$ an!

Lösungen

1. (a) $\{\langle$Fritz, Fritz$\rangle, \langle$Fritz, Franz$\rangle, \langle$Fritz, Ferdinand$\rangle, \langle$Franz, Fritz$\rangle, \langle$Franz, Franz$\rangle,$ $\langle$Franz, Ferdinand$\rangle, \langle$Ferdinand, Fritz$\rangle, \langle$Ferdinand, Franz$\rangle, \langle$Ferdinand, Ferdinand$\rangle,$ $\langle$Lotte, Lotte$\rangle, \langle$Lotte, Liese$\rangle, \langle$Liese, Lotte$\rangle, \langle$Liese, Liese$\rangle\}$.
   (b) Die Relation hat $3^2 + 2^2 = 13$ Elemente. Allgemein gilt: Wenn die Anzahl der Elemente der ersten Äquivalenzklasse n_1 beträgt, die der zweiten n_2, dann beträgt die Anzahl der Elemente in der Relation $n_1^2 + n_2^2$.
2. In Abb. 2.1 ist lediglich eine weitere Relationslinie einzufügen, z.B. die zwischen Fritz und Liese. Für die damit definierte neue Relation R läßt sich keine Abbildung mehr auf U konstruieren, die das Fundamentalgesetz erfüllt.
3. Man definiere $\phi: B \rightarrow B'$ durch die folgende Wertezuweisung: $\phi(a) = 1$ und $\phi(b) = 0$.
4. Die gesuchte Teilmenge von $B \times B$ und Gleichheitsrelation auf B ist: $\{\langle\male, \male\rangle, \langle\female, \female\rangle\}$.

Weiterführende Literatur

Eine Alternative zu diesem Einführungskapitel in das Nominalskalenmodell der Repräsentationstheorie des Messens findet man bei Gigerenzer (1981). Ein immer noch lesenswerter Artikel zur Verwendung von Nominalskalen, insbesondere zur Differenzierung zwischen sinnvollen Statistiken und im meßtheoretischen Sinn bedeutsamen Aussagen ist Lord (1953). Wie weiter oben bereits erwähnt, beinhalten auch Latent-Class-Modelle Nominalskalen. Daher sei auch an dieser Stelle noch einmal auf Rost (1988) und auf Langeheine (1984) hingewiesen. Nicht unerwähnt bleiben soll natürlich auch der Artikel, an den unsere Kap. 2 – 7 angelehnt sind, nämlich Suppes und Zinnes (1963) und die Pionierarbeit von Scott und Suppes (1958). Die umfassendsten Bücher zur Repräsentationstheorie des Messens sind Krantz et al. (1971), Luce et al. (1990), Suppes et al. (1989). Roberts (1979) zeichnet sich durch eine gute Didaktik aus. Deutschsprachige Bücher zu Repräsentationstheorie des Messens sind Orth (1974) und Pfanzagl (1971).

3 Anwendung des Nominalskalenmodells

Nachdem im vorigen Kapitel die wichtigsten Bestandteile und Begriffe des Nominalskalenmodells der Repräsentationstheorie des Messens dargestellt wurden, wollen wir in diesem Kapitel Beispiele für verschiedene Arten seiner Anwendung behandeln.

3.1 Konstruktion einer Nominalskala durch Paarvergleiche

Die Konstruktion einer Nominalskala über Paarvergleiche wurde bereits im vorangegangenen Kapitel dargestellt. Der damit verbundene Aufwand ist wohl nur dann sinnvoll, wenn man nicht als selbstverständlich voraussetzen kann, daß man eine Relation herstellen kann, für die eine Abbildung f existiert, die das Fundamentalgesetz erfüllt. Beim folgenden Beispiel trifft dies insofern zu, als die Elemente der Objektmenge z.T. neu und für die Beurteiler unbekannt sind.

3.1.1 Fragestellung

Der Hersteller von Nuschleckma, der Marktführer in der Produktkategorie von Nuß-Nougat-Cremes, möchte sein Produkt mit einem billigeren Produktionsverfahren herstellen. Dabei ist nicht ganz ausgeschlossen, daß sich das neue Produktionsverfahren auch in einem etwas veränderten Geschmack der Creme niederschlägt. Darüber hinaus ist der Hersteller daran interessiert, festzustellen, ob sich sein Produkt im Urteil der potentiellen Käufer geschmacklich von den Konkurrenzprodukten abhebt. Dies wäre die Voraussetzung für eine Werbekampagne mit der zentralen Botschaft: „Nur Nuschleckma schmeckt wie Nuschleckma".

3.1.2 Die empirische Relation

Um diese Fragen zu untersuchen, läßt der Hersteller ein Marktforschungsinstitut die folgende Art von Versuchen mit 100 Personen durchführen: Jede Person hat alle $4^2 = 16$ Paare, die sich aus den 2 auf dem Markt befindlichen Konkurrenzprodukten und den beiden Versionen von Nuschleckma bilden lassen, danach zu beurteilen, ob sie gleich schmecken oder nicht. Alle Personen stellten dabei die in Tabelle 3.1 angegebene Relation her.

Interpretation der empirischen Relation

Die Personen, die diese Relation produzieren, können also offenbar zwischen Nuschleckma und den anderen beiden Produkten sowie zwischen den anderen beiden Produkten geschmacklich unterscheiden, nicht aber zwischen den beiden Versionen von Nuschleckma. Nuschleckma würde also auch bei dem neuen Produktionsverfahren wie Nuschleckma schmecken. Darüber hinaus setzen sich beide Versionen von Nuschleckma geschmacklich von den Konkurrenzprodukten ab. Eine Werbestrategie mit dem Motto „Nur Nuschleckma schmeckt wie Nuschleckma" hätte also durchaus eine Chance, glaubhaft zu sein.

3.1.3 Konstruktion der Nominalskala

Nominalskala f

Nach dem im letzten Kapitel behandelten Konstruktionsprinzip kann man nun eine Nominalskala $f: U \rightarrow B$ einführen, mit der die Indifferenzurteile dieser Personen beschrieben werden können. Dazu ist zunächst festzustellen, daß wir in der Menge U 4 Objekte mit den in Tabelle 3.1 angegebenen Namen vorliegen haben. Diese 4 verschiedenen Namen dürfen nicht mit den durch die nun zu konstruierende Nominalskala zugewiesenen Namen verwechselt werden.

Nach der in Abschnitt 2.1.1 formulierten Konstruktionsregel für eine Nominalskala weisen wir nun den 4 Objekten 3 verschiedene Namen zu:

f (Nuschleckma 1) := Nuschleckma, f (Nuschleckma 2) := Nuschleckma,
f (Produkt 3)   := Produkt 3, f (Produkt 4) := Produkt 4.

Wie man sich leicht überzeugen kann, erfüllt die so definierte Abbildung f das Fundamentalgesetz: Bei allen Objektpaaren, die in R (s. Tabelle 3.1) stehen, und nur bei diesen, wird den beiden Objekten durch f derselbe Name zugeordnet. In der Menge B könnten anstelle der 3 hier verwendeten Namen auch 3 völlig neue

Tabelle 3.1. Darstellung der empirischen Relation R in Matrixform

	Nuschleckma 1	Nuschleckma 2	Produkt 3	Produkt 4
Nuschleckma 1	✓	✓		
Nuschleckma 2	✓	✓		
Produkt 3			✓	
Produkt 4				✓

Namen stehen. Die Wahl dieser Namen ist beliebig, solange den beiden Versionen von Nuschleckma der eine Name und den anderen Produkten jeweils ein anderer Name zugeordnet wird.

3.1.4 Ziele einer Nominalskala

Wäre man mit dem im Abschnitt 3.1.2 dargestellten Paarvergleichsexperiment bereits zufrieden, wäre die Einführung der 3 Namen für die 4 Produkte relativ überflüssig, da bei nur 4 Produkten auch eine Tabelle wie die oben dargestellte bereits das Beurteilungsverhalten der untersuchten Personen übersichtlich beschreibt. Stellt man jedoch weitere Untersuchungen an, dann lassen sich deren Ergebnisse nur durch die Verwendung einer Nominalskala f einfach beschreiben (s. dazu Abb. 3.1). Bei diesen weiteren Untersuchungen könnte z.B. die Kaufbereitschaft von Interesse sein, aber auch die Frage, welchen Preis die potentiellen Käufer für die jeweiligen Produkte aus den 3 Produktklassen zahlen würden. Dabei würde es sich um sog. Blindtests handeln, d.h. die potentiellen Käufer haben über das Produkt nur die Geschmacksinformation, kennen aber weder Namen noch Herstellerfirma (und damit deren Image) und Verpackung.

Zusammenhänge mit anderen Variablen darstellen

Natürlich hätte man diese Untersuchungen auch schon für die ursprünglichen 4 Objekte anstellen können. Der zwischengeschaltete Paarvergleich zeigt aber, daß man dieser Frage nur für 3 Objekte nachgehen muß, nämlich für jeweils eines aus jeder der aus dem Paarvergleich resultierenden 3 Produktklassen. Im vorliegenden Beispiel mag die damit verbundene Zeitersparnis unerheblich sein, in anderen Anwendungen dagegen kann sie sich durchaus lohnen, insbesondere dann, wenn viele Produkte (und nicht nur 2, wie in unserem Beispiel) in jeweils einer Klasse zusammengefaßt werden können.

Vereinfachung

Zur Frage der Bedeutsamkeit

Die in Abb. 3.1 dargestellten Aussagen über die relativen Häufigkeiten der Kaufbereitschaft für die Produkte aus den 3 Produktklassen sind übrigens im meßtheoretischen Sinn bedeutsam, denn sie verändern ihren Wahrheitswert nicht, wenn wir den 4 Produkten durch eine Abbildung f' 3 andere Namen, wie beispielsweise die Zahlen 1, 2 und 3, zuordnen würden. Auch eine Aussage wie „Die Kaufbereitschaft für f(Nuschleckma 1) = Nuschleckma ist höher als für f(Produkt 3) = Produkt 3" ist

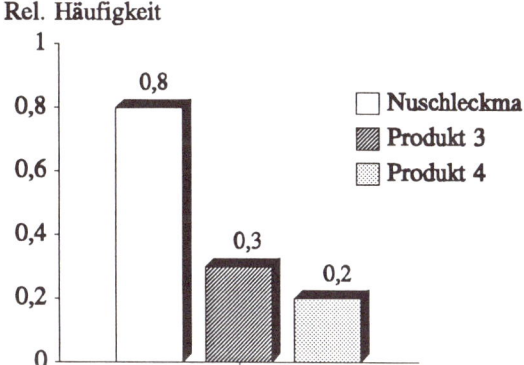

Abb. 3.1. Relative Häufigkeiten der Kaufbereitschaft für die Produkte aus den 3 Produktklassen

im meßtheoretischen Sinn bedeutsam. Nichtbedeutsam wäre dagegen z.B. die Aussage f'(Nuschleckma 1) < f'(Produkt 1). Eine solche Aussage könnte zwar für die Nominalskala f' wahr sein, wäre es aber für f nicht.

Das hier dargestellte Vorgehen ist insofern bemerkenswert, als hier gezeigt wird, wie man eine theoretische Größe einführen kann, die vorher noch gar nicht existierte. Keine der untersuchten Personen muß dabei vorher mit den Produkten vertraut gewesen sein und schon eine Unterscheidung zwischen den Produkten begrifflich repräsentiert haben. Zu einem Paarvergleich sind sie aber dennoch in der Lage! In einem solchen Fall ist das aufwendige Verfahren eines Paarvergleichs auch angebracht. Allerdings muß man bedenken, daß dies nur die *erste* von mehreren Arten ist, wie man ein Nominalskalenmodell anwenden kann. Der Vorteil dieser ersten Art der Anwendung ist, daß man auf diese Weise die Voraussetzungen für die Einführung einer Nominalskala empirisch überprüfen kann.

3.2 Weitere Arten der Anwendung des Nominalskalenmodells

Das im obigen Abschnitt dargestellte Verfahren beschreibt zwar die idealtypische Vorgehensweise zur Konstruktion einer Nominalskala, aber wegen des erforderlichen Aufwands wird es relativ selten eingesetzt. Im Forschungsalltag finden häufiger die im folgenden dargestellten beiden anderen Arten der Anwendung von Nominalskalenmodellen Verwendung.

3.2.1 Anwendung einer vorgegebenen Nominalskala

Nominalskalen ohne empirische Relation?

Bei der *zweiten* Art der Anwendung von Nominalskalenmodellen — und diese kommt am häufigsten vor — ist der theoretische Begriff bereits bekannt. Die Begriffe „Geschlecht", „Studienfach", „Beruf" etc. sind uns derart vertraut, daß es uns zunächst schwerfällt zu erkennen, daß wir hier tatsächlich Nominalskalen verwenden. Wo stecken z.B. die zugehörigen empirischen Relationen? Die Antwort ist, daß bei diesen *bereits eingeführten* Begriffen die Gültigkeit des Fundamentalgesetzes als nicht überprüfungsbedürftig vorausgesetzt wird. Am Beispiel des Geschlechtsbegriffs illustriert: Zwar könnte sich das Fundamentalgesetz prinzipiell als falsch erweisen, z.B. dadurch, daß man eine Person findet, die sowohl männlich als auch weiblich wäre, aber das Fundamentalgesetz wird als hinreichend bewährt angesehen, so daß eine empirische Überprüfung überflüssig ist. Wird diese Annahme nicht bezweifelt, dann ist es nur vernünftig und ökonomisch, den Meßobjekten *direkt* ohne weitere empirische Überprüfung durch eine Abbildung f Namen zuzuordnen (z.B. „männlich" oder „weiblich").

Unproblematisches Beispiel

Problematisches Beispiel

Andere Beispiele findet man in *Klassifikationsschemata zur Verhaltensbeobachtung*, wie z.B. der „Interaction Process Analysis" (Bales, 1950). Dieses Klassifikationssystem besteht aus 12 Verhaltenskategorien, mit deren Hilfe das Verhalten von Interaktionspartnern in Kleingruppen systematisch beschrieben werden kann. Beispiele für solche Verhaltenskategorien sind: „Macht Vorschläge oder gibt Anleitungen", „Zeigt Solidarität, bestärkt andere, hilft, belohnt". Solche Klassifikationsschemata sind nach dem Prinzip angelegt, daß *jede* beobachtete Verhaltenseinheit in *genau eine* Klasse eingeordnet werden muß.

Bei diesem Beispiel wird die Problematik der direkten Zuordnung eines Objekts (hier: einer Verhaltenseinheit) zu einer von mehreren vorgegebenen Klassen deutlicher als beim obigen Geschlechtsbeispiel. *Hier* ist es nämlich *nicht* von vornherein völlig klar, daß alle möglichen Klassen von Verhaltenseinheiten in dem Schema bereits berücksichtigt sind. Durch den *Zwang*, jede Verhaltenseinheit genau einer Klasse zuzuordnen, beraubt man sich der Möglichkeit, daß die Empirie der Theorie widersprechende Befunde liefert. Allerdings kann man durch die Überprüfung der Beurteilerübereinstimmung Hinweise darüber gewinnen, inwieweit das verwendete Klassifikationssystem zu reliablen Ergebnissen führt. Mangelnde Übereinstimmung verschiedener Beurteiler könnte ein Hinweis darauf sein, daß das betreffende theoretische Klassifikationssystem den empirischen Gegebenheiten nicht gerecht wird.

Weitere Beispiele

Auch die *Klassifikationsschemata der Psychopathologie* („körperlich begründbare Psychosen", „endogene Psychosen", „abnorme Variationen seelischen Wesens"; Huber, 1987) lassen sich als die oben beschriebene zweite Art der Anwendungen von Nominalskalenmodellen auffassen. Sie unterliegen ebenfalls den oben erwähnten Nachteilen.

3.2.2 Direkte Klassifikation einer Objektmenge

Eine *dritte* Art der Anwendung eines Nominalskalenmodells besteht darin, daß man eine Person bittet, die Objektmenge nach zunächst beliebigen Kriterien in eine Menge von sich nicht überschneidenden Teilmengen aufzuteilen, deren Vereinigung wieder die Ausgangsmenge ergibt. (Eine solche Menge von Teilmengen nennt man eine **Partition**.) Die zugehörige Relation und eine Nominalskala kann man dann daraus konstruieren. In diesem Fall wäre also der Ausgangspunkt eine Menge von Äquivalenzklassen.

Partition einer Menge

Auch bei diesem Vorgehen besteht keine Möglichkeit mehr, die Voraussetzungen zu überprüfen, ob eine solche Klassifikation der Objekte ohne künstlich auferlegten Zwang möglich ist. Während beim Paarvergleich durchaus Urteile resultieren können, die nicht mit dem Fundamentalgesetz verträglich sind, wird bei diesem Vorgehen dessen Gültigkeit u.U. dadurch künstlich erzwungen, daß man vom Probanden verlangt, *jedes* Objekt *in eine und nur eine* Klasse einzuordnen.

Klassifikation freier Antworten

Beispiele für diese Art der Anwendung eines Nominalskalenmodells findet man überall da im Forschungsprozeß, wo zunächst „freie Antworten" in Interviews oder Fragebögen im nachhinein bei der Auswertung klassifiziert werden. Dabei stehen zunächst weder die Klassen noch ihre Anzahl noch die Zuordnungsvorschrift fest. Diese zu finden, ist die kreative Aufgabe des Auswertenden, wobei am Anfang dieses Prozesses durchaus ein unsystematischer Paarvergleich der verschiedenen Antworten unterstellt werden kann.

Will man beispielsweise untersuchen, ob bestimmte Tagesereignisse einen Einfluß auf die Befindlichkeit haben, so könnte man das Item „Beschreiben Sie bitte kurz, was Sie in den letzten 12 Stunden Positives oder Negatives erlebt haben" in das Interview bzw. den Fragebogen aufnehmen. Die zunächst „freien Antworten" wären dann im nachhinein zu klassifizieren, wobei wieder jede Antwort genau einer Kategorie zugeordnet werden muß. Die dabei verwendeten Namen der Kategorien kann man dann durchaus als Werte einer Nominalskala auffassen.

3.3 Möglichkeiten und Grenzen des Nominalskalenmodells

Bei der Anwendung des Nominalskalenmodells der Repräsentationstheorie des Messens kann man *empirisch überprüfen*, ob die Indifferenzurteile beim Paarvergleich tatsächlich die einfache gesetzmäßige Struktur haben, die man für eine echte Klassifikation der betrachteten Objekte voraussetzen muß. Darin liegt der eigentliche Vorteil der Anwendung dieses Modells.

Urteilsfehler

In vielen Anwendungen ist nämlich die mit dem Fundamentalgesetz postulierte empirische Gesetzmäßigkeit nicht erfüllt, insbesondere dann, wenn zwischen den zu beurteilenden Objekten nicht klar unterschieden werden kann. Sind sich beispielsweise 2 Objekte hinsichtlich ihres Geschmacks zwar sehr ähnlich, aber nicht gleich, dann wird der Unterschied nur manchmal entdeckt. Oft wird auch der objektiv gleiche Geschmack nicht als solcher erkannt, was ebenfalls zu Verletzungen der mit dem Fundamentalgesetz postulierten Gesetzmäßigkeit führt. In solchen Fällen, in denen diese Verletzungen nicht mehr übersehen werden können, ist das hier behandelte Nominalskalenmodell der Repräsentationstheorie des Messens nicht brauchbar, und man sollte Modelle verwenden, in denen Urteilsfehler explizit berücksichtigt werden.

Was heißt „empirisch"?

In den meisten Anwendungen verwenden wir Nominalskalenmodelle als ein Bestandteil von vielen anderen Komponenten einer umfassenderen Theorie. „Empirisch" heißt also nicht unbedingt „beobachtet", sondern u.U. auch „prinzipiell beobachtbar". Die Einführung einer Nominalskala beruht auf der Annahme der Gültigkeit des Fundamentalgesetzes. Dieses ist insofern „empirisch", als es logisch gesehen durchaus Beobachtungen geben kann, die ihm widersprechen.

Zur Bedeutsamkeit empirischer Relationen

Auch wenn es in diesen Fällen *für die Anwendung* nicht wichtig ist, auf die zugrundeliegende Relation zu rekurrieren, ist dies aus *theoretischen* Gründen erforderlich. Wie wir gesehen haben, ist die Namenszuordnung zu den Objekten und damit die Wahl einer speziellen Abbildung $f : U \rightarrow B$ relativ willkürlich. Invariant ist jedoch die zugrundeliegende Relation R. Für 2 beliebige, verschiedene Nominalskalen f und f' gilt nämlich das Fundamentalgesetz für *dieselbe* Relation R. Aus diesem Grund ist also nicht die theoretische Größe entscheidend, sondern die entsprechende Relation und die durch sie erzeugte Klassifikation der Objekte. Auch wenn man verschiedene Skalen betrachtet, bleibt die zugehörige Relation gleich. Sie ist also in diesem Sinn *fundamentaler* als die theoretische Größe, denn sie enthält die empirischen Gesetzmäßigkeiten, die in der betreffenden Anwendung als relevant erachtet werden.

Box 3.1. Die drei Arten der Anwendung des Nominalskalenmodells

1. Art   Man geht von einer empirischen Relation R auf der Objektmenge U aus, die sich z.B. durch einen vollständigen Paarvergleich herstellen läßt. Erfüllt R bestimmte Voraussetzungen, so kann man eine Abbildung $f : U \to B$ einführen, die das Fundamentalgesetz erfüllt.

2. Art   Man weist den Objekten aus U nach einer vorgegebenen Regel Namen zu, so daß jedes Objekt genau einen Namen zugeordnet bekommt. Eine empirische Überprüfung der Voraussetzungen, unter denen eine derartige Zuordnung möglich wird, ist nicht ohne weiteres möglich.

3. Art   Man läßt die Objekte aus U in sich nicht überschneidende Mengen einordnen und sorgt dafür, daß dabei *alle* Objekte klassifiziert werden. Auch hier ist eine empirische Überprüfung nicht ohne weiteres möglich.

3.4 Zusammenfassung

In diesem Kapitel wurde darauf hingewiesen, daß es 3 Arten der Anwendung des Nominalskalenmodells gibt, eine explizite und zwei implizite. Bei der expliziten Anwendung geht man von einer Relation R auf der zugrundegelegten Objektmenge U aus. Eine solche Relation kann man beispielsweise durch einen vollständigen Paarvergleich herstellen lassen. Bei den beiden impliziten Anwendungen hält man eine empirische Überprüfung für überflüssig, was auch bei bereits eingeführten Begriffen durchaus vernünftig ist. Die explizite Anwendung dient im wesentlichen zur Einführung eines *neuen* Begriffs, bei dem man nicht sicher ist, ob die dafür notwendigen Voraussetzungen tatsächlich erfüllt sind. Erweist sich die Einführung einer Nominalskala als möglich, dann können die beobachteten Indifferenzurteile sehr einfach beschrieben werden. Darüber hinaus kann eine Nominalskala als Ausgangspunkt dienen, Zusammenhänge mit anderen Variablen herzustellen.

Fragen

1. Was heißt „empirisch", wenn von einer empirischen Relation die Rede ist?
2. In welchem Sinn ist die Abbildung f in Abschnitt 3.1.3 „theoretisch"?
3. Wieso wird in den meisten Anwendungen eines Nominalskalenmodells die empirische Relation gar nicht erst hergestellt?
4. Welches sind die Menge U und der Wertebereich B der Abbildung f bei dem in Abschnitt 3.1.1 behandelten Beispiel?

Antworten

1. „Empirisch" heißt in diesem Kontext, daß man diese Relation entweder beobachtet hat oder aber, daß man sie prinzipiell beobachten könnte.
2. Diese Abbildung ist in dem Sinn theoretisch, daß sie nur dann konstruiert werden kann, wenn die zugrundegelegte Relation R bestimmte empirische Gesetzmäßigkeiten aufweist (s. Abschnitt 2.2).
3. In vielen Anwendungen werden die Gesetzmäßigkeiten, die diese Relation erfüllen muß, als selbstverständlich und keiner empirischen Überprüfung bedürftig vorausgesetzt. Beim Geschlechtsbegriff beispielsweise gilt das Fundamentalgesetz als bewährt, was aber nicht darüber hinwegtäuschen darf, daß es sich prinzipiell hätte als falsch erweisen können, da es nicht schon aus logischen Gründen wahr ist.
4. U = {Nuschleckma 1, Nuschleckma 2, Produkt 3, Produkt 4},
   B = {Nuschleckma, Produkt 3, Produkt 4}

Übungen

1. Schreiben Sie die in Tabelle 3.1 angegebene Relation R als Teilmenge des Kartesischen Produkts $U \times U$!
2. Verändern Sie die in Tabelle 3.1 angegebene Relation durch Hinzufügen einer Markierung so, daß keine Abbildung f mehr konstruiert werden kann, die das Fundamentalgesetz erfüllt!
3. Ein Freund behauptet, er könne alle möglichen Weine (Schokoladen, Tees etc.) durch reine Geschmackstests klar voneinander unterscheiden. Wie könnte ein Versuch aussehen, um diese Behauptung zu überprüfen? Wie müßte das Ergebnis des Versuchs aussehen, wenn seine Behauptung stimmen würde?

Lösungen

1. R := { ⟨Nuschleckma 1, Nuschleckma 1⟩, ⟨Nuschleckma 1, Nuschleckma 2⟩,
         ⟨Nuschleckma 2, Nuschleckma 1⟩, ⟨Nuschleckma 2, Nuschleckma 2⟩,
         ⟨Produkt 3, Produkt 3⟩, ⟨Produkt 4, Produkt 4⟩ }.
2. *Jede* Hinzufügung einer einzigen weiteren Markierung in Tabelle 3.1 hat zur Folge, daß man keine Abbildung mehr konstruieren kann, die das Fundamentalgesetz erfüllt. Fügt man beispielsweise ein Kreuz in der Zelle ⟨1, 3⟩ hinzu, dann stehen auch Nuschleckma 1 und Produkt 3 in der neuen Relation. Jeder Versuch, eine Abbildung f zu konstruieren, die das Fundamentalgesetz erfüllt, würde daran scheitern, daß man dann Nuschleckma 1 den gleichen Namen zuordnen müßte wie Nuschleckma 2 und Produkt 3, letzterem aber einen anderen Namen als Nuschleckma 2, was zu einem unauflöslichen Widerspruch führen und das Fundamentalgesetz verletzen würde.
3. Wenn Sie seine Aussage widerlegen wollen, kaufen Sie 5 verschiedene Weine aus demselben Anbaugebiet und derselben Rebsorte. Füllen Sie je 2 Gläser mit demselben Wein, so daß insgesamt 10 Gläser paarweise zu beurteilen sind. Lassen Sie ihn dann einen vollständigen Paarvergleich durchführen, und überprüfen Sie, ob die resultierende Relation die Voraussetzungen zur Einführung einer Nominalskala (s. das Fundamentalgesetz) erfüllt. Wenn Sie es ihm leichter machen wollen, kaufen Sie Weine verschiedener Rebsorten.

4 Vertiefung des Nominalskalenmodells

In den letzten beiden Kapiteln wurde in die wichtigsten Ideen des Nominalskalenmodells eingeführt. Im folgenden sollen nun die dabei verwendeten Begriffe präzisiert, die aufgestellten Behauptungen in einer exakten Sprache formuliert und bewiesen werden. Dies scheint uns für eine Vertiefung des Verständnisses der „Logik"
des Nominalskalenmodells nützlich zu sein. Insbesondere wollen wir die Anforderungen an eine Relation R auf der zugrundegelegten Objektmenge U präzisieren, die es
erst ermöglichen, eine Nominalskala zu konstruieren. In der Logik und Mathematik
sagt man, daß etwas „existiert", wenn man es konstruieren kann.

Was heißt
„Existenz"?

Überblick

In dieser Terminologie formuliert geben wir also die Annahmen über die zugrundegelegte Relation R auf U an, aus denen die *Existenz* einer Nominalskala abgeleitet
werden kann. Neben diesem Existenztheorem werden wir auch die Eindeutigkeits-
und Bedeutsamkeitstheoreme formulieren und beweisen. Das Eindeutigkeitstheorem
präzisiert, in welchem Grad der *Eindeutigkeit* eine Nominalskala durch die Modellannahmen über die zugrundegelegte Relation definiert ist, und damit, welche Art von
Transformationen zulässig sind, um aus einer gegebenen Nominalskala f eine weitere Nominalskala f' zu erhalten. Das Bedeutsamkeitstheorem gibt an, welche Aussagen über eine Nominalskala ihren Wahrheitswert nicht verändern und in diesem
Sinn *bedeutsam* sind, wenn man eine zulässige Transformation vornimmt. Auch hier
werden die in den Anhängen A – D eingeführten Begriffe vorausgesetzt.

4.1 Existenz

Im Einführungskapitel wurde bereits festgestellt, daß die zugrundegelegte Relation
R auf der Objektmenge U bestimmte Anforderungen erfüllen muß, damit eine Abbildung $f : U \rightarrow B$ existiert, die das Fundamentalgesetz erfüllt. Wir haben aber
noch nicht angegeben, um welche Anforderungen es sich dabei genau handelt.
Das Fundamentalgesetz selbst enthält zwar implizit diese Anforderungen, hat aber
den Nachteil, daß die einzuführende Abbildung f darin bereits vorkommt. Jetzt
soll es darum gehen, die an die (empirische) Relation R gestellten Anforderungen
zu formulieren, *ohne* dabei auf die (theoretische) Abbildung f Bezug zu nehmen,

die ja erst eingeführt werden kann, wenn R diese Anforderungen tatsächlich erfüllt.

4.1.1 Die Annahmen

Die genannten Anforderungen an die empirische Relation $R \subset U^2$ sind die Eigenschaften *Reflexivität*, *Symmetrie* und *Transitivität*. Zur Erinnerung seien diese Eigenschaften nochmals angegeben (s. Anhang C):

Gesetze der empirischen Relation R

- *Reflexivität*: Für alle $u \in U$ gilt: $u\,R\,u$.
- *Symmetrie*: Für alle $u, v \in U$ gilt: $u\,R\,v \;\rightarrow\; v\,R\,u$.
- *Transitivität*: Für alle $u, v, w \in U$ gilt: $(u\,R\,v \wedge v\,R\,w) \;\rightarrow\; u\,R\,w$.

Die Annahmen der Reflexivität, Symmetrie und Transitivität kann man auch die in einem Nominalskalenmodell postulierten *empirischen Gesetze* nennen. „Empirisch" heißt dabei nicht unbedingt, daß man diese Eigenschaft schon beobachtet hat, sondern lediglich, daß man sie im Zweifelsfall beobachten *könnte*. Wenn diese Annahmen erfüllt sind, dann ist es möglich, eine Nominalskala einzuführen (s. Abschnitt 4.1.3). Gegenüber dem Fundamentalgesetz haben die mit der Reflexivität, Symmetrie und Transitivität formulierten Modellannahmen den Vorteil, daß sie ausschließlich in termini der empirischen Relation formuliert sind.

Beispiele. Sei U eine Menge von Nuß-Nougat-Cremes. Wird dann beispielsweise die Relation R nach der Vorschrift „u schmeckt genau wie v" gebildet, dann gelten also:

- Jede Creme u schmeckt genau wie sie selbst (Reflexivität).
- Wenn eine Creme u genau wie eine Creme v schmeckt, dann schmeckt v genau wie u (Symmetrie).
- Wenn eine Creme u genau wie eine Creme v schmeckt und v genau wie eine Creme w, dann schmeckt u genau wie w (Transitivität).

In diesem Beispiel erscheinen diese Modellannahmen zunächst recht trivial. In empirischen Anwendungen findet man jedoch häufig Verletzungen dieser Annahmen, insbesondere dann, wenn sich die zu beurteilenden Objekte (hier: die Nuß-Nougat-Cremes) sehr ähnlich sind.

Beispiel für die Verletzung der Transitivität

Bei Experimenten zur Lautheitswahrnehmung beispielsweise findet man häufig Urteile der untersuchten Personen der folgenden Art: Ton u ist genauso laut wie Ton v, Ton v ist genauso laut wie Ton w, aber Ton u ist *nicht* genauso laut wie Ton w. Dies ist dann zu erwarten, wenn u nicht wahrnehmbar lauter ist als v, v ebenfalls nicht wahrnehmbar lauter als w, die Lautheitsdifferenz zwischen u und w dagegen die Unterschiedsschwelle schon übersteigt. Die Eigenschaft der Symmetrie könnte verletzt sein, wenn das Urteil über die Töne u und v von der Reihenfolge abhängt, in der die Töne dargeboten werden.

Beispiel für die Verletzung der Symmetrie

4.1.2 Äquivalenzrelation und Klassifikationssystem

Für die weitere Darstellung des Nominalskalenmodells wird es sich als vorteilhaft erweisen, einige Begriffe einzuführen, die im wesentlichen den Zweck haben, Aussagen kürzer formulieren zu können. So kann man die genannten Modellannahmen der Reflexivität, Symmetrie und Transitivität als definierende Bedingungen einer *Äquivalenzrelation* R auf U verwenden, die wir mit „$\approx$" notieren.

Fassen wir die Objektmenge U und die darauf definierte Äquivalenzrelation $\approx$ in dem geordneten Paar $\langle U, \approx \rangle$ zusammen, so bezeichnen wir das damit vorliegende Relativ (s. Anhang C) als *Klassifikationssystem*. Dieser Name rührt daher, daß jede Äquivalenzrelation $\approx$ in eindeutiger Weise eine Menge von *Äquivalenzklassen* erzeugt. Liegt ein Klassifikationssystem vor, lassen sich nämlich die Objekte u der Menge U in eine Anzahl von Klassen einteilen, und zwar derart, daß *jedes* Objekt zu *einer und nur einer* Klasse gehört. Ein erstes Beispiel dazu findet man in Abb. 4.1. Diese Begriffe sollen nun genauer definiert werden.

Definitionen 1. Seien U eine Menge und $R \subset U^2$ eine Relation.

Äquivalenzrelation
$\approx$

Klassifikations-
system $\mathbb{A} = \langle U, R \rangle$

(i) R heißt *Äquivalenzrelation* genau dann, wenn R reflexiv, symmetrisch und transitiv ist.

(ii) Ein Relativ $\mathbb{A} = \langle U, R \rangle$ heißt *Klassifikationssystem* genau dann, wenn U eine Menge und R eine Äquivalenzrelation auf U ist.

Bemerkungen. Für eine Äquivalenzrelation werden wir, falls nicht explizit anders vereinbart, das Zeichen „$\approx$" verwenden, und ein Klassifikationssystem werden wir meist mit $\mathbb{A} = \langle U, \approx \rangle$ notieren. In den folgenden Definitionen machen wir vom Begriff der Endlichkeit einer Menge Gebrauch. Eine *Menge* (hier: $U/\approx$) heißt *endlich* genau dann, wenn die Anzahl ihrer Elemente mit einer natürlichen Zahl (z.B. 1, 2, 3 etc.) angegeben werden kann.

Endliche Menge

Definitionen 2. Sei $\mathbb{A} = \langle U, \approx \rangle$ ein Klassifikationssystem.

(i) Dann heißt die Menge

Äquivalenzklasse
$[\![u]\!]$

$$[\![u]\!] := \{ v \in U : v \approx u \}, \quad u \in U, \tag{1}$$

die zu u gehörige *Äquivalenzklasse*.

Quotientenmenge
$U/\approx$

(ii) Die Menge $U/\approx := \{ [\![u]\!] : u \in U \}$ heißt die **Quotientenmenge** von U bezüglich $\approx$.

Endliches Klassifi-
kationssystem

(iii) Ein Klassifikationssystem $\mathbb{A} = \langle U, \approx \rangle$ heißt *endlich* genau dann, wenn $U/\approx$ endlich ist.

Erläuterungen. Eine Äquivalenzklasse wird also dadurch notiert, daß man ein beliebiges Element aus dieser Klasse mit doppelten eckigen Klammern versieht. Es gilt demnach $[\![u]\!] = [\![v]\!]$, falls $u \approx v$. Einer Äquivalenzrelation $\approx$ auf einer Menge U ist *genau eine* Menge von Äquivalenzklassen zugeordnet und umgekehrt gilt, daß es zu jeder Menge von Äquivalenzklassen genau eine Äquivalenzrelation gibt.

Abb. 4.1. Die Objektmenge und die durch die Relation ≈ (mit der Relationsvorschrift „*u* hat das gleiche Geschlecht wie *v*") erzeugten beiden Äquivalenzklassen

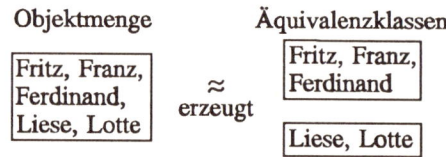

Daher kann man von *der* durch ≈ erzeugten Menge von Äquivalenzklassen sprechen. Bei dem in Abb. 4.1 dargestellten Beispiel ist dies die Menge $U/≈ = \{\{\text{Fritz, Franz, Ferdinand}\}, \{\text{Liese, Lotte}\}\} = \{[\![\text{Fritz}]\!], [\![\text{Lotte}]\!]\}$. Diese Menge hat also 2 Elemente, nämlich die beiden Äquivalenzklassen.

Die durch die Relation ≈ auf U erzeugte *Menge von Äquivalenzklassen* ist die *Quotientenmenge* von U hinsichtlich ≈. Das dem in Abb. 4.1 dargestellten Beispiel zugrundeliegende Klassifikationssystem $\mathbb{A} = \langle U, ≈ \rangle$ ist endlich, da die Quotientenmenge $U/≈$ nur 2 Elemente hat.

Beispiel 1. Seien $U := \{\text{Fritz, Franz, Ferdinand, Liese, Lotte}\}$ und die Relation $R \subset U^2$ definiert durch:

$$R := \{\langle u, v \rangle: \text{„}u \text{ hat gleiche Geschlechtsmerkmale wie } v\text{"}\}.$$

Nun kann man zeigen, daß das so definierte Relativ $\langle U, R \rangle$ ein Klassifikationssystem ist. Die Relation R ist nämlich reflexiv, symmetrisch und transitiv, woraus folgt, daß R eine Äquivalenzrelation ist. Daher ist das Relativ $\langle U, R \rangle$ ein Klassifikationssystem. Die Äquivalenzrelation R teilt die Grundmenge U in 2 Äquivalenzklassen auf, die der Frauen und die der Männer (s. Abb. 4.1). Die Äquivalenzklasse $[\![\text{Fritz}]\!]$ ist die Menge, die aus den Elementen Fritz, Franz und Ferdinand besteht, d.h. die zu Fritz gehörende Äquivalenzklasse ist die Menge der Männer aus der betrachteten Grundmenge U. Es gilt $[\![\text{Fritz}]\!] = [\![\text{Franz}]\!]$, jedoch $[\![\text{Fritz}]\!] \neq [\![\text{Liese}]\!]$!

[Fritz] = [Franz]

Beispiel 2. Eine spezielle Äquivalenzrelation auf einer beliebigen Menge ist die *Gleichheitsrelation*. Ist z.B. $U := \{u_1, u_2, u_3\}$, dann ist die Teilmenge

Gleichheits-relation =

$$R := \{\langle u_1, u_1 \rangle, \langle u_2, u_2 \rangle, \langle u_3, u_3 \rangle\}$$

des Kartesischen Produkts $U \times U$ eine Äquivalenzrelation auf U. Bei dieser Relation R handelt es sich um die Gleichheitsrelation, für die wir in der Regel das Zeichen „=" verwenden. Die Gleichheitsrelation ist also eine spezielle Äquivalenzrelation. Daher ist $\langle U, = \rangle$ ein Klassifikationssystem, und die Äquivalenzklasse $[\![u_1]\!]$ besteht hier nur aus dem einzigen Element u_1. Auch die Äquivalenzklassen $[\![u_2]\!]$ und $[\![u_3]\!]$ bestehen jeweils aus einem einzigen Element. Man beachte, daß es auf einer gegebenen Menge U mehrere verschiedene Äquivalenzrelationen geben kann. Auf einer Personenmenge beispielsweise gibt es neben der Gleichheitsrelation auch die Äquivalenzrelation, die durch die Vorschrift „u hat gleiches Geschlecht wie v" erzeugt wird.

4.1.3 Existenztheorem

Mit den oben eingeführten Definitionen ist es nun leichter, das Existenztheorem zu formulieren. Dabei geht es darum zu zeigen, daß die Modellannahmen hinreichen, um daraus die Existenz eines Homomorphismus, dessen Werte die Elemente der zugrundegelegten Objektmenge U charakterisieren, logisch ableiten zu können. Im Gegensatz zu der betrachteten Relation auf U ist ein solcher Homomorphismus $f : U \to B$ insofern *theoretisch*, als er nur dann existiert, wenn die Relation die Reflexivität, Symmetrie und Transitivität erfüllt. Wie bereits im Einführungskapitel betont, dient diese Abbildung f der vereinfachten Beschreibung der zugrundegelegten Relation auf U. Dabei begnügen wir uns der Einfachheit halber mit einem *endlichen* Klassifikationssystem, d.h. mit einer Äquivalenzrelation $\approx$ auf U, die eine *endliche* Menge von Äquivalenzklassen erzeugt.

Was heißt „theoretisch"?

Existenzsatz

Theorem. Man betrachte:

(a) $\mathbb{A} := \langle U, \approx \rangle$ ist ein endliches Klassifikationssystem.
(b) $\mathbb{B} := \langle B, = \rangle$ ist ein Klassifikationssystem mit der Gleichheitsrelation $=$ auf B.
(c) Die Anzahl der Elemente der Quotientenmenge $U/\approx$ ist kleiner oder gleich der Anzahl der Elemente von B.

Aus (a) – (c) folgt:

Fundamentalgesetz

(d) Es existiert (mindestens) eine Abbildung $f : U \to B$, für die gilt:

$$u \approx v \text{ genau dann, wenn } f(u) = f(v), \quad \text{für alle } u, v \in U. \tag{2}$$

Konstruktionsregel für eine Nominalskala

Beweis. Für ein beliebiges Element $v \in U$ wähle man ein beliebiges Element $a \in B$, lege $f(v) := a$ fest und definiere: $f(u) := a$, für alle $u \in U$, für die gilt: $u \approx v$. Für ein beliebiges Element $w \in U$ mit $\neg(w \approx v)$ wähle man dann ein beliebiges Element $b \in B$ mit $b \neq a$, lege $f(w) := b$ fest und definiere: $f(u) := b$, für alle $u \in U$, für die gilt: $u \approx w$. Für ein beliebiges Element $z \in U$ mit $\neg(z \approx v)$ und $\neg(z \approx w)$ wähle man dann ein beliebiges Element $c \in B$ mit $c \neq a$ und $c \neq b$, lege $f(z) := c$ fest und definiere: $f(u) := c$ für alle $u \in U$, für die gilt: $u \approx z$. Entsprechend kann man mit den übrigen Elementen aus U verfahren. Die dadurch definierte Funktion $f : U \to B$ erfüllt die im obigen Theorem formulierte Aussage 2, das Fundamentalgesetz des Nominalskalenmodells.

Erläuterungen. Die einzige unter inhaltlichem Gesichtspunkt relevante Annahme verbirgt sich hinter Bedingung (a). Dort wird nämlich vorausgesetzt, daß $\approx$ eine Äquivalenzrelation ist, d.h. die Gesetze der Reflexivität, Symmetrie und Transitivität erfüllt. Alle anderen Voraussetzungen sind eher technischer Natur, die die Anwendbarkeit nicht einschränken. Beispiele wurden bereits in den Abschnitten 2.1.1 und 3.1 behandelt, in denen auch das im obigen Beweis verwendete Konstruktionsprinzip für eine Nominalskala illustriert wurde.

4.1.4 Nominalskalenmodell

Die bisherigen Überlegungen und Ergebnisse können wir nun in der folgenden Definition eines Nominalskalenmodells zusammenfassen:

Nominalskalen-
modell

Definition. Ein Tripel $\langle \mathbb{A}, \mathbb{B}, f \rangle$ heißt *Nominalskalenmodell*, und f heißt *Nominalskala* genau dann, wenn gelten:

(a) $\mathbb{A} := \langle U, \approx \rangle$ ist ein endliches Klassifikationssystem.
(b) $\mathbb{B} := \langle B, = \rangle$ ist ein Klassifikationssystem mit der Gleichheitsrelation $=$ auf B.
(c) Die Anzahl der Elemente der Quotientenmenge $U/\approx$ ist kleiner oder gleich der Anzahl der Elemente von B.
(d) $f : U \to B$ ist eine Abbildung, für die Aussage 2 (s. Abschnitt 4.1.3) gilt.

Erläuterungen. Die unter inhaltlichem Aspekt entscheidende Voraussetzung verbirgt sich hinter (a). Sind diese und die eher technischen (aber aus logischen Gründen notwendigen) Bedingungen (b) und (c) erfüllt, dann läßt sich nach dem Existenztheorem immer eine Abbildung f konstruieren, die das in (d) formulierte Fundamentalgesetz erfüllt.

Auch in dieser Definition haben wir uns der Einfachheit halber auf ein *endliches* Klassifikationssystem beschränkt. Wenn von einem Nominalskalenmodell gesprochen wird oder wenn man untersuchen will, ob eine Abbildung f eine Nominalskala ist, müssen also folgende Fragen geklärt werden:

- Von welchem Relativ $\langle U, R \rangle$ geht man aus?
- Welche Abbildung $f : U \to B$ liegt vor?
- Ist R eine Äquivalenzrelation?
- Erfüllt diese Abbildung f das mit Aussage 2 formulierte Fundamentalgesetz?

Sind die ersten beiden Fragen geklärt und kann man die letzten beiden mit ja beantworten, dann liegt ein Nominalskalenmodell vor. Überprüft man diese Fragen für die unter 2.1.1 und 3.1 behandelten Beispiele, kann man sich vergewissern, daß in beiden Fällen mit $\langle \mathbb{A}, \mathbb{B}, f \rangle$ tatsächlich Nominalskalenmodelle vorliegen. Die dort definierten Abbildungen $f : U \to B$ sind also Nominalskalen.

Wie oben bereits angemerkt, existiert zu einem gegebenen Klassifikationssystem $\mathbb{A} = \langle U, \approx \rangle$ nicht nur *eine einzige* Abbildung $f : U \to B$, die das im Existenztheorem (s. Abschnitt 4.1.3) formulierte Fundamentalgesetz erfüllt. Bei dem unter 2.1.1 behandelten Beispiel wurde die Geschlechtszugehörigkeit durch die Abbildung f mit den Namen a und b kodiert und später durch die Abbildung f' mit den Namen 1 und 0. Wir untersuchen nun zunächst, welche Beziehung zwischen f und f' besteht. Das Ergebnis dieser Überlegungen wird dann dazu dienen, den Grad der Eindeutigkeit anzugeben, mit dem eine Nominalskala durch die Modellannahmen definiert ist.

Box 4.1. Wichtige Begriffe zum Nominalskalenmodell

Äquivalenzrelation $\approx$	Die Relation $\approx$ auf U ist reflexiv, symmetrisch und transitiv
Äquivalenzklasse $[\![u]\!]$	Die Menge aller $v \in U$ mit $v \approx u$
Klassifikationssystem $\langle U, \approx \rangle$	Eine Menge U und eine Äquivalenzrelation $\approx$ auf U
Quotientenmenge $U/\approx$	Die Menge aller durch $\approx$ auf U erzeugten Äquivalenzklassen
Nominalskala f	Eine Abbildung $f : U \rightarrow B$, die das Fundamentalgesetz erfüllt
Nominalskalenmodell $\langle \mathbb{A}, \mathbb{B}, f \rangle$	Zwei Klassifikationssysteme $\mathbb{A} = \langle U, \approx \rangle$ und $\mathbb{B} = \langle B, = \rangle$ und eine Nominalskala f

---

4.2 Zulässige Transformationen und Eindeutigkeit

Wenn man das oben verwendete Konstruktionsprinzip für eine Nominalskala näher betrachtet, wird offensichtlich, daß die Zuordnung von Namen zu den Objekten (den Elementen der Menge U) nicht eindeutig und zu einem gewissen Grad willkürlich ist. *Wie* eindeutig diese Zuordnung ist, werden wir in diesem Abschnitt untersuchen.

4.2.1 Zulässige Transformationen

Wenn $f : U \rightarrow B$ eine Abbildung ist, die die Klassenzugehörigkeit kodiert, und zwar so, daß das Fundamentalgesetz des Nominalskalenmodells gilt, so kann man mit Hilfe einer *eineindeutigen Abbildung* $\phi : B \rightarrow B'$ durch die Komposition von ϕ mit f eine neue Abbildung $f' : U \rightarrow B'$ erzeugen, für die ebenfalls das Fundamentalgesetz erfüllt ist. Mit der Abbildung ϕ kann man die Werte des einen Homomorphismus f aus denen des anderen Homomorphismus f' berechnen und umgekehrt. Eine solche Abbildung ϕ nennt man eine *zulässige Transformation*.

Zulässige Transformation ϕ

Zur Erinnerung: Eine Abbildung $\phi : B \rightarrow B'$ heißt *eineindeutig* genau dann, wenn die beiden folgenden Bedingungen gelten:

Eineindeutige Abbildung

$$a = b \;\rightarrow\; \phi(a) = \phi(b), \quad \text{für alle } a, b \in B \quad \text{(Rechtseindeutigkeit)}, \qquad (3)$$

$$\phi(a) = \phi(b) \;\rightarrow\; a = b, \quad \text{für alle } a, b \in B \quad \text{(Linkseindeutigkeit)}. \qquad (4)$$

Nominalskalierte theoretische Größe

Jede zulässige Abbildung ϕ erzeugt aus einer gegebenen Nominalskala f eine weitere Nominalskala f'. In diesem Sinn ist eine Nominalskala nur *eindeutig bis auf eineindeutige Transformationen* ϕ definiert. Eine **nominalskalierte theoretische Größe** ist also formal betrachtet die Menge aller Nominalskalen (mit derselben Objektmenge U und derselben Äquivalenzrelation R auf U), von denen jede aus einer anderen mit Hilfe einer eineindeutigen Abbildung ϕ berechnet werden kann.

Beispiel. Bei dem im Abschnitt 2.1.1 behandelten Beispiel ist die eineindeutige Abbildung $\phi\colon B \rightarrow B'$ (hier gilt: $B' = \{0, 1\}$) definiert durch

$$\phi(c) := \begin{cases} 1, \text{ falls } c = a, \\ 0, \text{ falls } c = b, \end{cases} \quad \text{für alle } c \in B. \qquad (5)$$

Komposition
$f' = \phi \circ f$

Anstelle des durch f zugeordneten Namens a wird den männlichen Personen also durch die Funktion f' die Zahl 1 zugeordnet, und anstelle des durch f zugeordneten Namens b wird den weiblichen Personen durch f' die Zahl 0 zugewiesen. Die in der Komposition $f' = \phi \circ f$ vorkommende Abbildung ϕ ist in diesem Beispiel *eineindeutig*, denn es gilt:

$$f(u) = f(v) \text{ genau dann, wenn } \phi[f(u)] = \phi[f(v)], \quad \text{für alle } u, v \in U. \qquad (6)$$

Jede solche Abbildung ϕ erzeugt ein neues Nominalskalenmodell $\langle \mathbb{A}, \mathbb{B}', \phi \circ f \rangle$ $= \langle \mathbb{A}, \mathbb{B}', f' \rangle$. Dieser Sachverhalt wird mit Hilfe der Abb. 4.2 veranschaulicht und im nachfolgenden Theorem präzisiert.

Satz über die zulässigen Transformationen

Theorem. Seien $\langle \mathbb{A}, \mathbb{B}, f \rangle$ ein Nominalskalenmodell, $\phi\colon B \rightarrow B'$ eine eineindeutige Abbildung und $f' := \phi \circ f$ die Komposition von ϕ mit f. Daraus folgt, daß auch $\langle \mathbb{A}, \mathbb{B}', f' \rangle$ ein Nominalskalenmodell ist, wobei $\mathbb{B}' := \langle B', = \rangle$.

Beweis. Um zu zeigen, daß unter den genannten Voraussetzungen auch $\langle \mathbb{A}, \mathbb{B}', f' \rangle$ ein Nominalskalenmodell ist, ist lediglich die Gültigkeit des Fundamentalgesetzes des Nominalskalenmodells (s. Aussage 2) nachzuweisen. Es muß also gelten: $f'\colon U \rightarrow B'$ ist eine Abbildung, für die gilt:

$$u \approx v \text{ genau dann, wenn } f'(u) = f'(v), \quad \forall\, u, v \in U. \qquad (7)$$

Wegen der Eineindeutigkeit von ϕ gilt:

$$f(u) = f(v) \text{ genau dann, wenn } f'(u) = f'(v), \quad \forall\, u, v \in U \qquad (8)$$

und daher auch Aussage 7.

4.2.2 Eindeutigkeit

Das obige Theorem besagt also, daß man durch eine eineindeutige Abbildung $\phi: B \to B'$ von einem gegebenen Nominalskalenmodell $\langle \mathbb{A}, \mathbb{B}, f \rangle$ zu einem weiteren Nominalskalenmodell $\langle \mathbb{A}, \mathbb{B}', \phi \circ f \rangle$ kommt. Nach folgendem Theorem läßt sich zu 2 verschiedenen Nominalskalenmodellen $\langle \mathbb{A}, \mathbb{B}, f \rangle$ und $\langle \mathbb{A}, \mathbb{B}', f' \rangle$ mit dem gleichen Klassifikationssystem $\mathbb{A}$ *immer* eine eineindeutige Abbildung $\phi: B \to B'$ angeben mit $f' = \phi \circ f$.

Eindeutigkeitssatz

Theorem. Wenn $\langle \mathbb{A}, \mathbb{B}, f \rangle$ und $\langle \mathbb{A}, \mathbb{B}', f' \rangle$ Nominalskalenmodelle sind, dann existiert eine eineindeutige Abbildung $\phi: B \to B'$ derart, daß $f' := \phi \circ f$ die Komposition von ϕ mit f ist.

Beweis. Voraussetzungsgemäß sind $\langle \mathbb{A}, \mathbb{B}, f \rangle$ und $\langle \mathbb{A}, \mathbb{B}', f' \rangle$ Nominalskalenmodelle, und daher gelten für f und f' die Aussagen 2 bzw. 7. Daraus folgt aber Aussage 8. Man kann nun eine eineindeutige Abbildung $\phi: B \to B'$ definieren durch: $\phi[f(u)] := f'(u)$, $\forall u \in U$. Die Abbildung ϕ ist eineindeutig, denn es gelten:

$$f(u) = f(v) \ \to \ f'(u) = f'(v), \quad \forall f(u), f(v) \in B \quad \text{(Rechtseindeutigkeit)},$$

$$f'(u) = f'(v) \ \to \ f(u) = f(v), \quad \forall f(u), f(v) \in B \quad \text{(Linkseindeutigkeit)}.$$

Die Linkseindeutigkeit gilt wegen Aussage 8.

Erläuterungen. Mit den letzten beiden Theoremen wurde gezeigt, daß eine Nominalskala zu einem gegebenen Klassifikationssystem $\langle U, \approx \rangle$ eindeutig bis auf eineindeutige Transformationen $\phi: B \to B'$ definiert ist. Aus einer gegebenen Nominalskala $f: U \to B$ erhält man mit der Komposition $f' = \phi \circ f$ eine neue Nominalskala, und 2 Nominalskalen f und f' zu einem gegebenen Klassifikationssystem $\langle U, \approx \rangle$ lassen sich immer durch eine eineindeutige Abbildung ϕ ineinander überführen. Dies charakterisiert den Grad der Eindeutigkeit, mit dem eine Skala (die theoretische Größe) im Nominalskalenmodell definiert ist. Die Klasse der zulässigen Transformationen ist in diesem Modell also die Klasse der eineindeutigen Transformationen.

Fazit

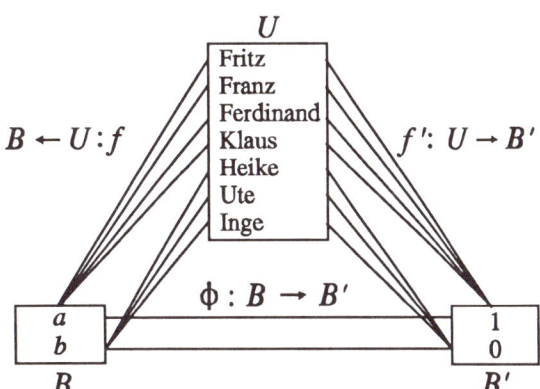

Abb. 4.2. Darstellung der Beziehungen zwischen f, f' und ϕ

4.3 Bedeutsamkeit

Wir untersuchen nun, welche Aussagen über eine Nominalskala *f bedeutsam* sind, d.h. bei welchen Aussagen über *f* die Wahrheitswerte beim Übergang zu $f' = \phi \circ f$ mit einer zulässigen Abbildung $\phi: B \to B'$ invariant bleiben. Was dies genauer heißt, kann man den Formulierungen im folgenden Theorem entnehmen. Man beachte, daß dort keineswegs alle bedeutsamen Aussagen, die über eine nominalskalierte Größe möglich sind, vorkommen:

Bedeutsamkeitssatz   **Theorem.** Sind $\langle A, B, f \rangle$ und $\langle A, B', f' \rangle$ zwei Nominalskalenmodelle, dann gelten:

(i) $f(u) = f(v)$ genau dann, wenn $f'(u) = f'(v)$,   für alle $u, v \in U$.

(ii)   Für alle $u \in U$ und $n \in \mathbb{N}_0$ gilt: Die Anzahl der Elemente aus U mit dem Wert $f(u)$ beträgt n genau dann, wenn die Anzahl der Elemente aus U mit dem Wert $f'(u)$ ebenfalls n beträgt.

(iii)   Der Modalwert (d.h. der Wert, der am häufigsten vorkommt) von f ist $f(u)$ genau dann, wenn $f'(u)$ der Modalwert von f' ist.

Beweis. Die Behauptung i folgt aus den Aussagen 2 und 8. Die Behauptungen ii und iii sind direkte Folgerungen aus i.

Erläuterungen. Diesem Theorem zufolge sind also Aussagen über die Gleichheit zweier Werte einer nominalskalierten Abbildung invariant unter den zulässigen (hier: den eineindeutigen) Abbildungen. Das Entsprechende gilt für Aussagen über die Häufigkeit, mit der ein bestimmter Wert $f(u)$ auftritt. Folglich sind auch Aussagen über *relative* Häufigkeiten bedeutsam. Man beachte, daß nur die *Häufigkeit* des Werts $f(u)$ invariant bleibt, nicht aber der Wert $f(u)$ selbst.

Bedeutsam vs.   Beispiele für *nichtbedeutsame* Aussagen über eine nominalskalierte Funktion
sinnvoll $f: U \to \mathbb{R}$ wurden bereits in Abschnitt 2.3.2 behandelt, wo wir außerdem bereits auf mögliche Mißverständnisse des hier gebrauchten Bedeutsamkeitsbegriffs hingewiesen haben. Wenn eine Aussage im meßtheoretischen Sinn nichtbedeutsam ist, besagt dies nur, daß sie unter den eineindeutigen Abbildungen $\phi: B \to B'$ nicht invariant ist und damit ihre Gültigkeit verliert, wenn eine zulässige Transformation vorgenommen wird. Eine nichtbedeutsame Aussage kann manchmal durchaus sinnvoll sein.

4.4 Testbarkeit

Auch wenn die Annahmen, die ein Nominalskalenmodell konstituieren, recht trivial erscheinen, sollte man sich doch vergegenwärtigen, daß es sich um *Annahmen* über einen empirisch überprüfbaren Sachverhalt handelt. Wie kann man nun die Reflexivität, Symmetrie und Transitivität der zugrundegelegten empirischen Relation überprüfen? Hier bieten sich zwei Strategien an:

*Direkte
Überprüfung*

Die erste Möglichkeit liegt in der *direkten Überprüfung* der Annahmen. So muß man z.B. nur ein einziges Element *u* aus der Objektmenge *U* finden, das nicht mit sich selbst in der empirischen Relation *R* steht. Dies würde nicht nur hinreichen, um die Annahme der Reflexivität zu verwerfen, sondern auch die Annahme, daß ein Nominalskalenmodell vorliegt. Entsprechendes gilt für die Symmetrie. Findet man ein einziges Paar *u*, *v* aus *U*, für das zwar *u R v*, nicht aber *v R u* gilt, dann kann man folgern, daß die Symmetrie nicht erfüllt ist und daß daher kein Nominalskalenmodell vorliegt. Das Entsprechende gilt für die Transitivitätseigenschaft. Dabei wird natürlich vorausgesetzt, daß es sich bei diesen Verletzungen der Annahmen nicht nur um einen für den betrachteten Zusammenhang irrelevanten Fehler (z.B. ein Versehen bei der Urteilserhebung oder bei der Datenübertragung) handelt.

*Indirekte
Überprüfung*

Die zweite Möglichkeit zur Überprüfung der Modellannahmen besteht darin, die nachstehenden Folgerungen aus diesen Annahmen zu prüfen:

- Jedes $u \in U$ ist in einer und *nur* einer Äquivalenzklasse.
- Verschiedene Äquivalenzklassen haben keine gemeinsamen Elemente.

Modus tollens

Da dies Folgerungen aus den Modellannahmen sind, kann man (nach dem Modus tollens) schließen, daß *kein* Nominalskalenmodell vorliegt, wenn auch nur eine einzige dieser Bedingungen nicht erfüllt ist.

*Revision des
Nominalskalen-
modells*

Führen die oben angegebenen Verfahren der Modellüberprüfung zu einer Verwerfung des Nominalskalenmodells, dann muß der zunächst konstruierte Begriff revidiert werden. Prinzipiell kann dies auf verschiedene Weise geschehen:

- durch eine Verbesserung der Relationsvorschrift,
- durch Hinzunahme einer weiteren Äquivalenzklasse oder
- durch Ergänzung des deterministischen Meßmodells um ein Teilmodell, in dem Urteilsfehler berücksichtigt werden können.

Die Überprüfung der Modellannahmen der Reflexivität, Symmetrie und Transitivität oder der im letzten Abschnitt genannten, daraus gefolgerten Aussagen kann also zu einer Revision der Relationsvorschrift führen. Vielleicht muß die Vorschrift „*u* hat gleiche Geschlechtsmerkmale wie *v*" durch eine Liste von einzelnen Kriterien oder auch durch eine Untersuchung eines bestimmten Gens ersetzt werden (Verbesserung der Relationsvorschrift). Wenn auch dies nicht dazu führt, daß keine Verletzungen der Modellannahmen mehr auftreten, muß man u.U. eine weitere Äquivalenzklasse hinzunehmen, z.B. die Zwitter. Ganz analog müßte man u.U. den Nationalitätsbegriff verändern, so daß Personen mit mehr als einer Staatsangehörigkeit eine eigene Äquivalenzklasse bilden.

Bei den oben genannten Veränderungen des ursprünglichen Begriffes sollte allerdings sichergestellt sein, daß es sich bei den beobachteten Modellverletzungen nicht nur um Urteilsfehler handelt. Können diese nicht durch andere Relationsvorschriften beseitigt werden, dann müßte man ein Modell entwickeln, das diese Urteilsfehler zuläßt und Informationen darüber gibt, wie wahrscheinlich sie sind.

Die in diesem Abschnitt diskutierten Beispiele zeigen, daß die explizite Formulierung der Annahmen, die das Nominalskalenmodellen definieren, ihre Überprüfung möglich macht und zu einer Weiterentwicklung wissenschaftlicher Begriffe beitragen kann, die eine bessere Beschreibung der Realität erlauben.

Box 4.2. Das Wichtigste zur Vertiefung von Nominalskalenmodellen

Modellannahmen   Die empirische Relation $\approx$ auf U erfüllt die Bedingungen:

   (a) Reflexivität $\forall\, u \in U$: $u \approx u$
   (b) Symmetrie $\forall\, u, v \in U$: $u \approx v \;\rightarrow\; v \approx u$
   (c) Transitivität $\forall\, u, v, w \in U$: $(u \approx v \land v \approx w) \;\rightarrow\; u \approx w$

Existenz   Aus (a) – (c) folgt die Existenz eines Homomorphismus
                     $f: U \rightarrow B$ (z.B. $B = \mathbb{R}$) mit:

                     $$u \approx v \;\leftrightarrow\; f(u) = f(v), \quad \forall\, u, v \in U$$

                     (Fundamentalgesetz)

Eindeutigkeit   Der Homomorphismus f ist durch die Annahmen (a) – (c)
                     eindeutig bis auf eineindeutige Transformationen $\phi: B \rightarrow B'$
                     definiert

Bedeutsamkeit   *Bedeutsam* sind z.B. die folgenden Aussagen (d.h. sie haben
                     invariante Wahrheitswerte unter eineindeutigen Transforma-
                     tionen $\phi: B \rightarrow B'$):

                     • $f(u) = f(v)$
                     • die Zahl der Elemente von U mit dem Wert $f(u)$ ist n
                     • der Person u ist der Modalwert von f zugeordnet

                     Nichtbedeutsam sind z.B.:

                     • $f(u) > f(v)$
                     • $f(u) + f(v) = \alpha$
                     • Der Mittelwert von f ist $\bar{f}$

Testbarkeit   Außer den Modellannahmen (a) – (c) müssen auch gelten:

                     (1) *Jedes* $u \in U$ ist in einer und *nur* einer Äquivalenzklasse
                     (2) *Verschiedene* Äquivalenzklassen haben keine gemein-
                         samen Elemente

4.5 Zusammenfassung

In diesem Kapitel wurden der Begriff Nominalskalenmodell und die damit zusammenhängenden Begriffe Äquivalenzrelation, -klasse, Klassifikationssystem, Quotientenmenge etc. exakt definiert. Eine *Äquivalenzrelation* $\approx$ auf einer Menge U ist
eine Teilmenge des Kartesischen Produkts $U \times U$ mit den Eigenschaften der Reflexivität, Symmetrie und Transitivität. Ein Klassifikationssystem $\mathbb{A}$ ist ein Paar

$\langle U, \approx \rangle$ aus einer Menge U und einer Äquivalenzrelation $\approx$. Ein *Nominalskalen-modell* ist dann ein Tripel $\langle \mathbb{A}, \mathbb{B}, f \rangle$ aus einem endlichen Klassifikationssystem $\mathbb{A} := \langle U, \approx \rangle$, einem weiteren Klassifikationssystem $\mathbb{B} = \langle B, = \rangle$ und einer Abbildung $f : U \rightarrow B$, bei der für alle $u, v \in U$ gilt: $u \approx v$ genau dann, wenn $f(u) = f(v)$.

Fragen

1. $\mathbb{A} = \langle U, \approx \rangle$ sei ein Klassifikationssystem. Treffen die folgenden Aussagen über Äquivalenz-klassen zu?
   (a) Ein Element kann in 2 Äquivalenzklassen vorhanden sein.
   (b) Eine Äquivalenzklasse kann aus der leeren Menge bestehen.
   (c) Die Schnittmenge zweier Äquivalenzklassen ist die leere Menge.
   (d) Schon ein einziges Element kann eine Äquivalenzklasse bilden.
   (e) Die Menge aller Äquivalenzklassen bezeichnet man als Quotientenmenge.
2. Was versteht man unter den folgenden Begriffen: (a) Äquivalenzrelation; (b) Äquiva-lenzklasse?
3. Welche Modellannahmen definieren ein Nominalskalenmodell?
4. Was heißt es, daß die Abbildung f bei einem Nominalskalenmodell nur eindeutig bis auf eineindeutige Transformationen $\phi : B \rightarrow B'$ definiert ist?
5. Welche 3 Bestandteile hat ein Nominalskalenmodell, und welche Annahmen über diese Bestandteile muß man machen?

Antworten

1. (a) falsch; (b) falsch; (c) richtig (d) richtig; (e) richtig.
2. (a) Eine Äquivalenzrelation auf einer Menge U ist durch die Eigenschaften der Reflexi-vität, Symmetrie und Transitivität definiert.
   (b) Äquivalenzklassen sind Mengen, die durch eine Äquivalenzrelation $\approx$ auf einer Menge U definiert werden und folgende Eigenschaften haben: Jedes Element u aus U gehört zu einer und nur einer Äquivalenzklasse; für je 2 Elemente u, v aus einer Äquivalenzklasse gilt: $u \approx v$.
3. Die ein Nominalskalenmodell definierenden Annahmen sind: Reflexivität, Symmetrie und Transitivität der zugrundegelegten Relation auf der Menge U der Meßobjekte.
4. Die Zuordnung von Werten zu Elementen der Objektmenge ist bis zu einem gewissen Grad willkürlich. So sind unendlich viele Abbildungen f, f' denkbar, durch die die auf der Objektmenge U angenommene Äquivalenzrelation auf einen Wertebereich über-tragen wird. Dabei läßt sich für 2 beliebige Abbildungen f und f' stets eine eineindeu-tige Funktion ϕ finden, so daß gilt $f' = \phi \circ f$.
5. Ein Nominalskalenmodell ist ein Tripel $\langle \mathbb{A}, \mathbb{B}, f \rangle$, wobei $\mathbb{A} := \langle U, \approx \rangle$ und $\mathbb{B} := \langle B, = \rangle$ Klassifikationssysteme sind. Außerdem muß man die Annahme machen, daß f eine Ab-bildung von U nach B ist, für die gilt:

$$u \approx v \text{ genau dann, wenn } f(u) = f(v), \quad \forall\, u, v \in U.$$

Übungen

1. Prüfen Sie, ob das Relativ $A = \langle \mathbb{N}, = \rangle$ mit der Menge $\mathbb{N}$ der natürlichen Zahlen und der Gleichheitsrelation $=$ auf $\mathbb{N}$ ein Klassifikationssystem ist!
2. Geben Sie die von der Relation R in Abb. 2.1 erzeugten Äquivalenzklassen an!
3. Geben Sie eine konkrete zulässige Abbildung für das in Abschnitt 2.1.1 behandelte Beispiel an!

Lösungen

1. Das Relativ $A := \langle \mathbb{N}, = \rangle$ ist ein Klassifikationssystem, denn die Gleicheitsrelation „$=$" ist reflexiv, symmetrisch, transitiv und somit eine Äquivalenzrelation auf der Menge $\mathbb{N}$.
   Reflexivität: für jedes beliebige $n \in \mathbb{N}$ gilt: $n = n$.
   Symmetrie: für zwei beliebige $n_1, n_2 \in \mathbb{N}$ gilt: $(n_1 = n_2) \rightarrow (n_2 = n_1)$.
   Transitivität: für drei beliebige $n_1, n_2, n_3 \in \mathbb{N}$ gilt: $(n_1 = n_2) \wedge (n_2 = n_3) \rightarrow n_1 = n_3$.
2. Die von R erzeugten beiden Äquivalenzklassen sind {Fritz, Franz, Ferdinand} und {Liese, Lotte}. Eine andere Schreibweise für diese beiden Äquivalenzklassen ist: ⟦Fritz⟧ bzw. ⟦Lotte⟧.
3. Ein Beispiel für eine zulässige Transformation $\phi: B \rightarrow B'$ bei dem in Abschnitt 2.1.1 behandelten Beispiel ist definiert durch $\phi(a) = 1$ und $\phi(b) = 0$, wobei $B' := \{0, 1\}$.

Weiterführende Literatur

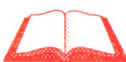

In der Regel beginnen Artikel und Arbeiten zur Repräsentationstheorie des Messens mit komplexeren Modellen. Selbst der klassische Artikel von Suppes und Zinnes (1963) beginnt erst mit Ordinalskalenmodellen. Daher kann hier, wie in Kap. 2, nur auf allgemeine Literatur zur Repräsentationstheorie hingewiesen werden. Insbesondere sei noch einmal auf Krantz et al. (1971), Suppes et al. (1989) und Luce et al. (1990) hingewiesen, die als Standardwerke der deterministischen Meßtheorie gelten, sowie auf Roberts (1979) und Pfanzagl (1971). Umfangreiche Literaturangaben zu Weiterentwicklungen und Anwendungen gibt Orth (1974, 1983). Man beachte auch die Literaturangaben in Kap. 8.

5 Einführung in das Ordinalskalenmodell

In diesem Kapitel geben wir eine kurze Einführung in das Ordinalskalenmodell, das ebenso wie das vorher behandelte Nominalskalenmodell der Repräsentationstheorie des Messens zuzuordnen ist. Wir setzen dabei wiederum die Kenntnis der Anhänge A – D voraus.

5.1 Vorbereitende Überlegungen

In einem Ordinalskalenmodell geht man von 2 Relationen aus, die auf der betrachteten Objektmenge U beispielsweise durch Paarvergleiche hergestellt werden können. So könnte man z.B. eine Menge U von Nuß-Nougat-Cremes betrachten und alle Paare aus dieser Menge danach beurteilen lassen, welche der beiden Cremes jeweils besser schmeckt. Dabei soll das Urteil „Beide Cremes schmecken mir gleich gut" zugelassen sein. Auf diese Weise werden auf der Objektmenge 2 Relationen erzeugt: In R_1 stehen alle Paare, die als gleich schmeckend beurteilt werden, während R_2 diejenigen Paare enthält, für die das Präferenzurteil „Creme 1 schmeckt mir besser als Creme 2" getroffen wurde.

Ausgangspunkt: 2 empirische Relationen

Fragestellung

Die *Fragestellung* ist nun, ob derartige Urteile die notwendige Systematik aufweisen, um aus diesen Urteilen für die Elemente der Menge U (die Cremes) eine *Rangordnung* bezüglich ihres Geschmacks herstellen zu können. Ist dies möglich, dann lassen sich mit Hilfe einer solchen Rangordnung bzw. mit einer entsprechenden Ordinalskala die empirischen Relationen auf der Objektmenge und damit das Urteilsverhalten einfacher beschreiben. Ferner lassen sich erst innerhalb dieses Meßmodells bestimmte Kennwerte der Verteilung einer Variablen (z.B. Median) bzw. des Zusammenhangs der betrachteten Variablen mit anderen Variablen (z.B. Rangkorrelation) berechnen.

5.1.1 Ein einführendes Beispiel

Wie bereits im entsprechenden Kapitel über das Nominalskalenmodell wollen wir auch hier zunächst ein Beispiel behandeln, bevor wir das Fundamentalgesetz eines Ordinalskalenmodells einführen und erläutern. Der Verhaltensforscher, von dem bereits in Kap. 2 die Rede war, stellt bei der Arbeit mit seinem Hund Pluto fest, daß die Lernleistung des Tieres von Tag zu Tag starke Schwankungen aufweist, obwohl sich die verschiedenen Konditionierungsexperimente in ihrer Schwierigkeit nicht unterscheiden. Auf der Suche nach Erklärungen für diesen Sachverhalt gelangt er zu der Hypothese, daß die Leistungsschwankungen Plutos möglicherweise mit dem Futter zusammenhängen, das der Hund am betreffenden Tag erhalten hat. Lernt Pluto schneller, wenn er vor dem Experiment sein Lieblingsfutter bekommt?

Um seine Vermutung prüfen zu können, beschließt der Forscher, mit Hilfe systematischer Beobachtungen zunächst Plutos Nahrungspräferenzen zu ermitteln. Zu diesem Zweck stellt er eine Menge

Objektmenge U

$$U := \{\text{Trockenfutter, Dosenfutter 1, Dosenfutter 2, Knochen, Mensaessen}\}$$

von verschiedenen Futterarten zusammen und läßt Pluto einen vollständigen Paarvergleich der Elemente dieser Menge durchführen. Pluto werden also alle Paare $\langle u, v \rangle$ aus der Menge U vorgesetzt, und es wird registriert, welche von beiden Futterarten er zuerst frißt.

Paar $\langle u, v \rangle$

Die empirischen Relationen. Bei der Beobachtung Plutos zeigt sich, daß er manchmal ein Futter eindeutig dem anderen vorzieht, während er in anderen Fällen abwechselnd aus beiden Näpfen frißt, sich also offenbar indifferent verhält. Die Ergebnisse lassen sich etwas übersichtlicher auch mit Hilfe von 2 Relationen beschreiben, die in Tabelle 5.1 in Matrixschreibweise dargestellt sind, wobei in den Zeilen der Matrix jeweils die erste Komponente u und in den Spalten die zweite Komponente v des *geordneten Paares* $\langle u, v \rangle$ notiert ist. „Geordnet" bedeutet dabei, daß die Reihenfolge der Elemente des Paares $\langle u, v \rangle$ entscheidend ist. Das Symbol ✓ zeigt an, daß u und v in der betreffenden Relation stehen (s. Anhang C). Das Vorhandensein des Symbols ✓ in einer Zelle der *linken* Matrix besagt also, daß Pluto das in der Zeile notierte Futter ebenso gern frißt wie das in der Spalte notierte. Dagegen besagt ein ✓ in der *rechten* Matrix, daß Pluto das in der Zeile notierte Futter gegenüber dem in der Spalte notierten Futter präferiert.

Relationen R_1 und R_2

Relation R_1: Indifferenzverhalten

In der linken Matrix in Tabelle 5.1 ist die Relation R_1 wiedergegeben, die Plutos *Indifferenzverhalten* beschreibt. Die zugehörige Relationsvorschrift lautet „Pluto frißt u ebenso gern wie v". Pluto unterscheidet offenbar zwischen 3 verschiedenen Klassen von Futter, macht aber innerhalb dieser Klassen keine Unterschiede mehr. Die aus der Relationsvorschrift „Pluto frißt u lieber als v" resultierende Relation R_2 gibt dagegen Plutos *Präferenzverhalten* wieder (s. die rechte Matrix in Tabelle 5.1): Er zieht Futter A und B gegenüber C, D und E vor, und frißt Futter C und D wiederum lieber als Futter E. Damit bringt Pluto die verschiedenen Futterarten indirekt in eine Rangfolge, in der Futter A und B ebenso wie Futter C und D jeweils gleiche Ränge haben.

Relation R_2: Präferenzverhalten

Konstruktion der Ordinalskala. Den oben dargestellten Sachverhalt kann unser Verhaltensforscher nun vereinfachend beschreiben, indem er den verschiedenen Futterarten entsprechend ihrem Rangplatz Werte zuordnet. Er wählt als Menge möglicher Werte die Menge

Wertemenge B

$$B := \{1, 2, 3\}.$$

Nominalskala f

Nun ist es möglich, auf der Menge U eine Abbildung $f: U \to B$ einzuführen, wobei folgende Regeln eingehalten werden:

Regeln zur Konstruktion einer Ordinalskala

- Falls ein Paar $\langle u, v \rangle$ in der Relation R_1 steht, so muß beiden Elementen dieselbe Zahl zugeordnet werden.
- Falls ein Paar $\langle u, v \rangle$ in der Relation R_2 steht, so muß u eine größere Zahl zugeordnet werden als v.

Zunächst wird beispielsweise dem Futter A der Wert 3 zugewiesen, und danach werden auch den anderen Elementen der Menge U Zahlen aus der Menge B zugeordnet: Nach den genannten beiden Regeln muß der Forscher z.B. dem Futter B ebenfalls den Wert 3 zuweisen. Futter C und D dagegen muß ein Wert zugewiesen werden, der kleiner ist als der von A und B. Schließlich muß E ein Wert zugeordnet werden, der kleiner ist als der von C und D, da C und D jeweils mit E in der Relation R_2 stehen (vgl. die rechte Matrix in Tabelle 5.1). C und D bekommen also in diesem Beispiel den Wert 2 zugewiesen, Futter E dagegen den Wert 1.

Wie im Nominalskalenmodell gilt also, daß diejenigen Elemente aus U, denen gleiche Werte zugeordnet werden, bezüglich des betrachteten Kriteriums äquivalent sind. Im Vertiefungskapitel werden wir zeigen, daß die oben eingeführte Relation R_1 die Eigenschaften einer *Äquivalenzrelation* haben muß, damit sich eine Ordinalskala konstruieren läßt. Als zweite notwendige Voraussetzung für die Konstruktion einer Ordinalskala kommt hinzu, daß auch die Relation R_2 bestimmte charakteristische Eigenschaften aufweisen muß und zwar die einer *strengen Ordnungsrelation*. Sobald auch nur eine dieser Voraussetzungen verletzt ist, ist die Konstruktion einer Ordinalskala nicht mehr möglich. Falls Pluto beispielsweise Futter A gegenüber Futter D und Futter D wiederum gegenüber Futter E präfe-

Tabelle 5.1. Die von Pluto hergestellten Relationen R_1 und R_2

Relation R_1 („frißt u genauso gern wie v")

	A	B	C	D	E
A Knochen	✓	✓			
B Dosenfutter 1	✓	✓			
C Dosenfutter 2			✓	✓	
D Trockenfutter			✓	✓	
E Mensaessen					✓

Relation R_2 („frißt u lieber als v")

	A	B	C	D	E
A Knochen			✓	✓	✓
B Dosenfutter 1			✓	✓	✓
C Dosenfutter 2					✓
D Trockenfutter					✓
E Mensaessen					

riert, gleichzeitig jedoch Futter E lieber frißt als Futter A, so führt diese Inkonsistenz seines Verhaltens dazu, daß keine Ordinalskala mehr konstruiert werden kann.

5.1.2 Zweck einer Ordinalskala

Vereinfachung

Mit Hilfe der Ordinalskala hat der Forscher in unserem Beispiel 2 wesentliche Ziele seines Vorgehens erreicht. Der *erste* Zweck der neukonstruierten Skala ist die *Vereinfachung* der Beschreibung von Plutos Futterpräferenzen. Nachdem Pluto alle verschiedenen Paare von Futter beurteilt hat, stehen insgesamt 9 Paare in der Relation R_1 und 8 Paare in R_2 (vgl. Tabelle 5.1). Um nun beispielsweise angeben zu können, welches Plutos Lieblingsfutter ist, müßte der Forscher zunächst ein Element u suchen, das mit allen anderen Elementen aus U in der Relation R_2 steht. Danach müßte er in R_1 überprüfen, ob es noch ein weiteres Futter gibt, das Pluto ebensogern frißt wie das zuerst ausgewählte. Ordnet er dagegen den verschiedenen Futterarten durch die oben beschriebene Abbildung Zahlen zu, so drückt sich in dieser Zahlenzuordnung Plutos Futterpräferenz direkt aus: Wenn der u zugeordnete Wert größer ist als der v zugeordnete Wert, frißt er Futter u lieber als Futter v. Wird dagegen u und v derselbe Wert zugewiesen, so frißt er Futter u ebensogern wie Futter v.

Zusammenhänge mit anderen Variablen darstellen

Ein *zweiter* Zweck, der durch die Einführung einer Ordinalskala erreicht wird, besteht in der Möglichkeit, *Zusammenhänge* der ordinalskalierten Variablen mit anderen Variablen einfacher zu beschreiben. Erst jetzt könnte unser Forscher seine Hypothese prüfen, daß Plutos unterschiedliche Lernleistung vom zuvor gefressenen Futter abhängt. So könnte er beispielsweise Pluto in zufälliger Abfolge die verschiedenen Futterarten vorsetzen und jeweils registrieren, wieviele Lerndurchgänge der Hund an diesem Tag bis zum Erreichen des Kriteriumsverhaltens benötigt. Das Ergebnis eines solchen Versuchs ist in Tabelle 5.2 wiedergegeben.

Würde sich ein solches Ergebnismuster auch bei häufiger Durchführung des Experiments zeigen, so wäre dies ein Hinweis darauf, daß Plutos Lernleistung tatsächlich von der Art des Futters abhängt. Um diese Folgerung auch statistisch abzusichern, könnte man aus den vorliegenden Daten als Zusammenhangsmaß z.B.

Tabelle 5.2. Anzahl der von Pluto benötigten Lerndurchgänge nach dem Fressen verschiedener Futterarten

Futterart u	$f(u)$	Lerndurchgänge
Knochen	3	7
Dosenfutter 1	3	6
Dosenfutter 2	2	10
Trockenfutter	2	18
Mensaessen	1	16

die *Rangkorrelation* nach Spearman berechnen. Ist der ermittelte Korrelationskoeffizient signifikant negativ, so kann man tatsächlich annehmen, daß Pluto am schnellsten lernt, wenn ihm vorher sein Lieblingsfutter serviert wurde.

5.2 Die Annahmen

Durch eine Ordinalskala werden den Elementen der Objektmenge U Werte zugeordnet und zwar so, daß die auf der Objektmenge bestehenden Relationen in einem noch zu präzisierenden Sinn erhalten bleiben. Nur dann können wir eine Wertezuordnung als sinnvoll ansehen, und nur dann kann sie den im letzten Abschnitt beschriebenen Zweck erfüllen.

Bestandteile des Ordinalskalen-modells

Die Zuordnung von Werten zu den Objekten aus U wird innerhalb eines Ordinalskalenmodells durch eine Abbildung $f: U \rightarrow B$ repräsentiert, wobei B die Menge ist, aus der die zugeordneten Werte stammen. Den Begriff des Ordinalskalen*modells* werden wir erst in Kap. 7 präziser definieren. Hier seien nur die wesentlichen Bestandteile eines solchen Modells genannt: Ein Ordinalskalenmodell beinhaltet eine Objektmenge U, die darauf gegebenen Relationen R_1 und R_2, einen Wertebereich B — zumeist die Menge $\mathbb{R}$ der reellen Zahlen oder eine Teilmenge daraus — mit den Relationen = und > sowie eine Abbildung f. Die Abbildung f muß jedoch bestimmte Bedingungen erfüllen, damit es sich bei f tatsächlich um eine Ordinalskala handelt.

Die entscheidende Frage ist wieder, ob die zugrundeliegenden Relationen R_1 und R_2 auf der Objektmenge die Voraussetzungen erfüllen, die für eine sinnvolle Zuordnung von Werten zu Objekten erforderlich sind. Als sinnvoll betrachten wir die Wertezuordnung dann, wenn für die Relationen R_1 und R_2 und die Abbildung f die folgenden beiden Homomorphieeigenschaften gelten, die wir auch als das ***Fundamentalgesetz des Ordinalskalenmodells*** bezeichnen:

Fundamentalgesetz

$$u \ R_1 \ v \text{ genau dann, wenn } f(u) = f(v),$$
$$\text{für alle } u, v \in U. \quad (1)$$
$$u \ R_2 \ v \text{ genau dann, wenn } f(u) > f(v),$$

Dabei beachte man, daß hier *Annahmen* über die empirischen Relationen R_1 und R_2 verborgen sind, die nicht in jedem potentiellen Anwendungsfall erfüllt sein werden. Inhaltlich besagt dieses Fundamentalgesetz, daß durch die Abbildung f denjenigen Objektpaaren, die in der Relation R_1 stehen (im Beispiel: Pluto frißt Futter u ebenso gern wie Futter v) gleiche Werte zugeordnet werden müssen. Stehen 2 Objekte dagegen in der Relation R_2 (im Beispiel: Pluto frißt Futter u lieber als Futter v), so muß das Objekt u einen größeren Wert erhalten als v.

Homomorphismus f

Erfüllt eine Abbildung f die beiden Bedingungen des Fundamentalgesetzes, so ist f ein ***Homomorphismus***, also eine Abbildung, bei der die auf dem Definitionsbereich vorliegenden Relationen auf den Wertebereich übertragen werden (s. Anhang D). Die Abbildung f bezeichnen wir im hier behandelten Modell als Ordinalskala.

5.3 Die theoretische Größe

Warum Zahlen als Werte von f?

Bei Ordinalskalenmodellen spielen die zugeordneten Zahlen nicht mehr nur die Rolle von Namen für die Mitglieder der damit bezeichneten Klassen von Objekten, sondern man kann nun z.B. mit der Aussage $f(u) > f(v)$ den empirischen Sachverhalt ausdrücken, daß u mit v in der Relation R_2 steht. Der Wertebereich der Funktion f muß daher so gewählt werden, daß diese Geordnetheit der Objekte sich auch ausdrücken läßt. Im allgemeinen wird man daher den Objekten aus U *Zahlen* zuordnen. In der Regel werden das natürliche Zahlen wie z.B. 1, 2, 3, ... sein. Insbesondere bei Ranggleichheit mehrerer Objekte verwendet man in der Praxis aber auch reelle Zahlen, wie z.B. 1.5. Prinzipiell kann man natürlich auch jede andere, mit einer Ordnungsrelation versehene Menge als Wertebereich verwenden, die mindestens ebensoviele Elemente hat, wie verschiedene Werte vergeben werden müssen. Plutos Futterpräferenzen könnte man ebensogut durch eine weitere Abbildung $f: U \to B'$ ausdrücken, wo-

Eine alternative Wertemenge B′

bei $B' := \{$lecker, genießbar, scheußlich$\}$. Der Vorteil einer Zuordnung von Zahlen besteht jedoch darin, daß sich nur dann bestimmte Zusammenhangsmaße der betrachteten Variablen mit anderen Variablen direkt berechnen lassen, z.B. eine Rangkorrelation.

5.3.1 Zulässige Transformationen und Eindeutigkeit

Das Fundamentalgesetz des Ordinalskalenmodells besagt, daß bei der Konstruktion einer Ordinalskala die empirischen Relationen erhalten bleiben müssen. Diese Bedingung kann natürlich durch viele verschiedene Abbildungen erfüllt werden. Anstelle der im Abschnitt 5.1.1 definierten Abbildung f hätte man beispielsweise auch eine Abbildung $f': U \to B'$ einführen können, wobei $B' := \{4, 16, 17\}$. Dabei werden den Objekten $u \in U$ die Werte entsprechend den in Abschnitt 5.1.1 beschriebenen Regeln zugewiesen. Im Beispiel würde also gelten:

Beispiel für eine weitere Ordinalskala

$$f'(\text{Dosenfutter 1}) = f'(\text{Knochen}) := 17,$$
$$f'(\text{Dosenfutter 2}) = f'(\text{Trockenfutter}) := 16,$$
$$f'(\text{Mensaessen}) := 4.$$

Auch diese Abbildung f' erfüllt das Fundamentalgesetz, denn es gelten:

$$u\,R_1\,v \text{ genau dann, wenn } f'(u) = f'(v),$$
$$\text{für alle } u, v \in U. \quad (2)$$
$$u\,R_2\,v \text{ genau dann, wenn } f'(u) > f'(v),$$

Zulässige Transformationen. Damit ist offensichtlich, daß die Funktion f bei einem Ordinalskalenmodell durch die beiden Homomorphieeigenschaften nicht *völlig* eindeutig definiert und daher zu einem gewissen Grad willkürlich ist. Allerdings ist die Willkürlichkeit hier bereits geringer als bei einem Nominalskalenmodell, da nun neben der Bedingung „$u\,R_1\,v$ genau dann, wenn $f'(u) = f'(v)$" bei der Wertezuweisung durch f' zusätzlich beachtet werden muß, daß die Ordnungs-beziehungen zwischen den Objekten erhalten bleiben. *Zulässig* sind hier also nur **monotone Transformationen**. Dies sind diejenigen Transformationen, die die Ord-nungsrelation auf der Objektmenge unverändert lassen.

Eindeutigkeit. Wenn f und f' Funktionen auf U sind, die das Fundamentalgesetz erfüllen und damit Ordinalskalen sind, so gelten:

Beziehung zwischen 2 Ordinalskalen

$$f(u) = f(v) \text{ genau dann, wenn } f'(u) = f'(v),$$
$$f(u) > f(v) \text{ genau dann, wenn } f'(u) > f'(v),$$
$$\text{für alle } u, v \in U. \qquad (3)$$

Zwei Objekten u und v wird durch f also genau dann derselbe Wert zugeordnet, wenn ihnen auch durch f' derselbe Wert zugeordnet wird. Wird dagegen u durch f ein größerer Wert zugeordnet als v, so wird genau dann auch durch f' dem Ob-jekt u ein größerer Wert zugewiesen als v. Die Ordnungsbeziehungen, die zwi-schen den Werten von f bestehen, bleiben also erhalten, wenn man anstelle von f eine solche Funktion f' betrachtet.

5.3.2 Bedeutsamkeit

Im letzten Abschnitt wurde erläutert, daß zu 2 Relationen R_1 und R_2 auf einer gegebenen Objektmenge U unendlich viele Ordinalskalen konstruiert werden können, die das Fundamentalgesetz erfüllen. Damit stellt sich aber die Frage, welche Aus-sagen über die betrachtete ordinalskalierte Größe *im meßtheoretischen Sinne bedeut-sam* sind, d.h. ihren Wahrheitswert beim Übergang von f zu f' nicht verändern, wenn man anstelle der Ordinalskala f eine weitere Ordinalskala f' betrachtet. Einige im Ordinalskalenmodell bedeutsame Aussagen sind im folgenden zusammengestellt. Auch hier wird keinerlei Anspruch auf Vollständigkeit erhoben.

Bedeutsame Aussagen

Bedeutsame Aussagen. Im meßtheoretischen Sinne sind beispielsweise die fol-genden Aussagen *bedeutsam*:

Beispiele für bedeutsame Aussagen

(a) $f(u) = f(v)$.
(b) Die Anzahl der Elemente von U mit dem Wert $f(u)$ beträgt n.
(c) $f(u) > f(v)$.
(d) Der Median von f beträgt $f(u)$.
(e) Der Median von f liegt zwischen $f(u)$ und $f(v)$.

Der Wahrheitswert der Aussagen „u wird durch die Skala f derselbe Wert zuge-wiesen wie v" oder „u wird durch f ein höherer Wert zugewiesen als v" bleibt also beim Übergang von einer Ordinalskala f zu einer anderen Ordinalskala f' unver-ändert. Ebenfalls bedeutsam sind die genannten Aussagen über den *Median* (d.h. den Wert, der in einer Anwendung des Ordinalskalenmodells bei genau der Hälfte aller Beobachtungen erreicht oder übertroffen wird).

Nichtbedeutsame Aussagen. *Nichtbedeutsam* sind, wie schon im Nominalskalenmodell, die Aussagen:

*Beispiele für
nichtbedeutsame
Aussagen*

(f) $f(u) + f(v) = \alpha$.

(g) Der Modalwert (d.h. der Wert, der in einem bestimmten Anwendungsfall des Ordinalskalenmodells am häufigsten vorkommt) ist α.

(h) Der Mittelwert von f ist $\bar{f}$.

(i) Die Varianz von f beträgt s^2.

(j) Der Median von f beträgt α.

Auch hier sei auf die in Abschnitt 2.3.2 bereits genannten Mißverständnisse hingewiesen. Es ist also tatsächlich manchmal sinnvoll, z.B. den Mittelwert, Median oder Modalwert einer ordinalskalierten Größe zu bestimmen. Es wird lediglich gesagt, daß bestimmte Aussagen über diese Kennwerte ihre Gültigkeit verlieren, wenn

*Bedeutsam vs.
sinnvoll*

man von einer Ordinalskala f zu einer anderen Ordinalskala f' übergeht. Der hier verwendete Begriff der Bedeutsamkeit darf also unter keinen Umständen mit dem umgangssprachlichen Verständnis von „bedeutsam" oder gar „sinnvoll" verwechselt werden. Als Beispiel kann auch hier das in Abschnitt 2.3.2 angeführte arithmetische Mittel $\bar{f}$ einer Funktion f, die nur die Werte 0 und 1 annehmen kann, herangezogen werden. Die Zahl $\bar{f}$ ist in diesem Fall die relative Häufigkeit dafür, daß f den Wert 1 annimmt. Dies ist auch im Ordinalskalenmodell eine durchaus sinnvolle und wichtige Information.

5.4 Empirischer Gehalt

Im Fundamentalgesetz in Abschnitt 5.2 werden empirische Gesetzmäßigkeiten postuliert, die natürlich nicht in jedem beliebigen Anwendungsfall erfüllt sind. Bestimmte beobachtbare Sachverhalte *müssen* gegeben sein, andere wiederum *dürfen nicht* auftreten, damit man auf der Objektmenge einen Homomorphismus f konstruieren kann.

*Die empirische
Behauptung beim
Ordinalskalenmodell*

Hätte der Forscher in unserem Beispiel etwa beobachtet, daß Pluto lieber Knochen frißt als Trockenfutter und Trockenfutter lieber als Mensaessen, gleichzeitig aber das Mensaessen den Knochen vorzieht, so wäre es logisch unmöglich, die in Abschnitt 5.1.1 genannten Regeln bei der Wertezuordnung einzuhalten (s. auch Übung 3).

Das in Abschnitt 5.2 formulierte Fundamentalgesetz stellt allerdings nur *eine* Möglichkeit dar, die empirisch beobachtbaren Sachverhalte vereinfacht auszudrükken. Anstelle der dort verwendeten strengen Ordnungsrelation „>" auf $\mathbb{R}$ könnte man z.B. ebensogut die Relation „<" verwenden, was wir in Kap. 7 ausführlicher begründen werden.

In Kap. 7 werden wir auch die Bedingungen erläutern, die die beiden Relationen R_1 und R_2 erfüllen müssen, damit eine Funktion f konstruiert werden kann, für die das Fundamentalgesetz gilt. Wir werden zeigen, daß die Relationen bestimmte Eigenschaften aufweisen müssen, die wir als *Modellannahmen des Ordinalskalenmodells* bezeichnen. Im Gegensatz zum Fundamentalgesetz muß man dabei nicht schon Bezug auf die theoretische Größe f nehmen, sondern man kann diese An-

Box 5.1. Das Wichtigste zum Ordinalskalenmodell

Fundamentalgesetz
Es wird die Existenz eines Homomorphismus $f : U \to \mathbb{R}$ postuliert mit:

$$u\, R_1\, v \;\leftrightarrow\; f(u) = f(v)$$
$$u\, R_2\, v \;\leftrightarrow\; f(u) > f(v)$$
$$\forall\, u, v \in U$$

Eindeutigkeit
Der Homomorphismus f ist durch das Fundamentalgesetz nicht völlig eindeutig definiert. Für zwei verschiedene Homomorphismen gilt jedoch:

$$f(u) = f(v) \;\leftrightarrow\; f'(u) = f'(v)$$
$$f(u) > f(v) \;\leftrightarrow\; f'(u) > f'(v)$$
$$\forall\, u, v \in U$$

Bedeutsamkeit
Bedeutsam sind z.B. die folgenden Aussagen (d.h., sie haben invariante Wahrheitswerte beim Übergang von einer Ordinalskala f zu einer anderen f'):

- $f(u) = f(v)$
- $f(u) > f(v)$
- die Anzahl der Elemente von U mit dem Wert $f(u)$ ist n
- der Median von f ist der Person u zugeordnet
- der Median von f liegt zwischen $f(u)$ und $f(v)$

Nichtbedeutsam sind z.B.:

- $\bar{f}(u) + f(v) = \alpha$
- der Mittelwert von f ist $\bar{f}$
- die Varianz von f ist s^2
- der Median von f beträgt α

nahmen unter ausschließlicher Bezugnahme auf die empirische Relation formulieren. Daneben behandeln wir dort die daraus resultierenden Möglichkeiten, die Modellannahmen empirisch zu überprüfen.

In der Psychologie finden wir häufig Beispiele dafür, daß man Objekte oder Personen hinsichtlich eines bestimmten Kriteriums miteinander vergleicht. So werden Personen beispielsweise in psychophysischen Experimenten aufgefordert zu entscheiden, welche von 2 dargebotenen Linien länger ist. In einer sozialpsychologischen Untersuchung zur Analyse von Gruppenstrukturen könnte die Frage lauten, mit welchem von 2 genannten Gruppenmitgliedern die befragte Person lieber zusammenarbeitet. Beispiele, in denen ein Paarvergleich zwischen den Meßobjekten nicht notwendig ist, werden wir in Kap. 6 behandeln.

Grenzen der Anwendbarkeit

Man wird bei solchen Untersuchungen jedoch nur selten zu dem Ergebnis gelangen, daß sich aus den empirischen Beobachtungen tatsächlich eine Ordinalskala konstruieren läßt. Tatsächliche Inkonsistenzen der Urteile, aber auch zufällige und unsystematische Fehler bei der Urteilsabgabe führen dazu, daß die empirischen Relationen nicht die Bedingungen erfüllen, die sich aus dem Fundamentalgesetz des Ordinalskalenmodells ableiten lassen.

5.5 Zusammenfassung

In diesem Kapitel wurden die wichtigsten Begriffe eines weiteren Meßmodells der Repräsentationstheorie des Messens, nämlich des *Ordinalskalenmodells*, behandelt. Bei einem Ordinalskalenmodell geht man von *2 empirischen Relationen* auf einer Menge U von Objekten aus, wie sie beispielsweise durch Paarvergleiche hergestellt werden können.

Diese Relationen müssen bestimmte Eigenschaften aufweisen, damit ein Homomorphismus (eine theoretische Größe mit bestimmten Eigenschaften) existiert, der das *Fundamentalgesetz des Ordinalskalenmodells* erfüllt. Ein solcher Homomorphismus, die *Ordinalskala*, ist auch beim Ordinalskalenmodell nicht völlig eindeutig definiert. Für 2 verschiedene Ordinalskalen f und f' gilt jedoch, daß die Ordnungsbeziehungen zwischen den Objekten durch beide Abbildungen wiedergegeben werden. *Bedeutsame Aussagen*, d.h. Aussagen, deren Wahrheitswert beim Übergang von einer Ordinalskala f zu einer anderen Ordinalskala f' invariant bleibt, sind z.B., daß 2 Werte $f(u)$ und $f(v)$ gleich sind, daß ein Wert $f(u)$ größer ist als ein anderer Wert $f(v)$ und daß die Anzahl der Elemente von U mit einem bestimmten Wert $f(u)$ genau n beträgt.

Fragen

1. Welche Ziele werden mit der Konstruktion einer Ordinalskala verfolgt?
2. Wie lautet das Fundamentalgesetz eines Ordinalskalenmodells?
3. In Kap. 1 wurde zwischen verschiedenen Arten wissenschaftlicher Begriffe unterschieden: klassifikatorischen, komparativen und metrischen Begriffen. Um welche Art von Begriff handelt es sich bei einer Ordinalskala?
4. Welche Beziehungen bestehen zwischen einer Ordinalskala und einer Nominalskala?
5. Warum ist eine Ordinalskala f nicht völlig eindeutig definiert?
6. Was versteht man darunter, daß eine Aussage im Ordinalskalenmodell *bedeutsam* ist? Geben Sie ein Beispiel für eine bedeutsame und für eine nichtbedeutsame Aussage!
7. Warum ist die Aussage (a) „Der Median von f beträgt α" bei einer Ordinalskala *nichtbedeutsam*, während die Aussage (b) „Der Median von f beträgt $f(u)$" bedeutsam ist?

Antworten

1. Mit der Konstruktion einer Ordinalskala verfolgt man folgende Ziele:
   (a) Die Vereinfachung der Beschreibung empirischer Relationen.
   (b) Zusammenhänge der beobachteten Variablen mit anderen Variablen einfacher beschreiben zu können, indem man beispielsweise die Rangkorrelation der Variablen berechnet (s. auch Abschnitt 5.1.1).

Diese Ziele können natürlich nur erreicht werden, wenn die empirischen Relationen tatsächlich die im Fundamentalgesetz beschriebenen Bedingungen erfüllen.

2. Das Fundamentalgesetz ist in Aussage 1 in Abschnitt 5.2 formuliert.

3. Bei einer Ordinalskala handelt es sich um einen *komparativen* Begriff.

4. Jede Ordinalskala ist zugleich auch eine Nominalskala. Die Relation R_1 ist nämlich nichts anderes als die in Kap. 4 eingeführte Äquivalenzrelation. Stellen wir also in einem Anwendungsfall fest, daß auf der vorgegebenen Menge U keine Nominalskala konstruiert werden kann, so läßt sich auch keine Ordinalskala konstruieren.

5. Die Ordinalskala f ist nicht völlig eindeutig definiert, da sich beliebig viele Abbildungen f' definieren lassen, die das Fundamentalgesetz erfüllen. Für je 2 Ordinalskalen f und f' gilt jedoch stets die durch Aussage 3 beschriebene Beziehung (s. Abschnitt 5.3).

6. Eine Aussage, die unter Verwendung einer Ordinalskala formuliert ist, ist dann bedeutsam, wenn ihr Wahrheitswert beim Übergang von einer Ordinalskala f zu einer weiteren Ordinalskala f' (mit derselben Objektmenge U und denselben Relationen R_1 und R_2) invariant bleibt. Bedeutsame Aussagen sind in diesem Sinne etwa Aussagen über die Gleichheit zweier Werte: $f(u) = f(v)$. Diese Aussage ist selbst dann bedeutsam, wenn sie für ein konkretes Paar $\langle u, v \rangle$ falsch ist. Ebenfalls bedeutsam ist die Aussage: $f(u) > f(v)$. Nichtbedeutsam im meßtheoretischen Sinne sind dagegen Aussagen über das arithmetische Mittel einer Ordinalskala f.

7. Die Aussage (a) verändert in der Regel ihren Wahrheitswert beim Übergang von einer Ordinalskala f zu einer anderen Ordinalskala f', die Aussage (b) dagegen nicht.

Übungen

1. Schreiben Sie durch Aufzählung der Elemente die beiden Relationen R_1 und R_2 auf, die in Tabelle 5.1 in Matrixform dargestellt sind!

2. Verändern Sie die Relation in Tabelle 5.1 so, daß keine Abbildung mehr konstruiert werden kann, die das Fundamentalgesetz erfüllt!

3. Der Forscher in Beispiel 5.1.1 stellt fest, daß Pluto eine weitere Art von Futter ebensogern frißt wie Knochen, aber weniger gern als Dosenfutter 1. Kann er dann noch eine Ordinalskala auf der von Pluto hergestellten Relation konstruieren? Begründen Sie Ihre Antwort!

Lösungen

1. Die in Tabelle 5.1 dargestellten Relationen sind:

   $R_1 := \{$ ⟨Knochen, Knochen⟩, ⟨Knochen, Dosenfutter 1⟩, ⟨Dosenfutter 1, Knochen⟩,
   ⟨Dosenfutter 1, Dosenfutter 1⟩, ⟨Dosenfutter 2, Dosenfutter 2⟩,
   ⟨Dosenfutter 2, Trockenfutter⟩, ⟨Trockenfutter, Dosenfutter 2⟩,
   ⟨Trockenfutter, Trockenfutter⟩, ⟨Mensaessen, Mensaessen⟩ $\}$;

   $R_2 := \{$ ⟨Knochen, Dosenfutter 2⟩, ⟨Knochen, Trockenfutter⟩,
   ⟨Knochen, Mensaessen⟩, ⟨Dosenfutter 1, Dosenfutter 2⟩,
   ⟨Dosenfutter 1, Trockenfutter⟩, ⟨Dosenfutter 1, Mensaessen⟩,
   ⟨Dosenfutter 2, Mensaessen⟩, ⟨Trockenfutter, Mensaessen⟩ $\}$.

   Diese Aufzählung ist offensichtlich sehr aufwendig und unübersichtlich. Die Einführung einer Ordinalskala auf der Menge vereinfacht die Beschreibung der beobachteten Indifferenz- bzw. Präferenzurteile wesentlich.

2. In Tabelle 5.1 ist lediglich eine weitere Markierung ✓ hinzuzufügen, z.B. eines in R_1 für das Paar ⟨Trockenfutter, Mensaessen⟩. Für die resultierende Relation R_1 läßt sich keine Abbildung mehr auf U konstruieren, die das Fundamentalgesetz erfüllt.

3. Im beschriebenen Fall kann der Forscher keine Ordinalskala mehr konstruieren. Da er beobachtet hat, daß Pluto das neue Futter ebensogern frißt wie Knochen, müßte er diesen Futterarten den gleichen Wert zuordnen. Gleichzeitig müßte er jedoch dem neuen Futter einen niedrigeren Wert zuordnen als dem Dosenfutter. Da Pluto aber Knochen und Dosenfutter 1 gleichermaßen gern frißt, diese beiden Futterarten also denselben Wert erhalten müßten, ist es logisch unmöglich, eine Ordinalskala auf U einzuführen.

Weiterführende Literatur

Zur Ergänzung dieses Kapitels sei am nachdrücklichsten der Abschnitt 3.1 von Suppes und Zinnes (1963) empfohlen, an den dieses Kapitel angelehnt ist. In der Darstellung von Kutschera (1972; s. insb. Kap. 1) wird sehr schön der wissenschafts-theoretische Stellenwert einer allgemeinen Begriffstheorie herausgearbeitet. Umfangreiche Literaturangaben zu Weiterentwicklungen und Anwendungen gibt Orth (1974, 1983). Schließlich sei auch auf Krantz et al. (1971), Suppes et al. (1989) und Luce et al. (1990) hingewiesen, die als Standardwerke der deterministischen Meß-theorie gelten, sowie auf Roberts (1979) und Pfanzagl (1971). Innerhalb der Probabilistischen Testtheorie gibt es ebenfalls ordinalskalierte Grössen. Hier sind besonders das Buch von Rost (1988) zu Latent-Class-Modellen für Variablen mit geordneten Antwortkategorien, der Artikel von Croon (1990) über Latent-Class-Modelle mit geordneten Klassen sowie die Arbeit von Tutz (1990) empfehlenswert.

6 Anwendung des Ordinalskalenmodells

Wie beim Nominalskalenmodell sollen auch für das Ordinalskalenmodell der Repräsentationstheorie des Messens die im Einführungskapitel dargestellten Grundbegriffe anhand einiger Beispiele illustriert werden. Wir gehen zunächst wieder davon aus, daß die empirischen Relationen durch Paarvergleiche hergestellt werden. Andere Ausgangspunkte werden anschließend diskutiert.

6.1 Konstruktion einer Ordinalskala durch Paarvergleiche

Im folgenden Beispiel definieren verschiedene Ordinalskalen auf einer Menge von Verhaltensweisen eine Nominalskala auf einer Menge von Kindern, die sich in einer von 4 Entwicklungsstufen der Moralentwicklung befinden. Dies ist ein Beispiel dafür, daß etwas komplexere Theorien in der Regel mehrere Meßmodelle beinhalten.

6.1.1 Fragestellung

Wir definieren 4 verschiedene Stufen der Moralentwicklung unter Verwendung der Urteile von Kindern über verschiedene Verhaltensweisen. In Anlehnung an Piaget (1932) beantworten jüngere Kinder die folgenden beiden Arten von Fragen anders als ältere Kinder, die sich bereits in einem anderen Stadium der Moralentwicklung befinden (s. auch Lickona, 1976; Montada, 1982):

Fragen beim Paarvergleich

(a) Ist es genauso „böse", wenn ein Kind ... (u_i), wie wenn es ... (u_j)?
(b) Ist es „böser", wenn ein Kind ... (u_i), als wenn es ... (u_j)?

Dabei mögen u_i bzw. $u_j \in U$ für die folgenden 4 Verhaltensweisen stehen:

Die zu skalierenden Verhaltensweisen

u_1: *aus Wut* darüber, daß es der Mutter helfen soll, *mehrere* Teller zerbricht,
u_2: während es der Mutter hilft, *aus Versehen mehrere* Teller zerbricht,
u_3: *aus Wut* darüber, daß es der Mutter helfen soll, *einen* Teller zerbricht,
u_4: während es der Mutter hilft, *aus Versehen einen* Teller zerbricht.

Tabelle 6.1. Die von Kindern auf der Stufe 1 hergestellten Relationen R_1 und R_2

Relation R_1 („genauso böse wie")

	u_1	u_2	u_3	u_4
u_1 Wut, mehrere	✓	✓		
u_2 Versehen, mehrere	✓	✓		
u_3 Wut, einen			✓	✓
u_4 Versehen, einen			✓	✓

Relation R_2 („böser als")

	u_1	u_2	u_3	u_4
			✓	✓
			✓	✓

Die Urteile der Kinder können durch Paarvergleiche erhoben werden, indem ihnen zu den Paaren $\langle u_i, u_j \rangle$ in einem 1. Durchgang die Frage (a) und dann in einem 2. Durchgang die Frage (b) gestellt wird. Dabei können zumindest die Fälle $i = j$ ausgelassen werden, da eine solche Frage die Kinder (und wahrscheinlich auch andere Personen) eher verwirren würde. Auch die „Wiederholungen" der Fragen durch die Vertauschung der Indizes i und j dient eher der Fehlerkontrolle. Bei widersprüchlichen Angaben könnte man die Fragen wiederholen, auf den Widerspruch hinweisen und die richtige Antwort nachfragen. Eine solche widersprüchliche Angabe wäre z.B.:

Beispiel für widersprüchliche Antworten beim Paarvergleich

- Ist es „böser", wenn ein Kind *aus Wut* darüber, daß es der Mutter helfen soll, einen Teller zerbricht, als wenn es, während es der Mutter hilft, *aus Versehen* einen Teller zerbricht? *Antwort: Ja.*
- Ist es „böser", wenn ein Kind, während es der Mutter hilft, *aus Versehen* einen Teller zerbricht, als wenn es *aus Wut* darüber, daß es der Mutter helfen soll, einen Teller zerbricht? *Antwort: Ja.*

Mit diesem Vorgehen werden nicht automatisch *alle* Möglichkeiten zum Widerspruch beseitigt, wie man vielleicht zunächst meinen könnte, sondern nur solche, die aller Wahrscheinlichkeit nach auf Unachtsamkeit beruhen (s. hierzu Übung 1).

Tabelle 6.2. Die von Kindern auf der Stufe 2 hergestellten Relationen R_1 und R_2

Relation R_1 („genauso böse wie")

	u_1	u_2	u_3	u_4
u_1 Wut, mehrere	✓			
u_2 Versehen, mehrere		✓		
u_3 Wut, einen			✓	
u_4 Versehen, einen				✓

Relation R_2 („böser als")

	u_1	u_2	u_3	u_4
		✓	✓	✓
			✓	✓
				✓

Tabelle 6.3. Die von Kindern auf der Stufe 3 hergestellten Relationen R_1 und R_2

Relation R_1 („genauso böse wie")	u_1	u_2	u_3	u_4	Relation R_2 („böser als")	u_1	u_2	u_3	u_4
u_1 Wut, mehrere	✓						✓	✓	✓
u_2 Versehen, mehrere		✓							✓
u_3 Wut, einen			✓				✓		✓
u_4 Versehen, einen				✓					

6.1.2 Die empirischen Relationen als definierende Kriterien für die Stufen der Moralentwicklung

Stufe 1 Kinder, die die in Tabelle 6.1 dargestellte Relation produzieren, befinden sich definitionsgemäß auf der *Stufe 1* der Moralentwicklung. Für sie ist der *objektive Handlungsausgang* das einzig ausschlaggebende Kriterium für die Antwort. Nach der in Tabelle 6.1 dargestellten Relation R_2 ist es nämlich für das betreffende Kind „böser", wenn es nicht nur einen einzigen, sondern *mehrere* Teller zerbricht.

Stufe 2 Auch bei den Kindern, die die in Tabelle 6.2 dargestellten Relationen produzieren, dominiert noch das Kriterium des *objektiven Handlungsausgangs*. Allerdings spielt bei ihnen das Kriterium der *Absicht* schon eine gewisse, wenn auch noch untergeordnete Rolle. Nach der in Tabelle 6.2 dargestellten Relation R_2 ist es nämlich für das betreffende Kind „böser", wenn das zu beurteilende Verhalten *aus Wut* als wenn es *aus Versehen* auftritt. Kinder, die dieses Beurteilungsverhalten zeigen, befinden sich definitionsgemäß auf der *Stufe 2* der Moralentwicklung.

Stufe 3 Dagegen befinden sich die Kinder, die die in Tabelle 6.3 dargestellten Relationen produzieren, per definitionem auf der *Stufe 3* der Moralentwicklung. Beide Kriterien, *objektiver Handlungsausgang* und *Absicht* werden berücksichtigt, aber die *Absicht* ist dominant.

Tabelle 6.4. Die von Kindern auf der Stufe 4 hergestellten Relationen R_1 und R_2

Relation R_1 („genauso böse wie")	u_1	u_2	u_3	u_4	Relation R_2 („böser als")	u_1	u_2	u_3	u_4
u_1 Wut, mehrere	✓		✓				✓		✓
u_2 Versehen, mehrere		✓		✓					
u_3 Wut, einen	✓		✓				✓		✓
u_4 Versehen, einen		✓		✓					

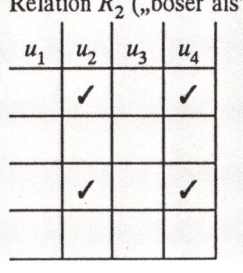

Für die Kinder auf der *Stufe 4* der Moralentwicklung schließlich ist das Kriterium *der Absicht* einzig ausschlaggebend für das Urteil. Nach der in Tabelle 6.4 dargestellten Relation R_2 ist es nämlich für das betreffenden Kind „böser", wenn die Teller *aus Wut* als wenn sie aus Versehen zerbrochen werden. Der *objektive Handlungsausgang* dagegen spielt keine Rolle, denn gemäß der Relation R_1 in Tabelle 6.4 ist es für das betreffende Kind genauso „böse", wenn ein Teller wie wenn mehrere Teller zerbrochen werden.

Unter der Annahme, daß sich Kinder mit zunehmendem Alter auch *moralisch* entwickeln, müßte nun der Anteil der Kinder, die die in Tabelle 6.1 dargestellten Relationen produzieren, mit ansteigendem Alter abfallen. Dagegen müßte nach Piaget der Anteil der Kinder, die die in Tabelle 6.4 dargestellten Relationen produzieren, also der Anteil der Kinder, die ausschließlich nach dem Kriterium der *Intention* urteilen, mit ansteigendem Alter wachsen.

6.1.3 Konstruktion der Ordinalskalen

Wenden wir uns nun wieder den meßtheoretischen Gesichtspunkten zu! Nach dem im letzten Kapitel behandelten Konstruktionsprinzip kann man für jede der 4 betrachteten Stufen eine eigene Ordinalskala $f_i : U \rightarrow B_i$, $i = 1, ..., 4$, einführen, mit der die Indifferenz- und Präferenzurteile dieser Kinder beschrieben werden können. Unter Anwendung der im letzten Kapitel behandelten allgemeinen Konstruktionsregel für eine Ordinalskala weisen wir nun den 4 Verhaltensweisen (Objekten) Zahlen zu. Allerdings müssen wir hier für *jede der 4 Entwicklungsstufen eine jeweils unterschiedliche Ordinalskala* einführen. Man könnte dann die 4 Entwicklungsstufen anstatt über die empirischen Relationen über die diese Relationen repräsentierende Ordinalskala definieren. Jede der 4 Ordinalskalen definiert dann eine eigene Klasse von Kindern, die sich in der betreffenden Entwicklungsstufe befindet. Dieser Theorie gemäß können wir eine neue Nominalskala — diesmal auf der Menge von Kindern — einführen mit den 4 Namen: *Stufe 1*, *Stufe 2*, *Stufe 3* und *Stufe 4*.

Bei *Stufe 1* genügen zur Konstruktion der entsprechenden Ordinalskala 2 verschiedene Zahlen:

$$f_1(u_1) := 2, \qquad f_1(u_2) := 2, \qquad f_1(u_3) := 1, \qquad f_1(u_4) := 1,$$

d.h. hier können wir $B_1 := \{1, 2\}$ wählen. Wie man sich leicht überzeugen kann, erfüllt die so definierte Abbildung f_1 das Fundamentalgesetz: Bei allen Objektpaaren $\langle u_i, u_j \rangle$, die in R_1 stehen (s. Tabelle 6.1), wird den beiden Objekten durch f_1 die gleiche Zahl, bei allen Objektpaaren, die nicht in R_1 stehen, werden ihnen verschiedene Zahlen zugeordnet, und bei allen Objektpaaren $\langle u_i, u_j \rangle$, die in R_2 (s. Tabelle 6.1) stehen — und *nur* bei diesen — wird u_i durch die Abbildung f eine größere Zahl als u_j zugeordnet.

Bei der *Stufe 2* dagegen brauchen wir zur Konstruktion der entsprechenden Ordinalskala 4 verschiedene Zahlen:

$$f_2(u_1) := 4, \qquad f_2(u_2) := 3, \qquad f_2(u_3) := 2, \qquad f_2(u_4) := 1,$$

d.h. hier können wir $B_2 := \{1, 2, 3, 4\}$ wählen. Auch die so definierte Abbildung f_2 erfüllt das Fundamentalgesetz: Bei allen Objektpaaren $\langle u_i, u_j \rangle$, die in der in Tabelle 6.2 dargestellten Relation R_1 stehen, wird den beiden Objekten durch f_2 die gleiche Zahl, bei allen Objektpaaren, die nicht in R_1 stehen, werden ihnen verschiedene Zahlen zugeordnet, und bei allen Objektpaaren $\langle u_i, u_j \rangle$, die in der in Tabelle 6.2 dargestellten Relation R_2 stehen, und *nur* bei diesen, wird u_i durch f_2 eine größere Zahl als u_j zugeordnet.

Auch bei der *Stufe 3* brauchen wir zur Konstruktion der entsprechenden Ordinalskala 4 verschiedene Zahlen:

Skala für Stufe 3
$$f_3(u_1) := 4, \qquad f_3(u_2) := 2, \qquad f_3(u_3) := 3, \qquad f_3(u_4) := 1,$$

d.h. auch hier können wir $B_3 := \{1, 2, 3, 4\}$ wählen. Wie f_2 erfüllt auch f_3 das Fundamentalgesetz: Bei allen Objektpaaren $\langle u_i, u_j \rangle$, die in der in Tabelle 6.3 dargestellten Relation R_1 stehen, wird den beiden Objekten durch f_3 die gleiche Zahl, allen Objektpaaren, die nicht in R_1 stehen, werden ihnen verschiedene Zahlen zugeordnet, und bei allen Objektpaaren $\langle u_i, u_j \rangle$, die in der in Tabelle 6.3 dargestellten Relation R_2 stehen — und *nur* bei diesen — wird u_i durch f_3 eine größere Zahl als u_j zugeordnet.

Bei *Stufe 4* dagegen brauchen wir zur Konstruktion der entsprechenden Ordinalskala wiederum nur 2 verschiedene Zahlen:

Skala für Stufe 4
$$f_4(u_1) := 2, \qquad f_4(u_2) := 1, \qquad f_4(u_3) := 2, \qquad f_4(u_4) := 1,$$

d.h. hier können wir wieder $B_4 := \{1, 2\}$ wählen. Auch die so definierte Abbildung f_4 erfüllt das Fundamentalgesetz, wie man sich anhand der Tabelle 6.4 überzeugen kann.

Zur Frage der Eindeutigkeit

Es ist offensichtlich, daß in den oben angegebenen Mengen B_i anstelle der hier verwendeten Zahlen 1, 2 bzw. 1, 2, 3, 4 auch andere Zahlen stehen könnten. Die Wahl dieser Zahlen ist beliebig, solange die durch die Zuordnung der Zahlen zu den Objekten definierten Funktionen f_i jeweils das Fundamentalgesetz erfüllen. Mit der Anforderung, daß eine Funktion f_i das Fundamentalgesetz erfüllen muß, ist diese Funktion also nicht völlig eindeutig festgelegt.

Zur Frage der Bedeutsamkeit

Beispiel

Dies hat natürlich Konsequenzen für die *Bedeutsamkeit* von Aussagen, in denen die Skalen involviert sind. Die folgende Aussage ist im meßtheoretischen Sinn bedeutsam: Bei den Kindern auf der Stufe 1 gilt: $f_1(u_1) > f_1(u_3)$, bei den Kindern auf der Stufe 4 dagegen: $f_3(u_1) = f_3(u_3)$. Inhaltlich bedeutet diese Aussage, daß es für die Kinder auf der Stufe 1 „böser" ist, mehrere Teller zu zerbrechen als nur einen einzigen, wohingegen beide Verhaltensweisen für Kinder auf der Stufe 4 gleich „böse" sind. Diese Aussage verändert nämlich ihren Wahrheitswert nicht, wenn wir den 4 Verhaltensweisen durch 2 neue Abbildungen f_1' und f_4' andere Zahlen zuordnen, solange f_1' und f_4' ebenfalls das Fundamentalgesetz des Ordinalskalenmodells erfüllen. Nichtbedeutsam wäre dagegen z.B. die Aussage, daß der Mittelwert von f_1 kleiner ist als der Mittelwert von f_2 (s. Übung 4). Diese Aussage ist zwar wahr, nicht aber bedeutsam.

6.1.4 Ziele einer Ordinalskala

Offenbar ist es recht umständlich, für jedes Kind die empirischen Relationen anzugeben. Selbst wenn man anstelle der recht aufwendigen Tabellen eine Zahlendarstellung wählt, braucht man bei jedem Kind dazu für jede der beiden Relationen ein 16-tupel von Nullen und Einsen, wobei die Eins angibt, ob die betreffende Frage mit „Ja" beantwortet wurde und daher das betreffende Paar in der betrachteten Relation steht. Die von einem Kind hergestellten beiden Relationen müßte man also mit insgesamt 32 Zahlen darstellen (s. Übung 2). Viel einfacher ist es, die für jedes Kind spezielle Ordinalskala zu berichten, jedenfalls bei den Kindern, bei denen dies möglich ist. Die gesamte, in 32 Zahlen enthaltene Information kann in diesem Fall mit 4 Zahlen angegeben werden, nämlich mit den 4 Werten der jeweiligen Ordinalskala (s.

Vereinfachung

Übung 3). Dies führt noch einmal die *Vereinfachung* vor Augen, die man mit einem Meßmodell erzielen kann, wobei allerdings vorausgesetzt werden muß, daß die das Meßmodell definierenden empirischen Gesetzmäßigkeiten tatsächlich erfüllt sind.

Neben diesem Aspekt einer vereinfachten Darstellung empirischer Sachverhalte ist auch hier der Gesichtspunkt zu nennen, daß sich bei Verwendung einer Skala leichter

Zusammenhänge mit anderen Variablen darstellen

Zusammenhänge mit anderen Variablen beschreiben lassen. In diesem Beispiel wäre z.B. von Interesse, ob sich eine perfekte Rangkorrelation zwischen den oben konstruierten Ordinalskalen und denjenigen Ordinalskalen ergeben würde, wenn man zusätzlich entsprechende Paarvergleiche machen ließe, bei denen man die Urteile zu *anderen* Verhaltensweisen erhebt, die sich ebenfalls nach den Kriterien der *Intention* und des *objektiven Handlungsausgangs* bewerten lassen. Derartige Korrelationen wären im Rahmen der Konstruktvalidierung der vorgestellten Stufentheorie von Bedeutung.

6.2 Weitere Arten der Anwendung des Ordinalskalenmodells

Auch hier ist zu bedenken, daß der Weg über die aus Paarvergleichen resultierenden empirischen Relationen nur die *erste* von mehreren Anwendungsarten des Ordinalskalenmodells ist. Der Vorteil dieser ersten Art der Anwendung ist, daß man auf diese Weise die Voraussetzungen für die Einführung einer Ordinalskala empirisch überprüfen kann. Das im oben dargestellte Verfahren beschreibt zwar die idealtypische Vorgehensweise zur Konstruktion einer Ordinalskala, wird aber wegen des erforderlichen Aufwands relativ selten eingesetzt. Im Forschungsalltag findet man häufiger die im folgenden dargestellten beiden anderen Arten der Anwendung von Ordinalskalenmodellen.

6.2.1 Anwendung einer vorgegebenen Ordinalskala

Anders als beim oben geschilderten Zugang über die aus Paarvergleichen resultierenden empirischen Relationen ist bei der *zweiten* Art der Anwendung von Ordinalskalenmodellen der theoretische Begriff bereits bekannt. Beispiele hierfür sind die in empirischen Untersuchungen häufig vorkommenden Begriffe „höchster Schulabschluß" und „soziale Schicht". Da bei solchen bereits eingeführten Begriffen die Gültigkeit des Fundamentalgesetzes als nicht überprüfungsbedürftig vorausgesetzt wird, müssen die entsprechenden Relationen auch nicht erst durch Paarvergleiche hergestellt werden. Der Begriff *höchster Schulabschluß* beispielsweise müßte dann aber so definiert werden, daß sich das Fundamentalgesetz prinzipiell nicht als falsch erweisen kann. Dazu muß es ein Regelsystem geben, das sicherstellt, daß *jeder* Person aus der betrachteten Personenmenge U genau eine Zahl zugeordnet wird, und zwar so, daß eine größere Zahl einen höheren Schulabschluß anzeigt. Daß dies nicht immer ganz einfach ist, kann man schon daran sehen, daß das Fundamentalgesetz verlangt, daß *jeder* Person aus der betrachteten Personenmenge U genau eine Zahl zugeordnet werden muß. Solche komparatorischen Begriffe müssen also in dieser Hinsicht *erschöpfend* sein, so daß auch Personen mit außergewöhnlichen und seltenen Schulabschlüssen (z.B. eine Artistenfachschule) berücksichtigt werden. Darüber hinaus müssen diese Schulabschlüsse auch in einer Rangordnung stehen. Die zugehörigen beiden Relationen kann man dann im nachhinein konstruieren. In diesem Fall wäre also der Ausgangspunkt eine *Ordinalskala*. Zwar hat dieses Vorgehen durchaus Vorteile, da der Aufwand bei der Datenerhebung geringer ist. Man sollte aber bedenken, daß dabei keine Möglichkeit mehr besteht, die *Voraussetzungen zu überprüfen*.

Ausgangspunkt: eine Ordinalskala

6.2.2 Direkte Bildung einer Rangordnung einer Objektmenge

Eine *dritte* Art der Anwendung eines Ordinalskalenmodells besteht darin, daß man eine Person bittet, die Objektmenge in eine Rangordnung zu bringen. So könnte man z.B. Landwirte bitten, die folgenden Werte und Ziele bei ihrer beruflichen Tätigkeit in eine Rangordnung zu bringen (s. Martz, 1991), wobei Ranggleichheit durchaus zugelassen ist:

Beispiele für eine direkte Rangordnungsbildung

- ausreichende Versorgung der Bevölkerung mit Nahrungsmitteln,
- selbständige und abwechslungsreiche Gestaltung der Arbeit,
- Erhaltung des Betriebs für Kinder und Enkelkinder,
- gesundheitlich unbedenkliche Produkte,
- Erhaltung/Verbesserung der Bodenfruchtbarkeit,
- soziale und finanzielle Sicherheit.

Die von den Landwirten hergestellte Rangordnung dieser Werte und Ziele kann Aufschluß über die Werthierarchie der Befragten geben und in Zusammenhang mit ihrer ökologischen Orientierung gebracht werden.

Ausgangspunkt: eine Rangordnung

Die zugehörigen „empirischen" Relationen und eine Ordinalskala kann man dann daraus konstruieren (s. Übung 3). In diesem Fall wäre also der Ausgangspunkt eine *Rangordnung*. Auch bei diesem Vorgehen besteht keine Möglichkeit mehr, die Voraussetzungen zu überprüfen, ob eine solche Bildung einer Rangordnung der Objekte ohne künstlich auferlegten Zwang möglich ist. Während beim Paarvergleich durchaus Urteile resultieren können, die nicht mit dem Fundamentalgesetz verträglich sind, wird bei diesem Vorgehen dessen Gültigkeit u.U. dadurch künstlich erzwungen, daß man vom Probanden verlangt, die Objekte in eine Rangordnung zu bringen.

6.3 Möglichkeiten und Grenzen des Ordinalskalenmodells

Der eigentliche Vorteil, ein Ordinalskalenmodells der Repräsentationstheorie des Messens anzuwenden, liegt darin, daß man *empirisch überprüfen* kann, ob die Indifferenz- und Präferenzurteile beim Paarvergleich tatsächlich die einfache, gesetzmäßige Struktur haben, die es ermöglicht, eine echte Rangordnung der betrachteten Objekte zu bilden. Diesen Vorteil hat man aber nur, wenn man tatsächlich die empirischen Relationen durch Paarvergleiche herstellen läßt. Bei den anderen beiden Anwendungsarten dagegen kann man zwar die „empirischen" Relationen im nachhinein erzeugen, aber sie können dann nicht mehr zur empirischen Überprüfung der Voraussetzungen zur Konstruktion einer Ordinalskala verwendet werden. Sie dienen dann lediglich zur Darstellung der fundamentalen Gesetzmäßigkeiten, die unverändert bleiben, unabhängig davon, welche spezielle Zahlenzuordnung man bei der Skalenkonstruktion verwendet.

Gründe für Verletzungen des Fundamentalgesetzes

Die empirische Überprüfung ist in vielen Anwendungen insofern wünschenswert, als die mit dem Fundamentalgesetz postulierten empirischen Gesetzmäßigkeiten oft nicht erfüllt sind, was verschiedene Gründe haben kann. Als erster Grund kann die *Ähnlichkeit* der zu beurteilenden Objekte genannt werden. Ist beispielsweise bei einer Person die Präferenz zwischen 2 bestimmten Berufen nur schwach ausgebildet, dann kann es leicht passieren, daß beim Paarvergleich im Sinne des Fundamentalgesetzes inkonsistente Urteile resultieren (s. Übung 5). Ein zweiter Grund könnte in der *Mehrdimensionalität der Beurteilungskriterien* liegen. Bei der Moralentwicklung könnten z.B. inkonsistente Urteile dadurch zustande kommen, daß bei den Urteilen einmal die *Intention*, einmal der *objektive Handlungsausgang* das Urteil des Kindes dominieren.

Box 6.1. Die 3 Arten der Anwendung des Ordinalskalenmodells

1. Art	Man geht von 2 empirischen Relationen R_1 und R_2 auf der Objektmenge U aus, die sich durch Paarvergleiche herstellen lassen. Erfüllen R_1 und R_2 bestimmte Voraussetzungen, so kann man eine Abbildung $f : U \rightarrow B$ einführen, die das Fundamentalgesetz erfüllt.
2. Art	Man weist den Objekten aus U nach einem vorgegebenen Regelsystem Zahlen zu, so daß jedes Objekt eine, aber auch nur eine Zahl zugewiesen bekommt. Man setzt voraus, daß dies zwanglos durchführbar ist. Eine empirische Überpüfung dieser Voraussetzung ist dann nicht mehr ohne weiteres möglich.
3. Art	Man läßt die Objekte aus U rangieren und sorgt dafür, daß dabei *alle* Objekte in eine Rangordnung gebracht werden, wobei Ranggleichheit von 2 oder mehr Objekten durchaus zugelassen ist. Auch hier ist eine empirische Überprüfung nicht mehr ohne weiteres möglich.

Alternativen zum Ordinalskalenmodell

In Fällen, in denen die Verletzungen des Fundamentalgesetzes nicht mehr vernachlässigt werden können, ist das hier behandelte Ordinalskalenmodell der Repräsentationstheorie des Messens nicht mehr brauchbar, und man sollte Modelle verwenden, die einen Kriterienwechsel oder mögliche Urteilsfehler explizit berücksichtigen.

6.4 Zusammenfassung

In diesem Kapitel wurde darauf hingewiesen, daß es 3 Arten der Anwendung des Ordinalskalenmodells gibt, eine explizite und 2 implizite. Bei der expliziten Anwendung geht man von 2 Relationen R_1 und R_2 auf der zugrundegelegten Objektmenge U aus. Solche Relationen kann man beispielsweise durch Paarvergleiche herstellen lassen. Bei den beiden impliziten Anwendungen hält man eine empirische Überprüfung für überflüssig, was auch bei bereits eingeführten Begriffen durchaus vernünftig sein mag. Die explizite Anwendung dient im wesentlichen zur Einführung eines *neuen* Begriffs, bei dem man nicht sicher ist, ob die dafür notwendigen Voraussetzungen tatsächlich erfüllt sind. Erweist sich die Einführung eines ordinalskalierten Begriffs als möglich, dann können die beobachteten Indifferenz- und Präferenzurteile sehr einfach beschrieben werden. Darüber hinaus kann dieser Begriff dann als Ausgangspunkt dienen, Zusammenhänge mit anderen Variablen herzustellen.

Fragen

1. Inwiefern liegt in der Einführung einer Ordinalskala eine Vereinfachung in der Beschreibung des empirischen Urteilsverhaltens?
2. Inwiefern kann man bei der Verwendung von Ordinalskalen Zusammenhänge mit anderen Variablen besser beschreiben?
3. Wieso kann das Fundamentalgesetz nicht erfüllt sein, wenn man beim Paarvergleich die folgenden Urteile erhält:

   - Ist es „böser", wenn ein Kind aus Wut darüber, daß es seiner Mutter helfen soll, mehrere Teller zerbricht, als wenn es dabei nur einen Teller zerbricht? *Antwort: Ja.*
   - Ist es „böser", wenn ein Kind aus Wut darüber, daß es seiner Mutter helfen soll, einen Teller zerbricht, als wenn es dabei mehrere Teller zerbricht? *Antwort: Ja.*

4. Welche Gründe können dazu führen, daß das Fundamentalgesetz für die aus Paarvergleichen resultierenden Relationen nicht erfüllt ist?
5. Inwiefern erfordert das Fundamentalgesetz, daß *jedem* Objekt aus U eine Zahl zugeordnet wird?
6. Welches ist die Objektmenge U bei den in Abschnitt 6.1.3 konstruierten Ordinalskalen?

Antworten

1. Bei dem in Abschnitt 6.1 dargestellten Beispiel braucht man zur zahlenmäßigen Darstellung der beiden empirischen Relationen insgesamt 32 Nullen und Einsen, wobei die 0 eine Nein-Antwort und die 1 eine Ja-Antwort auf die insgesamt 32 Fragen repräsentiert. (Diese 32 Fragen ergeben sich, wenn man das Indifferenz- und das Präferenzurteil jeweils auf jedes der 16 möglichen Paare von Verhaltensweisen erhebt.) Durch die Einführung einer Ordinalskala reichen dagegen 4 Zahlen zur Beschreibung des empirischen Urteilsverhaltens aus.

2. Zusammenhänge mit anderen Variablen lassen sich bei der Verwendung von Ordinalskalen insofern leichter darstellen, als man beispielsweise Rangkorrelationen berechnen kann. Zur Konstruktvalidierung der dargestellten Theorie der Moralentwicklung wäre es z.B. wichtig, daß man eine perfekte Rangkorrelation zwischen den in Abschnitt 6.1.3 konstruierten Ordinalskalen und denjenigen Ordinalskalen nachweisen kann, die man durch zusätzliche Paarvergleiche erhalten würde, bei denen z.B. die *Mutter* durch den *Vater* und/oder die *Teller* durch *Tassen* ersetzt werden.

3. Der zweite Teil des Fundamentalgesetzes „$u \, R_2 \, v$ genau dann, wenn $f(u) > f(v)$" und die Antwort auf die erste Frage erfordern, daß man „aus Wut *mehrere* Teller zerbrechen" eine größere Zahl als „aus Wut *einen* Teller zerbrechen" zuordnet. Dagegen erfordern das Fundamentalgesetz und die Antwort auf die zweite Frage, daß man „aus Wut *einen* Teller zerbrechen" eine größere Zahl als „aus Wut mehrere Teller zerbrechen" zuordnet. Dies ist aber ein logischer Widerspruch, und daher kann das Fundamentalgesetz in einem solchen Fall nicht erfüllt sein.

4. Mindestens 2 verschiedene Gründe können dazu führen, daß das Fundamentalgesetz für die aus Paarvergleichen resultierenden Relationen nicht erfüllt ist: Erstens können die zu beurteilenden Objekte zu *ähnlich* sein, so daß keine klare Präferenz besteht. Dies kann zu Antworten führen, die mit dem Fundamentalgesetz unvereinbar sind. Zweitens können auch *mehrere Beurteilungskriterien* verwendet werden, wobei einmal das eine Kriterium, einmal das andere dominiert.

5. Das Fundamentalgesetz erfordert, daß *jedem* Objekt aus U eine Zahl zugeordnet wird, weil f andernfalls keine Abbildung und daher auch kein Homomorphismus wäre, dessen Existenz ja mit dem Fundamentalgesetz postuliert wird.

6. Die Objektmenge U bei den in Abschnitt 6.1.3 konstruierten Ordinalskalen besteht aus den in Abschnitt 6.1.1 angegebenen 4 Verhaltensweisen $u_1, ..., u_4$.

Übungen

1. Konstruieren Sie für das in Abschnitt 6.1.1 behandelte Beispiel eine empirische Relation, für die das Fundamentalgesetz nicht erfüllt ist!

2. Stellen Sie die in Tabelle 6.1 angegebenen Relationen R_1 und R_2 jeweils durch ein 16-tupel von Nullen und Einsen dar!

3. Erzeugen Sie die beiden Relationen R_1 und R_2, die durch die in Abschnitt 6.1.3 angegebene Ordinalskala f_2 repräsentiert werden!

4. Zeigen Sie, daß die folgende Aussage für die in Abschnitt 6.1.3 definierten Skalen f_1 und f_2 nichtbedeutsam ist: Der Mittelwert von f_1 ist kleiner als der Mittelwert von f_2!

5. Zeichnen Sie 4 Linien der Länge 0.3, 0.4, 10.0 und 10.1 cm jeweils auf ein Blatt Papier, lassen Sie einen Freund per Paarvergleich die Linien nach den Kriterien „gleich lang" bzw. „länger als" beurteilen, halten Sie die resultierenden empirischen Relationen fest, und überprüfen Sie, ob sich dazu eine Ordinalskala (also eine Funktion $f : U \to \mathbb{R}$, die das Fundamentalgesetz erfüllt) konstruieren läßt!

Lösungen

1. Eine solche empirische Relation resultiert bereits, wenn man die beiden in Frage 3 angegebenen Antworten in eine Relation umsetzt. Würden alle anderen Antworten durch die in Tabelle 6.1 dargestellten beiden Relationen repräsentiert, müßte man nur noch ein Häkchen in Zeile 3, Spalte 1 in der dort angegebenen Matrix für R_2 hinzufügen, um eine empirische Relation zu erhalten, für die das Fundamentalgesetz nicht mehr gelten kann. Ein anderes Beispiel erhält man bei der Umsetzung der folgenden Urteile:

   - Ist es „böser", wenn ein Kind *aus Wut* darüber, daß es der Mutter helfen soll, *mehrere* Teller zerbricht, als wenn es, während es der Mutter hilft, *aus Versehen mehrere* Teller zerbricht? *Antwort: Ja.*
   - Ist es „böser", wenn ein Kind während es der Mutter hilft, *aus Versehen mehrere* Teller zerbricht, als wenn es *aus Wut* darüber, daß es der Mutter helfen soll, *einen* Teller zerbricht? *Antwort: Ja.*
   - Ist es „böser", wenn ein Kind *aus Wut* darüber, daß es der Mutter helfen soll, *mehrere* Teller zerbricht, als wenn es dabei *einen* Teller zerbricht? *Antwort: Nein.*

   Würden alle anderen Antworten durch die in Tabelle 6.2 dargestellten beiden Relationen repräsentiert, müßte man nur noch das Häkchen in Zeile 1, Spalte 3 in der dort angegebenen Matrix für R_2 wegnehmen, um eine empirische Relation zu erhalten, für die das Fundamentalgesetz nicht mehr gelten kann.

2. Die in Tabelle 6.1 angegebenen Relationen R_1 und R_2 können jeweils durch die folgenden 16-tupel von Nullen und Einsen dargestellt werden, wobei die 4 Zeilen der Matrizen aneinandergereiht werden: $\langle 1, 1, 0, 0,\ 1, 1, 0, 0,\ 0, 0, 1, 1,\ 0, 0, 1, 1 \rangle$ und $\langle 0, 0, 1, 1,\ 0, 0, 1, 1,\ 0, 0, 0, 0,\ 0, 0, 0, 0 \rangle$.

3. Erzeugt man zwei Relationen auf der Menge $U = \{u_1, ..., u_4\}$ unter Einhaltung des Fundamentalgesetzes des Ordinalskalenmodells, erhält man die in Tabelle 6.2 dargestellten beiden Relationen. Da allen 4 Objekten durch f_2 verschiedene Zahlen zugeordnet sind, läßt sich unter Einhaltung des ersten Teils des Fundamentalgesetzes *nur* die in Tabelle 6.2 dargestellte Relation R_1 und keine andere Relation angeben. Das Entsprechende gilt für die Relation R_2.

4. Der Mittelwert von f_1 beträgt 1.5, der von f_2 dagegen 2.5. Die Aussage ist also wahr. Betrachten wir nun die durch

$$f_1'(u_1) := 10, \qquad f_1'(u_2) := 10, \qquad f_1'(u_3) := 5, \qquad f_1'(u_4) := 5$$

   definierte Skala, die ebenfalls das Fundamentalgesetz erfüllt, dann beträgt der Mittelwert 7.5. Für die Skalen f_1' und f_2 gilt nun nicht mehr, daß der Mittelwert von f_1' kleiner als der von f_2 ist. Diese Aussage ist also nicht invariant unter den zulässigen Transformationen und daher im meßtheoretischen Sinn *nichtbedeutsam*.

5. Für diese Übung gibt es natürlich mehrere Lösungen. Zu erwarten ist dabei, daß bei den beiden kurzen Linien konsistente Urteile resultieren, denen zufolge die zweite Linie als länger beurteilt wird, wohingegen diese Differenzierungsleistung zwischen den beiden langen Linien trotz gleicher Längendifferenz kaum noch möglich ist. Dies kann sich nun darin niederschlagen, daß die beiden langen Linien konsistent als gleich lang beurteilt werden, oder aber einmal die eine, einmal die andere Linie als länger empfunden wird. Im letzteren Fall kann dann keine Ordinalskala mehr konstruiert werden.

Weiterführende Literatur

Zum inhaltlichen Hintergrund des in diesem Kapitel behandelten Beispiels „Stufen der Moral-entwicklung" sei auf Piaget (1932) hingewiesen. Bei Montada (1982) findet man einen Über-blick zu dieser Thematik. Lickona (1976) gibt einen Überblick über die empirischen Untersu-chungen zu Piagets Theorie. Kohlberg (1976, 1981, 1984) hat eine verwandte, ebenfalls sehr einflußreiche Theorie der Moralentwicklung vorgestellt.

7 Vertiefung des Ordinalskalenmodells

Überblick

Die Darstellung des Ordinalskalenmodells in den letzten beiden Kapiteln soll nun durch die formalen Definitionen der zentralen Begriffe und die exakte Formulierung der Behauptungen und ihrer Beweise vertieft werden. Zunächst werden wir die *Annahmen* des Ordinalskalenmodells einführen. Es handelt sich dabei um die Anforderungen an die beiden Relationen R_1 und R_2 auf der zugrundegelegten Objektmenge U, um überhaupt eine Ordinalskala auf U konstruieren zu können. Aus den Annahmen können wir dann die *Existenz* einer Ordinalskala ableiten. Neben diesem Existenztheorem werden wir die *Eindeutigkeits-* und *Bedeutsamkeitstheoreme* formulieren und beweisen. Im Eindeutigkeitstheorem wird präzisiert, wie eindeutig eine Ordinalskala durch die Modellannahmen über die zugrundeliegenden Relationen definiert ist, und damit, welche Transformationen der durch die Skala zugewiesenen Werte zulässig sind, um aus einer gegebenen Ordinalskala f eine weitere Ordinalskala f' zu erhalten. Das Bedeutsamkeitstheorem gibt wieder an, welche Aussagen über eine Ordinalskala invariant unter den zulässigen Transformationen der Skala sind, d.h. welche Aussagen ihren Wahrheitswert beim Übergang zu einer anderen Ordinalskala nicht verändern. Schließlich stellen wir die verschiedenen Möglichkeiten dar, die Annahmen, die das Ordinalskalenmodell definieren, empirisch zu überprüfen.

7.1 Existenz

In einem Meßmodell geht es darum, theoretische Begriffe einzuführen, die eine bestimmte Struktur aufweisen. Der theoretische Begriff, der im Ordinalskalenmodell einzuführen ist, soll erlauben, Meßobjekte hinsichtlich eines dimensionalen Kriteriums zu vergleichen. Umgangssprachlich können solche Vergleiche mit Formulierungen wie „stärker als", „lauter als", „sympathischer als" etc. ausgedrückt werden. Es soll sich also um einen komparatorischen Begriff handeln. Ein solcher Begriff kann jedoch nur dann eingeführt werden, wenn bestimmte Annahmen über empirische Relationen auf der Objektmenge gemacht werden. Erst wenn die empirischen Relationen diesen Anforderungen erfüllen, können wir eine Abbildung f konstruieren, die das Fundamentalgesetz des Ordinalskalenmodells erfüllt.

7.1.1 Die Annahmen

Im Ordinalskalenmodell sind die Anforderungen an die Relation R_1 die Eigenschaften der *Reflexivität*, der *Symmetrie* und der *Transitivität*. Zur Erinnerung seien diese Eigenschaften nochmals aufgeführt:

Gesetze der Relation R_1

- *Reflexivität*: Für alle $u \in U$ gilt: $u\ R_1\ u$;
- *Symmetrie:* Für alle $u, v \in U$ gilt: $u\ R_1\ v\ \rightarrow\ v\ R_1\ u$;
- *Transitivität:* Für alle $u, v, w \in U$ gilt: $(u\ R_1\ v \wedge v\ R_1\ w)\ \rightarrow\ u\ R_1\ w$.

Bei der Relation R_1 handelt es sich also um eine *Äquivalenzrelation*, die in Abschnitt 4.1.4 als konstituierender Bestandteil eines Nominalskalenmodells eingeführt wurde.

Beim Ordinalskalenmodell kommt zu diesen Annahmen noch hinzu, daß die Relation R_2 die Eigenschaften der *Asymmetrie* und *Transitivität* aufweisen muß. Auch diese 2 Eigenschaften seien hier präzisiert (s. auch Anhang C):

Gesetze der Relation R_2

- *Asymmetrie:* Für alle $u, v \in U$ gilt: $u\ R_2\ v\ \rightarrow\ \neg(v\ R_2\ u)$;
- *Transitivität:* Für alle $u, v, w \in U$ gilt: $(u\ R_2\ v \wedge v\ R_2\ w)\ \rightarrow\ u\ R_2\ w$.

Neben diesen Anforderungen an die *einzelnen* Relationen muß im Ordinalskalenmodell noch eine weitere Forderung erfüllt sein: Zusätzlich muß sichergestellt sein, daß 2 Objekte u und v stets entweder in der Relation R_1 oder R_2 stehen:

Gesetz der Relationen R_1 und R_2

- *Konnexität:* Für je 2 Elemente $u, v \in U$ gilt *genau eine* der folgenden 3 Aussagen: $u\ R_2\ v$, $v\ R_2\ u$, $u\ R_1\ v$.

Diese 6 Annahmen bezeichnen wir als die *empirischen Gesetze* des Ordinalskalenmodells. „Empirisch" heißt auch hier wieder „prinzipiell beobachtbar", es bedeutet also nicht, daß man den Sachverhalt schon beobachtet haben muß. Nur wenn alle 6 Modellannahmen erfüllt sind, ist die Konstruktion einer Ordinalskala möglich.

Beispiele. Sei U eine Menge von Personen. Wird dann beispielsweise die Relation R_1 nach der Vorschrift „u ist mir genauso sympathisch wie v" gebildet, dann gelten also wie auch im Nominalskalenmodell:

Reflexivität von R_1
Symmetrie von R_1

- Jede Person u ist mir genauso sympathisch wie sie selbst.
- Wenn mir u genauso sympathisch ist wie v, dann ist mir v genauso sympathisch wie u.

Transitivität von R_1

- Wenn mir u genauso sympathisch ist wie v und v genauso sympathisch wie w, dann ist mir u genauso sympathisch wie w.

Für die zu dieser Relationsvorschrift passende Relation R_2 lautet die entsprechende Relationsvorschrift „u ist mir sympathischer als v". Hier gelten also:

Asymmetrie von R_2

- Wenn mir u sympathischer ist als v, dann ist mir v nicht sympathischer als u (Asymmetrie).

Transitivität von R_2

- Wenn mir u sympathischer ist als v und v sympathischer als w, dann ist mir u sympathischer als w (Transitivität).

Außerdem gilt für 2 beliebige Personen $u, v \in U$ genau eine der 3 Aussagen:

Gesetz für
R_1 und R_2

- u ist mir sympathischer als v, v ist mir sympathischer als u bzw. u ist mir genauso sympathisch wie v (Konnexität).

Gründe für die
Verletzung der
Transitivität:

Auch wenn diese Modellannahmen recht trivial erscheinen mögen, kann man leicht Beispiele finden, in denen sie nicht erfüllt sind. So ist es durchaus denkbar, daß jemand bei der Beurteilung einer größeren Menge von Personen nach der Relationsvorschrift „u ist mir sympathischer als v" die Person u als sympathischer einstuft als die Person v, v sympathischer als w, jedoch w sympathischer als u. Dabei wird offensichtlich die Transitivitätsbedingung verletzt.

1. Zu kleine Unterschiede zwischen den Objekten

Derartige Fehler sind insbesondere dann zu erwarten, wenn der Beurteiler nur *geringe Unterschiede* zwischen seinen Sympathieempfindungen gegenüber den zu beurteilenden Personen wahrnimmt. Zu Verletzungen der Annahmen kann es aber auch kommen, wenn die getroffenen Urteile *nicht nach einem eindimensionalen Kriterium* getroffen werden. Bei einer Person kann die Sympathiebeurteilung z.B. auf ihrem *Aussehen* beruhen, bei einer anderen Person dagegen auf deren *Einstellungen*.

2. Mehrdimensionale Urteilskriterien

Beispiel

Wird eine Person darüber befragt, was sie am Abend am liebsten unternehmen möchte, so könnte ein mögliches Ergebnis sein: Die betreffende Person geht lieber ins Kino als fernzusehen, sie geht lieber ins Theater als ins Kino, gibt aber gleichzeitig an, lieber fernzusehen als ins Theater zu gehen. Solche Ergebnisse, bei denen offensichtlich wieder eine Verletzung der Transitivitätsannahme vorliegt, sind vor allem in der sozialpsychologischen Forschung als *zirkuläre Triaden* bekannt. Sixtl (1982) führt verschiedene Erklärungsmöglichkeiten für das Auftreten solcher Triaden an. In diesem Beispiel könnte ein Grund für das Ergebnis darin liegen, daß das Präferenzurteil nicht nur von der aktuellen Vorliebe für eine bestimmte Unternehmung (erste Dimension), sondern auch von finanziellen Überlegungen (zweite Dimension) beeinflußt wird. Empirische Relationen weisen also keinesfalls immer eine Struktur auf, die die Konstruktion einer Ordinalskala ermöglicht.

7.1.2 Strenge Ordnungsrelation und Komparationssystem

Wie im entsprechenden Kapitel zum Nominalskalenmodell werden wir auch in diesem Kapitel einige Begriffe einführen, die es erlauben, Aussagen kürzer und präziser zu formulieren. Eine Relation R_1 mit den Eigenschaften der Reflexivität, Symmetrie und Transitivität haben wir bereits in Kap. 4 eingeführt und als *Äquivalenzrelation* bezeichnet. Eine Relation R_2 mit den Eigenschaften der Asymmetrie und Transitivität bezeichnen wir als *strenge Ordnungsrelation*.

Ein Relativ, das neben der Objektmenge U eine Äquivalenzrelation und eine strenge Ordnungsrelation enthält und bei dem diese beiden Relationen auch die 6 genannten Gesetzmäßigkeiten erfüllen, nennen Suppes und Zinnes (1963) „quasi series". Wir wählen statt dessen jedoch die Bezeichnung *Komparationssystem*, weil damit verdeutlicht wird, daß die Relationen R_1 und R_2 einen *Vergleich* von Objekten hinsichtlich eines dimensionalen Kriteriums ermöglichen. Liegt ein Komparationssystem vor, so lassen sich die Objekte einer Menge U in *Klassen* einteilen, die dann entsprechend der zu R_2 gehörenden Relationsvorschrift geordnet werden können. Diese Begriffe sollen in der folgenden Definition präzisiert werden.

Definitionen. Sei $R \subset U^2$ eine Relation auf einer Menge U.

(i) R heißt ***strenge Ordnungsrelation*** genau dann, wenn R asymmetrisch und transitiv ist. (Für strenge Ordnungsrelationen werden wir in der Regel die Zeichen „$\succ$" oder „$\prec$" verwenden.)

(ii)   Ein Relativ $\mathbb{A} = \langle U, R_1, R_2 \rangle$ heißt ***Komparationssystem*** genau dann, wenn gelten:

    (a) R_1 ist eine Äquivalenzrelation auf U.
    (b) R_2 ist eine strenge Ordnungsrelation auf U.
    (c) Für je 2 $u, v \in U$ gilt genau eine der folgenden 3 Aussagen: $u \succ v$, $v \succ u$, $u \approx v$.

(iii)   Ein Komparationssystem $\mathbb{A} = \langle U, R_1, R_2 \rangle$ heißt ***endlich*** genau dann, wenn die Quotientenmenge U/R_1 endlich ist.

Erläuterungen. Ein Komparationssystem werden wir meist mit $\mathbb{A} = \langle U, \approx, \succ \rangle$ notieren. Auf einer gegebenen Menge U kann es mehrere strenge Ordnungsrelationen geben. So läßt sich beispielsweise auf einer Personenmenge nicht nur eine Ordnungsrelation nach der Vorschrift „u ist mir sympathischer als v" definieren, sondern auch eine Relation, die nach der Vorschrift „u ist schwerer als v" erzeugt wird.

Man beachte, daß sich ein Komparationssystem $\langle U, \approx, \succ \rangle$ aus einem Klassifikationssystem $\langle U, \approx \rangle$ und einer strengen Ordnungsrelation $\succ$ zusammensetzt. Daher gelten alle Eigenschaften eines Klassifikationssystems auch für das entsprechende Komparationssystem. Jedes Komparationssystem enthält also auch ein Klassifikationssystem.

Beispiele. Seien $\mathbb{R}$ die Menge der reellen Zahlen und „$<$" die übliche strenge Ordnungsrelation „kleiner als" auf $\mathbb{R}$. Die Relation „$<$" ist asymmetrisch und transitiv. Das gleiche gilt für die Relation „$>$" („größer als") auf $\mathbb{R}$.

Ein weiteres Beispiel ist in Abb. 7.1 dargestellt. Seien

$$U := \{D, d, M, m, Q, q\}$$

und die Relationen $\approx \subset U^2$ und $\succ \subset U^2$ definiert durch

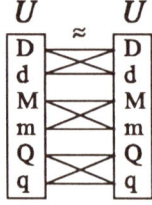 

Abb. 7.1. Die durch die Relationsvorschriften „steht im Alphabet an gleicher Stelle wie" (links) und „steht im Alphabet vor" erzeugten Relationen (rechts)

$$\approx \; := \; \big\{ \langle u, v \rangle \; \text{„}u \text{ steht im Alphabet an gleicher Stelle wie } v\text{“} \big\}$$

$$\succ \; := \; \big\{ \langle u, v \rangle \; \text{„}u \text{ steht im Alphabet vor } v\text{“} \big\}.$$

Man kann nun zeigen, daß das so definierte Relativ $\langle U, \approx, \succ \rangle$ ein Komparationssystem ist. Die Relation $\approx$ ist reflexiv, symmetrisch und transitiv. Sie erzeugt auf der Menge U die 3 Äquivalenzklassen **[d]**, **[m]** und **[q]**. Die Relation $\succ$ ist asymmetrisch und transitiv. Für je 2 Elemente u, v aus U gilt die in Punkt (c) der Definition eines Komparationssystems genannte Bedingung. Das Relativ $\langle U, \approx, \succ \rangle$ ist daher ein endliches Komparationssystem.

Das Relativ $\langle \mathbb{R}, =, > \rangle$ ist ein Komparationssystem, das allerdings nicht endlich ist. Auch $\langle \mathbb{N}, =, > \rangle$ ist ein Komparationssystem, wobei $\mathbb{N}$ die Menge $\{1, 2, ...\}$ der natürlichen Zahlen, „$=$“ die darauf definierte Gleichheitsrelation und „$>$“ die Relation „größer als“ bezeichnen. Das Komparationssystem $\langle \mathbb{N}, =, > \rangle$ ist aber nicht endlich.

7.1.3 Existenztheorem

In diesem Abschnitt wird gezeigt, daß die Eigenschaften eines Komparationssystems hinreichen, um daraus die *Existenz* einer Abbildung in die reellen Zahlen ableiten zu können, unter der die auf der Objektmenge gegebene Struktur erhalten bleibt. Bei dieser Abbildung $f : U \rightarrow \mathbb{R}$, die wir als Ordinalskala bezeichnen, handelt es sich um einen *theoretischen Begriff*, und zwar in dem Sinn, daß sie sich nur dann konstruieren läßt, wenn die beiden Relationen $\approx$ und $\succ$ die in Abschnitt 7.1.1 aufgeführten Annahmen erfüllen.

Was heißt „theoretischer Begriff“?

Die Zuordnung von Zahlen zu den Elementen der Objektmenge durch einen solchen Homomorphismus f dient der Vereinfachung der Entscheidung über die Ordnungsbeziehung zwischen 2 Objekten. Im allgemeinen wird man im Ordinalskalenmodell die Menge $\mathbb{R}$ als Wertebereich wählen. Prinzipiell könnte man natürlich auch einen anderen Wertebereich für die einzuführende Abbildung verwenden, auf dem ein Komparationssystem vorliegt. Die erwünschte Vereinfachung würde darunter aber insofern leiden, als die reellen Zahlen in der Regel vertrauter sind als die Elemente irgendeiner anderen Menge. Insbesondere kann man 2 Zahlen sofort ansehen, ob sie gleich sind oder ob die eine größer als die andere ist. Bei anderen Werten dagegen müßte man erst in der Relation nachsehen, ob das betrachtete Wertepaar in der Relation steht. Wir beschränken uns also in diesem Kapitel auf Abbildungen in die Menge $\mathbb{R}$, wobei wir in vielen Anwendungen auch mit der Zuordnung einiger natürlicher Zahlen auskommen werden.

Warum $\mathbb{R}$ als Wertebereich von f?

Zunächst sei das Theorem behandelt, demzufolge das Vorliegen eines Komparationssystems tatsächlich impliziert, daß für ein Komparationssystem ein Homomorphismus in das Relativ $\langle \mathbb{R}, =, > \rangle$ existiert. Dabei begnügen wir uns wieder mit dem Fall eines *endlichen* Komparationssystems, also eines Komparationssystems mit einer endlichen Menge von Äquivalenzklassen.

Existenzsatz   **Theorem.** Man betrachte die folgenden Bedingungen:

(a) $\mathbb{A} := \langle U, \approx, \succ \rangle$ ist ein endliches Komparationssystem.
(b) $\mathbb{B} := \langle \mathbb{R}, =, > \rangle$, wobei $=$ die übliche Gleichheitsrelation und $>$ die übliche Größerrelation auf der Menge $\mathbb{R}$ der reellen Zahlen ist.

Aus (a) und (b) folgt das *Fundamentalgesetz des Ordinalskalenmodells*:

Fundamentalgesetz   (c) Es existiert (mindestens) eine Abbildung $f : U \to \mathbb{R}$ derart, daß gelten:

$$u \approx v \text{ genau dann, wenn } f(u) = f(v), \tag{1}$$
$$\text{für alle } u, v \in U.$$
$$u \succ v \text{ genau dann, wenn } f(u) > f(v), \tag{2}$$

Beweis. Der Beweis dieses Theorems entspricht dem allgemeinen Konstruktionsprinzip für eine Ordinalskala. Dieses Prinzip läßt sich mit Hilfe eines einfachen Algorithmus beschreiben. Dabei gehen wir von einer Menge U aus, auf der 2 Relationen $\approx$ und $\succ$ vorliegen, und wählen als Wertebereich die Menge $\mathbb{R}$ der reellen Zahlen.

Konstruktionsregeln   *1. Schritt*: Wir wählen ein beliebiges Objekt v aus U, legen $f(v) := \alpha$ fest und definieren:
für eine
Ordinalskala
$$f(u) := \alpha, \quad \text{für alle } u \in U, \text{ für die gilt: } u \approx v, \quad \alpha \in \mathbb{R}.$$

2. Schritt: Wir wählen ein Objekt $w \in U$, das nicht mit u in der Äquivalenzrelation steht, und weisen diesem Objekt einen Wert β zu, der von α verschieden ist. Die Wertzuweisung hängt davon ab, ob gilt (a) $\langle v, w \rangle \in \succ$ oder (b) $\langle w, v \rangle \in \succ$.
(a) Falls $\langle v, w \rangle \in \succ$, wähle man für $w \in U$ ein Element $\beta \in \mathbb{R}$ mit $\alpha > \beta$, lege $f(w) := \beta$ fest und definiere:

$$f(u) := \beta, \quad \text{für alle } u \in U, \text{ für die gilt: } u \approx w.$$

(b) Falls $\langle w, v \rangle \in \succ$, wähle man für $w \in U$ ein Element $\beta \in \mathbb{R}$ mit $\beta > \alpha$, lege $f(w) := \beta$ fest und definiere:

$$f(u) := \beta, \quad \text{für alle } u \in U, \text{ für die gilt: } u \approx w.$$

3. Schritt: Wir wählen ein Objekt $z \in U$, das weder mit v noch mit w in der Äquivalenzrelation steht, und weisen diesem Objekt einen Wert γ zu, der von α und β verschieden ist. Die Wertzuordnung erfolgt wieder nach dem im zweiten Schritt angegebenen Konstruktionsprinzip. Entsprechend verfahre man mit den übrigen Elementen aus U. Die Bedingung (c) der Definition eines Komparationssystems garantiert, daß mit diesem Verfahren tatsächlich *jedem* $u \in U$ ein Wert $f(u)$ zugewiesen wird. Die dadurch definierte Funktion $f : U \to \mathbb{R}$ erfüllt das im obigen Theorem formulierte Fundamentalgesetz. Offensichtlich könnte dieser Beweis auch für ein abzählbar unendliches Komparationssystem geführt werden, bei dem die Quotientenmenge nicht nur endlich, sondern abzählbar unendlich ist (s. dazu Suppes & Zinnes, 1963, Theorem 6).

Erläuterungen. Entscheidend für die Existenz einer Ordinalskala ist die im obigen Theorem aufgeführte Bedingung (a). Dort wird nämlich festgelegt, daß das Relativ $\langle U, \approx, \succ \rangle$ ein Komparationssystem sein muß, damit sich auf U eine Ordinalskala f konstruieren läßt. Das bedeutet wiederum, daß es sich bei der Relation $\approx$ tatsächlich um eine Äquivalenzrelation (mit den Eigenschaften der Reflexivität, Symmetrie und Transitivität) und bei der Relation ≻ um eine strenge Ordnungsrelation (mit den Eigenschaften der Asymmetrie und Transitivität) handeln muß. Außerdem müssen diese beiden Relationen die in Punkt (c) der Definition eines Komparationssystems genannte Bedingung erfüllen. Diese Voraussetzungen sind auch empirisch prüfbar, während alle weiteren Bedingungen eher logischer Natur sind.

Gemäß dem Fundamentalgesetz impliziert die Gleichheit zweier Werte $f(u)$ und $f(v)$ eines Homomorphismus f, daß u und v in der Äquivalenzrelation $\approx$ stehen. Die Gleichheit zweier Zahlen zu prüfen, ist natürlich einfacher als in einer Relation, die u.U. sehr viele Elemente enthält, nachzusehen, ob das Paar $\langle u, v \rangle$ darin als Element enthalten ist. Das Entsprechende gilt für die Überprüfung, ob die Zahl $f(u)$ kleiner als die Zahl $f(v)$ ist. Auch dies erkennt man mit einem Blick. Darin liegt die Vereinfachung, die durch die Einführung einer Ordinalskala $f: U \to \mathbb{R}$ erzielt wird. Bevor wir uns der Frage der Eindeutigkeit des Homomorphismus bei Komparationssystemen zuwenden, sei nun zunächst der Begriff eines *Ordinalskalenmodells* eingeführt, in dem die bisherigen Überlegungen zusammengefaßt sind.

7.1.4 Ordinalskalenmodell

Wir beschränken uns wieder auf ein endliches Komparationssystem. Zu Verallgemeinerungen sei auf Suppes und Zinnes (1963) verwiesen.

Ordinalskalen-modell

Definition. Ein Tripel $\langle \mathbb{A}, \mathbb{B}, f \rangle$ heißt *Ordinalskalenmodell* und f heißt *Ordinalskala* genau dann, wenn gelten:

(a) $\mathbb{A} := \langle U, \approx, \succ \rangle$ ist ein endliches Komparationssystem.
(b) $\mathbb{B} := \langle \mathbb{R}, =, > \rangle$, wobei = die übliche Gleichheitsrelation und > die übliche Größerrelation auf $\mathbb{R}$ sind.
(c) $f: U \to \mathbb{R}$ ist eine Funktion derart, daß die im Fundamentalgesetz formulierten Aussagen 1 und 2 gelten.

Erläuterungen. Wiederum ist Bedingung (a) die entscheidende Voraussetzung, um von einem Ordinalskalenmodell sprechen zu können. Wenn man untersuchen will, ob eine bestimmte Abbildung f eine Ordinalskala ist, müssen also die folgenden Fragen geklärt werden:

- Von welchem Relativ $\langle U, R_1, R_2 \rangle$ geht man aus?
- Welches ist die Funktion $f: U \to \mathbb{R}$?
- Sind R_1 eine Äquivalenzrelation und R_2 eine strenge Ordnungsrelation auf U?
- Erfüllen R_1 und R_2 die in Punkt (c) der Definition eines Komparationssystems genannte Bedingung?
- Erfüllt die Funktion f das Fundamentalgesetz?

Kann man diese Fragen positiv beantworten, dann liegt ein Ordinalskalenmodell vor. Bei den in den Abschnitten 5.1.1 und 6.1 dargestellten Beispielen handelt es sich mit den Relativen $\langle \mathbb{A}, \mathbb{B}, f \rangle$ also tatsächlich um Ordinalskalenmodelle, wie

> **Box 7.1.** Wichtige Begriffe zum Ordinalskalenmodell
>
> *Strenge Ordnungsrelation* $\succ$ Die Relation $\succ$ auf U erfüllt die Bedingungen der Asymmetrie und Transitivität.
>
> *Komparationssystem* $\langle U, \approx, \succ \rangle$ Eine Menge U, eine Äquivalenzrelation $\approx$ und eine strenge Ordnungsrelation $\succ$ auf U. Für je zwei $u, v \in U$ gilt genau eine der drei Aussagen: $u \succ v$, $v \succ u$, $u \approx v$.
>
> *Ordinalskala* f Eine Abbildung $f : U \to \mathbb{R}$, die das Fundamentalgesetz des Ordinalskalenmodells erfüllt.
>
> *Ordinalskalenmodell* $\langle \mathbb{A}, \mathbb{B}, f \rangle$ Zwei Komparationssysteme $\mathbb{A} = \langle U, \approx, \succ \rangle$ und $\mathbb{B} = \langle \mathbb{R}, =, > \rangle$ sowie eine Ordinalskala f.

man sich leicht vergewissern kann. Die in diesen Beispielen vorkommenden Abbildungen $f : U \to \mathbb{R}$ sind daher Ordinalskalen.

Man beachte, daß jede strenge Ordnungsrelation $\succ$ wegen

$$u \succ v \text{ genau dann, wenn } v \prec u \tag{3}$$

in eine strenge Ordnungsrelation $\prec$ überführt werden kann. Anstelle der bisher verwendeten Größerrelation kann man daher ebensogut die Kleinerrelation $<$ auf $\mathbb{R}$ verwenden.

Schwache Ordnungsrelation

Daneben kann man auch die ***schwache Ordnungsrelation*** $\succeq$ definieren durch:

$$u \succeq v :\leftrightarrow u \succ v \text{ oder } u \approx v, \quad \text{ für alle } u, v \in U. \tag{4}$$

In der Relation $\succeq$ steckt die gleiche Information wie in den beiden Relationen $\succ$ und $\approx$ zusammengenommen (s. Übung 2). Die von uns gewählte Formulierung mit den 2 Relationen $\approx$ und $\succ$ verdeutlicht jedoch, daß jedes Ordinalskalenmodell gleichzeitig ein Nominalskalenmodell enthält.

7.2 Zulässige Transformationen und Eindeutigkeit

Im Beweis zum Existenztheorem wird bereits deutlich, daß die Abbildung f offenbar bis zu einem gewissen Grad willkürlich definiert ist.

7.2.1 Zulässige Transformationen

Zu einem gegebenen Komparationssystem $\mathbb{A} = \langle U, \approx, \succ \rangle$ existiert nicht nur *eine einzige* Abbildung $f: U \to \mathbb{R}$, die das im Existenztheorem formulierte Fundamentalgesetz erfüllt. So wurden in Beispiel 5.1.1 Plutos Futterpräferenzen einmal durch die Abbildung f mit den Zahlen 1, 2 und 3 kodiert, ein anderes Mal durch die Abbildung f' mit den Zahlen 4, 16 und 17 (s. Abschnitt 5.3.1). Wir werden zunächst präzisieren, welche Beziehung zwischen den beiden Abbildungen f und f' besteht. Danach können wir den Grad der Eindeutigkeit angeben, mit dem eine Ordinalskala durch die Modellannahmen festgelegt ist.

Wenn f eine Abbildung ist, die das Fundamentalgesetz des Ordinalskalenmodells erfüllt, so kann man mit Hilfe einer *monotonen* Transformation $\phi: \mathbb{R} \to \mathbb{R}$ eine neue Funktion f' als Komposition $f' := \phi \circ f$ mit der ursprünglichen Abbildung f definieren. *Jede* so definierte Funktion $f': U \to \mathbb{R}$ erfüllt ebenfalls die Bedingungen des Fundamentalgesetzes. Die Transformation ϕ ermöglicht es, die Werte des einen Homomorphismus f' aus einem anderen Homomorphismus f zu berechnen. Die Klasse der zulässigen Transformationen bei Ordinalskalenmodellen ist also die der monotonen Transformationen, deren Definition zunächst betrachtet wird.

Zur Erinnerung: Eine Transformation $\phi: \mathbb{R} \to \mathbb{R}$ heißt *monoton* genau dann, wenn gelten:

Zulässige Transformation ϕ

Monotone Transformation

$$\alpha = \beta \text{ genau dann, wenn } \phi(\alpha) = \phi(\beta), \tag{5}$$
$$\text{für alle } \alpha, \beta \in \mathbb{R}.$$
$$\alpha > \beta \text{ genau dann, wenn } \phi(\alpha) > \phi(\beta), \tag{6}$$

Entscheidend bei einer monotonen Transformation ist also, daß sowohl die Gleichheitsrelation = als auch die strenge Ordnungsrelation > auf $\mathbb{R}$ erhalten bleiben. Jede monotone Transformation ist auch eineindeutig, aber nicht jede eineindeutige Transformation ist monoton.

Jede zulässige Transformation ϕ erzeugt aus einer Ordinalskala f eine weitere Ordinalskala f'. Damit ist eine Ordinalskala durch die Modellannahmen nur *eindeutig bis auf monotone Transformationen* festgelegt. Als *ordinalskalierte theoretische Größe* bezeichnen wir daher eine Klasse von Ordinalskalen f, f', denen jeweils dieselbe Objektmenge U und dieselben Relationen $\approx$ und $\succ$ zugrundeliegen und von denen sich jede aus einer anderen mit Hilfe einer monotonen Transformation berechnen läßt.

Ordinalskalierte theoretische Größe

Beispiel. In Abschnitt 5.3.1 ist eine monotone Transformation der Ordinalskala f definiert durch

$$\phi(b) := \begin{cases} 17, & \text{falls } b = 3, \\ 16, & \text{falls } b = 2, \\ 4, & \text{falls } b = 1. \end{cases} \tag{7}$$

Anstelle des Wertes 3 bekommt Plutos Lieblingsfutter also durch die Abbildung f' den Wert 17 zugewiesen etc. Die Transformation ϕ ist in diesem Beispiel *monoton*, denn es gelten:

$$f(u) = f(v) \text{ genau dann, wenn } \phi[f(u)] = \phi[f(v)], \tag{8}$$
$$\text{für alle } u, v \in U.$$
$$f(u) > f(v) \text{ genau dann, wenn } \phi[f(u)] > \phi[f(v)], \tag{9}$$

Jede derartige Funktion ϕ erzeugt ein weiteres Ordinalskalenmodell $\langle A, B, \phi \circ f \rangle$. Dieser Sachverhalt wird im folgenden Theorem präzisiert.

Satz über die zulässigen Transformationen

Theorem. Wenn $\langle A, B, f \rangle$ ein Ordinalskalenmodell, $\phi: \mathbb{R} \to \mathbb{R}$ eine monotone Transformation und $f' := \phi \circ f$ die Komposition von ϕ mit f sind, dann ist auch $\langle A, B, f' \rangle$ ein Ordinalskalenmodell.

Beweis. Wegen der Eineindeutigkeitsbedingung (s. Aussage 5) folgt aus Theorem 4.1.3 die Gültigkeit von Aussage 1 für f'. Daher ist hier lediglich die Gültigkeit der Aussage 2 für f' nachzuweisen. Zu zeigen ist also:

(a) $f': U \to \mathbb{R}$ ist eine Funktion, für die gilt:

$$u \succ v \text{ genau dann, wenn } f'(u) > f'(v), \quad \text{für alle } u, v \in U.$$

Wegen der Monotonie von ϕ gilt:

(b) $f(u) > f(v)$ genau dann, wenn $f'(u) > f'(v)$,   für alle $u, v \in U$.

Kombiniert man (b) mit Aussage 2, dann folgt (a).

Erläuterungen. Unter den im obigen Theorem gemachten Voraussetzungen gelten also:

Homomorphie-bedingungen für f'

$$u \approx v \text{ genau dann, wenn } f'(u) = f'(v), \tag{10}$$
$$\text{für alle } u, v \in U.$$
$$u \succ v \text{ genau dann, wenn } f'(u) > f'(v), \tag{11}$$

Entscheidend ist, daß die *gleichen* Relationen $\approx$ und $\succ$ auf der Objektmenge U durch die Relationen $=$ bzw. $>$ auf der Wertemenge $\mathbb{R}$ *verschiedener* Abbildungen $f: U \to \mathbb{R}$ und $f': U \to \mathbb{R}$ repräsentiert werden können. Ein Beispiel dazu wurde bereits in Abschnitt 5.3 behandelt.

7.2.2 Eindeutigkeit

Das obige Theorem besagt, daß man durch eine monotone Transformation ϕ von f von einem gegebenen Ordinalskalenmodell $\langle A, B, f \rangle$ zu einem neuen Ordinalskalenmodell $\langle A, B, \phi \circ f \rangle$ kommt. Gemäß dem folgenden Theorem läßt sich zu 2 verschiedenen Ordinalskalenmodellen $\langle A, B, f \rangle$ und $\langle A, B, f' \rangle$ mit den gleichen Komparationssystemen A und B immer eine monotone Transformation $\phi: \mathbb{R} \to \mathbb{R}$ angeben mit $f' = \phi \circ f$, d.h. 2 verschiedene Ordinalskalen f und f' lassen sich immer durch eine monotone Transformation ineinander überführen, falls die gleichen Komparationssysteme A und B zugrundeliegen.

Eindeutigkeitssatz

Theorem. Wenn $\langle A, B, f \rangle$ und $\langle A, B, f' \rangle$ Ordinalskalenmodelle sind, dann existiert eine monotone Transformation $\phi: \mathbb{R} \to \mathbb{R}$ derart, daß $f' := \phi \circ f$ die Komposition von ϕ mit f ist.

Beweis. Voraussetzungsgemäß sind $\langle A, B, f \rangle$ und $\langle A, B, f' \rangle$ Ordinalskalenmodelle. Daher gelten die Aussagen 1 und 2 für f sowie die entsprechenden Aussagen 10 und 11 für f'. Fügt man diese 4 Bedingungen zusammen, so folgen die beiden Monotoniebedingungen 5 und 6.

Fazit

Erläuterungen. Die beiden in diesem Abschnitt behandelten Theoreme besagen, daß eine Ordinalskala zu einem gegebenen Komparationssystem eindeutig bis auf monotone Transformationen definiert ist. Aus einer Ordinalskala f erhält man mit der Komposition $f' := \phi \circ f$ eine neue Ordinalskala, wenn $\phi: \mathbb{R} \to \mathbb{R}$ eine monotone Transformation ist, und 2 Ordinalskalen f und f' lassen sich bei identischem zugrundeliegendem Komparationssystem immer durch eine monotone Transformation ineinander überführen.

7.3 Bedeutsamkeit

Nachdem geklärt ist, daß eine Ordinalskala f eindeutig bis auf monotone Transformationen definiert ist und daß jede monotone Transformation ϕ zulässig ist, kann man nun untersuchen, welche Aussagen über die Ordinalskala f *bedeutsam* sind. Eine Aussage über f heißt im (meßtheoretischen Sinn) *bedeutsam* genau dann, wenn ihr Wahrheitswert *unter den zulässigen Transformationen invariant* ist. Einige solcher Aussagen werden im folgenden Theorem untersucht. Auch hier wird kein Anspruch auf Vollständigkeit erhoben.

Was heißt „bedeutsame Aussage"?

Bedeutsamkeitssatz

Theorem. Sind $\langle A, B, f \rangle$ und $\langle A, B, f' \rangle$ Ordinalskalenmodelle, dann gilt außer den im Bedeutsamkeitstheorem des Nominalskalenmodells (s. Abschnitt 4.3) genannten Aussagen auch:

(i) $f(u) > f(v)$ genau dann, wenn $f'(u) > f'(v)$,   für alle $u, v \in U$.

(ii) Der Median von f ist $f(u)$ genau dann, wenn $f'(u)$ der Median von f' ist.

(iii) Der Median von f liegt zwischen $f(u)$ und $f(v)$ genau dann, wenn der Median von f' zwischen $f'(u)$ und $f'(v)$ liegt.

(iv) Sind außerdem $\langle A, B, g \rangle$ und $\langle A, B, g' \rangle$ Ordinalskalenmodelle, dann gilt auch: Die Spearman-Rangkorrelation zwischen f und g beträgt ρ genau dann, wenn sie zwischen f' und g' ebenfalls ρ beträgt.

Beweis. Die Gültigkeit von i bis iii folgt direkt aus den Aussagen 2 für f bzw. 11 für f'. Daß auch die Aussage iv gilt, folgt daraus, daß die Spearman-Rangkorrelation als Produkt-Moment-Korrelation der rangierten Werte der beiden Skalen f und g definiert ist und daß die Ränge bei den zulässigen Transformationen invariant bleiben.

Erläuterungen. Diesem Theorem zufolge sind also nicht nur die Wahrheitswerte von Aussagen über die Gleichheit zweier Werte einer Ordinalskala invariant unter den zulässigen (hier: den monotonen) Transformationen, sondern auch die Wahrheitswerte von Aussagen über deren Relation „größer als". Desgleiche sind Aussagen über die Häufigkeit, mit der ein bestimmter Wert auftritt, bedeutsam, ebenso wie Aussagen über *relative* Häufigkeiten.

Beispiel für eine bedeutsame Aussage

Man kann auch zeigen, daß Aussagen über die Produkt-Moment-Korrelation einer Ordinalskala $f: U \to \mathbb{R}$ mit einer beliebigen anderen reellen Funktion $h: U \to \mathbb{R}$ bedeutsam sind, falls die zugrundeliegende Äquivalenzrelation $\approx$ nur 2 verschiedene Äquivalenzklassen erzeugt und daher f nur 2 verschiedene Werte annehmen kann. Nimmt dagegen $f: U \to \mathbb{R}$ mehr als 2 verschiedene Werte an, sind Aussagen über die Produkt-Moment-Korrelation einer Ordinalskala f mit einer anderen Funktion $h: U \to \mathbb{R}$ nicht bedeutsam. Bei mehr als 2 Werten von f muß man also auf eine Rangkorrelation (s. z.B. Bortz, 1993, S. 283) zurückgreifen. Einige weitere Beispiele für *nichtbedeutsame* Aussagen über eine Ordinalskala $f: U \to \mathbb{R}$ sind die in 2.3.2(e) und (f) angegebenen Aussagen.

Beispiel für eine nichtbedeutsame Aussage

7.4 Testbarkeit

Wie bei einem Nominalskalenmodell lassen sich auch die Modellannahmen, die ein Ordinalskalenmodell definieren, prinzipiell auf 2 verschiedene Arten überprüfen. Nur wenn man bei der Überprüfung zu dem Ergebnis kommt, daß alle 6 in Abschnitt 7.1.1 aufgeführten Annahmen erfüllt sind, läßt sich tatsächlich eine Ordinalskala auf der gegebenen Objektmenge konstruieren.

An dieser Stelle sei nochmals darauf hingewiesen, daß ein Ordinalskalenmodell $\langle \langle U, \approx, \succ \rangle, \langle \mathbb{R}, =, > \rangle, f \rangle$ das Nominalskalenmodell $\langle \langle U, \approx \rangle, \langle \mathbb{R}, = \rangle, f \rangle$ impliziert. Daher genügt bereits die Nichtgültigkeit der Annahmen eines Nominalskalenmodells (s. Abschnitt 4.1.1), um die Hypothese verwerfen zu können, daß ein Ordinalskalenmodell vorliegt.

Direkte Überprüfung

Eine erste Möglichkeit der Modellüberprüfung besteht darin, *direkt* zu untersuchen, ob die zugrundegelegten Relationen $\approx$ und $\succ$ tatsächlich die Eigenschaften der Reflexivität, Symmetrie, Transitivität ($\approx$) bzw. der Asymmetrie und Transitivität ($\succ$) aufweisen und für alle Paare $\langle u, v \rangle$ genau eine der folgenden 3 Aussagen gilt: $u \approx v$, $u \succ v$, $v \succ u$. Beispiele, bei denen eine Verletzung dieser Annahmen beobachtet wurde, haben wir bereits in Abschnitt 7.1.1 behandelt. Eine einzige Verletzung der Bedingungen reicht bereits aus, um die Annahme verwerfen zu müssen, daß in einer bestimmten Anwendung ein Ordinalskalenmodell vorliegt.

Die zweite Möglichkeit der Überprüfung eines Ordinalskalenmodells besteht darin, zu untersuchen, ob die aus den genannten Eigenschaften ableitbaren Folgerungen erfüllt sind. Die ersten beiden Folgerungen, die sich aus den Eigenschaften einer Äquivalenzrelation ergeben, wurden bereits in Abschnitt 4.4 behandelt:

Box 7.2. Das Wichtigste zur Vertiefung von Ordinalskalenmodellen

Modellannahmen   Die empirische Relation $\approx$ auf U erfüllt die Bedingungen:

(a) Reflexivität $\forall\, u \in U: u \approx u$
(b) Symmetrie $\forall\, u, v \in U: u \approx v \;\rightarrow\; v \approx u$
(c) Transitivität $\forall\, u, v, w \in U: (u \approx v \wedge v \approx w) \;\rightarrow\; u \approx w$

Die empirische Relation $\succ$ auf U erfüllt die Bedingungen:

(d) Asymmetrie $\forall\, u, v \in U: u \succ v \;\rightarrow\; \neg(v \succ u)$
(e) Transitivität $\forall\, u, v, w \in U: (u \succ v \wedge v \succ w) \;\rightarrow\; u \succ w$
(f) Konnexität $\forall\, u, v \in U:$ gilt genau eine der 3 Aussagen:
$u \succ v, \quad v \succ u, \quad u \approx v$

Existenz   Aus (a) – (f) folgt die Existenz eines Homomorphismus $f : U \rightarrow B$ (z.B. $B = \mathbb{R}$) mit:

$$u \approx v \;\leftrightarrow\; f(u) = f(v), \quad \forall\, u, v \in U$$
$$u \succ v \;\leftrightarrow\; f(u) > f(v), \quad \forall\, u, v \in U$$

(Fundamentalgesetz)

Eindeutigkeit   Der Homomorphismus f ist durch die oben angegebenen Annahmen (a) – (f) eindeutig bis auf monotone Transformationen $\phi: \mathbb{R} \rightarrow \mathbb{R}$ definiert

Bedeutsamkeit   *Bedeutsam* sind z.B. die folgenden Aussagen (d.h., sie haben invariante Wahrheitswerte unter monotonen Transformationen $\phi: \mathbb{R} \rightarrow \mathbb{R}$):

- $f(u) = f(v)$
- $f(u) > f(v)$
- die Anzahl der Elemente von U mit dem Wert $f(u)$ beträgt n
- der Person u ist der Modalwert von f zugeordnet

Nichtbedeutsam sind z.B.:

- $f(u) + f(v) = \alpha$
- Der Mittelwert von f ist $\bar{f}$

Testbarkeit   Außer den Modellannahmen (a) – (f) gelten auch:

(1) *Jedes* $u \in U$ ist in einer und *nur* einer Äquivalenzklasse
(2) *Verschiedene* Äquivalenzklassen haben keine gemeinsamen Elemente
(3) Es gibt keine Elemente u, v aus der gleichen Äquivalenzklasse mit $u \succ v$

- Jedes $u \in U$ ist in einer und *nur* einer Äquivalenzklasse.
- Verschiedene Äquivalenzklassen haben keine gemeinsamen Elemente.

*Indirekte
Überprüfung*

Darüber hinaus gibt es in einem Ordinalskalenmodell zusätzliche Testmöglichkeiten, die sich aus der Asymmetrie und der Transitivität der strengen Ordnungsrelation $\succ$ ergeben. Die wichtigste Folgerung aus diesen Eigenschaften ist:

- Es gibt keine Elemente u, v aus der gleichen Äquivalenzklasse mit $u \succ v$,

d.h. es darf *innerhalb* einer Äquivalenzklasse kein Wertepaar $\langle u, v \rangle$ geben, das in der Relation $\succ$ steht. Wenn auch nur eine dieser Folgerungen nicht erfüllt ist, muß man die Annahme verwerfen, daß ein Ordinalskalenmodell vorliegt.

*Revision des
Ordinalskalen-
modells*

In Abschnitt 4.4 haben wir darauf hingewiesen, welche Möglichkeiten bestehen, wenn es zu einer Verwerfung des Nominalskalenmodells kommt. Die analogen Möglichkeiten bieten sich auch bei Ordinalskalenmodellen an. Vorausgesetzt werden muß dabei natürlich, daß es sich bei den beobachteten Verletzungen nicht um einfache Fehler bei der Datenübertragung oder Versehen bei der Urteilsabgabe handelt.

7.5 Zusammenfassung

In diesem Kapitel wurden der Begriff Ordinalskalenmodell und die damit zusammenhängenden Begriffe strenge Ordnungsrelation, Komparationssystem etc. exakt definiert. Eine *strenge Ordnungsrelation* $\succ$ auf einer Menge U ist eine Teilmenge des Kartesischen Produkts $U \times U$ mit den Eigenschaften der Asymmetrie und Transitivität. Ein *Komparationssystem* $\mathbb{A}$ ist ein Tripel $\langle U, \approx, \succ \rangle$ aus einer Menge U, einer Äquivalenzrelation $\approx$ und einer strengen Ordnungsrelation $\succ$. Ein *Ordinalskalenmodell* ist dann ein Tripel $\langle \mathbb{A}, \mathbb{B}, f \rangle$ aus einem endlichen Komparationssystem $\mathbb{A} := \langle U, \approx, \succ \rangle$, dem Komparationssystem $\mathbb{B} := \langle \mathbb{R}, =, > \rangle$ und einer Funktion $f \colon U \to \mathbb{R}$, bei der für alle $u, v \in U$ das Fundamentalgesetz des Ordinalskalenmodells gilt. Die Funktion f ist in einem solchen Modell eindeutig bis auf monotone Transformationen definiert, d.h. f ist eine Ordinalskala. Eine bedeutsame Aussagen ist im Ordinalskalenmodell z.B., daß der durch f einem Element u zugeordnete Wert größer ist als der durch f einem Element v zugeordnete Wert.

Fragen

1. Welches sind, in einem oder zwei Sätzen formuliert, die Unterschiede zwischen einem Ordinal- und einer Nominalskalenmodell hinsichtlich:
   (a) der zugrundegelegten Relationen,
   (b) der Frage der Eindeutigkeit,
   (c) der Frage der Bedeutsamkeit?
2. Welches sind die 3 Bestandteile eines Ordinalskalenmodells, und welche Eigenschaften haben sie jeweils?

Antworten

1. (a) Die zugrundegelegte Relation bei einem Nominalskalenmodell ist die Äquivalenzrelation, bei einem Ordinalskalenmodell sind es die Äquivalenzrelation und die strenge Ordnungsrelation.
   (b) Die Funktion f ist bei einem Nominalskalenmodell nur eindeutig bis auf eineindeutige Transformationen, bei einem Ordinalskalenmodell dagegen eindeutig bis auf monotone Transformationen definiert.
   (c) Bedeutsam bei einer Nominalskala f sind z.B. Aussagen über die Gleichheit zweier Werte $f(u)$ und $f(v)$ und Aussagen über die Anzahl der Elemente in den Äquivalenzklassen. Zusätzlich zu den schon bei einem Nominalskalenmodell bedeutsamen Aussagen sind bei einem Ordinalskalenmodell auch Aussagen der Form $f(u) > f(v)$ bedeutsam.

2. Ein *Ordinalskalenmodell* ist ein Tripel $\langle \mathcal{A}, \mathcal{B}, f \rangle$, wobei $\mathcal{A} := \langle U, \approx, \succ \rangle$ und $\mathcal{B} := \langle \mathbb{R}, =, > \rangle$ Komparationssysteme sind. Außerdem ist f eine Funktion von U nach $\mathbb{R}$, für die gilt:

$$u \approx v \text{ genau dann, wenn } f(u) = f(v),$$
$$u \succ v \text{ genau dann, wenn } f(u) > f(v), \qquad \text{für alle } u, v \in U.$$

Übungen

1. Prüfen Sie, ob die Relation $>$ eine strenge Ordnungsrelation auf der Menge $\mathbb{R}$ der reellen Zahlen ist!
2. Definieren Sie ausgehend von der schwachen Ordnungsrelation $\geq$ auf $\mathbb{R}$ die strenge Ordnungsrelation $>$ auf $\mathbb{R}$ und die Gleichheitsrelation $=$ auf $\mathbb{R}$!

Lösungen

1. Die Relation $>$ ist eine strenge Ordnungsrelation auf der Menge $\mathbb{R}$ der reellen Zahlen, weil diese Relation asymmetrisch und transitiv ist.
   Asymmetrie: Für 2 beliebige $\alpha, \beta \in \mathbb{R}$ gilt: Wenn $\alpha > \beta$, dann nicht $\beta > \alpha$.
   Transitivität: Für 3 beliebige $\alpha, \beta, \gamma \in \mathbb{R}$ gilt: Wenn $\alpha > \beta$ und $\beta > \gamma$, dann $\alpha > \gamma$.
2. Die strenge Ordnungsrelation $>$ auf $\mathbb{R}$ kann man definieren durch: $\alpha > \beta :\leftrightarrow (\alpha \geq \beta$ und nicht $\beta \geq \alpha)$. Die Gleichheitsrelation $=$ auf $\mathbb{R}$ kann man definieren durch: $\alpha = \beta :\leftrightarrow (\alpha \geq \beta$ und $\beta \geq \alpha)$.

Weiterführende Literatur

Zur Vertiefung ist hier dieselbe Literatur wie in Kap. 5 zu nennen. Insbesondere sei noch einmal auf Krantz et al. (1971), Suppes et al. (1989) und Luce et al. (1990) hingewiesen, die als Standardwerke der deterministischen Meßtheorie gelten, sowie auf Roberts (1979) und Pfanzagl (1971). Umfangreiche Literaturangaben zu Weiterentwicklungen und Anwendungen gibt Orth (1974, 1983). Man beachte auch die Literaturangaben in Kap. 8.

8 Mehr zur Repräsentationstheorie des Messens

Überblick

Bisher wurden nur die einfachsten Modelle der Repräsentationstheorie des Messens dargestellt. Dabei könnte der Eindruck entstanden sein, daß man bei diesem Ansatz immer von Paarvergleichen ausgeht und generell bestenfalls Messungen auf Ordinalskalenniveau erreichen kann. Beides trifft jedoch *nicht* zu, denn innerhalb der Repräsentationstheorie gibt es Modelle mit empirischen Relationen, die nicht durch Paarvergleiche zustandekommen und dennoch zu einem metrischen Skalenniveau führen. In diesen Modellen werden also theoretische Größen eingeführt, die mindestens Intervallskalenniveau haben. In diesem Kapitel werden wir zwei Arten solcher Modelle näher behandeln, die in der Entwicklung der Repräsentationstheorie eine besondere Rolle gespielt haben: Modelle des *extensiven Messens* und des *verbundenen Messens*.

8.1 Extensives Meßmodell

Empirische Verknüpfungsoperation wird repräsentiert durch die numerische Additionsoperation

Die erste Art von Meßmodellen, die in der Forschungstradition der Repräsentationstheorie entwickelt wurden, kann man als Modelle des *extensiven Messens* bezeichnen. In seiner Arbeit „Zählen und Messen erkenntnistheoretisch betrachtet" beschäftigte sich Helmholtz (1887/1959) mit solchen Bereichen, in denen u.a. eine „physikalische Verknüpfung" möglich ist, z.B. das Aneinanderlegen von Stäbchen oder das gleichzeitige Wiegen von 2 oder mehr Gewichten. Die Modelle extensiven Messens haben die Eigenschaft, daß sich diese *empirische Verknüpfungsoperation* durch die *numerische Operation der Addition* repräsentieren läßt.

Empirische Relation ≿

In der heutigen Terminologie formuliert, betrachtete bereits Helmholtz 2 empirische Relationen auf einer Menge U physikalischer Gegenstände: eine „physikalische Vergleichung" ≿ (z.B. Linie u ist mindestens so lang wie Linie v) und eine „physikalische Verknüpfung" ∘ (z.B. Linien u und v werden aneinandergefügt und bilden damit eine neue Linie $w := u \circ v$).

Empirische Operation ∘

Existenzsatz

Helmholtz zeigte, daß unter bestimmten, physikalisch plausiblen Annahmen über diese Relation bzw. diese Operation eine Abbildung $f: U \rightarrow \mathbb{R}_+$ existiert ($\mathbb{R}_+$ ist die Menge der positiven reellen Zahlen) mit den folgenden beiden Eigenschaften:

(a$_1$) $u \succeq v$ genau dann, wenn $f(u) \geq f(v)$,   für alle $u, v \in U$,

(a$_2$) $f(u \circ v) = f(u) + f(v)$,   für alle $u, v \in U$.

Eindeutigkeitssatz

Zwar ist die Funktion f durch die oben erwähnten Annahmen nicht völlig eindeutig definiert; Helmholtz konnte aber nachweisen, daß es für jede andere Funktion $f'\colon U \to \mathbb{R}_+$, für die ebenfalls die beiden Aussagen (a$_1$) und (a$_2$) gelten, eine positive reelle Zahl β gibt, so daß gilt:

(b) $f'(u) = \beta \cdot f(u)$,   für alle $u \in U$.

Dies bedeutet aber nichts anderes, als daß f *verhältnisskaliert* ist.

Abgeschlossenes extensives Meßmodell

Hölder (1901) und einige andere Autoren haben diese Arbeit von Helmholtz weitergeführt und Annahmen angegeben, aus denen die Aussagen (a$_1$) und (a$_2$) folgen. Diese Annahmen oder Axiome (von Roberts & Luce, 1968) sollen nun kurz behandelt werden, wobei wir von dem Relativ $\langle U, \succeq, \circ \rangle$ ausgehen. (Dabei vergegenwärtige man sich: Mit der Relation $\succeq$ auf U sind natürlich auch die Relationen $\succ$ und $\approx$ auf U gegeben. Da diese beiden Relationen definitorisch auf $\succeq$ zurückgeführt werden können, werden mit den unten angegebenen Eigenschaften der Relationen $\succ$ und $\approx$ auch Eigenschaften von $\succeq$ charakterisiert.) Das Relativ $\langle U, \succeq, \circ \rangle$ nennen wir ein *abgeschlossenes extensives Meßmodell* genau dann, wenn die folgenden Bedingungen für alle $u, v, w \in U$ gelten:

Abgeschlossenheit
Schwache Ordnung
Assoziativität
Monotonie
Positivität
Archimedische Annahme

(1) $u \circ v \in U$;
(2) $\succeq$ ist transitiv und konnex;
(3) $u \circ (v \circ w) \approx (u \circ v) \circ w$;
(4) $u \succeq v \leftrightarrow u \circ w \succeq v \circ w \leftrightarrow w \circ u \succeq w \circ v$;
(5) $u \circ v \succ u$;
(6)   Wenn $u \succ v$ und $w, x \in U$, dann existiert eine natürliche Zahl n, für die gilt:
        $(n\ u) \circ w \succeq (n\ v) \circ x$.

Der Term $(n\ u)$ ist dabei *rekursiv* definiert durch: $(1\ u) = u$, $((n + 1)\ u) = (n\ u) \circ u$. Krantz et al. (1971, p. 73), bei denen man auch die Beweise zu den Existenz- und Eindeutigkeitssätzen findet, sprechen hier von einer „closed extensive structure". Statt „Struktur" verwenden wir die Bezeichung „Modell", um mit unserer sonst verwendeten Terminologie im Einklang zu bleiben.

Fundamentales versus abgeleitetes Messen

Geschichtlich ist noch anzumerken, daß Scott und Suppes (1958) die Höldersche Arbeit weiterentwickelt und den Anstoß zu der bis heute dauernden Entwicklung der Repräsentationstheorie des Messens gegeben haben. Vor dem 2. Weltkrieg waren die Arbeiten von Helmholtz und Hölder über die Prinzipien des extensiven Messens auch insofern einflußreich, als viele Theoretiker (z.B. Bridgman, 1922/1931; Campbell, 1920, 1928) „fundamentales Messen" (s.u.) nur dann für möglich gehalten haben, wenn — wie bei der Längen- oder der Massemessung — eine empirische Verknüpfungsoperation $\circ$ existiert. Dies war auch noch die 1940 in einem Schlußbericht einer Kommission der *British Association for Advancement of Science* (Ferguson et al., 1940) geäußerte Auffassung. Nach Meinung der Mehrheit dieser Kommission sei fundamentales Messen in der Psychologie nicht möglich, weil es dort eine entsprechende empirische Verknüpfungsoperation $\circ$ nicht gibt. Unter *fundamentalem Messen* — im Gegensatz zu *abgeleitetem Messen* — wird dabei Messen verstanden, das nicht seinerseits auf einer anderen Messung beruht. Ein Beispiel für fundamentales Messen ist die Entfernungsmessung mit Hilfe eine Zollstocks. Die Geschwindigkeitsmessung dagegen ist ein Beispiel für abgeleitetes Messen, da dabei der zurückgelegte Weg (erste fundamentale Messung) durch die verstrichene Zeit (zweite fundamentale Messung) geteilt wird.

Die Auffassung, daß fundamentale Messung in der Psychologie nicht möglich sei, blieb jedoch nicht unwidersprochen. Insbesondere Stevens (1946, 1951) bemühte sich um eine Gegenposition und führte die heute weithin gebräuchliche Unterscheidung der verschiedenen Skalentypen ein (s. dazu auch Abschnitt 8.3).

8.2 Additiv verbundenes Meßmodell

Der Durchbruch in der oben skizzierten Diskussion der Frage, ob neben dem extensiven Messen auch andere Arten fundamentalen Messens möglich und — in der Psychologie und anderen Sozialwissenschaften — anwendbar sind, wird heute den Arbeiten von Debreu (1960), Luce und Tukey (1964) sowie Krantz (1964) zugeschrieben (s. z.B. Narens & Luce, 1986). Bei diesem neuen Paradigma fundamentalen Messens (s. auch Krantz et al., 1971, Ch. 6) ist keine empirische Verknüpfungsoperation mehr notwendig. Wie die Bezeichnung „verbundenes Messen" schon andeutet, werden hier mindestens 2 theoretische Größen *simultan* gemessen.

Beispiel: Modelle der binauralen Lautheitsempfindung

Als Beispiel kann die *binaurale Lautheitsempfindung* dienen, die nach Levelt et al. (1972) durch die beiden *subjektiven Lautheitsempfindungen* $f(u)$ und $g(v)$ der Töne u und v determiniert wird, die simultan dem linken bzw. rechten Ohr dargeboten werden (s. auch Gigerenzer & Strube, 1983). Die zugrundegelegte empirische Relation $\succeq$ kommt durch das Urteil einer Person darüber zustande, ob die beiden binaural dargebotenen Töne $\langle u_1, v_1 \rangle$ als mindestens so laut empfunden werden wie das Paar $\langle u_2, v_2 \rangle$ von Tönen. Die urteilende Person hat also lediglich jeweils 2 Lautheitsempfindungen miteinander zu vergleichen, wobei allerdings — so die Theorie — jede der Lautheitsempfindungen simultan durch die Lautheiten $f(u)$ und $g(v)$ der auf dem linken bzw. rechten Ohr dargebotenen Töne determiniert werden. Sind U und V die Mengen der Tone, die dem linken bzw. rechten Ohr dargeboten werden, dann entsteht durch diese Art von Experimenten eine empirische Relation $\succeq$ auf der Menge $U \times V$ von Tonpaaren $\langle u, v \rangle$.

Empirische Relation $\succeq$

Existenzsatz

Man kann nun zeigen, daß unter bestimmten Annahmen über die Relation $\succeq$ (s.u.) 2 Funktionen $f: U \to \mathbb{R}$ und $g: V \to \mathbb{R}$ existieren, so daß für alle $u_1, u_2 \in U$ und $v_1, v_2 \in V$ gilt:

(a) $\langle u_1, v_1 \rangle \succeq \langle u_2, v_2 \rangle$ genau dann, wenn $f(u_1) + g(v_1) \geq f(u_2) + g(v_2)$.

Eindeutigkeitssatz

Außerdem folgt aus den oben erwähnten Annahmen der folgende *Eindeutigkeitssatz*: Sind $f': U \to \mathbb{R}$ und $g': V \to \mathbb{R}$ zwei andere Funktionen, die die Eigenschaft (a) erfüllen, dann gibt es reelle Zahlen α_1, α_2 und β, $\beta > 0$, so daß für alle $u \in U$ und alle $v \in V$ gilt:

(b) $f'(u) = \alpha_1 + \beta\, f(u)$ und $g'(v) = \alpha_2 + \beta\, g(v)$.

Demnach sind f und g *intervallskaliert*.

Die oben erwähnten Annahmen sollen nun ohne weitere Erläuterungen (s. dazu Orth, 1971, S. 60 ff.) angegeben werden. Dabei gehen wir von dem Relativ $\langle U \times V, \succeq \rangle$ aus. (Man beachte die Bemerkungen zur Beziehung zwischen der Relation $\succeq$ und den Relationen $\succ$ und $\approx$ beim extensiven Meßmodell.) Dieses Relativ nennen wir ein *additiv verbundenes Meßmodell* genau dann, wenn die folgenden Bedingungen für alle u_1, u_2, $u_3 \in U$ und v_1, v_2, $v_3 \in V$ gelten:

Schwache Ordnung
Unabhängigkeit

(1) $\succeq$ ist transitiv und konnex;

(2)   wenn $\langle u_1, v_1 \rangle \succeq \langle u_2, v_1 \rangle$, dann $\langle u_1, v_2 \rangle \succeq \langle u_2, v_2 \rangle$, und wenn $\langle u_1, v_1 \rangle \succeq \langle u_1, v_2 \rangle$, dann $\langle u_2, v_1 \rangle \succeq \langle u_2, v_2 \rangle$;

Thomsen-Bedingung
Wesentlichkeit

(3)   wenn $\langle u_1, v_1 \rangle \approx \langle u_2, v_2 \rangle$ und $\langle u_2, v_3 \rangle \approx \langle u_3, v_1 \rangle$, dann $\langle u_1, v_3 \rangle \approx \langle u_3, v_2 \rangle$;

(4)   es existieren u_1, $u_2 \in U$ und $v_1 \in V$, für die nicht gilt: $\langle u_1, v_1 \rangle \approx \langle u_2, v_1 \rangle$; außerdem existieren $u_1 \in U$ und v_1, $v_2 \in V$, für die nicht gilt: $\langle u_1, v_1 \rangle \approx \langle u_1, v_2 \rangle$;

Beschränkte
Lösbarkeit

(5)   wenn $\langle u_1, v_1 \rangle \succeq \langle u_2, v_2 \rangle \succeq \langle u_3, v_1 \rangle$, dann existiert ein $u_4 \in U$, für das gilt: $\langle u_4, v_1 \rangle \approx \langle u_2, v_2 \rangle$; außerdem: wenn $\langle u_1, v_1 \rangle \succeq \langle u_2, v_2 \rangle \succeq \langle u_1, v_3 \rangle$, dann existiert ein $v_4 \in U$, für das gilt: $\langle u_1, v_4 \rangle \approx \langle u_2, v_2 \rangle$;

Archimedische
Annahme

(6)   jede streng beschränkte Standardfolge ..., u_i, u_{i+1}, ... in U und ..., v_i, v_{i+1}, ... in V ist endlich.

Zur Definition des Begriffs einer streng beschränkten Standardfolge und zur weiteren Erläuterung siehe Krantz et al. (1971, p. 253) sowie Orth (1974, S. 58ff.).

Die hier skizzierten Ergebnisse zum verbundenen Messen sind in zweierlei Hinsicht bemerkenswert. Zum einen — und das wurde oben bereits hervorgehoben — zeigen sie, daß fundamentales Messen auch ohne eine empirische Verknüpfungsoperation möglich ist, wie wir sie vom extensiven Messen kennen. Zum anderen wird deutlich, daß man selbst dann zu Intervallskalen kommen kann, wenn lediglich *Vergleichsurteile* (allerdings zwischen *Paaren* von Objekten) vorausgesetzt werden, die zu einer schwachen Ordnungsrelation $\succeq$ führen.

Fundamentales
Messen ohne
empirische
Verknüpfungs-
operation

8.3 Allgemeine Fragen bei Meßmodellen

Die Arbeiten zur Repräsentationstheorie des Messens haben die Aufmerksamkeit vieler Sozialwissenschaftler auf die Problematik des Messens in ihrer jeweiligen Disziplin gerichtet. Dabei wurden für die Frage des Messens sehr allgemeine Denkstrukturen entwickelt, die nicht nur für Modelle der Repräsentationstheorie von Bedeutung sind, wie wir im Teil II dieses Buchs sehen werden. Diese allgemeinen Fragen sollen im folgenden zusammenfassend dargestellt werden.

8.3.1 Die Existenzfrage

Nachdem das zugrundegelegte empirische Phänomen ausgewählt wurde, stellt sich die Frage, welche Annahmen gelten müssen, um daraus die *Existenz* einer oder mehrerer zu konstruierenden theoretischen Größen logisch ableiten zu können. Mit Hilfe dieser theoretischen Größen können dann die Gesetzmäßigkeiten des empirischen Phänomens vereinfacht dargestellt werden.

8.3.2 Die Eindeutigkeitsfrage

Wenn gezeigt ist, daß aus den Annahmen die Existenz einer oder mehrerer theoretischer Größen folgt, stellt sich die Frage, wie eindeutig diese durch die Annahmen definiert sind. Gibt es nur eine einzige Version solcher Größen oder viele? In der Regel definieren die Annahmen, die das betrachtete Meßmodell konstituieren, die theoretischen Größen nicht völlig eindeutig, d.h. es gibt in der Regel viele zulässige *Verschiedene Versionen einer theoretischen Größe* Versionen dieser theoretischen Größen. Bei der theoretischen Größe „Länge" beispielsweise ist eine gebräuchliche Version die „Länge in Metern", eine andere die „Länge in Zentimetern" und eine dritte die „Länge in Fuß". Es stellt sich dann die Frage, durch welche Abbildung die eine Version in die andere überführt werden kann. Anders formuliert: Welche Abbildungen oder Transformationen der theoretischen Größe sind in dem Sinn zulässig, daß man durch diese Transformation aus einer Version eine andere Version dieser theoretischen Größe erhält? Bei der „Länge" sind Multiplikationen mit einer positiven Konstanten zulässig. Dies nennt man eine *Ähnlichkeitstransformation*. Durch eine derartige Transformation kann man z.B. die in Zentimetern ausgedrückte Länge in eine Meterskala überführen.

Zur Beantwortung der Eindeutigkeitsfrage ist also zu zeigen, wie eindeutig die theoretische Größe durch die Annahmen festgelegt ist, die das Modell konstituieren. Es lassen sich verschiedene Grade der Eindeutigkeit unterscheiden, mit der eine theoretische Größe definiert ist. Statt vom „Grad der Eindeutigkeit" spricht man auch *Skalenniveau* vom „Skalenniveau" einer betrachteten theoretischen Größe.

Absolutskala. Ist eine theoretische Größe völlig eindeutig definiert, sagt man, sie ist *absolutskaliert*. Die Klasse der zulässigen Transformationen ϕ, die eine Version f der theoretischen Größe in eine zweite Version f' der theoretischen Größe überführt, ist hier die der *Identitätstransformationen*. Bei dieser Klasse von Transformationen gilt *Identitäts- transformationen* für $f' = \phi(f)$, wobei ϕ eine zulässige Transformation ist: $f' = f$. Ein Beispiel ist die Anzahl der Elemente einer Menge: „Die Anzahl der Personen in diesem Raum beträgt 110."

Verhältnis- oder Ratioskala. Ist eine theoretische Größe eindeutig bis auf eine Multiplikation mit einer positiven reellen Zahl definiert, spricht man von einer *Verhältnis- oder Ratioskala*. Die Klasse der zulässigen Transformationen ϕ ist hier die der *Ähn- lichkeitstransformationen*. Hier gilt für $f' = \phi(f)$, falls ϕ eine zulässige Trans- *Ähnlichkeits- transformationen* formation ist: $f' = \beta \cdot f$, $\beta \in \mathbb{R}_+$. Ein Beispiel ist die Masse eines Gegenstands: „Mein Fahrrad hat die Masse 20 kg." Diese Aussage könnte durch „Mein Fahrrad hat die Masse 40 Pfund" ersetzt werden, wobei eine Transformation ϕ der Form $f' = \phi(f) = 2 \cdot f$, also eine Multiplikation der Kiloskala mit der Konstanten 2, vorgenommen wurde. Andere Beispiele sind Länge, Fläche, Volumen: „Mein Zimmer ist 5 m lang." Auch diese Aussage läßt sich durch eine äquivalente Aussage ersetzen, die sich z.B. auf eine Zentimeterskala bezieht.

Translationen

Differenzskala. Ist eine theoretische Größe eindeutig bis auf die Addition mit einer reellen Konstanten (Translation) definiert, so ist sie *differenzskaliert*. Die Klasse der zulässigen Transformationen ϕ ist hier die der **Translationen**. Für diese gelten also $f' = \phi(f) = f + \alpha$, $\alpha \in \mathbb{R}$. Physikalische Alltagsbeispiele sind uns nicht bekannt. Beispiele in der Psychologie jedoch sind der Personparameter (die Fähigkeit) und der Itemparameter (die Schwierigkeit) in der subtraktiven Parametrisierung des Rasch-Modells sowie die latente Variable τ und der Variablenparameter λ_i im Modell essentiell τ-äquivalenter Variablen (s. Teil II dieses Buchs).

Positive lineare Transformationen

Intervallskala. Ist eine theoretische Größe eindeutig bis auf Multiplikationen mit einer positiven reellen Zahl und die Addition einer reellen Konstanten (positive lineare Transformation) definiert, spricht man von einer Intervallskala. Die Klasse der zulässigen Transformationen ist hier also die der **positiven linearen Transformationen** $f' = \alpha + \beta \cdot f$, $\alpha, \beta \in \mathbb{R}$, $\beta > 0$. Ein Beispiel ist der Temperaturbegriff vor Entdeckung des absoluten Nullpunktes: „Heute war die Höchsttemperatur 20 Grad Celsius." Die Fahrenheitskala entsteht aus der Celsiusskala durch eine positive lineare Transformation.

Monotone Transformationen

Ordinalskala. Ist eine theoretische Größe eindeutig bis auf monotone Transformationen definiert, spricht man von einer Ordinalskala. Die Klasse der zulässigen Transformationen ist hier also die der **monotonen Transformationen** $f' = \phi(f)$, wobei

$$f'(u) = f'(v) \quad \text{genau dann, wenn} \quad f(u) = f(v), \quad \text{für alle } u, v \in U,$$

$$f'(u) > f'(v) \quad \text{genau dann, wenn} \quad f(u) > f(v), \quad \text{für alle } u, v \in U.$$

Dabei ist U die Menge der zu messenden Objekte. Beispiele dazu wurden im Rahmen des Ordinalskalenmodells der Repräsentationstheorie des Messens behandelt.

Eineindeutige Transformationen

Nominalskala. Ist eine theoretische Größe eindeutig bis auf eineindeutige Abbildungen definiert, spricht man von einer *Nominalskala*. Die Klasse der zulässigen Transformationen ist hier die der *eineindeutigen Transformationen* $f' = \phi(f)$, wobei

$$f'(u) = f'(v) \quad \text{genau dann, wenn} \quad f(u) = f(v), \quad \text{für alle } u, v \in U.$$

Beispiele hierzu haben wir im Rahmen des Nominalskalenmodells der Repräsentationstheorie des Messens behandelt.

8.3.3 Die Bedeutsamkeitsfrage

Wenn geklärt ist, wie eindeutig eine theoretische Größe durch die Annahmen definiert ist, die das Modell konstituieren (d.h. wenn geklärt ist, welches die zulässigen Transformationen sind), kann man untersuchen, bei welchen Aussagen gilt, daß sich ihr Wahrheitswert unter den zulässigen Transformationen nicht verändert. Bleibt der Wahrheitswert einer Aussage invariant unter den zulässigen Transformationen, so heißt eine solche Aussage *bedeutsam*. So ist z.B. die Aussage $f(u) = f(v)$ bei einer nominalskalierten Größe bedeutsam, aber nicht die Aussage $f(u) < f(v)$.

Beispiele für bedeutsame Aussagen bei verschiedenen Skalenniveaus

Bei einer *absolutskalierten* theoretischen Größe f sind beispielsweise Aussagen über die Werte $f(u)$ selbst, die f den Objekten u zuordnet, bedeutsam. Bei einer *verhältnisskalierten* theoretischen Größe ist dies jedoch schon nicht mehr der Fall. Bedeutsam im oben angegebenen Sinn sind hier erst Aussagen über die Verhältnisse $f(u)/f(v)$, da sich die Konstanten β aus der Gleichung $f' = \beta \cdot f$ wegkürzen, d.h. es gilt

$$f(u)/f(v) = f'(u)/f'(v), \quad u, v \in U.$$

Das Verhältnis der Werte $f(u)$ und $f(v)$ bleibt also invariant unter einer zulässigen Transformation ϕ mit $f' = \phi(f) = \beta \cdot f$.

Bei einer *differenzskalierten* theoretischen Größe sind Aussagen über die Differenzen $f(u) - f(v)$ zwischen den Werten von f bedeutsam. Demnach gilt für eine differenzskalierte Größe f und eine zweite Version $f' = f + \alpha$ dieser Größe:

$$f(u) - f(v) = f'(u) - f'(v), \quad u, v \in U.$$

Bei einer *intervallskalierten* theoretischen Größe sind Aussagen über die Verhältnisse $[f(u) - f(v)] / [f(w) - f(x)]$ der Differenzen zwischen den Werten von f im oben definierten Sinn bedeutsam. Demnach gilt für eine intervallskalierte Größe f und eine weitere Version $f' = \alpha + \beta \cdot f$ dieser Größe:

$$\frac{f(u) - f(v)}{f(w) - f(x)} = \frac{f'(u) - f'(v)}{f'(w) - f'(x)}, \quad u, v, w, x \in U.$$

Bei einer *ordinalskalierten* theoretischen Größe sind Aussagen der Form $f(u) < f(v)$ und $f(u) = f(v)$ bedeutsam, denn für eine ordinalskalierte Größe f und eine zweite Version f' dieser Größe gilt: $f(u) \leq f(v)$ genau dann, wenn $f'(u) \leq f'(v)$, $u, v \in U$, falls eine Version einer solchen Größe durch eine monotone Transformation aus der anderen hervorgeht.

Bei einer *nominalskalierten* theoretischen Größe sind Aussagen der Form $f(u) = f(v)$ oder $f(u) \neq f(v)$ bedeutsam. Für eine nominalskalierte Größe f und eine zweite Version f' einer solchen Größe gilt nämlich: $f(u) = f(v)$ genau dann, wenn $f'(u) = f'(v)$, $u, v \in U$, falls eine Version einer solchen Größe durch eine beliebige eineindeutige Transformation aus der anderen entsteht.

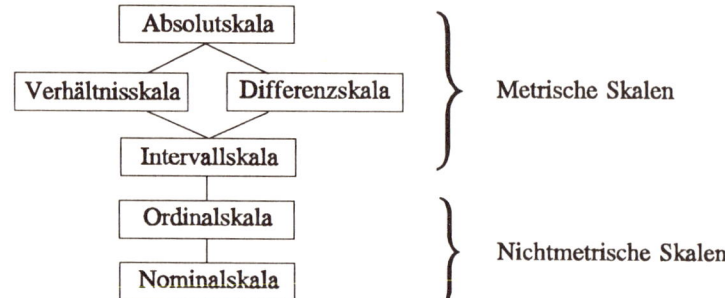

Abb. 8.1. Die hierarchische Ordnung der Skalenniveaus

Damit ist für jedes Skalenniveau exemplarisch mindestens eine Art bedeutsamer Aussagen aufgeführt. Meist ist jedoch eine Aussage, die bei einem „niedrigeren" Skalenniveau bedeutsam ist, auch bei einem „höheren" Skalenniveau bedeutsam. So ist z.B. die Aussage „$f(u) = f(v)$" (die Meßwerte zweier Personen u und v sind gleich) nicht nur bei einer nominal-, sondern auch bei einer ordinalskalierten theoretischen Größe f bedeutsam. Wir sagen, daß f ein *höheres Skalenniveau* hat als g genau dann, wenn die Klasse der zulässigen Transformation von f eine echte Teilmenge der Klasse der zulässigen Transformation von g ist. Nach diesem Kriterium ergibt sich die in Abb. 8.1 dargestellte Hierarchie die Skalenniveaus.

„höheres Skalenniveau"

8.4 Das Fehlerproblem

Fehler bedeutet: Verletzung der Annahmen

Eines der gravierendsten Probleme der Modelle des Messens der Repräsentationstheorie ist das sogenannte Fehlerproblem, das sowohl Modelle mit metrischen als auch Modelle mit nichtmetrischen Skalen betrifft. Faßt man die empirischen Relationen bei diesen Modellen tatsächlich als empirisch in dem Sinn auf, daß sie das unmittelbare Ergebnis von Paarvergleichsexperimenten sind, stellt man oft fest, daß die Annahmen verletzt sind. Prinzipiell gibt es verschiedene Wege, mit diesem Problem umzugehen.

3 Möglichkeiten beim Fehlerproblem

- Sind die Verletzungen der Annahmen systematisch, kann dies zu einer Anpassung des Annahmensystems und damit zu einem neuen Meßmodell führen.
- Man betrachtet nur die über viele Urteile aggregierten Daten und sieht die daraus resultierenden Relationen als empirisch an (s. z.B. Gigerenzer, 1981).
- Man betrachtet die Annahmen und das durch sie charakterisierte „empirische" Relativ als *Idealisierungen* der Realität.

Schwellenmodelle

Beispiele für das im ersten Punkt angesprochene Vorgehen sind *Schwellenmodelle* (Luce et al., 1990, Ch. 16). Das Grundproblem dabei ist folgendes: Treten oft Verletzungen der Transitivität einer empirischen Relation $\approx$ auf, kann dies z.B. daran liegen, daß die unterschiedliche Größe zweier Reize erst dann wahrgenommen wird, wenn die Unterschiede eine bestimmte Schwelle überschreiten. Daher kommt es bei Paarvergleichsexperimenten oft zu Urteilen folgender Art: $u \approx v$, $v \approx z$, aber $u \prec z$. Dies ist nicht anders zu erwarten, wenn die Unterschiedsschwelle größer als die Differenz zwischen den Komponenten der Paare $\langle u, v \rangle$ und $\langle v, z \rangle$ ist (s. Abb. 8.2).

Stochastische Meßmodelle

Bei dem im zweiten Punkt angesprochenen Vorgehen ist man bereits auf halbem Wege zu stochastischen Meßmodellen. Dort werden die „empirischen Relationen" auf der Ebene von Wahrscheinlichkeiten, Erwartungswerten, Medianen oder anderen Verteilungskennwerten von Zufallsvariablen angesetzt. Dies hat den Vorteil, daß Fehler bei einzelnen Urteilen möglich sind, ohne daß dadurch die Gültigkeit des Modells in Frage gestellt werden muß. Außerdem stehen ausgearbeitete statistische Theorien zur Verfügung, die man bei der Entscheidung verwenden kann, ob empirische Daten mit dem Modell verträglich sind.

Konzeptionelle Trennung zwischen Daten und empirischem Relativ

Bei dem im dritten Punkt angesprochenen Vorgehen wird das empirische Relativ zu einer aus den Daten abstrahierten bzw. idealisierten Struktur gemacht. Dazu stellen auch Suppes et al. (1989, p. 300) fest: "A relational statement, such as $a \succeq b$, is not considered to be the record of a particular observation or experiment but is a theoretical assertion inferred from data, and is subject to errors of inference just like any other theoretical assertion." Damit werden die in einem Experiment gemachten tatsächlichen Beobachtungen von den „empirischen" Relativen abgekoppelt, und wir können mit Niederée (1992a, S. 49) zu Recht fragen: „Wie empirisch ist das empirische Relativ?" Mit dieser Frage entsteht aber ein Inferenzproblem, das von seiner Struktur analog dem Inferenzproblem stochastischer Meßmodelle ist. Auch dort werden theoretische Aussagen über bestimmte Größen (z.B. theoretische Mittelwerte, Korrelationen, Varianzen, etc.) gemacht, deren Beurteilung nur über auf Stichprobendaten basierenden Inferenzschlüssen möglich ist. Stochastische Meßmodelle haben jedoch gegenüber deterministischen Modellen des Messens den Vorteil, daß sie auf weit entwickelten Inferenz- und Entscheidungstheorien aufbauen können.

Überwindung des naiven Empirismus

Mit der im dritten Punkt genannten Sichtweise überschreitet man die Grenzen naiven, empiristischen Denkens, demzufolge *alle* Annahmen einer Theorie *empirisch* zu begründen und zu überprüfen seien (s. hierzu auch Niederée, 1992a). Will man zu brauchbaren (insbesondere metrischen Begriffen) kommen, braucht man Idealisierungen. Ein so gewonnener theoretischer Begriff kann dann in einer speziellen Anwendung verwendet werden, ohne daß man in dieser Anwendung das gesamte Annahmensystem überprüfen muß. Plausible theoretische Annahmen darf man getrost auch dann verwenden, wenn nur *Folgerungen* aus ihnen überprüfbar sind (s. z.B. Popper, 1934/1984). Wie wir in den folgenden Kapiteln sehen werden, ist diese Sichtweise im Rahmen stochastischer Modelle selbstverständlich.

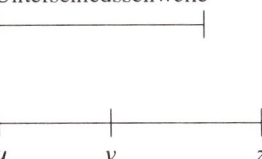

Abb. 8.2. Veranschaulichung des Schwellenproblems

8.5 Wissenschaftstheoretische Schlußbemerkungen

Metrisierung qualitativer Begriffe

Bei der oben im dritten Punkt genannten Sichtweise wird das empirische Relativ bereits als eine theoretische Abstraktion empirischer Beobachtungen betrachtet. Einen Schritt weiter geht von Kutschera (1972) mit der *Metrisierung qualitativer Begriffe*. Das „empirische" Relativ wird dabei nicht mehr als *empirische* Grundlage eines theoretischen Begriffs verstanden, sondern wird zur Präzisierung der qualitativen Forderungen verwendet, die ein neu zu konstruierender metrischer Begriff erfüllen soll. Anstelle der Bezeichnung „empirisches Relativ" wäre dann der Name „qualitatives Relativ" angebracht, bei dem deutlicher wird, daß dabei nicht mehr in erster Linie der Versuch unternommen wird, eine Verbindung zwischen Theorie und Empirie zu explizieren; statt dessen handelt es sich um die Frage, wie man einen *metrischen* oder *quantitativen* Begriff in eine logisch konstruierte Sprache einführen kann, in der einem zunächst nur *qualitative* Begriffe zur Verfügung stehen.

Ob und wie ein derart konstruierter Begriff dann in den *empirischen* Wissenschaften verwendet werden kann, ist eine ganz andere Frage. Von diesem Standpunkt aus gesehen ist es sicherlich die einfachste Anwendung, wenn das *qualitative Relativ direkt als empirisches Relativ interpretiert* werden kann. Krantz et al. (1971, p. 200) vertreten offenbar diese Art der Anwendung, wenn sie schreiben: "From this point of view, the debates about the meaning of probability are, in reality, about acceptable empirical methods to determine $\succeq$." Daß man damit aber in der Regel mit dem Fehlerproblem konfrontiert wird, haben wir oben bereits angemerkt.

Die Beispiele der Länge-, Masse- und Wahrscheinlichkeitsbegriffe zeigen aber, daß es zu dieser einfachen Verwendung der Metrisierungstheorie in den empirischen Wissenschaften durchaus Alternativen gibt. Zwar kann man einen metrischen Begriff auf die oben beschriebene Weise einführen, wie die „Metrisierung der extensiven Quasireihe" und des subjektiven Wahrscheinlichkeitsbegriffs bei von Kutschera (1972) zeigen. Dies bedeutet noch lange nicht, daß man bei Anwendungen in den empirischen Wissenschaften das qualitative Relativ und die darin vorkommenden Relationen, z.B. $\succeq$, als empirisch interpretieren muß. Die empirische Überprüfung der Angemessenheit eines Meßmodells geht in den empirischen Wissenschaften in der Regel nicht den Weg über eine direkte Überprüfung der qualitativen Annahmen, die zur Konstruktion des Begriffs verwendet wurden, sondern beruht auf Deduktionen, die aus dem quantitativen Begriff und jeweils geeigneten Zusatzannahmen vorgenommen werden können (s. hierzu auch Niederée, in Druck). Die im Teil II behandelten stochastischen Meßmodelle können dafür als Beispiele herangezogen werden.

Einführung neuer (metrischer) Begriffe in die Wissenschaftssprache

Von Kutschera (1972) verwendet die Begriffe „Metrisierung eines qualitativen Begriffs" anstatt „fundamentales Messen (auf metrischem Skalenniveau)" und „qualitatives Relativ" anstatt „empirisches Relativ". Dies gibt u.E. eher wieder, was bei der Konstruktion fundamentaler Meßmodelle eigentlich geleistet wird, nämlich die Einführung metrischer Begriffe in eine Wissenschaftssprache. In diesem Kontext ist auch zu bedenken, ob nicht auch die Menge der reellen Zahlen in dem Sinn eine qualitative Menge ist, daß sie durch qualitative Eigenschaften definiert wird (s. hierzu Niederée, 1992a). Auch unter diesem Aspekt wird die Dichotomie „empirisches versus numerisches Relativ" in Frage gestellt.

Allgemein handelt es sich bei Meßmodellen immer um die Neukonstruktion bestimmter Begriffe, indem man bereits bekannte, zunächst voraussetzungsärmere Begriffe verwendet, diese durch spezielle Annahmen anreichert, um daraus die Existenz eines neuen Begriffs logisch ableiten zu können, mit dem man dann die in den Annahmen formulierten Sachverhalte einfacher darstellen kann. Dies trifft sowohl für alle bisher behandelten Meßmodelle, als auch für die stochastischen Meßmodelle zu, die wir in Teil II dieses Buchs darstellen werden.

Mit diesen Bemerkungen hoffen wir, noch einmal deutlich gemacht zu haben, daß es bei Meßmodellen nicht bloß um für inhaltliche Theorien irrelevante Methoden geht, sondern daß es sich dabei vielmehr um die *rationale Konstruktion wissenschaftlicher Begriffe* handelt.

Fragen

1. Welche Beispiele für die empirische Verknüpfungsrelation ∘, die beim extensiven Meßmodell vorkommt, kennen Sie?
2. Warum kann man das extensive Meßmodell in der Psychologie nicht verwenden?
3. Welche Beispiele für abgeleitetes Messen kennen Sie?
4. Welches sind die zentralen Fragen, die bei der Konstruktion eines Meßmodells gelöst werden müssen?
5. Wie wird das empirische Relativ bei der Metrisierung qualitativer Begriffe verstanden?

Antworten

1. Das Aneinanderlegen von Gegenständen, das gleichzeitige Auflegen von Gegenständen auf eine Balkenwaage, das Aneinanderlegen von Flächen, Volumen etc.
2. Man kann das extensive Meßmodell in der Psychologie nicht verwenden, weil es dort keine empirische Verknüpfungsoperation ∘ gibt.
3. Die *Geschwindigkeitsmessung*, die über die Formel Weg/Zeit ermittelt wird. Dabei sind Weg und Zeit fundamentale Messungen. Ein anderes Beispiel ist die *Dichtemessung*. Die beiden zugrundeliegenden fundamentalen Messungen sind Masse und Volumen.
4. Die zentralen Fragen, die bei der Konstruktion eines Meßmodells gelöst werden müssen, sind die Existenz-, die Eindeutigkeits- und die Bedeutsamkeitsfrage. Bei der *Existenzfrage* wird untersucht, welche Annahmen gelten müssen, um daraus die *Existenz* einer oder mehrerer zu konstruierender theoretischer Größen logisch ableiten zu können. Zur Beantwortung der *Eindeutigkeitsfrage* ist zu zeigen, wie *eindeutig* die theoretische Größe durch die Annahmen festgelegt ist, die das Modell konstituieren. Bei der *Bedeutsamkeitsfrage* ist zu untersuchen, welche Aussagen invariant unter den zulässigen Transformationen sind, d.h. ihren Wahrheitswert unter den zulässigen Transformationen nicht verändern.
5. Das empirische Relativ wird bei der Metrisierung qualitativer Begriffe nicht mehr als *empirische* Grundlage eines theoretischen Begriffs verstanden, sondern wird zur Präzisierung der qualitativen Forderungen verwendet, die ein neu zu konstruierender metrischer Begriff erfüllen soll. Ein solches Vorgehen kann man auch in der Mathematik wählen, wo es nur um die Konstruktion einer rationalen Sprache, nicht um die Beschreibung von empirischen Phänomenen geht.

Übungen

1. Zeigen Sie, daß es sich bei der beim extensiven Meßmodell vorkommenden Funktion f auch hinsichtlich der Verknüpfungsoperation ∘ um einen Homomorphismus handelt, wie er in Anhang D definiert wurde.
2. Zeigen Sie, daß für 2 Versionen f und f' einer differenzskalierten Größe für alle $u, v \in U$ gilt: $f(u) - f(v) = f'(u) - f'(v)$.

Lösungen

1. Bei der beim extensiven Meßmodell vorkommenden Funktion f handelt es sich auch hinsichtlich der Verknüpfungsoperation ∘ um einen Homomorphismus, denn eine derartige Operation ist eine 3-stellige Relation, und das beim extensiven Meßmodell geltende Gesetz

$$f(u \circ v) = f(u) + f(v), \quad \text{für alle } u, v \in U,$$

ist lediglich eine andere, gebräuchlichere Schreibweise für die Homomorphiebedingung:

$$\langle u, v, w \rangle \in \circ \quad \text{genau dann, wenn} \quad \langle f(u), f(v), f(w) \rangle \in +, \quad \text{für alle } u, v, w \in U.$$

2. Da $f' = f + \alpha$, gilt: $f'(u) - f'(v) = f(u) + \alpha - [f(v) + \alpha] = f(u) - f(v)$.

Weiterführende Literatur

Zur Ergänzung dieses Kapitels seien die Kap. 7 von Gigerenzer (1981), die Kap. 11 – 15 von Orth (1974) und der Enzyklopädieartikel von Mausfeld (in Druck) am nachdrücklichsten empfohlen. Die 3 Bände *Foundations of Measurement* von Krantz et al. (1971), Suppes et al. (1989) und Luce et al. (1990) sind die umfangreichsten Sammlungen für verschiedene weitere Meßmodelle, die hier nicht behandelt wurden. Falmagne (1992) und Marley (1992) geben eine Einführung und einen Überblick über diese 3 Bände, die auch von Cliff (1992) kritisch kommentiert werden (s. auch die Antwort auf Cliff von Narens & Luce, 1993). Empfohlen seien auch Pfanzagl (1971), Michell (1990) und Roberts (1979). Umfangreiche Literaturangaben zu Weiterentwicklungen und Anwendungen gibt Orth (1974, 1983). In der Darstellung von von Kutschera (1972; s. insb. Kap. 1 – 2) wird sehr schön der wissenschaftstheoretische Stellenwert einer allgemeinen Begriffstheorie herausgearbeitet.

Schließlich sei noch für den fortgeschrittenen Leser auf einige neuere Arbeiten in der Tradition der Repräsentationstheorie des Messens hingewiesen. Niederée (1992b) stellt die Repräsentationstheorie auf einer modelltheoretischen Basis dar. In seiner Arbeit (1992a) finden sich darüber hinaus auch interessante geschichtliche Hinweise. Narens (1981a), Narens und Mausfeld (1992) führen einen erweiterten Bedeutsamkeitsbegriff ein (s. dazu auch Falmagne, 1992 und Niederée, in Druck). Neuere Ansätze zur Frage der Skalenarten findet man bei Narens (1981b), Narens (1985) und in Ch. 20 von Luce et al. (1990). Heyer und Niederée (1992) stellen einen Ansatz zur Probabilisierung deterministischer Meßstrukturen am Beispiel binärer Wahlsysteme vor. Als neuere Arbeiten über Wahlwahrscheinlichkeiten seien auch Cohen und Falmagne (1990), Marley (1990) und Suck (1992) genannt.

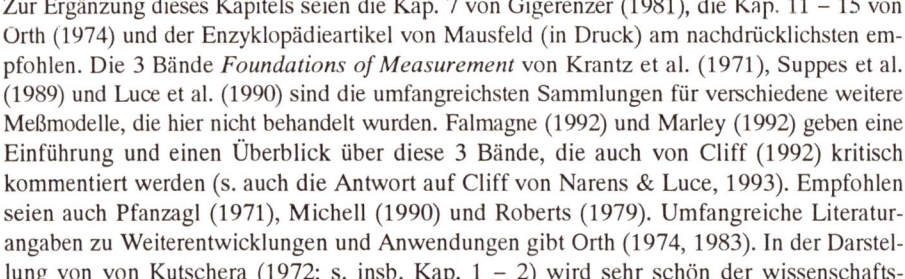

Teil II

Stochastische Meßmodelle:
A. Klassische Testtheorie

ÜBERBLICK

Unter der Bezeichnung *Klassische Testtheorie* (KTT) fassen wir die Definitionen der Begriffe *wahrer Wert*, *Fehler* und *Reliabilität* zusammen sowie die Modelle, die u.a. zur Bestimmung der Reliabilität dienen. Dazu gehören z.B. das *Modell essentiell τ-äquivalenter Variablen* und das *Modell τ-kongenerischer Variablen*. Nicht immer war man sich bewußt, daß es auch in der KTT Modelle und dazugehöriger Annahmen bedarf, um beispielsweise die Reliabilität bestimmen zu können, und daß man diese Annahmen auch empirisch überprüfen kann. Wie wir in diesem Teil zeigen werden, sind auch die Modelle der Klassischen Testtheorie *Meßmodelle*, die — wie alle Meßmodelle — durch Annahmen definiert sind, die sich in einer konkreten Anwendung durchaus als falsch erweisen können. Auch werden in diesen Meßmodellen theoretische Größen eingeführt, deren Skalenniveau durch die Modellannahmen festgelegt wird. Viele Vorbehalte, die verschiedentlich gegenüber der KTT geäußert wurden, dürften daher inzwischen gegenstandslos geworden sein. Allerdings sollte man sich darüber im klaren sein, daß die Modelle der KTT nicht dafür konstruiert sind, die Beziehungen zwischen kategorialen *Items* und der zu messenden Eigenschaft anzugeben. Dies ist erst Gegenstand der Modelle der *Item-Response-Theorie*, die wir im Teil II B anhand des *Rasch-Modells* exemplarisch behandeln werden. Bei den Modellen der KTT werden statt dessen quantitative Meß- oder Testwertvariablen zugrundegelegt, wie sie beispielsweise durch die Auswertungsvorschriften eines psychologischen Tests, aber auch durch die Analyseverfahren einer physiologischen Messung definiert werden. Gegenüber den Modellen der Item-Response-Theorie hat dies den Nachteil, daß die mit den Auswertungsvorschriften verbundenen Festlegungen bei den Modellen der KTT nicht ohne weiteres empirisch validiert werden können. Diesem Nachteil stehen allerdings pragmatische Vorteile wie einfachere Anwendbarkeit und Robustheit gegenüber.

9 Grundbegriffe der Klassischen Testtheorie

Überblick

In diesem Kapitel geben wir eine Einführung in die Grundbegriffe stochastischer Meßmodelle und der *Klassischen Theorie Psychometrischer Tests* (KTT). Nach einigen vorbereitenden Überlegungen werden die einzelnen Bestandteile *klassischer Meßstrukturen* und damit die Begriffe *True-Score-Variable*, *Fehlervariable* und *Reliabilität* eingeführt, die in den Meßmodellen, die in den nächsten Kapiteln behandelt werden, von zentraler Bedeutung sind. Bei der Einführung dieser Begriffe sind nur solche Annahmen notwendig, die für empirische Anwendungen keine nennenswerten Restriktionen darstellen und insbesondere nicht empirisch falsifizierbar sind. Restriktive Annahmen, die in einer konkreten Anwendung auch falsch sein können, müssen erst dann gemacht werden, wenn die Reliabilität aus den Korrelationen oder aus anderen Verteilungskennwerten der direkt beobachtbaren Variablen (der Testwertvariablen) bestimmt werden sollen. Dies wird ausführlich in den nächsten Kapiteln besprochen. Unerläßliche Voraussetzung zum vollen Verständnis dieses und der folgenden Kapitel ist es, daß der Leser mit den in den Anhängen E – G dargestellten Begriffen vertraut ist.

Anhänge E – G!

9.1 Vorbereitende Überlegungen

Testwertvariablen Y_i

Empirischer Ausgangspunkt für die in diesem Buch dargestellten stochastischen Meßmodelle sind einige Testwertvariablen Y_i. Die Werte dieser Variablen sind durch ein bestimmtes Meßverfahren oder durch die Auswertungsvorschriften eines psychologischen Tests festgelegt. Oft sind dies einfache Summierungen über die Werte, die man bei Teilaufgaben oder einzelnen Items, die den Test bilden, erzielen kann. Die adäquate, auf entsprechenden inhaltlichen Theorien beruhende Wahl dieser Variablen Y_i ist natürlich entscheidend für die Nützlichkeit der Messung. Wir setzen im folgenden voraus, daß dieser erste inhaltliche Schritt bereits vollzogen ist und daß kein Anlaß besteht, diese Ausgangsvariablen Y_i in Frage zu stellen. (Sollte dies nicht zutreffen, dann kann man entsprechende Verfahren der Item-Response-Theorie einsetzen.) In der KTT befassen wir uns nur mit denjenigen Problemen, die noch zu lösen sind, nachdem man die Ausgangsvariablen Y_i bereits festgelegt hat. Zwei dieser

Probleme sollen zunächst kurz angesprochen werden: das *Problem der Existenz der zu messenden theoretischen Größe* und das *Meßfehlerproblem*.

Existenz der theoretischen Größe

Eine bisher bei Anwendungen der KTT oft vernachlässigte Frage besteht darin, ob man für die mit einem bestimmten Verfahren erhobenen Daten überhaupt den Anspruch erheben darf, etwas zu messen. Eine solche Frage läßt sich natürlich nur beantworten, wenn man präzisiert, was man in einem solchen Fall unter „messen" versteht.

Was heißt „messen"?

Unserer Auffassung nach läßt sich eine solche Präzisierung dadurch erreichen, daß man mit einem Meßmodell bestimmte empirische Gesetze postuliert, aus deren Gültigkeit die Existenz einer theoretischen Größe (mit bestimmten Eigenschaften, z.B. ihr Skalenniveau) logisch abgeleitet werden kann. In Anwendungen ist dann eines der wichtigsten Anliegen, die Gültigkeit der postulierten empirischen Gesetze zu überprüfen. In den nächsten Kapiteln werden wir ausführlich zeigen, wie man dies auch für Modelle der KTT verwirklichen kann.

Meßfehlerproblem

Im Gegensatz zur oben angesprochenen Frage der Existenz der theoretischen Größe steht das Meßfehlerproblem seit langem im Mittelpunkt psychometrischer Untersuchungen: Bei sozialwissenschaftlichen Messungen ist in der Regel festzustellen, daß sich ihre Meßwerte nicht exakt replizieren lassen. Wird beispielsweise einer Person ein Ängstlichkeitstest mehrfach vorgegeben, so wird der resultierende Testwert zumeist bei jeder der Vorgaben ein anderer sein. Wenn wir davon ausgehen, daß der jeweils beobachtete empirische Testwert genau die Eigenschaftsausprägung dieser Person angibt, müßten wir demnach auch verschiedene Aussagen über die Ängstlichkeit der Person machen, je nachdem, welchen Testwert wir gerade betrachten. Die damit angedeutete Problematik nennen wir das *Meßfehlerproblem*.

Erklärungen für veränderte Meßwerte

Wie bereits früher ausgeführt, sind zur Erklärung des Sachverhalts, daß die Testwerte der Person bei den verschiedenen Meßvorgängen anders ausfallen, prinzipiell 3 Möglichkeiten denkbar:

- Die zu messende Eigenschaft verändert sich zwischen den Messungen.
- Die Unterschiede kommen durch Meßfehler zustande.
- Sowohl Meßfehler als auch eine Veränderung der Eigenschaft sind für die Unterschiede verantwortlich.

Die erste Erklärung erscheint nur dann sinnvoll, wenn die beobachtete Veränderung der Testwerte systematisch ist, wenn die betreffende Person also z.B. auf *allen* Testitems höhere Werte als bei einer früheren Testvorgabe aufweist. Die Veränderungen der Antworten zwischen 2 Vorgaben fallen jedoch oft unsystematisch und widersprüchlich aus. Bei einigen Testitems wird die Person gleich hohe Werte angegeben haben, bei anderen niedrigere oder höhere Werte. Diese Widersprüche sind dann nur dadurch zu erklären, daß die Antworten der Person durch Meßfehler beeinträchtigt sind. Fehler kommen z.B. zustande, wenn die Person bei manchen Testitems unsicher hinsichtlich der für sie zutreffenden Antwort ist, sich aber trotzdem entscheiden muß.

Bei den zweiten und dritten Erklärungsmöglichkeiten wird vorausgesetzt, daß sich der beobachtete Testwert aus einem Meßfehler und einem Wert zusammensetzt, der die tatsächliche Eigenschaft der Person repräsentiert. Im allgemeinen müssen wir also davon ausgehen, daß der jeweilige Testwert der Person bei der Vorgabe des Tests mit einem *Meßfehler* behaftet ist und daß für jede Person ein *wahrer Wert* existiert, d.h. ein Wert, der nicht mit einem Meßfehler behaftet ist.

9.2 Einführung der Grundbegriffe

Die mit den oben erläuterten Vorstellungen verbundenen Begriffe sollen nun zunächst informell eingeführt und dann im Abschnitt 9.3 vertieft werden.

Wahrer Wert:
Erwartungswert
der Verteilung
gegeben die
Person u

Wahrer Wert und Fehler. Am häufigsten werden diese Vorstellungen wie folgt präzisiert: Der *wahre Wert* einer Person hinsichtlich einer Testwertvariablen Y_i ist der *Erwartungswert* der intraindividuellen (d.h. der personbedingten) Verteilung von Y_i (Gulliksen, 1950; Lord & Novick, 1968). [Wir indizieren die Person mit u und notieren den genannten Erwartungswert mit $E(Y_i|p_U = u)$. Die in dieser Notation vorkommende Abbildung p_U werden wir erst in Abschnitt 9.3 einführen.] Auch wenn bei den hier betrachteten Anwendungen von einer Person nur ein einziger Wert von jeder Variablen Y_i erhoben werden kann, ist das Konzept einer *intraindividuellen Verteilung* sehr nützlich. Dabei geht man davon aus, daß der zu erhebende Wert nicht völlig festliegt, sondern nur mit einer bestimmten (unbekannten) Wahrscheinlichkeit auftritt. Diese Auftretenswahrscheinlichkeit ist für jeden der möglichen Werte von Y_i durch die intraindividuelle Verteilung festgelegt.

Notation:
$E(Y_i|p_U = u)$

Population U

True-Score-Variable
τ_i

Fehlervariable oder
Residuum ε_i

Betrachten wir ein Zufallsexperiment, bei dem eine Person zufällig aus einer Menge U von Personen (der Population) gezogen wird und ihre Werte in m Tests oder Testteilen festgestellt werden! Neben den durch die entsprechenden Auswertungsvorschriften definierten m Testwertvariablen Y_i gibt es dann die jeweils zugehörigen *True-Score-Variablen* τ_i, deren Werte die eben definierten wahren Werte der Person bezüglich der Testwertvariablen Y_i sind. Entsprechend wird jede *Meßfehlervariable* (jedes *Residuum*) ε_i als Differenz $Y_i - \tau_i$ definiert. Bei dieser Präzisierung der Idee eines wahren Wertes wird also *jede* Testwertvariable Y_i additiv in ihre True-Score- und ihre Fehlervariable dekomponiert, d.h. für $i = 1, ..., m$ gilt:

Testwertvariable =
True-Score-Variable
+ Fehlervariable

$$Y_i = \tau_i + \varepsilon_i. \tag{1}$$

Aus den oben beschriebenen Definitionen der True-Score- und der Fehlervariablen lassen sich u.a. für $i, j = 1, ..., m$ die folgenden Gleichungen ableiten:

Der Erwartungswert
der Residuen ist 0

$$E(\varepsilon_i) = 0, \tag{2}$$

Residuen und True-
Score-Variablen
sind unkorreliert

$$Cov(\varepsilon_i, \tau_j) = 0 \tag{3}$$

(s. z.B. Knoche, 1990; Novick, 1966; Steyer, 1989; Tack, 1980; Zimmerman, 1975). Diese Gleichungen hat Gulliksen (1950) noch als Axiome (Grundannahmen) aufgefaßt. Tatsächlich sind es jedoch *keine* Annahmen, sondern Folgerungen aus den Definitionen von True-Score- und Fehlervariablen. (Die obigen Gleichungen sind Spezialfälle der Eigenschaften des Residuums hinsichtlich einer bedingten Erwartung oder Regression; s. Anhang G). Keine dieser Gleichungen kann in einer empirischen Anwendung falsch sein, es sei denn, man ginge von einer anderen Definition der True-Score- und der Fehlervariablen aus. Dies ist ein Beispiel für den Sachverhalt, daß ein Teil einer Theorie schon aus logischen Gründen wahr ist. An dieser Stelle kann also eine Theorienrevision nicht ansetzen, wohl dagegen bei den zugrundegelegten Definitionen. Die einzige Voraussetzung, die man bei der Definition der True-Score- und Fehlervariablen machen muß, für die dann die obigen Gleichungen gelten, ist die Endlichkeit der Varianzen der Y-Variablen. Diese Annahme ist aber so trivial, daß sie in empirischen Anwendungen fast immer vorausgesetzt werden kann.

Man beachte, daß die in den älteren Darstellungen der Klassischen Testtheorie (Gulliksen, 1950; Lehmann, 1983; Lord & Novick, 1968; Wottawa, 1985) als Axiom betrachtete Annahme der Unkorreliertheit der Fehlervariablen ε_i untereinander *keine* Folgerung aus den Definitionen der τ_i bzw. ε_i ist, d.h. es gilt nicht unbedingt $Cov(\varepsilon_i, \varepsilon_j) = 0$, $i \neq j$. Die Unkorreliertheit der Fehlervariablen *untereinander* kann in empirischen Anwendungen also durchaus falsch sein (s. dazu Tack, 1980; Zimmerman & Williams, 1977). Tatsächlich ist die Unkorreliertheit der Fehlervariablen zwar für mathematische Ableitungen bequem, aber nicht für alle Zwecke notwendig.

Kennwerte der Zuverlässigkeit. Eine notwendige Voraussetzung für die Brauchbarkeit einer Testwertvariablen Y_i und des ihr zugrundeliegenden Meßverfahrens ist, daß ihre Varianz nicht ausschließlich aus Fehlervarianz besteht. Der andere Extremfall, in dem die Fehlervarianz $Var(\varepsilon_i)$ gleich 0 ist, ist zwar erstrebenswert, aber in den Sozialwissenschaften eher die Ausnahme als die Regel. Eine Kenngröße, die das Ausmaß der *Unreliabilität* einer Variablen Y_i angibt, ist der durch $Var(\varepsilon_i)/Var(Y_i)$ definierte Varianzanteil. Das Gegenstück zu diesem Begriff, den Kennwert

$$Rel(Y_i) := Var(\tau_i) \, / \, Var(Y_i) \tag{4}$$

bezeichnet man als *Reliabilität*.

Neben der Reliabilität gibt es noch weitere Kennwerte, die u.U. geeigneter zur Beschreibung der Zuverlässigkeit bzw. der Unzuverlässigkeit einer Messung sind. Ist z.B. τ_i eine Konstante, so ist $Var(\tau_i)$ und damit die Reliabilität gleich 0, obwohl diese Konstante u.U. mit nur geringer oder sogar gar keiner Fehlervarianz gemessen wird. Neben der Reliabilität bzw. der Unreliabilität $1 - Rel(Y_i)$ kann man auch die Fehlervarianz $Var(\varepsilon_i)$ betrachten. Zwischen der Fehlervarianz und der Reliabilität besteht die folgende Beziehung:

$$Var(\varepsilon_i) = Var(Y_i) \cdot [1 - Rel(Y_i)]. \tag{5}$$

Muß man davon ausgehen, daß die Fehlervarianz von der Ausprägung der True-Score-Variablen abhängt, kann man nach Möglichkeiten suchen, detailliertere Informationen über die *intraindividuellen* oder *personbedingten Fehlervarianzen*

$$Var(\varepsilon_i | p_U = u) := E(\varepsilon_i^2 | p_U = u) \tag{6}$$

zu erhalten, die als Erwartungswerte der quadrierten Fehlervariablen ε_i der intraindividuellen Verteilung einer Person u definiert sind (s. Gl. 6). Für die bedingte Fehlervarianz gilt $Var(\varepsilon_i | p_U = u) = Var(Y_i | p_U = u)$, wie man sich auch an Abb. 9.1 klarmachen kann. Insbesondere in der Item-Response-Theorie wird die bedingte Fehlervarianz zur Beurteilung der Güte eines Items herangezogen.

Zur Frage der Unkorreliertheit der Residuen oder Fehlervariablen untereinander

Fehlervarianz $Var(\varepsilon_i)$

Unreliabilität $Var(\varepsilon_i)/Var(Y_i)$

Reliabilität $Rel(Y_i)$

Fehlervarianz und Reliabilität

Bedingte Fehlervarianz $Var(\varepsilon_i | p_U = u)$

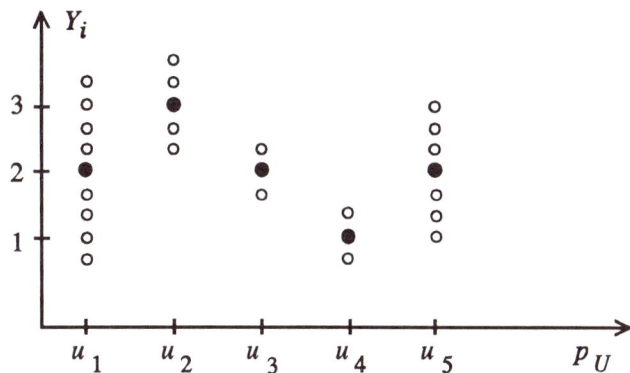

Abb. 9.1. Die Beziehungen zwischen einer Testwertvariablen Y_i, ihrer True-Score- und ihrer Fehlervariablen. Das Zeichen ● markiert die Werte der True-Score-Variablen und jeder Punkt ○ ist ein möglicher Wert von Y_i. Die Differenz zwischen beiden ist ein möglicher Wert der Fehlervariablen

Konfidenzintervall für den wahren Wert. Mit $Var(\varepsilon_i)$ – bzw. der Wurzel daraus – kann man abschätzen, wie stark eine einzelne Messung mit einem Meßfehler behaftet ist. Die Wurzel aus der Varianz von ε_i, d.h. $Std(\varepsilon_i)$, bezeichnet man als den ***Standardmeßfehler*** von Y_i. Mit zusätzlichen Annahmen über die Art der Verteilung der Meßfehlervariablen ε_i kann man sogar ein Konfidenzintervall angeben, d.h. eine Aussage über die Wahrscheinlichkeit machen, mit der ein bestimmtes Intervall den wahren Wert der betrachteten Person einschließt. Macht man die Annahme, daß die Fehlervariablen innerhalb jeder Person $u \in U$ *normal-* und mit *gleicher Varianz verteilt* sind, dann ist

Standardmeßfehler $Std(\varepsilon_i)$

Konfidenzintervall für den wahren Wert

$$Y_i \pm 1.96 \cdot Std(\varepsilon_i) \tag{7}$$

ein 95%-Konfidenzintervall für den wahren Wert jeder Person $u \in U$. Dabei wird allerdings vorausgesetzt, daß die wahre Streuung $Std(\varepsilon_i)$ bekannt ist. Andernfalls muß sie aus einer Stichprobe geschätzt werden, und anstelle des Wertes $z_{\alpha/2} = 1.96$ tritt der entsprechende Wert $t_{\alpha/2}$ aus der t-Verteilung. Bei einer großen Stichprobe sind t- und z-Werte nahezu identisch, so daß man auch in diesem Fall mit dem z-Wert arbeiten kann. Man beachte, daß das Konfidenzintervall für die diagnostische Praxis von großer Bedeutung ist, da es die anschaulichste Information darüber darstellt, wie stark ein Meßwert fehlerbehaftet ist.

9.3 Vertiefung der Grundbegriffe: Klassische Meßstruktur

Die oben eingeführten Begriffe wollen wir nun weiter präzisieren und den damit verbundenen konzeptuellen und formalen Rahmen einführen, den wir als *klassische Meßstruktur* bezeichnen. In diesem Rahmen können wir zwischen True-Score- und Fehlervariablen unterscheiden und in die Kenngrößen für die Zuverlässigkeit der Testwertvariablen Y_i einführen. Die einzelnen Bestandteile einer solchen klassischen Meßstruktur sollen in diesem Abschnitt eingeführt werden. Dazu gehören ein Wahr-

Klassische Meßstruktur

scheinlichkeitsraum $\langle \Omega, \mathcal{A}, P \rangle$ (s. Anhang E), der das betrachtete Zufallsexperiment — und damit das empirische Phänomen, das mit einem Meßmodell beschrieben werden soll — repräsentiert, und die Regressionen $E(Y_i | p_U)$ (s. Anhang G) der Testwertvariablen Y_i auf die Projektion p_U (s. Anhang F, Abschnitt F.1).

Das Zufallsexperiment. Das empirische Phänomen, das durch ein stochastisches Modell beschrieben werden soll, heißt *Zufallsexperiment*. Es stellt den *Geltungsbereich* eines stochastischen Modells dar und ist daher für das volle Verständnis eines stochastischen Modells unverzichtbar. Zunächst soll der wichtigste Bestandteil eines Zufallsexperiments, die Menge der möglichen Ergebnisse, betrachtet werden.

Aus einer Menge U von Personen wird zufällig eine gezogen und ihre Ausprägung auf einigen manifesten Merkmalen (z.B. ihre Ergebnisse auf einigen Tests oder ihre Antworten auf einige Items) beobachtet. Die Menge der möglichen Ergebnisse bei einem derartigen Zufallsexperiment läßt sich als Kartesisches Produkt

Die Menge Ω der möglichen Ergebnisse

$$\Omega = U \times M$$

darstellen. Der jeweiligen Fragestellung entsprechend kann die Menge M der möglichen Merkmalsausprägungen verschieden spezifiziert werden. So kann z.B. $M = M_1 \times ... \times M_m$ gelten, wobei M_i, $i = 1, ..., m$, jeweils die Menge der möglichen Ausprägungen auf dem i-ten manifesten Merkmal ist. Bei Anwendungen auf psychologische Tests können als manifeste Merkmale sowohl die erzielten Werte auf einem Item als auch auf einem gesamten Test betrachtet werden.

Die Menge M der möglichen Merkmalsausprägungen

Die jeweiligen *Ausprägungen* der betrachteten Person $u \in U$ auf den m Merkmalen werden als zufällig betrachtet, womit allerdings keinesfalls eine gewisse Systematik ausgeschlossen ist. Selbst der deterministische Extremfall, bei dem für eine gegebene Person die Ausprägungen auf mindestens einem der m Merkmale auch schon vor der Erhebung festliegen (z.B. das Geschlecht), ist dabei als Extremfall durchaus eingeschlossen.

Wahrscheinlichkeitsraum $\langle \Omega, \mathcal{A}, P \rangle$

Auf einer derartigen Menge Ω wird ein geeigneter *Wahrscheinlichkeitsraum* $\langle \Omega, \mathcal{A}, P \rangle$ zugrundegelegt (s. Anhang E). Für einen solchen Wahrscheinlichkeitsraum muß insbesondere gelten, daß die im folgenden Abschnitt betrachteten Y-Variablen (z.B. die Testwertvariablen) sowie die dort behandelte Abbildung p_U: $\Omega \rightarrow U$ stochastische Variablen sind und daher eine gemeinsame Verteilung haben. Bei den nun folgenden Beispielen könnte es sich z.B. bei der *Menge der möglichen Ereignisse $\mathcal{A}$* um die Potenzmenge (d.h. die Menge aller Teilmengen) von Ω handeln, so daß durch P jedem Ereignis $A \subset \Omega$ seine Wahrscheinlichkeit $P(A)$ zugeordnet ist.

Beispiel, bei dem die Rohtestwerte den Ausgangspunkt bilden

Beispiel 1. Eine Person wird aus einer Menge U von Personen gezogen, und es werden ihre Rohtestwerte bezüglich zweier Parallelformen eines Persönlichkeitsfragebogens registriert. Dabei sei der maximal erzielbare Rohtestwert 50. In diesem Fall ist $\Omega = U \times M = U \times \{0, 1, ..., 50\} \times \{0, 1, ..., 50\}$, wobei $\{0, 1, ..., 50\}$ die Menge der möglichen Rohtestwerte bezeichnet. Die dabei interessierenden manifesten Merkmale sind also die Testsummenwerte auf den beiden Parallelformen. Alle *möglichen* Paare von Testsummenwerten sind Elemente der Menge $M = \{0, 1, ..., 50\} \times$

Beispiel für
ein Ergebnis

$\{0, 1, ..., 50\}$. Ein Element $\omega \in \Omega$ und damit ein mögliches *Ergebnis* des Zufallsexperiments ist dann beispielsweise $\omega = \langle$Fritz Meier, 5, 8$\rangle$. Dies bedeutet: in dem betrachteten Zufallsexperiment wurde Fritz Meier gezogen und dieser hat die Rohtestwerte 5 auf der ersten und 8 auf der zweiten Paralleltestform erzielt. Legt man als Menge der möglichen Ereignisse $\mathcal{A}$ die Potenzmenge von Ω fest, dann wäre z.B.

Beispiel für
ein Ereignis

$\{\langle$Fritz Meier, 5, 8$\rangle\}$ das *Ereignis*, daß Fritz Meier aus U gezogen wurde und dieser die Rohtestwerte 5 und 8 erzielt hat. Dagegen wäre $\{\langle$Fritz Meier, 5, 8$\rangle, \langle$Fritz Meier, 6, 8$\rangle\}$ das Ereignis, daß Fritz Meier aus U gezogen wurde und dieser die Rohtestwerte 5 und 8 oder aber 6 und 8 erzielt hat. Die den Ereignissen A durch das Wahrscheinlichkeitsmaß P zugeordneten Wahrscheinlichkeiten sind in den meisten Fällen unbekannt.

Beispiel, bei dem
die Itemkategorien
den Ausgangspunkt
bilden

Beispiel 2. Als weiteres Beispiel sei ein Fähigkeitstest betrachtet, der aus 10 Aufgaben bestehen möge, die jeweils gelöst (+) oder nicht gelöst (−) werden können. In diesem Fall gilt: $\Omega = U \times M = U \times \{+, -\}^{10}$, wobei die Produktmenge $M = \{+, -\}^{10}$ $:= \{+, -\} \times ... \times \{+, -\}$ die 2^{10} möglichen Kombinationen von + und − wie z.B. $\langle+, -, +, +, +, -, -, +, -, -\rangle$ enthält. Das Element $\omega = \langle u, +, -, +, +, +, -, -, +, -, -\rangle$

Beispiel für
ein Ergebnis

repräsentiert das *Ergebnis*, daß in dem betrachteten Zufallsexperiment die Person u gezogen wurde und diese die erste, die dritte bis fünfte und die achte Aufgabe gelöst hat und die anderen nicht. Hier interessieren als manifeste Merkmale also, welche der

Beispiele für
Ereignisse

10 Items gelöst bzw. nicht gelöst wurden. *Ereignisse* und damit Elemente von $\mathcal{A}$ sind wieder Mengen mit einem oder mehreren Elementen aus Ω. Diesen Ereignissen sind durch P wieder die in der Regel unbekannten Wahrscheinlichkeiten dieser Ereignisse zugeordnet.

Beim ersten Beispiel beschreibt Ω die Menge der möglichen Ergebnisse des Zufallsexperiments auf der *Testwertebene*. Beim zweiten Beispiel dagegen beschreibt Ω die Menge der möglichen Ergebnisse auf der *Itemebene*. Dies schließt natürlich nicht aus, daß man später auf die Betrachtung der Testsummenwerte oder auf andere aggregierte Variablen übergeht.

Diese Beispiele zeigen, daß die Elemente der Menge M der möglichen Merkmalsausprägungen durchaus qualitativer Art sein können, d.h. nur die Zugehörigkeit zu (Antwort−)Kategorien angeben. Bei der Betrachtung von fünf Items mit jeweils den

Beispiel für die
Menge M der mög-
lichen Merkmals-
ausprägungen

Antwortmöglichkeiten a (z.B. „stimme zu"), b (z.B. „weiß nicht") und c (z.B. „stimme nicht zu") wäre z.B. $M = \{a, b, c\}^5$. Ein Element von M wäre dann ein Quintupel, z.B. $\langle b, c, c, a, b\rangle$, wobei jede Komponente dieses Quintupels ein Element aus der Menge $\{a, b, c\}$ der Antwortkategorien ist.

Die wichtigsten Zufallsvariablen. Das oben behandelte mögliche Ergebnis $\omega \in \Omega$ des betrachteten Zufallsexperiments wird durch die im folgenden betrachteten

Testwertvariablen Y_i

Variablen $Y_i: \Omega \to \mathbb{R}$, $i = 1, ..., m$, durch feste Zuordnungsvorschriften in quantitative Größen transformiert. Bei dem ersten der beiden oben behandelten Beispiele könnten dies beliebige Transformationen (z.B. die z-Transformation) der Testsummenwerte sein. Die Testsummenwerte können aber auch unverändert bleiben. (Dann liegt eine *Identitätstransformation* vor.) Beim zweiten Beispiel könnte diese Zuordnungsvorschrift lauten:

$$Y_i(\omega) := \begin{cases} 1, \text{ falls das } i\text{-te Item gelöst wird,} \\ 0 \text{ sonst,} \end{cases} \quad \text{wobei } i = 1, ..., m.$$

Bei der Definition der Y-Variablen, z.B. durch eine Summierungsvorschrift, spielen inhaltliche Überlegungen eine Rolle, die nicht Gegenstand des stochastischen Meßmodells sind. Intuition und Vorwissen entscheiden darüber, welche Y-Variablen die zu messende theoretische Variable am besten erfassen. Die Sorgfalt und Güte dieser inhaltlichen Überlegungen wird sich bei den empirischen Analysen der in den nächsten Kapiteln eingeführten Modelle niederschlagen. (Will man diese Definitionen *modellgeleitet* treffen, kann man Verfahren der Item-Response-Theorie einsetzen.)

Projektion p_U

Neben den manifesten (Testwert-)Variablen Y_i spielt bei klassischen Meßstrukturen auch die Projektion $p_U: \Omega \rightarrow U$ von Ω auf U eine wichtige Rolle, die durch

$$p_U(\omega) := u, \quad \text{für alle } \omega \in \Omega,$$

definiert ist. Der Wert dieser Abbildung gibt also jeweils an, welche Beobachtungseinheit u (z.B. Person) bei dem oben beschriebenen Zufallsexperiment gezogen wurde. Sowohl die Variablen Y_i als auch die Projektion p_U werden bei der formalen Definition der True-Score- und der Fehlervariablen benötigt.

Die Regressionen $E(Y_i|p_U)$

Als letzte Komponente einer klassischen Meßstruktur betrachten wir nun die bedingten Erwartungen oder Regressionen $E(Y_i|p_U)$ der Testwertvariablen Y_i, $i \in I = \{1, ..., m\}$, auf die Projektion p_U. Ein Wert der Regression $E(Y_i|p_U)$ ist jeweils der bedingte Erwartungswert $E(Y_i|p_U = u)$ der Testwertvariablen Y_i für die gezogene Person u (s. Abb. 9.1). Bei $E(Y_i|p_U = u)$ handelt es sich um den bereits erwähnten

Wahrer Wert $E(Y_i|p_U = u)$ der Person u

wahren Wert einer Person u hinsichtlich Y_i, d.h. um den Erwartungswert der intraindividuellen Verteilung. Das m-tupel $\langle E(Y_1|p_U), ..., E(Y_m|p_U)\rangle$ der Regressionen $E(Y_i|p_U)$ wird im folgenden mit $E(y|p_U)$ notiert. (Zum Begriff der Regression s. Anhang G.)

Damit sind alle Bestandteile einer klassischen Meßstruktur behandelt, die nun in der folgenden Definition zusammengefaßt werden sollen.

Klassische Meßstruktur

Definition. $\mathbb{M} := \langle\langle\Omega, \mathcal{A}, P\rangle, E(y|p_U)\rangle$ heißt *klassische Meßstruktur* genau dann, wenn gelten:

(a) $\langle\Omega, \mathcal{A}, P\rangle$ ist ein Wahrscheinlichkeitsraum, wobei $\Omega = U \times M$.
(b) $E(y|p_U) := \langle E(Y_1|p_U), ..., E(Y_m|p_U)\rangle$, wobei sowohl die reellwertigen Variablen $Y_i: \Omega \rightarrow \mathbb{R}$, $i = 1, ..., m$, als auch die Projektion $p_U: \Omega \rightarrow U$ stochastische Variablen auf $\langle\Omega, \mathcal{A}, P\rangle$ sind. Außerdem bezeichnet $E(Y_i|p_U)$ die Regression der Variablen Y_i auf p_U.
(c) $0 < Var(Y_i) < +\infty$, $\quad i = 1, ..., m$.

Erläuterungen. Alle Bestandteile der oben definierten klassischen Meßstruktur wurden bereits eingeführt. Die Bedingung (c) soll sicherstellen, daß es auf den betrachteten Testwertvariablen überhaupt Varianz gibt bzw. daß diese erklärt werden kann. Eine unendliche Varianz könnte nämlich nicht dekomponiert und in diesem Sinne erklärt werden.

Zusammenfassend können wir festhalten, daß eine klassische Meßstruktur und ihre Bestandteile den begrifflichen Rahmen darstellen, innerhalb dessen wir nun formal die Begriffe *wahrer Wert* und *Fehler* und später den Begriff der *Reliabilität* einführen können. Wie man an der obigen Definition leicht erkennen kann, sind die bisher eingeführten Begriffe immer in bezug auf ein bestimmtes Zufallsexperiment zu sehen, das in einer konkreten Anwendung durch den Wahrscheinlichkeitsraum repräsentiert wird.

9.4 True-Score- und Fehlervariablen

Die oben definierte klassische Meßstruktur ist der begriffliche Rahmen, innerhalb dessen wir nun die Vorstellung vom wahren Wert und Fehler präzisieren können. Den **wahren Wert** einer Beobachtungseinheit $u \in U$ bezüglich der Variablen Y_i definieren wir als den bedingten Erwartungswert $E(Y_i|p_U = u)$ der Variablen Y_i gegeben $p_U = u$. Der **Fehlerwert** *bei gegebener Beobachtungseinheit u* ist dann der Wert der Variablen $Y_i - E(Y_i|p_U = u)$ (s. Abb. 9.1).

Da bei dem betrachteten Zufallsexperiment auch die gezogene Beobachtungseinheit u ein zufälliges Ereignis ist, können wir auch die Regression $E(Y_i|p_U)$ betrachten und sie als *True-Score-Variable* definieren. Entsprechend ist dann jeder der in Abb. 9.2 mit o markierten Punkte ein möglicher Wert der Fehlervariablen $\varepsilon_i := Y_i - E(Y_i|p_U)$. Einen solchen Wert könnte man mit $y_i - E(Y_i|p_U{=}u)$ notieren.

Definition. Sei $\mathbb{M} = \langle\langle\Omega, \mathcal{A}, P\rangle, E(y|p_U)\rangle$ eine klassische Meßstruktur. Dann heißen für jedes $i = 1, ..., m$:

True-Score- und Fehlervariable

(i) $\tau_i := E(Y_i|p_U)$ die **True-Score-Variable** von Y_i und
(ii) $\varepsilon_i := Y_i - \tau_i$ die **Fehlervariable** oder das **Residuum** von Y_i bezüglich τ_i.

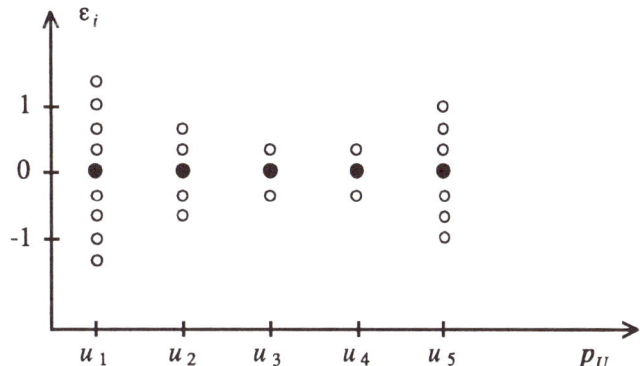

Abb. 9.2. Die Regression einer Fehlervariablen ε_i auf den Regressor p_U. Mit ● sind die Werte $E(\varepsilon_i|p_U{=}u)$ der Regression $E(\varepsilon_i|p_U)$ markiert, und die Punkte o sind die möglichen Werte $y_i - E(Y_i|p_U{=}u)$ von ε_i. Das Muster der Punkte soll andeuten, daß $E(\varepsilon_i|p_U) = 0$ gilt, obwohl die bedingten Varianzen $Var(\varepsilon_i|p_U = u)$ von den Werten u von p_U abhängen

Wahrer Wert
$E(Y_i|p_U = u)$ *der*
Beobachtungseinheit
u hinsichtlich Y_i

Erläuterungen. Sowohl τ_i als auch ε_i sind also stochastische Variablen auf dem Wahrscheinlichkeitsraum $\langle \Omega, \mathcal{A}, P \rangle$. Die True-Score-Variablen τ_i sind dabei die Regressionen der Testwertvariablen Y_i auf die Projektion p_U. Ihre Werte sind jeweils die bedingten Erwartungswerte $E(Y_i|p_U = u)$ gegeben die Beobachtungseinheit (Person) u. Dieser bedingte Erwartungswert ist der **wahre Wert** der Beobachtungseinheit u bezüglich Y_i. Alle über die Eigenschaften eines Erwartungswerts hinausgehenden Interpretationen des wahren Werts, die auf einem intuitiven Vorverständnis und auf Konnotationen von „wahr" basieren, sind in der Regel irreführend.

Zu beachten ist auch, daß in einem Zufallsexperiment, wie es in Abschnitt 9.3 beschrieben wurde, zu *jeder* manifesten Variablen Y_i eine True-Score-Variable τ_i existiert. Sollen z.B. 2 Testwertvariablen die gleiche Persönlichkeitseigenschaft messen, so besitzt dennoch jede Variable eine eigene True-Score-Variable. Diese True-Score-Variablen können für eine Person jeweils gleiche Werte annehmen, sie müssen es aber nicht. Die Annahme, daß 2 Testwertvariablen Y_1 und Y_2 eine *gemeinsame* True-Score-Variable zugrundeliegt, definiert ein spezielles Modell, das erst im nächsten Kapitel behandelt wird.

Die allgemeinen Eigenschaften der bedingten Erwartung (s. Abschnitt G.1.4) liefern sofort die im folgenden Theorem zusammengefaßten Eigenschaften der True-Score- und der Fehlervariablen.

Theorem. Sei $\mathbb{M} = \langle \langle \Omega, \mathcal{A}, P \rangle, E(y|p_U) \rangle$ eine klassische Meßstruktur. Dann gelten für die Variablen τ_j und ε_i, $i, j = 1, ..., m$, (s. die obige Definition):

(i) $$Y_i = \tau_i + \varepsilon_i;$$

(ii) $$E(\varepsilon_i) = 0;$$

(iii) $$Cov(\varepsilon_i, \tau_j) = 0;$$

(iv) $$Var(Y_i) = Var(\tau_i) + Var(\varepsilon_i);$$

(v) $$E(\varepsilon_i|p_U) = 0;$$

(vi) $$E(\varepsilon_i|\tau_j) = 0;$$

(vii) $$Cov[\varepsilon_i, f(p_U)] = 0, \quad \text{falls } f(p_U) \text{ die Komposition einer reellen Funktion } f \text{ mit } p_U \text{ ist;}$$

(viii) $$E[\varepsilon_i|f(p_U)] = 0, \quad \text{falls } f(p_U) \text{ die Komposition einer Abbildung } f \text{ mit } p_U \text{ ist.}$$

Erläuterungen. Aussage i ist eine einfache Umstellung der Definition einer Fehlervariablen. Die übrigen Gleichungen sind Spezialfälle der Eigenschaften des Residuums hinsichtlich einer bedingten Erwartung. Keine dieser Gleichungen kann in einer empirischen Anwendung falsch sein, es sei denn, man ginge von einer anderen Definition der True-Score- und der Fehlervariablen aus. Die Annahmen einer klassischen Meßstruktur stellen für Anwendungen keine wesentliche Restriktion dar, da sie lediglich das betrachtete empirische Phänomen strukturieren und so einer mathematischen Behandlung zugänglich machen. Die „restriktivste" Annahme dabei ist, daß die Varianzen der Y-Variablen endlich sind.

Zur Frage der Unkorreliertheit der Fehler

Bemerkungen. Man beachte, daß die in den älteren Darstellungen der Klassischen Testtheorie als Axiom betrachtete Annahme der Unkorreliertheit der Fehlervariablen ε_i untereinander *keine* Folgerung aus den oben vorgenommenen Definitionen der τ_i bzw. ε_i ist, d.h. es gilt nicht unbedingt $Cov(\varepsilon_i, \varepsilon_j) = 0$. Die Annahme der Unkorreliertheit der Fehlervariablen *untereinander* kann in empirischen Anwendungen also durchaus falsch sein. Erst in den nächsten Kapiteln wird die Unkorreliertheit der Fehlervariablen als Bestandteil *spezieller* klassischer Meßmodelle eine Rolle spielen.

9.5 Kenngrößen der Zuverlässigkeit bzw. Unzuverlässigkeit

Eine einfache Kenngröße, die das Ausmaß der Fehlerbehaftetheit bzw. *Unreliabilität* einer Variablen Y_i angibt, ist der Varianzanteil $Var(\varepsilon_i)/Var(Y_i)$. Dividiert man beide Seiten der Gleichung iv im letzten Theorem durch die Varianz von Y_i, so erhält man

$$1 = Var(Y_i)/Var(Y_i) = Var(\tau_i)/Var(Y_i) + Var(\varepsilon_i)/Var(Y_i). \tag{8}$$

Wie bereits erwähnt, bezeichnet man den Kennwert $Var(\tau_i)/Var(Y_i)$ als *Reliabilität*.

Reliabilität

Definition. Seien $\mathbb{M} = \langle\langle \Omega, \mathcal{A}, P\rangle, E(y\,|\,p_U)\rangle$ eine klassische Meßstruktur sowie τ_i und ε_i die True-Score- bzw. Fehlervariablen. Dann heißt

$$Rel(Y_i) := \frac{Var(\tau_i)}{Var(Y_i)} = \frac{Var(\tau_i)}{Var(\tau_i) + Var(\varepsilon_i)}, \tag{9}$$

die *Reliabilität* der Variablen Y_i.

Reliabilität als Determinations-koeffizient

Erläuterungen. Die im letzten Theorem unter iv formulierte Additivität der Varianzen erlaubt, die Reliabilität einer Variablen Y_i als Verhältnis der Varianz der True-Score-Variablen zur Varianz der betrachteten Y-Variablen zu definieren. Die Reliabilität kann auch als durch p_U determinierter Varianzanteil interpretiert werden:

$$Rel(Y_i) = R^2_{Y_i|p_U} = \frac{Var[E(Y_i\,|\,p_U)]}{Var(Y_i)}. \tag{10}$$

Interpretation des Reliabilitäts-koeffizienten

Die *Reliabilität* ist also *ein spezieller Determinationskoeffizient* (s. Abschnitt G.1.6), der den Anteil der wahren interindividuellen Unterschiede bezüglich der Testwertvariablen Y_i an der Gesamtvarianz von Y_i angibt. Die Werte des Reliabilitätskoeffizienten liegen zwischen 0 und 1. Hat die Reliabilität den Wert 1, bedeutet dies, daß die Varianz der manifesten Variablen Y_i gleich der Varianz der True-Score-Variablen ist, d.h. die Fehlervarianz ist gleich 0 und die Fehlervariable ist eine Konstante. Die Unterschiede zwischen Personen auf der manifesten Variablen wären dann vollständig auf Unterschiede zwischen den Beobachtungseinheiten (Personen) auf der True-Score-Variablen zurückzuführen.

Ist die Reliabilität einer Variablen Y_i gleich 0, dann bedeutet dies, daß die Varianz der True-Score-Variablen τ_i gleich 0 ist, d.h. die True-Score-Variable ist eine Konstante, und die Varianz der manifesten Variablen Y_i ist gleich der Fehlervarianz. Die Unterschiede zwischen Personen auf der Testwertvariablen Y_i wären dann nur auf den Meßfehler zurückzuführen.

Eine weitere Eigenschaft, die ohne weitere Annahmen gilt, ist:

Reliabilität als quadrierte Korrelation

$$Rel(Y_i) = Kor[E(Y_i|p_U), Y_i]^2 = Kor(\tau_i, Y_i)^2. \qquad (11)$$

Demnach kann man die Reliabilität einer Variablen Y_i auch als Quadrat der Korrelation $Kor(\tau_i, Y_i)$ mit ihrer True-Score-Variablen τ_i definieren.

Alle 3 hier aufgeführten Formeln für die Reliabilität taugen nur zu ihrer Definition, aber nicht zu ihrer empirischen Bestimmung oder Schätzung. Während die *Definition* ohne jegliche restriktive Annahmen auskommt, sind solche Annahmen unerläßlich, wenn man Formeln ableiten will, nach denen die Reliabilität aus empirisch schätzbaren Größen wie Varianzen, Kovarianzen und/oder Korrelationen der betrachteten *manifesten* Variablen Y_i bestimmt werden kann. Solche Annahmen sind Gegenstand des nächsten Kapitels.

9.6 Zusammenfassung

Der Ausgangspunkt bei klassischen Meßstrukturen ist die Dekomposition der beobachtbaren Testwertvariablen in eine True-Score- und eine Fehlerkomponente. Die hier behandelte Definition der True-Score- und Fehlervariablen als spezielle bedingte Erwartung bzw. deren Residuum ist die einfachste und am weitesten verbreitete Präzisierung der Unterscheidung zwischen wahrem Wert und Fehler. Die True-Score- und Fehlervariablen haben einige wünschenswerte Eigenschaften, die bereits aus ihrer Definition folgen und daher in keiner Anwendung falsch sein können (s. Box 9.1). Dazu gehört jedoch nicht die Unkorreliertheit der Fehlervariablen untereinander.

Die hier behandelten *klassischen Meßstrukturen* sind der konzeptuelle Rahmen für alle in den folgenden Kapiteln behandelten speziellen stochastischen Meßmodelle. Eine klassische Meßstruktur besteht aus dem zugrundegelegten Wahrscheinlichkeitsraum und den Regressionen der betrachteten Testwertvariablen Y_i auf die Projektion p_U.

Eines der zentralen Ziele stochastischer Meßmodelle ist es, Aussagen über das Ausmaß der Zuverlässigkeit einer Messung machen zu können. Bei klassischen Meßstrukturen ist der *Reliabilitätskoeffizient $Rel(Y_i)$* der gröbste Kennwert. Er steht in einer eindeutigen Beziehung zur (unbedingten) *Fehlervarianz $Var(\varepsilon_i)$*.

Box 9.1. Das Wichtigste zu den Grundbegriffen der KTT

Menge der möglichen Ergebnisse
$\Omega = U \times M$

Charakterisiert das Zufallsexperiment „Ziehe eine Person $u \in U$ und registriere eine Ausprägung aus der Menge M der möglichen Merkmalsausprägungen"

Meß- oder Testwertvariablen
$Y_i\colon \Omega \to \mathbb{R}$

Repräsentieren fehlerbehaftete Testwerte

Projektion
$p_U\colon \Omega \to U$

Ihr Wert ist die beim betrachteten Zufallsexperiment gezogene Person u

Klassische Meßstruktur
$\mathcal{M} = \langle\langle \Omega, \mathcal{A}, P\rangle, E(y\,|\,p_U)\rangle$

Besteht aus dem W-Raum $\langle \Omega, \mathcal{A}, P\rangle$ und den in $E(y\,|\,p_U)$ zusammengefaßten Regressionen $E(Y_i\,|\,p_U)$. $\mathcal{M}$ ist Baustein für die in den folgenden Kapiteln behandelten Meßmodelle

True-Score-Variable
$\tau_i := E(Y_i\,|\,p_U)$

Ist die wichtigste Art, die Vorstellung von einem wahren Wert zu präzisieren. Der wahre Wert einer Person u bzgl. Y_i ist $E(Y_i\,|\,p_U = u)$

Fehlervariable oder *Residuum*
$\varepsilon_i := Y_i - E(Y_i\,|\,p_U)$

Ihr Wert ist der zum oben definierten wahren Wert gehörige Fehler

Einige Eigenschaften von wahrem Wert und Fehler

$Y_i = \tau_i + \varepsilon_i \quad E(\varepsilon_i) = 0$

$Cov(\varepsilon_i, \tau_j) = 0 \quad E(\varepsilon_i\,|\,p_U) = 0$

$Var(Y_i) = Var(\tau_i) + Var(\varepsilon_i)$

Diese Eigenschaften folgen aus der Definition von τ_i und ε_i. Im allgemeinen gilt für $i \neq j$ *nicht*: $Cov(\varepsilon_i, \varepsilon_j) = 0$

Reliabilität
$Rel(Y_i) := Var(\tau_i)/Var(Y_i)$

Kennwert für die Zuverlässigkeit einer Testwertvariablen

Fehlervarianz
$Var(\varepsilon_i)$

Kennwert für die Unzuverlässigkeit der Testwertvariablen

Bedingte Fehlervarianz
$Var(\varepsilon_i\,|\,p_U = u)$ oder $E(\varepsilon_i^2\,|\,p_U = u)$

Kennwert für die *bedingte* Unzuverlässigkeit der Testwertvariablen

Weit informativer sind jedoch die *bedingten Fehlervarianzen Var*$(\varepsilon_i | p_U = u)$. Sind diese für alle Personen gleich und ist die Verteilung der Fehler innerhalb jeder Person normal, dann gibt Gleichung 7 ein 95%-Konfidenzintervall an, in dem der wahre Wert der betrachteten Person mit 95%iger Wahrscheinlichkeit liegt.

Fragen

1. (a) Warum wird zwischen wahrem Wert und Fehler unterschieden?
   (b) Wie sind wahrer Wert und Fehler in klassischen Meßstrukturen definiert?
   (c) Nennen Sie 3 der Eigenschaften der Fehlervariablen!
   (d) Welche in älteren Darstellungen als Axiom aufgeführte Eigenschaft der Fehlervariablen folgt nicht aus ihrer Definition?
2. (a) Welche Werte kann der Reliabilitätskoeffizient annehmen?
   (b) Was bedeuten die Extremfälle inhaltlich?
   (c) Wie groß ist der Reliabilitätskoeffizient, wenn jede Person den gleichen wahren Wert hat?
   (d) Nennen Sie eine andere Größe für die Zuverlässigkeit einer Testwertvariablen!
3. Aus welchen Bestandteilen besteht eine klassische Meßstruktur?
4. Welche Beziehungen bestehen zwischen einer klassischen Meßstruktur und einem Regressionsmodell, wie es im Anhang G definiert wurde?
5. Von welcher Art ist das bei einer klassischen Meßstruktur zugrundegelegte Zufallsexperiment und damit das empirische Phänomen, von dem die Rede ist?
6. Unter welchen Voraussetzungen kann man die Fehlervarianz $Var(\varepsilon_i)$ verwenden, um nach Gleichung 7 ein Konfidenzintervall für die Schätzung des wahren Wertes einer Beobachtungseinheit u zu berechnen?

Antworten

1. (a) Wenn Meßwerte fehlerbehaftet sind, aber nicht nur aus dem Meßfehler bestehen, dann muß jeder Wert aus einer Fehlerkomponente und einem wahrem Wert bestehen, wobei zunächst noch offen ist, wie diese Begriffe präzisiert werden.
   (b) Der wahre Wert einer Beobachtungseinheit (z.B. Person) u hinsichtlich einer Testwertvariablen Y_i ist in klassischen Meßstrukturen definiert als bedingter Erwartungswert $E(Y_i | p_U = u)$. Der Fehler ist dann die Differenz zwischen dem von der Person u erzielten Wert y_i auf der Testwertvariablen Y_i und ihrem bedingten Erwartungswert $E(Y_i | p_U = u)$. Entsprechend sind $\tau_i := E(Y_i | p_U)$ die True-Score-Variable und $\varepsilon_i := Y_i - E(Y_i | p_U)$ die Fehlervariable.
   (c) Die 3 wichtigsten Eigenschaften der Fehlervariablen sind:
   $E(\varepsilon_i) = 0$; $Cov(\varepsilon_i, \tau_i) = 0$; $E(\varepsilon_i | p_U) = 0$.
   Weitere Eigenschaften sind im Theorem des Abschnitts 9.4 aufgeführt.
   (d) Die Unkorreliertheit der Fehlervariablen $Cov(\varepsilon_i, \varepsilon_j) = 0$, $i \neq j$, folgt nicht aus ihrer Definition.
2. (a) Der Reliabilitätskoeffizient kann zwischen 0 und 1 (einschließlich) liegen.
   (b) Eine Reliabilität von 1 bedeutet, daß die Varianz der manifesten stochastischen Variablen gleich der Varianz der True-Score-Variablen ist, d.h. die Fehlervarianz ist gleich 0, und die Fehlervariable ist eine Konstante. Die Unterschiede zwischen Per-

sonen auf der manifesten Variablen wären dann vollständig auf Unterschiede zwischen den Personen auf der True-Score-Variablen zurückzuführen.

Ist die Reliabilität einer Variablen Y_i gleich 0, dann bedeutet dies, daß die Varianz der True-Score-Variablen τ_i gleich 0 ist, d.h. die True-Score-Variable ist eine Konstante, und die Varianz der manifesten stochastischen Variablen Y_i ist gleich der Fehlervarianz. Die Unterschiede zwischen Personen auf der Testwertvariablen Y_i wären dann nur auf den Meßfehler zurückzuführen.

(c) Der Reliabilitätskoeffizient ist gleich 0, wenn jede Person den gleichen wahren Wert hat, selbst dann, wenn diese wahren Werte völlig fehlerfrei gemessen werden. Im letzteren Fall ist die Messung perfekt zuverlässig, aber der Reliabilitätskoeffizient ist für diesen Fall nicht definiert, da dann $Var(Y_i) = 0$.

(d) Eine andere Größe für die Zuverlässigkeit einer Testwertvariablen ist die True-Score-Varianz $Var(\tau_i)$. Ist diese größer Null, dann ist dieser Parameter allerdings nur dann informativ, wenn er in Beziehung zur Gesamtvarianz von Y_i oder zur Fehlervarianz $Var(\varepsilon_i)$ gesetzt wird. Kenngrößen für die Unzuverlässigkeit einer Testwertvariablen Y_i sind die Unreliabilität $1 - Rel(Y_i)$, die Fehlervarianz $Var(\varepsilon_i)$ und die bedingte Fehlervarianz. Auch die letztgenannten Größen sind nur dann informativ, wenn sie auf die Gesamtvarianz oder die True-Score-Varianz bezogen werden.

3. Eine klassische Meßstruktur $\mathbb{M} := \langle\langle\Omega, \mathcal{A}, P\rangle, E(y|p_U)\rangle$ besteht aus einem Wahrscheinlichkeitsraum $\langle\Omega, \mathcal{A}, P\rangle$, wobei $\Omega = U \times M$ für die Menge der möglichen Ergebnisse gilt, und aus dem Vektor $E(y|p_U) := \langle E(Y_1|p_U), ..., E(Y_m|p_U)\rangle$ der Regressionen $E(Y_i|p_U)$. Dabei sind sowohl die Funktionen $Y_i: \Omega \to \mathbb{R}$, $i = 1, ..., m$, als auch die Projektion $p_U: \Omega \to U$ stochastische Variablen auf $\langle\Omega, \mathcal{A}, P\rangle$. Außerdem wird vorausgesetzt, daß die Y-Variablen eine positive Varianz haben.

4. Eine klassische Meßstruktur besteht aus den m einzelnen Regressionsmodellen $\mathbb{M} := \langle\langle\Omega, \mathcal{A}, P\rangle, E(Y_i|p_U)\rangle$, $i = 1, ..., m$. Dabei wird vorausgesetzt, daß sich Ω als Produkt zweier Mengen U und M darstellen läßt und p_U die Projektion von Ω auf U ist.

5. Das bei einer klassischen Meßstruktur zugrundegelegte Zufallsexperiment — und damit das empirische Phänomen, von dem die Rede ist — besteht aus dem zufälligen Ziehen einer Beobachtungseinheit $u \in U$ und dem Registrieren der Merkmalsausprägungen dieser Beobachtungseinheit.

6. Die Voraussetzungen, unter denen man die Fehlervarianz $Var(\varepsilon_i)$ verwenden kann, um ein Konfidenzintervall für die Schätzung des wahren Wertes einer Beobachtungseinheit u zu berechnen, sind:
   (a) Es liegt eine klassische Meßstruktur $\mathbb{M} := \langle\langle\Omega, \mathcal{A}, P\rangle, E(y|p_U)\rangle$ vor.
   (b) Die Testwertvariable Y_i hat eine Normalverteilung.
   (c) Die bedingten Fehlervarianzen $Var(\varepsilon_i|p_U = u)$ sind für alle Personen $u \in U$ gleich.

Übungen

1. Zeigen Sie, daß gilt: $Kor(Y_i, \tau_i)^2 = Rel(Y_i)$. Hinweis: Benutzen Sie in den ersten Schritten $Y_i = \tau_i + \varepsilon_i$ und betrachten Sie die Kovarianz $Cov(Y_i, \tau_i)$.

2. Leiten Sie $Var(\varepsilon_i) = Var(Y_i)[1 - Rel(Y_i)]$ aus den Gleichungen 8 und 9 ab.

3. Geben Sie für die ersten 3 im Theorem des Abschnitts 9.4 aufgeführten Eigenschaften der Fehlervariablen an, von welchen allgemeingültigen Eigenschaften des im Anhang G definierten Residuums sie Spezialfälle sind.

Lösungen

1. $Kor(Y_i, \tau_i)^2 = Rel(Y_i)$ läßt sich wie folgt ableiten: Wegen $Std(X)^2 = Var(X)$ gilt:

$$Kor(Y_i, \tau_i)^2 = \frac{Cov(\tau_i + \varepsilon_i, \tau_i)^2}{Var(\tau_i) \cdot Var(Y_i)}.$$

Wegen Aussage iii des Theorems in Abschnitt 9.4 gilt aber $Cov(\tau_i, \tau_i + \varepsilon_i)^2 = Var(\tau_i)^2$ und daher

$$Kor(Y_i, \tau_i)^2 = \frac{Var(\tau_i)^2}{Var(\tau_i) \cdot Var(Y_i)} = \frac{Var(\tau_i)}{Var(Y_i)}.$$

2. Die Gleichung $Var(\varepsilon_i) = Var(Y_i)[1 - Rel(Y_i)]$ ergibt sich aus Gleichung 8. Stellt man diese Gleichung nämlich um, erhält man:

$$Var(\varepsilon_i)/Var(Y_i) = 1 - Var(\tau_i)/Var(Y_i).$$

Einsetzen von $Rel(Y_i) := Var(\tau_i)/Var(Y_i)$ und Multiplikation mit $Var(Y_i)$ ergibt dann

$$Var(\varepsilon_i) = Var(Y_i) [1 - Rel(Y_i)].$$

3. $Y_i = \tau_i + \varepsilon_i$ ist ein Spezialfall von $Y = E(Y|X) + \varepsilon$.
    $E(\varepsilon_i) = 0$ ist ein Spezialfall von $E(\varepsilon) = 0$ (s. Box G.1 vii).
    $Cov(\varepsilon_i, \tau_j) = 0$ ist ein Spezialfall von $Cov[\varepsilon, f(X)] = 0$ (s. Box G.1 xii).

Weiterführende Literatur

Empfehlenswert als ergänzende Lektüre zu diesem Kapitel sind Kap. 1 – 3 des klassischen Buchs von Gulliksen (1950) sowie Kap. 2 und 3 von Lord und Novick (1968). Didaktisch gut aufbereitet sind auch Kap. 1 – 4 von Allen und Yen (1979). Als deutschsprachige Einführungsbücher sei auf Fischer (1974, Kap. 1 – 3) und auf Knoche (1990) hingewiesen. Guthke et al. (1990) stellen die KTT im Rahmen der Psychodiagnostik dar. Als klassische Arbeiten zur Grundlegung der KTT seien Novick (1966), Thurstone (1931) sowie Zimmerman (1975, 1976) genannt.

Einen kurzen Überblick über 25 Jahre Literatur zur KTT gibt Lewis (1986). Auf Kristof (1983), Lehmann (1983), Michel und Conrad (1982), Rost (1982) sowie Weiss und Davison (1981) sei als Enzyklopädie-, Handbuch- oder Überblicksartikel zur Testtheorie hingewiesen. Kempf und Meder (1993) sowie Lumsden (1976) setzen sich kritisch mit der Anwendung der KTT auf Items auseinander. Suck (1986) schlägt eine Axiomatisierung des Meßfehlerkonzepts vor. Tack (1980), Steyer (1987) sowie Steyer et al. (1992) zeigen, wie man die KTT verallgemeinern kann, um auch situative Effekte zu berücksichtigen.

Die wichtigsten englischsprachigen Zeitschriften für die KTT sind: *Psychometrika, Educational and Psychological Measurement, The British Journal of Mathematical and Statistical Psychology, Journal of Educational Measurement, Journal of Educational Statistics, Applied Psychological Measurement, Psychological Assessment* und *Methodika*. Als deutschsprachige Zeitschriften, in denen allerdings mehr Anwendungen als testtheoretische Grundlagen publiziert werden, sind die *Diagnostica* und die *Zeitschrift für Diagnostische und Differentielle Psychologie* zu nennen.

10 Einführung in das Modell essentiell τ-äquivalenter Variablen

Obwohl das im letzten Kapitel dargestellte mathematische Gerüst, das keinerlei restriktive Annahmen enthält, zur *Definition* der True-Score- und der Fehlervariablen sowie der Reliabilität genügt, reicht es nicht aus, um die Varianzen und die Reliabilität der Testwertvariablen Y_i aus empirisch schätzbaren Kennwerten berechnen zu können. Genausowenig kann man ohne die Einführung von restriktiven Annahmen in einer konkreten Anwendung andere Aussagen über die (Un-) Zuverlässigkeit der Messungen machen. Ohne irgendwelche Aussagen über die Zuverlässigkeit einer Messung ist aber die Messung selbst wertlos.

Überblick In diesem Kapitel werden nun 2 Annahmen eingeführt, die zusammengenommen eine Bestimmung der Reliabilität erlauben und die in empirischen Anwendungen durchaus falsch sein können. Das vorliegende Einführungskapitel werden wir durch ein weiteres Kapitel (Kap. 12) vertiefen, in dem die mathematischen Grundlagen im Mittelpunkt stehen. In diesem Vertiefungskapitel werden wir zeigen, daß diese Annahmen nicht nur den technischen Zweck erfüllen, die Reliabilität zu bestimmen, sondern daß es sich dabei um Gesetzmäßigkeiten handelt, die es erlauben, die Existenz einer theoretischen Größe abzuleiten, um deren Messung es bei diesem Meßmodell geht. Außerdem wird in Kap. 11 das hier dargestellte Meßmodell anhand eines ausführlichen Beispiels illustriert.

10.1 Vorbereitende Überlegungen

Es liegt nahe zu versuchen, eine Aussage über die Zuverlässigkeit einer Messung dadurch zu erlangen, daß man die Messung in irgendeiner Form wiederholt. Am

Retestverfahren (zur Reliabilitäts-bestimmung)

einfachsten ist natürlich, z.B. denselben Test mehrmals vorzugeben (***Retest-Verfahren***). Dem steht aber oft das Problem von ***Testwiederholungseffekten*** entgegen. Personen *lernen* z.B. durch die Beschäftigung mit den Items eines Leistungstests oder sie *erinnern* sich an ihre Antworten aus der ersten Testvorgabe. Daher bleibt in solchen Fällen nur der Weg, bei der zweiten Messung einen „äquivalenten" Test (eine „Parallelform") vorzugeben, der die gleiche Eigenschaft wie der erste Test erfaßt

Paralleltest-verfahren

(***Paralleltest-Verfahren***). Für viele Testverfahren wurden daher Parallelformen entwickelt, so daß einer wiederholten Messung der gleichen Eigenschaft nichts im Wege steht, es sei denn, die zu messende Eigenschaft selbst verändert sich in dem betreffenden Zeitraum. Bei Persönlichkeitstests (wie beispielsweise dem Freiburger Persönlichkeits-Inventar, FPI, Fahrenberg et al., 1984), die ja eine überdauernde Eigenschaft erfassen sollen, ist eine Veränderung der zu messenden Eigenschaften nur in geringem Maße zu erwarten. Ganz anders dürfte dies aber bei der Messung von Stimmungen und Befindlichkeiten aussehen (s. z.B. das State-Trait-Angst-Inventar, STAI, Laux et al., 1981, oder den Mehrdimensionalen Befindlichkeitsfragebogen, MDBF, Steyer et al., 1992). Ein *erster* Grund für die mehrfache Messung — sei es durch das Retest- oder aber das Paralleltest-Verfahren — ist also, *Aussagen* über die *Zuverlässigkeit* der Messungen zu *erhalten*, im einfachsten Fall also Aussagen über die Reliabilitätskoeffizienten.

Gründe für die mehrfache Messung einer Eigenschaft

Ein *zweiter* Grund für mehrfache Messungen derselben Eigenschaft liegt in der Möglichkeit, damit die *Zuverlässigkeit* der Messung zu *erhöhen*. Ist jede einzelne Messung mit einem zufälligen Meßfehler behaftet, so wird sich unter bestimmten Voraussetzungen der Meßfehler bei der Mittelung der einzelnen Meßwerte ausmitteln, d.h. die Varianz der Meßfehlervariablen wird bei einer gemittelten Messung kleiner sein als bei jeder einzelnen Messung.

In diesem Kapitel wird nun eine der einfachsten Möglichkeiten behandelt zu präzisieren, was es heißt, daß ein Test „dieselbe Eigenschaft" erfaßt wie ein anderer oder der wiederholt vorgegebene selbe Test. Eine solche Präzisierung ist nur dann möglich, wenn diese Eigenschaft als mathematischer Ausdruck (z.B. eine Variable) in einem Modell eingeführt wird. Die Frage der Zuverlässigkeit einer Messung kann demnach nur untersucht werden, wenn die zu messende Eigenschaft als theoretische Größe explizit eingeführt wird. Damit führt jedoch die rein *technisch* erscheinende Frage nach der Zuverlässigkeit einer Messung zu Fragen von zentraler *theoretischer* Bedeutung: Wie ist die theoretische Eigenschaft definiert? Unter welchen Annahmen existiert die theoretische Größe? Wie eindeutig ist sie definiert?

Sind Meßmodelle nur „Methoden"?

Diese Fragen machen erneut deutlich, daß es bei Meßmodellen nicht nur um für inhaltliche Theorien belanglose „Methoden" oder „Techniken" geht, sondern daß es sich dabei vielmehr um entscheidende Bestandteile empirischer Theorien handelt, deren Funktion es ist, Theorie und Empirie miteinander zu verknüpfen. Demnach sind diese Modelle nicht nur unter forschungspraktischen, sondern auch unter wissenschaftstheoretischen Gesichtspunkten von zentraler Bedeutung.

10.2 Erste Annahme: Essentielle τ-Äquivalenz

Die empirische Basis eines Modells essentiell τ-äquivalenter Variablen bilden die Testwertvariablen Y_i, deren Werte durch ein bestimmtes Meßverfahren oder durch die Auswertungsvorschriften eines psychologischen Tests festgelegt sind. Oft sind dies einfache Summierungen über die Werte, die man bei Teilaufgaben oder einzelnen Items erzielen kann. Wie bereits im letzten Kapitel ausgeführt, ist die adäquate, auf entsprechenden inhaltlichen Theorien beruhende Wahl dieser Variablen entscheidend für die Nützlichkeit der Messung.

Der im letzten Kapitel eingeführte begriffliche Rahmen

Im folgenden wird immer eine klassische Meßstruktur zugrundegelegt, deren Bestandteile ausführlich im letzten Kapitel behandelt wurden. Dabei versuchen wir allerdings in diesem einführenden Kapitel eine vereinfachte Darstellung, bei der wir mit den reellwertigen Testwertvariablen Y_i: $\Omega \to \mathbb{R}$, $i = 1, ..., m$, sowie ihren zugehörigen True-Score- und Fehlervariablen τ_i bzw. ε_i auskommen.

Die subtraktive Parametrisierung. Auf diesem Hintergrund können wir die zentrale Modellannahme der *essentiellen τ-Äquivalenz* einführen. Bei der hier gewählten Formulierung machen wir von der *subtraktiven Parametrisierung* Gebrauch:

Annahme der essentiellen τ-Äquivalenz (subtraktive Parametrisierung)

Es existieren eine reelle stochastische Variable η und für jede Variable Y_i, $i = 1, ..., m$, eine reelle Konstante λ_i, für die gilt:

$$\tau_i = \eta - \lambda_i. \tag{1}$$

Natürlich könnte man die Gleichung 1 auch als eine Summe anstatt als Differenz schreiben. Wir sprechen daher in diesem Zusammenhang von der *subtraktiven Parametrisierung* im Gegensatz zur (in der Literatur üblicheren) additiven oder *klassischen* Parametrisierung des Modells, für die $\tau_i = \eta + \lambda_i$ gilt. Die oben formulierte Annahme werden wir auch das *Fundamentalgesetz* der subtraktiven Parametrisierung nennen.

Fundamentalgesetz

Wie wir in Kap. 12 zeigen, kann man diese Annahme auch in einer Weise einführen, in der man nur auf die bereits wohlbekannten True-Score-Variablen τ_i und nicht schon auf die Variable η Bezug nimmt. Da die Modellannahme und das Modell selbst ohne Einführung der theoretischen Größen η und λ_i auskommt, werden wir zwischen dem *Modell* und einer speziellen *Parametrisierung des Modells* unterscheiden. Im folgenden konzentrieren wir uns auf die *subtraktive* Parametrisierung, um eine größere Einheitlichkeit mit den in späteren Kapiteln behandelten Modellen zu ermöglichen.

Modell vs. Parametrisierung eines Modells

Gleichung 1 zeigt, daß mit dieser Annahme simultan *2* theoretische Größen oder Skalen definiert werden, eine für die Beobachtungseinheiten und eine für die Y-Variablen. Jede reelle Konstante λ_i, $i = 1, ..., m$, charakterisiert die jeweilige *Variable Y_i*. Ein Wert der latenten Variablen η dagegen kennzeichnet die *Beobachtungseinheit u*, da η eine zunächst beliebige Translation (d.h. eine Funktion der Form $\eta = \tau_i + \lambda_i$, $\lambda_i \in \mathbb{R}$) jeder True-Score-Variable τ_i ist, durch die den Beobachtungseinheiten (Personen) u die wahren Werte $E(Y_i | p_U = u)$ zugewiesen werden. Wenn aber die True-Score-Variablen τ_i den *Personen* Werte zuordnen, dann gilt dies natürlich auch für η.

2 theoretische Größen: λ_i kennzeichnet die Variable Y_i, ein Wert von η die Person u

Das oben formulierte Fundamentalgesetz kann man sich an folgendem Beispiel veranschaulichen: Werden die Werte von Y_1 und Y_2 durch 2 verschiedene Meßverfahren produziert – z.B. 2 verschiedene Waagen – dann bedeutet die mit diesem Gesetz formulierte Annahme der essentiellen τ-Äquivalenz, daß für jede Person u die wahren Werte der beiden Messungen gleich sind bis auf eine Translation (d.h. eine Verschiebung um eine additive Konstante), wobei die Koeffizienten λ_i (s. Gl. 1) jedoch für alle Personen gleich sind. Sieht man von Meßfehlern ab, so würde die eine Waage also einen Wert anzeigen, der sich immer durch eine Translation aus dem Wert be-

Federwaagen-Beispiel

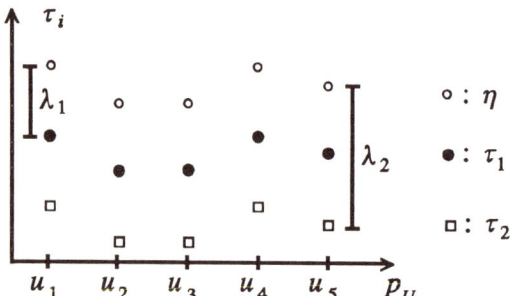

Abb. 10.1. Die Beziehung zwischen den True-Score-Variablen zweier essentiell τ-äquivalenter Variablen und der latenten Variablen η

rechnen läßt, den die andere Waage für die gleiche Person anzeigt. Physikalisch könnte dies z.B. bei Federwaagen (Küchenwaagen) der Fall sein, die auch ohne ein aufgelegtes Gewicht schon verschiedene Werte anzeigen (also „verstellt" sind), aber ansonsten auf die aufgelegten Gewichte richtig reagieren.

Gemäß dem oben formulierten Fundamentalgesetz haben die betrachteten beobachtbaren Variablen Y_i, abgesehen von den Konstanten λ_i, die gleichen True-Score-Variablen τ_i. Anstatt vom Fundamentalgesetz sprechen wir auch von der Annahme der *essentiellen τ-Äquivalenz*.

τ-Äquivalenz

Sind die Koeffizienten λ_i gleich 0, heißen die Y-Variablen *τ-äquivalent*. In diesem Fall sind also nicht nur alle betrachteten Variablen Y_i *essentiell* (d.h. im wesentlichen) äquivalent bezüglich ihrer True-Score-Variablen τ_i, sondern alle Y_i haben tatsächlich dieselbe True-Score-Variable, die wir dann mit η bezeichnen.

Eine Folgerung aus Gleichung 1 ist übrigens

True-Score-Variablen als lineare Regressionen

$$E(Y_i|\eta) = \eta - \lambda_i, \tag{2}$$

$i = 1, ..., m$. Dies sind gewöhnliche lineare Regressionsgleichungen mit dem latenten Regressor η, dem Steigungskoeffizienten 1 (der in der obigen Gleichung nicht explizit aufgeschrieben ist) und dem jeweiligen Ordinatenabschnitt $-\lambda_i$.

Subtraktive Parametrisierung mit Fehlervariablen. Auch wenn in Gleichung 1 die Fehlervariablen ε_i nicht explizit vorkommen, so sind sie doch berücksichtigt, da Gleichung 1 über die *True-Score-Variablen* τ_i formuliert ist. Löst man $Y_i = \tau_i + \varepsilon_i$ nach τ_i auf und setzt das Ergebnis in Gleichung 1 ein, erhält man eine mit Gleichung 1 äquivalente Gleichung, in der die Meßfehlervariable ε_i *explizit* vorkommt. Für $i = 1, ..., m$ gilt also:

$$Y_i = \eta - \lambda_i + \varepsilon_i, \quad \text{mit } \varepsilon_i := Y_i - \tau_i. \tag{3}$$

Der Wert einer Variablen Y_i setzt sich in der subtraktiven Parametrisierung des Modells essentiell τ-äquivalenter Variablen aus einem *Kennwert für die Person*, einem *Variablenkennwert* und einem Fehlerwert zusammen.

10.3 Die theoretischen Größen

Oben haben wir bereits angemerkt, daß mit dem Fundamentalgesetz *2* theoretische Größen eingeführt werden. Ein Wert von η charakterisiert eine Beobachtungseinheit, ein Parameter λ_i dagegen die Variable Y_i und damit das zugrundeliegende Meßverfahren (z.B. den Test). Diese theoretischen Größen sollen nun etwas näher betrachtet werden.

10.3.1 Zulässige Transformationen und Eindeutigkeit

Die im obigen Abschnitt vorkommende latente Variable η ist nicht völlig eindeutig definiert, falls nur die Annahme der essentiellen τ-Äquivalenz gilt. Mit dieser Annahme wurde ja nur die *Existenz* (mindestens) einer solchen Variablen η postuliert, nicht jedoch, daß es nur eine einzige solche Variable η gibt. Auch die reellen Konstanten λ_1, ..., λ_m sind bei essentiell τ-äquivalenten Variablen nicht eindeutig festgelegt.

Welche Transformationen von η sind zulässig?

Zulässige Transformationen. Anhand der Abb. 10.1 kann man sich veranschaulichen, daß *jede* zu den beiden True-Score-Variablen τ_1 und τ_2 parallel verlaufende Funktion die Rolle von η spielen kann. Demnach gibt es eine ganze Familie solcher latenter Variablen η mit jeweils zugehörigen Koeffizienten λ_1, ..., λ_m derart, daß diese Variablen η mit ihren zugehörigen λ-Koeffizienten jeweils Translationen voneinander sind. Einen beliebigen *Repräsentanten* dieser Familie bezeichnen wir mit η oder η′ und die zugehörigen Konstanten mit λ_i oder λ_i'. Demnach gilt das Fundamentalgesetz auch für η′ := η + α und $\lambda_i' := \lambda_i + \alpha$, i = 1, ..., m, α ∈ ℝ:

$$\tau_i = \eta' - \lambda_i'. \tag{4}$$

Jede Translation einer Variablen η, für die die Gleichung 1 gilt, erfüllt Gleichung 4, sofern die zugehörigen Koeffizienten λ_i um die gleiche Konstante verschoben werden. Jede *Translation* von η ist also *zulässig*, wobei allerdings zu beachten ist, daß eine Translation von η eine entsprechende Translation der λ_i nach sich zieht.

Wie eindeutig ist η definiert?

Eindeutigkeit. Daß im Modell essentiell τ-äquivalenter Variablen nur *Translationen* und keine anderen Transformationen zulässig sind, kann man sich wie folgt überlegen: Gelten für η und λ_i die Gleichung 1 und für η′ und λ_i', i = 1, ..., m, die Gleichung 4, dann gibt es ein α ∈ ℝ mit:

$$\eta' = \eta + \alpha \quad \text{und} \quad \lambda_i' = \lambda_i + \alpha. \tag{5}$$

Demnach können 2 verschiedene Skalen η und η′ durch eine Translation ineinander überführt werden. Damit sind die Variablen η *differenzskaliert*. Unseren Überlegungen zufolge gibt es also eine ganze Familie von Variablen η mit den zugehörigen Koeffizienten λ_i, die die Gleichung 1 erfüllen. Jeder Repräsentant η einer solchen Familie ist eine *Translation* jedes anderen Repräsentanten.

Normierung. Oben haben wir festgestellt, daß weder die latente Variable η noch die zugehörigen Koeffizienten λ_i durch das Fundamentalgesetz (s. Gl. 1) völlig eindeutig definiert sind. Um eine völlige Eindeutigkeit herzustellen, müssen willkürliche Normierungen der latenten Variablen η eingeführt werden, die dazu führen, daß auch die Koeffizienten λ_i eindeutig festgelegt sind. Wir behandeln hier 2 der üblichsten Arten einer solchen Normierung.

Die *erste Art der Normierung* erreicht man durch die Festsetzung des Erwartungswerts der latenten Variablen η. Die gebräuchlichste Festsetzung ist:

Zentrierung der latenten Variablen η

$$E(\eta) = 0. \tag{6}$$

Bei Gültigkeit des Fundamentalgesetzes (s. Gl. 1) ist η mit dieser Setzung völlig eindeutig definiert, d.h. es gibt nur eine einzige latente Variable η, die die Gleichungen 1 und 6 erfüllt. Man kann nun zeigen, daß mit den Gleichungen 1 und 6 auch die Koeffizienten λ_i völlig eindeutig definiert sind. Es gilt dann nämlich für $i = 1, ..., m$:

$$\lambda_i = -E(Y_i), \tag{7}$$

wie man sich unter Verwendung von Gleichung 3 und Regel iii aus Box G.1 überlegen kann. Die auf der rechten Seite dieser Gleichung vorkommenden Größen, die Erwartungswerte $E(Y_i)$, sind völlig eindeutig definiert.

Eine *zweite Art der Normierung* erreicht man dadurch, daß man den Koeffizienten λ_i *einer* Variablen Y_i festlegt. Für einen *einzigen* Index i kann dieser Koeffizient *beliebig* festgelegt werden. Der Einfachheit halber wählen wir dafür Y_1 aus und setzen:

Fixierung eines Koeffizienten λ_i

$$\lambda_1 = 0. \tag{8}$$

Eine solche Fixierung des Koeffizienten λ_1 hat zur Folge, daß nicht nur der Erwartungswert völlig eindeutig festgelegt wird, sondern auch die anderen λ-Koeffizienten. Wie man sich unter Verwendung von Gleichung 1 und $E[E(Y_1|p_U)] = E(\tau_1) = E(Y_1)$ (s. Box G.1, Regel iii) überlegen kann, gelten dann nämlich:

$$E(\eta) = E(Y_1) \quad \text{und} \quad \lambda_i = E(Y_1) - E(Y_i). \tag{9}$$

10.3.2 Bedeutsamkeit

Wie wir im letzten Abschnitt gesehen haben, führt die rein technisch erscheinende Frage nach der Zuverlässigkeit einer Messung zunächst zu Fragen von zentraler theoretischer Bedeutung. Die Frage, wie die theoretische Eigenschaft definiert ist und wie eindeutig sie definiert ist, wurde in den letzten Abschnitten bereits behandelt. Nun gehen wir kurz auf die Frage ein, welche Aussagen über diese theoretischen Größen bedeutsam sind.

Was heißt „bedeutsam"?

Dazu ist zunächst zu präzisieren, was wir unter „bedeutsam" verstehen wollen. Eine Aussage über eine theoretische Größe ist in einem Meßmodell **bedeutsam** genau dann, wenn ihr Wahrheitswert invariant bezüglich der zulässigen Transformationen ist. Bedeutsam sind neben Aussagen über Differenzen zwischen Werten von η und über Differenzen zwischen den Koeffizienten λ_i auch Aussagen über die Varianzen $Var(\eta)$ und folglich auch die Varianz*anteile* $Var(\eta)/Var(Y_i)$, d.h. über die Reliabilitäten der Y-Variablen. Außerdem sind beispielsweise Aussagen über die Differenz bedingter Erwartungswerte $E(\eta|X = x_1) - E(\eta|X = x_2)$ bedeutsam, wobei X eine beliebige andere Zufallsvariable ist. Damit sind also Aussagen über Gruppenvergleiche hinsichtlich des Mittelwerts von η bedeutsam. Man beachte, daß damit keineswegs eine vollständige Liste aller Größen angegeben ist, die im obigen Sinn bedeutsam ist. Im Vertiefungskapitel werden wir u.a. auch auf die Bedeutsamkeitsfrage zurückkommen.

10.4 Zweite Annahme: Unkorreliertheit der Fehler

Die Bedingung der essentiellen τ-Äquivalenz, in der strengeren Version der τ-Äquivalenz, wird schon bei Thurstone (1931, p. 14) behandelt, der aber, genau wie Lord und Novick (1968), die Unkorreliertheit der Fehlervariablen bei allen Modellen voraussetzt. Die Unkorreliertheit der Fehler ist daher eine der definierenden Bedingungen des Modells essentiell τ-äquivalenter Variablen im Sinne von Lord und Novick (1968). Die Annahme der essentiellen τ-Äquivalenz läßt sich jedoch auch *ohne* die Annahme unkorrelierter Fehler empirisch überprüfen. Zur Bestimmung der Reliabilität beispielsweise kommt man hingegen ohne die folgende Annahme über die Unkorreliertheit der Fehler nicht aus: Für $i, j = 1, ..., m$ gilt:

Annahme unkorrelierter Fehler

$$Cov(\varepsilon_i, \varepsilon_j) = 0, \quad i \neq j. \tag{10}$$

Diese Annahme besagt, daß die Abweichung der Werte einer Variablen Y_i von der True-Score-Variablen τ_i nicht mit der Abweichung der Werte einer anderen Variablen Y_j von deren True-Score-Variablen τ_j korreliert. Damit sind korrelative Abhängigkeiten zwischen den Y-Variablen nur insoweit zugelassen, als sie auf eine Korrelation der entsprechenden True-Score-Variablen zurückzuführen sind. Lern- und Transfereffekte zwischen den durch die Y_i repräsentierten Testteilen, die für verschiedene Beobachtungseinheiten verschieden ausfallen (d.h. differentielle Lern- bzw. Transfereffekte), sind damit ausgeschlossen. Diese Annahme wird an 2 Stellen benötigt: bei der Bestimmung der Reliabilität und bei einer bestimmten Art der Modellüberprüfung. Auf beide Punkte kommen wir später zurück.

Darstellung der Modellannahmen mit einem Pfaddiagramm. Das Modell essentiell τ-äquivalenter Variablen mit unkorrelierten Fehlern kann mit seinen wichtigsten

Eigenschaften mit dem in Abb. 10.2 dargestellten *Pfaddiagramm* veranschaulicht werden. Dabei repräsentiert das Pfaddiagramm die Gleichung 3 sowie die Unkorreliertheit der Fehler, die im Diagramm durch das *Fehlen* von Kreisbögen zwischen den Fehlervariablen dargestellt wird. Würde man zwischen 2 Variablen einen Kreisbogen einzeichnen, so wäre damit die Korreliertheit der betreffenden beiden Variablen repräsentiert.

Die weiteren Übersetzungsregeln zwischen Pfaddiagramm und Gleichungen sind wie folgt: Es gibt so viele Gleichungen wie Variablen, auf die ein Pfeil zeigt. In diesem Beispiel sind dies die 3 *Y*-Variablen und die 3 True-Score-Variablen. Diese *Y*-Variablen, die man links vom Gleichheitszeichen aufschreibt, setzen sich additiv aus denjenigen Variablen zusammen, von denen aus ein Pfeil auf sie gerichtet ist (hier: aus den jeweiligen True-Score- und Fehlervariablen). Die 3 True-Score-Variablen sind nach Abb. 10.2 ihrerseits mit der latenten Variablen η identisch. Dabei sieht man, daß die in Gleichung 3 vorkommenden additiven Konstanten λ_i in dieser Darstellungsweise nicht repräsentiert sind. Für die Analyse von *Kovarianzen* sind diese Konstanten auch irrelevant, da die Kovarianzen invariant unter Translationen der beteiligten Variablen sind (s. Regel xi in Box F.1). Man beachte, daß zwischen η und den Variablen τ_i eine deterministische funktionale Abhängigkeit besteht. Daher läßt man in solchen Pfaddiagrammen in der Regel die Variablen τ_i weg und zeichnet die Pfeile von η direkt auf die *Y*-Variablen. (Im Einführungskapitel zum Modell kongenerischer Variablen werden wir ein Pfaddiagramm zur Darstellung *gewichteter* Summen von Variablen behandeln.)

10.5 Empirischer Gehalt

Die Frage nach dem *empirischen Gehalt* oder der *Testbarkeit* eines Modells ist die, ob es empirisch beobachtbare Sachverhalte zur Folge hat, die auch anders als die vom Modell implizierten sein könnten. Führt die empirische Überprüfung der Folgerungen aus dem Modell zu seiner Verwerfung, so können die in diesem Mo-

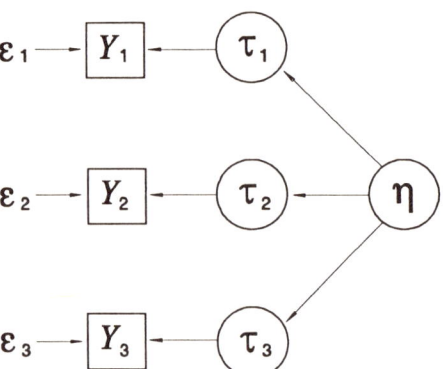

Abb. 10.2. Pfaddiagramm des Modells essentiell τ-äquivalenter Variablen

dell gültigen Formeln, z.B. die zur Bestimmung der Reliabilität, nicht mehr verwendet werden. Es sind dann prinzipiell 2 Wege denkbar:

- die Veränderung des Modells oder
- die Veränderung der verwendeten Meßinstrumente.

Kriterium zur Testkonstruktion
Die zweite Möglichkeit zeigt, daß ein Meßmodell auch zur *Konstruktion eines psychometrischen Testverfahrens* verwendet werden kann. Ein psychometrischer Test ist so zu konstruieren (z.B. durch Itemkonstruktion und Itemselektion), daß die mit ihm erhobenen Testwertvariablen den zugrundegelegten Modellannahmen genügen. Ob 2 Tests diesen Annahmen genügen oder nicht, hängt im wesentlichen davon ab, ob sich die beiden Tests (d.h. die Itemzusammenstellungen, aus denen sie bestehen) hinreichend ähnlich sind. Die nun zu behandelnden Möglichkeiten einer empirischen Überprüfung des Modells sind also auch unter dem Aspekt der Testkonstruktion und Itemzusammenstellung von Bedeutung.

Der erste Typ empirisch überprüfbarer Folgerungen des Modells (essentiell) τ-äquivalenter Variablen bezieht sich auf die Differenzen zwischen den Erwartungswerten der Y-Variablen in Teilmengen der Menge U von Beobachtungseinheiten, d.h. in Subpopulationen. Daneben hat ein Modell essentiell τ-äquivalenter Variablen noch andere Konsequenzen, die einer empirischen Überprüfung zugänglich sind, nämlich eine besondere Struktur der Kovarianzen der Y-Variablen. Dabei ist allerdings die Annahme unkorrelierter Meßfehler notwendig, die für die nun behandelte Erwartungswertstruktur in verschiedenen Subpopulationen noch nicht benötigt wird.

10.5.1 Erwartungswertstruktur zwischen verschiedenen Subpopulationen

Erwartungswert-struktur zwischen Subpopulationen
Die erste empirisch prüfbare Konsequenz aus der Annahme der essentiellen τ-Äquivalenz ist die *Gleichheit der Erwartungswerte der Differenzvariablen $Y_i - Y_j$, $i, j = 1, ..., m$, in 2 Subpopulationen $U^{(1)}$, $U^{(2)} \subset U$*. Dabei wird lediglich das Fundamentalgesetz vorausgesetzt (zum Beweis s. Kap. 12):

$$E^{(1)}(Y_i - Y_j) = E^{(2)}(Y_i - Y_j). \tag{11}$$

In Anwendungen kann man also die Gültigkeit des Fundamentalgesetzes dadurch prüfen, daß man untersucht, ob die Erwartungswerte der Differenzvariablen $Y_i - Y_j$ in 2 *verschiedenen* Subpopulationen identisch sind. Die obige Gleichung ist eine Hypothese über die Gleichheit der Erwartungswerte von genau $m \cdot (m - 1)/2$ (Differenz-)Variablen.

Statistische Verfahren zur Überprüfung der Erwartungswert-struktur zwischen 2 Subpopulationen
Fügt man die Annahmen eines Stichprobenmodells, insbesondere die Annahmen der Normalverteilung und der Varianzhomogenität hinzu, dann ist im Fall $m = 2$ das statistische Standardverfahren zur Prüfung der genannten Hypothese der *t-Test* und im Fall $m > 2$ der *multivariate T^2-Test*, der sich z.B. mit MANOVA-Prozeduren der üblichen Statistik-Programmpakete durchführen läßt. Bei einem **Stichprobenmodell** wird neben speziellen Verteilungsannahmen (z.B. der Normalverteilung) eine Zufallsstichprobe vorausgesetzt.

10.5.2 Kovarianzstruktur in der Gesamtpopulation

Der zweite Typ empirisch überprüfbarer Folgerungen aus der Annahme des Fundamentalgesetzes betrifft die Kovarianzen der betrachteten Y-Variablen. Dabei wird allerdings das Fundamentalgesetz in Konjunktion mit der Annahme **unkorrelierter Fehler** betrachtet. Da η eine Translation von einer True-Score-Variablen τ_i ist, von der wir schon aus dem letzten Kapitel wissen, daß sie unkorreliert mit den Fehlervariablen ist, gilt (wegen Regel xi aus Box F.1) außer der Unkorreliertheit der Fehler für $i = 1, ..., m$ auch:

Unkorreliertheit der Fehler mit der latenten Variablen

$$Cov(\varepsilon_i, \eta) = 0. \tag{12}$$

Die Gleichungen 3, 10, 12 und xii aus Box F.1 führen nun zu den in der folgenden Gleichung angegebenen Kovarianzen der Y-Variablen, wobei $i, j = 1, ..., m$:

Kovarianzstruktur der Y-Variablen in Gesamtpopulation

$$Cov(Y_i, Y_j) = \begin{cases} Var(\eta), & i \neq j, \\ Var(\eta) + Var(\varepsilon_i), & i = j. \end{cases} \tag{13}$$

Gemäß der ersten Zeile der Gleichung 13 haben *verschiedene* essentiell τ-äquivalente Variablen Y_i und Y_j, $i \neq j$, deren Fehlervariablen unkorreliert sind, jeweils die *gleiche Kovarianz*, die zugleich die Varianz $Var(\eta)$ von η ist. Im Fall $m = 3$ hat das Modell also bereits **empirisch testbare Konsequenzen** für die Kovarianzen der Y-Variablen, die ja, falls *kein* Modell essentiell τ-äquivalenter Variablen vorläge, beliebige Werte annehmen könnten. Gemäß der zweiten Zeile der Gleichung 13 können die Varianzen $Cov(Y_i, Y_i) = Var(Y_i)$ der Y-Variablen dagegen verschieden sein, falls die Fehlervarianzen $Var(\varepsilon_i)$ unterschiedlich sind.

Als theoretische Parameter kommen in Gleichung 13 die Varianzen von η sowie die Varianzen der Fehlervariablen vor. Bei $m = 3$ Y-Variablen impliziert das Modell essentiell τ-äquivalenter Variablen mit unkorrelierten Fehlern also die Gleichheit der Kovarianzen $Cov(Y_1, Y_2) = Cov(Y_1, Y_3) = Cov(Y_2, Y_3)$. Dies ist eine spezielle Struktur der Kovarianzen der Y-Variablen, die man mit einem Signifikanztest empirisch überprüfen kann. Zur praktischen Durchführung eines solchen Tests kann man ein Programm zur Analyse von Kovarianzstrukturen, z.B. LISREL 7 (Jöreskog & Sörbom, 1989), verwenden. Dies werden wir in Kap. 11 demonstrieren. Dabei beachte man, daß hier nicht von den Stichprobenkovarianzen die Rede ist, sondern von den *wahren* (Populations-) Kovarianzen.

Statistische Verfahren zur Überprüfung der Kovarianzstruktur

Zur Illustration sei der Spezialfall $m = 3$ betrachtet. Die **Kovarianzmatrix** Σ der Y-Variablen kann dann wie folgt notiert werden:

Struktur der Kovarianzmatrix bei 3 essentiell τ-äquivalenten Y-Variablen

$$\Sigma = \begin{bmatrix} Var(\eta) + Var(\varepsilon_1) & Var(\eta) & Var(\eta) \\ Var(\eta) & Var(\eta) + Var(\varepsilon_2) & Var(\eta) \\ Var(\eta) & Var(\eta) & Var(\eta) + Var(\varepsilon_3) \end{bmatrix}. \tag{14}$$

Diese Kovarianzmatrix der Variablen Y_1, Y_2 und Y_3 besteht aus 3 Zeilen und 3 Spalten. Sie enthält daher neun Komponenten: In der **Hauptdiagonalen** (von links oben nach rechts unten) stehen die *Varianzen* der Variablen Y_i, die sich additiv aus der Varianz $Var(\eta)$ und der Fehlervarianz $Var(\varepsilon_i)$ zusammensetzen. Die *nichtdiagonalen* Komponenten der Kovarianzmatrix sind die Kovarianzen der Variablen Y_i. In Zeile 2, Spalte 1 steht die Kovarianz der Variablen Y_2 und Y_1, in Zeile 2, Spalte 3 steht die Kovarianz der Variablen Y_2 und Y_3, in Zeile 3, Spalte 1 steht die Kovarianz der Variablen Y_3 und Y_1 etc. Da die Kovarianzen *symmetrisch* sind [d.h. es gilt $Cov(Y_i, Y_j) = Cov(Y_j, Y_i)$], ist auch die Kovarianzmatrix symmetrisch, d.h. in Zeile 2, Spalte 1 steht dieselbe Zahl wie in Zeile 1, Spalte 2 etc.

Nach den hier dargestellten Ergebnissen stehen uns also verschiedene sich ergänzende Verfahren zur empirischen Überprüfung eines Modells essentiell τ-äquivalenter Variablen zur Verfügung:

Fazit:

2 Verfahren der Modellüberprüfung

- Die Überprüfung der Gleichheit der Differenzen der Erwartungswerte der Y-Variablen zwischen verschiedenen Subpopulationen.
- Die Überprüfung der Kovarianzstruktur in der Gesamtpopulation.

Jede dieser Überprüfungen kann für sich alleine schon zu einer Verwerfung des Modells essentiell τ-äquivalenter Variablen mit unkorrelierten Fehlern führen. Aber lediglich mit dem ersten Punkt überprüft man das Fundamentalgesetz (die Annahme essentiell τ-äquivalenter Variablen) für sich alleine, d.h. nicht in Konjunktion mit der Annahme der Unkorreliertheit der Fehler.

10.6 Bestimmung der theoretischen Größen

Im Abschnitt über das Fundamentalgesetz wurde bereits erwähnt, daß man die Werte der latenten Variablen η bestimmen könnte, wenn die wahren Werte $E(Y_i|p_U = u)$ der Beobachtungseinheiten u bekannt wären. In aller Regel ist dies jedoch nicht der Fall. Diese Werte lassen sich aber schätzen, und genau solche Schätzungen liegen mit den Werten der betreffenden Variablen Y_i vor, die man für diagnostische Zwecke verwenden kann. (Mehr hierzu findet man in Kap. 12.) Zuverlässiger als die Werte der Variablen Y_i zur Schätzung des Werts einer Person u auf der latenten Variablen η ist jedoch ein Wert der Person auf der Durchschnittsvariablen $(1/m) \cdot \sum_{i=1}^{m} Y_i$. Wie kann man aber die Reliabilität der Variablen Y_i oder der genannten Durchschnittsvariablen bestimmen?

Schätzung der True-Score-Variablen durch die Werte eines Y_i oder durch $(1/m) \cdot \sum_{i=1}^{m} Y_i$.

Im folgenden wird also die Frage untersucht, *ob* und gegebenenfalls auch *wie* die theoretischen Parameter aus empirisch schätzbaren Größen, z.B. den Varianzen und Kovarianzen der beobachtbaren Variablen Y_i, eindeutig berechnet werden können. Zu diesen theoretischen Parametern gehören vor allem die Varianzen $Var(\eta)$ und $Var(\varepsilon)$, aber auch die Reliabilität $Rel(Y_i)$. In Abschnitt 10.7 betrachten wir dann die Reliabilität von $(1/m) \cdot \sum_{i=1}^{m} Y_i$.

Unter den Annahmen des Fundamentalgesetzes und unkorrelierter Fehler gelten für $i, j = 1, ..., m$:

Varianzen von η

$$Var(\eta) = Cov(Y_i, Y_j), \quad i \neq j, \tag{15}$$

Fehlervarianzen

$$Var(\varepsilon_i) = Var(Y_i) - Cov(Y_i, Y_j), \quad i \neq j. \tag{16}$$

Gemäß diesen beiden Gleichungen können die Varianzen $Var(\eta)$ und $Var(\varepsilon_i)$ im Modell essentiell τ-äquivalenter Variablen bereits aus den Varianzen und der Kovarianz zweier (d.h. $m = 2$) Y-Variablen bestimmt werden, da nur von 2 verschiedenen Indizes i und j die Rede ist.

Die *Reliabilitäten* der Variablen Y_i können nach der folgenden Formel bestimmt werden, wenn die essentielle τ-Äquivalenz gilt und die Fehlervariablen unkorreliert sind:

Reliabilität

$$Rel(Y_i) = \frac{Cov(Y_i, Y_j)}{Var(Y_i)} \, , \quad i \neq j, \tag{17}$$

für $i, j = 1, ..., m$. Nach Gleichung 15 gilt nämlich: $Cov(Y_i, Y_j) = Var(\eta)$, $i \neq j$, und da η eine Translation einer True-Score-Variablen τ_i ist, gilt außerdem $Var(\eta) = Var(\tau_i)$. Die Definition der Reliabilität ergibt dann Gleichung 17.

Zusatzannahme: gleiche Fehlervarianzen

Gilt außer dem Fundamentalgesetz und der Unkorreliertheit der Fehlervariablen, daß die *Fehlervarianzen gleich* sind, d.h. $Var(\varepsilon_i) = Var(\varepsilon_j)$, $i, j = 1, ..., m$, dann gilt außer Gleichung 17 auch:

$$Rel(Y_i) = Kor(Y_i, Y_j), \quad i \neq j. \tag{18}$$

Insbesondere die letzte Formel wird sehr oft angewendet. Die dabei notwendige zusätzliche Annahme gleicher Fehlervarianzen ist bei Parallelformen eines Tests, aber auch bei wiederholten Tests oft angebracht. Im Zusammenhang mit Parallelformen und der Gleichung 18 spricht man auch von *Paralleltest-Reliabilität*. Repräsentieren Y_i und Y_j dagegen die beiden Testwerte eines wiederholt vorgegebenen Tests, dann nennt man die in Gleichung 18 angegebene Korrelation *Retest-Reliabilität*. Diese Sprechweise ist jedoch unglücklich gewählt, da sie den Anschein erweckt, als gäbe es *verschiedene* Reliabilitäten. Dies ist jedoch nicht der Fall. Es gibt lediglich verschiedene Verfahren, um die Reliabilität einer Testwertvariablen zu schätzen. Anstelle von Paralleltest-Reliabilität sollte man daher besser nur von *Paralleltest-Korrelation* bzw. von *Retest-Korrelation* sprechen. Diese beiden Verfahren führen nur dann zu einer Reliabilitätsschätzung, wenn die oben aufgeführten Annahmen der essentiellen τ-Äquivalenz, unkorrelierter Fehler und der Gleichheit der Fehlervarianzen erfüllt sind.

Verfahren zur Schätzung der Reliabilität

Man beachte also, daß die Korrelation $Kor(Y_i, Y_j)$ zwischen 2 Variablen Y_i und Y_j *nicht in jedem Fall* als Reliabilität interpretiert werden darf, auch dann nicht, wenn es sich z.B. um wiederholte Messungen mit demselben Test handelt. Gerade die Verwendung desselben Tests bei einer zweiten Erhebung an der gleichen Personengruppe kann u.U. wegen Testwiederholungseffekten die oben genannten Voraussetzungen zur Reliabilitätsbestimmung durch die Korrelation $Kor(Y_i, Y_j)$ zunichte machen. Insbesondere die Gültigkeit der essentiellen τ-Äquivalenz ist bei einer differentiellen (d.h. zwischen verschiedenen Personen unterschiedlichen) Veränderung der zu messenden Eigenschaft nicht mehr sichergestellt, da man dann nicht mehr voraussetzen kann, daß die beiden True-Score-Variablen (bis auf eine Translation) gleich sind. Die Bestimmung der Reliabilität über Retestkorrelation setzt die absolute Stabilität der interindividuellen Unterschiede hinsichtlich der zu messenden theoretischen Größe voraus. Zur Überprüfung dieser Voraussetzung empfiehlt sich die Berechnung von

Achtung bei differentieller Veränderung der zu messenden Eigenschaft

Paralleltest- *und* Retestkorrelationen. Stimmen beide (bis auf zufällige Abweichungen) überein, so kann man von der Stabilität der zu messenden theoretischen Größe ausgehen. Ist dagegen die Paralleltestkorrelation höher als die Retestkorrelation, dann spricht dies gegen die Stabilitätsannahme.

Wenn in einer Anwendung der Koeffizient $Rel(Y_i)$ größer 0 ist, dann ist die latente Variable η in dieser Anwendung geeignet, Unterschiede zwischen den Beobachtungseinheiten (Personen) zu beschreiben. Je größer der Reliabilitätskoeffizient, desto geringer ist der zu erwartende Fehler bei der Messung der in Frage stehenden Eigenschaft (s. dazu Abschnitt 9.2). Dabei muß η nicht unbedingt eine konstante Personeigenschaft repräsentieren, sondern kann durchaus auch über die Zeit variieren. In diesem Fall muß die Reliabilitätsschätzung allerdings auf mehrfachen Messungen *innerhalb* der gleichen Meßgelegenheit beruhen.

Bestimmung der Koeffizienten λ_i

Abschließend sei noch die Bestimmung der Koeffizienten λ_i untersucht. Unter Verwendung der Rechenregel iii aus Box G.1 kann man aus Gleichung 2

$$\lambda_i = E(\eta) - E(Y_i) \tag{19}$$

ableiten. Je nachdem, welche Normierung (s. Abschnitt 10.3) man wählt, resultiert aus dieser Gleichung eine Identifikationsgleichung für λ_i. Unter der Normierung $E(\eta) = 0$ erhalten wir:

$$\lambda_i = -E(Y_i), \tag{20}$$

unter der Normierung $\lambda_1 = 0$ dagegen:

$$\lambda_i = E(Y_1) - E(Y_i). \tag{21}$$

10.7 Testverlängerung

Einer der beiden Gründe, die wir am Anfang dieses Kapitels für wiederholte Messungen derselben Eigenschaft genannt haben, war die damit mögliche Erhöhung der Präzision der Messung. Hat man z.B. 2 Messungen Y_1 und Y_2 vorliegen, so kann man durch die *Aggregation* (Summierung, Mittelung o.ä.) dieser Meßwerte einen Meßwert bilden, der weniger stark mit einem Meßfehler behaftet und daher reliabler ist als die beiden Ausgangsmessungen. Dies gilt jedoch nur, falls man bestimmte Annahmen machen kann. Wenn für Y_1 und Y_2 die Annahmen

- der essentiellen τ-Äquivalenz,
- unkorrelierter Fehler und
- gleicher Fehlervarianzen

zutreffen, dann gilt für die durch Summierung aggregierte Variable $S := Y_1 + Y_2$, aber auch für die Durchschnittsvariable $S/2 = (Y_1 + Y_2)/2$:

$$Rel(S) = Rel(S/2) = \frac{2 \cdot Rel(Y_i)}{1 + Rel(Y_i)} . \tag{22}$$

Haben beispielsweise die beiden Ausgangsvariablen Y_1 und Y_2 die Reliabilität .80, dann hat die summierte Variable S (ebenso wie $S/2$) dieser Formel nach die Reliabilität $(2 \cdot .80)/(1 + .80) \approx .89$, falls die obigen 3 Annahmen gelten.

Verlängert man den Test durch Summierung der Testwerte nicht nur auf das 2-fache, sondern auf das m-fache, dann ergibt sich unter den genannten Voraussetzungen für die neue Variable $S := \sum_{i=1}^{m} Y_i$ (wie auch für S/m) die Reliabilität:

Spearman-Brown Formel zur Testverlängerung

$$Rel(S) = Rel(S/m) = \frac{m \cdot Rel(Y_i)}{1 + (m - 1) \cdot Rel(Y_i)} . \tag{23}$$

Die obige Formel heißt **Spearman-Brown-Formel zur Testverlängerung**. Die in dieser Formel angegebene Beziehung zwischen dem Faktor m der Testverlängerung und der Reliabilität der aggregierten Variablen S ist für verschiedene Werte von m und $Rel(Y_i)$ in Abb. 10.3 dargestellt. Aus dieser Abbildung kann man auch die Zahlen für das obige Beispiel ablesen. Gleichung 23 und Abb. 10.3 gelten auch für die Durchschnittsvariable $(1/m) \cdot \sum_{i=1}^{m} Y_i$.

Man beachte, daß die Spearman-Brown-Formel nur unter den genannten 3 Annahmen für die Testwertvariablen Y_i gilt. Für die True-Score-Variable τ der Summenvariablen S gilt unter der Annahme der essentiellen τ-Äquivalenz übrigens: $\tau = \tau_1 + ... + \tau_m = m \cdot \eta + \lambda$, wobei $\lambda = \sum_{i=1}^{m} \lambda_i$, wie man durch Einsetzen der Gleichung 1 verifizieren kann. Die True-Score-Variable von S ist unter dieser Annahme also eine lineare Funktion der latenten Variablen η. Die True-Score-Variable von $(1/m) \cdot \sum_{i=1}^{m} Y_i$ ist dagegen eine Translation von η.

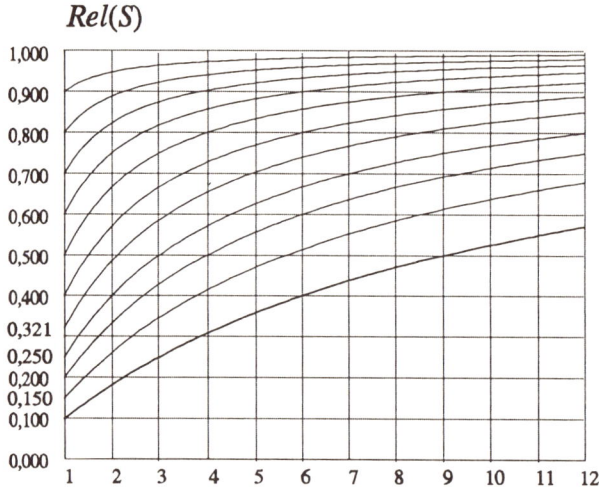

Abb. 10.3. Die Reliabilität einer aggregierten Variablen $S := \sum_{i=1}^{m} Y_i$ als Funktion der Testverlängerung auf das m-fache und der Reliabilität der Ausgangsvariablen Y_i, falls die im Text genannten Annahmen gelten (s. Lord & Novick, 1968, p. 113)

10.8 Cronbachs α

Eine weitere Kenngröße, die im Zusammenhang von Reliabilitätsbestimmungen häufig berechnet wird, ist der sogenannte *Konsistenzkoeffizient* oder *Cronbachs* α. Unter den Annahmen der essentiellen τ-Äquivalenz der Variablen $Y_1, ..., Y_m$ und unkorrelierter Fehler $\varepsilon_i := Y_i - \tau_i$ kann man zeigen, daß

$$\alpha := \frac{m}{m-1}\left[1 - \frac{\displaystyle\sum_{i=1}^{m} Var(Y_i)}{Var(S)}\right] \tag{24}$$

Untere Schranke für die Reliabilität von S

die Reliabilität der Summenvariablen $S := Y_1 + ... + Y_m$ ist. Kann man nur die Annahme unkorrelierter Fehler machen, dann ist der Koeffizient α immerhin noch eine *untere Schranke der Reliabilität* von S, d.h. unter dieser minimalen Annahme gilt: $\alpha \leq Rel(S)$.

10.9 Zusammenfassung

Nachdem im vorangegangenen Kapitel die Grundbegriffe der Klassischen Theorie psychometrischer Tests (KTT) *wahrer Wert, Fehler* und *Reliabilität* dargestellt wurden, ging es in diesem Kapitel um ein einfaches Meßmodell, dessen Annahmen es erlauben, den Reliabilitätskoeffizienten aus den empirisch schätzbaren Varianzen und Kovarianzen der manifesten (Testwert-)Variablen zu bestimmen. Zentraler Bestandteil dieses Meßmodells ist die mit dem Fundamentalgesetz formulierte Annahme der essentiellen τ-Äquivalenz, die eine der Möglichkeiten ist zu präzisieren, was es heißt, daß 2 oder mehr Variablen „die gleiche Eigenschaft" messen.

Dabei wurde diese Eigenschaft als stochastische Variable eingeführt und mit η notiert. Die Werte von η charakterisieren die Beobachtungseinheiten (z.B. Personen) *u*. Die anfangs rein technisch motivierte Frage nach der Zuverlässigkeit einer Messung führte zu Fragen von zentraler theoretischer Bedeutung: Wie ist die theoretische Eigenschaft definiert? Wie eindeutig ist sie definiert? Welche Aussagen über diese theoretische Größe sind bedeutsam? Das Ergebnis ist, daß η differenzskaliert ist. Demnach sind innerhalb dieses Modells z.B. Aussagen über die Differenzen der Werte zweier Beobachtungseinheiten (z.B. Personen) auf einer Variablen η bedeutsam, ebenso wie Aussagen über die Varianz von η. Die Skala oder latente Variable η ist eine (beliebige) Translation der True-Score-Variablen τ_i einer der betrachteten Y-Variablen.

Ein weiterer wichtiger Punkt betrifft die Testbarkeit oder empirische Überprüfbarkeit des Modells essentiell τ-äquivalenter Variablen anhand:

- der Gleichheit der Differenzen zwischen den Erwartungswerten der *Y*-Variablen in verschiedenen Subpopulationen,
- der durch das Modell implizierten Struktur der Kovarianzmatrizen.

Beim letzten Punkt muß man allerdings zusätzlich die Annahme unkorrelierter Fehler machen. Mit der Überprüfung des letzten Punktes wird also nicht das Modell essentiell τ-äquivalenter Variablen, sondern das Modell essentiell τ-äquivalenter Variablen mit unkorrelierten Fehlern überprüft. Die empirische Überprüfbarkeit eines Meßmodells ist nicht zuletzt auch für die *Konstruktion* eines Testverfahrens, insbesondere für die *Itemselektion*, von Bedeutung, die sich u.a. danach richten sollte, ob die resultierenden Testwertvariablen Y_i essentiell τ-äquivalent sind.

Box 10.1. Das Wichtigste zum Modell essentiell τ-äquivalenter Variablen

Grundannahmen:

   (a) essentielle τ-Äquivalenz $\tau_i = \eta - \lambda_i, \quad i = 1, ..., m$

   (b) unkorrelierte Fehler $Cov(\varepsilon_i, \varepsilon_j) = 0, \quad i \neq j, \quad i, j = 1, ..., m$

Eindeutigkeit: η und die Koeffizienten λ_i sind durch (a) eindeutig bis auf Translationen definiert. Die Größen η und λ_i sind also *differenzskaliert*

Bedeutsamkeit: Invariante Wahrheitswerte unter Translationen von η, λ_i haben z.B. Aussagen über:

                                  $\eta(\omega_1) - \eta(\omega_2) \quad \lambda_i - \lambda_j \quad Var(\eta) \quad Rel(Y_i)$

Testbarkeit:

  (1) Gleichheit der Erwartungswerte in Subpopulationen   Annahme (a) impliziert:

                                  $E^{(1)}(Y_i - Y_j) = E^{(2)}(Y_i - Y_j), \quad i, j = 1, ..., m$

  (2) Gleichheit der Kovarianzen   Annahmen (a) und (b) implizieren:

                                  $Cov(Y_i, Y_j) = Cov(Y_k, Y_l), \quad i \neq j, \quad k \neq l$

Bestimmung der theoretischen Größen: $Var(\eta) = Cov(Y_i, Y_j), \quad i \neq j$

                                  $Var(\varepsilon_i) = Var(Y_i) - Cov(Y_i, Y_j), \quad i \neq j$

                                  $Rel(Y_i) = Cov(Y_i, Y_j)/Var(Y_i), \quad i \neq j$

                                  $Rel(Y_i) = Kor(Y_i, Y_j), \quad i \neq j, \quad \text{falls gilt:}$

  (c) gleiche Fehlervarianzen $Var(\varepsilon_i) = Var(\varepsilon_j), \quad i, j = 1, ..., m$

Testverlängerung $S = Y_1 + ... + Y_m$ Annahmen (a) – (c) implizieren:

    Spearman-Brown-Formel $Rel(S) = \dfrac{m \cdot Rel(Y_i)}{1 + (m-1) \cdot Rel(Y_i)}$

Untere Schranke der Reliabilität von $S = Y_1 + ... + Y_m$,   Annahme (b) impliziert:

    Cronbachs α $\alpha := \dfrac{m}{m-1}\left[1 - \dfrac{\sum\limits_{i=1}^{m} Var(Y_i)}{Var(S)}\right]$

Obwohl z.B. die Interpretation der Paralleltest-Korrelation als Reliabilität auf den Annahmen dieses Modells (und der zusätzlichen Annahme gleicher Fehlervarianzen) beruht, wurden in der Forschungspraxis nur allzu selten derartige Modelltests durchgeführt. Eine Interpretation der Paralleltest-Korrelation als Reliabilität, die nicht durch die oben erwähnten Modelltests überprüft wird, kann daher als empirisch nicht abgesichert angesehen werden. Das Entsprechende gilt für die Retest-Korrelation. Korrelationen, welcher Art auch immer, besagen ohne Modellannahmen *nichts* über die Reliabilität der betrachteten Y-Variablen. Selbst Extremfälle wie eine Korrelation von 1 bei einer Reliabilität von 0 sind theoretisch möglich, nämlich bei einer Fehlerkorrelation von 1. Zur Bestimmung (Identifikation) der theoretischen Größen sind *immer* Modellannahmen nötig. Eine minimale Annahme, unter der noch Aussagen über die Reliabilität der Summenvariablen $S = Y_1 + ... + Y_m$ möglich sind, ist die Unkorreliertheit der Fehler. Unter dieser Voraussetzung ist Cronbachs α eine untere Schranke für die Reliabilität von Y.

Fragen

1. (a) Wie kann man das Modell essentiell τ-äquivalenter Variablen empirisch prüfen?
   (b) Wie kann man das Modell essentiell τ-äquivalenter Variablen mit unkorrelierten Fehlern empirisch prüfen?
2. Wie kann man die Varianz der latenten Variablen η und die Varianz der Fehlervariablen ε_i bestimmen?
3. Worin unterscheiden sich τ-äquivalente und essentiell τ-äquivalente Variablen?
4. Wozu benötigt man ein Modell wie das Modell essentiell τ-äquivalenter Variablen?
5. Was bedeutet es im Modell essentiell τ-äquivalenter Variablen, wenn der Koeffizient λ_1 einer Variablen Y_1 größer ist als der Koeffizient λ_2 einer Variablen Y_2?

Antworten

1. (a) Das Modell essentiell τ-äquivalenter Variablen kann man durch die Überprüfung der Gleichheit der Erwartungswerte der Differenzvariablen $Y_i - Y_j$ zwischen verschiedenen Subpopulationen empirisch testen.
   (b) Das Modell essentiell τ-äquivalenter Variablen mit unkorrelierten Fehlern kann man außer durch (a) auch noch durch die Überprüfung der Gleichheit der Kovarianzen der Y-Variablen in der Gesamtpopulation testen.
2. Im Modell essentiell τ-äquivalenter Variablen mit unkorrelierten Fehlern kann man die Varianz der latenten Variablen η durch die Kovarianz zweier verschiedener Y-Variablen bestimmen, d.h. es gilt $Var(\eta) = Cov(Y_i, Y_j)$, $i \neq j$. Für die Fehlervarianzen gilt in diesem Modell: $Var(\varepsilon_i) = Var(Y_i) - Cov(Y_i, Y_j)$, $i \neq j$.
3. Bei τ-äquivalenten Y-Variablen gilt $\tau_i = \eta$, für alle $i = 1, ..., m$, bei essentiell τ-äquivalenten Variablen dagegen nur $\tau_i = \eta - \lambda_i$.
4. Ohne solche Modellannahmen, z.B. diejenigen, die das Modell essentiell τ-äquivalenter Variablen konstituieren, ist es nicht möglich abzuschätzen, wie stark die betrachteten Testwertvariablen fehlerbehaftet sind. Man könnte weder die Reliabilität, noch die Fehlervarianz oder die Varianz der True-Score-Variablen bestimmen.
5. Wenn im Modell essentiell τ-äquivalenter Variablen der Koeffizient λ_1 größer ist als der Koeffizient λ_2, dann drückt sich darin lediglich ein Unterschied hinsichtlich der Erwartungswerte der beiden Y-Variablen aus. Es gelten nämlich (s. Gl. 3):

$$E(Y_1) = E(\eta - \lambda_1 + \varepsilon_1) = E(\eta) - \lambda_1$$

und

$$E(Y_2) = E(\eta - \lambda_2 + \varepsilon_2) = E(\eta) - \lambda_2$$

und daher $E(Y_1) - E(Y_2) = \lambda_2 - \lambda_1$.

Übungen

1. Übersetzen Sie das Pfaddiagramm der Abb. 10.2 in ein Gleichungssystem.
2. Überprüfen Sie für die Werte $m = 2$, $m = 3$ und $m = 4$ das in Abb. 10.3 dargestellte Diagramm für die Reliabilität der Variablen $S := \sum_{i=1}^{m} Y_i$ für den Fall, daß die Variablen Y_i alle die Reliabilität .50 haben, d.h. berechnen Sie für diese 3 Fälle die $Rel(S)$ und vergleichen Sie die Ergebnisse mit dem Diagramm.
3. Zeigen Sie, daß aus den Annahmen der essentiellen τ-Äquivalenz und unkorrelierter Fehler für $i \neq j$ die Gleichung $Cov(Y_i, Y_j) = Var(\eta)$ folgt.

Lösungen

1. Im Diagramm sind für $i, j = 1, ..., 3$, die folgenden Gleichungen dargestellt:

$$Y_i = \tau_i + \varepsilon_i, \quad \tau_i = \eta, \quad Cov(\varepsilon_i, \varepsilon_j) = 0, \quad i \neq j.$$

Die λ-Koeffizienten fehlen in diesen Gleichungen, da sie für die Betrachtung der Kovarianzstrukturen irrelevant sind.

2. Für die Werte $m = 2$, $m = 3$ und $m = 4$ und für den Fall, daß die Variablen Y_i alle die Reliabilität .50 haben, beträgt die Reliabilität der Variablen $S := \sum_{i=1}^{m} Y_i$ jeweils:
   $m = 2$: $Rel(S) = (2 \cdot .50)/(1 + 1 \cdot .50) = 2/3$.
   $m = 3$: $Rel(S) = (3 \cdot .50)/(1 + 2 \cdot .50) = 3/4$.
   $m = 4$: $Rel(S) = (4 \cdot .50)/(1 + 3 \cdot .50) = 4/5$.
   Diese Zahlen kann man in etwa auch aus der Abb. 10.3 ablesen.

3. $Cov(Y_i, Y_j) = Cov(\eta - \lambda_i + \varepsilon_i, \eta - \lambda_j + \varepsilon_j)$ (Gl. 3)

   $= Cov(\eta + \varepsilon_i, \eta + \varepsilon_j)$ (λ$_i$ und λ$_j$ sind Konstanten; Box F.1, Regel xi)

   $= Var(\eta)$, (Box F.1, Regel xii, Gl. 10, Gl. 12)

   da $Cov(\eta, \varepsilon_i) = 0$ und $Cov(\varepsilon_i, \varepsilon_j) = 0$, für $i \neq j$.

Weiterführende Literatur

Als wichtigste Ergänzung sei auf Kap. 5 von Lord und Novick (1968) verwiesen. Auch Kap. 4 von Allen und Yen (1979) sowie Knoche (1990) sind als Ergänzungslektüre zu empfehlen. Moosbrugger und Müller (1981) weisen auf die Beziehungen zwischen dem Modell essentiell τ-äquivalenter Variablen, dem Rasch-Modell und dem additiv-verbundenen Messen hin und machen Verfahren der Item-Response-Theorie auch für das Modell essentiell τ-äquivalenter Variablen nutzbar. Zu Verallgemeinerungen, in denen die Abhängigkeit der Meßwerte auch von Situationen, in denen gemessen wird, berücksichtigt werden, siehe Steyer, et al. (1992).

11 Anwendung des Modells essentiell τ-äquivalenter Variablen

Beispiel:
Messung von Angst
als Zustand
(State-Angst)

Nachdem im vorangegangenen Kapitel die theoretischen Grundlagen dargestellt wurden, die eine Beurteilung der Zuverlässigkeit einer Messung erlauben, sollen diese nun am Beispiel eines Fragebogens zur Erhebung der Angst als Zustand (State-Angst) illustriert werden. Die verwendeten Daten stammen aus einer Untersuchung von Steyer et al. (1990) mit dem State-Trait-Angstinventar (STAI) von Laux et al. (1981). Untersucht werden soll, ob das Modell essentiell τ-äquivalenter Variablen angenommen werden kann und, falls ja, wie groß die Reliabilitäten verschiedener Variablen sind, die beim STAI von Bedeutung sind.

Inhaltliche
Fragestellung

Welche *inhaltlichen Fragen* verbergen sich hinter diesen Problemstellungen? Die hinter der Frage nach der Reliabilität steckenden Probleme liegen auf der Hand: Ohne Wissen über die Zuverlässigkeit einer Messung ist jede Messung selbst völlig wertlos. Der inhaltliche Hintergrund der Frage nach der Gültigkeit der Annahme der essentiellen τ-Äquivalenz ist weniger offensichtlich, aber nicht weniger bedeutsam. Bei der in dieser Anwendung vorliegenden *wiederholten Messung mit 2 Testteilen* können mindestens 2 Gründe dafür verantwortlich sein, daß das Modell essentiell τ-äquivalenter Variablen nicht gilt:

Situationale
Spezifität

- Das tatsächlich gemessene Merkmal unterliegt *situativen Einflüssen* und ändert sich daher zwischen den Meßgelegenheiten (***Problem der situationalen Spezifität***).

Methodenspezifität

- Die verwendeten *Meßinstrumente* erfassen nicht genau dieselbe Eigenschaft (***Problem der Methodenspezifität***).

Psychologische
Messungen im
situationalen
Vakuum?

Beide Probleme sind, ebenso wie das Meßfehlerproblem, bei sozialwissenschaftlichen Messungen von allgemeiner Bedeutung: *Messungen der Eigenschaften von Personen finden nie in einem situationalen Vakuum statt*, selbst dann nicht, wenn die Messung von stabilen Persönlichkeitseigenschaften intendiert ist, und die Entwicklung von äquivalenten Meßinstrumenten (z.B. psychologischen Tests), die genau die gleiche Eigenschaft erfassen, ist oft schwierig. Sollte einer oder auch beide genannten Punkte in der vorliegenden Anwendung zutreffen, dann kann in diesem Fall das Modell essentiell τ-äquivalenter Variablen für die Messungen, die zu *beiden* Meßgelegenheiten vorgenommen wurden, nicht gelten. Statt dessen muß dann eine der Verallgemeinerungen dieses Modells in Betracht gezogen werden, die beispielsweise von Steyer et al. (1992) im Rahmen der *Latent-State-Trait-Theorie* vorgestellt wurden.

Äquivalente
Meßinstrumente?

Überblick
Nach der Diskussion einiger Fragen der Itemselektion und Testkonstruktion (Abschnitt 11.1) wird im vorliegenden Kapitel am Beispiel der Daten aus der Untersuchung zum STAI demonstriert, wie eine Überprüfung des Modells vorgenommen werden kann (Abschnitt 11.2). Dabei geht es zunächst um die vom Modell implizierte Kovarianzstruktur in der Gesamtpopulation. Danach wird die schon aus der Annahme der essentiellen τ-Äquivalenz folgende Gleichheit der Erwartungswerte der Differenz zweier *Y*-Variablen in verschiedenen Subpopulationen geprüft. Ein Beispiel für die Bestimmung der Reliabilität und für die Anwendung der in Abschnitt 10.7 behandelten Formel zur Testverlängerung findet sich in Abschnitt 11.3.

11.1 Itemselektion und Testkonstruktion

Als erstes ist zu überlegen, welche Items in welcher Antwortskalierung das zu messende Merkmal wahrscheinlich am besten erfassen und welchen Probanden der Test vorgelegt werden soll. Bei der hier betrachteten Untersuchung wurden die Items[1] des STAI 179 Studierenden der Universität Trier zweimal im Abstand von 2 Monaten vorgelegt. Da es sich um insgesamt 20 Items handelt, liegt damit für jede der beiden Meßgelegenheiten zunächst eine Datenmatrix vom Typ 179×20 vor, in der festgehalten ist, wie jeder Proband auf jedes der 20 Items geantwortet hat. Die Auswertungsvorschrift des STAI, die hier der Einfachheit halber nicht weiter problematisiert werden soll, besagt, daß die Antwortkategorien jedes Items mit den Werten 1 bis 4 kodiert werden sollen, und zwar so, daß 1 geringe Angst und 4 hohe Angst anzeigt. Der Gesamttestwert *S* ist dann als Summe über die dabei resultierenden Werte für 20 Items definiert. Der niedrigste mögliche Gesamttestwert ist damit 20, der höchste 80.

Die Stichprobe und die Ausgangsdaten

Gesamttestwert S

Dimensionalität eines Tests. Im vorangegangenen Kapitel wurde dargelegt, daß man die Zuverlässigkeit von Meßwerten nur dann abschätzen kann, wenn man mindestens 2 Messungen des gleichen Merkmals vorliegen hat. Der Grad der Übereinstimmung der beiden Messungen erlaubt dann unter bestimmten Voraussetzungen eine Beurteilung ihrer Zuverlässigkeit. Nun könnte man zunächst daran denken, *jedes einzelne Item* als ein Instrument zur Messung desselben Merkmals (hier: der State-Angst) aufzufassen, was in manchen Anwendung vielleicht auch gerechtfertigt sein mag. Im

---

[1] Die Antwortskala der Items ist vierstufig („überhaupt nicht", „ein wenig", „ziemlich", „sehr") mit der Instruktion, einzuschätzen, wie die Person sich *im Moment* fühlt. Die folgenden Items, die in einen größeren Fragebogen eingebettet waren, bilden das State-Angst-Inventar: (1) Ich bin entspannt. (2) Ich bin nervös. (3) Ich bin bekümmert. (4) Ich fühle mich wohl. (5) Ich bin aufgeregt. (6) Ich bin beunruhigt. (7) Ich fühle mich ausgeruht. (8) Ich bin besorgt, daß etwas schiefgehen könnte. (9) Ich bin zufrieden. (10) Ich bin zappelig. (11) Ich fühle mich selbstsicher. (12) Ich fühle mich angespannt. (13) Ich bin ruhig. (14) Ich bin gelöst. (15) Ich fühle mich geborgen. (16) Ich bin verkrampft. (17) Ich bin froh. (18) Ich bin besorgt. (19) Ich bin überreizt. (20) Ich bin vergnügt.

Messen alle 20 Items genau dasselbe Merkmal oder sind mehrere Dimensionen beteiligt?

hier vorliegenden Fall jedoch zeigt ein Blick auf die Liste der Items (s. Fußnote 1), daß diese zwar einiges gemeinsam haben mögen, daß sie aber dennoch durchaus jeweils ihre spezifische Bedeutung haben. So dürfte beispielsweise das Item „Ich bin nervös" eher die Dimension *innere Unruhe* erfassen, das Item „Ich fühle mich wohl" eher die Dimension des *Wohlbefindens*. Schon wegen dieser vermuteten *Mehrdimensionalität dieses Tests* (die man empirisch mit speziellen Modellen der *Item-Response-Theorie* überprüfen könnte) ist die Annahme der essentiellen τ-Äquivalenz für die 20 Variablen, die die Werte einer Person auf dem jeweiligen Item repräsentieren, wenig plausibel. Bezieht man diese Annahme auf alle 20 Items, dann sollten diese Items ja alle (bis auf eine Verschiebung um eine Konstante) die gleiche True-Score-Variable und damit nur eine einzige Dimension haben.

Testhälften Y_i

Faßt man dagegen die Items durch Summierung der Variablen zu 2 Testhälften zusammen, dann scheint uns die Annahme, daß die beiden resultierenden Testwertvariablen Y_1 und Y_2 im Sinne der essentiellen τ-Äquivalenz das gleiche Merkmal messen, nicht ganz unplausibel. Das damit gemessene Merkmal ist dann eine Mischung derjenigen Merkmale, die durch jedes der beteiligten Items erfaßt werden. Ob die Messung eines solchen *gemischten Merkmals* intendiert ist oder nicht, ist eine inhaltliche Frage, die im jeweiligen Anwendungsfall gesondert diskutiert werden muß. Wenn nicht, muß man einen Test aus homogeneren Items zusammenstellen.

Testkonstruktion. Will man von Items ausgehend Tests oder Testteile (hier: 2 Testhälften) konstruieren, so stellt sich die Frage, wie die Items auf die einzelnen Testteile aufgeteilt werden sollen. Will man 2 möglichst ähnliche Testhälften konstruieren, kann man natürlich nach inhaltlichen Überlegungen vorgehen, indem man sich jeweils die 2 ähnlichsten Items sucht, das eine Item der einen und das andere der zweiten Testhälfte zuordnet. Dieses Verfahren nennen wir die *Paralleltestkonstruktion nach Augenscheinvalidität*.

Paralleltestkonstruktion nach Augenscheinvalidität

Eine andere Vorgehensweise ist, daß man zunächst die *Korrelationen jedes Items mit dem Gesamttestwert* berechnet, sich dann jeweils die beiden Items mit der höchsten **Item-Gesamttest-Korrelation** aussucht, dann das eine Item der einen und das andere der zweiten Testhälfte zuordnet. Auch dieses Verfahren der *Paralleltestkonstruktion nach der Item-Gesamttest-Korrelation* dürfte in der Regel zu 2 Testhälften führen, die (wenigstens annähernd) dasselbe Merkmal gleich gut messen. Auch wenn die hier diskutierten Vorgehensweisen unter *theoretischen* Gesichtspunkten nicht unbedingt optimal sind, scheint es uns doch für viele Anwendungen praktikabler als die Verfahren zur Testkonstruktion im Rahmen der Item-Response-Theorie (s. Kap. 16 – 18), die hohe Ansprüche an Stichprobengröße und Homogenität der Items stellen.

Paralleltestkonstruktion nach Item-Gesamttest-Korrelation

Problem ungleicher Verteilungen der Items

Bei der Berechnung der Item-Gesamttest-Korrelationen ist jedoch das Problem zu beachten, daß diese Korrelationen nur dann miteinander vergleichbar sind, wenn die Items gleiche Verteilungen (hinsichtlich ihrer Antwortwahrscheinlichkeiten) aufweisen. Eine Item-Gesamttest-Korrelation kann nämlich allein schon wegen einer schiefen Verteilung der Antwortwahrscheinlichkeiten auf die Kategorien des Items artifiziell niedrig ausfallen. Um die Item-Gesamttest-Korrelationen vergleichbar zu machen, kann man die Gesamttestwertvariable jeweils in ebensoviele Intervalle aufteilen, wie das jeweilige Item Kategorien hat. Dabei sind die Intervallgrenzen so zu wählen, daß die Häufigkeiten in den Intervallen mit den Häufigkeiten in den *k* Kategorien des Items übereinstimmen. Dann definiert man die *diskretisierte Gesamttestwertvariable*, deren Werte 1, ..., *k* anzeigen, in welchem der *k* Intervalle der Gesamttestwert des jeweiligen Probanden liegt. Schließlich berechnet man die Korrelation des jeweiligen Items mit der diskretisierten Gesamttestwertvariablen. Die dabei resultierende Korrelation kann dann prinzipiell den maximalen Wert 1 erreichen, d.h. sie ist nicht mehr verteilungsbedingt artifiziell zu niedrig. (Für den Fall dichotomer Variablen s. Moosbrugger & Zistler, 1993.) Dabei beachte man aber, daß dieses Verfahren nur bei extrem schief verteilten Items zu empfehlen ist. Durch die Diskretisierung der Gesamttestwertvariablen verliert man nämlich auch Information, die sich in der Regel in einer niedrigeren Korrelation niederschlägt.

Bi- und polyseriale Korrelationen

Eine bessere Alternative zu dem hier beschriebenen Vorgehen ist die Berechnung der **bi- bzw. polyserialen Korrelationen** (s. z.B. Bortz, 1993, S. 270 ff; Olsson et al., 1982), bei denen ebenfalls das Problem schiefer Verteilungen der Items berücksichtigt wird. Zur praktischen Durchführung solcher Berechnungen kann man das Programm PRELIS (Jöreskog & Sörbom, 1988) verwenden.

Item-Response-Theorie

Itemselektion. Eigentlich können die Fragen der Itemselektion und Testkonstruktion *theoretisch* befriedigend erst im Rahmen der *Item-Response-Theorie* gelöst werden. In vielen Anwendungen sind aber die dazu nötigen Voraussetzungen — perfekte Item-Homogenität und sehr große Stichprobe — nicht erfüllt. Schon bei 10 dichotomen Items gibt es 2^{10} = 1024 Antwortmöglichkeiten. Damit sind bereits 1024 Zellen einer 10-dimensionalen Kontingenztafel mit einer angemessenen Zahl von Beobachtungen zu besetzen!

Daher wird häufig die Item-Gesamttest-Korrelation als Gütekriterium verwendet, wenn es darum geht, aus einer größeren Anzahl von Items eine geringere Zahl geeigneter Items auszuwählen. Dieses Kriterium ist aus theoretischen Gründen deswegen unbefriedigend, weil man dabei ungeprüft 2 Annahmen macht: (a) einen *linearen* Anstieg (bzw. Abfall) des Erwartungswerts der Gesamttestwertvariablen über die Antwortkategorien des jeweiligen Items und (b) eine gleiche Gewichtung aller Items bei der Bildung des Gesamttestwerts. Insbesondere grobe Verletzungen der Linearitätsannahme kann man u.U. mit einer Reskalierung der Itemkategorien beheben. (Siehe hierzu die Literatur zum *Optimal scaling* wie beispielsweise Gittins, 1985; Greenacre, 1984; Nishisato, 1980; van Rijckevorsel & de Leeuw, 1988.)

Optimal scaling

Itemselektion nach ihrer Schwierigkeit

Außer auf inhaltliche Gesichtspunkte sollte man bei der **Itemselektion** auch darauf achten, daß man Items mit unterschiedlicher *Schwierigkeit* in den Test aufnimmt. Würde man beispielsweise bei Items mit 2 Antwortkategorien den Test nur aus solchen Items zusammenstellen, die gleiche Wahrscheinlichkeiten für die beiden Antwortkategorien haben, so würde man mit dem resultierenden Test nur zwischen Personen mit mittlerer Ausprägung des zu messenden Merkmals gut diskriminieren können (s. dazu auch Kap. 16 und 17). Alle Personen mit extrem hohen bzw. extrem niedrigen Ausprägungen der zu messenden Eigenschaft dagegen würden mit hoher Wahrscheinlichkeit denselben extrem hohen bzw. extrem niedrigen Testwert erzielen. Dies bedeutet aber, daß der Test nicht *innerhalb* der beiden Extremgruppen differenzieren kann, selbst dann nicht, wenn diese Personen sich durchaus untereinander hinsichtlich des zu messenden Merkmals unterscheiden.

11.2 Modellüberpüfung

*Warum ist in diesem
Anwendungsfall eine
Modellüberprüfung
sinnvoll?*

Im Abschnitt 10.5 wurden zwei Verfahren zur Modellüberprüfung behandelt. Eine solche Modellüberprüfung ist aus 2 Gründen wichtig. Zum einen wird in diesem Anwendungsfall mit mehrfachen Messungen zu jedem von 2 Meßgelegenheiten die in der Einleitung angesprochene inhaltliche Frage der *Veränderung* des zu messenden Merkmals überprüft. Zum anderen geht es darum, die Voraussetzungen für die Gültigkeit der Formeln zur Bestimmung der Reliabilität der Variablen Y_i zu überprüfen.

11.2.1 Kovarianzstruktur in der Gesamtpopulation

*Erste Art der
Modellüberprüfung*

Testhälften SA$_i$

Wie oben bereits erwähnt, wurde in der hier referierten Untersuchung von Steyer et al. (1990) bei 179 Studierenden der Universität Trier das STAI zweimal im Abstand von 2 Monaten erhoben. Aus den 20 Items wurden 2 Testhälften gebildet. Die Items wurden so auf die Testhälften aufgeteilt, daß man von den beiden resultierenden Testhälften annehmen kann, daß sie — im Sinne der essentiellen τ-Äquivalenz — dasselbe Merkmal erfassen (s. Abschnitt 11.1). Die Rolle der Meßwertvariablen Y_i spielen im folgenden diejenigen Zufallsvariablen, deren Werte die Summenwerte der jeweiligen Person auf den Testhälften sind. Diese Variablen bezeichnen wir im folgenden kurz als „Testhälften" und notieren sie mit SA_i (*SA*: State-Angst), wobei die Indizes 1 und 2 für die Testhälften zur ersten Meßgelegenheit und die Indizes 3 und 4 für die Testhälften zur zweiten Meßgelegenheit stehen. In Tabelle 11.1 findet man die entsprechenden empirischen Mittelwerte, Kovarianzen und Korrelationen dieser 4 Variablen.

Tabelle 11.1. Empirische Kovarianzen (untere Dreiecksmatrix), Korrelationen (obere Dreiecksmatrix) und Mittelwerte der State-Angst-Testhälften in der Gesamtstichprobe

Meßgelegenheit		Meßgelegenheit 1		Meßgelegenheit 2	
		SA_1	SA_2	SA_3	SA_4
1	SA_1	24.67	.88	.40	.44
1	SA_2	21.90	25.14	.41	.47
2	SA_3	10.35	10.62	27.24	.90
2	SA_4	11.67	12.64	25.26	28.68
	Mittelwerte	20.30	22.01	21.48	22.86

Anmerkungen: *SA*: State-Angst. Die erste State-Angst-Testhälfte zu beiden Meßgelegenheiten ist der Summenwert der Items 2, 3, 4, 5, 7, 8, 12, 14, 16, 17, die zweite aus dem Summenwert der Items 1, 6, 9, 10, 11, 13, 15, 18, 19, 20 (s. Fußnote 1)

Ein Modell mit 4 essentiell τ-äquivalenten Variablen. Zunächst sei die Frage untersucht, ob die State-Angst-Testhälften SA_1, SA_2, SA_3 und SA_4 die Annahmen des Modells essentiell τ-äquivalenter Variablen mit unkorrelierten Fehlern erfüllen.

Essentiell τ-äquivalente Testwertvariablen sollen in diesem Beispiel nicht nur durch *Paralleltests* oder parallele Testhälften entstehen, sondern auch durch wiederholte Vorgabe der Testhälften, d.h. durch *Retests*. Im letzteren Fall ist allerdings zeitliche Stabilität in dem Sinn vorausgesetzt, daß sich das zu messende Merkmal zwischen den betrachteten Meßgelegenheiten nicht oder nur um eine für alle Personen gleiche Konstante verändert, denn nur dann kann die Bedingung der essentiellen τ-Äquivalenz erfüllt sein. Wie wir unten sehen werden, ist diese Stabilität des zu messenden Merkmals über die beiden Meßgelegenheiten hier nicht gegeben und auch nicht erwünscht, da der Test zur Messung eines veränderlichen Zustands konstruiert wurde.

Einc Möglichkeit, die Gültigkeit der essentiellen τ-Äquivalenz mit unkorrelierten Fehlern für alle 4 Testhälften zu testen, besteht darin zu überprüfen, ob die Kovarianzen der Testhälften tatsächlich die in Gleichung 10.13 formulierte Struktur aufweisen, ob also die Kovarianzen zwischen verschiedenen *Y*-Variablen gleich sind. Zwar bezieht sich diese Hypothese über die Struktur der Kovarianzen auf die wahren und nicht auf die empirischen Kovarianzen, aber letztere sollten annähernd gleich sein. Eine Inspektion der in Tabelle 11.1 angegebenen Stichproben-Kovarianzmatrix spricht eher gegen die Gleichheit der entsprechenden Kovarianzen in der Population, denn bei 179 Beobachtungen ist z.B. der Unterschied zwischen der größten Kovarianz (25.26) und der kleinsten Kovarianz (10.35) kaum durch Zufall zu erklären.

Bevor wir dieser Frage auch mittels eines Signifikanztests nachgehen, wollen wir die Implikationen des Modells essentiell τ-äquivalenter Variablen an diesen Daten ausführlich erläutern. Nach Gleichung 10.13 müßten die theoretischen Kovarianzen $Cov(SA_i, SA_j)$, $i \neq j$, aller 6 in Tabelle 11.1 angegebenen Stichprobenkovarianzen gleich sein, und nach Gleichung 10.15 ist die Varianz der latenten Variablen η mit jeder dieser 6 theoretischen Kovarianzen identisch. Zufällige Ungleichheiten der *Stichproben*kovarianzen sind natürlich erlaubt. Setzt man nun die Gleichheit dieser 6 theoretischen Kovarianzen voraus, stellt sich die Frage, wie man die Varianz der latenten Variablen η schätzen soll. Prinzipiell ist *jede* der 6 in Tabelle 11.1 angegebenen Stichprobenkovarianzen eine Schätzung für die Kovarianz von η. Diese Schätzungen weichen aber auch bei Modellgültigkeit voneinander ab.

Es gibt nun verschiedene Verfahren, um zu einer einheitlichen Schätzung für die Varianz von η zu kommen. Das einfachste und am leichtesten einsichtige (aber unter verschiedenen anderen Gesichtspunkten nicht das optimale Verfahren) ist eine *einfache Mittelung* der verschiedenen Schätzungen. In unserem Fall können wir einfach die 6 Stichprobenkovarianzen aus Tabelle 11.1 mitteln: $(1/6) \cdot (21.90 + 10.35 + 10.62 + 11.67 + 12.64 + 25.26) \approx 15.41$. In Anlehnung an Gleichung 10.16 erhalten wir dann die geschätzte Fehlervarianz von SA_1 durch: $24.67 - 15.41 = 9.26$. Auf entsprechende Weise resultieren die 3 übrigen Fehlervarianzschätzungen 9.73, 11.83 und 13.27. Das Modell mit diesen Parameterschätzungen ist in Abb. 11.1 dargestellt.

Unter Verwendung dieser Ergebnisse können wir nach Gleichung 10.13 die *vom Modell implizierte Kovarianzmatrix* berechnen (s. Tabelle 11.2). Die Gültigkeit der Modellannahmen können wir nun dadurch überprüfen, daß wir diese vom Modell implizierte Kovarianzmatrix mit der *empirischen Kovarianzmatrix* (s. Tabelle 11.1) ver-

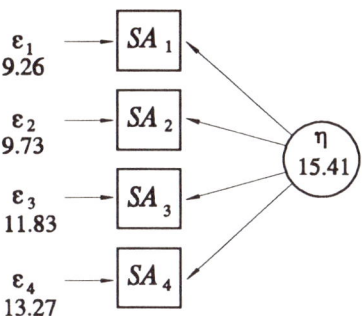

Abb. 11.1. Pfeildiagramm des Modells essentiell τ-äquivalenter State-Angst-Testhälften mit unkorrelierten Fehlern für beide Meßgelegenheiten. Der angegebene Schätzwert für die Varianz von η ist nach dem einfachen Mittelungsverfahren berechnet

Die vom Modell implizierte Kovarianzmatrix und ihr Vergleich mit der empirischen Kovarianzmatrix

gleichen. Weichen die beiden Matrizen *stark* voneinander ab — und dies ist hier allem Anschein nach der Fall, wenn man die relativ große Stichprobe berücksichtigt —, dann ist das Modell zu verwerfen, andernfalls kann es (bis auf weiteres) beibehalten werden. Damit stellt sich aber die Frage, wie man den Begriff „starke Abweichung" in diesem Kontext präzisieren, in eine statistische Frage überführen und in konkreten Anwendungen verwenden kann.

Programme zur Analyse von Strukturgleichungsmodellen

Statistische Überprüfung. In der Regel ist eine *statistische* Überprüfung der Gleichheit der Kovarianzen zu empfehlen, da die betreffenden Unterschiede nicht immer so groß sind wie in diesem speziellen Fall. Zur Analyse von Stichprobendaten kann man dazu z.B. die Computerprogramme EQS (Bentler, 1989), LISCOMP (Muthén, 1988) oder LISREL 7 (Jöreskog & Sörbom, 1989) verwenden.

Arbeitsweise der genannten Programme

ML-Schätzung

Bei diesen Programmen gibt man die empirische Kovarianzmatrix der beobachtbaren Variablen (s. Tabelle 11.1) ein und spezifiziert das Modell essentiell τ-äquivalenter Variablen mit unkorrelierten Fehlern. Das Programm berechnet dann eine neue Kovarianzmatrix, die die Restriktionen des Modells (hier: daß alle Kovarianzen gleich sind) erfüllt und bei den gegebenen Daten am wahrscheinlichsten ist (d.h. optimal ist im Sinne des **Maximum-Likelihood-Prinzips; ML-Schätzung**). Diese neu gebildete Kovarianzmatrix, die man die **vom Modell implizierte Kovarianzmatrix** nennt, wird dann mit der empirischen Kovarianzmatrix verglichen und der Unterschied zwischen beiden wird auf Signifikanz geprüft. Weicht die empirische von der vom

Tabelle 11.2. Die vom Modell implizierten Kovarianzen (untere Dreiecksmatrix) der State-Angst-Testhälften in der Gesamtstichprobe

Meßgelegenheit		Meßgelegenheit 1		Meßgelegenheit 2	
		SA_1	SA_2	SA_3	SA_4
1	SA_1	24.67			
1	SA_2	15.41	25.14		
2	SA_3	15.41	15.41	27.24	
2	SA_4	15.41	15.41	15.41	28.68

Anmerkung: Zur Notation siehe Tabelle 11.1

Modell implizierten Kovarianzmatrix signifikant ab, muß das Modell verworfen werden. (Der Unterschied zu dem oben behandelten, eher deskriptiven Vorgehen, besteht lediglich darin, daß die Schätzung der Parameter und der Vergleich der Kovarianzmatrizen auf *statistischen Prinzipien* beruht.)

Annahmen über die Stichprobe

Eines der wichtigsten Entscheidungskriterien dabei ist eine χ^2-verteilte Statistik, die ebenfalls vom Programm mit der zugehörigen Wahrscheinlichkeitsangabe (*p*-Wert) berechnet wird. Natürlich müssen für die Stichprobe bestimmte Verteilungsannahmen (z.B. Normalverteilung) gemacht werden, wenn man bestimmte Schätz- und Testmethoden (wie z.B. die ML-Schätzung) verwenden will. Details dazu findet man im LISREL-Handbuch.

χ^2-Test zur Modellanpassung

Die Analyse der obigen Kovarianzmatrix ergibt hier einen χ^2-Wert von 315.34 mit dem Freiheitsgrad $df \doteq 5$, der, wie ein Blick in eine Tabelle für eine χ^2-Verteilung (s. z.B. Bortz, 1993, S. 837) zeigt, höchst signifikant ist, da 315.34 den kritischen χ^2-Wert 20.52 (auf dem 1‰-Signifikanzniveau) bei weitem übersteigt. Demnach ist das so spezifizierte Modell essentiell τ-äquivalenter Variablen für die 4 State-Angst-Testhälften mit äußerst geringer Irrtumswahrscheinlichkeit *nicht* mit den Daten vereinbar. *Auf alle 4 Testhälften angewandt*, muß das Modell essentiell τ-äquivalenter Variablen mit unkorrelierten Fehlern also verworfen werden.

Verwerfung des Modells

Warum kann das Modell hier nicht passen?

Dies liegt vermutlich daran, daß die latenten Variablen zu den beiden Meßgelegenheiten *nicht* gleich sind. Bei der Messung von *State-Angst* (Angst als Zustand) zu 2 unterschiedlichen Zeitpunkten sollte dies auch so sein. Nur bei der wiederholten Messung von *Trait-Angst* (Angst als Eigenschaft) wäre es sinnvoll, ein Modell zu postulieren, das eine Struktur wie das in Abb. 11.1 dargestellte Modell hat. Das Beispiel zeigt jedoch, daß eine inhaltlich unsinnige Annahme durch eine entsprechende Modellüberprüfung auch aufgedeckt werden kann.

Ein Modell mit sich verändernden States

Ein Modell mit 2 essentiell τ-äquivalenten Variablen. Bei den hier vorliegenden Daten scheint es angebracht, für jede der beiden Meßgelegenheiten eine eigene latente Variable anzunehmen, deren Werte als Angstzustand (State-Angst) zu der betreffenden Meßgelegenheit interpretiert werden können. Da wir Modelle, in denen gleichzeitig *mehrere* latente Variablen vorkommen (s. dazu die Literaturangaben am Ende dieses Kapitels), noch nicht behandelt haben, müssen wir uns auf die separate Betrachtung jeweils einer der beiden Meßgelegenheiten beschränken.

Dabei ergibt sich jedoch die Schwierigkeit, daß es bei 2 beobachtbaren Variablen nur eine einzige Kovarianz gibt. Die Gleichheit der Kovarianz verschiedener Paare von *Y*-Variablen entfällt hier also als Kriterium zur Modellüberprüfung. Erst wenn wir zusätzlich die Gleichheit der Fehlervarianzen postulieren, entsteht wieder eine überprüfbare Restriktion der Kovarianzmatrix, nämlich die Gleichheit der Varianzen der beiden beobachtbaren Variablen (s. dazu Übung 2). Die Annahme gleicher Fehlervarianzen ist durchaus sinnvoll, wenn die Testhälften so konstruiert wurden, daß sie dasselbe Merkmal mit der *gleichen Präzision* messen sollen.

Annahme gleicher Fehlervarianzen

Die Ergebnisse der Berechnungen für das Modell essentiell τ-äquivalenter Variablen mit gleichen Fehlervarianzen für die zur ersten Meßgelegenheit erhobenen Daten sind in Abb. 11.2 dargestellt, wobei wir die gemeinsame Fehlervarianz von 3.01 durch die Mittelung der beiden Fehlervarianzschätzungen $24.67 - 21.90 = 2.77$ und $25.14 - 21.90 = 3.24$ (s. Tabelle 11.1) errechnet haben. Wie bereits erwähnt, wird die latente Variable η in dieser Anwendung als latente State-Angst-Variable zur ersten Meßgelegenheit interpretiert.

Aus der Gleichung 10.13 und den in Abb. 11.2 angegebenen Schätzungen für die Varianzen der Variablen η und ε_i kann man nun Schätzungen für die durch das Modell implizierten Varianzen und die Kovarianz der beiden Variablen SA_1 und SA_2

Abb. 11.2. Pfeildiagramm des Modells essentiell τ-äquivalenter State-Angst-Testhälften mit unkorrelierten Fehlern und gleichen Fehlervarianzen. Die Fehlervarianzschätzung ist wieder nach dem Mittelungsverfahren berechnet

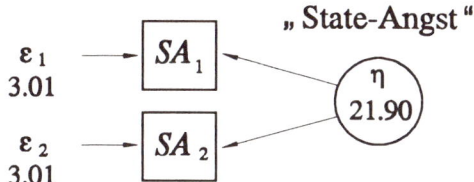

Berechnung der vom Modell implizierten Kovarianzmatrix

berechnen. Die Schätzung für beide Varianzen ist 24.91 und für die Kovarianz 21.90. Vergleicht man diese Zahlen mit den entsprechenden beiden *empirischen* Varianzen und der *empirischen* Kovarianz (s. Tabelle 11.1), so stellt man per Augenschein eine sehr gute Modellanpassung fest, da sich diese Zahlen nur geringfügig von den entsprechenden in Tabelle 11.1 angegebenen Stichprobenvarianzen und der Stichprobenkovarianz unterscheiden.

Statistische Überprüfung der Modellanpassung

Auch eine Analyse dieser Daten mit LISREL 7 und der dabei durchgeführte Signifikanztest ($\chi^2_1 = 0.07$, $p = .79$) geben keinerlei Anlaß, die Annahmen essentiell τ-äquivalenter State-Angst-Testhälften, unkorrelierter Fehler und gleicher Fehlervarianzen zur ersten Meßgelegenheit zu verwerfen. Dieser Signifikanztest sollte jedoch mit einigen Vorbehalten betrachtet werden. Zum einen darf die *Nichtverwerfung* der Nullhypothese niemals mit deren *Akzeptierung* verwechselt werden. Zum anderen ist zu bemerken, daß der Test nur auf die Gleichheit der beiden Varianzen gerichtet ist. Ein strengerer Test der implizierten Kovarianzstruktur benötigt mehr als 2 beobachtbare Variablen, deren essentielle τ-Äquivalenz zu überprüfen ist.

Fazit

Damit ist an 2 Beispielen gezeigt, wie man die Annahmen eines Modells essentiell τ-äquivalenter Variablen mit unkorrelierten Fehlern anhand der implizierten Kovarianzstruktur in der Gesamtpopulation empirisch überprüfen kann. Während die Überprüfung der Hypothese, daß *alle 4 Testhälften* mit unkorrelierten Fehlern essentiell τ-äquivalent sind, negativ ausfiel, führte die Überprüfung im zweiten Fall nicht zur Verwerfung der Hypothese, daß für die beiden State-Angst-Testhälften, die zur ersten Meßgelegenheit erhoben wurden, die Annahmen der essentiellen τ-Äquivalenz, unkorrelierter Fehler und gleicher Fehlervarianzen gelten. Daher ist es sinnvoll, im folgenden zu untersuchen, ob dieses Modell auch den anderen Modelltests standhält.

11.2.2 Erwartungswertstruktur in Subpopulationen

Zweite Art der Modellüberprüfung

In Abschnitt 10.5.1 wurde eine weitere empirisch überprüfbare Konsequenz aus der Annahme der essentiellen τ-Äquivalenz behandelt, nämlich die Gleichheit der Erwartungswerte

$$E^{(1)}(Y_i - Y_j) = E^{(2)}(Y_i - Y_j), \tag{1}$$

$i, j = 1, ..., m$, in 2 Subpopulationen $U^{(1)}, U^{(2)} \subset U$. Soll die damit formulierte Hypothese für die beiden State-Angst-Testhälften zur ersten Meßgelegenheit überprüft werden, dann ist $m = 2$, und zu prüfen ist die Gleichheit der Erwartungswerte

$$E^{(1)}(SA_1 - SA_2) = E^{(2)}(SA_1 - SA_2) \tag{2}$$

*Daten aus den
Subpopulationen der
Männer und Frauen*

in 2 Subpopulationen $U^{(1)}$ und $U^{(2)}$. Als mögliche Subpopulationen kommen z.B. die der Männer und Frauen in Betracht oder auch die verschiedenen Studienfächer. Zur Illustrierung wählen wir die Einteilung nach dem Geschlecht. In Tabelle 11.3 sind Kovarianz- und Korrelationsmatrizen und die Mittelwerte der State-Angst-Testhälften in beiden Substichproben für beide Meßgelegenheiten angegeben.

*Vergleich der
Stabilität der
State-Angst der
Männer und Frauen*

Unter inhaltlichen Aspekten sind die bei den Frauen vergleichsweise niedrigen Kovarianzen der State-Angst-Testhälften *zwischen* den Meßgelegenheiten — bei nahezu gleichen Varianzen und Kovarianzen innerhalb der Meßgelegenheiten — bemerkenswert. Diese niedrigen Kovarianzen weisen auf eine auffallend niedrigere Stabilität der State-Angst bei den Frauen zwischen den beiden Meßgelegenheiten hin. Sollten sich diese Ergebnisse auch in anderen Untersuchungen bestätigen, ist demnach bei Frauen mit einer größeren Variabilität der State-Angst zu rechnen.

Der Gleichung 2 entspricht der Vergleich der Mittelwertsdifferenzen

$$20.24 - 21.63 = -1.39 \quad \text{und} \quad 20.36 - 22.39 = -2.03,$$

*Sind die
Erwartungswerte
der Differenz
zwischen 2 essen-
tiell τ-äquivalenten
Variablen in 2
Subpopulationen
gleich?*

die man der letzten Zeile der Tabelle 11.3 entnehmen kann. Zur inferenzstatistischen Überprüfung des Unterschieds führen wir einen *t*-Test für unabhängige Stichproben durch (s. Abschnitt 10.5.1). Der entsprechende *t*-Wert mit 177 Freiheitsgraden beträgt 1.76 ($p = .08$) und ist auf dem 5%-Niveau *nicht* signifikant. Dieser Test liefert also ebenfalls keinen Anlaß, die mit Gleichung 2 formulierte Hypothese — und damit die Hypothese, daß die Testhälften SA_1 und SA_2 essentiell τ-äquivalent sind — zu verwerfen. Diese Art des Modelltests könnte man nun mit verschiedenen Substichproben durchführen, denn für je 2 beliebige Subpopulationen muß die in Gleichung 2 angegebene Gleichheit der Erwartungswerte gegeben sein, wenn die Annahme der essentiellen τ-Äquivalenz gilt.

Tabelle 11.3. Kovarianzen (untere Dreiecksmatrix), Korrelationen (obere Dreiecksmatrix) und Mittelwerte (letzte Zeile) der State-Angst-Testhälften in den beiden Geschlechtsgruppen

	Männer ($N = 89$)				**Frauen** ($N = 90$)			
	SA_1	SA_2	SA_3	SA_4	SA_1	SA_2	SA_3	SA_4
SA_1	26.86	.89	.52	.59	22.77	.88	.26	.28
SA_2	22.78	24.44	.55	.63	21.22	25.81	.27	.32
SA_3	14.56	14.65	29.31	.90	6.35	7.00	25.31	.91
SA_4	16.58	17.14	26.63	29.92	6.97	8.51	24.02	27.66
	20.24	21.63	21.79	23.11	20.36	22.39	21.17	22.61

Anmerkungen: Zur Notation siehe Tabelle 11.1. SA_1 und SA_2 sind zur ersten Meßgelegenheit, SA_3 und SA_4 zur zweiten Meßgelegenheit erhoben. Die letzte Zeile enthält die Mittelwerte

11.3 Schätzung der Reliabilität

In Kap. 9 wurde die Reliabilität einer stochastischen Variablen Y_i als Quotient der Varianz der True-Score-Variablen τ_i und der Varianz der Variablen Y_i definiert. Es sei jedoch noch einmal daran erinnert, daß diese Formel zunächst nur zur *Definition* der Reliabilität dient, da es sich bei der Varianz der True-Score-Variablen τ_i um eine *unbekannte* theoretische Größe handelt. Will man in einer Anwendung die Reliabilität

Annahmen bei der Bestimmung der Reliabilität

der Meßwertvariablen aus *empirisch schätzbaren* Parametern wie Varianzen, Kovarianzen und Korrelationen der beobachtbaren Variablen bestimmen, so müssen bestimmte Bedingungen erfüllt sein, die im vorangegangenen Kapitel behandelt wurden, nämlich die Annahmen

- der essentiellen τ-Äquivalenz und
- unkorrelierter Fehler.

Nur wenn diese beiden Annahmen erfüllt sind und damit das Modell essentiell τ-äquivalenter Variablen mit unkorrelierten Fehlern vorliegt, kann die Reliabilität der Testhälften nach Gleichung 10.17 bestimmt werden. Darin, wie auch in allen anderen in Kap. 10 behandelten Gleichungen, kommen aber die *theoretischen* Varianzen und Kovarianzen der *Y*-Variablen vor. Diese sind ebenfalls unbekannt, können aber unter der Voraussetzung, daß eine Zufallsstichprobe vorliegt, durch entsprechende Stichpro-

Weitere Annahmen über die Stichprobe bei Schätzung der Reliabilität

benvarianzen und -kovarianzen erwartungstreu geschätzt werden. Bei einer **Zufallsstichprobe** ist das in Abschnitt 9.3 beschriebene Zufallsexperiment *N*-mal durchzuführen, wobei man darauf achten muß, daß die Personen keine Informationen austauschen, z.B. indem sie voneinander abschreiben oder auf irgendeine andere Art und Weise ihre Antworten auf die Fragen des Tests aufeinander abstimmen.

Die in Abschnitt 11.2 durchgeführten Überprüfungen des Modells essentiell τ-äquivalenter Variablen führten zu dem Ergebnis, daß man innerhalb der ersten Meßgelegenheit von der Gültigkeit dieses Modells ausgehen kann. Daher kann man hier die in Kap. 10 behandelten Formeln zur Reliabilitätsbestimmung anwenden.

Schätzung der Reliabilität

Reliabilität der Testhälften. Verwenden wir die in Abb. 11.2 angegebenen Varianzschätzungen, erhalten wir nach Gleichung 10.17 für $i = 1, 2$:

$$Rel(SA_i) = \frac{Cov(SA_i, SA_j)}{Var(SA_i)} = \frac{Var(\eta)}{Var(\eta) + Var(\varepsilon_i)} \approx \frac{21.90}{21.90 + 3.01} \approx .88.$$

Reliabilitätsschätzung über die Paralleltest-Korrelation

Da auch die Gleichheit der Fehlervarianzen angenommen wurde, können wir auch die Formel 10.18 verwenden:

$$Rel(SA_i) = \frac{Cov(SA_i, SA_j)}{Std(SA_i) \cdot Std(SA_j)} \approx \frac{21.90}{4.99 \cdot 4.99} \approx .88,$$

$i = 1, 2$. Demnach erklärt also die latente State-Angst-Variable η ca. 88% der Varianz der State-Angst-Testhälften. Die restlichen 12% sind der Anteil der Fehlervarianz.

Spearman-Brown-Formel zur Test-verlängerung

Reliabilität des Gesamttests. Bei den obigen Berechnungen beachte man, daß es dort um die Reliabilität der *Testhälften SA_i* und nicht um die Reliabilität des *Gesamttests SA_1 + SA_2* geht. Die Testhälften selbst haben aber normalerweise nur die Funktion, die Schätzung der Reliabilität zu ermöglichen. Daher sind sie oft nur von technischem Interesse. In der Regel will man vor allem das Ausmaß der Fehlerbehaftetheit des Gesamttests schätzen. Nach der *Spearman-Brown-Formel*

$$Rel(Y_1 + Y_2) = 2 \cdot Rel(Y_i) / [1 + Rel(Y_i)]$$

(s. Abschnitt 10.7) können wir im vorliegenden Beispiel die Reliabilität des Gesamttests $SA := SA_1 + SA_2$ durch $2 \cdot .88 / (1 + .88) \approx .94$ schätzen. Dabei beachte man, daß diese Formel nur unter den in Abschnitt 10.7 angegebenen Annahmen der essentiellen τ-Äquivalenz, unkorrelierter Fehler und gleicher Fehlervarianzen gültig ist.

Untere Schranke der Reliabilität. Schließlich sei auch noch *Cronbachs* α zur Berechnung der unteren Schranke der Reliabilität illustriert. Dabei benötigen wir Schätzungen für die Varianzen $Var(Y_i)$ und für die Varianz $Var(S)$ des Gesamttests $S := Y_1 + Y_2$ (s. Abschnitt 10.8). Greifen wir dabei auf die in Tabelle 11.1 angegebenen Stichprobenvarianzen und -kovarianzen zurück, dann können wir daraus zum einen Schätzungen für die Varianzen $Var(Y_i)$ entnehmen und zum anderen die Varianz von S schätzen durch

$$Var(S) = Var(Y_1) + Var(Y_2) + 2 \cdot Cov(Y_1, Y_2)$$
$$\approx 24.67 + 25.14 + 2 \cdot 21.90 \approx 93.61$$

(s. Box F.1, Regel vii). Mit $m = 2$ Teiltests errechnet sich daher *Cronbachs* α wie folgt:

Cronbachs α

$$\alpha := \frac{m}{m-1} \left[1 - \frac{\sum_{i=1}^{m} Var(Y_i)}{Var(S)} \right] \approx \frac{2}{2-1} \left[1 - \frac{24.67 + 25.14}{93.61} \right] \approx .94.$$

Dieses Ergebnis stimmt mit dem Ergebnis der Spearman-Brown-Formel perfekt überein, was im Falle essentiell τ-äquivalenter Variablen Y_i auch zu erwarten ist.

11.4 Zusammenfassung

2 Gründe für Modelltests

In diesem Kapitel wurden die im vorangegangenen Kapitel behandelten Möglichkeiten, ein Modell essentiell τ-äquivalenter Variablen empirisch zu überprüfen, am Beispiel von Parallelformen (Testhälften) des State-Angstinventars (Laux et al. 1981) illustriert. Eine solche Überprüfung ist in der vorliegenden Anwendung mindestens aus 2 Gründen wichtig:

- zur Prüfung der Stabilität des zu messenden Merkmals
- zur Prüfung der Voraussetzungen für die Reliabilitätsbestimmung.

Ergebnisse der Modelltests

Mit Hilfe des Programms LISREL 7 (Jöreskog & Sörbom, 1989) wurde zunächst die vom Modell implizierte Kovarianzstruktur in der Gesamtpopulation getestet. Dabei zeigte sich erwartungsgemäß, daß man bei der Messung von *State-Angst* nur *innerhalb* einer Meßgelegenheit von essentiell τ-äquivalenten Testhälften ausgehen kann. Postuliert man dagegen dieses Modell für 2 Testhälften, die beide zu 2 *verschiedenen* Meßgelegenheiten erhoben wurden, dann führt diese Überprüfung zu einer Verwerfung des damit formulierten Modells. Ein *anderes* Ergebnis wäre für einen Test, der *Angst als Zustand* messen soll, verheerend, denn es würde bedeuten, daß sich das zu messende Merkmal nicht verändert, was in diesem Fall natürlich das Meßinstrument unglaubwürdig machen würde.

Als weitere Möglichkeit, ein Modell essentiell τ-äquivalenter Variablen empirisch zu überprüfen, wurde die Gleichheit der Erwartungswerte der Differenz zwischen den beiden Testhälften in den Subpopulationen der Männer und Frauen getestet. Das dabei verwendete statistische Verfahren war der *t*-Test für unabhängige Stichproben. Die Ergebnisse dieses Tests führten nicht zu einer Verwerfung der Hypothese, daß die beiden Testhälften essentiell τ-äquivalent sind.

Illustration der Reliabilitätsschätzung

Demnach darf man also von der Gültigkeit des Modells essentiell τ-äquivalenter Variablen für die beiden Testhälften, die in der ersten Meßgelegenheit erhoben wurden, ausgehen und die in diesem Modell geltenden Formeln z.B. zur Reliabilitätsschätzung verwenden. An den gleichen Daten wurde abschließend auch die Verwendung der Formeln zur Testverlängerung und zur Abschätzung einer unteren Schranke für die Reliabilität illustriert.

Fragen

?

1. Mit welchem Problem muß man bei der Berechnung der Item-Gesamttest-Korrelation rechnen?
2. Welchen Gesichtspunkt sollte man bei der Itemselektion neben der Item-Gesamttest-Korrelation noch berücksichtigen?
3. Welche Kovarianzstruktur in der Gesamtpopulation wird durch das Modell essentiell τ-äquivalenter Variablen mit unkorrelierten Fehlern impliziert?
4. Warum kann man bei der Messung von State-Angst das Retest-Verfahren zur Schätzung der Reliabilität nicht anwenden?
5. Warum bedeutet die Nichtverwerfung der Nullhypothese gleicher Kovarianzen nicht, daß man diese Nullhypothese annimmt?

6. Was ist das Grundprinzip des von einem Programm zur Analyse von Strukturgleichungsmodellen wie LISREL durchgeführten Signifikanztests zur Überprüfung der Kovarianzstruktur?

7. Was ist der Spearman-Brown-Formel und Cronbachs α gemeinsam?

Antworten

1. Bei schiefen Verteilungen der Antworten auf die verschiedenen Kategorien des Items kann die Korrelation des Items mit dem Gesamttest nicht mehr den maximalen Wert 1 erreichen, selbst dann nicht, wenn ein perfekter Zusammenhang zwischen Item und Gesamttest vorliegt (vgl. hierzu das entsprechende Problem beim Phi-Koeffizienten bei Bortz, 1993, S. 278). Eine relativ niedrige Korrelation weist bei extrem schief verteilten Items also nicht unbedingt auf einen niedrigen Zusammenhang zwischen Item und Gesamttest hin.

2. Man sollte darauf achten, daß man Items mit unterschiedlicher *Schwierigkeit* in den Test aufnimmt. Andernfalls kann der Test nicht in allen Bereichen des zu messenden Merkmals angemessen zwischen den Probanden diskrimieren (s. Abschnitt 11.1).

3. Das Modell essentiell τ-äquivalenter Variablen mit unkorrelierten Fehlern impliziert, daß die Kovarianzen aller betrachteter Y-Variablen in der Gesamt*population* gleich sind.

4. Bei der Messung von State-Angst kann man das Retest-Verfahren zur Schätzung der Reliabilität deswegen nicht anwenden, weil man mit einer Veränderung des zu messenden Merkmals (hier: der State-Angst) rechnen muß. Dies führt aber dazu, daß die Bedingung der essentiellen τ-Äquivalenz (die Gleichheit des zu messenden Merkmals bei beiden Messungen) nicht erfüllt sein kann.

5. Daß ein Signifikanztest nicht signifikant wird und man daher die Nullhypothese nicht verwirft, kann z.B. dadurch zustandekommen, daß die Stichprobe zu klein ist, um eine vorhandene Abweichung von der Nullhypothese zu entdecken.

6. Ein solches Programm berechnet unter Berücksichtigung der vom betrachteten Modell implizierten Restriktionen eine Kovarianzmatrix, die bei den gegebenen Daten am wahrscheinlichsten ist (d.h. optimal ist im Sinne des Maximum-Likelihood-Prinzips; ML-Schätzung). Diese *vom Modell implizierte Kovarianzmatrix* wird dann mit der empirischen Kovarianzmatrix verglichen, und der Unterschied zwischen beiden wird auf statistische Signifikanz geprüft. Weicht die empirische von der vom Modell implizierten Kovarianzmatrix signifikant ab, muß das Modell verworfen werden.

7. Sowohl die Spearman-Brown-Formel, als auch Cronbachs α stellen Beziehungen zwischen den durch Y_i repräsentierten Teiltests und dem durch $S := Y_1 + ... + Y_m$ repräsentierten Gesamttest her.

Übungen

1. Berechnen Sie unter der Verwendung von Gleichung 10.13 und der in Abb. 11.1 angegebenen Zahlen die vom Modell essentiell τ-äquivalenter Variablen mit unkorrelierten Fehlern implizierte Kovarianzmatrix und vergleichen Sie diese mit der in Tabelle 11.1 angegebenen empirischen Kovarianzmatrix.

2. Zeigen Sie, daß die Annahmen (a) der essentiellen τ-Äquivalenz, (b) unkorrelierter Fehler und (c) Gleichheit der Fehlervarianzen auch schon für $m = 2$ Y-Variablen eine Restriktion der Kovarianzmatrix der Y-Variablen darstellen.

3. Berechnen Sie unter Verwendung der in Abb. 11.2 angegebenen Zahlen Schätzungen für die Varianzen der True-Score- und Fehlervariablen der Gesamttestwertvariablen $SA := SA_1 + SA_2$.

4. Sie haben einen Test zur Messung des momentanen Angstzustands an 100 Personen im Abstand von drei Wochen zweimal erhoben und eine (Retest-) Korrelation von .50 zwischen den beiden Testwertvariablen gefunden. Welche Aussage können Sie über die Reliabilität der beiden Variablen machen, wenn Sie davon ausgehen, daß (a) die True-Score-Variablen zu beiden Meßgelegenheiten gleiche Varianzen haben, (b) die Meßfehlervariablen gleiche Varianzen haben und (c) die Meßfehlervariablen unkorreliert sind? Begründen Sie Ihre Antwort!

5. Berechnen Sie das 95%-Konfidenzintervall für den wahren Wert einer Person mit einem Gesamttestwert von 40 auf der State-Angst-Skala des STAI, wenn man die Normalverteilung der Testwerte voraussetzt!

6. Geben Sie an, welche Reliabilität die State-Angst-Skala des STAI mindestens haben müßte, wenn man ein 95%-Konfidenzintervall für den wahren Wert einer Person mit dem Gesamttestwert 40 haben wollte, welches nicht breiter als 4 Punkte ist, also von 38 – 42 reicht. (Im Text wurde die Varianz der State-Angstskala des STAI auf 93.61 geschätzt.) Geben Sie auch an, wie man dieses Konfidenzintervall ausrechnen kann!

Lösungen

1. Unter der Verwendung der in Abb. 11.1 angegebenen Zahlen und der Kovarianzstrukturgleichung 10.13 erhalten wir die in Tabelle 11.2 angegebene, vom Modell implizierte Kovarianzmatrix. Insbesondere die Kovarianz zwischen den beiden (zum ersten Meßzeitpunkt erhobenen) Variablen SA_1 und SA_2 und die Kovarianz zwischen den beiden (zum zweiten Meßzeitpunkt erhobenen) Variablen SA_3 und SA_4 stimmen mit den entsprechenden empirischen Kovarianzen 21.90 bzw. 25.26 (s. Tab. 11.1) äußerst schlecht überein.

2. Wegen der essentiellen τ-Äquivalenz gilt für die beiden Y-Variablen die Gleichung 10.3. Aus den Annahmen unkorrelierter Fehler, gleicher Fehlervarianzen und aus der Additivität von True-Score- und Fehlervarianz folgen dann:

$$Var(Y_i) = Var(\eta) + Var(\varepsilon), \quad i = 1, 2, \quad \text{und} \quad Cov(Y_1, Y_2) = Var(\eta).$$

Das Modell impliziert also, daß die 3 empirischen Parameter $Var(Y_1)$, $Var(Y_2)$ sowie $Cov(Y_1, Y_2)$ sich aus den beiden theoretischen Parametern $Var(\eta)$ und $Var(\varepsilon)$ berechnen lassen. Darin besteht die Restriktion der Kovarianzmatrix der Y-Variablen, die das Modell impliziert. Im vorliegenden Fall impliziert dies: $Var(Y_1) = Var(Y_2)$.

3. Nachdem mit den in Abb. 11.2 angegebenen Zahlen Schätzungen der Varianzen für die latente Variable η und die beiden Fehlervarianzen vorliegen, kann man auch entsprechende Schätzungen für den Gesamttest berechnen. Dazu setzen wir die durch Abb. 11.2 repräsentierten Modellgleichungen in die Gleichung für die Varianz des Gesamttests ein, wobei wir statt SA_i die Bezeichnungen Y_i für die Variablen verwenden:

$$Var(S) = Var(Y_1 + Y_2) = Var[(\eta + \varepsilon_1) + (\eta + \varepsilon_2)] \qquad \text{(s. Abb. 11.2)}$$

$$= Var(2\,\eta + \varepsilon_1 + \varepsilon_2)$$

$$= 4\,Var(\eta) + Var(\varepsilon_1) + Var(\varepsilon_2) \qquad \text{(Box F.1, vii; alle 3 Variablen unkorr.)}$$

$$= 87.6 + 6.02. \qquad \text{(s. Abb. 11.2)}$$

Dabei ist 87.6 eine Schätzung der Varianz der True-Score-Variablen von S und 6.02 eine Schätzung der Varianz der zugehörigen Fehlervariablen, denn:

$$S = Y_1 + Y_2 = (\eta - \lambda_1 + \varepsilon_1) + (\eta - \lambda_2 + \varepsilon_2) \qquad \text{(s. Gl. 10.3)}$$
$$= 2\,\eta + (\varepsilon_1 + \varepsilon_2) - (\lambda_1 + \lambda_2).$$

4. Die untere Grenze der Reliabilität kann in diesem Fall als .50 geschätzt werden. Bezeichnet man nämlich mit τ_1 und τ_2 die latenten State-Angst-Variablen zu den beiden Meßgelegenheiten, dann gelten unter den genannten Annahmen:

$$Cov(Y_1, Y_2) = Cov(\tau_1 + \varepsilon_1, \tau_2 + \varepsilon_2) = Cov(\tau_1, \tau_2) \qquad \text{[Voraussetzung (c)]}$$

und

$$Var(Y_1) = Var(Y_2). \qquad \text{[Voraussetzungen (a), (b)]}$$

Daher gilt:

$$Kor(Y_1, Y_2) = Cov(Y_1, Y_2) / [Std\,(Y_1) \cdot Std\,(Y_1)]$$
$$= Cov(\tau_1, \tau_2) / Var(Y_i), \quad i = 1, 2.$$

Unter der Voraussetzung (a) gilt: $Cov(\tau_1, \tau_2) \le Var(\tau_i)$, $i = 1, 2$. Daher folgt: $Kor(Y_1, Y_2) \le Rel(Y_i)$, $i = 1, 2$.

5. Wenn man die Normalverteilung der Testwerte voraussetzt, liegt der wahre Wert einer Person mit einem Gesamttestwert von 40 auf der State-Angstskala des STAI mit einer Wahrscheinlichkeit von 95% zwischen 35.35 und 44.65. Dabei werden die im Text (Abschnitt 11.3) geschätzte Varianz des Gesamttests von 93.61 und die geschätzte Reliabilität von .94 zugrundegelegt. Außerdem werden dabei die in Abschnitt 9.2 behandelten Formeln 9.5 und 9.7 verwendet.
6. Wenn man ein 95%-Konfidenzintervall für den wahren Wert dieser Person auf der State-Angst-Skala des STAI haben wollte, das nicht breiter als 4 Punkte ist, müßte der Test eine Reliabilität von mindestens .99 haben. Dies kann man durch Umstellung der Formeln 9.5 und 9.7 ausrechnen.

Weiterführende Literatur

Zur Einführung in Strukturgleichungsmodelle und zur Verwendung des Programms LISREL seien die Bücher von Bollen (1989), Hayduk (1987), Jöreskog und Sörbom (1989), Kenny (1979), Loehlin (1987), Long (1983), Saris und Stronkhorst (1984) empfohlen. Deutschsprachige Einführungen sind Pfeifer und Schmidt (1987) sowie Hodapp (1984). Kürzer gefaßte Einführungen findet man in Backhaus et al. (1990), Knoche (1990) und in Pedhazur (1982). Das hier verwendete Beispiel wird ausführlicher in Steyer et al. (1989) sowie in Steyer et al. (1990) behandelt.

12 Vertiefung des Modells essentiell τ-äquivalenter Variablen

Überblick

In Kap. 10 wurden die wichtigsten Ideen des Modells essentiell τ-äquivalenter Variablen eingeführt. Wie bei den bisher behandelten Meßmodellen sollen nun die dabei verwendeten Begriffe präzisiert, die aufgestellten Behauptungen in einer exakten Sprache formuliert und bewiesen werden. Dies scheint uns für eine Vertiefung des Verständnisses der „Logik" dieses Modells nützlich zu sein.

Exemplarische
Darstellung der
logischen Struktur
eines stochastischen
Meßmodells

Die in diesem Modell zentrale Annahme ist die *essentielle τ-Äquivalenz*. Diese Annahme reicht bereits aus, um die volle logische Struktur eines stochastischen Meßmodells entfalten zu können. Dazu gehören neben der Untersuchung der *Existenz-*, *Eindeutigkeits-* und *Bedeutsamkeitsprobleme* (und damit des Skalenniveaus der im Modell vorkommenden theoretischen Größen) auch die Probleme der *Testbarkeit* und der *Schätzbarkeit*. Für das letztgenannte Problem ist allerdings eine Zusatzannahme notwendig, wie die *Unkorreliertheit der Fehler* oder die restriktivere Annahme der *bedingten regressiven Unabhängigkeit*. Jede dieser zusätzlichen Annahmen erlaubt auch die Ableitung weiterer testbarer Konsequenzen.

Aufbau des
Kapitels

Der Aufbau dieses Kapitels folgt den genannten Problemstellungen. Nach der Darstellung der zentralen Modellannahme der essentiellen τ-Äquivalenz werden wir die Existenz-, Eindeutigkeits-, Bedeutsamkeits-, Testbarkeits- und Schätzbarkeitstheoreme sowie die Sätze zur Testverlängerung und zur unteren Schranke der Reliabilität formulieren und beweisen.

12.1 Existenz

Wie schon in Kap. 10 ausgeführt, versucht man in stochastischen Meßmodellen das Ausmaß der Fehlerbehaftetheit einer Testwertvariablen dadurch abzuschätzen, daß man dieselbe Eigenschaft (nach dem Paralleltest- oder dem Retest-Verfahren) wiederholt mißt. Die dabei resultierende Variation der Meßwerte kann dann über die Größe der Fehlervarianz Aufschluß geben. Die Annahme der essentiellen τ-Äquivalenz wurde bereits in Kap. 10 eingeführt, um zu präzisieren, was es heißt, daß 2 Tests „dasselbe Merkmal messen". Hier wird diese Bedingung zunächst in einer (logisch äquivalenten) Formulierung eingeführt, in der nur auf bereits definierte Größen, nämlich die True-Score-Variablen (und noch nicht auf die gemeinsame latente Variable

Was heißt
„2 Tests messen
dieselbe
Eigenschaft"?

η), Bezug genommen wird. Wie wir dann zeigen, impliziert die so formulierte essentielle τ-Äquivalenz die Existenz der theoretischen (oder latenten) Variablen η, die die zu messende Eigenschaft im mathematischen Modell repräsentiert.

12.1.1 τ-Äquivalenz und essentielle τ-Äquivalenz

*Klassische
Meßstruktur*

Im folgenden greifen wir auf den Begriff einer *klassischen Meßstruktur* zurück, den wir bereits in Abschnitt 9.3 eingeführt haben. Eine solche klassische Meßstruktur besteht aus einem Wahrscheinlichkeitsraum (W-Raum) $\langle \Omega, \mathcal{A}, P \rangle$ mit $\Omega = U \times M$ und den Regressionen (oder bedingten Erwartungen) $E(Y_i|p_U)$, $i = 1, ..., m$, den True-Score-Variablen τ_i. Dabei sind sowohl die Testwertvariablen $Y_i: \Omega \rightarrow \mathbb{R}$ als auch die Projektion $p_U: \Omega \rightarrow U$ stochastische Variablen auf $\langle \Omega, \mathcal{A}, P \rangle$. Außerdem wird vorausgesetzt, daß die Variablen Y_i eine positive und endliche Varianz haben.

*True-Score-
Variablen*
$\tau_i := E(Y_i|p_U)$

Definitionen. Sei $\mathbb{M} = \langle \langle \Omega, \mathcal{A}, P \rangle, E(y|p_U) \rangle$ eine klassische Meßstruktur.

(i) Die Variablen $Y_1, ..., Y_m$ heißen *essentiell τ-äquivalent* genau dann, wenn zu jedem Paar $\langle i, j \rangle$, $i, j = 1, ..., m$, ein $\lambda_{ij} \in \mathbb{R}$ existiert mit

*Annahme der
essentiellen
τ-Äquivalenz*

$$E(Y_i|p_U) = E(Y_j|p_U) + \lambda_{ij}. \tag{1}$$

(ii) Die Variablen $Y_1, ..., Y_m$ heißen *τ-äquivalent* genau dann, wenn Gleichung 1 gilt mit $\lambda_{ij} = 0$, für alle $i, j = 1, ..., m$.

*Was heißt
„essentiell
τ-äquivalent"?*

Erläuterungen. Die mit i formulierte Bedingung heißt *essentielle τ-Äquivalenz*. Zwei essentiell τ-äquivalente Variablen Y_1 und Y_2 haben also jeweils Regressionen $E(Y_1|p_U)$ bzw. $E(Y_2|p_U)$, die bis auf die Addition mit einer Konstanten λ_{12} (und daher im wesentlichen oder *essentiell*) gleich sind. Sind Y_1 und Y_2 τ-äquivalent und nicht nur essentiell τ-äquivalent, dann gilt der obigen Definition zufolge: $E(Y_1|p_U)$ $= E(Y_2|p_U)$, d.h. die beiden Y-Variablen haben dann True-Score-Variablen, die identisch sind. Sie messen dieselbe Eigenschaft. Die wichtigsten Folgerungen aus dieser Definition werden in den nächsten Abschnitten behandelt.

Mit der in Definition 12.1.1 formulierten Annahme setzt man *fest vorgegebene* stochastische Variablen $Y_1, ..., Y_m$ voraus, die nicht jeweils z.B. durch eine beliebige lineare Transformation ersetzt werden können. Ersetzungen der ursprünglichen Y-Variablen sind in diesem Modell nur dann möglich, wenn *alle* Y-Variablen durch die *gleiche* lineare Transformation ersetzt werden. Kommen beispielsweise die Variablen Y_1 und Y_2 durch die Testwerte (z.B. Summenwerte) auf 2 Parallelformen eines Tests zustande, dann wäre es auch unsinnig, anstelle von Y_1 und Y_2 z.B. als Ausgangsvariablen $Y_1' := 10 \cdot Y_1$ und $Y_2' :=$ $100 \cdot Y_2$ zu wählen. Wenn als Ausgangsvariablen Transformationen der Testwerte in Frage kommen, dann sollten beide Testwertvariablen in gleicher Weise transformiert werden. Für diese in gleicher Weise transformierten Variablen kann man dann wieder die Annahme der essentiellen τ-Äquivalenz machen. Allerdings wäre in solchen Fällen zu überlegen, ob man nicht ein anderes Modell zugrunde legen sollte, in dem nicht die Variablen $Y_1, ..., Y_m$ den Ausgangspunkt bilden, sondern eine *Familie* von jeweils m Variablen $Y_1, ..., Y_m$, $Y_1', ..., Y_m'$ etc., wobei jeweils die zu einem m-tupel $\langle Y_1', ..., Y_m' \rangle$ gehörende Variable Y_i' aus der entsprechenden Variablen Y_i durch die gleiche lineare Transformation hervorgeht, d.h. durch eine lineare Transformation, deren Koeffizienten für alle $i = 1, ..., m$ gleich sind. In diesem Buch soll jedoch das üblicherweise verwendete Modell essentiell τ-äquivalenter Variablen der Klassischen Testtheorie dargestellt werden.

12.1.2 Die latente Variable η

Im folgenden Korollar wird eine erste Bedingung formuliert, die mit der in der obigen Definition formulierten essentiellen τ-Äquivalenz logisch äquivalent ist.

Existenzsatz   **Korollar.** Sei $\mathbb{M} = \langle\langle \Omega, \mathcal{A}, P\rangle, E(y|p_U)\rangle$ eine klassische Meßstruktur. Die stochastischen Variablen $Y_1, ..., Y_m$ sind essentiell τ-äquivalent genau dann, wenn eine reelle stochastische Variable η auf $\langle \Omega, \mathcal{A}, P\rangle$ und ein Vektor $\boldsymbol{\lambda} := \langle \lambda_1, ..., \lambda_m \rangle \in \mathbb{R}^m$ existieren, so daß für $i = 1, ..., m$ gilt:

$$E(Y_i|p_U) = \eta - \lambda_i. \tag{2}$$

Beweis. Unter Rückgriff auf die in Gleichung 1 vorkommenden Größen definiere man z.B. $\eta := E(Y_1|p_U)$ und $\lambda_i := -\lambda_{i1}$. Man sieht dann sofort, daß η eine numerische Funktion von p_U ist und daß die im obigen Korollar formulierte Bedingung aus der Definition essentiell τ-äquivalenter Variablen folgt. Daß auch die umgekehrte Implikationsrichtung gilt, erkennt man ebenso leicht. Nach Gleichung 2 gelten nämlich

$$E(Y_i|p_U) = \eta - \lambda_i \quad \text{sowie} \quad E(Y_j|p_U) = \eta - \lambda_j.$$

Auflösen nach η und Gleichsetzen ergibt dann Gleichung 1 mit $\lambda_{ij} := \lambda_j - \lambda_i$.

2 Versionen der Annahme der essentiellen τ-Äquivalenz   **Bemerkungen.** Diesem Korollar zufolge existiert unter der in der Definition 12.1.1 i formulierten Annahme eine (latente) Variable η, die allen Y-Variablen gemeinsam ist. Mit den zugehörigen Koeffizienten λ_i erfüllt diese latente Variable das Fundamentalgesetz der subtraktiven Parametrisierung des Modells essentiell τ-äquivalenter Variablen (s. Kap. 10). Die in der Definition essentiell τ-äquivalenter Variablen und im obigen Korollar aufgeführten Bedingungen sind also äquivalent. In der im obigen Korollar verwendeten Formulierung wird deutlich, daß die Variablen Y_i eine *gemeinsame* latente Variable haben, nämlich η. Die in der Definition essentiell τ-äquivalenter Variablen verwendete Formulierung hat dagegen einen anderen Vorteil: Dort wird nur auf wohldefinierte Größen Bezug genommen. Die Existenz der theoretischen Größe η, die im Modell essentiell τ-äquivalenter Variablen eingeführt wird, kann also *aus einer Annahme über wohldefinierte Größen* [die Regressionen $E(Y_i|p_U) = \tau_i$] *logisch abgeleitet werden.*

Man beachte beim Beweis des obigen Korollars, daß z.B. auch $E(Y_2|p_U)$ die Rolle von η spielen könnte, d.h. auch für $\eta := E(Y_2|p_U)$ gilt Gleichung 2. Demnach ist η durch die Annahme der essentiellen τ-Äquivalenz nicht völlig eindeutig definiert, worauf wir im Abschnitt 12.2 zurückkommen werden.

Die Varianz von η ist übrigens endlich, denn sie ist mit der Varianz der True-Score-Variablen $E(Y_i|p_U)$ identisch, und diese ist endlich, weil die Varianzen der

2 Arten
theoretischer
Größen: η *und die*
Parameter λ_i

Die Skala φ

η *und* φ *sind*
„inhaltlich"
identisch, haben
aber verschiedene
Definitionsbereiche

Y-Variablen in einer klassischen Meßstruktur als endlich angenommen wurden und sich die True-Score- und die Fehlervarianz der betreffenden *Y*-Variablen aufaddieren. Wenn aber die Summe endlich ist, müssen auch die Summanden endlich sein.

Mit dem Modell essentiell τ-äquivalenter Variablen werden *simultan* theoretische Größen für die Beobachtungseinheiten *u* und die *Y*-Variablen definiert. Jede reelle Konstante λ_i, $i = 1, ..., m$, charakterisiert die *Variable* Y_i. Ein Wert der latenten Variablen η dagegen kennzeichnet die *Beobachtungseinheit u*. Dies ist allerdings nicht ganz leicht zu erkennen, da der Definitionsbereich von η nicht *U*, sondern die Menge Ω ist. Gleichung 2 zeigt jedoch, daß η eine Funktion von p_U ist, d.h. η läßt sich als Komposition einer reellen Funktion φ: $U \to \mathbb{R}$ mit der Projektion p_U darstellen: $\eta = \phi(p_U)$ (s. Abschnitt G.1.1 im Anhang G). Eigentlich ist also φ diejenige Funktion, die den Beobachtungseinheiten *u* die theoretischen Meßwerte zuweist. Eine solche Funktion wurde im Teil I eine *Skala* genannt. Im Kontext stochastischer Modelle ist es jedoch einfacher, mit η anstatt mit φ zu arbeiten, da η im Gegensatz zu φ eine stochastische Variable auf dem W-Raum $\langle \Omega, \mathcal{A}, P \rangle$ ist, ebenso wie die anderen bisher betrachteten stochastischen Variablen Y_i, ε_i und p_U. Abb. 12.1 veranschaulicht die Beziehungen zwischen p_U, φ und η.

12.1.3 Modell essentiell τ-äquivalenter Variablen

Bevor wir auf die Fragen der zulässigen Transformationen und der Eindeutigkeit zu sprechen kommen, sei zuvor die Definition eines Modells essentiell τ-äquivalenter Variablen eingeführt, in der die bisherigen Überlegungen zusammengefaßt werden. Dabei unterscheiden wir zwischen einem *unparametrisierten* Modell essentiell τ-äquivalenter Variablen und seiner *subtraktiven Parametrisierung*.

Definitionen. Sei $\mathbb{M}_0 := \langle \langle \Omega, \mathcal{A}, P \rangle, E(y \mid p_U) \rangle$ eine klassische Meßstruktur.

Das Modell ...

und seine
Parametrisierung

(i) $\mathbb{M}_0$ heißt *(unparametrisiertes) Modell essentiell τ-äquivalenter Variablen* genau dann, wenn die Variablen Y_i essentiell τ-äquivalent sind.

(ii) $\mathbb{M} := \langle \langle \Omega, \mathcal{A}, P \rangle, E(y \mid p_U), \eta, \lambda \rangle$ heißt *subtraktiv parametrisiertes Modell essentiell τ-äquivalenter Variablen* genau dann, wenn für η und die Komponenten λ_i von $\lambda = \langle \lambda_1, ..., \lambda_m \rangle$ Gleichung 2 gilt.

Erläuterungen. Wenn man von einem Modell essentiell τ-äquivalenter Variablen spricht, muß also klar sein, von welchem W-Raum $\langle \Omega, \mathcal{A}, P \rangle$ und damit von welchem Zufallsexperiment (empirischen Phänomen) die Rede ist, welche *Y*-Variablen betrachtet werden, welches die Menge *U* der Beobachtungseinheiten und damit welches die Regressionen $E(Y_i \mid p_U) =: \tau_i$ sind. Außerdem ist ausgesagt, daß τ_i und τ_j Translationen voneinander sind (s. Gl. 1). Bei einem subtraktiv parametrisierten Modell essentiell τ-äquivalenter Variablen kommt hinzu, daß η und die Komponenten von $\lambda = \langle \lambda_1, ..., \lambda_m \rangle$ die Gleichung 2 erfüllen. Beim subtraktiv parametrisierten Modell essentiell τ-äquivalenter Variablen werden also die Beziehungen zwischen den True-Score-Variablen τ_i mit Hilfe der Variablen η und der *Parameter* λ_i beschrieben.

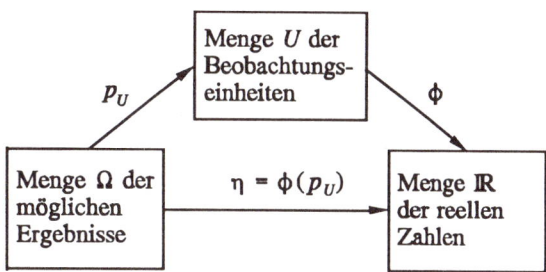

Abb. 12.1. Darstellung der Beziehungen zwischen den Abbildungen p_U, ϕ und η

12.2 Zulässige Transformationen und Eindeutigkeit

Wie oben angedeutet, ist die im Korollar des Abschnitts 12.1.2 vorkommende latente Variable η nicht eindeutig bestimmt, falls nur die Bedingung der *essentiellen* τ-Äquivalenz gilt. Auch die reellen Konstanten λ_1, ..., λ_m sind bei essentiell τ-äquivalenten Variablen nicht eindeutig festgelegt.

12.2.1 Zulässige Transformationen

Verschiedene Repräsentanten η und η' bzw. $\boldsymbol{\lambda}$ oder $\boldsymbol{\lambda}'$ der theoretischen Größen

Man kann sich leicht überlegen, daß es eine ganze Familie solcher latenter Variablen η mit einem jeweils zugehörigen Vektor $\boldsymbol{\lambda} := \langle \lambda_1, ..., \lambda_m \rangle$ gibt, derart, daß diese Variablen η mit ihren zugehörigen λ-Vektoren jeweils Translationen voneinander sind. Anhand der Abb. 10.1, aber auch anhand der Gleichung 2 kann man sich klarmachen, daß *jede* zu $E(Y_1|p_U)$ und $E(Y_2|p_U)$ parallel verlaufende Funktion die Rolle von η spielen kann. Einen beliebigen *Repräsentanten* dieser Familie bezeichnen wir mit η oder η' und die zugehörigen Vektoren mit $\boldsymbol{\lambda}$ oder $\boldsymbol{\lambda}'$. Der *Grad* der Eindeutigkeit, mit dem die Variablen η und die zugehörigen λ-Vektoren definiert sind und deren Existenz mit dem Korollar des Abschnitts 12.1.2 nachgewiesen ist, soll in den folgenden Sätzen betrachtet werden.

Satz über die zulässigen Transformationen

Korollar. Man betrachte:
(a) $\mathbb{M} := \left\langle \langle \Omega, \mathcal{A}, P \rangle, E(y|p_U), \eta, \boldsymbol{\lambda} \right\rangle$ ist ein subtraktiv parametrisiertes Modell essentiell τ-äquivalenter Variablen.
(b) $\eta' := \eta + \alpha$ und $\boldsymbol{\lambda}' := \langle \lambda'_1, ..., \lambda'_m \rangle := \langle \lambda_1 + \alpha, ..., \lambda_m + \alpha \rangle$, wobei $\alpha \in \mathbb{R}$.
Aus (a) und (b) folgt für $i = 1, ..., m$:

$$E(Y_i|p_U) = \eta' - \lambda'_i. \tag{4}$$

Beweis. Die Behauptung dieses Korollars ergibt sich unmittelbar durch Einsetzen von $\eta = \eta' - \alpha$ und $\boldsymbol{\lambda} = \langle \lambda'_1 - \alpha, ..., \lambda'_m - \alpha \rangle$ in Gleichung 2.

Translationen sind zulässige Transformationen

Bemerkungen. In Bedingung (b) wird ausgehend von einer beliebigen Variablen η mit zugehörigem Vektor $\boldsymbol{\lambda}$, die die Gleichung 2 erfüllen, durch Addition mit einer Konstanten α eine neue Variable η' und ein neuer Vektor $\boldsymbol{\lambda}'$ definiert. Für η' und die Komponenten λ_i' von $\boldsymbol{\lambda}'$ gilt dann die Gleichung 4. Im Modell essentiell τ-äquivalenter Variablen sind also *Translationen zulässige Transformationen* sowohl für η als auch für die Koeffizienten λ_i. Dabei ist allerdings zu beachten, daß η und die Parameter λ_i um die *gleiche* Konstante α verschoben werden.

12.2.2 Eindeutigkeit

Gemäß dem obigen Korollar ist jede *Translation* von η zulässig. Daß in diesem Sinn im Modell essentiell τ-äquivalenter Variablen *nur* Translationen und keine anderen Transformationen zulässig sind, besagt das folgende Theorem.

Eindeutigkeitssatz

Theorem. Wenn sowohl $M := \langle\langle\Omega, \mathcal{A}, P\rangle, E(y\,|\,p_U), \eta, \boldsymbol{\lambda}\rangle$ als auch $M' := \langle\langle\Omega, \mathcal{A}, P\rangle, E(y\,|\,p_U), \eta', \boldsymbol{\lambda}'\rangle$ subtraktiv parametrisierte Modelle essentiell τ-äquivalenter Variablen sind, dann gibt es für alle $i = 1, ..., m$ eine reelle Zahl α mit:

$$\eta' = \eta + \alpha \quad \text{und} \quad \lambda_i' = \lambda_i + \alpha. \tag{5}$$

Beweis. Wenn $E(Y_i\,|\,p_U) = \eta - \lambda_i$ und $E(Y_i\,|\,p_U) = \eta' - \lambda_i'$ (s. Gln. 2 und 4), dann folgt

$$\eta' = \eta + \lambda_i' - \lambda_i.$$

Die Differenz $\lambda_i' - \lambda_i$ ist aber für alle $i = 1, ..., m$ die gleiche reelle Zahl, denn $\eta' - \eta$ hängt nicht vom Index i ab. Folglich ist es erlaubt, $\lambda_i' - \lambda_i$ mit α zu notieren, und daher gelten die Gleichungen 5.

Fazit

Erläuterungen. Den letzten beiden Sätzen zufolge gibt es also eine ganze Familie von Variablen η mit den zugehörigen Vektoren $\boldsymbol{\lambda} = \langle\lambda_1, ..., \lambda_m\rangle$, die die Gleichung 2 erfüllen. Jeder Repräsentant $\langle\eta, \boldsymbol{\lambda}\rangle$ einer solchen Familie ist eine *Translation* jedes anderen Repräsentanten.

η und die Parameter λ_i sind differenzskaliert

Sind theoretische Größen eindeutig bis auf Translationen definiert, spricht man auch davon, daß sie *differenzskaliert* sind. Dabei ist hier zu beachten, daß als Ausgangspunkte jeweils die Variablen $Y_1, ..., Y_m$ bzw. deren bedingte Erwartungen unter p_U gesetzt sind und nicht etwa irgendwelche linearen Transformationen davon. Wie in Abschnitt 12.1.1 bereits betont, würde letzteres zu einem neuen Meßmodell führen.

12.3 Bedeutsamkeit

Die letzten Abschnitte haben gezeigt, daß die rein technisch erscheinende Frage nach der Zuverlässigkeit einer Messung zu Fragen von zentraler theoretischer Bedeutung führt: *Wie* und *wie eindeutig* ist die zu messende latente Variable η definiert? Nun soll untersucht werden, welche Aussagen über diese und die damit zusammenhängenden theoretischen Größen λ_i *bedeutsam*, d.h. invariant unter den zulässigen Transformationen sind. Neben Aussagen über die Differenzen zwischen Werten von η und über die Differenzen zwischen den Koeffizienten λ_i sind Aussagen über die Varianz *Var*(η) bedeutsam.

Bedeutsamkeitssatz **Korollar.** Wenn $\mathcal{M} := \langle \langle \Omega, \mathcal{A}, P \rangle, E(y|p_U), \eta, \boldsymbol{\lambda} \rangle$ und $\mathcal{M}' := \langle \langle \Omega, \mathcal{A}, P \rangle, E(y|p_U), \eta', \boldsymbol{\lambda}' \rangle$ subtraktiv parametrisierte Modelle essentiell τ-äquivalenter Variablen sind, dann folgen:

$$\eta(\omega_1) - \eta(\omega_2) = \eta'(\omega_1) - \eta'(\omega_2), \quad \text{für alle } \omega_1, \omega_2 \in \Omega, \tag{6}$$

$$\lambda_i - \lambda_j = \lambda_i' - \lambda_j', \quad \text{für alle } i, j = 1, ..., m, \tag{7}$$

$$Var(\eta) = Var(\eta'). \tag{8}$$

Beweis. Auch die in diesem Korollar formulierten Behauptungen sind unmittelbare Folgerungen aus dem Theorem des Abschnitts 12.2.2. Von der Gültigkeit der Gleichung 6 kann man sich wie folgt überzeugen:

$$\eta'(\omega_1) - \eta'(\omega_2) = \eta(\omega_1) + \alpha - [\eta(\omega_2) + \alpha] = \eta(\omega_1) - \eta(\omega_2), \quad \omega_1, \omega_2 \in \Omega.$$

Entsprechendes gilt für die Gleichungen 7 und 8, wobei man im letzteren Fall die Rechenregel vi aus Box F.1 verwenden muß.

Bemerkungen. Nach Gleichung 8 sind Aussagen über die Varianzen *Var*(η) im genannten Sinn bedeutsam. Daraus folgt, daß dies auch für die *Varianzanteile*

$$Var(\eta)/Var(Y_i) = Var(\eta')/Var(Y_i) \tag{9}$$

gilt, wobei $i = 1, ..., m$. Diese Varianzanteile sind im Modell essentiell τ-äquivalenter Variablen mit den *Reliabilitäten* der Y-Variablen identisch, denn η ist nur eine Translation einer True-Score-Variablen τ_i (s. Gl. 2), und Varianzen sind translationsinvariant (s. Regel vi aus Box F.1). Man beachte, daß damit keineswegs eine vollständige Liste aller Größen angegeben ist, die invariant unter den zulässigen Transformationen sind.

Beispiele für nichtbedeutsame Aussagen Im Modell essentiell τ-äquivalenter Variablen sind Aussagen über den Erwartungswert $E(\eta)$ im allgemeinen *nichtbedeutsam*, da für beliebige Repräsentanten η und η' nicht $E(\eta) = E(\eta')$ gilt. Auch eine Aussage über einen einzelnen Wert $\eta(\omega)$ von η ist im Modell essentiell τ-äquivalenter Variablen *nichtbedeutsam*.

12.4 Testbarkeit

Wir untersuchen nun, ob die Annahme der essentiellen τ-Äquivalenz empirisch beobachtbare Sachverhalte zur Folge hat, die auch anders als die vom Modell implizierten sein könnten. Der erste Typ empirisch überprüfbarer Folgerungen des

Modells essentiell τ-äquivalenter Variablen bezieht sich auf die Differenzen zwischen den Erwartungswerten der Y-Variablen in Teilmengen der Menge U von Beobachtungseinheiten, d.h. in Subpopulationen.

12.4.1 Erwartungswertstruktur in verschiedenen Subpopulationen

Die erste empirisch prüfbare Konsequenz aus dem Modell essentiell τ-äquivalenter Variablen besteht darin, daß die Differenzen der Erwartungswerte der Y-Variablen in Subpopulationen $U^{(1)}$, $U^{(2)} \subset U$ gleich sind. Dabei wird keine weitere Annahme als die der essentiellen τ-Äquivalenz vorausgesetzt. Um die genannte Implikation des Modells zu präzisieren, sei unter Verwendung der Projektion $p_U\colon \Omega \to U$ das Ereignis

$$\Omega^{(s)} := \{\omega \in \Omega\colon p_U(\omega) \in U^{(s)}\}, \quad U^{(s)} \subset U, \tag{10}$$

definiert, daß eine Beobachtungseinheit u aus dieser Subpopulation gezogen wird. Dabei wird vorausgesetzt, daß die Wahrscheinlichkeit $P(\Omega^{(s)})$ für dieses Ereignis größer 0 ist. Für ein solches Ereignis existiert immer das durch

W-Maß $P^{(s)}$

$$P^{(s)}(A) := P(A \,|\, \Omega^{(s)}), \quad \text{für alle } A \in \mathcal{A}, \tag{11}$$

definierte (bedingte) W-Maß $P^{(s)}\colon \mathcal{A} \to [0, 1]$ auf $\mathcal{A}$ (s. Anhang E.2.1). Der Übergang vom W-Raum $\langle\Omega, \mathcal{A}, P\rangle$ zum W-Raum $\langle\Omega, \mathcal{A}, P^{(s)}\rangle$ entspricht dem Übergang

Subpopulation $U^{(s)}$

von der Betrachtung der Gesamtpopulation U zur Betrachtung der Subpopulation $U^{(s)}$.

Theorem. Wenn $\mathbb{M} := \langle\langle\Omega, \mathcal{A}, P\rangle, E(y\,|\,p_U), \eta, \boldsymbol{\lambda}\rangle$ ein subtraktiv parametrisiertes Modell essentiell τ-äquivalenter Variablen ist und $P^{(s)}$ das durch die Gleichung 11

$\mathbb{M}^{(s)}$

definierte W-Maß, dann ist auch $\mathbb{M}^{(s)} := \langle\langle\Omega, \mathcal{A}, P^{(s)}\rangle, \boldsymbol{E}^{(s)}(y\,|\,p_U), \eta, \boldsymbol{\lambda}\rangle$ ein subtraktiv parametrisiertes Modell essentiell τ-äquivalenter Variablen, und daher gilt für $i = 1, \ldots, m$:

$E^{(s)}(Y_i\,|\,p_U)$

$$E^{(s)}(Y_i\,|\,p_U) = \eta - \lambda_i. \tag{12}$$

Beweis. Zu zeigen ist, daß aus den Voraussetzungen die Gleichung 12 folgt, wobei $E^{(s)}(Y_i\,|\,p_U)$ die bedingte Erwartung von Y_i unter p_U hinsichtlich des W-Maßes $P^{(s)}$ bezeichnet. Zunächst ist anzumerken, daß $E(Y_i\,|\,p_U)$ eine Zufallsvariable auch auf $\langle\Omega, \mathcal{A}, P^{(s)}\rangle$ ist (s. die Definition einer Zufallsvariablen in Abschnitt F.1.1 des Anhangs F und die Definition einer bedingten Erwartung in Abschnitt G.1.2 des Anhangs G). Daher gelten

$$
\begin{aligned}
E^{(s)}(Y_i\,|\,p_U) \;&= E^{(s)}[E(Y_i\,|\,p_U)\,|\,p_U] && \text{(Box G.1 v)}\\
&= E^{(s)}[\eta - \lambda_i\,|\,p_U] && \text{(Gl. 2)}\\
&= \eta - \lambda_i. && \text{(Box G.1 ii, iv)}
\end{aligned}
$$

Der letzte Schritt ist deswegen möglich, weil η eine Funktion von p_U ist (s. Gl. 2).

Erläuterungen. Mit Gleichung 12 gilt für alle $i = 1, ..., m$ natürlich auch

$$Y_i = \eta - \lambda_i + \varepsilon_i, \quad \text{wobei } \varepsilon_i := Y_i - E^{(s)}(Y_i|p_U). \tag{13}$$

Man beachte, daß die durch die W-Maße P bzw. $P^{(s)}$ festgelegten Verteilungen der betreffenden Variablen — und damit ihre Erwartungswerte, Varianzen und Kovarianzen — verschieden sein können. $E^{(s)}(y|p_U) := \langle E^{(s)}(Y_1|p_U), ..., E^{(s)}(Y_m|p_U) \rangle$ ist der Vektor der bedingten Erwartungen bezüglich des W-Maßes $P^{(s)}$.

$E^{(s)}(y|p_U)$

Aus dem obigen Theorem folgt direkt, daß die λ-Parameter in 2 verschiedenen Subpopulationen $U^{(1)}$ und $U^{(2)}$ identisch sind. Dies führt nun zu einer empirisch überprüfbaren Bedingung. Bezeichnen $P^{(s)}$ jeweils das der Subpopulation $U^{(s)} \subset U$ zugehörige bedingte W-Maß $P^{(s)}: \mathcal{A} \to [0, 1]$ und $E^{(s)}(Y_i)$ die Erwartungswerte hinsichtlich dieses W-Maßes, dann kann dies wie folgt präzisiert werden:

$E^{(s)}(Y_i)$

Korollar. Sei $\mathbb{M} := \langle\langle\Omega, \mathcal{A}, P\rangle, E(y|p_U)\rangle$ ein Modell essentiell τ-äquivalenter Variablen.
(i) Dann gilt in jeder Subpopulation $U^{(s)}$ Gleichung 12 und für alle $i = 1, ..., m$:

$$E^{(s)}(Y_i) = E^{(s)}(\eta) - \lambda_i. \tag{14}$$

(ii) Für die Erwartungswerte zweier Variablen Y_i und Y_j, $i, j = 1, ..., m$, in 2 beliebigen Subpopulationen gilt:

$$E^{(1)}(Y_i) - E^{(1)}(Y_j) = E^{(2)}(Y_i) - E^{(2)}(Y_j). \tag{15}$$

Beweis. *ad i*: Nach den Regeln iii aus Box G.1 und ii aus Box F.1 gilt:

$$E^{(s)}(Y_i) = E^{(s)}[E^{(s)}(Y_i|p_U)] = E^{(s)}(\eta - \lambda_i) = E^{(s)}(\eta) - \lambda_i.$$

ad ii: Wendet man Gleichung 14 für i und für j an, folgt für die *erste* Subpopulation: $E^{(1)}(Y_i) - E^{(1)}(Y_j) = \lambda_j - \lambda_i$. Zum entsprechenden Ergebnis kommt man bei der Bildung der Differenz von Erwartungswerten in der *zweiten* Subpopulation. Beide Erwartungswertdifferenzen sind also identisch, womit die Behauptung bewiesen ist.

Erläuterungen. Die erste empirisch prüfbare Konsequenz aus der Annahme der τ-Äquivalenz bezieht sich also auf die Gleichheit bestimmter Differenzen der Erwartungswerte der Y-Variablen in 2 Subpopulationen. In Anwendungen könnte man die Annahme der essentiellen τ-Äquivalenz dadurch überprüfen, daß man untersucht, ob die Erwartungswertdifferenzen zweier Variablen Y_i und Y_j in 2 Subpopulationen Gleichung 15 erfüllen. Im Einführungskapitel haben wir bereits darauf hingewiesen, daß Gleichung 15 äquivalent ist mit

1. testbare Konsequenz

$$E^{(1)}(Y_i - Y_j) = E^{(2)}(Y_i - Y_j) \tag{16}$$

(s. Regel ii aus Box F.1). Hier geht es also lediglich um Vergleiche zwischen den 2 Subpopulationen hinsichtlich der Erwartungswerte der Variablen $Y_i - Y_j$.

12.4.2 Kovarianzstruktur in der Gesamtpopulation

Die zweite Art empirisch überprüfbarer Folgerungen aus der Annahme der essentiellen τ-Äquivalenz, die bereits in Kap. 10 behandelt wurde, betrifft die Kovarianzen der betrachteten Y-Variablen in der Gesamtpopulation. Dabei wird allerdings die Bedingung der essentiellen τ-Äquivalenz in Konjunktion mit der *zusätzlichen Modellannahme* unkorrelierter *Fehler* betrachtet, die ihrerseits aus der Annahme der *bedingten regressiven Unabhängigkeit* folgt. Zunächst werden in der folgenden Definition die oben angesprochenen Unabhängigkeitsannahmen eingeführt.

Definitionen. Sei $\mathbb{M}_0 = \langle\langle\Omega, \mathcal{A}, P\rangle, E(\boldsymbol{y}|p_U)\rangle$ ein Modell essentiell τ-äquivalenter Variablen.

(i) $\mathbb{M}_0$ heißt *Modell essentiell τ-äquivalenter Variablen mit bedingter regressiver Unabhängigkeit* genau dann, wenn für alle $i = 1, ..., m$ gilt:

Starke Zusatz-annahme

$$E(Y_i|p_U, Y_1, ..., Y_{i-1}, Y_{i+1}, ..., Y_m) = E(Y_i|p_U). \tag{17}$$

(ii) $\mathbb{M}_0$ heißt *Modell essentiell τ-äquivalenter Variablen mit unkorrelierten Fehlern* genau dann, wenn für alle $i, j = 1, ..., m, i \neq j$, gilt:

Schwache Zusatz-annahme

$$Cov(\varepsilon_i, \varepsilon_j) = 0, \quad \text{wobei } \varepsilon_i := Y_i - E(Y_i|p_U). \tag{18}$$

Bemerkungen. Analog können wir auch bei $\mathbb{M} := \langle\langle\Omega, \mathcal{A}, P\rangle, E(\boldsymbol{y}|p_U), \eta, \boldsymbol{\lambda}\rangle$ vom *subtraktiv parametrisierten Modell essentiell τ-äquivalenter Variablen mit bedingter regressiver Unabhängigkeit* bzw. mit *unkorrelierten Fehlern* sprechen. Die Annahme unkorrelierter Fehler wurde bereits in Kap. 10 erläutert. Im folgenden Theorem wird u.a. die wichtigste Konsequenz aus der Annahme der bedingten regressiven Unabhängigkeit formuliert, nämlich die der Unkorreliertheit der Fehlervariablen ε_i untereinander.

Theorem. Seien $\mathbb{M}_0 = \langle\langle\Omega, \mathcal{A}, P\rangle, E(\boldsymbol{y}|p_U)\rangle$ ein Modell essentiell τ-äquivalenter Variablen und $\varepsilon_i := Y_i - E(Y_i|p_U), i = 1, ..., m$, die Fehlervariablen.

Unkorreliertheit der Fehler unter-einander

(i) Wenn $\mathbb{M}_0$ ein Modell essentiell τ-äquivalenter Variablen mit bedingter regressiver Unabhängigkeit ist, dann folgt für alle $i, j = 1, ..., m, i \neq j$, die Gleichung 18, d.h. dann ist $\mathbb{M}_0$ auch ein Modell essentiell τ-äquivalenter Variablen mit unkorrelierten Fehlern.

Unkorreliertheit der Fehler mit η

(ii) Wenn $\mathbb{M} := \langle\langle\Omega, \mathcal{A}, P\rangle, E(\boldsymbol{y}|p_U), \eta, \boldsymbol{\lambda}\rangle$ ein subtraktiv parametrisiertes Modell essentiell τ-äquivalenter Variablen ist, dann gilt für $i = 1, ..., m$:

$$Cov(\varepsilon_i, \eta) = 0. \tag{19}$$

Satz zur
Kovarianzstruktur

(iii) Wenn $M := \langle \langle \Omega, \mathcal{A}, P \rangle, E(y|p_U), \eta, \lambda \rangle$ ein subtraktiv parametrisiertes Modell essentiell τ-äquivalenter Variablen mit unkorrelierten Fehlern ist, dann folgt für $i, j = 1, ..., m$:

$$Cov(Y_i, Y_j) = \begin{cases} Var(\eta), & i \neq j, \\ Var(\eta) + Var(\varepsilon_i), & i = j. \end{cases} \tag{20}$$

Beweis. *ad i*: Zu zeigen ist, daß aus der bedingten regressiven Unabhängigkeit (Gl. 17) folgt: $Cov(\varepsilon_i, \varepsilon_j) = 0$, d.h. die Unkorreliertheit der Fehler. Definitionsgemäß ist $\varepsilon_j := Y_j - E(Y_j|p_U)$ eine reelle Funktion von Y_j und p_U, und wegen Gleichung 17 kann ε_i als Residuum hinsichtlich p_U und Y_j (und anderer Regressoren) betrachtet werden, falls $i \neq j$. Ein Residuum (hier: ε_i) ist aber unkorreliert mit jeder reellen Funktion (hier: ε_j) seiner Regressoren (s. Regel xii aus Box G.1).

ad ii: Setzt man $\tau_i := E(Y_i|p_U)$, löst Gleichung 2 nach η auf und setzt das Ergebnis in $Cov(\varepsilon_i, \eta)$ ein, dann läßt sich Gleichung 19 folgendermaßen ableiten:

$$Cov(\varepsilon_i, \eta) = Cov(\varepsilon_i, \tau_i + \lambda_i) = Cov(\varepsilon_i, \tau_i) = 0,$$

wobei beim vorletzten Schritt von Regel xi aus Box F.1 und beim letzten Schritt von Aussage iii des in Abschnitt 9.4 behandelten Theorems Gebrauch gemacht wurde.

ad iii: Gleichung 20 läßt sich nun aus den eben bewiesenen beiden Gleichungen wie folgt ableiten:

$$\begin{aligned} Cov(Y_i, Y_j) &= Cov(\tau_i + \varepsilon_i, \tau_j + \varepsilon_j) \\ &= Cov(\eta - \lambda_i + \varepsilon_i, \eta - \lambda_j + \varepsilon_j] & \text{(Gl. 2)} \\ &= Cov(\eta + \varepsilon_i, \eta + \varepsilon_j) & \text{(Box F.1 xi)} \\ &= Var(\eta) + Cov(\varepsilon_i, \varepsilon_j), \quad i, j = 1, ..., m, & \text{(Box F.1 xii)} \end{aligned}$$

da $Cov(\eta, \eta) = Var(\eta)$ und $Cov(\eta, \varepsilon_i) = 0$. Im Fall $i = j$ gilt: $Cov(\varepsilon_i, \varepsilon_j) = Var(\varepsilon_i)$ und daher die zweite Zeile von Gleichung 20. Für $i \neq j$ gilt Gleichung 18 und daher die erste Zeile von Gleichung 20.

Erläuterungen. Nach Gleichung 20 haben verschiedene essentiell τ-äquivalente Variablen Y_i und Y_j die Kovarianz $Var(\eta)$, falls die Fehlervariablen ε_i untereinander unkorreliert sind. Der Gleichung 19 zufolge sind η und die Fehlervariablen ε_i unkorreliert. Dabei beachte man, daß hier nicht von den Kovarianzen in einer Stichprobe die Rede ist, sondern von den wahren (Populations-)Kovarianzen. Das folgende Korollar hebt noch einmal die in Gleichung 20 formulierte Struktur der Kovarianzen im Modell essentiell τ-äquivalenter Variablen hervor. Zugleich wird klar, daß diese Struktur der Kovarianzen nicht an eine spezielle Parametrisierung des Modells gebunden ist.

Satz über die
Gleichheit der
Kovarianzen

Korollar. Wenn $M := \langle \langle \Omega, \mathcal{A}, P \rangle, E(y|p_U) \rangle$ ein Modell essentiell τ-äquivalenter Variablen mit unkorrelierten Fehlern ist, dann gilt für je 2 Kovarianzen verschiedener Y-Variablen Y_i, Y_j, Y_k und Y_l, $i, j, k, l = 1, ..., m$:

2. testbare
Konsequenz

$$Cov(Y_i, Y_j) = Cov(Y_k, Y_l), \quad i \neq j, k \neq l. \tag{21}$$

Beweis. Würde man die subtraktive Parametrisierung voraussetzen, dann würde Gleichung 21 als unmittelbare Konsequenz aus Gleichung 20 folgen. Die mit Gleichung 21 formulierten Restriktionen der Kovarianzen gelten jedoch unabhängig von jeder Parametrisierung. Dies erkennt man nach einiger Umformungsarbeit, wenn man Gleichung 1 für die beiden Kovarianzen einsetzt in:

$$Cov(Y_i, Y_j) = Cov(\tau_i + \varepsilon_i, \tau_j + \varepsilon_j) \quad \text{und} \quad Cov(Y_k, Y_l) = Cov(\tau_k + \varepsilon_k, \tau_l + \varepsilon_l).$$

Man kann dann unter Verwendung der Gleichung 1 zeigen, daß gilt: $Cov(Y_i, Y_j) = Var(\tau_i) = Cov(Y_k, Y_l)$, und damit, daß die beiden Kovarianzen gleich sind.

Die Testbarkeit der Annahmen setzt mindestens 3 Y-Variablen voraus

Erläuterungen. Nach Gleichung 21 müssen im Modell essentiell τ-äquivalenter Variablen alle Kovarianzen zwischen verschiedenen *Y*-Variablen gleich sein. Dies gilt unabhängig von der speziellen Parametrisierung. Ausgehend von Gleichung 21 kann man sich überlegen, daß das Modell essentiell τ-äquivalenter Variablen mit unkorrelierten Fehlern bereits im Fall *m* = 3 empirisch testbare Restriktionen für die Kovarianzen der *Y*-Variablen hat, da dann 3 empirische Kovarianzen [nämlich: $Cov(Y_1, Y_2)$, $Cov(Y_1, Y_3)$ und $Cov(Y_2, Y_3)$] gleich sein müssen. Im Fall der subtraktiven Parametrisierung bedeutet dies, daß diese 3 Kovarianzen aus nur einem einzigen theoretischen Parameter [nämlich: $Var(\eta)$] berechnet werden können (s. Gl. 20).

12.4.3 Kovarianzstruktur in Subpopulationen

Folgerungen aus der Annahme der bedingten regressiven Unabhängigkeit

In den folgenden Abschnitten betrachten wir einige Konsequenzen des Modells essentiell τ-äquivalenter Variablen *mit bedingter regressiver Unabhängigkeit* für die Struktur der Kovarianzmatrizen in beliebigen Subpopulationen. (Diese Konsequenzen folgen nicht schon aus der schwächeren Zusatzannahme unkorrelierter Fehler.) Wie wir zeigen werden, folgt aus der bedingten regressiven Unabhängigkeit in der Gesamtpopulation (a) die bedingte regressive Unabhängigkeit in jeder Subpopulation und daraus (b) die Unkorreliertheit der Fehler in jeder Subpopulation. Außerdem haben wir bereits in Abschnitt 12.4.1 gezeigt, daß die Annahme der essentiellen τ-Äquivalenz (c) die Gültigkeit der Gleichung $Y_i = \eta - \lambda_i + \varepsilon_i$ in jeder Subpopulation impliziert. Die aus (b) und (c) folgenden Konsequenzen für die Struktur der Kovarianzen innerhalb einer beliebigen Subpopulation sind natürlich ebenso empirisch überprüfbar wie die analogen Konsequenzen für die Gesamtpopulation, die bereits im Abschnitt 12.4.2 behandelt wurden.

Theorem. Wenn $\mathbb{M} := \langle\langle\Omega, \mathcal{A}, P\rangle, E(y|p_U), \eta, \lambda\rangle$ ein subtraktiv parametrisiertes Modell essentiell τ-äquivalenter Variablen mit bedingter regressiver Unabhängigkeit ist, dann ist auch $\mathbb{M}^{(s)} := \langle\langle\Omega, \mathcal{A}, P^{(s)}\rangle, E^{(s)}(y|p_U), \eta, \lambda\rangle$ ein subtraktiv parametrisiertes Modell essentiell τ-äquivalenter Variablen mit bedingter regressiver Unabhängigkeit.

Beweis. Wegen des in Abschnitt 12.4.1 behandelten Theorems ist nur noch zu zeigen, daß aus der bedingten regressiven Unabhängigkeit in der Gesamtpopulation die bedingte regressive Unabhängigkeit in jeder Subpopulation $U^{(s)} \subset U$ folgt:

$$E^{(s)}(Y_i | p_U, Y_1, ..., Y_{i-1}, Y_{i+1}, ..., Y_m) = E^{(s)}(Y_i | p_U). \qquad (22)$$

Intuitiv ist diese Aussage deswegen richtig, weil ja die bedingte regressive Unabhängigkeit gegeben p_U auf der Ebene jeder einzelnen Beobachtungseinheit u gilt. Daher gilt sie auch in jeder Subpopulation, die aus diesen Beobachtungseinheiten zusammengesetzt ist. Einen formalen Beweis gibt Steyer (1989, p. 58).

Erläuterungen. Betrachtet man das obige Theorem zusammen mit dem in Abschnitt 12.4.2 behandelten Theorem, so erhält man die Aussage, daß in jeder Subpopulation wieder die bereits für die Gesamtpopulation formulierten Restriktionen für die Kovarianzen zwischen verschiedenen Y-Variablen gelten. Für die Fehlervariablen $\varepsilon_i := Y_i - E^{(s)}(Y_i | p_U)$ gelten also für $i = 1, ..., m$ nicht nur:

Unkorreliertheit der Fehler mit η in Subpopulation s

$$Cov^{(s)}(\varepsilon_i, \eta) = 0, \qquad (23)$$

sondern für $i, j = 1, ..., m$ auch:

Unkorreliertheit der Fehler in Subpopulation s

$$Cov^{(s)}(\varepsilon_i, \varepsilon_j) = 0, \quad i \neq j, \qquad (24)$$

und

Kovarianzstruktur in Subpopulation s

$$Cov^{(s)}(Y_i, Y_j) = \begin{cases} Var^{(s)}(\eta), & i \neq j, \\ Var^{(s)}(\eta) + Var^{(s)}(\varepsilon_i), & i = j. \end{cases} \qquad (25)$$

3. testbare Konsequenz

$Cov^{(s)}(Y_i, Y_j)$ im allgemeinen ≠ $Cov(Y_i, Y_j)$!

Diese Implikation ist wiederum testbar, indem man die *Gleichheit der Kovarianzen* überprüft, hier allerdings *innerhalb einer* beliebigen *Subpopulation*. Man beachte jedoch, daß die Kovarianzen in einer Subpopulation weder mit den entsprechenden Kovarianzen in der Gesamtpopulation, noch zwischen verschiedenen Subpopulationen identisch sein müssen. Das Superskript $^{(s)}$ der Varianzen und Kovarianzen in den obigen 3 Gleichungen ist also unverzichtbar. Wie bereits früher angemerkt, sollte man die Hypothese über die Struktur der Kovarianzen innerhalb mehrerer Subpopulationen *simultan* überprüfen, um eine Kumulation des α-Fehlers zu vermeiden.

12.5 Schätzbarkeit

Was heißt „ein theoretischer Parameter ist schätzbar"?

Wir untersuchen nun, ob und wie die im Modell essentiell τ-äquivalenter Variablen vorkommenden theoretischen Parameter aus den empirisch schätzbaren Varianzen und Kovarianzen der Y-Variablen bestimmt werden können. Das folgende Korollar zeigt, *daß* und *wie* die Terme $Var(\eta)$ und $Var(\varepsilon_i)$ aus den Varianzen und Kovarianzen der Variablen Y_i bestimmt werden können.

Korollar 1. Wenn $M := \langle\langle\Omega, \mathcal{A}, P\rangle, E(y|p_U), \eta, \lambda\rangle$ ein subtraktiv parametrisiertes Modell essentiell τ-äquivalenter Variablen mit unkorrelierten Fehlern ist, dann gelten für $i, j = 1, ..., m$:

$$Var(\eta) = Cov(Y_i, Y_j), \quad i \neq j, \tag{26}$$

$$Var(\varepsilon_i) = Var(Y_i) - Cov(Y_i, Y_j), \quad i \neq j. \tag{27}$$

Beweis. Die beiden Gleichungen dieses Korollars sind unmittelbare Folgerungen aus der Aussage iii des in Abschnitt 12.4.2 behandelten Theorems.

Erläuterungen. Dieses Korollar zeigt, wie die betreffenden theoretischen Größen unter den Annahmen eines subtraktiv parametrisierten Modells essentiell τ-äquivalenter Variablen mit unkorrelierten Fehlern aus den Varianzen und Kovarianzen der Y-Variablen bestimmt werden können. Da die Bedingung unkorrelierter Fehler aus der Annahme der bedingten regressiven Unabhängigkeit folgt, gelten diese Gleichungen natürlich auch im subtraktiv parametrisierten Modell essentiell τ-äquivalenter Variablen mit bedingter regressiver Unabhängigkeit. Der entscheidende Schritt ist zu

zeigen, daß die *theoretischen* Größen [hier: $Var(\eta)$ und $Var(\varepsilon_i)$] eine Funktion der (empirisch schätzbaren) Verteilungskennwerte (hier: der Varianzen und Kovarianzen) der *manifesten* Variablen Y_i sind. Den obigen beiden Gleichungen zufolge sind $Var(\eta)$ und $Var(\varepsilon_i)$ im Modell essentiell τ-äquivalenter Variablen mit unkorrelierten Fehlern bei $m = 2$ manifesten Variablen Y_i bestimmt.

Die durch die latente Variable η determinierten *Varianzanteile* der Variablen Y_i, die Reliabilitäten also, können nach den folgenden Formeln bestimmt werden.

Korollar 2. Sei $M := \langle\langle\Omega, \mathcal{A}, P\rangle, E(y|p_U)\rangle$ ein Modell essentiell τ-äquivalenter Variablen mit unkorrelierten Fehlern.
(i)   Dann gilt für $i, j = 1, ..., m$:

$$Rel(Y_i) = \frac{Cov(Y_i, Y_j)}{Var(Y_i)}, \quad i \neq j. \tag{28}$$

(ii) Sind außerdem die Fehlervarianzen gleich, d.h. gilt: $Var(\varepsilon_i) = Var(\varepsilon_j)$ für alle $i, j = 1, ..., m$, dann gilt auch:

$$Rel(Y_i) = Kor(Y_i, Y_j), \quad i \neq j. \tag{29}$$

Beweis. Die Gleichung 28 ist eine unmittelbare Folgerung aus Korollar 1, Gleichung 2 und der Definition der Reliabilität (s. Gl. 9.10). Gleichung 29 folgt aus Gleichung 28, da bei gleichen Fehlervarianzen auch die Varianzen der Variablen Y_i gleich sind und daher gilt: $Var(Y_i) = Std(Y_i) \cdot Std(Y_j)$. Setzt man diese Gleichung in Gleichung 28 ein, folgt Gleichung 29.

12.6 Testverlängerung

In Abschnitt 10.7 wurde bereits festgestellt, daß man durch die Summenbildung $S := Y_1 + ... + Y_m$ unter bestimmten Bedingungen erheblich reliablere Meßwerte erhält. Auch die Beziehungen zwischen den True-Score-Variablen der einzelnen Variablen Y_i und der Summenvariablen S wurden dort bereits behandelt. Im folgenden Theorem wird nun die in Abschnitt 10.7 angegebene Formel zur Testverlängerung für den Fall ungleicher Fehlervarianzen verallgemeinert.

Theorem. Sei $\mathbb{M} := \langle \langle \Omega, \mathcal{A}, P \rangle, E(y|p_U) \rangle$ ein Modell essentiell τ-äquivalenter Variablen mit unkorrelierten Fehlern.

(i) Dann gilt für $S := Y_1 + ... + Y_m$:

Spearman-Brown-Formel bei ungleichen Fehlervarianzen

$$Rel(S) = \frac{m^2}{m(m-1) + \sum_{i=1}^{m} \frac{1}{Rel(Y_i)}}. \tag{30}$$

(ii) Sind außerdem die Fehlervarianzen gleich, d.h. gilt für alle $i, j = 1, ..., m$: $Var(\varepsilon_i) = Var(\varepsilon_j)$, dann gelten auch $Rel(Y_i) = Rel(Y_j)$ und

Spearman-Brown-Formel bei gleichen Fehlervarianzen

$$Rel(S) = \frac{m \cdot Rel(Y_i)}{1 + (m-1) \cdot Rel(Y_i)}. \tag{31}$$

Beweis. *ad i*: Die Reliabilität von S ist definiert durch $Rel(S) := Var[E(S|p_U)]/Var(S)$. Wegen $E(S|p_U) = E(Y_1 + ... + Y_m|p_U) = \tau_1 + ... + \tau_m$ und $Cov(\tau_i, \tau_j) = Var(\eta)$ für alle $i, j = 1, ..., m$ (dies folgt aus der Annahme der essentiellen τ-Äquivalenz) gilt:

$$\begin{aligned} Var[E(S|p_U)] &= Cov[E(S|p_U), E(S|p_U)] \\ &= Cov(\tau_1 + ... + \tau_m, \tau_1 + ... + \tau_m) = m^2 \, Var(\eta) \end{aligned} \tag{32}$$

(s. Box F.1, Regel xii). Für die Varianz von S gilt wegen $Cov(Y_i, Y_j) = Var(\eta)$:

$$\begin{aligned} Var(S) &= Cov(Y_1 + ... + Y_m, Y_1 + ... + Y_m) \\ &= \sum_{i=1}^{m} Var(Y_i) + \sum_{i=1}^{m} \sum_{j=1, j \neq i}^{m} Cov(Y_i, Y_j) \\ &= \sum_{i=1}^{m} Var(Y_i) + m(m-1) Var(\eta) \end{aligned} \tag{33}$$

$$= Var(\eta) \left[m(m-1) + \sum_{i=1}^{m} \frac{1}{Rel(Y_i)} \right]. \tag{34}$$

Setzt man die Gleichungen 32 und 34 in $Rel(S) := Var[E(S|p_U)]/Var(S)$ ein, resultiert Gleichung 30.

ad ii: Bei gleichen Fehlervarianzen sind auch die Varianzen $Var(Y_i)$ und, wegen der Gleichheit der Varianzen der True-Score-Variablen, auch die Reliabilitäten $Rel(Y_i)$ gleich. In diesem Fall vereinfacht sich Gleichung 30 zu Gleichung 31.

12.7 Cronbachs α

Eine weitere Kenngröße, die im Zusammenhang von Reliabilitätsuntersuchungen oft berechnet wird, ist *Cronbachs* α. Gemäß dem folgenden Theorem ist α unter der Annahme unkorrelierter Fehler eine untere Schranke für die Reliabilität der Summenvariablen *S*. Die Annahme der essentiellen τ-Äquivalenz ist dabei nicht nötig!

Theorem. Sei $\mathcal{M} := \langle\langle \Omega, \mathcal{A}, P\rangle, E(y|p_U)\rangle$ eine klassische Meßstruktur.
(i) Gilt dabei die Annahme unkorrelierter Fehler, dann ist

*Cronbachs α
(untere Schranke
für die Reliabilität)*

$$\alpha := \frac{m}{m-1}\left[1 - \frac{\sum_{i=1}^{m} Var(Y_i)}{Var(S)}\right] \tag{35}$$

eine untere Schranke für die Reliabilität von $S := Y_1 + ... + Y_m$, d.h. dann gilt: $\alpha \leq Rel(S)$.
(ii) Wenn $\mathcal{M} := \langle\langle \Omega, \mathcal{A}, P\rangle, E(y|p_U)\rangle$ ein Modell essentiell τ-äquivalenter Variablen mit unkorrelierten Fehlern ist, dann ist α gleich der Reliabilität von *S*, d.h. dann gilt: $\alpha = Rel(S)$.

Beweis. *ad i*: Siehe Lord und Novick (1968, p. 88).
ad ii: Wir zeigen, daß sich α unter den genannten Voraussetzungen zur Gleichung 30 umformen läßt: Einsetzen der Gleichung 34 für $Var(S)$ in die Formel für α ergibt:

$$\alpha := \frac{m}{m-1}\left[1 - \frac{\sum_{i=1}^{m} \frac{1}{Rel(Y_i)}}{m(m-1) + \sum_{i=1}^{m} \frac{1}{Rel(Y_i)}}\right]. \tag{36}$$

Schreibt man den Klammerterm auf einen gemeinsamen Nenner und vereinfacht, resultiert Gleichung 30.

12.8 Zusammenfassung

In diesem Kapitel wurde die Mathematik des Modells essentiell τ-äquivalenter Variablen behandelt. Im Mittelpunkt stand dabei die Annahme der essentiellen τ-Äquivalenz, derzufolge die True-Score-Variablen $\tau_i := E(Y_i | p_U)$ der betrachteten Variablen Y_i Translationen voneinander sind. Allein aus dieser Annahme haben wir die Existenz-, Eindeutigkeits- und Bedeutsamkeitssätze abgeleitet, denen zufolge die im subtraktiv parametrisierten Modell zentralen theoretischen Größen η und $λ_i$ *differenzskaliert* sind. Eine wichtige Folgerung aus der Annahme der essentiellen τ-Äquivalenz in der Gesamtpopulation ist die essentielle τ-Äquivalenz in jeder Subpopulation, woraus wiederum die Gleichheit der Erwartungswerte der Differenzen zweier Y-Variablen in 2 verschiedenen Subpopulationen folgt. Die letztgenannte Konsequenz aus der essentiellen τ-Äquivalenz ist mit den üblichen Verfahren zur Testung der Gleichheit von Mittelwerten in verschiedenen Gruppen empirisch überprüfbar.

Folgerungen aus der Annahme der essentiellen τ-Äquivalenz

Weitere empirisch testbare Bedingungen folgen, wenn man die Zusatzannahme der bedingten regressiven Unabhängigkeit oder zumindest die Annahme unkorrelierter Fehler macht. Aus der bedingten regressiven Unabhängigkeit in der Gesamtpopulation folgt die bedingte regressive Unabhängigkeit in jeder Subpopulation. Eine weitere Konsequenz der bedingten regressiven Unabhängigkeit ist die Unkorreliertheit der Fehler in der Gesamtpopulation und in jeder Subpopulation.

Folgerungen aus der Annahme der bedingten regressiven Unabhängigkeit

Die Unkorreliertheit der Fehler und die essentielle τ-Äquivalenz haben die Konsequenz, daß die Kovarianzen der Y-Variablen verschiedener Y-Variablen in der Gesamtpopulation gleich sind. Das Entsprechende gilt auch für jede Subpopulation, d.h. aus der Unkorreliertheit der Fehler und der essentiellen τ-Äquivalenz in einer Subpopulation folgt, daß die Kovarianzen verschiedener Y-Variablen in dieser Subpopulation gleich sind. Sowohl die Konsequenzen für die Kovarianzen der Y-Variablen in der Gesamtpopulation als auch die innerhalb von Subpopulationen kann man in Anwendungen mit Hilfe bekannter Verfahren und Programme zur Analyse von Kovarianzstrukturen empirisch überprüfen (s. dazu Kap. 11). Für die Bestimmung der Varianzen der theoretischen Variablen η, $ε_i$ und der Reliabilitäten $Rel(Y_i)$ sind die Annahmen der essentiellen τ-Äquivalenz und unkorrelierter Fehler notwendig.

Folgerungen aus der Unkorreliertheit der Fehler

Faßt man die Modellannahmen zusammen, so lassen sich genaugenommen 3 unterschiedlich restriktive Versionen des Modells essentiell τ-äquivalenter Variablen unterscheiden:

- das Modell essentiell τ-äquivalenter Variablen,
- das Modell essentiell τ-äquivalenter Variablen mit unkorrelierten Fehlern,
- das Modell essentiell τ-äquivalenter Variablen mit bedingter regressiver Unabhängigkeit.

Dabei impliziert das letztgenannte Modell die beiden anderen und das Modell essentiell τ-äquivalenter Variablen mit unkorrelierten Fehlern impliziert das Modell essentiell τ-äquivalenter Variablen. Befindet man beispielsweise in einer Anwendung, daß das Modell essentiell τ-äquivalenter Variablen mit unkorrelierten Fehlern nicht gilt, dann kann auch das Modell essentiell τ-äquivalenter Variablen mit bedingter regressiver Unabhängigkeit nicht gelten.

Fragen

1. Worin unterscheiden sich die beiden Annahmen aus der Definition in Abschnitt 12.1.1 und dem Korollar aus Abschnitt 12.1.2?
2. Weswegen gilt für $\eta' = \eta + \alpha$: $Var(\eta') = Var(\eta)$?
3. Worin besteht der Unterschied zwischen einem Modell essentiell τ-äquivalenter Variablen und einem subtraktiv parametrisierten Modell essentiell τ-äquivalenter Variablen?
4. (a) Wie kann man das Modell essentiell τ-äquivalenter Variablen empirisch prüfen?
   (b) Wie kann man das Modell essentiell τ-äquivalenter Variablen mit bedingter regressiver Unabhängigkeit empirisch prüfen?
5. Wieviele Y-Variablen braucht man im Modell essentiell τ-äquivalenter Variablen mindestens, um ihre Reliabilität aus ihren Varianzen und Kovarianzen berechnen zu können?
6. Wieviele Y-Variablen braucht man im Modell essentiell τ-äquivalenter Variablen mindestens, um die vom Modell implizierte Kovarianzstruktur überprüfen zu können?
7. Welche Annahmen müssen vorausgesetzt werden, damit Gleichung 30 die Reliabilität der Summenvariablen $S = Y_1 + ... + Y_m$ angibt?
8. Welche Schlüsse können wir aus den Theoremen zur Testverlängerung und zu den unteren Schranken für die Reliabilität der *gemittelten* Variablen $(1/m)\,(Y_1 + ... + Y_m)$ ziehen?

Antworten

1. Beide Annahmen sind zwar logisch äquivalent, aber in der Formulierung aus der Definition im Abschnitt 12.1.1 wird noch kein Bezug auf die theoretische Variable η genommen. Damit kann die Annahme der essentiellen τ-Äquivalenz unter ausschließlicher Bezugnahme auf solche Größen eingeführt werden, die bereits *vor* der Einführung dieser Annahme zur Verfügung stehen.
2. Für $\eta' = \eta + \alpha$ gilt $Var(\eta') = Var(\eta)$, weil die Varianz invariant unter Translationen ist (s. Box F.1, Regel vi).
3. Erst bei einem subtraktiv parametrisierten Modell essentiell τ-äquivalenter Variablen liegt fest, daß man von Gleichung 2 und den darin vorkommenden Parametern λ_i sowie von der Variablen η sprechen will.
4. (a) Das Modell essentiell τ-äquivalenter Variablen kann man empirisch überprüfen, indem man untersucht, ob die in Gleichung 16 formulierte Gleichheit der Erwartungswerte der Differenzvariablen $Y_i - Y_j$ in 2 verschiedenen Subpopulationen gilt.
   (b) Das Modell essentiell τ-äquivalenter Variablen mit bedingter regressiver Unabhängigkeit kann man empirisch überprüfen, indem man untersucht, ob die in den Gleichungen 20 bzw. 21 formulierte Gleichheit der Kovarianzen in der Gesamtpopulation erfüllt ist. Eine weitere Möglichkeit besteht in der Überprüfung der Gleichheit der Kovarianzen verschiedener Y-Variablen in einer Subpopulation (s. Gl. 25).
5. Man braucht im Modell essentiell τ-äquivalenter Variablen mindestens 2 Y-Variablen, um ihre Reliabilität aus ihren Varianzen und Kovarianzen berechnen zu können.
6. Im Modell essentiell τ-äquivalenter Variablen braucht man mindestens 3 Y-Variablen, um die vom Modell implizierte Kovarianzstruktur überprüfen zu können.
7. Damit Gleichung 30 die Reliabilität der Summenvariablen $S = Y_1 + ... + Y_m$ angibt, muß man die essentielle τ-Äquivalenz und die Unkorreliertheit der Fehler voraussetzen.
8. Diese Theoreme gelten nicht nur für die Summenvariable, sondern auch für die gemittelte Variable, weil letztere nur eine lineare Transformation der Summenvariablen ist

und der Reliabilitätskoeffizient als spezieller Determinationskoeffizient (s. Abschnitt 9.5) invariant unter linearen Transformationen ist (s. Abschnitt G.1.6).

Übungen

1. Zeigen Sie, daß die Aussage

$$E(\eta \,|\, X = x_1) - E(\eta \,|\, X = x_2) = \delta, \quad \delta \in \mathbb{R}$$

genau dann wahr ist, wenn die folgende Aussage wahr ist:

$$E(\eta + \alpha \,|\, X = x_1) - E(\eta + \alpha \,|\, X = x_2) = \delta, \quad \alpha \in \mathbb{R}.$$

2. Zeigen Sie die Gültigkeit der folgenden Gleichung für $S := Y_1 + ... + Y_m$:

$$Var[E(S \,|\, p_U)] = Cov(\tau_1 + ... + \tau_m, \tau_1 + ... + \tau_m) = m^2 \, Var(\eta).$$

3. Zeigen Sie unter Verwendung der Rechenregeln aus Box F.1, daß aus Gleichung 2 folgt: $E(Y_i \,|\, \eta) = \eta - \lambda_i$.
4. Zeigen Sie unter Verwendung der Rechenregeln aus den Boxen F.1 und G.1, daß aus Gleichung 2 folgt: $\lambda_i = E(\eta) - E(Y_i)$.

Lösungen

1. Die Aussage

$$E(\eta \,|\, X = x_1) - E(\eta \,|\, X = x_2) = \delta,$$

ist genau dann wahr, wenn die Aussage

$$E(\eta + \alpha \,|\, X = x_1) - E(\eta + \alpha \,|\, X = x_2) = \delta, \quad \alpha \in \mathbb{R},$$

wahr ist, denn:

$$E(\eta + \alpha \,|\, X = x_1) - E(\eta + \alpha \,|\, X = x_2)$$
$$= \; E(\eta \,|\, X = x_1) + \alpha - E(\eta \,|\, X = x_2) - \alpha$$
$$= \; [E(\eta \,|\, X = x_1) - E(\eta \,|\, X = x_2)].$$

2. Wir betrachten zunächst

$$E(S \,|\, p_U) = E(Y_1 + ... + Y_m \,|\, p_U) = E(Y_1 \,|\, p_U) + ... + E(Y_m \,|\, p_U) = \tau_1 + ... + \tau_m.$$

Demnach gilt:

$$Var[E(S \,|\, p_U)] = Cov(\tau_1 + ... + \tau_m, \tau_1 + ... + \tau_m).$$

Im Modell essentiell τ-äquivalenter Variablen sind aber alle m True-Score-Variablen bis auf Translationen mit der Variablen η identisch. Folglich gilt $Cov(\tau_i, \tau_j) = Var(\eta)$ und daher $Var[E(S \,|\, p_U)] = m^2 \, Var(\eta)$.

3. Da η eine Funktion von p_U ist gilt:

$$
\begin{aligned}
E(Y_i \,|\, \eta) \; &= E[E(Y_i \,|\, p_U) \,|\, \eta] && \text{(Box G.1 v)} \\
&= E(\eta - \lambda_i \,|\, \eta) && \text{(Gl. 2)} \\
&= \eta - \lambda_i \,. && \text{(Box G.1 ii, iv)}
\end{aligned}
$$

4. $E(Y_i) = E[E(Y_i|p_U)]$ (Box G.1 iii)

         $= E(\eta - \lambda_i).$ (Gl. 2)

         $= E(\eta) - \lambda_i.$ (Box F.1 ii)

Die Umstellung dieser Gleichung ergibt dann $\lambda_i = E(\eta) - E(Y_i)$.

Weiterführende Literatur

Die umfangreichste Sammlung von mathematischen Sätzen (und ihrer Beweise) zum Modell essentiell τ-äquivalenter Variablen ist das Standardwerk von Lord und Novick (1968).

    Modelle essentiell τ-äquivalenter Variablen sind spezielle Strukturgleichungsmodelle. Daher sind als weiterführende Literatur die entsprechenden Einführungsbücher zu nennen. Insbesondere seien die englischsprachigen Bücher von Bollen (1989), Hayduk (1987), Jöreskog und Sörbom (1989) sowie Saris und Stronkhorst (1984) genannt. Deutschsprachige Einführungsbücher sind Hodapp (1984), Knoche (1990) sowie Pfeifer und Schmidt (1987).

13 Einführung in das Modell τ-kongenerischer Variablen

Überblick

In diesem Kapitel wird ein weiteres Modell eingeführt, innerhalb dessen die Bestimmung der Reliabilität und damit die Abschätzung der Zuverlässigkeit der durch eine Variable Y_i repräsentierten Testwerte möglich wird. Wir zeigen Möglichkeiten, Folgerungen aus den Modellannahmen zu *testen* und wie die theoretischen Größen innerhalb des Modells aus den empirischen Größen bestimmt werden können. Zur Vertiefung dieses Einführungskapitels sei auf die Kap. 14 und 15 hingewiesen. In Kap. 14 wird das Modell τ-kongenerischer Variablen anhand eines Beispiels illustriert, und in Kap. 15 werden die mathematischen Grundlagen dieses Modells behandelt.

13.1 Vorbereitende Überlegungen

Grundidee: mehrfache Messung derselben Eigenschaft

Auch hier ist die Grundidee die *mehrfache Messung der gleichen Eigenschaft*, um durch den Vergleich der dabei erhaltenen Meßwerte ihre Zuverlässigkeit beurteilen zu können. Allerdings wird hier auf eine etwas weniger restriktive Weise präzisiert, was es heißt, daß 2 (oder mehr) Tests „dieselbe Eigenschaft erfassen". Anstelle der Annahme der essentiellen τ-Äquivalenz der *Y*-Variablen tritt hier die Annahme der τ-*Kongenerität*. Als zweite Modellannahme werden wir auch hier die Annahme unkorrelierter Fehler benötigen, die bereits im Modell essentiell τ-äquivalenter Variablen eingeführt wurde.

Warum zweite Präzisierung dieser Grundidee ?

Die Annahme der essentiellen τ-Äquivalenz gilt z.B. schon dann nicht mehr, wenn dieselbe Eigenschaft in verschiedenen Skalen gemessen wird. So kann man beispielsweise die Länge von Objekten in Metern, Zentimetern, Inch, Fuß oder Ellen angeben. Dasselbe gilt für die Temperatur, die man in Celsius, Fahrenheit oder Kelvin messen kann. In beiden Fällen wären die entsprechenden Messungen nicht essentiell τ-äquivalent. Auch bei psychologischen Messungen werden manchmal verschiedene Skalen zur Messung ein und derselben Eigenschaft verwendet. Für viele Fragebögen zur Messung von Persönlichkeitseigenschaften beispielsweise gibt es Kurz- und Langformen. Kann man auf der Langform maximal 40 Punkte erreichen, auf der Kurzform dagegen nur 20, dann ist zu erwarten, daß bei einer gegebenen Population von Probanden die beiden Testformen auch unterschiedliche Varianzen haben. Alle interindividuellen Unterschiede müssen in der Kurzform mit einer Streubreite von 20

Punkten untergebracht werden, auf der Langform dagegen steht eine Streubreite von 40 Punkten zur Verfügung. In einem solchen Fall ist nicht zu erwarten, daß die beiden Messungen essentiell τ-äquivalent sind.

13.2 Erste Annahme: τ-Kongenerität

Wie oben bereits bemerkt, präzisiert auch die Annahme der τ-Kongenerität, was es heißt, daß 2 oder mehr Tests dieselbe Eigenschaft erfassen. Inhaltlicher Ausgangspunkt für das Modell τ-kongenerischer Variablen sind wieder m Testwertvariablen Y_i die aus der Anwendung eines Meß- oder Testverfahrens und der darin festgelegten Auswertungsvorschriften resultieren. Der formale Rahmen ist wiederum eine klassische Meßstruktur, deren Bestandteile ausführlich in Kap. 9 behandelt wurden. Dabei versuchen wir allerdings in diesem einführenden Kapitel wieder eine vereinfachte Darstellung, bei der wir mit den reellwertigen Testwertvariablen $Y_i : \Omega \to \mathbb{R}$, $i = 1, ..., m$, sowie ihren zugehörigen True-Score- und Fehlervariablen τ_i bzw. ε_i auskommen.

Testwertvariablen Y_i

True-Score-Variablen τ_i

Fehlervariablen ε_i

Subtraktive Parametrisierung. Unter Rückgriff auf die True-Score-Variablen können wir die *Annahme der τ-Kongenerität* wie folgt einführen:

Annahme der τ-Kongenerität (subtraktive Parametrisierung)

Es existieren eine numerische Zufallsvariable η und für jede Variable Y_i 2 reelle Konstanten λ_i und λ_{i1}, $\lambda_{i1} > 0$, $i = 1, ..., m$, mit:

$$\tau_i = \lambda_{i1}(\eta - \lambda_i). \tag{1}$$

Fundamentalgesetz

(Warum wir hier das Subskript „1" verwenden, wird im Kontext der Gleichung 4 deutlich werden.) Diese Annahme bezeichnen wir auch als ***Fundamentalgesetz der subtraktiven Parametrisierung*** des Modells τ-kongenerischer Variablen. Wie man sich leicht überlegen kann, bedeutet diese Annahme nichts anderes, als daß die True-Score-Variablen τ_i lineare Funktionen voneinander sind (s. Kap. 15).

Interpretation der Modellparameter

Betrachten wir das subtraktiv parametrisierte Modell τ-kongenerischer Variablen, so kann man die folgenden Eigenschaften dieser Größen aus Gleichung 1 ablesen:

- Je größer der Parameter λ_i des Tests Y_i, desto kleiner der Erwartungswert der Variablen Y_i bei Betrachtung einer bestimmten Person.
- Je größer der Wert der Person auf η, desto größer der bedingte Erwartungswert der Person auf der Variablen Y_i.
- Je größer der Parameter λ_{i1} des Tests Y_i, desto stärker wird sich ein Unterschied zwischen dem Wert der Person auf η (z.B. die Fähigkeit der Person) und dem Parameter λ_i des Tests (z.B. die Schwierigkeit des Tests) auf den Wert der Variablen Y_i auswirken.

Mit der obigen Formulierung dieser Annahme werden eine theoretische Größe für jede Beobachtungseinheit, aber zugleich 2 Größen für jede Variable Y_i eingeführt. Die reellen Konstanten λ_i und λ_{i1}, $i = 1, ..., m$, charakterisieren die Variable Y_i und

3 theoretische Größen: η, die Parameter λ_i und die Parameter λ_{i1}

Beispiel

sind damit für alle Beobachtungseinheiten gleich. Ein Wert der latenten Variablen η dagegen kennzeichnet die Beobachtungseinheit u, da η eine positive lineare Transformation einer True-Score-Variablen τ_i ist, durch die den Beobachtungseinheiten u die Werte $E(Y_i|p_U = u)$ zugewiesen werden.

Jede True-Score-Variable τ_i, $i = 1, ..., m$, wird hier in die Differenz $\eta - \lambda_i$ zerlegt, die dann mit einem Faktor λ_{i1} gewichtet wird. Dies kann man sich an folgendem Beispiel veranschaulichen: Werden die Werte von Y_1 und Y_2 durch 2 verschiedene Federwaagen produziert, die das Gewicht in Pfund bzw. in Kilogramm anzeigen, dann würde sich dies in unterschiedlichen Parametern λ_{i1} niederschlagen. Zeigen die beiden Federwaagen auch ohne ein aufgelegtes Gewicht verschiedene Werte an, so würde dies in unterschiedlichen Parametern λ_i zum Ausdruck kommen.

Wie man durch Auflösen der Gleichung 1 nach η erkennt, ist η eine positive lineare Funktion einer beliebigen True-Score-Variablen τ_i:

$$\eta = \frac{1}{\lambda_{i1}} \cdot \tau_i + \lambda_i. \tag{2}$$

Natürlich kann man die subtraktive Parametrisierung auch in termini der Y-Variablen formulieren. Dabei erhalten wir für $i = 1, ..., m$:

$$Y_i = \lambda_{i1}(\eta - \lambda_i) + \varepsilon_i, \quad \text{wobei } \lambda_{i1} > 0 \quad \text{und} \quad \varepsilon_i := Y_i - \tau_i. \tag{3}$$

2 Anwendungen: 1. simultane Messung mit verschiedenen Meßinstrumenten; 2. wiederholte Messung mit demselben Meßinstrument

Auch die Annahme der τ-Kongenerität kann in 2 Fällen erfüllt sein. Im ersten Fall wird die Eigenschaft mit 2 (oder mehr) Meßinstrumenten *simultan* gemessen. Im zweiten Fall dagegen wird die Eigenschaft mit demselben Meßinstrument zu verschiedenen Meßgelegenheiten *wiederholt* gemessen. In diesem Fall muß allerdings zweierlei vorausgesetzt werden: erstens die *Stabilität* der zu messenden Eigenschaft oder zumindest der interindividuellen Unterschiede bezüglich dieser Eigenschaft und zweitens, daß das Meßinstrument durch seine Anwendung zur ersten Meßgelegenheit durch Erinnerungs-, Trainingseffekte o.ä. nicht unbrauchbar geworden ist. Natürlich ist auch eine wiederholte Messung mit verschiedenen Meßinstrumenten denkbar.

Beispiel. Die in den Gleichungen 1 und 3 formulierten Beziehungen zwischen den theoretischen Größen und den beobachteten Testwertvariablen kann man sich anhand eines einfachen Zahlenbeispiels veranschaulichen. Vier Personen werden 2 Tests vorgegeben, die die Eigenschaft „Ängstlichkeit" erfassen sollen. Als Testwertvariablen betrachten wir dabei diejenigen Zufallsvariablen, deren Werte die Summenwerte der jeweiligen Person auf den beiden Tests sind. In Tabelle 13.1 sind die Werte der zugehörigen Testwertvariablen Y_1 und Y_2, ihrer True-Score-Variablen τ_1 und τ_2, ihrer Fehlervariablen ε_1 und ε_2 und einer latenten Variablen η aufgeführt. Diese fiktiven Zahlen erfüllen die Beziehungen zwischen den verschiedenen Variablen, wie sie im Modell τ-kongenerischer Variablen postuliert werden (s. Gl. 1). Für die angegebene Variable η gilt $\lambda_1 = 10$, $\lambda_{11} = 1/2$, $\lambda_2 = 10/3$ und $\lambda_{21} = 3/4$. Demnach gilt z.B. für den Wert der Person 2 auf der True-Score-Variablen τ_1: $10 = 1/2 (30 - 10)$ (s. Gl. 1). Anhand dieser Parameter und der in Tabelle 13.1 angegebenen „Daten" kann man sich die Bedeutung der Parameter λ_i und λ_{i1} veranschaulichen (s. auch Übung 2).

Tabelle 13.1 Illustrierung der Beziehungen zwischen manifesten und latenten Variablen im Modell τ-kongenerischer Variablen

Personen	wahre	Werte	latente Werte	Meßwerte		Fehlerwerte	
u	τ_1	τ_2	η	Y_1	Y_2	ε_1	ε_2
1	12	23	34	10	24	−2	1
2	10	20	30	9	22	−1	2
3	8	17	26	11	15	3	−2
4	6	14	22	4	12	−2	−2

Anmerkung: Fiktive Zahlen. Jede Zeile enthält die Werte der jeweiligen Person auf der entsprechenden Zufallsvariablen

Klassische Parametrisierung

Die klassische Parametrisierung. Die Gleichung 1 ist logisch äquivalent mit:

$$\tau_i = \lambda_{i0} + \lambda_{i1}\, \eta, \quad \lambda_{i0}, \lambda_{i1} \in \mathbb{R}, \quad \lambda_{i1} > 0. \tag{4}$$

Diese Gleichung nennen wir das *Fundamentalgesetz der klassischen Parametrisierung des Modells τ-kongenerischer Variablen*. Jede True-Score-Variable τ_i wird dabei additiv in den Koeffizienten λ_{i0} und die Variable $\lambda_{i1}\, \eta$ dekomponiert. Die Parameter λ_{i1} aus den Gleichungen 1 und 4 sind dabei identisch, wohingegen sich die λ_i aus Gleichung 1 aus den Parametern λ_{i1} und λ_{i0} berechnen lassen (s. Übung 1). Auch Gleichung 4 kann man genausogut in termini der *Y*-Variablen formulieren: Für $i = 1, ..., m$ gilt:

$$Y_i = \lambda_{i0} + \lambda_{i1}\, \eta + \varepsilon_i, \quad \text{wobei } \lambda_{i1} > 0 \quad \text{und} \quad \varepsilon_i := Y_i - \tau_i. \tag{5}$$

Diese Parametrisierung der True-Score-Variablen τ_i wird bei den derzeit vorhandenen Computerprogrammen zugrundegelegt, mit deren Hilfe Modellüberprüfungen vorgenommen werden können.

13.3 Die theoretischen Größen

Die in Gleichung 1 eingeführten theoretischen Größen sollen nun wieder näher untersucht werden. Wie eindeutig sind diese Größen definiert? Welche Transformationen sind zulässig, und welches Skalenniveau haben sie? Welche Aussagen über diese Größen sind im meßtheoretischen Sinn bedeutsam?

13.3.1 Zulässige Transformationen und Eindeutigkeit

Offensichtlich ist die in der Gleichung 1 vorkommende latente Variable η durch die Annahme der τ-Kongenerität nicht völlig eindeutig definiert. Das gleiche gilt für die reellen Konstanten λ_i und λ_{i1}.

Welche Transformationen sind zulässig?

Zulässige Transformationen. Man könnte beispielsweise die in Gleichung 1 vorkommende Variable η durch eine andere Variable $\eta' := \beta\,\eta + \alpha$ ersetzen, wobei α eine beliebige reelle Zahl und β eine beliebige positive reelle Zahl sind. Die Bedingung der τ-Kongenerität bleibt dann erfüllt, sofern man auch die beiden Parameter λ_{i1} und λ_i wie folgt transformiert: $\lambda'_{i1} := \lambda_{i1}/\beta$ bzw. $\lambda'_i := \beta\,\lambda_i + \alpha$, $i = 1, ..., m$. Denn

$$\tau_i = \lambda'_{i1}(\eta' - \lambda'_i) \tag{6}$$
$$= (\lambda_{i1}/\beta) \cdot [(\beta\,\eta + \alpha) - (\beta\,\lambda_i + \alpha)]$$

reduziert sich nach Vereinfachung auf Gleichung 1. Im Modell τ-kongenerischer Variablen sind also *positive lineare Transformationen* von η und der Koeffizienten λ_i sowie *Ähnlichkeitstransformationen* der Koeffizienten λ'_{i1} zulässig.

Wie eindeutig sind die theoretischen Größen definiert?

Eindeutigkeit. Daß im Modell τ-kongenerischer Variablen *nur* positive lineare Transformationen und keine anderen Transformationen zulässig sind, kann man sich wie folgt überlegen: Gelten für η, λ_i und λ_{i1} die Gleichung 1 und für η', λ'_i und λ'_{i1}, $i = 1, ..., m$, die Gleichung 6, dann gibt es eine reelle Zahl α und eine positive reelle Zahl β mit:

$$\eta' = \beta\,\eta + \alpha, \quad \lambda'_i = \beta\,\lambda_i + \alpha \quad \text{und} \quad \lambda'_{i1} = \lambda_{i1}/\beta\ . \tag{7}$$

Demnach können 2 verschiedene Skalen η und η' durch eine positive lineare Transformation ineinander überführt werden. Die Skala η ist damit *eindeutig bis auf positive lineare Transformationen* definiert. Damit sind die Variablen η in der subtraktiven Parametrisierung des Modells τ-kongenerischer Variablen **intervallskaliert**.

Skalenniveau der theoretischen Größen

Dies gilt auch für die Parameter λ_i. Dagegen sind die Parameter λ_{i1} **verhältnisskaliert**, da sie *eindeutig bis auf Ähnlichkeitstransformationen* (d.h. Multiplikationen mit einer positiven Konstanten) definiert sind. Unseren Überlegungen zufolge gibt es also eine ganze Familie von Variablen η mit den zugehörigen Koeffizienten λ_i und λ_{i1}, die die Gleichung 1 erfüllen. Jeder Repräsentant η einer solchen Familie ist eine *positive lineare Transformation* jedes anderen Repräsentanten.

Eine zulässige Transformation von η kann man sich wieder anhand eines Zahlenbeispiels veranschaulichen: Anstelle der in Spalte 4 der Tabelle 13.1 angeführten Variablen η könnte man z.B. eine Variable $\eta' := (1/3)\,\eta - 5$ definieren, die durch eine positive lineare Transformation aus η hervorgeht. Durch Einsetzen der Koeffizienten $\beta = 1/3$ und $\alpha = -5$ in die Gleichungen 7 für λ'_i und λ'_{i1} erhält man dann die Parameter λ'_i und λ'_{i1} (s. Übung 3). Dabei kann man sich vergewissern, daß die Bedingung der τ-Kongenerität (Gl. 6) für die Variablen τ_1 und τ_2 auch *nach* der Transformation erfüllt ist.

Normierung. Oben haben wir festgestellt, daß weder die latente Variable η noch die zugehörigen Koeffizienten λ_i und λ_{i1} durch das Fundamentalgesetz (s. Gl. 1) völlig eindeutig definiert sind. Um eine völlige Eindeutigkeit herzustellen, muß eine Normierung der latenten Variablen η eingeführt werden, die dazu führt, daß auch die Koeffizienten λ_i und λ_{i1} eindeutig festgelegt sind. Wir behandeln hier 2 der üblichsten Arten einer solchen Normierung.

1. Art der Normierung: Standardisierung der latenten Variablen η

Die *erste Art der Normierung* erreicht man durch die Festsetzung des Erwartungswerts und der Varianz der latenten Variablen η. Die gebräuchlichste Festsetzung ist die *Standardisierung*:

$$E(\eta) = 0 \quad \text{und} \quad Var(\eta) = 1. \tag{8}$$

Bei Gültigkeit des Fundamentalgesetzes (s. Gl. 1) ist η mit dieser Setzung völlig eindeutig definiert, d.h. es gibt nur eine einzige latente Variable η, die die Gleichungen 1 und 8 erfüllt. Man kann nun zeigen, daß mit den Gleichungen 1 und 8 auch die Koeffizienten λ_i und λ_{i1} völlig eindeutig definiert sind. Es gelten dann nämlich für $i = 1, ..., m$:

Folgerungen aus der Standardisierung von η

$$\lambda_i = -E(Y_i) / Std(\tau_i), \tag{9}$$

$$\lambda_{i1} = Std(\tau_i), \tag{10}$$

wie man sich unter Verwendung von Gleichung 1 überlegen kann (s. Übung 4). Die auf der rechten Seite dieser beiden Gleichungen vorkommenden Größen, die Erwartungswerte $E(Y_i)$ und die Streuungen $Std(\tau_i)$ der True-Score-Variablen sind aber völlig eindeutig definiert und damit auch die Koeffizienten λ_i und λ_{i1}.

Eine *zweite Art der Normierung* erreicht man dadurch, daß man die λ-Koeffizienten *einer* Variablen Y_i festlegt. Für einen *einzigen* Index i können die λ-Koeffizienten *beliebig* festgelegt werden, solange dabei $\lambda_{i1} > 0$ gilt. Der Einfachheit halber wählen wir dafür Y_1 aus und setzen:

2. Art der Normierung: Fixierung der Parameter λ_1 und λ_{11}

$$\lambda_1 = 0 \quad \text{und} \quad \lambda_{11} = 1. \tag{11}$$

Eine solche Fixierung der Koeffizienten λ_1 und λ_{11} hat zur Folge, daß nicht nur der Erwartungswert und die Varianz von η völlig eindeutig festgelegt werden, sondern auch die anderen λ-Koeffizienten. Wie man sich unter Verwendung von Gleichung 1 überlegen kann, gelten dann nämlich (s. Übung 5):

Folgerungen aus der Fixierung $\lambda_1 = 0$, $\lambda_{11} = 1$

$$E(\eta) = E(Y_1), \tag{12}$$

$$Var(\eta) = Var(\tau_1), \tag{13}$$

$$\lambda_{i1} = Std(\tau_i) / Std(\tau_1), \tag{14}$$

$$\lambda_i = E(Y_1) - E(Y_i) \cdot Std(\tau_1) / Std(\tau_i). \tag{15}$$

Auch hier gilt, daß die auf der rechten Seite dieser Gleichungen vorkommenden Größen, die Erwartungswerte $E(Y_i)$ und die Streuungen $Std(\tau_i)$ und Varianzen $Var(\tau_i)$ der True-Score-Variablen, völlig eindeutig definiert sind. Damit sind aber auch der Erwartungswert und die Varianz von η und die anderen Koeffizienten λ_i und λ_{i1} eindeutig festgelegt.

13.3.2 Bedeutsamkeit

Da die im Modell τ-kongenerischer Variablen vorkommende Variable η und die Parameter λ_i und λ_{i1} ohne die oben behandelten, im Grunde willkürlichen Normierungen nicht völlig eindeutig definiert sind, sind nicht alle Aussagen über sie bedeutsam im Sinne der *Invarianz ihres Wahrheitswerts unter den zulässigen Transformationen*. Bedeutsam sind jedoch beispielsweise beliebige Aussagen über die Produkte $\lambda_{i1}^2 \, Var(\eta)$, die im Modell τ-kongenerischer Variablen mit den Varianzen der True-Score-Variablen τ_i identisch sind. Demnach ändern sich auch die Varianz*anteile* $\lambda_{i1}^2 \, Var(\eta) \, / \, Var(Y_i)$ und damit die Werte der Reliabilitätskoeffizienten der Y-Variablen nicht, wenn η und die λ-Parameter nach der in Gleichungen 7 angegebenen Art transformiert werden. Weitere bedeutsame Aussagen sind in Kap. 15 zusammengestellt.

13.4 Zweite Annahme: Unkorreliertheit der Fehler

Als zweite Annahme kann im Modell τ-kongenerischer Variablen zusätzlich die Annahme der *Unkorreliertheit der Fehler* eingeführt werden, die bereits in Kap. 10 beschrieben wurde: Für $i, j = 1, ..., m$ gilt:

Annahme unkorrelierter Fehler

$$Cov(\varepsilon_i, \varepsilon_j) = 0, \quad i \neq j. \tag{16}$$

Wie bereits in Kap. 10 erläutert, besagt diese Annahme, daß die Abweichung der Werte einer Variablen Y_i von der True-Score-Variablen τ_i nicht mit der Abweichung der Werte einer anderen Variablen Y_j von deren True-Score-Variablen τ_j korreliert. Damit sind korrelative Abhängigkeiten zwischen den Y-Variablen nur insoweit zugelassen, als sie auf eine Korrelation der entsprechenden True-Score-Variablen zurückzuführen sind. Lern- und Transfereffekte zwischen den durch die Y_i repräsentierten Testteilen, die für verschiedene Beobachtungseinheiten verschieden ausfallen (d.h. differentielle Lern- bzw. Transfereffekte), sind damit ausgeschlossen. Auch hier wird diese Annahme an 2 Stellen benötigt: erstens bei der Bestimmung der Reliabilität und zweitens bei einer bestimmten Art der Modellüberprüfung. Auf beide Punkte kommen wir später zurück.

Darstellung der Modellannahmen mit einem Pfaddiagramm. Das oben beschriebene Modell τ-kongenerischer Variablen mit unkorrelierten Fehlern kann mit seinen

*Regeln für ein
Pfaddiagramm*

wichtigsten Eigenschaften in einem Pfaddiagramm graphisch veranschaulicht werden, wie es auch in Programmen zur Analyse von Strukturgleichungsmodellen (z.B. LISREL 7, Jöreskog & Sörbom, 1989) spezifiziert werden kann (s. Abb. 13.1). Dabei repräsentiert das Pfaddiagramm die Gleichung 5 sowie die Unkorreliertheit der Fehler. Diese wird im Diagramm durch das *Fehlen* von Kreisbögen zwischen den Fehlervariablen dargestellt. Würde man zwischen 2 Variablen einen Kreisbogen einzeichnen, so wäre damit die Korreliertheit der betreffenden beiden Variablen repräsentiert, die nicht schon aus entsprechenden Pfaden resultiert. Ein Beispiel für die Korreliertheit von Variablen im Pfaddiagramm, die schon aus entsprechenden Pfaden resultiert, sind die *Y*-Variablen. Obwohl zwischen ihnen keine Kreisbögen eingezeichnet sind, haben die Variablen Y_i eine positive Korrelation, die durch ihre gemeinsame Abhängigkeit von η zustande kommt.

Da zwischen η und den Variablen τ_i eine *deterministische* funktionale Abhängigkeit besteht (s. Gl. 2), läßt man in solchen Pfaddiagrammen die Variablen τ_i in der Regel weg und zeichnet die Pfeile von η direkt auf die *Y*-Variablen. Die *multiplikativen* Koeffizienten λ_{i1} werden an die entsprechenden Pfeile gezeichnet. In Abb. 10.1 waren diese Koeffizienten alle gleich 1 und konnten deshalb weggelassen werden. Bezüglich der weiteren Übersetzungsregeln zwischen Pfaddiagramm und Gleichungen sei auf den entsprechenden Abschnitt in Kap. 10 verwiesen.

13.5 Empirischer Gehalt

Wie im Modell essentiell τ-äquivalenter Variablen stehen uns auch im Modell τkongenerischer Variablen mehrere Möglichkeiten der empirischen Modellüberprüfung offen. Dabei ist wieder zu beachten, daß nicht die Modellannahmen selbst, sondern nur Folgerungen aus ihnen überprüft werden. Diese testbaren Konsequenzen beziehen sich auf die Strukturen der:

- *Erwartungswerte* der *Y*-Variablen in *verschiedenen Subpopulationen*,
- *Kovarianzen* der *Y*-Variablen in *der Gesamtpopulation*.

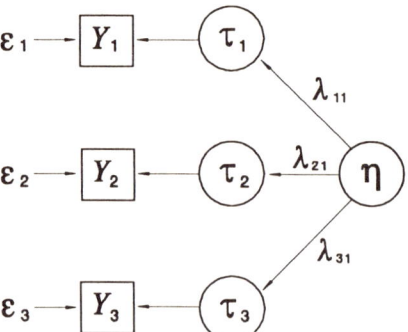

Abb. 13.1. Pfaddiagramm des Modells τkongenerischer Variablen mit unkorrelierten Fehlern

13.5.1 Erwartungswertstruktur in verschiedenen Subpopulationen

Der erste Typ empirisch überprüfbarer Folgerungen des Modells τ-kongenerischer Variablen bezieht sich auf Verhältnisse von Differenzen zwischen den Erwartungswerten der Y-Variablen in verschiedenen Subpopulationen. In Kap. 15 werden wir zeigen, daß für die Erwartungswerte zweier Variablen Y_i und Y_j, $i, j = 1, ..., m$, in 4 beliebigen Subpopulationen gilt:

Erwartungswert-struktur zwischen Subpopulationen

$$\frac{E^{(1)}(Y_i) - E^{(2)}(Y_i)}{E^{(1)}(Y_j) - E^{(2)}(Y_j)} = \frac{E^{(3)}(Y_i) - E^{(4)}(Y_i)}{E^{(3)}(Y_j) - E^{(4)}(Y_j)}, \tag{17}$$

falls die beiden Nenner ungleich 0 sind. Ein *direkter* Signifikanztest der damit formulierten Hypothese ist uns bisher allerdings noch nicht bekannt. Allerdings läßt sich diese Hypothese im Rahmen von Strukturgleichungsmodellen indirekt dadurch überprüfen, daß man die Gleichheit aller λ-Koeffizienten zwischen verschiedenen Subpopulationen testet. Bei einem solchen Test fließt allerdings auch die Annahme unkorrelierter Fehler in den Subpopulationen mit ein.

13.5.2 Kovarianzstruktur in der Gesamtpopulation

Eine weitere wichtige Möglichkeit zur Überprüfung der Annahme der τ-Kongenerität besteht in der Untersuchung der Kovarianzstruktur in der Gesamtpopulation. Dabei ist allerdings die Zusatzannahme *unkorrelierter Fehler* nötig (s. Gl. 16).

Zunächst betrachten wir die folgende Konsequenz aus der Annahme der τ-Kongenerität: Bei Gültigkeit der τ-Kongenerität ist die latente Variable η eine positive lineare Transformation einer True-Score-Variablen τ_i. Daraus folgt, daß die Fehler ε_i regressiv unabhängig von η sind (s. Th. 9.4 viii). Aus dieser Folgerung ergibt sich wiederum für $i = 1, ..., m$ (s. Th. 9.4 vii):

Unkorreliertheit der Fehler mit der latenten Variablen

$$Cov(\varepsilon_i, \eta) = 0. \tag{18}$$

Aus den Annahmen der τ-Kongenerität und unkorrelierter Fehler läßt sich unter Berücksichtigung der Gleichungen 16 und 18 die folgende Struktur der Kovarianzen der Y-Variablen ableiten, wobei $i, j = 1, ..., m$:

Kovarianzstruktur der Y-Variablen in Gesamtpopulation

$$Cov(Y_i, Y_j) = \begin{cases} \lambda_{i1}\, \lambda_{j1}\, Var(\eta), & i \neq j, \\ \lambda_{i1}^2\, Var(\eta) + Var(\varepsilon_i), & i = j. \end{cases} \tag{19}$$

Nach der ersten Zeile der Gleichung 19 ist also im Modell τ-kongenerischer Variablen mit unkorrelierten Fehlern die Kovarianz verschiedener Variablen Y_i und Y_j das Produkt der Koeffizienten λ_{i1}, λ_{j1} und der Varianz der latenten Variablen η. Dabei beachte man, daß hier nicht von den Stichprobenvarianzen und -kovarianzen die Rede ist, sondern von den *wahren* (Populations-) Varianzen und Kovarianzen.

Die in Gleichung 19 enthaltenen Restriktionen der Kovarianzen der Y-Variablen werden deutlicher, wenn man bestimmte Kovarianzverhältnisse betrachtet. Gleichung 19 impliziert nämlich für die Kovarianzen 4 verschiedener Variablen Y_i, Y_j, Y_k und Y_l, $i, j, k, l = 1, ..., m$, (s. Übung 7):

*Gleichheit be-
stimmter Kovarianz-
verhältnisse*

$$\frac{Cov(Y_i, Y_k)}{Cov(Y_j, Y_k)} = \frac{Cov(Y_i, Y_l)}{Cov(Y_j, Y_l)}, \quad \begin{array}{l} i \neq k,\, i \neq l, \\ j \neq k,\, j \neq l. \end{array} \tag{20}$$

*Voraussetzung
für die Testbarkeit
des Modells:
mindestens 4
Y-Variablen*

Betrachten wir beispielsweise den Fall $m = 4$, so sind hier die $m \cdot (m + 1)/2 = 10$ Varianzen und Kovarianzen der Y-Variablen durch $2 \cdot m = 8$ theoretische Parameter determiniert (s. dazu Übung 6). Die Formel $2 \cdot m$ ergibt sich dabei aus den m Koeffizienten λ_{i1} und den m Fehlervarianzen $Var(\varepsilon_i)$. Die Varianz $Var(\eta)$ wird hier nicht mitgezählt, da sie willkürlich auf einen beliebigen Wert, z.B. $Var(\eta) = 1$, fixiert werden kann, denn η ist durch die Modellannahmen ja nur eindeutig bis auf positive lineare Transformationen definiert. Erst durch die Fixierung der Varianz von η sind die Koeffizienten λ_{i1} eindeutig festgelegt (s. Übung 4). Wie in Abschnitt 13.2 ausführlich behandelt, könnte man auch einen der Koeffizienten λ_{i1} fixieren und z.B. $\lambda_{11} = 1$ setzen.

*Statistische
Verfahren zur
Überprüfung der
Kovarianzstruktur*

Soll also in einer Anwendung entschieden werden, ob mit den erhobenen Testwertvariablen τ-kongenerische Variablen vorliegen, so ist zu prüfen, ob die empirische Kovarianzmatrix tatsächlich mit der vom Modell implizierten Kovarianzstruktur (s. Gln. 19 und 20) vereinbar ist. Der Test dieser Hypothese kann wieder mit Hilfe eines Programms zur Analyse von Kovarianzstrukturen, z.B. LISREL 7 (Jöreskog & Sörbom, 1989), erfolgen, was in Kap. 14 ausführlich an einem Beispiel demonstriert wird.

13.6 Bestimmung der theoretischen Größen

Wie schon früher betont, besteht eines der wichtigsten Ziele eines stochastischen Meßmodells darin, die Zuverlässigkeit der betrachteten Y-Variablen abzuschätzen. In diesem Abschnitt wird u.a. gezeigt, *daß* und *wie* der Reliabilitätskoeffizient sowie die Fehlervarianzen der Testwertvariablen aus empirisch schätzbaren Kennwerten der Verteilungen (hier: Varianzen und Kovarianzen) der Y-Variablen bestimmt werden können. Voraussetzung hierfür ist, daß die Annahmen des Modells τ-kongenerischer Variablen mit unkorrelierten Fehlern erfüllt sind. In einer konkreten Anwendung muß also vorausgesetzt werden, daß die im vorigen Abschnitt behandelten Modellüberprüfungen nicht zu einer Verwerfung dieser Annahmen geführt haben.

Zunächst geben wir an, wie die Ausdrücke $\lambda_{i1}^2\, Var(\eta)$, d.h. die Varianzen der True-Score-Variablen τ_i, aus den Kovarianzen der Variablen Y_i bestimmt werden können, wenn die Annahmen der τ-Kongenerität und unkorrelierter Fehler gelten: Aus diesen beiden Annahmen folgt für $i, j, k = 1, ..., m$:

Bestimmung der
True-Score-Varianz

$$Var(\tau_i) = \lambda_{i1}^2 \, Var(\eta) = \frac{Cov(Y_i, Y_j) \cdot Cov(Y_i, Y_k)}{Cov(Y_j, Y_k)} \, , \quad \begin{matrix} i \neq j, \\ i \neq k, \\ j \neq k. \end{matrix} \qquad (21)$$

Diese Gleichung gilt für *jedes beliebige* η und die zugehörigen Koeffizienten λ_{i1} und λ_i, die die Gleichung 1 erfüllen. Da in dieser *einen* Gleichung jedoch mit $Var(\eta)$ und λ_{i1}^2 *zwei* unbekannte theoretische Größen vorkommen, lassen sich zunächst keine eindeutigen Werte für $Var(\eta)$ und λ_{i1}^2 berechnen. Erst wenn man durch eine bestimmte Normierung ein bestimmtes η festlegt, sind diese Größen eindeutig durch die Kovarianzen der Y-Variablen bestimmt. Eine solche Normierung ist unproblematisch und zugleich notwendig, da η durch die Modellannahmen ja nur eindeutig bis auf positive lineare Transformationen definiert ist. Wie in Abschnitt 13.3 ausführlich dargelegt, kann man eine solche Normierung dadurch einführen, daß man z.B. $E(\eta) = 0$ und $Var(\eta) = 1$ setzt. Die Koeffizienten λ_{i1} ergeben sich dann aus der positiven Wurzel der rechten Seite von Gleichung 21.

Wegen $\tau_i = \lambda_{i1}(\eta - \lambda_i)$, $i = 1, ..., m$, und der Additivität von True-Score- und Fehlervarianzen (s. Theorem 9.4 iv) können wir die Fehlervarianzen wie folgt aus den Varianzen und Kovarianzen der Y-Variablen bestimmen, wenn die Annahmen der τ-Kongenerität und unkorrelierter Fehler gelten:

Fehlervarianz

$$Var(\varepsilon_i) = Var(Y_i) - \lambda_{i1}^2 \, Var(\eta). \qquad (22)$$

Anstelle von $\lambda_{i1}^2 \, Var(\eta)$ ist dabei natürlich das in Gleichung 21 aufgeführte Verhältnis der Kovarianzen der Y-Variablen zu setzen, denn die theoretische Größe $Var(\varepsilon_i)$ soll ja hier aus den (empirisch schätzbaren) Varianzen und Kovarianzen der direkt beobachtbaren Variablen Y_i berechnet werden.

Die Reliabilitäten der Variablen Y_i, d.h. der Anteil der Varianz der True-Score-Variablen $\tau_i = \lambda_{i1}(\eta - \lambda_i)$ an der Varianz von Y_i, können bestimmt werden, wenn die Annahmen der τ-Kongenerität und unkorrelierter Fehler gelten. Es folgt dann nämlich für $i = 1, ..., m$:

Reliabilität

$$Rel(Y_i) = \frac{\lambda_{i1}^2 \, Var(\eta)}{Var(Y_i)} \, , \qquad (23)$$

wobei anstelle von $\lambda_{i1}^2 \, Var(\eta)$ natürlich wieder das in Gleichung 21 aufgeführte Verhältnis der Kovarianzen der Y-Variablen zu setzen ist.

Abschließend sei noch die Bestimmung der Koeffizienten λ_i untersucht. Unter Verwendung der Rechenregeln iii aus Box G.1 und ii aus Box F.1 kann man aus Gleichung 1

$$\lambda_i = E(\eta) - E(Y_i) / \lambda_{i1} \qquad (24)$$

ableiten. Je nachdem, welche Normierung (s. Abschnitt 13.3) man wählt, resultiert aus dieser Gleichung eine Bestimmungsgleichung für λ_i. Unter der Normierung $E(\eta) = 0$, $Var(\eta) = 1$ resultiert

$$\lambda_i = - E(Y_i) / \lambda_{i1} \, , \qquad (25)$$

Zur Bestimmung der theoretischen Größen genügen 3 Y-Variablen

wobei die positive Wurzel aus Gleichung 21 für λ_{i1} einzusetzen ist. Den obigen Gleichungen zufolge sind die Terme λ_i, $\lambda_{i1}^2 \, \text{Var}(\eta)$ und $\text{Var}(\varepsilon_i)$ im Modell τ-kongenerischer Variablen mit unkorrelierten Fehlern bereits bei $m = 3$ Y-Variablen bestimmt, da in Gleichung 21 nur von 3 verschiedenen Indizes i, j und k die Rede ist. Während man also für den empirischen Test des Modells zumindest 4 Y-Variablen benötigt (s. Abschnitt 13.5), genügen zur Bestimmung seiner wichtigsten Kenngrößen bereits 3 verschiedene Variablen Y_i.

13.7 Zusammenfassung

In diesem Kapitel ging es um ein zweites, etwas weniger restriktives Meßmodell der Klassischen Theorie psychometrischer Tests, dessen Annahmen es erlauben, den Reliabilitätskoeffizienten aus den empirisch schätzbaren Varianzen und Kovarianzen der manifesten (Testwert-) Variablen zu bestimmen. Zentraler Bestandteil dieses Meßmodells ist die Annahme der τ-Kongenerität, die hier in 2 logisch äquivalenten Versionen eingeführt wurde: der subtraktiven und der klassischen Parametrisierung. Die im Modell vorkommende latente Variable η ist intervallskaliert, was wichtige Konsequenzen für die Bedeutsamkeit von Aussagen über die theoretischen Größen hat. So ist z.B. eine Aussage über die Varianz von η im allgemeinen nicht bedeutsam. Bedeutsam sind dagegen beispielsweise Aussagen über die Verhältnisse zweier Differenzen zwischen Werten von η (s. Box 13.1).

Als Verfahren zur empirischen Modellüberprüfung wurde in diesem Kapitel am ausführlichsten der Test der vom Modell implizierten Kovarianzstruktur in der Gesamtpopulation behandelt. Dieser Test setzt jedoch die Gültigkeit einer zusätzlichen Annahme voraus, nämlich die Unkorreliertheit der Fehler. (Weitere Möglichkeiten der empirischen Modellüberprüfung werden in Kap. 15 dargestellt.) Abschließend wurde gezeigt, daß und wie die Reliabilitäten der Testwertvariablen aus empirisch schätzbaren Größen bestimmt werden können, wenn mindestens 3 τ-kongenerische Y-Variablen mit unkorrelierten Fehlern vorliegen.

Fragen

1. Wie kann man im Modell τ-kongenerischer Variablen die Varianz der True-Score-Variablen τ_i und die Varianz der Fehlervariablen ε_i aus den Varianzen und Kovarianzen der Y-Variablen bestimmen?
2. Worin unterscheiden sich essentiell τ-äquivalente und τ-kongenerische Variablen?
3. Wozu benötigt man ein stochastisches Meßmodell, z.B. das Modell τ-kongenerischer Variablen?
4. Was bedeutet es im Modell τ-kongenerischer Variablen, wenn der Koeffizient λ_{i1} einer Variablen Y_1 größer ist als der Koeffizient λ_{i1} einer Variablen Y_2? (Gehen Sie bei Ihrer Antwort davon aus, daß die Varianzen der beiden Y-Variablen gleich sind.)
5. Wie lassen sich die Variablen τ_1, τ_2 und η aus dem Beispiel in Abschnitt 13.2 inhaltlich interpretieren?

Box 13.1. Das Wichtigste zum Modell τ-kongenerischer Variablen.

Grundannahmen
(a) τ-Kongenerität
   subtr. Parametrisierung $\tau_i = \lambda_{i1}(\eta - \lambda_i), \quad \lambda_i, \lambda_{i1} \in \mathbb{R}, \quad \lambda_{i1} > 0$

   klass. Parametrisierung $\tau_i = \lambda_{i0} + \lambda_{i1}\,\eta, \quad \lambda_{i0}, \lambda_{i1} \in \mathbb{R}, \quad \lambda_{i1} > 0$

(b) unkorrelierte Fehler $Cov(\varepsilon_i, \varepsilon_j) = 0, \quad i \neq j$

Eindeutigkeit η und λ_i sind durch (a) bis auf positive lineare Transformationen, die Koeffizienten λ_{i1} eindeutig bis auf Ähnlichkeitstransformationen definiert

Bedeutsamkeit   Invariant unter den zulässigen Transformationen sind z.B. Aussagen über

$$\frac{\eta(\omega_1) - \eta(\omega_2)}{\eta(\omega_3) - \eta(\omega_4)} \qquad \frac{\lambda_{i1}}{\lambda_{j1}} \qquad \lambda_{i1}^2\, Var(\eta)$$

Testbarkeit   Die Modellannahme (a) allein impliziert:

(1) Erwartungswertstruktur in Subpopulationen $$\frac{E^{(1)}(Y_i) - E^{(2)}(Y_i)}{E^{(1)}(Y_j) - E^{(2)}(Y_j)} = \frac{E^{(3)}(Y_i) - E^{(4)}(Y_i)}{E^{(3)}(Y_j) - E^{(4)}(Y_j)}$$

Die Modellannahmen (a) und (b) implizieren:

(2) Gleichheit bestimmter Kovarianzverhältnisse in Gesamtpopulation $$\frac{Cov(Y_i, Y_k)}{Cov(Y_j, Y_k)} = \frac{Cov(Y_i, Y_l)}{Cov(Y_j, Y_l)}, \qquad \begin{matrix} i \neq k, \ i \neq l, \\ j \neq k, \ j \neq l \end{matrix}$$

Bestimmung der theoretischen Größen $$\lambda_{i1}^2\, Var(\eta) = \frac{Cov(Y_i, Y_j) \cdot Cov(Y_i, Y_k)}{Cov(Y_j, Y_k)}, \qquad \begin{matrix} i \neq j, \\ i \neq k, \\ j \neq k \end{matrix}$$

$$Var(\varepsilon_i) = Var(Y_i) - \lambda_{i1}^2\, Var(\eta)$$

$$Rel(Y_i) = \frac{\lambda_{i1}^2\, Var(\eta)}{Var(Y_i)}$$

Antworten

1. Die Varianzen der True-Score-Variablen $\tau_i = \lambda_{i1}(\eta - \lambda_i)$ und die Varianz der Fehlervariablen ε_i lassen sich im Modell τ-kongenerischer Variablen mit Hilfe der Gleichungen 21 und 22 bestimmen.

2. Die Modelle essentiell τ-äquivalenter und τ-kongenerischer Variablen unterscheiden sich in ihrer Definition lediglich dadurch, daß beim Modell essentiell τ-äquivalenter Variablen $\lambda_{i1} = 1$ gilt (s. Gl. 1). Das Modell essentiell τ-äquivalenter Variablen ist damit ein Spezialfall des Modells τ-kongenerischer Variablen. Der kleine Unterschied zwischen den beiden Modellen hat jedoch eine Reihe weitreichender Konsequenzen.

3. Ein Modell, z.B. das Modell τ-kongenerischer Variablen, benötigt man vor allem dazu, um die Reliabilität der betrachteten Testwertvariablen bestimmen zu können. Dies ermöglicht die Abschätzung des Ausmaßes der Fehlerbehaftetheit der Testwertvariablen. Außerdem wird in einem solchen Meßmodell die Beziehung zwischen der untersuchten theoretischen Variablen (der latenten Variablen η) und den beobachtbaren Variablen (den Variablen Y_i) expliziert. Darüber hinaus ermöglicht das Modell dann Aussagen über das Skalenniveau von η.

4. Wenn der Koeffizient λ_{11} einer Variablen Y_1 größer ist als der Koeffizient λ_{21} einer Variablen Y_2 und die Varianzen der beiden Y-Variablen gleich sind, dann ist die Korrelation zwischen η und Y_1 größer als die zwischen η und Y_2. Außerdem ist dann nach Gleichung 22 die Varianz der Fehlervariablen ε_1 kleiner als die von ε_2. In diesem Sinn mißt dann Y_1 die Variable η *genauer* als Y_2, d.h. die Reliabilität der Variablen Y_1 ist größer als die Reliabilität der Variablen Y_2 (s. Gl. 23).

5. In diesem Beispiel repräsentieren die Werte von τ_1 und τ_2 die wahren Werte der befragten Personen auf dem jeweiligen Ängstlichkeitstest. Die Werte der latenten Variablen η geben die Ausprägungen der „Ängstlichkeit" der betreffenden Personen an, die von beiden Tests gemeinsam erfaßt wird.

Übungen

1. Zeigen Sie, daß der Parameter λ_i aus Gleichung 1 eine Funktion von λ_{i0} und λ_{i1} aus Gleichung 4 ist.

2. Berechnen Sie für die in Tabelle 13.1 angegebene Variable η die Parameter λ_1 und λ_2 sowie die Parameter λ_{11} und λ_{21}. Veranschaulichen Sie sich anhand der dabei berechneten Zahlen die Bedeutung dieser Parameter. (Hinweis: Setzen Sie die Werte von 2 Personen in Gl. 1 ein und lösen Sie das Gleichungssystem nach den beiden Unbekannten λ_1 und λ_{11} auf. Mit den beiden Parametern λ_2 und λ_{21} verfahren Sie entsprechend).

3. Berechnen Sie aus den Werten in Tabelle 13.1 die zur Variablen $\eta' := (1/3)\eta - 5$ gehörenden Parameter λ'_1, λ'_2, λ'_{11} und λ'_{21}.

4. Zeigen Sie unter Verwendung der Gleichung 1, daß aus der Normierung $E(\eta) = 0$ und $Var(\eta) = 1$ folgt: (a) $\lambda_{i1} = Std(\tau_i)$ und (b) $\lambda_i = - E(Y_i) / Std(\tau_i)$.

5. Zeigen Sie unter Verwendung der Gleichung 1, daß aus der Normierung $\lambda_1 = 0$ und $\lambda_{11} = 1$ die Gleichungen 12 bis 15 folgen.

6. Geben Sie die vom Modell implizierte Kovarianzmatrix der Y-Variablen für den Fall $m = 4$ an.

7. Zeigen Sie, daß im Modell τ-kongenerischer Variablen für die Kovarianzen von 4 verschiedenen Y-Variablen gilt:

$$\frac{Cov(Y_i, Y_j)}{Cov(Y_i, Y_l)} = \frac{Cov(Y_j, Y_k)}{Cov(Y_l, Y_k)}, \quad \begin{matrix} i \neq j, & j \neq k, \\ i \neq l, & l \neq k. \end{matrix}$$

8. Übersetzen Sie das Pfaddiagramm der Abb. 13.1 in ein Gleichungssystem.

9. Zeigen Sie unter Verwendung der Gleichung 21, daß durch Fixierung der Varianz von η auf 1 auch die Parameter λ_{i1} eindeutig festgelegt sind.

Lösungen

1. Durch Gleichsetzen der Gleichungen 1 und 4 erhält man nach einfachen Umformungen: $-\lambda_{i0} / \lambda_{i1} = \lambda_i$. Der Parameter λ_i läßt sich also aus den beiden Parametern der klassischen Parametrisierung berechnen.

2. Für die in Tabelle 13.1 angegebenen Variablen η und τ_1 bzw. τ_2 erhält man nach dem angegebenen Verfahren die Parameter $\lambda_1 = 10$ bzw. $\lambda_2 = 10/3$ sowie die Parameter $\lambda_{11} = 1/2$ und $\lambda_{21} = 3/4$. Der Vergleich der beiden letzten Parameter zeigt, daß die True-Score-Variable τ_2 stärker auf Unterschiede zwischen dem Wert der Person auf η und dem Parameter λ_2 reagiert als die True-Score-Variable τ_1 auf die Unterschiede zwischen der Werten von η und λ_1. Dies schlägt sich in einer größeren Varianz von τ_2 verglichen mit τ_1 nieder.

   Der niedrigere Parameter λ_2 bedeutet, daß der Erwartungswert von τ_2 höher ist als der von τ_1. Auf der Ebene der Y-Variablen bedeutet das, daß die Personen auf der Variablen Y_2 im Schnitt eine höhere Punktzahl haben als auf der Variablen Y_1. Man beachte, daß der größere Parameter λ_{21} *nicht immer* bedeutet, daß der Zusammenhang zwischen Y_2 und η höher ist als der zwischen Y_1 und η, sondern nur dann, wenn die Varianzen der beiden Y-Variablen gleich sind. Im vorliegenden Fall allerdings ist die Korrelation zwischen Y_2 und η größer als die zwischen Y_1 und η.

3. Für die Variable η' ergeben sich $\lambda_1' = -5/3$, $\lambda_2' = -35/9$, $\lambda_{11}' = 3/2$ und $\lambda_{21}' = 9/4$.

4. (a) $$Var(\tau_i) = Var[\lambda_{i1}(\eta - \lambda_i)] \qquad \text{(s. Gl. 1)}$$

   $$= \lambda_{i1}^2 \, Var(\eta - \lambda_i) \qquad \text{(Box F.1 v)}$$

   $$= \lambda_{i1}^2 \, Var(\eta) \qquad \text{(Box F.1 vi)}$$

   $$= \lambda_{i1}^2. \qquad [Var(\eta) = 1]$$

   (b) $$E(Y_i) = E[\lambda_{i1} (\eta - \lambda_i) + \varepsilon_i] \qquad \text{(Gl. 3)}$$

   $$= \lambda_{i1} [E(\eta) - \lambda_i]. \qquad \text{(Box F.1 ii und Gl. 2 aus Kap. 9)}$$

   Setzen wir in diese Gleichung nun $\lambda_{i1} = Std(\tau_i)$ sowie $E(\eta) = 0$ ein und lösen nach λ_i auf, dann erhalten wir die abzuleitende Gleichung: $\lambda_i = - E(Y_i) / Std(\tau_i)$.

   Daraus folgt aber $\lambda_{i1} = Std(\tau_i)$, wenn man bedenkt, daß die Koeffizienten λ_{i1} definitionsgemäß positiv sind, so daß die negative Wurzel aus λ_{i1}^2 als Lösung für λ_{i1} entfällt.

5. *Gleichung 12*: In Übung 4(b) wurde gezeigt, daß gilt: $E(Y_i) = \lambda_{i1} [E(\eta) - \lambda_i]$. Einsetzen von $\lambda_1 = 0$ und $\lambda_{11} = 1$ für $i = 1$ führt zu $E(\eta) = E(Y_1)$ (Gl. 12).

   Gleichung 13: Wegen der Normierung $\lambda_1 = 0$, $\lambda_{11} = 1$ folgt $Var(\eta) = Var(\tau_1)$ (Gl. 13) direkt aus Gleichung 1.

   Gleichung 14: $$Var(\tau_i) = Var[\lambda_{i1}(\eta - \lambda_i)] \qquad \text{(s. Gl. 1)}$$

   $$= \lambda_{i1}^2 \, Var(\eta - \lambda_i) \qquad \text{(Box F.1 v)}$$

   $$= \lambda_{i1}^2 \, Var(\eta) \qquad \text{(Box F.1 vi)}$$

   $$= \lambda_{i1}^2 \, Var(\tau_1). \qquad \text{(s. Gl. 13)}$$

   Daraus folgt aber $\lambda_{i1} = Std(\tau_i) / Std(\tau_1)$ (Gl. 14), wenn man die letzte Gleichung nach λ_{i1}^2 auflöst, die Wurzel zieht und bedenkt, daß die Koeffizienten λ_{i1} definitionsgemäß positiv sind, so daß die negative Wurzel als Lösung entfällt.

   Gleichung 15: In Übung 4(b) wurde gezeigt, daß gilt: $E(Y_i) = \lambda_{i1}[E(\eta) - \lambda_i]$. Einsetzen von $E(\eta) = E(Y_1)$ (Gl. 12), $\lambda_{i1} = Std(\tau_i)/Std(\tau_1)$ (Gl. 14) und Auflösen nach λ_i resultiert in $\lambda_i = E(Y_1) - E(Y_i) \cdot Std(\tau_1)/Std(\tau_i)$ (Gl. 15).

Rolf Steyer Michael Eid: Messen und Testen

ISBN 3-540-56169-2
© Springer-Verlag Berlin Heidelberg 1993

Die Seite 186 wurde nicht mitgedruckt. Wir bitten die Seite entsprechend einzulegen.

6. Die Struktur der Kovarianzmatrix Σ der Y-Variablen kann im Fall $m = 4$ wie folgt notiert werden, wobei wir $\sigma_\eta^2 := Var(\eta)$ und $\sigma_{\varepsilon_i}^2 := Var(\varepsilon_i)$ verwenden.

$$\Sigma = \begin{bmatrix} \lambda_{11}^2\,\sigma_\eta^2 + \sigma_{\varepsilon_1}^2 & \lambda_{11}\,\lambda_{21}\,\sigma_\eta^2 & \lambda_{11}\,\lambda_{31}\,\sigma_\eta^2 & \lambda_{11}\,\lambda_{41}\,\sigma_\eta^2 \\ \lambda_{21}\,\lambda_{11}\,\sigma_\eta^2 & \lambda_{21}^2\,\sigma_\eta^2 + \sigma_{\varepsilon_2}^2 & \lambda_{21}\,\lambda_{31}\,\sigma_\eta^2 & \lambda_{21}\,\lambda_{41}\,\sigma_\eta^2 \\ \lambda_{31}\,\lambda_{11}\,\sigma_\eta^2 & \lambda_{31}\,\lambda_{21}\,\sigma_\eta^2 & \lambda_{31}^2\,\sigma_\eta^2 + \sigma_{\varepsilon_3}^2 & \lambda_{31}\,\lambda_{41}\,\sigma_\eta^2 \\ \lambda_{41}\,\lambda_{11}\,\sigma_\eta^2 & \lambda_{41}\,\lambda_{21}\,\sigma_\eta^2 & \lambda_{41}\,\lambda_{31}\,\sigma_\eta^2 & \lambda_{41}^2\,\sigma_\eta^2 + \sigma_{\varepsilon_4}^2 \end{bmatrix}.$$

7. Durch mehrmaliges Einsetzen von Gleichung 19 erhält man aus der in der Übungsaufgabe angegebenen Gleichung:

$$\frac{\lambda_{i1}\,\lambda_{j1}\,Var(\eta)}{\lambda_{i1}\,\lambda_{l1}\,Var(\eta)} = \frac{\lambda_{j1}\,\lambda_{k1}\,Var(\eta)}{\lambda_{l1}\,\lambda_{k1}\,Var(\eta)}\;.$$

Durch Kürzen ergibt sich $\lambda_{j1}/\lambda_{l1} = \lambda_{j1}/\lambda_{l1}$ und damit die behauptete Gleichheit.

8. Im Diagramm sind für $i, j = 1, ..., m$ die folgenden Gleichungen dargestellt:

$$Y_i = \tau_i + \varepsilon_i, \quad \tau_i = \lambda_{i1}\,\eta, \quad Cov(\varepsilon_i, \varepsilon_j) = 0, \quad i \neq j.$$

Die Koeffizienten λ_i fehlen in diesen Gleichungen. Sie sind für die Betrachtung der Kovarianzstrukturen irrelevant.

9. Nach Fixierung der Varianz von η auf $Var(\eta) = 1$ vereinfacht sich Gleichung 21 zu:

$$\lambda_{i1}^2 = \frac{Cov(Y_i, Y_j) \cdot Cov(Y_i, Y_k)}{Cov(Y_j, Y_k)}, \quad \begin{matrix} i \neq j, \\ i \neq k, \\ j \neq k. \end{matrix}$$

Die Parameter λ_{i1} sind dann eindeutig festgelegt als die positive Quadratwurzel aus der rechten Seite der obigen Gleichung, da laut Voraussetzung gilt: $\lambda_{i1} > 0$ (s. z.B. Box 13.1).

Weiterführende Literatur

Das Modell kongenerischer Variablen geht u.W. auf Spearman (1904) zurück, der jedoch eine andere Terminologie verwendet hat. Die Bezeichnung „kongenerische Variablen" wurde wohl erstmals von Jöreskog (1971) verwendet, bei dem man auch Modelle mit mehreren latenten Variablen findet. Die meßtheoretischen Aspekte sind ausführlich bei Steyer (1989) dargestellt. Im übrigen ist hier zur Weiterführung dieselbe Literatur wie in Kap. 11 zu empfehlen, die allerdings weit über das Modell kongenerischer Variablen hinausgeht, in dem ja nur eine einzige latente Variable vorkommt. Zur Einführung in die allgemeinere Klasse der Strukturgleichungsmodelle und zur Verwendung des Programms LISREL sind das die Bücher von Bollen (1989), Hayduk (1987), Jöreskog und Sörbom (1989), Kenny (1979), Loehlin (1987), Long (1983), Saris und Stronkhorst (1984). Deutschsprachige Einführungen sind Pfeifer und Schmidt (1987) sowie Hodapp (1984). Kürzer gefaßte Einführungen findet man in Backhaus et al. (1990), Knoche (1990) und in Pedhazur (1982).

14 Anwendung des Modells
τ-kongenerischer Variablen

Beispiel:
Messung von Angst
als Eigenschaft

Das im vorangegangenen Kapitel eingeführte Modell τ-kongenerischer Variablen soll nun an einem Beispiel illustriert werden. Wie in Kap. 10 liegt ein Fragebogen zugrunde, diesmal allerdings zur Erhebung der *Angst als Eigenschaft* (Trait-Angst). Die verwendeten Daten stammen wieder aus der Untersuchung von Steyer et al. (1990), bei der das State-Trait-Angstinventar (STAI) von Laux et al. (1981) verwendet wurde. In *formaler Hinsicht* sollen dabei die Fragen untersucht werden, *ob* für die hier untersuchten Variablen das Modell τ-kongenerischer Variablen gilt. Außerdem wird illustriert, wie die Reliabilitäten verschiedener Variablen, die beim STAI von Bedeutung sind, bestimmt werden können.

Inhaltliche
Fragestellung

Der *inhaltliche Hintergrund* ist im wesentlichen der gleiche wie in Kap. 10, insbesondere, was die Frage der Reliabilität angeht. Ohne Wissen über die Zuverlässigkeit einer Messung ist jede Messung selbst völlig wertlos. Bei der Frage nach der Gültigkeit der Annahme der τ-Kongenerität gibt es einen neuen Gesichtspunkt. Erweist sich nämlich jetzt die Messung der *Angst als Eigenschaft* als anfällig gegenüber situativen Effekten, dann muß man überlegen, wie man die situative Abhängigkeit der Messungen bei der Interpretation der Meßwerte berücksichtigen kann. Auch in dieser Anwendung können mindestens 2 Gründe dafür verantwortlich sein, daß das Modell τ-kongenerischer Variablen nicht gilt:

Situationale
Spezifität

Methodenspezifität

- Die tatsächlich gemessene Eigenschaft unterliegt *situativen Einflüssen* und ändert sich daher zwischen den Meßgelegenheiten (***Problem der situationalen Spezifität***).
- Die verwendeten *Meßinstrumente* erfassen nicht genau dieselbe Eigenschaft (***Problem der Methodenspezifität***).

Der erste Punkt wäre in diesem inhaltlichen Kontext allerdings anders zu bewerten als bei der Messung von *Angst als Zustand*. Während dort die situationale Spezifität der Messungen eher ein Indiz für die Validität des Meßinstruments ist, sind situative Effekte bei der Messung von *Angst als Eigenschaft* eher unerwünscht und stellen die Validität des Meßinstruments in Frage.

Trifft der erste der genannten Punkte zu, dann ist ein Modell zu verwenden, innerhalb dessen die zu messende Eigenschaft anders definiert werden muß. In einem solchen Modell sollte zwar ein über die verschiedenen Meßgelegenheiten stabiler Trait vorkommen, dennoch sollten aber auch die durchaus systematischen, aber situational bedingten Effekte im Modell berücksichtigt werden. Ähnliches gilt für das Problem der Methodenspezifität (s. dazu Steyer et al., 1992).

Überblick   Nach einer kurzen Diskussion der Probleme der Itemselektion und Testkonstruktion (Abschnitt 14.1) demonstrieren wir, wie man das Modell τ-kongenerischer Variablen überprüfen kann (Abschnitt 14.2). Dabei betrachten wir als erstes wieder die Überprüfung der vom Modell implizierten Kovarianzstruktur in der Gesamtpopulation. Ein Beispiel für die Bestimmung der Reliabilität behandeln wir abschließend in Abschnitt 14.3.

14.1 Itemselektion und Testkonstruktion

Prinzipiell bestehen auch beim Modell τ-kongenerischer Variablen hinsichtlich der Itemselektion und der Testkonstruktion die gleichen Probleme und Lösungsmöglichkeiten wie beim Modell essentiell τ-äquivalenter Variablen, die wir ausführlich in Kap. 11 diskutiert haben. Diese Diskussion braucht daher hier nicht wiederholt zu werden. Statt dessen wollen wir uns am Beispiel der Items des Trait-Angstinventars[1] ausführlicher mit dem Problem der *Methodenspezifität* beschäftigen, das wir in Kap. 11 nur kurz angesprochen haben.

Eine Inspektion der Items zeigt, daß sie unter inhaltlichem Aspekt gesehen recht heterogen sind. Zum einen gibt es eine Reihe von Items, die man unter der Überschrift *Besorgtheit* sammeln könnte, z.B. „Ich glaube, mir geht es schlechter als anderen Leuten" und „Ich mache mir Sorgen über ein mögliches Mißgeschick". Andere Items dagegen beinhalten Aussagen über das *Wohlbefinden* wie z.B. „Ich bin vergnügt" und „Ich bin glücklich". Demnach liegt auch hier wieder das Problem der *Mehrdimensionalität des Tests* vor.

Mehrdimensionalität des Tests

Selbst wenn man nach dem Verfahren der Augenscheinvalidität versucht, nur eine dieser beiden Arten von Items auszuwählen (z.B. die Items zum Wohlbefinden) und daraus 2 (parallele) Testteile zusammenzustellen, die dieselbe Eigenschaft erfassen sollen, ist es nicht selbstverständlich, daß dies gelingt. Aber nur dann, wenn dies gelingt, kann die Annahme der τ-Kongenerität erfüllt sein. Andernfalls haben wir es mit

---

[1] Die Antwortskala der Items ist vierstufig („fast nie", „manchmal", „oft", „fast immer") mit der Bitte an die Probanden, anzugeben, wie sie sich *im allgemeinen* fühlen. Die Items des Trait-Angst-Inventars sind: (1) Ich bin ausgeglichen. (2) Ich bin zufrieden. (3) Ich neige dazu, alles schwerzunehmen. (4) Ich glaube, mir geht es schlechter als anderen Leuten. (5) Ich mache mir Sorgen über mögliches Mißgeschick. (6) Ich werde nervös und unruhig, wenn ich an meine derzeitigen Angelegenheiten denke. (7) Ich fühle mich geborgen. (8) Mir fehlt es an Selbstvertrauen. (9) Ich fühle mich niedergeschlagen. (10) Ich mache mir zuviel Gedanken über unwichtige Dinge. (11) Ich bin vergnügt. (12) Ich werde schnell müde. (13) Mir ist zum Weinen zumute. (14) Ich verpasse günstige Gelegenheiten, weil ich mich nicht schnell genug entscheiden kann. (15) Ich fühle mich ausgeruht. (16) Ich glaube, daß mir meine Schwierigkeiten über den Kopf wachsen. (17) Ich bin glücklich. (18) Enttäuschungen nehme ich so schwer, daß ich sie nicht vergessen kann. (19) Unwichtige Gedanken gehen mir durch den Kopf und bedrücken mich. (20) Ich bin ruhig und gelassen.

Problem der
Methodenspezifität

dem Problem der *Methodenspezifität* zu tun: Wäre die zu messende Eigenschaft das *Wohlbefinden*, dann würde jeder Test neben dem den beiden Testteilen *gemeinsamen Faktor* „Wohlbefinden" noch einen *spezifischen Faktor* erfassen, dessen inhaltliche Interpretation sich danach richten würde, unter welchen Aspekten sich die beiden Testteile voneinander unterscheiden.

Die beiden
Testteile

Für die hier behandelten Analysen wurden 2 Testteile zusammengestellt (die im folgenden mit WT_1 bzw. WT_2 — Wohlbefinden-Trait — bezeichnet werden), die jeweils aus den folgenden (mit den 4 Antwortkategorien 1 = fast nie, 2 = manchmal, 3 = oft, 4 = fast immer) Items bestehen:

Testteil 1:
(1) Ich bin ausgeglichen
(11) Ich bin vergnügt
(20) Ich bin ruhig und gelassen

Testteil 2:
(2) Ich bin zufrieden
(17) Ich bin glücklich
(15) Ich fühle mich ausgeruht,

Messen die beiden
Testteile dieselbe
Eigenschaft?

wobei die in Klammern aufgeführten Zahlen die Itemnummern aus dem Trait-Angstinventar sind. Auch wenn die *Items* innerhalb der beiden Testteile nicht unbedingt *homogen* sind, so daß wir auch bei diesen kurzen Testteilen mit einer Mischung der Dimensionen rechnen müssen, so sind jedoch beide *Testteile* unter inhaltlichen Gesichtspunkten *sehr ähnlich*. Der einzige systematische Unterschied besteht vielleicht in der unterschiedlichen *Intensität* der angesprochenen Emotion. „Glücklich" ist sicherlich ein intensiverer Ausdruck des Wohlbefindens als „vergnügt". Dieser Unterschied wird sich statistisch in *unterschiedlichen Mittelwerten* der beiden Testteile niederschlagen. Werden nämlich die Werte der Personen in den beiden Testteilen jeweils als Summe der Werte über ihre 3 Items definiert, dann müßte der Erwartungswert der durch den zweiten Testteil definierten Variablen niedrigerer sein als der Erwartungswert der durch den ersten Testteil definierten Variablen. Das Problem spezifischer Faktoren jedoch sollte wegen der großen Ähnlichkeit beider Testteile hier eigentlich nicht auftreten. Falls die Annahme der τ-Kongenerität sich eventuell bei den nun folgenden Modellprüfungen als nicht haltbar erweisen sollte, wäre dies daher eher auf das oben angesprochene Problem der situationalen Spezifität zurückzuführen.

14.2 Modellüberprüfung

In Kap. 13 wurde als Möglichkeit, das Modell zu überprüfen, die Kovarianzstruktur in der Gesamtpopulation genauer erläutert. Dies soll nun an einem empirischen Beispiel illustriert werden. Weitere Verfahren der Modellüberprüfung werden wir in Kap. 15 darstellen. Führt eines dieser Verfahren zu einer Verwerfung des Modells, so ist neben den in der Einleitung angesprochenen inhaltlichen Konsequenzen auch zu bedenken, daß eine Schätzung der Reliabilität nach den in Kap. 13 angegebenen Formeln nicht mehr möglich ist.

Wie bereits in Kap. 11 beschrieben, wurde bei 179 Studierenden der Universität Trier das STAI zweimal im Abstand von 2 Monaten erhoben. Bei den oben angegebenen Items der beiden Testteile wurden die Befragten gebeten anzugeben, wie sie sich *im allgemeinen* fühlen. Die Rolle der Meßwertvariablen Y_i spielen im folgenden diejenigen Zufallsvariablen, deren Werte die Summenwerte der jeweiligen Person in den beiden Testteilen sind. Diese Testwertvariablen werden mit WT_i — Wohlbefinden-Trait — notiert. Die aus dieser Stichprobe gewonnenen empirischen Varianzen, Kovarianzen, Korrelationen und Mittelwerte dieser beiden Testteile zu den beiden Meßgelegenheiten finden sich in Tabelle 14.1.

τ-kongenerische Variablen durch Paralleltest- und durch Retest-Verfahren

Als erstes untersuchen wir die Frage, ob alle 4 Variablen WT_1, WT_2, WT_3 und WT_4 die Annahmen des Modells τ-kongenerischer Variablen mit unkorrelierten Fehlern erfüllen. Diese Hypothese ist durchaus sinnvoll, denn τ-kongenerische Variablen können nicht nur durch die gleichzeitige Messung mit äquivalenten Tests oder Testteilen entstehen, sondern auch durch wiederholte Vorgabe identischer Tests, wobei allerdings mit der Annahme der τ-Kongenerität vorausgesetzt wird, daß sich die latente Variable (hier: *Wohlbefinden als Eigenschaft*) zwischen den betrachteten Meßgelegenheiten nicht oder nur um eine für alle Personen gleiche positive lineare Transformation verändert. Andernfalls wäre die Annahme der τ-Kongenerität nicht erfüllt. Auch inhaltlich erscheint diese Hypothese plausibel, da man bei einem Test, der Wohlbefinden als relativ überdauernde Eigenschaft von Personen erfassen soll, eine hohe, wenn nicht gar perfekte Stabilität der Meßwerte erwarten sollte.

Die τ-Kongenerität in Konjunktion mit der Annahme unkorrelierter Fehler impliziert, daß die Kovarianzmatrix der Testteile den Bedingungen genügt, die in Gleichung 13.19 formuliert wurden. Die in dieser Gleichung enthaltenen Restriktionen sind augenfälliger mit der Gleichheit der Kovarianzverhältnisse

$$\frac{Cov(WT_i, WT_k)}{Cov(WT_j, WT_k)} = \frac{Cov(WT_i, WT_l)}{Cov(WT_j, WT_l)} \tag{1}$$

zum Ausdruck gebracht, wobei $i, j, k, l = 1, ..., m$, $i \neq k$, $i \neq l$, $j \neq k$, $j \neq l$. Greifen

Tabelle 14.1. Kovarianzen (untere Dreiecksmatrix), Korrelationen (obere Dreiecksmatrix) und Mittelwerte der Wohlbefindens-Testteile in der Gesamtstichprobe

| | | Meßgelegenheit | | | |
| | | 1 | | 2 | |
Meßgelegenheit		WT_1	WT_2	WT_3	WT_4
1	WT_1	3.18	.74	.64	.49
1	WT_2	2.44	3.39	.58	.66
2	WT_3	1.89	1.78	2.78	.68
2	WT_4	1.42	1.96	1.83	2.63
	Mittelwerte	6.74	7.18	6.96	7.31

Anmerkungen: Die Testteile WT_1 und WT_3 bestehen aus den Items 1, 11 und 20, die Testteile WT_2 und WT_4 aus den Items 2, 15 und 17 des STAI (siehe Fußnote 1)

wir auf die in Tabelle 14.1 angegebene empirische Kovarianzmatrix zurück, so müßte also z.B. für die Indizes $i = 1$, $j = 2$, $k = 3$ und $l = 4$ gelten: $1.89/1.78 \approx 1.42/1.96$. Auf den ersten Blick scheint in diesem Beispiel die vom Modell τ-kongenerischer Variablen mit unkorrelierten Fehlern implizierte Kovarianzstruktur nicht erfüllt zu sein. Aber auch hier wollen wir die Implikationen der Modells τ-kongenerischer Variablen zunächst etwas ausführlicher studieren, bevor wir das Modell mittels eines Signifikanztests prüfen. Dazu sollen nun wie in Kap. 11 zunächst die Parameter nach dem einfachen Mittelungsverfahren geschätzt, dann die vom Modell implizierte Kovarianzmatrix berechnet und mit der empirischen Kovarianzmatrix verglichen werden. Dazu sei noch einmal betont, daß wir dieses Mittelungsverfahren hier nur deswegen anderen, unter statistischen Aspekten optimaleren Schätzverfahren, vorziehen, weil hier der Rechenweg unmittelbar nachvollziehbar wird. Andere Schätzverfahren, wie z.B. das Maximum-Likelihood-Verfahren, lassen sich nicht mehr mit der Hand rechnen, sondern bedürfen eines computerisierten Optimierungsalgorithmus.

Das einfache Mittelungsverfahren versus das ML-Verfahren zur Parameterschätzung

Als erstes sollen die Koeffizienten λ_{i1} unter Verwendung der Formel 13.21 geschätzt werden. Dazu ist zunächst zu überlegen, daß es bei insgesamt 4 Variablen für jeden dieser Koeffizienten 3 Möglichkeiten gibt, die dazu notwendigen Kovarianzen auszuwählen. Für λ_{11} beispielsweise können wir 3 verschiedene Paare $\langle j, k \rangle$ aus den restlichen 3 Indizes auswählen, nämlich $\langle 2, 3 \rangle$, $\langle 2, 4 \rangle$ und $\langle 3, 4 \rangle$. Wählen wir nun die Normierung $E(\eta) = 0$ und $Var(\eta) = 1$ (s. Abschnitt 13.3.1), dann erhalten wir die folgenden 3 Schätzungen für das Quadrat des Koeffizienten λ_{11}:

Schätzung der Koeffizienten λ_{i1} nach dem einfachen Mittelungsverfahren

$$\text{für } j = 2,\ k = 3\text{: } 2.44 \cdot 1.89\ /\ 1.78 \approx 2.59,$$
$$\text{für } j = 2,\ k = 4\text{: } 2.44 \cdot 1.42\ /\ 1.96 \approx 1.77,$$
$$\text{für } j = 3,\ k = 4\text{: } 1.89 \cdot 1.42\ /\ 1.83 \approx 1.47$$

und daraus den einfachen Mittelwert 1.94. Die Wurzel daraus ergibt den Koeffizienten $\lambda_{11} \approx 1.39$. Ganz entsprechend verfährt man bei den anderen 3 Koeffizienten und erhält: $\lambda_{21} \approx 1.57$, $\lambda_{31} \approx 1.34$ und $\lambda_{41} \approx 1.23$. Die Fehlervarianzen lassen sich nun nach Gleichung 13.22 berechnen. Für die Schätzung der Varianz von ε_1 erhält man: $3.18 - 1.94 \approx 1.24$ und für die anderen 3 Fehlervarianzen: 0.90, 0.98 und 1.14. Diese 8 Parameterschätzwerte findet man auch in Abb. 14.1. Setzen wir diese 8 Schätzwerte in Gleichung 13.19 ein, können wir die vom Modell implizierte Kovarianzmatrix ausrechnen und erhalten Tabelle 14.2. Diese stimmt nicht perfekt mit der empirischen Kovarianzmatrix (s. Tabelle 14.1) überein.

Schätzungen der Fehlervarianzen nach dem einfachen Mittelungsverfahren

Abb. 14.1. Pfeildiagramm des Modells τ-kongenerischer Variablen für das *Wohlbefinden* mit unkorrelierten Fehlern für beide Meßgelegenheiten. Die Parameter sind nach dem Mittelungsverfahren geschätzt

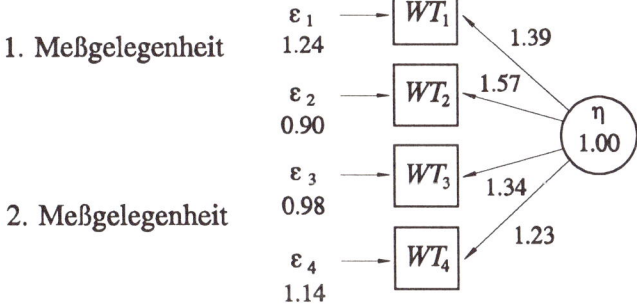

1. Meßgelegenheit

2. Meßgelegenheit

*Überprüfung der
Modellannahmen
über die implizierte
Kovarianzstruktur
nach Augenschein*

Da die aus 10 Parametern bestehende empirische Kovarianzmatrix aus 8 frei zu schätzenden Parametern (den Koeffizienten λ_{i1} und den Fehlervarianzen) nicht fehlerfrei reproduziert werden kann, kann man nun den Grad der Übereinstimmung der vom Modell implizierten Kovarianzmatrix mit der empirischen Kovarianzmatrix überprüfen. Die vom Modell implizierte Stichproben-Kovarianzmatrix kann man unter Verwendung der in Abb. 14.1 angegebenen Parameterschätzwerte nach Gleichung 13.19 berechnen (s. Tab. 14.2). Im Gegensatz zur empirischen Stichproben-Kovarianzmatrix (s. Tab. 14.1) gelten für die vom Modell implizierte Kovarianzmatrix *zwangsläufig* die durch die Gleichung 13.20 beschriebenen Restriktionen. Ein Vergleich der vom Modell implizierten mit der empirischen Kovarianzmatrix (s. Tab. 14.1) zeigt auf den ersten Blick keine allzu großen Diskrepanzen, wobei allerdings anzumerken ist, daß die beiden empirischen Kovarianzen innerhalb der beiden Meßgelegenheiten jeweils größer sind als die vom Modell implizierten Kovarianzen.

*Statistische
Überprüfung der
Modellannahmen
über die implizierte
Kovarianzstruktur*

Es stellt sich allerdings die Frage, ob die Ungleichheit der betrachteten Kovarianzverhältnisse *statistisch signifikant* ist. Zur Untersuchung dieser Frage verwenden wir wieder das Programm LISREL 7 (Jöreskog & Sörbom, 1989), dessen Arbeitsweise wir bereits in Kap. 11 kurz beschrieben haben. Im vorliegenden Fall erhält man einen χ^2-Wert von 50.23 bei 2 Freiheitsgraden. Dies bedeutet, daß das so spezifizierte Modell für die 4 Wohlbefindens-Testteile *nicht* mit den Daten vereinbar ist, denn sogar der auf dem 1‰-Niveau kritische χ^2-Wert von 13.82 ist bei weitem überschritten. Das Modell τ-kongenerischer Variablen mit unkorrelierten Fehlern kann demnach mit äußerst niedriger Irrtumswahrscheinlichkeit verworfen werden.

*Erklärung der
mangelhaften
Modellanpassung*

Dies liegt vermutlich daran, daß selbst bei der Messung einer Eigenschaft situativ bedingte Effekte auftreten. Die *momentane* Befindlichkeit dürfte selbst dann die Beantwortung der Items zu einem gewissen Grad beeinflussen, wenn danach gefragt ist, wie man sich *im allgemeinen* fühlt. Zwar ist das Korrelationsmuster nicht so eindeutig wie bei den in Kap. 11 analysierten State-Angst-Testhälften, aber auch hier korrelieren jeweils diejenigen Variablen am höchsten, die *innerhalb* derselben Meßgelegenheit erhoben wurden (s. Tab. 14.1), und genau die entsprechenden Kovarianzen waren beim obigen Vergleich der vom Modell implizierten mit der empirischen Ko-

Tabelle 14.2. Die vom Modell implizierten Kovarianzen (untere Dreiecksmatrix) der Wohlbefindens-Testteile in der Gesamtstichprobe

| | | Meßgelegenheit | | | |
| | | 1 | | 2 | |
Meßgelegenheit		WT_1	WT_2	WT_3	WT_4
1	WT_1	3.17			
1	WT_2	2.18	3.36		
2	WT_3	1.86	2.10	2.78	
2	WT_4	1.71	1.93	1.65	2.65

Anmerkungen: Zur Notation siehe Tabelle 14.1

varianzmatrix auch aufgefallen. Auch bei der Messung von Wohlbefinden als *Eigenschaft* zu 2 unterschiedlichen Zeitpunkten muß man also offenbar damit rechnen, daß die Situationen, in denen sich die Personen bei der Messung befinden (z.B. Klausuren stehen bevor, vom Partner verlassen etc.), den Testwert beeinflussen. Demnach scheint es auch bei den hier vorliegenden Daten angebracht, Meßmodelle und damit Eigenschaftsbegriffe zu verwenden, die das Problem der situationalen Spezifität berücksichtigen (s. zu diesem speziellen Beispiel Steyer et al., 1990a).

14.3 Bestimmung der Reliabilität

Die oben durchgeführten Überprüfungen des Modells τ-kongenerischer Variablen mit bedingter regressiver Unabhängigkeit führten zu dem Ergebnis, daß man nicht von der Gültigkeit dieses Modells ausgehen kann. Daher können wir die im letzten Kapitel behandelten Formeln zur Reliabilitätsbestimmung nicht anwenden. Hätten diese Tests jedoch nicht zu einer Verwerfung des Modells geführt, dann hätte man die Reliabilität der Testteile WT_i nach der folgenden Formel schätzen können:

$$Rel(WT_i) = \frac{\lambda_{i1}^2 \, Var(\eta)}{\lambda_{i1}^2 \, Var(\eta) + Var(\varepsilon_i)} \, . \tag{2}$$

Für $i = 1$ hätte man nach Einsetzen der in Abbildung 14.1 angegebenen Schätzungen der Parameter:

$$Rel(WT_1) \approx \frac{1.93 \cdot 1.00}{1.93 \cdot 1.00 + 1.24} \approx .61$$

erhalten, und entsprechend hätte man die Reliabilitäten der anderen 3 Wohlbefindens-Testteile schätzen können. Da die Annahmen des Modells τ-kongenerischer Variablen jedoch verworfen werden mußten, können die resultierenden Schätzwerte nicht als Reliabilitätsschätzungen der 4 Testteile interpretiert werden.

*Zur Interpretation
des über beide
Testteile und beide
Meßgelegenheiten
aggregierten Tests*

Als Schätzung der unteren Schranke der Reliabilität der Summenvariable $WT = WT_1 + WT_2 + WT_3 + WT_4$ könnte man in einem solchen Fall noch Cronbachs α heranziehen. Da hier vermutlich das Problem der situationalen Spezifität für die Nichtgültigkeit des Modells τ-kongenerischer Variablen verantwortlich ist, wäre WT als eine positve lineare Funktion des Durchschnitts über das situativ beeinflußte Wohlbefinden über die beiden Meßgelegenheiten zu interpretieren. Sind die situativen Effekte zu den beiden Meßgelegenheiten unabhängig voneinander, hätte diese Durchschnittsbildung den Effekt, daß situative Einflüsse „ausgemittelt" würden. Würde man den Wohlbefindens-Trait als von situativen Effekten bereinigte Größe definieren, dann wäre WT weniger stark durch situative Effekte verfälscht als die Ausgangsvariablen WT_i (s. hierzu Epstein, 1990; Epstein & O'Brien, 1985; Steyer & Schmitt, 1990). In diesem Fall ist dann tatsächlich die Reliabilität der Variablen WT von Interesse, und man könnte z.B. Cronbachs α berechnen (s. Übung 2).

14.4 Zusammenfassung

*Beispiel:
Wohlbefinden als
Eigenschaft*

In diesem Kapitel wurden die Möglichkeiten, ein Modell τ-kongenerischer Variablen empirisch zu überprüfen, am Beispiel zweier Testteile des Trait-Angstinventars (Laux et al., 1981) illustriert, in denen einige Items zusammengefaßt sind, die das *Wohlbefinden als Eigenschaft* erfassen sollen. Zunächst wurden die Probleme der *situationalen Spezifität* und der *Methodenspezifität* an diesem Beispiel erläutert, die den inhaltlichen Hintergrund der Frage nach der Gültigkeit der Annahme der τ-Kongenerität darstellen. Beide Probleme können nämlich in einer Anwendung mit mehrfachen Messungen innerhalb mehrerer Meßgelegenheiten als Gründe für die Nichtgültigkeit des Modells τ-kongenerischer Variablen herangezogen werden.

*Probleme:
situationale
Spezifität und
Methodenspezifität*

*Überprüfung der
Kovarianzstruktur
per Augenschein
und statistisch*

Die Modellparameter wurden dann nach dem einfachen Mittelungsverfahren geschätzt und die vom Modell implizierte Kovarianzmatrix berechnet, bei deren Vergleich mit der empirischen Kovarianzmatrix anscheinend nur geringe Abweichungen auftraten. Mit Hilfe des Programms LISREL 7 (Jöreskog & Sörbom, 1989) wurde ein entsprechender Signifikanztest durchgeführt. Dabei zeigte sich allerdings, daß man mit sehr geringer Irrtumswahrscheinlichkeit hier *nicht* von τ-kongenerischen Testteilen mit unkorrelierten Fehlern ausgehen kann. Da die beiden Testteile sehr ähnlich sind und daher das Problem der Methodenspezifität hier kaum eine Rolle spielen dürfte, ist offenbar auch hier die zu messende Eigenschaft nicht über die beiden Meßgelegenheiten konstant. Darauf weisen auch die leicht erhöhten Korrelationen innerhalb der beiden Meßgelegenheiten hin. Demnach muß man auch bei der Messung einer *Eigenschaft* damit rechnen, daß die Situationen, in denen sich die Personen bei der Messung befinden, einen Effekt auf die beobachteten Testwerte haben. Dieses Ergebnis ist insofern auch von praktischer Bedeutung, weil es größere Vorsicht bei der Interpretation von psychologischen Meßwerten nahelegt. Solche Meßwerte sind also nicht nur meßfehlerbehaftet, sondern weisen auch eine situativ bedingte Komponente auf. Dies ist der inhaltliche Hintergrund sowohl der Empfehlung von Epstein (1984), Meßwerte über mehrere Meßgelegenheiten hinweg durch Summierung oder Mittelung zu *aggregieren* (s. hierzu auch Schwenkmezger, 1984), als auch der Entwicklung der *Latent-State-Trait-Modelle* (Steyer et al., 1992), die neben dem Meßfehlerproblem auch die Probleme der situationalen Spezifität und der Methodenspezifität berücksichtigen. Im Rahmen dieser Modelle läßt sich nicht nur abschätzen, wie groß der Anteil der Meßfehlervarianz ist, sondern auch wie groß der Varianzanteil ist, der auf situative und/oder interaktive Effekte zurückgeht.

*Situationale Effekte
auch bei der
Messung einer
Eigenschaft*

*Hinweise auf
adäquatere Modelle*

Fragen

?

1. Welche inhaltlichen Gründe können dazu führen, daß bei wiederholter Messung mit 2 Testverfahren das Modell τ-kongenerischer Variablen nicht gilt?
2. Wieso muß man bei dem in diesem Kapitel behandelten Beispiel verglichen mit dem in Kap. 11 behandelten Beispiel mit einer relativ niedrigen Reliabilität rechnen, selbst wenn das Modell τ-kongenerischer Variablen gälte?

Antworten

1. Bei wiederholter Messung mit 2 Testverfahren können mindestens 2 Gründe dafür verantwortlich sein, daß das Modell τ-kongenerischer Variablen nicht gilt:
   (a) Die zu messende Eigenschaft unterliegt situativen Einflüssen und ändert sich daher zwischen den Meßgelegenheiten (Problem der situationalen Spezifität).
   (b) Die verwendeten Meßinstrumente erfassen nicht genau dieselbe Eigenschaft (Methodenspezifität).
2. Bei dem in diesem Kapitel behandelten Beispiel muß man schon deshalb mit einer relativ niedrigen Reliabilität rechnen, weil den untersuchten Testteilen nur jeweils 3 Items zugrunde liegen, während bei dem in Kap. 11 behandelten Beispiel jede Testhälfte aus 10 Items bestand.

Übungen

1. Berechnen Sie unter der Verwendung der in Abbildung 14.1 angegebenen Zahlen die vom Modell implizierte Kovarianzmatrix und vergleichen Sie diese mit der in Tabelle 14.1 angegebenen empirischen Kovarianzmatrix.
2. Berechnen Sie unter Verwendung der Tabelle 14.1 die Schätzungen für die untere Schranke der Reliabilität der Summenvariablen $WT = WT_1 + WT_2 + WT_3 + WT_4$ nach Cronbachs α.

Lösungen

1. Unter der Verwendung der in Abbildung 14.1 angegebenen Zahlen und der Kovarianzstrukturgleichung 13.19 erhalten wir die in Tabelle 14.2 angegebene, vom Modell implizierte Kovarianzmatrix. Im Gegensatz zur entsprechenden Aufgabe in Kap. 11 sind die Abweichungen der vom Modell implizierten Kovarianzen von den entsprechenden empirischen Kovarianzen nicht so augenfällig. Wie der Modelltest in Abschnitt 14.2 gezeigt hat, sind diese Abweichungen aber dennoch statistisch signifikant.
2. Zur Berechnung von Cronbachs α ist zunächst die Stichprobenvarianz der Variablen WT auszurechnen, wobei wir die zu

$$Var(WT) = Var(WT_1 + WT_2 + WT_3 + WT_4) = \sum_{i=1}^{4} \sum_{j=1}^{4} Cov(WT_i, WT_j)$$

   [s. die Regel vii aus Box F.1; man beachte, daß die Varianzen hier als Kovarianzen $Cov(WT_i, WT_i)$ erscheinen] analoge Formel für die entsprechenden Stichprobenvarianzen und -kovarianzen verwenden können. Dabei erhalten wir die Stichprobenvarianz 34.62 von WT. Dieses Ergebnis können wir dann in die zu der in Box 10.1 angegebenen Formel für α analoge Stichprobenformel einsetzen:

$$\alpha \approx \frac{4}{4-1}\left[1 - \frac{3.18 + 3.39 + 2.78 + 2.63}{34.62}\right] \approx \frac{4}{3}(1 - 0.35) \approx 0.87.$$

Weiterführende Literatur

Hier ist zur Weiterführung dieselbe Literatur wie in Kap. 11 zu empfehlen. Zur Einführung in Strukturgleichungsmodelle und zur Verwendung des Programms LISREL sind das die Bücher von Bollen (1989), Hayduk (1987), Jöreskog und Sörbom (1989), Kenny (1979), Loehlin (1987), Long (1983), Saris und Stronkhorst (1984). Deutschsprachige Einführungen sind Pfeifer und Schmidt (1987) sowie Hodapp (1984). Kürzer gefaßte Einführungen findet man in Backhaus et al. (1990), Knoche (1990) und in Pedhazur (1982). Das hier verwendete Beispiel wird ausführlicher in Steyer et al. (1990) behandelt.

15 Vertiefung des Modells τ-kongenerischer Variablen

Überblick Wie bei den bisher behandelten Meßmodellen soll im folgenden das Verständnis des Modells τ-kongenerischer Variablen vertieft werden, indem wir die in Kap. 13 einge-führten Begriffe präzisieren, die Behauptungen in einer exakten Sprache formulieren und beweisen. Nach der Definition τ-kongenerischer Variablen werden die Existenz-, Eindeutigkeits-, Bedeutsamkeits-, Testbarkeits-, Schätzbarkeitstheoreme behandelt. Im Abschnitt über Testbarkeit werden 2 zusätzliche Verfahren zur Modellüberprüfung dargestellt, die in Kap. 13 noch nicht besprochen wurden.

15.1 Existenz

Wie schon in den vorigen Kapiteln ausgeführt, versucht man in stochastischen Meßmodellen das Ausmaß der Fehlerbehaftetheit einer Testwertvariablen abzu-schätzen, indem man dieselbe Eigenschaft mehrfach erhebt. Die dabei resultie-rende Variation der Meßergebnisse kann dann über die Fehlervarianz Aufschluß geben. Im Einführungskapitel haben wir einfach die Existenz einer latenten Varia-blen η und der zugehörigen λ-Koeffizienten angenommen. Hier im Vertiefungska-pitel werden wir eine notwendige und hinreichende Bedingung für die Gültigkeit dieser Annahme angeben, die sich nur auf bereits in einer klassischen Meßstruktur definierte Größen bezieht, nämlich die True-Score-Variablen ι_i (s. auch den ersten Absatz von Abschnitt 12.1.1).

15.1.1 τ-Kongenerität

Die in der folgenden Definition formulierte Bedingung ist notwendig und hinreichend für die Gültigkeit der Existenz einer latenten Variablen η und der zugehörigen λ-Ko-effizienten, die das Fundamentalgesetz des Modells τ-kongenerischer Variablen erfül-len. Dabei greifen wir wieder auf den Begriff einer *klassischen Meßstruktur* zurück, der in Kap. 9 eingeführt wurde.

Klassische Meßstruktur $\langle\langle\Omega, \mathcal{A}, P\rangle, E(y|p_U)\rangle$

Definition. Sei $\mathbb{M} = \langle (\Omega, \mathcal{A}, P), E(y|p_U) \rangle$ eine klassische Meßstruktur. Die Variablen $Y_1, ..., Y_m$ heißen **τ-kongenerisch** genau dann, wenn zu jedem Paar $\langle i, j \rangle$, i, $j = 1, ..., m$, ein $\lambda_{ij0} \in \mathbb{R}$ und ein $\lambda_{ij1} \in \mathbb{R}$, $\lambda_{ij1} > 0$, existieren mit

Annahme der
τ-Kongenerität

$$E(Y_i|p_U) = \lambda_{ij1} \cdot E(Y_j|p_U) + \lambda_{ij0}. \tag{1}$$

$E(Y_i|p_U) = \tau_i$

Erläuterungen. Die oben formulierte Bedingung heißt **τ-Kongenerität**. Zwei τ-kongenerische Variablen Y_1 und Y_2 haben also jeweils True-Score-Variablen $\tau_1 := E(Y_1|p_U)$ bzw. $\tau_2 := E(Y_2|p_U)$, die bis auf eine *positive lineare Transformation* gleich sind, d.h. die True-Score-Variablen τ_i korrelieren zu +1. Die Bedingung $\lambda_{ij1} > 0$ ist dabei weniger restriktiv, als es zunächst den Anschein hat. Korrelieren nämlich einige Variablen mit den anderen negativ, dann kann man sie umpolen, um eine positive lineare Beziehung zwischen allen Y-Variablen herzustellen. Dies geht nur dann nicht, wenn es mindestens eine Variable gibt, die mit einigen anderen Y-Variablen positiv, mit anderen dagegen negativ korreliert. Wenn sich dies auch nach entsprechenden Umpolungen nicht beheben läßt, dann bedeutet dies, daß die betreffenden Variablen eben *nicht* dieselbe Eigenschaft messen.

Nach Gleichung 1 läßt sich der wahre Wert $E(Y_1|p_U = u)$ einer Person u hinsichtlich der Variablen Y_1 mit Hilfe einer positiven linearen Funktion, deren Koeffizienten λ_{120} und λ_{121} für alle Personen gleich sind, aus ihrem wahren Wert $E(Y_2|p_U = u)$ hinsichtlich Y_2 fehlerfrei berechnen. Ist dabei $\lambda_{121} = 1$, dann resultiert der in Kap. 10 und Kap. 12 behandelte Spezialfall essentiell τ-äquivalenter Variablen.

Beispiel

Die Annahme der τ-Kongenerität kann man sich an folgendem Beispiel veranschaulichen: Werden die Werte von Y_1 und Y_2 durch 2 verschiedene Meßverfahren produziert — z.B. 2 verschiedene Waagen —, dann bedeutet die Annahme der τ-Kongenerität, daß für jede Person u die wahren Werte der beiden Messungen gleich sind bis auf eine positive lineare Transformation, wobei die Koeffizienten λ_{120} und λ_{121} (s. Gl. 1) jedoch für alle Personen gleich sind. Sieht man von Meßfehlern ab, so würde die eine Waage also einen Wert anzeigen, der sich immer durch eine positive lineare Funktion aus dem Wert berechnen läßt, den die andere Waage für dieselbe Person anzeigt. Physikalisch könnte dies z.B. bei Federwaagen der Fall sein, die andere Maßeinheiten (Pond, Newton) anzeigen und die außerdem verstellt sind, d.h., die auch ohne aufgelegtes Gewicht schon verschiedene Werte anzeigen.

Die wichtigsten Folgerungen aus der Annahme der τ-Kongenerität werden in den folgenden Abschnitten behandelt. Da diese Annahme für sich genommen schon empirisch testbare Konsequenzen hat, werden wir wie im Modell essentiell τ-äquivalenter Variablen die Zusatzannahme der bedingten regressiven Unabhängigkeit (bzw. unkorrelierter Fehler) erst an den Stellen hinzufügen, an denen sie wirklich benötigt wird.

15.1.2 Die latente Variable η

Die Annahme der τ-Kongenerität wurde oben eingeführt, um zu präzisieren, was es heißt, daß 2 Tests „dieselbe Eigenschaft messen". Wie nun gezeigt wird, ist diese Annahme mit der Existenz einer latenten Variablen η äquivalent, die die zu messende Eigenschaft der Beobachtungseinheiten $u \in U$ im mathematischen

Modell repräsentiert und die allen betrachteten Y-Variablen gemeinsam ist. Mit den zugehörigen beiden λ-Koeffizienten erfüllt diese latente Variable das in Kap. 13 eingeführte Fundamentalgesetz der subtraktiven Parametrisierung des Modells τ-kongenerischer Variablen.

Korollar. Sei $\mathbb{M} = \langle\langle \Omega, \mathcal{A}, P \rangle, E(y\,|\,p_U)\rangle$ eine klassische Meßstruktur. Die stochastischen Variablen $Y_1, ..., Y_m$ sind τ-kongenerisch genau dann, wenn eine reelle stochastische Variable η auf $\langle \Omega, \mathcal{A}, P \rangle$ existiert und für alle $i = 1, ..., m$ zwei reelle Konstanten $\lambda_i, \lambda_{i1} \in \mathbb{R}$, $\lambda_{i1} > 0$, für die gilt:

$$E(Y_i\,|\,p_U) = \lambda_{i1}(\eta - \lambda_i). \qquad (2)$$

Beweis. Unter Rückgriff auf die in der Definition 15.1.1 vorkommenden Größen definiere man z.B. $\eta := E(Y_1\,|\,p_U)$, $\lambda_i := -\lambda_{i10}/\lambda_{i11}$ und $\lambda_{i1} := \lambda_{i11}$. Löst man diese 3 Definitionsgleichungen nach $E(Y_1\,|\,p_U)$, λ_{i11} und λ_{i10} auf und setzt sie in Gleichung 1 ein, sieht man sofort, daß Gleichung 2 aus 1 folgt. Daß auch die umgekehrte Implikationsrichtung gilt, erkennt man wie folgt: Nach der im obigen Korollar formulierten Bedingung gelten

$$E(Y_i\,|\,p_U) = \lambda_{i1}(\eta - \lambda_i) \quad \text{und} \quad E(Y_j\,|\,p_U) = \lambda_{j1}(\eta - \lambda_j).$$

Löst man nun die rechte Gleichung nach η auf und setzt η in die linke Gleichung ein, erkennt man, daß die Gleichung 1 folgt, wobei $\lambda_{ij0} := \lambda_{i1}(\lambda_j - \lambda_i)$ und $\lambda_{ij1} := \lambda_{i1}/\lambda_{j1}$.

Bemerkungen. Man beachte beim Beweis des obigen Korollars, daß z.B. auch $E(Y_2\,|\,p_U)$ die Rolle von η spielen könnte, d.h. auch für $\eta := E(Y_2\,|\,p_U)$ gilt Gleichung 2, allerdings mit anderen Parametern λ_i und λ_{i1}. Demnach sind η sowie die Parameter λ_i und λ_{i1} durch die Annahme der τ-Kongenerität nicht völlig eindeutig definiert, worauf wir im Abschnitt „Eindeutigkeit" zurückkommen werden.

Die Varianz von η ist endlich, denn sie ist mit der Varianz von $(1/\lambda_{i1})\,E(Y_1\,|\,p_U)$ identisch, und diese ist endlich, weil die Varianzen der Y-Variablen in einer klassischen Meßstruktur definitionsgemäß endlich sind und weil sich dort die True-Score- und die Fehlervarianz zur Varianz der betreffenden Y-Variablen aufaddieren. Wenn aber die Summe endlich ist, müssen auch die Summanden endlich sein.

Die in der Definition aus Abschnitt 15.1.1 und die im obigen Korollar formulierten Bedingungen sind äquivalent. In der im obigen Korollar formulierten Fassung der τ-Kongenerität wird deutlich, daß die Variablen Y_i eine *gemeinsame* latente Variable haben, nämlich η. Wir beschränken uns hier auf die in Gleichung 2 formulierte *subtraktive Parametrisierung*. Ebensogut könnte man natürlich auch die Parametrisierung $\tau_i = \lambda_{i0} + \lambda_{i1}\eta$ betrachten, die wir bereits in Kap. 13 als *klassische Parametrisierung* des Modells τ-kongenerischer Variablen eingeführt haben.

In beiden Parametrisierungen gelten übrigens für $i = 1, ..., m$:

$$E(Y_i\,|\,\eta) = \lambda_{i1}(\eta - \lambda_i) = \tau_i \quad \text{bzw.} \quad E(Y_i\,|\,\eta) = \lambda_{i0} + \lambda_{i1}\eta = \tau_i,$$

d.h. die Gleichungen 13.1 und 13.4 lassen sich auch als lineare Regressionsgleichungen interpretieren (s. Übung 4). Die einzige Besonderheit ist hier, daß es sich bei η um eine *latente*, nicht um eine direkt beobachtbare Variable handelt.

3 Arten
theoretischer
Größen:
η, die Parameter λ_i
und λ_{i1}

Die Skala φ

Mit der Annahme der τ-Kongenerität werden *simultan* theoretische Größen für die Beobachtungseinheiten und die Y-Variablen definiert. Die reellen Konstanten λ_i und λ_{i1}, $i = 1, ..., m$, charakterisieren die *Variablen* Y_i. Ein Wert der latenten Variablen η dagegen kennzeichnet die *Beobachtungseinheit*, denn η läßt sich als Komposition einer reellen Funktion ϕ mit der Projektion p_U darstellen, d.h. $\eta = \phi(p_U)$. Die Werte dieser beiden Funktionen sind demnach gleich, d.h. $\eta(\omega) = \phi[p_U(u)]$. Dieser Sachverhalt wurde bereits in Abbildung 12.1 dargestellt. Die im Abschnitt 12.1.2 gegebenen Erläuterungen zur Funktion $\phi: U \to \mathbb{R}$ gelten hier entsprechend. Nach Gleichung 2 setzt sich der Wert einer True-Score-Variablen also subtraktiv zusammen aus einem *Kennwert für die Beobachtungseinheit* (z.B. Person) und dem *Variablenkennwert* λ_i, wobei diese Differenz noch mit dem *Variablenkennwert* λ_{i1} gewichtet ist.

15.1.3 Modell τ-kongenerischer Variablen

Bevor wir die Fragen der zulässigen Transformationen und der Eindeutigkeit behandeln, sei zur Vereinfachung die Definition eines Modells τ-kongenerischer Variablen eingeführt, in der wir zwischen einem (unparametrisierten) *Modell* τ-*kongenerischer Variablen* und seiner *subtraktiven Parametrisierung* unterscheiden. Andere Parametrisierungen eines solchen Modells, z.B. die oben angesprochene klassische Parametrisierung, sind ebenfalls möglich.

Definitionen. Sei $\mathbb{M}_0 = \left\langle \langle \Omega, \mathcal{A}, P \rangle, E(y|p_U) \right\rangle$ eine klassische Meßstruktur.

Das Modell

und seine
subtraktive
Parametrisierung

(i) $\mathbb{M}_0$ heißt (**unparametrisiertes**) *Modell* τ-*kongenerischer Variablen* genau dann, wenn die Variablen Y_i τ-kongenerisch sind.

(ii) $\mathbb{M} := \left\langle \langle \Omega, \mathcal{A}, P \rangle, E(y|p_U), \eta, \boldsymbol{\lambda}, \boldsymbol{\lambda}_1 \right\rangle$ heißt *subtraktiv parametrisiertes Modell* τ-*kongenerischer Variablen* genau dann, wenn für η und die Komponenten λ_i von $\boldsymbol{\lambda} := \langle \lambda_1, ..., \lambda_m \rangle$ sowie für die Komponenten λ_{i1} von $\boldsymbol{\lambda}_1 := \langle \lambda_{11}, ..., \lambda_{m1} \rangle$ die Gleichung 2 gilt.

Erläuterungen. Wenn man von einem (unparametrisierten) *Modell* τ-*kongenerischer Variablen* spricht, muß also klar sein, welcher W-Raum $\langle \Omega, \mathcal{A}, P \rangle$ zugrundegelegt wird, und damit, von welchem Zufallsexperiment die Rede ist, welche Y-Variablen betrachtet werden, welches die Menge U der Beobachtungseinheiten ist und um welche Regressionen $E(Y_i|p_U)$ es geht. Außerdem ist ausgesagt, daß die True-Score-Variablen τ_i und τ_j positive lineare Funktionen voneinander sind. Bei einem *subtraktiv parametrisierten Modell τ-kongenerischer Variablen* kommt hinzu, daß η und die Parameter λ_i und λ_{i1} (die Komponenten der Vektoren $\boldsymbol{\lambda}$ bzw. $\boldsymbol{\lambda}_1$) die Gleichung 2, d.h. das Fundamentalgesetz des subtraktiv parametrisierten Modells τ-kongenerischer Variablen, erfüllen. Ganz analog könnte man auch das durch $\tau_i = \lambda_{i0} + \lambda_{i1}\eta$ parametrisierte Modell definieren, die *klassische Parametrisierung* des Modells τ-kongenerischer Variablen.

15.2 Zulässige Transformationen und Eindeutigkeit

Wie oben angedeutet, ist die im Korollar des Abschnitts 15.1.2 vorkommende latente Variable η nicht eindeutig bestimmt, falls nur die Bedingung der τ-Kongenerität gilt. Außerdem sind auch die reellen Konstanten λ_i und λ_{i1} der subtraktiven Parametrisierung des Modells τ-kongenerischer Variablen durch die Modellannahme nicht eindeutig festgelegt.

15.2.1 Zulässige Transformationen

Im folgenden Korollar wird gezeigt, daß es eine ganze Familie solcher latenter Variablen η mit jeweils zugehörigen Vektoren $\boldsymbol{\lambda}$ und $\boldsymbol{\lambda}_1$ gibt, derart, daß diese Variablen η jeweils positive lineare Transformationen voneinander sind. Einen beliebigen *Repräsentanten* dieser Familie bezeichnen wir mit η oder η' und die zugehörigen Vektoren mit $\boldsymbol{\lambda}$ oder $\boldsymbol{\lambda}_1$ bzw. $\boldsymbol{\lambda}'$ oder $\boldsymbol{\lambda}'_1$.

Satz über die zulässigen Transformationen

Korollar. Man betrachte:

(a) $\mathbb{M} := \left\langle \langle \Omega, \mathcal{A}, P \rangle, E(\boldsymbol{y} | p_U), \eta, \boldsymbol{\lambda}, \boldsymbol{\lambda}_1 \right\rangle$ ist ein subtraktiv parametrisiertes Modell τ-kongenerischer Variablen.

(b) $\eta' := \beta \cdot \eta + \alpha$, $\lambda'_i := \beta \cdot \lambda_i + \alpha$ und $\lambda'_{i1} := \lambda_{i1}/\beta$, $i = 1, ..., m$, wobei $\alpha, \beta \in \mathbb{R}$, $\beta > 0$, und λ_i, λ_{i1} die Komponenten von $\boldsymbol{\lambda}$ bzw. $\boldsymbol{\lambda}_1$ sind. Außerdem seien $\boldsymbol{\lambda}' := \langle \lambda'_1, ..., \lambda'_m \rangle$ und $\boldsymbol{\lambda}'_1 := \langle \lambda'_{11}, ..., \lambda'_{m1} \rangle$.

Aus (a) und (b) folgt, daß auch $\mathbb{M}' := \left\langle \langle \Omega, \mathcal{A}, P \rangle, E(\boldsymbol{y} | p_U), \eta', \boldsymbol{\lambda}', \boldsymbol{\lambda}'_1 \right\rangle$ ein subtraktiv parametrisiertes Modell τ-kongenerischer Variablen ist, d.h. für $i = 1, ..., m$ gilt dann auch:

$$E(Y_i | p_U) = \lambda'_{i1}(\eta' - \lambda'_i). \tag{3}$$

Beweis. Einsetzen von $\eta = (\eta' - \alpha)/\beta$, $\lambda_i = (\lambda'_i - \alpha)/\beta$ und $\lambda_{i1} = \lambda'_{i1} \cdot \beta$, $i = 1, ..., m$, in Gleichung 2 führt zu Gleichung 3. Dabei ist λ'_{i1} größer 0.

Erläuterungen. In Bedingung (b) des obigen Korollars wird ausgehend von einer beliebigen Variablen η mit zugehörigen Vektoren $\boldsymbol{\lambda}$ und $\boldsymbol{\lambda}_1$, die die Gleichung 2 erfüllen, eine neue Variable η' mit neuen zugehörigen Vektoren $\boldsymbol{\lambda}'$ und $\boldsymbol{\lambda}'_1$ definiert. Für η' und die Komponenten dieser beiden Vektoren gilt dann wiederum das Fundamentalgesetz (die Gleichung 3). Entsprechend gilt natürlich auch für die klassische Parametrisierung des Modells τ-kongenerischer Variablen, daß η und die λ-Parameter nicht eindeutig bestimmt sind (s. dazu Übung 1).

15.2.2 Eindeutigkeit

Gemäß dem obigen Korollar ist jede *positive lineare Transformation* von η zulässig. „Zulässig" heißt hier, daß die transformierte Größe η′ die Gleichung 3 erfüllt. Dabei ist allerdings zu beachten, daß eine Transformation von η eine entsprechende Transformation der Vektoren $\boldsymbol{\lambda}$ und $\boldsymbol{\lambda}_1$ nach sich zieht [s. Bed. (b) des obigen Korollars]. Daß in diesem Sinn im Modell τ-kongenerischer Variablen *nur* positive lineare Transformationen von η und keine anderen zulässig sind, besagt das folgende Theorem, in dem der *Grad* der Eindeutigkeit der Definition der Variablen η und der zugehörigen Vektoren $\boldsymbol{\lambda}$ und $\boldsymbol{\lambda}_1$ angegeben wird.

Eindeutigkeitssatz **Theorem.** Wenn $\mathbb{M} := \big\langle \langle \Omega,\, \mathcal{A},\, P \rangle,\, E(\boldsymbol{y}|p_U),\, \eta,\, \boldsymbol{\lambda},\, \boldsymbol{\lambda}_1 \big\rangle$ und $\mathbb{M}' := \big\langle \langle \Omega,\, \mathcal{A},\, P \rangle,$ $E(\boldsymbol{y}|p_U),\, \eta',\, \boldsymbol{\lambda}',\, \boldsymbol{\lambda}_1' \big\rangle$ subtraktiv parametrisierte Modelle τ-kongenerischer Variablen sind, dann gibt es für alle $i = 1,\, ...,\, m$ reelle Zahlen α und β, $\beta > 0$, mit:

$$\eta' = \beta \cdot \eta + \alpha, \quad \lambda_i' = \beta \cdot \lambda_i + \alpha \quad \text{und} \quad \lambda_{i1}' = \lambda_{i1}/\beta. \tag{4}$$

Beweis. Wenn wegen der Voraussetzungen sowohl $E(Y_i|p_U) = \lambda_{i1}(\eta - \lambda_i)$ als auch $E(Y_i|p_U) = \lambda_{i1}'\,(\eta' - \lambda_i')$, $i = 1,\, ...,\, m$, gelten (s. Gln. 2 und 3), dann folgt

$$\eta' = \left[\lambda_i' - \frac{\lambda_{i1}\lambda_i}{\lambda_{i1}'} \right] + \frac{\lambda_{i1}}{\lambda_{i1}'} \cdot \eta.$$

Da diese Gleichung für alle $i = 1,\, ...,\, m$ gilt, folgt, daß der Klammerterm für alle $i = 1,\, ...,\, m$ dieselbe reelle Zahl ist, also nicht vom Index i abhängt. Das Entsprechende gilt für den Bruch $\lambda_{i1}/\lambda_{i1}'$. Folglich ist es erlaubt, diese beiden Zahlen mit α bzw. β zu notieren. Für $i = 1,\, ...,\, m$ gelten also:

$$\alpha := \lambda_i' - \frac{\lambda_{i1}\lambda_i}{\lambda_{i1}'}, \quad \beta := \frac{\lambda_{i1}}{\lambda_{i1}'}\,.$$

Damit ist aber nicht nur die erste der unter 4 aufgeführten Gleichungen abgeleitet, sondern auch die anderen beiden, wie man sich durch Umformung der beiden obigen Gleichungen für α und β vergewissern kann.

Fazit **Erläuterungen.** Dem in Abschnitt 15.2.1 formulierten Korollar und dem obigen Theorem zufolge gibt es also eine ganze Familie von Variablen η mit den jeweils zugehörigen Vektoren $\boldsymbol{\lambda}$ und $\boldsymbol{\lambda}_1$, deren Komponenten die Gleichung 2 erfüllen. Jeder Repräsentant $\langle \eta,\, \boldsymbol{\lambda},\, \boldsymbol{\lambda}_1 \rangle$ einer solchen Familie geht durch die oben angegebenen Transformationen (s. die Gln. 4) aus jedem anderen Repräsentanten hervor.

η und die Parameter λ_i sind intervallskaliert, die Parameter λ_{i1} verhältnisskaliert Im subtraktiv parametrisierten Modell τ-kongenerischer Variablen sind η und die Parameter λ_i folglich *intervallskaliert*. Die Parameter λ_{i1} dagegen sind *verhältnisskaliert*, da sie durch die Annahme der τ-Kongenerität eindeutig bis auf *Ähnlichkeitstransformationen* (Multiplikation mit einer positiven reellen Konstanten) definiert sind. Demnach werden in diesem Modell 3 verschiedene theoretische Größen mit *2* verschiedenen Skalenniveaus eingeführt. Dabei ist auch hier zu beachten, daß als Ausgangspunkt jeweils die Variablen $Y_1,\, ...,\, Y_m$ bzw. deren bedingte Erwartungen unter p_U gesetzt sind und nicht etwa irgendwelche linearen Transformationen davon.

Auch hier gilt, daß letzteres zu einem neuen Meßmodell führen würde (s. hierzu auch Abschnitt 12.1.1).

15.3 Bedeutsamkeit

Welche Aussagen über die oben eingeführten theoretischen Größen sind *bedeutsam*, d.h. invariant bezüglich der zulässigen Transformationen? Wie wir sehen werden, sind dies u.a. Aussagen über die *Verhältnisse* von Differenzen zwischen Werten von η, über die *Verhältnisse* von Differenzen zwischen den Koeffizienten λ_i, über die Verhältnisse der Koeffizienten λ_{i1} sowie über die Varianzen der Variablen $\lambda_{i1}(\eta - \lambda_i)$.

Bedeutsamkeitssatz   **Korollar.** Wenn sowohl $\mathcal{M} := \left\langle \langle \Omega, \mathcal{A}, P \rangle, E(y|p_U), \eta, \boldsymbol{\lambda}, \boldsymbol{\lambda}_1 \right\rangle$ als auch $\mathcal{M}' := \left\langle \langle \Omega, \mathcal{A}, P \rangle, E(y|p_U), \eta', \boldsymbol{\lambda}', \boldsymbol{\lambda}_1' \right\rangle$ subtraktiv parametrisierte Modelle τ-kongenerischer Variablen sind, dann folgen:

(i)   für $\omega_1, ..., \omega_4 \in \Omega$:
$$\frac{\eta(\omega_1) - \eta(\omega_2)}{\eta(\omega_3) - \eta(\omega_4)} = \frac{\eta'(\omega_1) - \eta'(\omega_2)}{\eta'(\omega_3) - \eta'(\omega_4)} \, ;$$

(ii)   für $i, j, k, l = 1, ..., m$:
$$\frac{\lambda_i - \lambda_j}{\lambda_k - \lambda_l} = \frac{\lambda_i' - \lambda_j'}{\lambda_k' - \lambda_l'} \, ;$$

(iii)   für $i, j = 1, ..., m$:
$$\frac{\lambda_{i1}}{\lambda_{j1}} = \frac{\lambda_{i1}'}{\lambda_{j1}'} \, ;$$

(iv)   für $i = 1, ..., m$: $\lambda_{i1}^2 \, Var(\eta) = \lambda_{i1}'^2 \, Var(\eta') \, ;$

(v)   für $i = 1, ..., m$: $\lambda_{i1}^2 \, Var(\eta)/Var(Y_i) = \lambda_{i1}'^2 \, Var(\eta')/Var(Y_i) \, .$

Beweis. Die in diesem Korollar formulierten Behauptungen, von deren Gültigkeit man sich leicht durch Einsetzen der Definitionen von η', λ_i' und λ_{i1}' überzeugen kann, sind unmittelbare Folgerungen aus den Eindeutigkeitssätzen.

Weitere Beispiele für bedeutsame und nichtbedeutsame Aussagen   **Bemerkungen.** Bedeutsam sind beispielsweise auch beliebige Aussagen über das Verhältnis der Differenzen bedingter Erwartungswerte

$$\frac{E(\eta|X = x_1) - E(\eta|X = x_2)}{E(\eta|X = x_3) - E(\eta|X = x_4)} \, ,$$

wobei X eine beliebige andere Zufallsvariable ist und natürlich vorausgesetzt werden muß, daß der Nenner nicht gleich 0 ist. Dagegen sind Aussagen über die einfache Differenz zwischen 2 bedingten Erwartungswerten der Variablen η in der Form $E(\eta|X = x_1) - E(\eta|X = x_2) = \delta$, $\delta \neq 0$, im allgemeinen nicht bedeutsam. Im

Fall $\delta = 0$ ist diese Aussage jedoch bedeutsam (s. Übung 2). Dies ist aber nichts anderes als eine Aussage über die *Gleichheit* zweier bedingter Erwartungswerte von η. Ebenso sind natürlich auch Aussagen über die *Ungleichheit* zweier bedingter Erwartungswerte von η bedeutsam.

Aussagen über den Erwartungswert $E(\eta)$ sind im Modell τ-kongenerischer Variablen ebenfalls nicht bedeutsam, da für beliebige Repräsentanten η und η' nicht $E(\eta) = E(\eta')$ gilt. Ebensowenig ist eine Aussage über einen einzelnen Wert von η im Modell τ-kongenerischer Variablen bedeutsam. Weiter kann man jedoch zeigen, daß jede beliebige Aussage über die Verhältnisse $\lambda_{i1}/\lambda_{j1}$ der *Trennschärfe-parameter* ihren Wahrheitswert unter den zulässigen Transformationen beibehält.

Im Gegensatz zum Modell essentiell τ-äquivalenter Variablen sind Aussagen über die Varianz der latenten Variablen η im Modell τ-kongenerischer Variablen *nicht* invariant unter den zulässigen Transformationen. Bedeutsam sind dagegen beliebige Aussagen über die Produkte $\lambda_{i1}^2\,Var(\eta)$, die im Modell τ-kongenerischer Variablen mit den Varianzen der True-Score-Variablen τ_i identisch sind (s. Übung 3). Die Varianz von τ_i ist aber der Zähler des in Kap. 9 definierten Reliabilitätskoeffizienten $Rel(Y_i)$. Demnach sind auch Aussagen über die Varianz*anteile* $\lambda_{i1}^2\,Var(\eta) / Var(Y_i)$ und damit über die Reliabilitäten der Y-Variablen bedeutsam.

Man beachte, daß damit keineswegs eine vollständige Liste aller Größen angegeben ist, die im Modell τ-kongenerischer Variablen invariant unter den zulässigen Transformationen sind.

15.4 Testbarkeit

4 testbare Konsequenzen

Wir untersuchen nun, welche empirisch testbaren Sachverhalte die Annahme der τ-Kongenerität zur Folge hat. Diese testbaren Konsequenzen beziehen sich auf die Struktur der *Erwartungswerte* der Y-Variablen in verschiedenen Subpopulationen, die Struktur der *Kovarianzen* der Y-Variablen in der *Gesamtpopulation* und in jeder *Subpopulation* und die Struktur der Kovarianzen der Y-Variablen *zwischen Subpopulationen*.

15.4.1 Erwartungswertstruktur in verschiedenen Subpopulationen

Der erste Typ empirisch überprüfbarer Folgerungen des Modells τ-kongenerischer Variablen bezieht sich auf Verhältnisse von Differenzen zwischen den Erwartungswerten der Y-Variablen in Teilmengen $U^{(s)}$, $U^{(t)}$ der Menge U von Beobachtungseinheiten, d.h. in Subpopulationen. Die entscheidenden Aussagen des hier zu behandelnden Theorems sind, daß die η-*Werte* sowie die den Y-Variablen zugeordneten λ-Parameter beim Übergang zur Betrachtung einer Subpopulation erhalten bleiben.

Um die genannte Implikation des Modells zu präzisieren, sei unter Verwendung der Projektion $p_U: \Omega \rightarrow U$ für eine beliebige Subpopulation $U^{(s)} \subset U$ das Ereignis

Menge $\Omega^{(s)}$ der möglichen Ergebnisse in Subpopulation s

$$\Omega^{(s)} := \left\{ \omega \in \Omega \colon p_U(\omega) \in U^{(s)} \right\}$$

definiert, daß eine Beobachtungseinheit *u* aus dieser Subpopulation gezogen wird. Dabei wird vorausgesetzt, daß die Wahrscheinlichkeit $P(\Omega^{(s)})$ für dieses Ereignis größer 0 ist. Für ein solches Ereignis existiert immer das durch

W-Maß $P^{(s)}$

$$P^{(s)}(A) := P(A \,|\, \Omega^{(s)}), \quad \text{für alle } A \in \mathcal{A}, \tag{5}$$

definierte (bedingte) W-Maß $P^{(s)}\colon \mathcal{A} \to [0, 1]$ auf $\mathcal{A}$ (s. Anhang E.2.1). Der Übergang vom W-Raum $\langle \Omega, \mathcal{A}, P \rangle$ zum W-Raum $\langle \Omega, \mathcal{A}, P^{(s)} \rangle$ entspricht dem Übergang von der Gesamtpopulation *U* zur Subpopulation $U^{(s)}$. Im folgenden Theorem bezeichnen wir

$E^{(s)}(y\,|\,p_U)$

mit $E^{(s)}(y\,|\,p_U) = \langle E^{(s)}(Y_1\,|\,p_U), \,...,\, E^{(s)}(Y_m\,|\,p_U) \rangle$ den Vektor der bedingten Erwartungen bezüglich des W-Maßes $P^{(s)}$.

1. Übertragungssatz

Theorem. Wenn $\mathbb{M} := \left\langle \langle \Omega, \mathcal{A}, P \rangle, E(y\,|\,p_U), \eta, \boldsymbol{\lambda}, \boldsymbol{\lambda}_1 \right\rangle$ ein subtraktiv parametrisiertes Modell τ-kongenerischer Variablen ist und $P^{(s)}$ das durch die Gleichung 5 definierte W-Maß, dann ist auch $\mathbb{M}^{(s)} := \left\langle \langle \Omega, \mathcal{A}, P^{(s)} \rangle, E^{(s)}(y\,|\,p_U), \eta, \boldsymbol{\lambda}, \boldsymbol{\lambda}_1 \right\rangle$ ein subtraktiv parametrisiertes Modell τ-kongenerischer Variablen, und daher gilt:

$E^{(s)}(Y_i\,|\,p_U)$

$$E^{(s)}(Y_i\,|\,p_U) = \lambda_{i1}(\eta - \lambda_i), \quad i = 1, \,...,\, m. \tag{6}$$

Beweis. Zu zeigen ist, daß aus den Voraussetzungen die Gleichung 6 folgt, wobei $E^{(s)}(Y_i\,|\,p_U)$ die bedingte Erwartung von Y_i unter p_U bezüglich des W-Maßes $P^{(s)}$ bezeichnet. Zunächst ist anzumerken, daß $E(Y_i\,|\,p_U)$ eine Zufallsvariable auch auf $\langle \Omega, \mathcal{A}, P^{(s)} \rangle$ ist (s. die Definition einer Zufallsvariablen in Abschnitt F.1 des Anhangs F und die Definition einer bedingten Erwartung in Abschnitt G.2 des Anhangs G). Daher gelten

$$
\begin{aligned}
E^{(s)}(Y_i\,|\,p_U) &= E^{(s)}[E(Y_i\,|\,p_U)\,|\,p_U] && \text{(Box G.1 v)} \\
&= E^{(s)}[\lambda_{i1}(\eta - \lambda_i)\,|\,p_U] && \text{(Gl. 2)} \\
&= \lambda_{i1}(\eta - \lambda_i). && \text{(Box G.1 ii, iv)}
\end{aligned}
$$

Der letzte Schritt ist deswegen möglich, weil η eine Funktion von p_U ist (s. Gl. 2). Daraus folgt aber die Gleichung 6.

Erläuterungen. Das obige Theorem besagt: Wenn in der Gesamtpopulation *U* ein Modell τ-kongenerischer Variablen vorliegt, dann auch in jeder Subpopulation $U^{(s)} \subset U$. Mit Gleichung 6 gilt für alle $i = 1, \,...,\, m$ natürlich auch

$$Y_i = \lambda_{i1}(\eta - \lambda_i) + \varepsilon_i, \tag{7}$$

wobei $\varepsilon_i := Y_i - E^{(s)}(Y_i\,|\,p_U)$. Man beachte, daß die durch die W-Maße P bzw. $P^{(s)}$ festgelegten Verteilungen der betreffenden Variablen — und damit ihre Erwartungswerte, Varianzen und Kovarianzen — verschieden sein können.

Aus dem obigen Theorem folgt direkt, daß die λ-Parameter in 2 verschiedenen Subpopulationen $U^{(1)}$ und $U^{(2)}$ identisch sind. Dies führt nun zu einer empirisch überprüfbaren Bedingung. Bezeichnen $P^{(s)}$ jeweils das der Subpopulation $U^{(s)} \subset U$ zuge-

$E^{(s)}(Y_i)$

hörige bedingte W-Maß $P^{(s)}$: $\mathcal{A} \to [0, 1]$ und $E^{(s)}(Y_i)$ die Erwartungswerte hinsichtlich dieses W-Maßes, wobei $s = 1, ..., 4$, dann kann dies wie folgt präzisiert werden:

Korollar. Sei $M := \langle \langle \Omega, \mathcal{A}, P \rangle, E(y|p_U), \eta, \boldsymbol{\lambda}, \boldsymbol{\lambda}_1 \rangle$ ein subtraktiv parametrisiertes Modell τ-kongenerischer Variablen.

(i) Dann gilt in jeder Subpopulation $U^{(s)}$ die Gleichung 6 und daher für alle $i = 1, ..., m$:

$$E^{(s)}(Y_i) = \lambda_{i1} \, [E^{(s)}(\eta) - \lambda_i]. \tag{8}$$

(ii) Für die Erwartungswerte zweier Variablen Y_i und Y_j, $i, j = 1, ..., m$, in 4 beliebigen Subpopulationen gilt:

1. testbare Konsequenz

$$\frac{E^{(1)}(Y_i) - E^{(2)}(Y_i)}{E^{(1)}(Y_j) - E^{(2)}(Y_j)} = \frac{E^{(3)}(Y_i) - E^{(4)}(Y_i)}{E^{(3)}(Y_j) - E^{(4)}(Y_j)} = \frac{\lambda_{i1}}{\lambda_{j1}}, \tag{9}$$

falls die beiden Nenner ungleich 0 sind.

Beweis. Gleichung 8 folgt aus Gleichung 6 und der Regel iii aus Box G.1. Aus Gleichung 8 folgt: $E^{(1)}(Y_i) - E^{(2)}(Y_i) = \lambda_{i1} \, [E^{(1)}(\eta) - E^{(2)}(\eta)]$. Zum entsprechenden Ergebnis kommt man bei der Bildung der anderen 3 Differenzen von Erwartungswerten in Gleichung 8. Setzt man diese Ergebnisse in Gleichung 9 ein, erhält man $\lambda_{i1}/\lambda_{j1} = \lambda_{i1}/\lambda_{j1}$.

Erläuterungen. Die erste empirisch prüfbare Konsequenz aus der Annahme der τ-Kongenerität ist also die Gleichheit bestimmter Verhältnisse von Differenzen zwischen Erwartungswerten der Y-Variablen in 4 Subpopulationen. In Anwendungen könnte man die Annahme der τ-Kongenerität dadurch überprüfen, daß man untersucht, ob die Erwartungswerte zweier Variablen Y_i und Y_j in 4 Subpopulationen Gleichung 9 erfüllen. Allerdings gibt es u.W. bisher noch keinen Signifikanztest dieser Nullhypothese.

15.4.2 Kovarianzstruktur in der Gesamtpopulation

Die zweite Art empirisch überprüfbarer Folgerungen aus der Annahme der τ-Kongenerität, die bereits in Kap. 13 behandelt wurde, betrifft die Kovarianzen der betrachteten Y-Variablen in der Gesamtpopulation. Dabei wird allerdings die Bedingung der τ-Kongenerität in Konjunktion mit der **zusätzlichen Modellannahme** unkorrelierter *Fehler* betrachtet, die ihrerseits aus der Annahme der **bedingten regressiven Unabhängigkeit** folgt. Wie im Kapitel über essentiell τ-äquivalente Variablen, sei zunächst in der folgenden Definition die oben angesprochene Unabhängigkeitsannahme eingeführt.

Definitionen. Sei $M_0 = \langle \langle \Omega, \mathcal{A}, P \rangle, E(y|p_U) \rangle$ ein Modell τ-kongenerischer Variablen.

(i) M_0 heißt *Modell τ-kongenerischer Variablen mit bedingter regressiver Unab-*
    hängigkeit genau dann, wenn für alle $i = 1, ..., m$ gilt:

$$E(Y_i | p_U, Y_1, ..., Y_{i-1}, Y_{i+1}, ..., Y_m) = E(Y_i | p_U).$$

(ii) M_0 heißt *Modell τ-kongenerischer Variablen mit unkorrelierten Fehlern* genau
    dann, wenn für alle $i, j = 1, ..., m, i \neq j$, gilt:

$$Cov(\varepsilon_i, \varepsilon_j) = 0, \quad \text{wobei } \varepsilon_i := Y_i - E(Y_i | p_U). \tag{10}$$

Bemerkungen. Ganz analog können wir auch bei $M := \langle\langle\Omega, \mathcal{A}, P\rangle, E(y | p_U), \eta,$
$\lambda, \lambda_1\rangle$ vom *subtraktiv parametrisierten Modell τ-kongenerischer Variablen mit*
bedingter regressiver Unabhängigkeit bzw. mit *unkorrelierten Fehlern* sprechen.
Die Annahme der *bedingten regressiven Unabhängigkeit* wurde bereits im entspre-
chenden Abschnitt des Kapitels über essentiell τ-äquivalenten Variablen erläutert.
Im folgenden Theorem wird u.a. noch einmal die wichtigste Konsequenz aus der
Annahme der bedingten regressiven Unabhängigkeit formuliert, nämlich die der
Unkorreliertheit der Fehlervariablen ε_i untereinander.

Theorem. Seien $M_0 = \langle\langle\Omega, \mathcal{A}, P\rangle, E(y | p_U)\rangle$ ein Modell τ-kongenerischer Variablen
und $\varepsilon_i := Y_i - E(Y_i | p_U), i = 1, ..., m$, die Fehlervariablen.

(i) Wenn M_0 ein Modell τ-kongenerischer Variablen mit bedingter regressiver
    Unabhängigkeit ist, dann folgt für alle $i, j = 1, ..., m, i \neq j$, die Gleichung 10.

(ii) Wenn $M := \langle\langle\Omega, \mathcal{A}, P\rangle, E(y | p_U), \eta, \lambda, \lambda_1\rangle$ ein subtraktiv parametrisiertes
    Modell τ-kongenerischer Variablen ist, dann gilt für $i = 1, ..., m$:

$$Cov(\varepsilon_i, \eta) = 0. \tag{11}$$

(iii) Wenn $M := \langle\langle\Omega, \mathcal{A}, P\rangle, E(y | p_U), \eta, \lambda, \lambda_1\rangle$ ein subtraktiv parametrisiertes
    Modell τ-kongenerischer Variablen mit unkorrelierten Fehlern ist, dann folgt für
    $i, j = 1, ..., m$:

$$Cov(Y_i, Y_j) = \begin{cases} \lambda_{i1}\, \lambda_{j1}\, Var(\eta), & i \neq j, \\ \lambda_{i1}^2\, Var(\eta) + Var(\varepsilon_i), & i = j. \end{cases} \tag{12}$$

Beweis. *ad i*: Siehe den Beweis zum entsprechenden Theorem in Abschnitt 12.4.2.
ad ii: Mit $\tau_i := E(Y_i | p_U)$, Auflösen der Gleichung 2 nach η und Einsetzen in $Cov(\varepsilon_i, \eta)$
läßt sich Gleichung 11 folgendermaßen ableiten:

$$Cov(\varepsilon_i, \eta) = Cov(\varepsilon_i, \tau_i / \lambda_{i1} + \lambda_i) = (1 / \lambda_{i1})\, Cov(\varepsilon_i, \tau_i) = 0, \quad \text{(Box F.1, xi}$$

wobei im ersten Schritt Gleichung 2 und $\tau_i := E(Y_i | p_U)$ eingesetzt und beim letzten Schritt
von Aussage iii des in Abschnitt 9.4 behandelten Theorems Gebrauch gemacht wurde.
ad iii: Gleichung 12 läßt sich aus den Gleichungen 10 und 11 wie folgt ableiten:

$$Cov(Y_i, Y_j) = Cov(\tau_i + \varepsilon_i, \tau_j + \varepsilon_j)$$
$$= Cov[\lambda_{i1}(\eta - \lambda_i) + \varepsilon_i, \lambda_{j1}(\eta - \lambda_j) + \varepsilon_j] \qquad \text{(s. Gl. 2)}$$

$$= Cov(\lambda_{i1}\,\eta + \varepsilon_i, \lambda_{j1}\,\eta + \varepsilon_j) \qquad\qquad\qquad\text{(Box F.1 xi)}$$

$$= \lambda_{i1}\,\lambda_{j1}\,Var(\eta) + Cov(\varepsilon_i, \varepsilon_j), \quad i, j = 1, ..., m. \qquad\text{(Box F.1 xii)}$$

Im Fall $i = j$ gilt: $Cov(\varepsilon_i, \varepsilon_j) = Var(\varepsilon_i)$. Für $i \neq j$ gilt wegen Gleichung 10: $Cov(\varepsilon_i, \varepsilon_j) = 0$.

Erläuterungen. Gleichung 11 zufolge sind η und die Fehlervariablen ε_i unkorreliert. Dabei beachte man, daß hier nicht von den Kovarianzen in einer Stichprobe die Rede ist, sondern von den wahren (Populations-) Kovarianzen. Nach Gleichung 12 haben *m · (m + 1)/2 Varianzen und Kovarianzen* verschiedene τ-kongenerische Variablen Y_i und Y_j, $i \neq j$, die Kovarianz $\lambda_{i1}\,\lambda_{j1}\,Var(\eta)$, falls die Fehlervariablen ε_i untereinander unkorreliert sind. Im Fall $m \geq 4$ folgt aus Gleichung 12 eine zweite testbare Konsequenz, denn die $m \cdot (m + 1)/2$ Varianzen und Kovarianzen der Y-Variablen können dieser Gleichung zufolge aus $2 \cdot m$ Para-*m Koeffizienten* λ_{i1} *und m Fehlervarianzen* metern [den m Koeffizienten λ_{i1} und den m Fehlervarianzen $Var(\varepsilon_i)$] berechnet werden. Dabei ist zu beachten, daß die Varianz $Var(\eta)$ der latenten Variablen η z.B. auf den Wert 1 normiert werden muß (s. dazu Abschnitt 13.3.1). Die damit verbundene Struktur der Varianzen und Kovarianzen der Y-Variablen wird im folgenden Korollar formuliert.

Korollar. Wenn $\mathbb{M} := \langle\langle\Omega, \mathcal{A}, P\rangle, E(y\,|\,p_U)\rangle$ ein Modell τ-kongenerischer Variablen mit unkorrelierten Fehlern ist, dann gilt für die Verhältnisse der Kovarianzen von 4 verschiedenen Y-Variablen Y_i, Y_j, Y_k und Y_l, $i, j, k, l = 1, ..., m$:

2. testbare Konsequenz

$$\frac{Cov(Y_i, Y_k)}{Cov(Y_j, Y_k)} = \frac{Cov(Y_i, Y_l)}{Cov(Y_j, Y_l)}, \quad \begin{array}{l} i \neq k, i \neq l, \\ j \neq k, j \neq l. \end{array} \qquad (13)$$

Beweis. Würde man die subtraktive Parametrisierung voraussetzen, dann würde Gleichung 13 als unmittelbare Konsequenz aus Gleichung 12 folgen, was man durch vierfaches Einsetzen der ersten Zeile von Gleichung 12 in Gleichung 13 sieht. Die mit Gleichung 13 formulierten Restriktionen der Kovarianzen gelten jedoch unabhängig von jeder Parametrisierung. Dies erkennt man, wenn man in $Y_i = E(Y_i\,|\,p_U) + \varepsilon_i$ Gleichung 1 einsetzt, das Ergebnis in die 4 Kovarianzterme von Gleichung 13 einsetzt und die resultierenden Brüche unter Verwendung der Unkorreliertheit der Fehler vereinfacht.

Erläuterungen. Nach Gleichung 13 müssen im Modell τ-kongenerischer Variablen bestimmte Kovarianzverhältnisse gleich sein. Dies gilt unabhängig von der speziellen Parametrisierung. Basierend auf Gleichung 12 kann man sich überlegen, daß das Modell τ-kongenerischer Variablen mit unkorrelierten Fehlern bereits im Fall $m = 4$ empirisch testbare Restriktionen für die Kovarianzen der Y-Variablen hat, da dann $m \cdot (m + 1)/2 = 10$ empirische Varianzen und Kovarianzen aus nur $2 \cdot m = 8$ theoretischen Parametern berechnet werden können.

15.4.3 Kovarianzstruktur innerhalb und zwischen Subpopulationen

In den folgenden Abschnitten betrachten wir Konsequenzen des Modells τ-kongeneri-scher Variablen mit bedingter regressiver Unabhängigkeit für die Struktur der Kova-

Folgerungen aus der bedingten regressiven Unabhängigkeit

rianzen in beliebigen Subpopulationen. Wie wir zeigen werden, folgt aus der bedingten regressiven Unabhängigkeit in der Gesamtpopulation die bedingte regressive Unabhängigkeit in jeder Subpopulation und daraus die Unkorreliertheit der Fehler in jeder Subpopulation. Außerdem haben wir bereits in Abschnitt 15.4.1 gezeigt, daß die Annahme der τ-Kongenerität auch die Gültigkeit der Gleichung $Y_i = \lambda_{i1}(\eta - \lambda_i) + \varepsilon_i$ in jeder Subpopulation impliziert. Die aus diesen beiden Tatsachen folgenden Konsequenzen für die Struktur der Kovarianzen innerhalb einer beliebigen Subpopulation sind natürlich ebenso empirisch überprüfbar wie die analogen Konsequenzen für die Gesamtpopulation, die bereits im Abschnitt 15.4.2 behandelt wurden. Außerdem ergeben sich prüfbare Konsequenzen für die Kovarianzstruktur zwischen 2 verschiedenen Subpopulationen.

2. Übertragungssatz

Theorem. Wenn $\mathcal{M} := \langle\langle \Omega, \mathcal{A}, P \rangle, E(y|p_U), \eta, \lambda, \lambda_1 \rangle$ ein subtraktiv parametrisiertes Modell τ-kongenerischer Variablen mit bedingter regressiver Unabhängigkeit ist, dann ist auch $\mathcal{M}^{(s)} := \langle\langle \Omega, \mathcal{A}, P^{(s)} \rangle, E^{(s)}(y|p_U), \eta, \lambda, \lambda_1 \rangle$ ein subtraktiv parametrisiertes Modell τ-kongenerischer Variablen mit bedingter regressiver Unabhängigkeit.

Beweis. Wegen des in Abschnitt 15.4.1 behandelten Theorems ist nur noch zu zeigen, daß aus der bedingten regressiven Unabhängigkeit in der Gesamtpopulation die bedingte regressive Unabhängigkeit in jeder Subpopulation $U^{(s)} \subset U$ folgt. Dies haben wir aber bereits in Abschnitt 12.4.3 bewiesen.

Erläuterungen. Betrachtet man das obige Theorem zusammen mit dem in Abschnitt 15.4.2 behandelten Theorem, so erhält man die Aussage, daß in jeder Subpopulation wieder die bereits für die Gesamtpopulation formulierten Restriktionen für die Kovarianzen zwischen verschiedenen Y-Variablen gelten. Für die Fehlervariablen $\varepsilon_i := Y_i - E^{(s)}(Y_i|p_U)$ gelten also für $i = 1, ..., m$ nicht nur:

Unkorreliertheit der Fehler mit η in Subpopulation s

$$Cov^{(s)}(\varepsilon_i, \eta) = 0, \tag{14}$$

sondern für $i, j = 1, ..., m$ auch

Unkorreliertheit der Fehler in Subpopulation s

$$Cov^{(s)}(\varepsilon_i, \varepsilon_j) = 0, \quad i \neq j, \tag{15}$$

und

Kovarianzstruktur in Subpopulation s

$$Cov^{(s)}(Y_i, Y_j) = \begin{cases} \lambda_{i1} \lambda_{j1} \, Var^{(s)}(\eta), & i \neq j, \\ \lambda_{i1}^2 \, Var^{(s)}(\eta) + Var^{(s)}(\varepsilon_i), & i = j. \end{cases} \tag{16}$$

Diese Implikation ist wiederum testbar, indem man — wie in Abschnitt 13.3.2 ausführlich beschrieben — die Gleichheit bestimmter Kovarianzverhältnisse überprüft, hier allerdings *innerhalb* einer beliebigen Subpopulation. Man beachte jedoch, daß die Kovarianzen in einer Subpopulation weder mit den entsprechenden Kovarianzen in der Gesamtpopulation noch zwischen verschiedenen Subpopulationen identisch sein müssen. Das Superskript $^{(s)}$ der Varianzen und Kovarianzen in den obigen 3 Gleichungen ist also unverzichtbar.

Bildet man unter Verwendung der ersten Zeile von Gleichung 16 für $i, j, k = 1, ..., m$ den Bruch

3. testbare
Konsequenz

$$\frac{Cov^{(s)}(Y_i, Y_k)}{Cov^{(s)}(Y_j, Y_k)} = \frac{\lambda_{i1} \lambda_{k1} Var^{(s)}(\eta)}{\lambda_{j1} \lambda_{k1} Var^{(s)}(\eta)} = \frac{\lambda_{i1}}{\lambda_{j1}}, \quad \begin{matrix} i \neq k, \\ j \neq k, \end{matrix} \quad (17)$$

so zeigt sich, daß dieses Kovarianzverhältnis in jeder Subpopulation $U^{(s)}$ gleich sein muß. Daher folgen aus den Modellannahmen auch Restriktionen für die Verhältnisse von Kovarianzen *zwischen* verschiedenen Subpopulationen, die im folgenden Korollar formuliert sind.

Korollar. Wenn $M := \langle\langle\Omega, \mathcal{A}, P\rangle, E(y|p_U), \eta, \boldsymbol{\lambda}, \boldsymbol{\lambda}_1\rangle$ ein subtraktiv parametrisiertes Modell τ-kongenerischer Variablen mit bedingter regressiver Unabhängigkeit ist, dann gelten für 2 beliebige Subpopulationen $U^{(1)}, U^{(2)} \subset U$ für $i, j, k = 1, ..., m$:

4. testbare
Konsequenz

$$\frac{Cov^{(1)}(Y_i, Y_k)}{Cov^{(1)}(Y_j, Y_k)} = \frac{Cov^{(2)}(Y_i, Y_k)}{Cov^{(2)}(Y_j, Y_k)}, \quad \begin{matrix} i \neq k, \\ j \neq k. \end{matrix} \quad (18)$$

Bemerkungen. Auch diese Folgerung aus den Modellannahmen ist natürlich wieder testbar, wenn Daten aus 2 Subpopulationen vorliegen. Wie bereits früher angemerkt, sollte man die Hypothese über die Struktur der Kovarianzen innerhalb und zwischen mehreren Subpopulationen *simultan* überprüfen, um eine Kumulation des α-Fehlers zu vermeiden.

Das in Gleichung 17 formulierte Verhältnis der Koeffizienten λ_{i1} kam bereits im Beweis des in Abschnitt 15.4.1 behandelten Korollars vor. Demnach läßt sich das Verhältnis zweier Koeffizienten λ_{i1} nicht nur durch das Verhältnis zweier Kovarianzen der Y-Variablen bestimmen (s. Gl. 17), sondern auch durch das in Gleichung 9 angegebene Verhältnis der Differenzen bestimmter Erwartungswerte der Y-Variablen in 2 Subpopulationen.

15.5 Schätzbarkeit

Wir untersuchen nun, ob und wie die im Modell τ-kongenerischer Variablen vorkommenden theoretischen Größen aus den empirisch schätzbaren Varianzen und Kovarianzen der Y-Variablen bestimmt werden können. Das folgende Korollar zeigt, *daß* und *wie* die Terme $\lambda_{i1}^2 Var(\eta)$ und $Var(\varepsilon_i)$ aus den Varianzen und Kovarianzen der Variablen Y_i bestimmt werden können. Die Varianz $Var(\eta)$ der latenten Variablen η ist im Modell τ-kongenerischer Variablen nicht ohne weiteres bestimmbar, was auch nicht anders zu erwarten ist, da η in der subtraktiven Parametrisierung des Modells τ-kongenerischer Variablen ja nur eindeutig bis auf positive lineare Transformationen definiert ist.

Korollar 1. Wenn $\mathbb{M} := \langle \langle \Omega, \mathcal{A}, P \rangle, E(\boldsymbol{y} \,|\, p_U), \eta, \boldsymbol{\lambda}, \boldsymbol{\lambda}_1 \rangle$ ein subtraktiv parametrisiertes Modell τ-kongenerischer Variablen mit unkorrelierten Fehlern ist, dann gelten für $i \neq j$, $i \neq k$, $j \neq k$, $i, j, k = 1, ..., m$:

Bestimmung von $\lambda_{i1}^2 Var(\eta)$

$$\lambda_{i1}^2 \, Var(\eta) = \frac{Cov(Y_i, Y_j) \cdot Cov(Y_i, Y_k)}{Cov(Y_j, Y_k)} \, , \tag{19}$$

und von $Var(\varepsilon_i)$

$$Var(\varepsilon_i) = Var(Y_i) - \frac{Cov(Y_i, Y_j) \cdot Cov(Y_i, Y_k)}{Cov(Y_j, Y_k)} \, . \tag{20}$$

Beweis. Die beiden Gleichungen dieses Korollars sind unmittelbare Folgerungen aus der Aussage iii des in Abschnitt 15.4.2 behandelten Theorems.

Erläuterungen. Dieses Korollar gibt an, wie die betreffenden theoretischen Grössen unter den Annahmen eines subtraktiv parametrisierten Modells τ-kongenerischer Variablen mit unkorrelierten Fehlern aus den Varianzen und Kovarianzen der Y-Variablen bestimmt werden können. Da die Bedingung unkorrelierter Fehler aus der Annahme der bedingten regressiven Unabhängigkeit folgt, gelten diese Gleichungen natürlich auch im subtraktiv parametrisierten Modell τ-kongenerischer Variablen mit bedingter regressiver Unabhängigkeit. Der entscheidende Schritt ist zu zeigen, daß die *theoretischen* Größen [hier: $\lambda_{i1}^2 Var(\eta)$ und $Var(\varepsilon_i)$] eine Funktion der (empirisch schätzbaren) Verteilungskennwerte (hier: der Varianzen und Kovarianzen) der *manifesten* Variablen Y_i sind. Den obigen beiden Gleichungen zufolge sind $\lambda_{i1}^2 Var(\eta)$ und $Var(\varepsilon_i)$ im Modell τ-kongenerischer Variablen mit unkorrelierten Fehlern bei $m = 3$ Y-Variablen bestimmbar. Man kann nun aus den unendlich vielen möglichen Repräsentanten für η und den Koeffizienten λ_{i1} ein spezielles Paar (η, λ_{i1}) durch Festlegung einer speziellen *Normierungsbedingung*, z.B. $\lambda_{11} := 1$, auswählen (s. dazu Abschnitt 13.3). Für diese spezielle Normierungsbedingung erhält man dann aus Gleichung 19 z.B. die Varianz der theoretischen Variablen η.

Die *Varianzanteile* von Y_i, die durch die latente Variable η determiniert sind, die Reliabilitäten also, können nach den im folgenden Korollar angegebenen Formeln bestimmt werden.

Korollar 2. Ist $\mathbb{M} := \langle \langle \Omega, \mathcal{A}, P \rangle, E(\boldsymbol{y} \,|\, p_U) \rangle$ ein Modell τ-kongenerischer Variablen mit unkorrelierten Fehlern, dann gilt für $i \neq j$, $i \neq k$, $j \neq k$, $i, j, k = 1, ..., m$:

Bestimmung der Reliabilität

$$Rel(Y_i) = \frac{Cov(Y_i, Y_j) \cdot Cov(Y_i, Y_k)}{Var(Y_i) \cdot Cov(Y_j, Y_k)} \, . \tag{21}$$

Beweis. Diese Gleichungen sind unmittelbare Folgerungen aus Korollar 1, Gleichung 2 und der Definition der Reliabilität (s. Abschnitt 9.5).

15.6 Zusammenfassung

In diesem Kapitel wurde die Mathematik des Modells τ-kongenerischer Variablen behandelt. Im Mittelpunkt stand dabei die Annahme der τ-Kongenerität, der zufolge die True-Score-Variablen $\tau_i := E(Y_i|p_U)$ der betrachteten Y-Variablen positive lineare Funktionen voneinander sind. Allein aus dieser Annahme haben wir die Existenz-, Eindeutigkeits- und Bedeutsamkeitssätze abgeleitet. Dem Eindeutigkeitssatz zufolge sind die im subtraktiv parametrisierten Modell zentralen theoretischen Größen η und λ_i intervallskaliert und die Parameter λ_{i1} verhältnisskaliert. Eine wichtige Folgerung aus der Annahme der τ-Kongenerität in der Gesamtpopulation ist die τ-Kongenerität in jeder Subpopulation, aus der wiederum die Gleichheit der Verhältnisse der Differenzen der Erwartungswerte zweier Y-Variablen in 4 verschiedenen Subpopulationen folgt. Die letztgenannte Konsequenz aus der τ-Kongenerität ist prinzipiell empirisch überprüfbar.

Folgerungen aus der Annahme der τ-Kongenerität

Weitere empirisch testbare Bedingungen folgen, wenn man die Zusatzannahme der bedingten regressiven Unabhängigkeit oder zumindest die Annahme unkorrelierter Fehler macht. Aus der bedingten regressiven Unabhängigkeit in der Gesamtpopulation folgt die bedingte regressive Unabhängigkeit in jeder Subpopulation. Eine weitere Konsequenz der bedingten regressiven Unabhängigkeit ist die Unkorreliertheit der Fehler in der Gesamtpopulation und in jeder Subpopulation.

Folgerungen aus der Annahme der bedingten regressiven Unabhängigkeit

Die Unkorreliertheit der Fehler und die τ-Kongenerität haben die Konsequenz, daß die Kovarianzen der Y-Variablen in der Gesamtpopulation eine bestimmte Struktur aufweisen. Das Entsprechende gilt auch für jede Subpopulation, d.h. aus der Unkorreliertheit der Fehler und der τ-Kongenerität in einer Subpopulation folgt, daß die Kovarianzen der Y-Variablen in dieser Subpopulation eine bestimmte Struktur aufweisen. Außerdem folgt aus den Modellannahmen, daß die Verhältnisse bestimmter Kovarianzen der Y-Variablen *zwischen* verschiedenen Subpopulationen gleich sind. Sowohl die Konsequenzen für die Kovarianzen der Y-Variablen in der Gesamtpopulation als auch für die Kovarianzen innerhalb und zwischen Subpopulationen kann man in Anwendungen empirisch überprüfen. Für die Bestimmung der Varianzen der theoretischen Variablen $\lambda_{i1}^2\, \eta = \tau_i$, ε_i und der Reliabilitäten $Rel(Y_i)$ sind die Annahmen der τ-Kongenerität *und* unkorrelierter Fehler notwendig.

Folgerungen aus der Unkorreliertheit der Fehler

Es lassen sich 3 verschieden restriktive Versionen des Modells τ-kongenerischer Variablen unterscheiden:

3 verschieden restriktive Versionen des Modells τ-kongenerischer Variablen

- das Modell τ-kongenerischer Variablen,
- das Modell τ-kongenerischer Variablen mit unkorrelierten Fehlern,
- das Modell τ-kongenerischer Variablen mit bedingter regressiver Unabhängigkeit.

Das letztgenannte Modell impliziert die beiden anderen und das Modell τ-kongenerischer Variablen mit unkorrelierten Fehlern impliziert das Modell τ-kongenerischer Variablen. Befindet man z.B. in einer Anwendung, daß das Modell τ-kongenerischer Variablen mit unkorrelierten Fehlern nicht gilt, dann gilt auch nicht das Modell τ-kongenerischer Variablen mit bedingter regressiver Unabhängigkeit.

Fragen

1. Worin besteht der Unterschied zwischen einem Modell τ-kongenerischer Variablen und einem subtraktiv parametrisierten Modell τ-kongenerischer Variablen?
2. (a) Wie kann man das Modell τ-kongenerischer Variablen empirisch überprüfen?
   (b) Wie kann man das Modell τ-kongenerischer Variablen mit bedingter regressiver Unabhängigkeit empirisch überprüfen?

Antworten

1. Erst beim subtraktiv parametrisierten Modell τ-kongenerischer Variablen liegt fest, daß man von Gleichung 2, der Variablen η und den Parametern λ_{i1} und λ_i sprechen will.
2. (a) Das Modell τ-kongenerischer Variablen kann man empirisch überprüfen, indem man untersucht, ob die in Gleichung 9 formulierte Bedingung erfüllt ist.
   (b) Das Modell τ-kongenerischer Variablen mit bedingter regressiver Unabhängigkeit kann man empirisch überprüfen, indem man untersucht, ob die in den Gleichungen 12 formulierten Restriktionen für die Kovarianzen in der Gesamtpopulation erfüllt sind. Eine weitere Möglichkeit besteht in der Überprüfung der Gleichung 16 innerhalb einer Subpopulation und Gleichung 18 zwischen 2 Subpopulationen.

Übungen

1. Beweisen Sie folgende Behauptung: Wenn für η und die Koeffizienten λ_{i0} und λ_{i1} die Gleichung $E(Y_i|p_U) = \lambda_{i0} + \lambda_{i1} \cdot \eta$ gilt, dann muß auch für $\eta' := \beta \cdot \eta + \alpha$ und die Koeffizienten $\lambda'_{i0} := \lambda_{i0} - \lambda_{i1}\alpha/\beta$ und $\lambda'_{i1} := \lambda_{i1}/\beta$, mit $\alpha, \beta \in \mathbb{R}$, $\beta > 0$, die Gleichung $E(Y_i|p_U) = \lambda'_{i0} + \lambda'_{i1} \cdot \eta'$ gelten.
2. Zeigen Sie, daß die Aussage

$$E(\eta|X = x_1) - E(\eta|X = x_2) = 0$$

genau dann wahr ist, wenn die folgende Aussage wahr ist:

$$E(\beta \cdot \eta + \alpha|X = x_1) - E(\beta \cdot \eta + \alpha|X = x_2) = 0, \quad \alpha, \beta \in \mathbb{R}, \quad \beta > 0.$$

3. Zeigen Sie, daß beliebige Aussagen über die Produkte $\lambda_{i1}^2 \, Var(\eta)$ invariant unter den zulässigen Transformationen sind.
4. Zeigen Sie unter Verwendung der Rechenregeln für bedingte Erwartungen, daß aus Gleichung 1 folgt: $E(Y_i|\eta) = \lambda_{i1}(\eta - \lambda_i)$.
5. Zeigen Sie unter Verwendung der Rechenregeln für bedingte Erwartungen, daß aus Gleichung 2 folgt: $E(\eta) = E(Y_i)/\lambda_{i1} + \lambda_i$.

Lösungen

1. Wenn für η und die Koeffizienten λ_{i0} und λ_{i1}, $i = 1, ..., m$, die Gleichung

$$E(Y_i|p_U) = \lambda_{i0} + \lambda_{i1} \cdot \eta$$

gilt, dann kann man diese Gleichung auch umständlicher wie folgt schreiben:

$$E(Y_i|p_U) = (\lambda_{i0} - \lambda_{i1}\alpha/\beta) + (\lambda_{i1}/\beta) \cdot (\beta \cdot \eta + \alpha).$$

Dies ist nichts anderes als die Gleichung $E(Y_i|p_U) = \lambda'_{i0} + \lambda'_{i1} \cdot \eta'$.

2. Die Aussage

$$E(\eta|X = x_1) - E(\eta|X = x_2) = 0$$

ist genau dann wahr, wenn die Aussage

$$E(\beta \cdot \eta + \alpha|X = x_1) - E(\beta \cdot \eta + \alpha|X = x_2) = 0, \quad \alpha, \beta \in \mathbb{R}, \quad \beta > 0,$$

wahr ist, denn:

$$E(\beta \cdot \eta + \alpha|X = x_1) - E(\beta \cdot \eta + \alpha|X = x_2)$$

$$= \beta\, E(\eta|X = x_1) + \alpha - \beta\, E(\eta|X = x_2) - \alpha \qquad \text{(Box G.1 i, ii)}$$

$$= \beta\, [E(\eta|X = x_1) - E(\eta|X = x_2)].$$

Da $\beta > 0$, folgt die Behauptung.

3. Beliebige Aussagen über die Produkte $\lambda_{i1}^2\, Var(\eta)$ sind invariant unter den zulässigen Transformationen, da die Produkte $\lambda_{i1}^2\, Var(\eta)$ selbst invariant unter den zulässigen Transformationen sind, denn:

$$\lambda_{i1}'^2\, Var(\eta') = (\lambda_{i1}^2/\beta^2) \cdot Var(\beta \cdot \eta + \alpha)$$

$$= (\lambda_{i1}^2/\beta^2) \cdot [\beta^2 \cdot Var(\eta)] = \lambda_{i1}^2\, Var(\eta). \qquad \text{(Box F.1 vi, vii)}$$

4. Die Variable η ist eine Funktion $f(p_U)$ von p_U. Nach den Rechenregeln für bedingte Erwartungen gilt daher:

$$E(Y_i|\eta) = E[E(Y_i|p_U)|\eta] \qquad \text{(Box G.1 v)}$$

$$= E[\lambda_{i1}(\eta - \lambda_i)|\eta] \qquad \text{(Einsetzen der Gl. 2)}$$

$$= \lambda_{i1}(\eta - \lambda_i). \qquad \text{(Box G.1 ii, iv)}$$

5. $$E(Y_i) = E[E(Y_i|p_U)] \qquad \text{(Box G.1 iii)}$$

$$= E[\lambda_{i1}(\eta - \lambda_i)] \qquad \text{(Einsetzen der Gl. 2)}$$

$$= \lambda_{i1}\, [E(\eta - \lambda_i)] \qquad \text{(Box F.1 ii)}$$

$$= \lambda_{i1}\, [E(\eta) - \lambda_i]. \qquad \text{(Box F.1 ii, i)}$$

Die Behauptung folgt nun durch Auflösen dieser Gleichung nach $E(\eta)$.

Weiterführende Literatur

Die Bezeichnung „kongenerisch" wurde u.W. von Jöreskog (1971) eingeführt, der Modelle behandelt, bei denen man mehrere Mengen kongenerischer Variablen gleichzeitig betrachten kann. Dabei ist es auch möglich, die Korrelationen zwischen den latenten Variablen zu schätzen. Modelle (von Mengen) kongenerischer Variablen sind Spezialfälle linearer Strukturgleichungsmodelle. Daher sind als weiterführende Literatur die entsprechenden Einführungsbücher zu nennen, insbesondere die bereits oben genannten Bücher von Bollen (1989), Hayduk (1987), Jöreskog und Sörbom (1989) sowie Saris und Stronkhorst (1984).

Stochastische Meßmodelle:

B. Item-Response-Theorie

ÜBERBLICK

Obwohl die Definitionen der Grundbegriffe der KTT in Kap. 9 keinerlei einschränkenden Annahmen unterliegen, haben die in den vorherigen Kapiteln behandelten Modelle der KTT Testsummenvariablen oder kontinuierliche Variablen zum Gegenstand. Für kategoriale Variablen, die die Antwort eines Probanden auf ein einzelnes Item repräsentieren, sind die Modelle der KTT ungeeignet, wie wir in Kap. 16 näher begründen werden. Modelle, die die Beziehung zwischen einer latenten Variablen und *einzelnen Items*, die in der Regel nur eine begrenzte Anzahl von Antwortkategorien aufweisen, spezifizieren, werden in der englischsprachigen Literatur unter dem Begriff der ***Item response theory*** zusammengefaßt (s. z.B. de Gruijter & van der Kamp, 1984; Thissen & Steinberg, 1986). Im Gegensatz zu den Modellen der KTT beziehen sich die Modelle der *Item-Response-Theorie* (IRT) *direkt* auf die Beantwortung einzelner Fragen eines Fragebogens bzw. die Lösung oder Nichtlösung einzelner Aufgaben eines Fähigkeitstests. Im Rahmen von IRT-Modellen können verschiedene Fragestellungen untersucht werden. So kann z.B. überprüft werden, ob die verschiedenen Items eines Fragebogens *dieselbe* latente Personeigenschaft messen. Daher sind diese Modelle auch zur Auswahl von Items für ein psychometrisches Testverfahren geeignet. Auch in Modellen der IRT ist es möglich, abzuschätzen, in welchem Ausmaß die Messungen mit einem Meßfehler behaftet sind. Darüber hinaus kann in diesen Modellen das Antwortverhalten von Personen auf Fragen, die nicht vorgelegt wurden, prognostiziert und die Prognosesicherheit abgeschätzt werden, wenn diese Items bestimmten Bedingungen genügen. Schließlich ist es möglich, im Rahmen von IRT-Modellen qualitative, komparative und sogar metrische Begriffe einzuführen, obwohl die Ausgangsbeobachtungen selbst nur qualitativer Natur sind. Neben der Bezeichnung *Item-Response-Theorie* ist auch der Begriff ***Latent trait models*** (s. z.B. Embretson, 1985; Langeheine & Rost, 1988; Weiss, 1983) gebräuchlich, der zum Ausdruck bringen soll, daß allen Items *eine einzige* latente Personvariable (der Trait) gemeinsam ist. Im deutschsprachigen Raum wird dagegen der Begriff ***Probabilistische Testtheorie*** verwendet (s. z.B. Kubinger, 1988; Rost, 1988), da in diesen Modellen Aussagen über die Systematik der Lösungs*wahrscheinlichkeiten* der Items gemacht werden. Während bei der KTT die personbedingten Erwartungen der Testwertvariablen der zentrale Ausgangspunkt zur Modellkonstruktion sind, sind dies bei den Modellen der Item-Response-Theorie die personbedingten Wahrscheinlichkeiten, daß die Antwort der Person bei dem jeweils betrachteten Item in eine bestimmte Kategorie fällt. Da aber sowohl Modelle der KTT als auch Modelle der Probabilistischen Testtheorie *stochastische* Meßmodelle sind, ist die Bezeichnung *Probabilistische Testtheorie*, die oft in Abgrenzung zur KTT gewählt wird, eher mißverständlich. Zur Abgrenzung von Modellen der KTT scheint uns *Item-Response-Theorie* den Gegenstand am besten zu charakterisieren. In diesem letzten Teil des Buchs werden wir das Rasch-Modell als ein Beispiel aus dieser Modellklasse vorstellen.

Item response theory (IRT)

Wichtige Fragestellungen

Latent trait models

Probabilistische Testtheorie

16 Einführung in das Rasch-Modell

Empirische
Ausgangsbasis:

In diesem Kapitel wird mit dem Rasch-Modell (nach dem dänischen Mathematiker Georg Rasch) ein stochastisches Meßmodell der Item-Response-Theorie (IRT) vorgestellt, das zur Analyse von Variablen, die nur 2 verschiedene Werte annehmen können, verwendet werden kann. Im Falle solcher *zweiwertiger* (**dichotomer**) Variablen sind das Modell essentiell τ-äquivalenter und das Modell τ-kongenerischer Variablen nicht oder nur mit schwerwiegenden Nachteilen anwendbar. Dies werden wir anhand eines einführenden Beispiels zeigen. In den folgenden Kapiteln werden

Indikator-
variablen

wir als dichotome Ausgangsvariablen immer die *Indikatorvariablen* betrachten, die jeweils mit dem Wert 1 oder 0 anzeigen, welche der beiden Antwortkategorien eines Items die Person gewählt hat bzw. ob die Person die betreffende Aufgabe gelöst hat. Natürlich wäre auch die Betrachtung anderer Ausgangsvariablen möglich. Beispielsweise könnte eine Variable den Wert a annehmen, wenn die eine Kategorie gewählt wird, und den Wert b, wenn die andere Kategorie gewählt wird. Die Einschränkung auf Indikatorvariablen hat jedoch den Vorteil, daß auch das Rasch-Modell als ein regressives Meßmodell (s. Kap. 9) eingeführt werden kann. Die Betrachtung von Indikatorvariablen ist in keiner Weise restriktiv, da für den vorliegenden Fall jede dichotome Variable in eine Indikatorvariable transformiert werden kann. Im Gegensatz zu den Modellen der KTT, die eher kontinuierliche Va-

Bedingte
Erwartungen der
Indikatorvariablen

riablen wie beispielsweise den Cortisolspiegel im Speichel oder quasi-kontinuierliche Variablen wie z.B. Testsummenvariablen zum Gegenstand haben, sind im Rasch-Modell die bedingten Erwartungen der *Indikatorvariablen* die Ausgangsbasis. In diesem Kapitel werden das Fundamentalgesetz des Rasch-Modells vorgestellt und die Probleme der Eindeutigkeit und Bedeutsamkeit sowie der Testbarkeit und Bestimmbarkeit der theoretischen Größen diskutiert.

16.1 Vorbereitende Überlegungen

In vielen Bereichen der Testdiagnostik in der Psychologie und den Sozialwissenschaften begegnet man Variablen, die nur 2 verschiedene Werte annehmen können. So gibt

Beispiel für eine dichotome Variable

man z.B. bei der *Intelligenzmessung* Aufgaben vor, die *gelöst* oder *nicht gelöst* werden können. Auf die Anweisung aus dem *Adaptiven Intelligenzdiagnostikum* (AID; Kubinger & Wurst, 1985)

„Nenne mir ein Tier, das uns Milch gibt“

wären z.B. die Antworten *Kuh*, *Schaf* und *Ziege* richtige Antworten, während die Antworten *Affe* und *Elefant* falsch wären. In diesem Beispiel könnte man der Antwort einer Person den Wert einer Indikatorvariablen Y_i wie folgt zuweisen:

$$Y_i(\omega) := \begin{cases} 1, \text{ falls das } i\text{-te Item gelöst ist,} \\ 0 \text{ sonst.} \end{cases}$$

Das Meßfehlerproblem bei dichotomen Variablen

Auch Messungen mit dichotomen Variablen sind in vielen Fällen meßfehlerbehaftet. Bei Einstellungsskalen, bei denen einer Aussage nur *zugestimmt* oder *nicht zugestimmt* werden kann, wird eine Person mit einer *indifferenten* Einstellung bei einigen Items zustimmen, bei anderen nicht. Auch bei einem Fähigkeitstest ist es durchaus möglich, daß ein Item von einer Person gelöst wird, von einer anderen Person mit *derselben* Fähigkeitsausprägung jedoch nicht. Selbst bei dichotomen Ausgangsvariablen muß man also mit Meßfehlern rechnen.

Weil Messungen fehlerbehaftet sind, ist man im Rasch-Modell weniger an der manifesten Antwort einer Person interessiert, sondern man möchte aufgrund der Antworten der Person auf verschiedene Fragen bzw. aufgrund des Lösungsverhaltens bezüglich verschiedener Aufgaben eine latente, nicht beobachtbare Eigenschaft erfassen. Im obigen Beispiel könnte diese latente Eigenschaft z.B. *Alltagswissen* heißen.

16.1.1 Probleme des Modells essentiell τ-äquivalenter Variablen bei Indikatorvariablen

Man könnte versucht sein, die in den vorherigen Kapiteln vorgestellten Meßmodelle der KTT auch auf Indikatorvariablen anzuwenden. Dabei würde man jedoch auf Probleme stoßen, die wir am Beispiel des Modells essentiell τ-äquivalenter Variablen anhand von Abb. 16.1 erläutern wollen. Für eine Person u mit dem Wert η_u auf der zu messenden latenten Variablen η könnte z.B. auf Item 2 eine bedingte Lösungswahrscheinlichkeit von $P(Y_2 = 1 | p_U = u) = 0.75$ vorliegen (s. Abb. 16.1). Die Lösungswahrscheinlichkeiten $P(Y_i = 1 | p_U = u)$ sind aber mit den bedingten Erwartungswerten $E(Y_i | p_U = u)$ identisch (s. Anhang G.1). Würde man für diese Person die Lösungswahrscheinlichkeit auf Item 1 suchen, würde daher ein Wert größer als 1 resultieren, wenn man von der Gültigkeit der Gleichung $E(Y_i | p_U) = \eta - \lambda_i = P(Y_i = 1 | p_U)$ ausgeht, die die subtraktive Parametrisierung des Modells essentiell τ-äquivalenter Variablen definiert (s. Kap. 10). Die bedingten Lösungswahrscheinlichkeiten können jedoch nur Werte im geschlossenen Intervall zwischen 0 und 1 annehmen. Will man dennoch das Modell essentiell τ-äquivalenter Variablen beibehalten, bleiben nur 2 Möglichkeiten. Entweder der Wertebereich der latenten Variablen wird auf den Bereich zwischen η_1 und η_2 eingeschränkt (s. Abb. 16.1), oder aber die Koeffizienten

Hauptproblem: Beschränktheit des Wertebereichs der bedingten Erwartungen von Indikatorvariablen

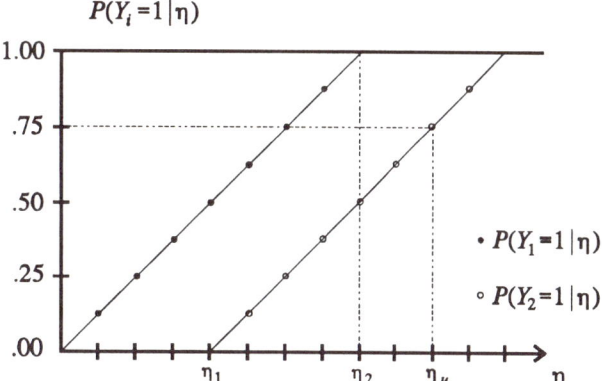

Abb. 16.1. Darstellung der Lösungswahrscheinlichkeiten zweier essentiell τ-äquivalenter Indikatorvariablen Y_1 und Y_2

λ_i müssen alle gleich sein. Beide Möglichkeiten sind nicht sehr attraktiv. Die Einschränkung der Fähigkeitswerte auf ein bestimmtes Intervall erscheint künstlich, und im Fall gleicher Koeffizienten λ_i wären alle Items gleich schwierig, d.h. alle Personen mit einem niedrigen Fähigkeitswert hätten bei keinem der Items eine gute Chance, es zu lösen, und alle Personen mit einem hohen Fähigkeitswert würden mit hoher Wahrscheinlichkeit alle Items lösen. Es gäbe also keine Items, die der jeweiligen Fähigkeit der Person in dem Sinne angepaßt wären, daß für eine solche Person eine mittlere Lösungswahrscheinlichkeit besteht.

16.1.2 Wettquotienten und Logits

Offenbar ist das Modell essentiell τ-äquivalenter Variablen für Indikatorvariablen Y_i nicht geeignet, und zwar vor allem deswegen, weil in diesem Fall die Werte der bedingten Erwartungen $E(Y_i|p_U) = P(Y_i = 1|p_U)$ auf das Intervall zwischen 0 und 1 beschränkt sind. Im Rasch-Modell entgeht man dieser Beschränkung dadurch, daß man die bedingten Wahrscheinlichkeiten $P(Y_i = 1|p_U = u)$ transformiert. Wir betrachten zunächst das Verhältnis der beiden bedingten Wahrscheinlichkeiten

Wettquotient

$$\frac{P(Y_i = 1|p_U = u)}{1 - P(Y_i = 1|p_U = u)} = \frac{P(Y_i = 1|p_U = u)}{P(Y_i = 0|p_U = u)}, \tag{1}$$

Interpretation des Wettquotienten

wobei man natürlich den Fall $P(Y_i = 0|p_U = u) = 0$ ausschließen muß. Dieses Verhältnis, das **Wettquotient** genannt wird, nimmt Werte zwischen 0 (einschließlich) und $+\infty$ (ausschließlich) an. Der Wettquotient besagt, wie groß die Chance ist, daß eine Person u die i-te Aufgabe löst. Hat der Wettquotient zum Beispiel den Wert 2, bedeutet dies, daß bei der betrachteten Person die Wahrscheinlichkeit, die Aufgabe zu lösen, doppelt so hoch ist wie die Wahrscheinlichkeit, die Aufgabe nicht zu lösen.

Will man auch die Begrenzung loswerden, daß die Werte nur größer oder gleich 0 sein können, so kann man anstelle des Wahrscheinlichkeitsverhältnisses in Gleichung 1 dessen natürlichen Logarithmus betrachten:

Logarithmierter
Wettquotient
(Logit)

$$\ln \frac{P(Y_i = 1 \,|\, p_U = u)}{P(Y_i = 0 \,|\, p_U = u)} \;=\; \ln P(Y_i = 1 \,|\, p_U = u) \;-\; \ln P(Y_i = 0 \,|\, p_U = u), \qquad (2)$$

wobei die Werte $P(Y_i = 0 \,|\, p_U = u) = 0$ und $P(Y_i = 1 \,|\, p_U = u) = 0$ ausgeschlossen werden müssen. Dieser *logarithmierte Wettquotient*, den wir auch den *Logit* der Person u bzgl. Y_i nennen, kann nun zwischen $-\infty$ und $+\infty$ variieren. Die Variable

Logitvariable

$$\ln \frac{P(Y_i = 1 \,|\, p_U)}{P(Y_i = 0 \,|\, p_U)} \;=\; \ln P(Y_i = 1 \,|\, p_U) \;-\; \ln P(Y_i = 0 \,|\, p_U), \qquad (3)$$

deren Werte die Logits sind, nennen wir die **Logitvariable**. Im Rasch-Modell ist es diese Logitvariable, von der die weiteren Überlegungen ausgehen. Wie wir in Kap. 18 sehen werden, ist — im Gegensatz zum Modell essentiell τ-äquivalenter Variablen — im Rasch-Modell nicht die Parallelität der True-Score-Variablen die das Modell definierende Annahme, sondern die Parallelität der Logitvariablen.

16.1.3 Zweck des Rasch-Modells

Wie in den Modellen essentiell τ-äquivalenter und τ-kongenerischer Variablen werden auch im Rasch-Modell gleichzeitig theoretische Größen für die Beobachtungseinheiten und die Y-Variablen definiert. Die Wahrscheinlichkeit, daß eine Person eine bestimmte Rechenaufgabe löst, ist z.B. durch die rechnerische *Fähigkeit* der Person und die *Schwierigkeit* der Rechenaufgabe bestimmt. Mit einer Menge konkreter Rechenaufgaben und der Wahl des Rasch-Modells werden die betreffenden Fähigkeits- und Schwierigkeitsbegriffe exakt definiert und damit einer empirischen Untersuchung zugänglich gemacht. Neben diesem eher theoretischen Ziel können Analysen mit dem Rasch-Modell aber auch praktischen Zwecken dienen. Zum einen können

Itemselektion

solche Rasch-Analysen zur Itemselektion verwendet werden: Nur solche Items i sollen in den Test aufgenommen werden, deren Indikatorvariablen Y_i die Annahmen des Rasch-Modells erfüllen. Damit soll sichergestellt werden, daß alle Rechenaufgaben dieselbe Fähigkeit erfassen. Müssen die Annahmen des Rasch-Modells für die

Schätzung der
Itemparameter

betrachteten Items nicht verworfen werden, können die Itemparameter (die Schwierigkeiten) und die Standardschätzfehler, die das Ausmaß der Ungenauigkeit beschreiben, die mit der Schätzung der Itemparameter verbunden ist, geschätzt werden. Zum anderen kann ein Test im Rahmen einer diagnostischen Fragestellung vorgegeben werden, um den jeweiligen Personparameter (die Fähigkeit) und den damit verbunde-

Schätzung der
Personwerte

nen Standardschätzfehler — bei bekannten Itemparametern — zu schätzen. Während beim Modell essentiell τ-äquivalenter Variablen der Wert von Y_i selbst eine Schätzung für die Eigenschaft der Person ist, kann im Rasch-Modell der Eigenschaftswert einer Person nur durch ein kompliziertes Schätzverfahren bestimmt werden (s. Kap. 18). Die Anwendbarkeit des Rasch-Modells ist natürlich nicht auf den Bereich der Fähigkeitsmessung beschränkt, in anderen Anwendungsbereichen erhalten die Personen- und Itemparameter eine entsprechend andere Interpretation.

16.2 Erste Annahme: Rasch-Homogenität

Wie bereits ausgeführt wurde, können beim Rasch-Modell die stochastischen Variablen Y_i nur die Werte 0 und 1 annehmen. Die bedingten Erwartungen $E(Y_i|p_U)$ sind daher zugleich die bedingten Wahrscheinlichkeiten $P(Y_i = 1|p_U)$. Natürlich gilt auch im Rasch-Modell die Dekomposition $Y_i = E(Y_i|p_U) + \varepsilon_i$. Da die bedingte Erwartung $E(Y_i|p_U)$ gleich der bedingten Wahrscheinlichkeit $P(Y_i = 1|p_U)$ ist, können die Variablen ε_i bei einer gegebenen Person u nur die Werte $0 - P(Y_i = 1|p_U = u)$ und $1 - P(Y_i = 1|p_U = u)$ annehmen. Weil verschiedene Personen jedoch auch verschiedene Lösungswahrscheinlichkeiten $P(Y_i = 1|p_U = u)$ haben, können die Fehlervariablen ε_i jeden Wert zwischen −1 und 1 annehmen.

Werte der Fehlervariablen

An dieser Stelle sei nochmals auf den Unterschied zwischen der bedingten Wahrscheinlichkeit $P(Y_i = 1|p_U)$ und der bedingten Wahrscheinlichkeit $P(Y_i = 1|p_U = u)$ hingewiesen. Während die bedingte Wahrscheinlichkeit $P(Y_i = 1|p_U = u)$ ein *Wert* ist, nämlich die Lösungswahrscheinlichkeit eines Items für eine bestimmte Person u, ist die bedingte Wahrscheinlichkeit $P(Y_i = 1|p_U)$ eine *Variable*, und zwar die Zufallsvariable, deren Werte die bedingten Wahrscheinlichkeiten $P(Y_i = 1|p_U = u)$ sind.

Unterschied zwischen $P(Y_i = 1|p_U)$ und $P(Y_i = 1|p_U = u)$

Die subtraktive Parametrisierung. Wie bei den Modellen der KTT können auch beim Rasch-Modell verschiedene Parametrisierungen gewählt werden. Wir werden uns zunächst auf die Darstellung des Modells in seiner *subtraktiven Parametrisierung* beschränken und in Kap. 18 eine weitere Parametrisierung vorstellen. Das ***Fundamentalgesetz der subtraktiven Parametrisierung des Rasch-Modells*** lautet:

Personvariable ξ
Itemparameter κ_i

Es existieren eine reelle stochastische Variable ξ und für jede Variable Y_i eine Konstante $\kappa_i \in \mathbb{R}$, $i = 1, ..., m$, für die gilt:

Fundamentalgesetz

$$P(Y_i = 1|p_U) = \frac{\exp(\xi - \kappa_i)}{1 + \exp(\xi - \kappa_i)}. \qquad (4)$$

Itemcharakteristik $P(Y_i = 1|\xi)$

Dabei bezeichnet „exp" die Exponentialfunktion. Da ξ eine Funktion von p_U ist, d.h. $\xi = f(p_U)$, folgt aus Gleichung 4: $P(Y_i = 1|p_U) = P(Y_i = 1|\xi)$ (s. Box G.1, Regel v). Diese Funktion $P(Y_i = 1|\xi)$, die die Abhängigkeit der Lösungswahrscheinlichkeit von der latenten Personvariablen ξ (der Fähigkeitsvariablen) bei gegebener Itemschwierigkeit κ_i angibt, heißt ***Itemcharakteristik***. Sie ist in Abb. 16.2 dargestellt.

Logistische Funktion

Im Gegensatz zu den Modellen essentiell τ-äquivalenter und τ-kongenerischer Variablen, bei denen die Regressionen $E(Y_i|p_U)$ als *lineare* Funktionen der latenten Variablen dargestellt werden konnten, beschreibt beim Rasch-Modell eine S-förmige ***logistische Funktion*** die Beziehung zwischen $P(Y_i = 1|p_U)$ und der latenten Variablen, die wir hier mit ξ bezeichnen. Aber auch hier verlaufen diese Funktionen parallel zueinander, wie man sich anhand von Abb. 16.2 veranschaulichen kann: An jeder Stelle von $P(Y_i = 1|p_U)$ ist der Abstand δ zwischen den beiden Kurven gleich groß. Dies bedeutet, daß beide Kurven ineinander überführt werden können, indem man sie entlang der Abszisse verschiebt.

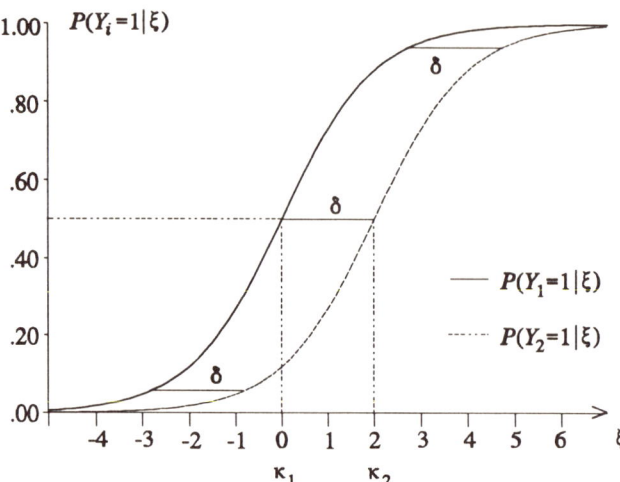

Abb. 16.2. Darstellung der Itemcharakteristiken zweier Rasch-homogener Variablen Y_1 und Y_2 mit den Itemparametern $\kappa_1 = 0$ und $\kappa_2 = 2$. Es gilt: $\delta = |\kappa_1 - \kappa_2|$

Dichotomes logistisches Modell

Aufgrund der logistischen Itemcharakteristik wird das Rasch-Modell auch als ***dichotomes logistisches Modell*** (s. z.B. Fischer, 1974) bezeichnet. Da von Rasch (1960, 1980) selbst mehrere Modelle entwickelt wurden und auch Erweiterungen des hier vorgestellten Modells aufgrund bestimmter Eigenschaften ebenfalls kurz Rasch-Modelle genannt werden, ist die Bezeichnung *dichotomes logistisches Modell* sicherlich am präzisesten. In der Literatur wird jedoch mit dem Begriff Rasch-Modell häufig nur das dichotome logistische Modell bezeichnet, da es das bekannteste Rasch-Modell ist. Auch im folgenden ist mit der Bezeichnung Rasch-Modell nur das dichotome logistische Modell gemeint.

Rasch-Homogenität

Personwert ξ_u

Abhängigkeit der Lösungswahrscheinlichkeit von Personfähigkeit und Itemschwierigkeit

Gleichung 4 definiert die *subtraktive Parametrisierung* des Rasch-Modells, da die latente Variable ξ und die Itemparameter κ_i durch eine *subtraktive* Beziehung miteinander verknüpft sind. Die Variablen Y_i, für die die Gleichung 4 gilt, bezeichnen wir als ***Rasch-homogen***. Die Wahrscheinlichkeit, daß ein Item von einer Person gelöst wird, hängt im subtraktiv parametrisierten Rasch-Modell nur von der Differenz aus Fähigkeit ξ_u dieser Person und der Schwierigkeit κ_i des Items ab. (Man beachte, daß für verschiedene Personen u und v durchaus $\xi_u = \xi_v$ gelten kann.) Ist die Fähigkeit ξ_u genausogroß wie die Itemschwierigkeit κ_i, dann resultiert die Wahrscheinlichkeit $P(Y_i = 1 \mid p_U = u) = \exp(0)/[1 + \exp(0)] = 1/(1 + 1) = 1/2$. Die Lösungswahrscheinlichkeit ist größer als 1/2, wenn die Fähigkeit ξ_u größer als die Itemschwierigkeit κ_i ist. Ist dagegen die Fähigkeit ξ_u kleiner als die Itemschwierigkeit κ_i, ergibt Gleichung 4 eine Lösungswahrscheinlichkeit, die kleiner als 1/2 ist, wie man aus den in Abb. 16.2 dargestellten Itemcharakteristiken ablesen kann.

Da ξ_u ein Wert der Variablen ξ ist und durch ξ jeder Person u ein Wert ξ_u zugeordnet wird, kann man das Rasch-Modell auch in der Form

$$P(Y_i = 1 \mid p_U = u) \; = \; P(Y_i = 1 \mid \xi = \xi_u) \; = \; \frac{\exp(\xi_u - \kappa_i)}{1 + \exp(\xi_u - \kappa_i)} \tag{5}$$

schreiben. Diese Schreibweise bedeutet, daß die Lösungswahrscheinlichkeit von der Differenz der *Parameter* ξ_u und κ_i abhängt.

Die bedingte Varianz. Das Verständnis der durch die Itemcharakteristik beschriebenen Abhängigkeit der Lösungswahrscheinlichkeit eines Items von der latenten Variablen ξ wird durch die Betrachtung der bedingten Varianz vertieft. Wie bereits erwähnt wurde, ist auch im Rasch-Modell die Dekomposition $Y_i = E(Y_i|p_U) + \varepsilon_i$ gültig. Daher können wir auch hier die p_U-bedingte Fehlervarianz $Var(\varepsilon_i|p_U)$ betrachten, die — wie wir in Kap. 9 gesehen haben — mit der bedingten Varianz $Var(Y_i|p_U)$ identisch ist. Die Berechnung der bedingten Varianz ist im Rasch-Modell sehr einfach, da die manifesten Y-Variablen nur die Werte 0 und 1 annehmen können. Die Variablen Y_i sind daher *binomialverteilt* mit den Parametern $n = 1$ und $\pi = P(Y_i = 1)$, und die bedingten Verteilungen der Variablen Y_i gegeben $p_U = u$ sind ebenfalls Binomialverteilungen mit den Parametern $n = 1$ und $\pi_u = P(Y_i = 1|p_U = u)$. Die *Varianz einer* solchen *Binomialverteilung* ist aber gleich dem Produkt der Wahrscheinlichkeit, daß ein Ereignis eintritt, und der Gegenwahrscheinlichkeit, daß dieses Ereignis nicht eintritt (s. z.B. Hartung et al., 1991). Dies bedeutet, daß die bedingten Varianzen $Var(Y_i|p_U)$ hier gleich dem Produkt der bedingten Lösungswahrscheinlichkeiten $P(Y_i = 1|p_U)$ und den Gegenwahrscheinlichkeiten $P(Y_i = 0|p_U)$, daß das betreffende Item i nicht gelöst wird, sind:

Die Variablen Y_i sind binomialverteilt

Bedingte Varianzen

$$Var(Y_i|p_U) \; = \; Var(\varepsilon_i|p_U) \; = \; P(Y_i = 1|p_U) \cdot P(Y_i = 0|p_U). \tag{6}$$

Abhängigkeit der bedingten Varianzen von ξ

Da die bedingten Wahrscheinlichkeiten $P(Y_i = 1|p_U)$ gleich den bedingten Wahrscheinlichkeiten $P(Y_i = 1|\xi)$ sind, sind auch die bedingten Varianzen $Var(Y_i|p_U)$ und $Var(Y_i|\xi)$ identisch. Wie wir im vorherigen Abschnitt gesehen haben, sind die Lösungswahrscheinlichkeiten $P(Y_i = 1|\xi)$, und somit auch die Wahrscheinlichkeiten $P(Y_i = 0|\xi)$, von den Ausprägungen der latenten Variablen ξ abhängig. Daher hängt auch die bedingte Varianz $Var(Y_i|\xi)$ in charakteristischer Weise von der latenten Variablen ξ ab. Ihr Wert ist an der Stelle $\xi = \kappa_i$ am größten und nimmt hier den Wert $Var(Y_i|\xi = \kappa_i) = .5 \cdot .5 = .25$ an. Je größer der absolute Betrag der Differenz $\xi_u - \kappa_i$ ist, desto kleiner ist der Wert der Fehlervarianz an der Stelle ξ_u (s. Abb. 16.3).

Die bedingte Varianz als ein Maß der Diskrimination

Die bedingte Varianz kann im Rasch-Modell auch als ein Maß der Diskriminationsfähigkeit eines Items zwischen den latenten Personwerten betrachtet werden. In Abb. 16.3 sieht man, daß gleiche Unterschiede in der Fähigkeit — bezeichnet mit δ — nicht immer mit gleichen Unterschieden in der Lösungswahrscheinlichkeit dieses Items verbunden sind. Die Personen u_1 und u_2 mit mittleren Fähigkeitsausprägungen (ξ_1 und ξ_2) unterscheiden sich in ihren Lösungswahrscheinlichkeiten deutlicher als die Personen u_3 und u_4 mit hohen Fähigkeitswerten (ξ_3 und ξ_4), deren Lösungswahrscheinlichkeiten fast gleich sind. Die Diskriminationsfähigkeit eines Items hängt von der Steigung der Itemcharakteristik ab. Die Steigung der Itemcharakteristik ist an der Stelle $\xi = \kappa_i$ am größten und nimmt mit dem absoluten Betrag der Differenz $\xi_u - \kappa_i$ ab. Wie man Abb. 16.3 entnehmen kann, ist die bedingte Varianz ein Maß für die Steigung der Itemcharakteristik und somit für die Diskriminationsfähigkeit eines Items. Dies kann auch mathematisch gezeigt werden. Hierauf wollen wir jedoch verzichten.

Die Informationsfunktion. Bei Kenntnis des Fähigkeitswertes ξ_u einer Person kann man also mit *unterschiedlicher Sicherheit* auf deren manifestes Antwortverhalten bei

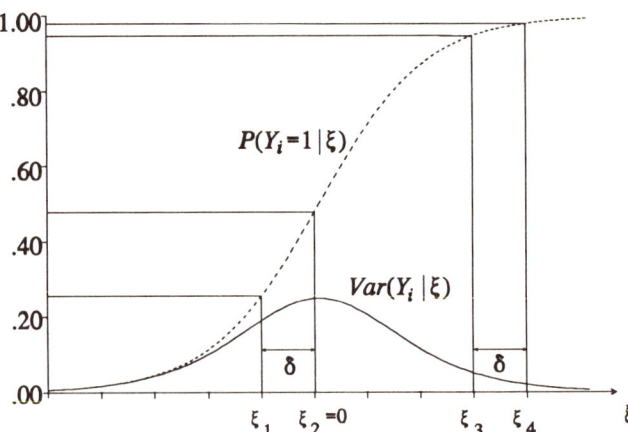

Abb. 16.3. Itemcharakteristik und ξ-bedingte Varianz $Var(Y_i|\xi) = Var(\varepsilon_i|\xi)$ einer stochastischen Variablen Y_i mit dem Itemparameter $\kappa_i = 0$ im Rasch-Modell

Die bedingte Varianz als ein Maß der Unsicherheit

einem bestimmten Item schließen. Entspricht der Wert ξ_u genau der Itemschwierigkeit, so ist die Unsicherheit am größten, da die Wahrscheinlichkeit, daß die entsprechende Person das Item löst, gleich der Wahrscheinlichkeit ist, daß das Item nicht gelöst wird. Ist der Wert ξ_u jedoch sehr viel größer oder sehr viel kleiner als die Itemschwierigkeit, so ist die Unsicherheit sehr gering, da man mit großer Sicherheit den Wert einer Person auf der Variablen Y_i vorhersagen kann. Die bedingte Varianz ist also ein Maß für die *Unsicherheit*, die mit der Beantwortung eines Items bei gegebener Personfähigkeit verbunden ist. Sie wird im Rasch-Modell daher auch

Informationsfunktion

Informationsfunktion genannt. Je größer die Unsicherheit ist, desto größer ist die Information, die mit der Beantwortung eines Items durch eine Person verbunden ist. Bezeichnen wir die Informationsfunktion mit $I(Y_i|\xi)$, so gilt im Rasch-Modell:

$I(Y_i|\xi)$

$I(Y_i|\xi) = Var(Y_i|\xi)$. Die Informationsfunktion ist allerdings nur im Rasch-Modell gleich der bedingten Varianz, nicht aber in anderen Modellen der Item-Response-Theorie. Zu einer allgemeineren Herleitung der Informationsfunktion sei daher auf Hambleton und Swaminathan (1985) verwiesen.

Im nächsten Kapitel werden wir zeigen, wie die Informationsfunktion als ein Kriterium zur Itemauswahl herangezogen werden kann. Insbesondere eignet sich die Informationsfunktion als Itemselektionskriterium für sogenannte *adaptive Testverfahren*

Adaptive Testverfahren

ren, bei denen der Fähigkeitswert einer Person anhand einiger Items (vorläufig) geschätzt wird und der Person daraufhin nur diejenigen Items zur Beantwortung vorgelegt werden, deren Beantwortung besonders informativ ist (Kisser, 1988; Kubinger, 1987; Lord, 1970; Weiss, 1983).

16.3 Die theoretischen Größen

Wie in den Modellen der KTT sind auch im Rasch-Modell die theoretischen Größen ξ und κ_i nicht völlig eindeutig bestimmt. Daher stellt sich auch hier die Frage, bis zu welchem Grad der Eindeutigkeit die theoretischen Größen definiert sind. Darüber hinaus ist auch hier interessant, welche Aussagen über die theoretischen Größen bedeutsam sind, d.h. welche Aussagen ihren Wahrheitswert unter den zulässigen Transformationen nicht ändern.

16.3.1 Zulässige Transformationen und Eindeutigkeit

Die im vorherigen Abschnitt eingeführte latente Variable ξ und die reellen Konstanten $\kappa_1, ..., \kappa_m$ sind nicht völlig eindeutig definiert.

Zulässige Transformationen. Transformiert man nämlich ξ und alle Koeffizienten κ_i durch die Addition mit einer Konstanten α zu

Zulässige Transformationen

$$\xi' := \xi + \alpha \quad \text{bzw.} \quad \kappa_i' := \kappa_i + \alpha, \tag{7}$$

dann gilt: $\xi' - \kappa_i' = (\xi + \alpha) - (\kappa_i + \alpha) = \xi - \kappa_i$. Für die Variablen Y_i gilt daher nicht nur Gleichung 4, sondern auch:

$$P(Y_i{=}1 | p_U) = \frac{\exp(\xi' - \kappa_i')}{1 + \exp(\xi' - \kappa_i')}. \tag{8}$$

Wie bei den Modellen der KTT ist es also auch hier so, daß die latenten Variablen ξ nur Repräsentanten einer ganzen Familie solcher latenter Variablen sind. Das entsprechende trifft auf die Koeffizienten κ_i zu. Einen beliebigen *Repräsentanten* dieser Familie bezeichnen wir mit ξ oder ξ' und die zugehörigen Koeffizienten mit κ_i oder

Translationen

κ_i'. Im subtraktiv parametrisierten Rasch-Modell sind daher Translationen *zulässige Transformationen*.

Eindeutigkeit. In Kap. 18 wird gezeigt, daß im Rasch-Modell *nur Translationen* der theoretischen Größen zulässig sind. Die Variable ξ und die Koeffizienten κ_i sind also

Differenzskala

eindeutig bis auf Translationen definiert und somit *differenzskaliert*. Zu beachten ist jedoch, daß hierbei die subtraktive Parametrisierung des Modells vorausgesetzt wird.

Normierung. Will man einen bestimmten Repräsentanten ξ und die zugehörigen Koeffizienten κ_i auswählen, so kann man auf verschiedene Möglichkeiten der *Normierung* zurückgreifen. Eine Möglichkeit besteht darin, einem bestimmten Schwierig-

Beispiele für eine Normierung

keitsparameter κ_i einen festen Wert zuzuweisen, z.B. $\kappa_1 = 0$. Man kann aber ebenso die Summe aller Itemparameter auf einen beliebigen Wert festlegen, z.B. $\sum_i \kappa_i = 0$. Eine dritte Möglichkeit besteht darin, den Wert *einer* beliebigen Person u auf der Variablen ξ auf einen bestimmten Wert zu fixieren, z.B. $\xi_u = 0$. Als letzte Möglichkeit sei auf die Normierung des Erwartungswertes $E(\xi)$ verwiesen, z.B. $E(\xi) = 0$. Jede dieser Normierungen bewirkt, daß genau ein Repräsentant ξ und die dazugehörigen Koeffizienten κ_i festgelegt werden. Erst mit einer solchen Normierung sind ξ und die zugehörigen Koeffizienten κ_i völlig eindeutig definiert. Neben den genannten gibt es natürlich noch weitere Normierungsbedingungen, die zum gleichen Ziel führen.

16.3.2 Bedeutsamkeit

Da die theoretischen Größen κ_i und die Variable ξ durch die Annahme der Rasch-Homogenität nur eindeutig bis auf Translationen definiert sind, stellt sich natürlich auch hier die Frage, welche Aussagen über die theoretischen Größen *bedeutsam* sind in dem Sinne, daß sich ihr Wahrheitswert unter zulässigen Transformationen nicht ändert.

Beispiele für bedeutsame Aussagen

Im subtraktiv parametrisierten Rasch-Modell sind z.B. Aussagen über die Differenzen zwischen den Werten von ξ und über die Differenzen zwischen den Koeffizienten κ_i bedeutsam, d.h. invariant bezüglich der zulässigen Transformationen. Bedeutsam sind auch Aussagen über die Varianz $Var(\xi)$, die im Rasch-Modell jedoch nicht den Stellenwert hat, der ihr im Modell essentiell τ-äquivalenter Variablen zukommt, da sie dort zur Bestimmung der Reliabilität gebraucht wird. Im Rasch-Modell wird bei der Berechnung der Reliabilität auf andere Variablen zurückgegriffen (s. Abschnitt 16.6). Bedeutsam sind auch Aussagen über die bedingte Varianz $Var(Y_i|\xi = \xi_u)$ an einer Stelle ξ_u von ξ. In Kap. 18 werden wir die Bedeutsamkeitsfrage erneut aufgreifen und insbesondere auch Beispiele für nichtbedeutsame Aussagen anführen.

16.4 Zweite Annahme: Bedingte stochastische Unabhängigkeit

Wie bei den Modellen der KTT kommt man auch beim Rasch-Modell zur Ableitung einiger empirisch testbarer Bedingungen nicht ohne eine Unabhängigkeitsannahme aus. Darüber hinaus sind einige nützliche Modelleigenschaften des Rasch-Modells, die wir erst in den beiden folgenden Kapiteln vorstellen werden, nur dann gegeben, wenn diese Unabhängigkeitsannahme erfüllt ist. Wie bei den Modellen der KTT (s. Kap. 12 und 15) führen wir als weitere Annahme die bedingte regressive Unabhängigkeit ein. Da im Rasch-Modell die manifesten Variablen Y_i nur die Werte 0 oder 1 annehmen können, ist die Annahme der bedingten regressiven Unabhängigkeit mit der **bedingten stochastischen Unabhängigkeit** äquivalent:

Bedingte stochastische Unabhängigkeit

$$P(Y_i = 1 | p_U, Y_1, ..., Y_{i-1}, Y_{i+1}, ..., Y_m) = P(Y_i = 1 | p_U), \quad i = 1, ..., m. \qquad (9)$$

Demnach ist jede Variable Y_i von allen anderen Variablen Y_j, $i \neq j = 1, ..., m$, bezüglich p_U bedingt stochastisch unabhängig. Die Werte der anderen Y-Variablen dürfen also über das Ausmaß hinaus, das bereits mit der Kenntnis der Beobachtungseinheit u (und seiner Fähigkeit) gegeben ist, nichts zur Lösungswahrscheinlichkeit eines Items beitragen. Daher würden z.B. Lerneffekte oder sonstige Transfereffekte, die durch die Bearbeitung einer vorherigen Aufgabe induziert werden, der Annahme der bedingten stochastischen Unabhängigkeit widersprechen. In der Literatur wird Gleichung 9 meist mit $P(Y_i = 1 | p_U = u)$ anstelle von $P(Y_i = 1 | p_U)$ geschrieben. Da die Annahme der stochastischen Unabhängigkeit der manifesten Variablen Y_i für

Lokale stochastische jeden Wert u (an jeder *Stelle u*, lat.: *locus*) von p_U gilt, wird sie als ***lokale stochasti-***
Unabhängigkeit ***sche Unabhängigkeit*** bezeichnet.

Gleichung 9 ist äquivalent mit:

$$P(I_{\{Y_1=1, \ldots, Y_m=1\}} = 1 \,|\, p_U) = P(Y_1 = 1 \,|\, p_U) \cdot \ldots \cdot P(Y_m = 1 \,|\, p_U), \qquad (10)$$

wobei $I_{\{Y_1=1, \ldots, Y_m=1\}}$ die Indikatorvariable für das Ereignis $\{Y_1 = 1, \ldots, Y_m = 1\}$
bezeichnet, daß alle m Variablen Y_i den Wert 1 annehmen. Aus dieser Formulierung der bedingten stochastischen Unabhängigkeit folgt, daß die p_U-bedingte
Wahrscheinlichkeit, daß alle Items gelöst werden, gleich dem Produkt aus den p_U-
bedingten Lösungswahrscheinlichkeiten jedes einzelnen Items ist.

16.5 Empirischer Gehalt

Konsequenzen aus Die Größen, die bei der Betrachtung des Rasch-Modells von Interesse sind, z.B. die
der Verwerfung der Itemparameter oder der Wert einer Person auf der latenten Variablen ξ, können in
Modellannahmen einer empirischen Untersuchung natürlich nur dann im Sinne des Modells interpretiert
werden, wenn man dabei von der *Gültigkeit* des Rasch-Modells ausgehen kann. Wie
bei den Modellen der KTT lassen sich auch aus dem Rasch-Modell Aussagen ableiten, die empirisch überprüft werden können. Ist eine dieser testbaren Konsequenzen
bei einer empirischen Anwendung nicht erfüllt, so muß die Annahme der Gültigkeit
des Rasch-Modells verworfen werden. Die Variablen können dann aber natürlich im-
Wahl eines mer noch den Anforderungen anderer stochastischer Meßmodelle für dichotome Va-
anderen Modells riablen genügen (z.B. dem Birnbaum-Modell oder dem Normal-Ogiven-Modell, s.
hierzu Lord & Novick, 1968), deren Gültigkeit im Anwendungsfall ebenfalls überprüft werden kann.

Will man nicht auf ein *anderes Meßmodell* zurückgreifen, können auch die verwendeten *Meßinstrumente* derart verändert werden, daß sie mit dem Rasch-Modell ver-
Ausschluß Rasch- einbar sind. Eine Möglichkeit besteht z.B. darin, Items, die nicht den Anforderungen
inhomogener Items des Rasch-Modells entsprechen, aus dem Test herauszunehmen.

Im folgenden wird die wichtigste testbare Konsequenz des Rasch-Modells vorgestellt, nämlich die Gleichheit der Itemparameter in Subpopulationen und unmittelbare
Folgen daraus. Weitere testbare Konsequenzen werden in Kap. 18 beschrieben.

Gleichheit der Itemparameter in Subpopulationen. Wie schon in Kap. 10 und
13 erläutert wurde, verstehen wir unter Subpopulationen Teilmengen $U^{(s)}$ aus der
Menge U der Beobachtungseinheiten. Da die Subpopulationen Teilmengen der
Gesamtpopulation sind, gehören alle Personen u einer Subpopulation auch der
Gesamtpopulation an. Bei der Formulierung der Rasch-Homogenität in Gleichung
4 bzw. 5 haben wir gesehen, daß die Itemparameter κ_i für alle Personen $u \in U$
gleich sind. Da alle Elemente u der Subpopulation auch Elemente der Gesamtpopulation sind, liegt es auf der Hand, daß die Itemparameter bei Betrachtung verschiedener Subpopulationen ihren Wert nicht ändern dürfen, vorausgesetzt na-

türlich, daß in allen Subpopulationen auch dieselbe Normierung der Itemparameter beibehalten wird. Dies bedeutet, daß für alle Items $i = 1, ..., m$ und für je 2 Subpopulationen s und t die Gleichung

Gleichheit der Itemparameter in Subpopulationen

$$\kappa_i^{(s)} = \kappa_i^{(t)} \qquad (11)$$

gilt, wenn die Rasch-Homogenität der Variablen Y_i vorausgesetzt wird.

Um die Annahme zu überprüfen, daß die Itemparameter in verschiedenen Subpopulationen gleich sind, wird in den meisten Anwendungen mit Hilfe verschiedener Teststatistiken *direkt* getestet, ob die Itemparameter gleich sind (s. zum Überblick Rost, 1988). Diese statistischen Tests setzen jedoch neben der Rasch-Homogenität die bedingte stochastische Unabhängigkeit voraus, so daß nur die Konjunktion dieser beiden Annahmen überprüft werden kann, nicht jedoch die Rasch-Homogenität allein. Aus der Gleichheit der Itemparameter folgt jedoch auch eine testbare Konsequenz für die *Lösungswahrscheinlichkeiten der Items*, die ohne die Zusatzannahme der bedingten stochastischen Unabhängigkeit auskommt.

Gleichheit der Rangfolge der Lösungswahrscheinlichkeiten in Subpopulationen.
Die Gleichheit der Itemparameter in Subpopulationen hat zur Folge, daß sich die Items auch in ihren (relativen) Schwierigkeiten in verschiedenen Subpopulationen nicht unterscheiden. Ordnet man die Items nach ihrer Schwierigkeit in einer Rangreihe an, so muß diese Rangreihe auch in allen Subpopulationen dieselbe sein. Aus der Gleichheit der Rangreihe der Schwierigkeitsparameter folgt, daß die Rangfolge der Lösungswahrscheinlichkeiten $P^{(s)}(Y_i = 1)$ aller Items in verschiedenen Subpopulationen $U^{(s)} \subset U$ gleich sein muß, d.h. es gilt für alle Subpopulationen s die Beziehung:

Gleichheit der Rangfolge der unbedingten Lösungswahrscheinlichkeiten

$$P(Y_i = 1) \leq P(Y_j = 1) \quad \text{genau dann, wenn} \quad P^{(s)}(Y_i = 1) \leq P^{(s)}(Y_j = 1). \quad (12)$$

Diese testbare Konsequenz hat zwei Vorteile: Zum einen sind die Lösungswahrscheinlichkeiten auch unabhängig vom Rasch-Modell wohldefinierte Größen, und zum anderen kommt diese Überprüfungsmöglichkeit des Rasch-Modells auch ohne die Annahme der bedingten stochastischen Unabhängigkeit aus. Allerdings ist uns kein strenger statistischer Test bekannt, mit dem die Gleichheit der Rangfolge der Lösungswahrscheinlichkeiten in Subpopulationen überprüft werden kann und bei dem die bedingte stochastische Unabhängigkeit nicht vorausgesetzt wird. Der Vergleich der relativen Lösungshäufigkeiten in Subpopulationen kann jedoch als Überprüfungsmöglichkeit gute Dienste leisten, insbesondere dann, wenn die Gleichheit der Rangfolge der Lösungswahrscheinlichkeiten in Subpopulationen grob verletzt ist.

Die Annahme, daß die Rangfolge der Lösungswahrscheinlichkeiten in Subpopulationen gleich ist, ist auch schon bei weniger restriktiven Modellen der IRT, z.B. dem Mokken-Modell, erfüllt (Meijer et al., 1990; Mokken, 1971; Mokken & Lewis, 1982).

Mokken-Modell

Im Mokken-Modell werden über die Itemcharakteristiken nur die beiden Annahmen gemacht, daß sie monoton steigende Funktionen der latenten Personvariablen sind und sich nicht schneiden dürfen. Croon (1991) setzt sich mit den Möglichkeiten auseinander, wie das Mokken-Modell und somit auch die in Gleichung 12 dargelegte

Beziehung im Rahmen von *Latent-Class-Modellen für geordnete Klassen* überprüft werden kann.

Gleichheit bestimmter Wahrscheinlichkeitsverhältnisse in Subpopulationen.
Die Gleichheit der Itemparameter impliziert noch eine weitere testbare Konsequenz für die Lösungswahrscheinlichkeiten der Items in Subpopulationen. Die Differenz zweier Itemparameter ist bei Gültigkeit der Rasch-Homogenität von der gewählten Normierung unabhängig und in jeder Subpopulation dieselbe. Macht man zusätzlich die Annahme der bedingten stochastischen Unabhängigkeit, so ist diese Differenz — wie wir in Kap. 18 zeigen werden — gleich

$$\kappa_j - \kappa_i = \ln\left[\frac{P(Y_i=1,\ Y_j=0)}{P(Y_i=0,\ Y_j=1)}\right]. \tag{13}$$

Dieser Gleichung zufolge ist die Differenz zweier Itemparameter unter Annahme der Rasch-Homogenität und der bedingten stochastischen Unabhängigkeit gleich dem Logarithmus des Verhältnisses aus der Wahrscheinlichkeit, daß das *i*-te Item gelöst und das *j*-te Item nicht gelöst wird, und der Wahrscheinlichkeit, daß das *j*-te Item gelöst wird, nicht aber das *i*-te. Da die Differenzwerte zweier Schwierigkeitsparameter beim Übergang zur Betrachtung von Subpopulationen erhalten bleiben, folgt als testbare Konsequenz, daß das in Gleichung 13 vorkommende Wahrscheinlichkeitsverhältnis zwischen Subpopulationen gleich sein muß:

Gleichheit der Wahrscheinlichkeitsverhältnisse

$$\frac{P^{(s)}(Y_i=1,\ Y_j=0)}{P^{(s)}(Y_i=0,\ Y_j=1)} = \frac{P^{(t)}(Y_i=1,\ Y_j=0)}{P^{(t)}(Y_i=0,\ Y_j=1)}. \tag{14}$$

Möglichkeiten zur statistischen Überprüfung der in Gleichung 14 dargelegten Beziehung werden wir in Kap. 18 angeben. Die Gleichheit der Itemparameter in Subpopulationen ist also äquivalent zur Gleichheit bestimmter Wahrscheinlichkeitsverhältnisse in Subpopulationen, wenn man die bedingte stochastische Unabhängigkeit annimmt. Während die Itemparameter nur im Rasch-Modell wohldefinierte Größen sind, können die Wahrscheinlichkeiten in Gleichung 14 auch unabhängig von einem betrachteten Modell bestimmt werden. Wie bei den Modellen der KTT impliziert auch das Rasch-Modell mit bedingter stochastischer Unabhängigkeit testbare Konsequenzen für Kennwerte der bivariaten Verteilungen. Während bei den Modellen der KTT die Kovarianzen die betrachteten Kennwerte der bivariaten Verteilungen waren, sind es in Gleichung 14 die Wahrscheinlichkeiten, daß jeweils zwei Variablen einen bestimmten Wert annehmen.

Die testbare Konsequenz nach Gleichung 14 hat jedoch den Nachteil, daß man dabei auch von der Annahme der bedingten stochastischen Unabhängigkeit Gebrauch macht. Die Gleichheit der Rangfolge der Lösungswahrscheinlichkeiten der Items in verschiedenen Subpopulationen basiert dagegen ausschließlich auf der Annahme der Rasch-Homogenität.

16.6 Schätzung der theoretischen Größen

*Empirische Aus-
gangsbasis: Werte
und Verteilungen
der Y-Variablen*

In diesem Abschnitt wird die Frage untersucht, wie die theoretischen Parameter des Rasch-Modells, nämlich die Itemparameter und die Werte der Personen auf der latenten Variablen ξ, geschätzt werden können. Die empirische Ausgangsbasis sind beim Rasch-Modell die Werte und die Verteilungen der stochastischen Variablen Y_i.

*Schätzung der
Itemparameter an-
hand der unbeding-
ten Lösungswahr-
scheinlichkeiten*

In Gleichung 13 wurde bereits dargestellt, wie die Differenz zweier Itemparameter aus empirisch schätzbaren (unbedingten) Lösungswahrscheinlichkeiten berechnet werden kann. Fixiert man einen Itemparameter, so können alle anderen Itemparameter aufgrund der Differenz ihrer Werte zu dem fixierten Parameter bestimmt werden. Da die Itemparameter anhand der Werte der gemeinsamen Wahrscheinlichkeitsverteilung zweier manifester Variablen Y_i und Y_j berechnet werden können, ist ihre Schätzbarkeit gewährleistet.

In Stichproben können der Zähler und der Nenner des in Gleichung 13 vorkommenden Wahrscheinlichkeitsverhältnisses über die Lösungshäufigkeiten geschätzt werden. So ist die relative Häufigkeit der Personen, die das i-te Item, nicht aber das j-te Item gelöst haben, ein Schätzer für die Wahrscheinlichkeit, daß das i-te Item gelöst wird, nicht aber das j-te (Zähler). In analoger Weise kann man den Nenner schätzen. Das Problem dieser Parameterschätzung liegt nun aber darin, daß für *jedes* Item $(m-1)$ Wahrscheinlichkeitsverhältnisse berechnet werden können, also insgesamt $m \cdot (m-1)/2$ verschiedene Wahrscheinlichkeitsverhältnisse. Daher können sich für einzelne Items unterschiedliche Schätzwerte ergeben, wenn jeweils nur die Wahrscheinlichkeitsverhältnisse *zweier* Items betrachtet werden und nicht alle Wahrscheinlichkeitsverhältnisse zusammen. Um anhand aller $m \cdot (m-1)/2$ Wahrscheinlichkeitsverhältnisse zu eindeutigen Schätzwerten zu gelangen, wurden verschiedene Schätzverfahren entwickelt, z.B. das *Symmetrisierungsverfahren* (s. z.B. Fischer, 1974) und die *Pairwise-Estimation*-Methode (s. z.B. Andrich, 1988b). Andere Methoden zur Itemparameterschätzung, z.B. die bedingten und unbedingten Maximum-Likelihood-Verfahren, sind ausführlich z.B. bei Baker (1992) und Rost (1988) beschrieben.

*Bestimmung des
Personwertes*

Neben der Bestimmung der Itemparameter ist im Rasch-Modell die Bestimmung der latenten Personwerte von zentraler Bedeutung. Wie wir in Kapitel 18 zeigen werden, ist die Differenz zweier Personwerte gleich der Differenz der Logits dieser Personen. Der Logit ist der natürliche Logarithmus des Verhältnisses aus der $(p_U = u)$-bedingten Wahrscheinlichkeit, daß eine Person ein Item löst, und der $(p_U = u)$-bedingten Wahrscheinlichkeit, daß diese Person das Item nicht löst (s. Gl. 2). Die $(p_U = u)$-bedingten Lösungswahrscheinlichkeiten können im Rasch-Modell mit bedingter stochastischer Unabhängigkeit *geschätzt* werden. Es ist jedoch nicht möglich, die Personparameter anhand der *unbedingten* Verteilungen der manifesten Variablen Y_i zu bestimmen. Zur Schätzung der Personparameter kann man aber auf Methoden zurückgreifen, von denen wir eine in Kap. 18 vorstellen werden. Bei dieser Methode (*Maximum-Like-lihood-Methode*) wird einer Person derjenige Wert auf der latenten Variablen ξ zugeordnet, bei dem ihr manifestes Lösungsverhalten am wahrscheinlichsten ist (s. hierzu auch Baker, 1992; Fischer, 1974; Rost, 1988).

*Maximum-Likeli-
hood-Schätzung*

*Erhöhung der
Schätzgenauigkeit
durch Maximierung
der Information*

Die Werte $I(Y_i|\xi = \xi)$ der in Abschnitt 16.2 eingeführten Informationsfunktionen der Antwort-variablen Y_i stehen in engem Zusammenhang zur *Genauigkeit*, mit der ein bestimmter Personwert ξ aus den Antworten auf die betrachteten Items *geschätzt* werden kann. Bei der Maximum-Likelihood-Methode zur Bestimmung der Personwerte hängt die Genauigkeit der Schätzung für einen Personwert ξ von der *Summe* der Informationsfunktionen *aller* Rasch-homogenen Antwortvariablen ab: Je größer die Summe der Informationsfunktionen der Antwortvariablen an einer Stelle $\xi = \xi$ ist, desto genauer kann der Wert einer Person an dieser Stelle geschätzt werden. Die ($\xi = \xi$)-bedingte Varianz $Var(\hat{\xi}|\xi = \xi)$ des Schätzers $\hat{\xi}$ für einen Personwert ξ ist bei genügend großer Itemzahl ungefähr gleich dem Kehrwert aus der Summe der Informationsfunktionen an der Stelle ξ (s. Baker, 1992, p. 65ff.):

$$Var(\hat{\xi}|\xi = \xi) \approx 1/\left[\sum_{i=1}^{m} I(Y_i|\xi = \xi)\right]. \tag{15}$$

Aus der Theorie der Maximum-Likelihood-Schätzungen folgt weiterhin, daß der Schätzer $\hat{\xi}$ asymptotisch ($\xi = \xi$)-bedingt normalverteilt ist, d.h. die ($\xi = \xi$)-bedingte Verteilung des Schätzers $\hat{\xi}$ nähert sich für sehr viele Items ($m \rightarrow \infty$) der Normalverteilung an. Daher läßt sich bei großer Itemzahl auch im Rasch-Modell ein *Konfidenzintervall* (zum Niveau $1 - \alpha$) für den (wahren) Personwert ξ einer Person u berechnen (s. Fischer, 1974, S. 293ff.):

$$\hat{\xi} \pm z_{\alpha/2} \cdot \left[1/\sum_{i=1}^{m} I(Y_i|\xi = \xi)\right]^{1/2}. \tag{16}$$

Da die Summe der Werte der Informationsfunktionen durch die Hinzunahme von Items zwangsläufig größer wird, nimmt die Schätzgenauigkeit mit der Anzahl der Items zu. Die Schätzgenauigkeit nimmt insbesondere an denjenigen Stellen der latenten Variablen ξ zu, an der die Informationsfunktionen der hinzugenommenen Items ihre Maxima haben.

In den Modellen der KTT wurde die Reliabilität als eine wichtige Kenngröße definiert, die auch in einem engen Zusammenhang zur Schätzgenauigkeit der latenten Variablen steht. Die in Kap. 9 definierte Reliabilität, die auf der Dekomposition der Varianz *der manifesten Y-Variablen* basiert, ist im Rasch-Modell hingegen ein eher ungeeigneter Kenn-wert zur Abschätzung der Meßfehlerbehaftetheit einer Messung, da die Y-Variablen im Rasch-Modell nur die Werte 0 und 1 annehmen und − im Gegensatz z.B. zum Modell essentiell τ-äquivalenter Variablen − nicht als Schätzer der Personwerte taugen.

Im Rasch-Modell werden die Personwerte durch die oben bereits erwähnte Variable $\hat{\xi}$ geschätzt. Ausgangspunkt einer möglichen Definition eines Kennwerts der Reliabilität im Rasch-Modell ist daher nicht die Dekomposition der manifesten Variable Y_i, sondern die Dekomposition des Schätzers $\hat{\xi}$. Da dieser Schätzer auch eine Zufallsvariable ist, kann er wie die manifeste Variablen Y_i in die personbedingte Erwartung $E(\hat{\xi}|p_U)$ und eine Fehlervariable ε dekomponiert werden: $\hat{\xi} = E(\hat{\xi}|p_U) + \varepsilon$. Im Gegensatz zum Modell essentiell τ-äquivalenter Variablen, bei dem die Variable Y_i ein erwartungstreuer Schätzer für die True-Score-Variable ist, ist der Maximum-Likelihood-Schätzer $\hat{\xi}$ im Rasch-Modell nicht erwartungstreu. Es gilt daher: $E(\hat{\xi}|p_U) \neq \xi$. Als Reliabilität der Schätzvariablen $\hat{\xi}$ wird dann das Varianzverhältnis

$$Rel(\hat{\xi}) = \frac{Var(E(\hat{\xi}|p_U))}{Var(\hat{\xi})} = 1 - \frac{Var(\varepsilon)}{Var(\hat{\xi})} \tag{17}$$

definiert (s. z.B. Andrich, 1988b). Die Fehlervarianz $Var(\varepsilon)$ ist der Erwartungswert der ($\xi = \xi$)-bedingten Varianz $Var(\hat{\xi}|\xi)$. Bei großer Itemzahl können die Werte $Var(\hat{\xi}|\xi = \xi)$ dieser bedingten Varianz nach Gleichung 15 geschätzt werden.

Box 16.1. Das Wichtigste zum Rasch-Modell

Grundannahmen

(a) Rasch-Homogenität

$$P(Y_i = 1 \,|\, p_U) = \frac{\exp(\xi - \kappa_i)}{1 + \exp(\xi - \kappa_i)}, \quad i = 1, \ldots, m$$

(b) bedingte stochastische Unabhängigkeit

$$P(Y_i = 1 \,|\, p_U, Y_1, \ldots, Y_{i-1}, Y_{i+1}, \ldots, Y_m) = P(Y_i = 1 \,|\, p_U)$$

Eindeutigkeit

ξ und κ_i sind durch die Annahme (a) eindeutig bis auf Translationen bestimmt

Bedeutsamkeit

Bedeutsam sind z.B. Aussagen über Differenzen zwischen den Werten von ξ, über Differenzen zwischen den Koeffizienten κ_i und über die Varianz $Var(\xi)$

Testbarkeit

Annahme (a) impliziert:

(1) Gleichheit der Itemparameter

Für 2 Subpopulationen $U^{(s)}$ und $U^{(t)}$ gilt

$$\kappa_i^{(s)} = \kappa_i^{(t)}$$

(2) Gleichheit der Rangfolge der unbedingten Lösungswahrscheinlichkeiten

Für alle Subpopulationen $U^{(s)}$ gilt

$P(Y_i = 1) \leq P(Y_j = 1)$ genau dann, wenn

$P^{(s)}(Y_i = 1) \leq P^{(s)}(Y_j = 1)$

(3) Gleichheit bestimmter Wahrscheinlichkeitsverhältnisse

Aus den Annahmen (a) und (b) folgt für 2 Subpopulationen $U^{(s)}$ und $U^{(t)}$:

$$\frac{P^{(s)}(Y_i = 1, \, Y_j = 0)}{P^{(s)}(Y_i = 0, \, Y_j = 1)} = \frac{P^{(t)}(Y_i = 1, \, Y_j = 0)}{P^{(t)}(Y_i = 0, \, Y_j = 1)}$$

Schätzung der Itemparameter

Für die Differenz zweier Itemparameter gilt:

$$\kappa_j - \kappa_i = \ln\left[\frac{P(Y_i = 1, Y_j = 0)}{P(Y_i = 0, Y_j = 1)}\right]$$

Schätzung der Personwerte

Bei der Maximum-Likelihood-Schätzung wird einer Person derjenige Wert von ξ zugeordnet, für den ihr manifestes Lösungsverhalten am wahrscheinlichsten ist

16.7 Zusammenfassung

Modellannahmen

In diesem Kapitel wurde das Rasch-Modell als weiteres stochastisches Meßmodell vorgestellt. Voraussetzung für die Anwendung dieses Modells ist, daß die betrachteten Y-Variablen nur die Werte 0 und 1 annehmen. Für solche Variablen ist das Rasch-Modell den Modellen essentiell τ-äquivalenter bzw. τ-kongenerischer Variablen vorzuziehen. Analog zu den Modellen der KTT haben wir 2 Annahmen eingeführt, die das Rasch-Modell definieren. Die erste Annahme (das Fundamentalgesetz der subtraktiven Parametrisierung des Rasch-Modells) besagt, daß die Abhängigkeit der bedingten Erwartung einer Y-Variablen von der latenten Variablen ξ durch eine S-förmige logistische Funktion (Itemcharakteristik) beschrieben wird und daß die Itemcharakteristiken aller Items parallel verlaufen. Als zweite Grundannahme wurde die bedingte stochastische Unabhängigkeit eingeführt, die im Falle dichotomer Y-Variablen mit der bedingten regressiven Unabhängigkeit identisch ist. Im subtraktiv parametrisierten Rasch-Modell sind die Variable ξ und die Parameter κ_i eindeutig bis auf Translationen definiert und somit differenzskaliert. Bedeutsam sind daher z.B. Aussagen über die Differenzen zwischen den Werten von ξ und über die Differenzen zwischen den Koeffizienten κ_i. Zur Modellüberprüfung wurde als wichtige testbare Konsequenz die Gleichheit der Itemparameter in Subpopulationen genannt, aus der die Gleichheit der Rangfolge der Lösungswahrscheinlichkeiten in Subpopulationen folgt. Macht man zusätzlich die Annahme der bedingten stochastischen Unabhängigkeit, so folgt aus der Gleichheit der Itemparameter auch die Gleichheit bestimmter Wahrscheinlichkeitsverhältnisse in Subpopulationen. Im Rasch-Modell kann die Differenz zweier Itemparameter über den Logarithmus des Verhältnisses von bestimmten Lösungswahrscheinlichkeiten identifiziert und über das Verhältnis der geschätzten Lösungshäufigkeiten geschätzt werden. Als Methode zur Schätzung der Personwerte wurde die Grundidee der Maximum-Likelihood-Schätzung erwähnt, nach der einer Person derjenige Wert auf der latenten Variablen ξ zugeordnet wird, für den ihr manifestes Antwortverhalten maximale Wahrscheinlichkeit hat.

Eindeutigkeit

Bedeutsamkeit

Testbarkeit

Bestimmung der theoretischen Größen

Fragen

1. Welche Probleme würden sich ergeben, wollte man das Modell essentiell τ-äquivalenter Variablen auf dichotome Y-Variablen anwenden?
2. Was versteht man unter dem Begriff der Itemcharakteristik?
3. Wovon hängt die Lösungswahrscheinlichkeit einer Aufgabe im subtraktiv parametrisierten Rasch-Modell ab?
4. (a) Welches sind die zulässigen Transformationen der latenten Variablen ξ im subtraktiv parametrisierten Rasch-Modell?
   (b) Welche sind die zulässigen Transformationen der Parameter κ_i im subtraktiv parametrisierten Rasch-Modell?
5. Nennen Sie 3 bedeutsame Aussagen über theoretische Größen im subtraktiv parametrisierten Rasch-Modell.
6. Wie kann man die Gültigkeit des Rasch-Modells empirisch überprüfen?
7. Was versteht man im Rasch-Modell unter dem Logit einer Person u?

8. Unter welchen Bedingungen ist der Kehrwert der Summe der Informationsfunktionen $I(Y_i|\xi = \xi)$ der Antwortvariablen Y_i ungefähr gleich der ($\xi = \xi$)-bedingten Varianz (und damit gleich der ($\xi = \xi$)-bedingten Fehlervarianz) des Schätzers für ξ?

9. Welcher Zusammenhang besteht zwischen der Informationsfunktion $I(Y_i|\xi)$ der Antwortvariablen Y_i und der bedingten Wahrscheinlichkeit $P(Y_i = 1|\xi)$?

Antworten

1. Aufgrund der linearen Itemcharakteristiken dichotomer Variablen im Modell essentiell τ-äquivalenter Variablen hätte die Anwendung dieses Modells zur Folge, daß entweder der Wertebereich der latenten Variablen η eingeschränkt werden müßte oder aber die Koeffizienten λ_i alle gleich sein müßten.

2. Mit dem Begriff der Itemcharakteristik bezeichnet man die Funktion, die die Abhängigkeit der Lösungswahrscheinlichkeit eines Items von der latenten Personvariablen ξ bei gegebenem Itemparameter κ_i beschreibt.

3. Die Lösungswahrscheinlichkeit hängt im subtraktiv parametrisierten Rasch-Modell nur von der Differenz aus der Fähigkeit einer Person und der Itemschwierigkeit ab.

4. (a) Im subtraktiv parametrisierten Rasch-Modell sind *Translationen* zulässige Transformationen der latenten Variablen ξ.

   (b) Im subtraktiv parametrisierten Rasch-Modell sind *Translationen* zulässige Transformationen der Parameter κ_i.

5. Im Rasch-Modell sind z.B. die folgenden 3 Aussagen bedeutsam:
   $\kappa_i - \kappa_j = 3$; $\xi_u - \xi_v = 4$; $Var(\xi) = 10$.

6. Die Gültigkeit des Rasch-Modells kann z.B. durch die Überprüfung der Gleichheit der Itemparameter in Subpopulationen, der Gleichheit der Rangfolge der unbedingten Wahrscheinlichkeiten $P(Y_i = 1)$ in Subpopulationen und der Gleichheit bestimmter Wahrscheinlichkeitsverhältnisse in Subpopulationen getestet werden.

7. Der Logit einer Person u ist der natürliche Logarithmus des Verhältnisses aus der ($p_U = u$)-bedingten Wahrscheinlichkeit, daß diese Person ein Item löst, und der ($p_U = u$)-bedingten Wahrscheinlichkeit, daß diese Person das Item nicht löst (s. Gl. 2).

8. Der Kehrwert der Summe der Informationsfunktionen $I(Y_i|\xi =\xi)$ ist dann gleich der ($\xi = \xi$)-bedingten (Fehler-)Varianz des Schätzers für ξ, wenn die Annahmen der Rasch-Homogenität und der bedingten stochastischen Unabhängigkeit gelten, wenn die latenten Personwerte ξ mit dem Maximum-Likelihood-Schätzverfahren geschätzt werden und die Anzahl der Items sehr groß ist.

9. Die Informationsfunktion $I(Y_i|\xi)$ ist gleich der bedingten Varianz $Var(Y_i|\xi)$, und es gilt: $Var(Y_i|\xi) = P(Y_i=1|\xi) \cdot P(Y_i=0|\xi)$ (s. Gl. 16).

Übungen

1. Berechnen Sie die Lösungswahrscheinlichkeiten $P(Y_i = 1|p_U = u)$ im subtraktiv parametrisierten Rasch-Modell für: (a) $\xi_u = 1$, $\kappa_1 = 0$; (b) $\xi_u = -1$, $\kappa_2 = 0$; (c) $\xi_u = 1$, $\kappa_3 = .5$; (d) $\xi_u = -1$, $\kappa_4 = .5$!

2. Berechnen Sie die Logits für die in Aufgabe 1 angegebenen Parameter!

3. Zeigen Sie, daß bei einer dichotomen Variablen Y_i mit den Werten 0 und 1 für die bedingte Varianz $Var(Y_i|p_U)$ gilt:

$$Var(Y_i|p_U) := E\left([Y_i - E(Y_i|p_U)]^2 |p_U\right) = P(Y_i = 1|p_U) \cdot P(Y_i = 0|p_U)!$$

4. Berechnen Sie die Werte der bedingten Varianz $Var(Y_1|\xi = \xi_u)$ im Rasch-Modell für $\kappa_1 = .8$ und $\xi_1 = 0$, $\xi_2 = .5$, $\xi_3 = .8$, $\xi_4 = 1$!

5. Berechnen Sie die Grenzen des 95%-Konfidenzintervalls nach Gleichung 16 für den Wert $\hat{\xi} = 1.0$ für einen Test, der aus 7 Items besteht, deren Antwortvariablen Y_i Rasch-homogen sind und die die bedingte stochastische Unabhängigkeit erfüllen! Außerdem sei von diesem Test bekannt, daß die Summe der Informationsfunktionen an der Stelle $\xi = 1.0$ den größten Wert annimmt, der bei einem Test, der aus 7 Items besteht, überhaupt möglich ist.

Lösungen

1. Durch Einsetzen der Werte ξ_u und κ_i in Gleichung 5 erhält man folgende Lösungswahrscheinlichkeiten:
   (a) $P(Y_1 = 1 | p_U = u) \approx .73$,   (b) $P(Y_2 = 1 | p_U = u) \approx .27$,
   (c) $P(Y_3 = 1 | p_U = u) \approx .62$,   (d) $P(Y_4 = 1 | p_U = u) \approx .18$.

2. Durch Einsetzen der Lösungswahrscheinlichkeiten aus Übung 1 in Gleichung 2 erhält man folgende Werte:

   (a) $\ln \dfrac{P(Y_1 = 1 | p_U = u)}{P(Y_1 = 0 | p_U = u)} = 1$,   (b) $\ln \dfrac{P(Y_2 = 1 | p_U = u)}{P(Y_2 = 0 | p_U = u)} = -1$,

   (c) $\ln \dfrac{P(Y_3 = 1 | p_U = u)}{P(Y_3 = 0 | p_U = u)} = 0.5$,   (d) $\ln \dfrac{P(Y_4 = 1 | p_U = u)}{P(Y_4 = 0 | p_U = u)} = -1.5$.

   Diese Logits sind jeweils die Differenzen zwischen den Werten von ξ und κ_i in Übung 1 (a)–(d). Tatsächlich kann man auch allgemein zeigen, daß der Logit gleich dem Argument der in Gleichung 5 vorkommenden Exponentialfunktion ist.

3. Für die bedingten Varianzen gilt allgemein:

   $$Var(Y_i | p_U) := E\big([Y_i - E(Y_i | p_U)]^2 | p_U\big)$$
   $$= E[Y_i^2 - 2 \cdot Y_i \cdot E(Y_i | p_U) + E(Y_i | p_U)^2 | p_U]$$
   $$= E(Y_i^2 | p_U) - 2 \cdot E(Y_i | p_U) \cdot E(Y_i | p_U) + E(Y_i | p_U)^2 \quad \text{(Box G.1 ii, iv, vi)}$$
   $$= E(Y_i^2 | p_U) - E(Y_i | p_U)^2.$$

   Für eine Indikatorvariable gilt nun: $E(Y_i^2 | p_U) = E(Y_i | p_U) = P(Y_i = 1 | p_U)$. Daher folgt:

   $$Var(Y_i | p_U) = P(Y_i = 1 | p_U) - P(Y_i = 1 | p_U)^2 = P(Y_i = 1 | p_U)[1 - P(Y_i = 1 | p_U)]$$
   $$= P(Y_i = 1 | p_U) P(Y_i = 0 | p_U).$$

4. Zuerst berechne man die bedingten Lösungswahrscheinlichkeiten durch Einsetzen der angegebenen Parameter in Gleichung 5. Daraufhin berechne man deren Gegenwahrscheinlichkeiten. Durch Einsetzen der Lösungs- und Gegenwahrscheinlichkeiten in Gleichung 6 erhält man:

   $$Var(Y_1 | \xi = 0) = .21, \quad Var(Y_1 | \xi = .5) = .24, \quad Var(Y_1 | \xi = .8) = .25, \quad Var(Y_1 | \xi = 1) = .24.$$

   Man sieht, daß die bedingte Varianz an der Stelle $\xi = .8$ ihren maximalen Wert annimmt. Dies ist der Fall, da der Itemparameter bei dieser Übung den Wert $\kappa_1 = .8$ hat (s. hierzu auch Abb. 16.3).

5. Da die Summe der Informationsfunktionen gleich der Summe der $(\xi = \xi)$-bedingten Varianzen der Variablen Y_i ist und diese bedingten Varianzen im Rasch-Modell höchstens den Wert .25 annehmen können (s. Gl. 6), beträgt der maximal mögliche Wert der Summe der Informationsfunktionen bei 7 Items $7 \cdot .25 = 1.75$. Die Summe der Informationsfunktionen würde an der Stelle $\xi = 1.0$ diesen maximalen Wert annehmen, wenn alle 7 Items einen Schwierigkeitskoeffizienten von $\kappa_i = 1.0$ aufweisen würden (s. Abschnitt 16.2). In diesem Fall würden die Grenzen des Konfidenzintervalls für eine Irrtumswahrscheinlichkeit von $\alpha = .05$ wie folgt bestimmt werden:

$$1.0 \pm 1.96 \cdot (1/1.75)^{1/2} \approx 1.0 \pm 1.48.$$

Weiterführende Literatur

Das „klassische" Buch zum Rasch-Modell wurde von Rasch (1960/1980) vorgelegt. Zur weiterführenden Lektüre seien die deutschsprachigen Bücher von Fischer (1974), Kubinger (1988) und Rost (1988) empfohlen. Didaktisch gut gestaltete englischsprachige Einführungsbücher wurden von Andrich (1988b), Hambleton und Swaminathan (1985) sowie von Wright und Stone (1979) verfaßt. Erweiterungen des Rasch-Modells für Variablen, die mehr als nur 2 Werte annehmen können, wurden von Andrich (1978, 1988a), Müller (1987), Rost (1988) sowie von Wright und Masters (1982) vorgestellt. Mit der Anwendbarkeit von Modellen der KTT auf dichotome Variablen setzen sich Kempf und Meder (1993) auseinander. Einen Überblick über verschiedene stochastische Modelle für kategoriale Variablen geben die Bücher von Andersen (1990) sowie von Langeheine und Rost (1988).

17 Anwendung des Rasch-Modells

Überblick

In Kap. 16 wurde das Rasch-Modell als ein Modell der Item-Response-Theorie vorgestellt. Da in Modellen der Item-Response-Theorie die Beziehungen zwischen den Lösungswahrscheinlichkeiten *einzelner* Items und den Ausprägungen einer latenten Variablen spezifiziert werden, eignen sich diese Modelle in besonderer Weise zur Selektion von Items für ein psychometrisches Testverfahren. In diesem Kapitel werden wir daher einige Kenngrößen vorstellen, die im Rasch-Modell zur Itemselektion herangezogen werden können, und deren Anwendung an einem Beispiel demonstrieren. Hierzu greifen wir auf die Arbeit von Kubinger et al. (1983) zurück, die die Subskalen des *Hamburg-Wechsler-Intelligenztests für Kinder* (HAWIK; Hardesty & Priester, 1966) einer Analyse mit dem Rasch-Modell unterzogen haben.

17.1 Itemselektion und Testkonstruktion

3 Kriterien bei der Itemselektion

Antwortvariablen

Zur Itemauswahl werden beim Rasch-Modell vor allem 3 Kriterien herangezogen: Erstens müssen die Variablen, die die Antworten auf die Items repräsentieren, Rasch-homogen sein. (Im folgenden werden wir die Variablen, die die Antworten auf die Items repräsentieren, als *Antwortvariablen* bezeichnen. Oft werden *Antwortvariable* und *Item* auch synonym verwendet, was aber leicht mißverstanden werden kann, da der Unterschied zwischen *Item* als Frage oder Aufgabe in einem Test und der *Zufallsvariablen*, deren Werte die möglichen Antworten auf die Frage oder Aufgabe repräsentieren, verwischt wird.) Zweitens müssen diese Antwortvariablen darüber hinaus die Annahme der bedingten stochastischen Unabhängigkeit erfüllen. Drittens sollen die Items so ausgewählt werden, daß ihre Beantwortung möglichst viel Information über die Werte der Personen auf der latenten Variablen ξ erbringt.

Selektions-kriterien:
1. Rasch-Homogenität

Rasch-Homogenität und bedingte stochastische Unabhängigkeit. Die ersten beiden Itemselektionskriterien sind die *Rasch-Homogenität* und die *bedingte stochastische Unabhängigkeit:* In ein Testverfahren, bei dem die (den Items zugeordneten) Antwortvariablen Y_i die Anforderungen des Rasch-Modells erfüllen sollen, können natürlich nur solche Items aufgenommen werden, deren Antwortvariablen diesen Modellannahmen genügen. Dies kann anhand der in Kap. 16 und Kap. 18 beschriebenen Modelltests überprüft werden. Sind die Modellannahmen bei einem Itemsatz verletzt, so können anhand verschiedener Kriterien Items ausgesondert werden, deren Antwortvariablen Y_i die Annahmen des Rasch-Modells verletzen. Einen Überblick über solche Selektionskriterien geben Rogers und Hattie (1987) sowie Wright und Stone (1979).

Maximierung der Information. In praktischen Anwendungen ist man nicht nur daran interessiert, ob die Items eines Testverfahrens die Annahmen des Rasch-Modells erfüllen. Ziel der Vorgabe eines Rasch-homogenen Tests ist es vielmehr auch, von den beobachteten, meßfehlerbehafteten Antworten der Personen auf deren wahre Merkmalsausprägungen zurückzuschließen. Welche der zur Verfügung stehenden

Items erbringen die meiste Information, wenn sie von einer Person mit der Fähigkeit ξ beantwortet werden? Wie wir bereits in Abschnitt 16.2 erläutert haben, ist die Information (der Wert der Informationsfunktion) $I(Y_i|\xi = \xi) = Var(Y_i|\xi = \xi)$ eines Items keineswegs an jeder Stelle ξ von ξ gleich groß (s. Abb. 16.2). Die Information(-sfunktion) eines Items ist an derjenigen Stelle ξ der latenten Personvariablen ξ maximal, die genau der Itemschwierigkeit entspricht, d.h. an der Stelle $\xi = \kappa_i$. Demnach ist diesem Kriterium zufolge für eine Person mit dem Personwert ξ dasjenige Item auszuwählen, dessen Schwierigkeit κ_i die geringste Distanz zu ξ aufweist. Im Kontext der Fähigkeitsmessung sind daher für eine Personengruppe, deren Mitglieder im oberen Fähigkeitsbereich liegen, andere (schwierigere) Items auszuwählen als für Personen im unteren Fähigkeitsbereich. Testkonstruktionsstrategien, die nach diesem Prinzip vorgehen, faßt man unter dem Begriff *adaptives Testen* zusammen. Dies wird unten näher erläutert.

In Kap. 16 haben wir bereits darauf hingewiesen, daß die Werte $I(Y_i|\xi = \xi)$ der Informationsfunktionen der Antwortvariablen Y_i in engem Zusammenhang zur *Genauigkeit*, mit der ein bestimmter Personwert ξ aus den Antworten auf die betrachteten Items *geschätzt* werden kann, stehen: Je größer die Summe der Informationsfunktionen der Antwortvariablen an einer Stelle $\xi = \xi$, desto genauer kann der Wert einer Person an dieser Stelle geschätzt werden (s. Gl. 16.15).

Das adaptive Testen. Während es unter dem Gesichtspunkt der Schätzgenauigkeit günstig ist, viele Items in ein Testverfahren aufzunehmen, sind der Itemanzahl durch die praktische Anwendbarkeit des Tests Grenzen gesetzt. Da man nur eine begrenzte Anzahl von Items in einen Test aufnehmen kann, steht man bei der Konstruktion eines Testverfahrens oft vor dem Dilemma, entweder Items mit nahe beieinander liegenden Schwierigkeitskoeffizienten auszuwählen, deren Beantwortung daher in einem eng begrenzten Bereich der latenten Variablen ξ ein Maximum an Information über den zu schätzenden Personwert ξ erbringen, oder aber Items auszuwählen, deren Schwierigkeitskoeffizienten relativ weit auseinander liegen, dann aber in einem relativ breiten Bereich informativ sind, auch wenn ihr Informationsgehalt dann an jeder Stelle von ξ nur mittelmäßig ist.

Als Ausweg aus diesem Dilemma macht man sich in manchen Anwendungen die Kombination beider Strategien zunutze: In einem ersten Durchgang erhalten alle Personen einen Test, anhand dessen die Fähigkeitswerte in einem breiten Bereich mit gleicher (geringer) Genauigkeit geschätzt werden können. Im zweiten Durchgang werden den Personen, je nach zuvor geschätztem Fähigkeitswert, unterschiedliche Tests vorgelegt, die danach ausgewählt werden, daß sie in dem für die Person relevanten Fähigkeitsbereich maximale Information erbringen. Damit kann die Fähigkeit relativ genau geschätzt werden (Schätzgenauigkeit), ohne daß die Personen alle Items beantworten müssen (Zeitökonomie). Diese und ähnliche Strategien bezeichnet man als **adaptives Testen** (s. z.B. Kubinger, 1987, 1988; Weiss, 1983).

Vorteile:
Schätzgenauigkeit
Zeitökonomie

Im Rahmen des adaptiven Testens werden 2 Strategien unterschieden (s. z.B. Rost & Strauß, 1992): Beim sog. **Tailored testing** wird *jedes* vorgegebene *Item* danach ausgewählt, ob seine Beantwortung für die betreffende Person im Vergleich zu den anderen Items maximale Information zur Verfügung stellt. Beim sog. **Branched testing** werden dagegen verschiedene *Subtests* vorgegeben, wobei der jeweilige Subtest entsprechend der Fähigkeit der zu diagnostizierenden Person ausgewählt wird.

Tailored testing

Branched testing

Zur adäquaten Umsetzung adaptiver Teststrategien eignen sich vor allem computerunterstützte Tests. Beim **computerisierten Testen** kann nach jeder Itembeantwortung der Wert der Person auf der latenten Variablen ξ neu geschätzt und dasjenige Item ausgewählt werden, dessen Beantwortung für eine Person mit dem geschätzten Fähigkeitswert am informativsten ist (s. Hambleton et al., 1990; Kisser, 1988). Einer Person können dann solange Items zur Beantwortung vorgelegt werden, bis eine hinreichend präzise Schätzung ihres Personwerts erreicht ist.

Computerisiertes
Testen

17.2 Ein Beispiel: Rechnerisches Denken

Zur Veranschaulichung der oben dargestellten Itemselektions- und Testkonstruktionsprinzipien greifen wir auf die von Kubinger et al. (1983) durchgeführten testtheoretischen Analysen des *Hamburg-Wechsler-Intelligenztests für Kinder* (HAWIK) zurück. Die Autoren untersuchten 1000 Versuchspersonen im Alter von 6 bis 15 Jahren. Sie analysierten anhand dieser Stichprobe die einzelnen Subskalen auf ihre Verträglichkeit mit dem Rasch-Modell. Wir wollen uns im folgenden auf einige Ergebnisse bezüglich der Subskala „Rechnerisches Denken" beschränken, deren Aufgaben am Ende dieses Kapitels abgedruckt sind. Wir stellen zunächst Untersuchungen zum ersten Selektionskriterium, der Rasch-Homogenität und der bedingten stochastischen Unabhängigkeit, vor und erläutern, wie die Gleichheit der Itemparameter in Subpopulationen überprüft werden kann. Danach veranschaulichen wir am Beispiel einzelner Items die Informationsfunktion als Itemselektionskriterium.

Ziel: Illustration

1. der Modelltests

2. der Anwendung
der Informations-
funktion als Item-
selektionskriterium

17.2.1 Überprüfung der Gleichheit der Itemparameter in Subpopulationen

Um zu überprüfen, ob die Subskala „Rechnerisches Denken" den Anforderungen des Rasch-Modells (mit bedingter stochastischer Unabhängigkeit) entspricht, haben die Autoren verschiedene Analysen durchgeführt. Zuerst wurde die Stichprobe in Kinder mit *niedrigem* und *hohem Testsummenwert* unterteilt (sog. *internes* Teilungskriterium) und die Itemparameter in beiden Substichproben geschätzt (s. Tab. 17.1). Die geschätzten Itemparameter wurden mit dem *Bedingten Likelihood-Quotienten-Test* nach Andersen (1973), einer χ^2-Statistik, simultan auf Gleichheit überprüft (zu dieser Teststatistik s. auch Fischer, 1974; van den Wollenberg, 1988). Darüber hinaus wurde die Gleichheit jedes einzelnen Itemparameters in Subpopulationen mit dem *z*-Test nach Fischer und Scheiblechner (1970; s. auch Fischer 1974, S. 297f.) überprüft. Ein Teil der Ergebnisse von Kubinger et al. (1983) sind in Tab. 17.1 zusammengestellt.

Die Analysen zeigen folgendes: Einige Aufgaben (2, 3 und 5) wurden von *allen* Kindern mit hohem Testwert richtig gelöst, ein Teil der Aufgaben (13, 14, 15 und 16) jedoch von *keinem* Kind. Für diese Items können die Schwierigkeitskoeffizienten nicht geschätzt werden, wie man sich anhand von Gleichung 13 in Kap. 16 veranschaulichen kann. In den genannten Fällen würde entweder im Zähler oder im Nenner des in dieser Gleichung vorkommenden Wahrscheinlichkeitsverhältnisses eine 0 auftreten, würde man die relativen Häufigkeiten als Schätzwert der Wahrscheinlichkeiten einsetzen. In beiden Fällen wäre jedoch der Logarithmus des Wahrscheinlichkeitsverhältnisses auf der rechten Seite in Gleichung 16.13 nicht definiert. Diese Items müssen daher von der weiteren Analyse ausgeschlossen werden. Dies bedeutet jedoch

Tabelle 17.1. Geschätzte Itemparameter und *z*-Werte nach Fischer und Scheiblechner (1970) für die Subskala „Rechnerisches Denken" (nach Kubinger et al., 1983)

Aufgabe	Gesamt-stichprobe $\hat{\kappa}_i$	*z*-Wert	Stichprobe 1 $\hat{\kappa}_i$	Stichprobe 2 $\hat{\kappa}_i$	6- bis 7jährige $\hat{\kappa}_i$
1	−4.71	4.75	−5.11	−2.73	−1.70
2				a	−2.36
3				a	−1.05
4	−2.99	4.94	−3.34	−1.75	−.12
5				a	.23
6	−1.53	.82			2.31
7	−1.03	.16			2.69
8	.24	3.01	.19	−.44	b
9	.63	2.60			b
10	4.35	1.18			b
11	2.14	4.02	2.54	1.52	b
12	2.91	3.56	3.73	2.29	b

Anmerkungen:
[a] Diese Aufgabe wurde von allen Kindern gelöst.
[b] Diese Aufgabe wurde von keinem Kind gelöst.
Die Aufgaben 13–16 (s. die Anmerkungen am Ende des Kapitels) wurden von keinem Kind gelöst und erscheinen daher nicht in dieser Tabelle. Die Gesamtstichprobe besteht aus 1000 Kindern, die Substichprobe 1 aus 484 Kindern mit niedrigem Testwert und die Substichprobe 2 aus 516 Kindern mit hohem Testwert. Die (Sub-)Stichprobe der 6- bis 7jährigen besteht aus 290 Kindern. Für die Substichproben 1 und 2 wurden nur diejenigen Werte $\hat{\kappa}_i$ eingetragen, die zwischen den Stichproben signifikant verschieden sind.

nicht, daß diese Items nicht Rasch-homogen sind, vielmehr kann aufgrund der gegebenen *Stichprobe* die Überprüfung der Modellannahmen für diese Items nicht durchgeführt werden.

Insgesamt muß die Hypothese, daß die Itemparameter in den beiden Subpopulationen gleich sind, verworfen werden, da der χ^2-Wert von 43.08 bei 8 Freiheitsgraden statistisch hoch signifikant ist ($\chi^2_{8krit} = 21.66$ bei $\alpha = .01$). Auch der (asymptotisch standardnormalverteilte) z-Wert von Fischer und Scheiblechner (1970) führt auf dem .01-Signifikanzniveau ($z_{krit} = 2.58$ bei $\alpha = .01$) bei 6 von 9 Items (s. Tab. 17.1) zu einer Verwerfung der Hypothese, daß die Itemparameter in beiden Subpopulationen gleich sind. [Der z-Wert der neunten Aufgabe ist nach Kubinger et al. (1983) nicht signifikant, wobei das Signifikanzkriterium nicht erwähnt wird. Von den Autoren wurden daher die Werte der Itemparameter für dieses Item nicht publiziert.] Da bei der Modellüberprüfung nach Fischer und Scheiblechner (1970) mehrere Einzelhypothesen überprüft werden, muß hierbei beachtet werden, daß die Wahrscheinlichkeit, daß mindestens eine Nullhypothese fälschlicherweise aufgrund des Signifikanztests verworfen wird, mit der Anzahl der Einzelhypothesen ansteigt (Problem der α-Fehlerkumulation).

Graphische
Modellkontrolle

Die Ungleichheit der Itemparameter kann man sich auch anhand einer *graphischen Modellkontrolle* veranschaulichen (s. Abb. 17.1). Hierbei werden die Itemparameter, die in der ersten Substichprobe geschätzt wurden, auf der Ordinate und die Itemparameter, die in der zweiten Substichprobe geschätzt wurden, auf der Abszisse abgetragen. Da von Kubinger et al. (1983) nur die Schätzwerte der Itemparameter, die zwischen beiden Substichproben signifikant verschieden sind, publiziert wurden, sind nur diese in Abb. 17.1 eingetragen. Bei völliger Gleichheit der Itemparameter würden die Punkte genau auf der Winkelhalbierenden im ersten und dritten Quadranten liegen. Je stärker die Abweichungen eines Items von der Winkelhalbierenden, desto stärker unterscheiden sich die geschätzten Werte zwischen den betrachteten Subpopulationen. Hierbei muß jedoch beachtet werden, daß nicht die wahren (Populations-) Werte ab-

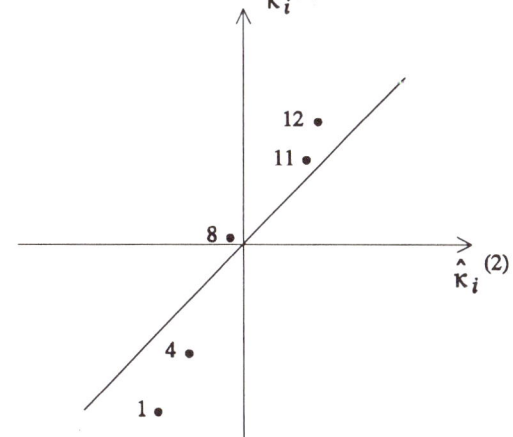

Abb. 17.1. Graphische Modellkontrolle für die Subskala „Rechnerisches Denken" des HAWIK. Eingetragen sind die Schätzwerte $\hat{\kappa}_i^{(1)}$ und $\hat{\kappa}_i^{(2)}$ der Itemparameter, die sich zwischen den beiden Subpopulationen 1 und 2 unterscheiden

getragen sind, sondern die geschätzten Schwierigkeitswerte, die natürlich mit einem Schätzfehler behaftet sind. Daher kann diese Modellkontrolle einen statistischen Signifikanztest nicht ersetzen. Zur Veranschaulichung leistet sie jedoch gute Dienste.

Stichprobe nach verschiedenen Kriterien in Substichproben unterteilen

In einem weiteren Analyseschritt unterteilten die Autoren die Gesamtstichprobe nach weiteren Kriterien in jeweils 2 Teilstichproben. Dabei mußte z.B. die Hypothese, daß sich die Itemparameter in den Subpopulationen der Mädchen und Jungen nicht unterscheiden, nicht verworfen werden ($\chi_8^2 = 2.62$). Wie man anhand dieses Ergebnisses sieht, ist es zur Modellüberprüfung sinnvoll, die Stichprobe nach verschiedenen Kriterien zu unterteilen und die Gleichheit der Itemparameter bezüglich verschiedener Subpopulationen zu überprüfen, da die Betrachtung nur eines einzigen Teilungskriteriums möglicherweise dazu führt, daß das Modell nicht verworfen wird, obwohl es für die Gesamtpopulation nicht gültig ist (s. hierzu z.B. auch Formann, 1981). Die Tatsache, daß ein Modell in einem oder mehreren Modelltests nicht verworfen wird, garantiert also keineswegs seine Gültigkeit.

Gültigkeit des Rasch-Modells innerhalb verschiedener Subpopulationen

Die Verwerfung des Rasch-Modells für die Gesamtpopulation bedeutet noch nicht, daß die Items dieser Subskala für diagnostische Zwecke völlig ungeeignet sind. Die weiteren Analysen von Kubinger et al. (1983) zeigen vielmehr, daß die Annahmen des Rasch-Modells *innerhalb* verschiedener *Altersgruppen* nicht verworfen werden müssen. Die Werte der Itemparameter unterscheiden sich allerdings zwischen verschiedenen Altersgruppen. So kann es durchaus vorkommen, daß Item *i* in der einen Altersgruppe schwieriger ist als Item *j*, in einer anderen Altersgruppe jedoch leichter ist als Item *j*. Es kann z.B. auch vorkommen, daß die Rangfolgen der Itemparameter — und somit der unbedingten Lösungswahrscheinlichkeiten — zwischen Subpopulationen gleich sind, die Schwierigkeitsdifferenz zwischen 2 Items in einer Subpopulation jedoch größer ist als in einer anderen. Schränkt man nun den Geltungsbereich des Rasch-Modells auf eine altershomogene Subpopulation ein, so können in diesem Fall nur die Personwerte innerhalb einer altershomogenen Subpopulation miteinander verglichen werden, nicht jedoch zwischen verschiedenen solcher Subpopulationen.

Was bedeutet dieser Befund inhaltlich?

Damit ist der Versuch gescheitert, den Begriff *Rechnerisches Denken* als einen für die Gesamtpopulation einheitlichen theoretischen Begriff einzuführen. Solange man kein Meßinstrument und das zugehörige Meßmodell findet, das für die Gesamtpopulation gilt, ist *Rechnerisches Denken* in jeder der altershomogenen Subpopulationen ein anderer theoretischer Begriff, auch dann, wenn wir in der Umgangssprache weiter die gleiche Bezeichnung dafür verwenden. Dieser Befund hat weitreichende Konsequenzen, z.B. auch für entwicklungspsychologische Fragestellungen. Solange kein für alle Altersgruppen einheitlicher Begriff des Rechnerischen Denkens vorliegt, ist es auch sinnlos zu fragen, wie das *Rechnerische Denken* über die Zeit wächst, sobald der betrachtete Zeitraum die Grenzen der altershomogenen Subpopulationen überschreitet. Alle Aussagen über das Rechnerische Denken, die über die altershomogenen Subpopulationen hinausgehen, haben derzeit keine meßtheoretische Grundlage.

Wie kann man — bei der gegenwärtigen Befundlage — einen einheitlichen theoretischen Begriff *Rechnerisches Denken* entwickeln? Grundsätzlich gibt es dabei drei verschiedene Wege: *Erstens*, das Meßmodell muß geändert oder ausgetauscht werden, damit es dem hier vorliegenden empirischen Phänomen gerecht wird. *Zweitens* könnte man nach einem anderen Meßinstrument suchen, bei dem die zu den Items gehörenden Antwortvariablen das Rasch-Modell erfüllen. *Drittens* ist auch eine Kombination beider Strategien denkbar.

17.2.2 Die Informationsfunktion

In Kap. 18 werden wir zeigen, wie man anhand der in der letzten Spalte von Tabelle 17.1 angegebenen Schwierigkeitskoeffizienten die Fähigkeitswerte der Personen schätzen kann. Hier wollen wir uns darauf beschränken zu illustrieren, wie die Werte der Informationsfunktionen der einzelnen Antwortvariablen an verschiedenen Stellen der latenten Personvariablen geschätzt werden können. Wie wir in Abschnitt 16.6 bereits erwähnt haben, dient — bei hinreichend großer Itemzahl — der Kehrwert der *Summe der Informationsfunktionen* der Antwortvariablen zur Abschätzung der Fehlervarianz, die mit der Schätzung einzelner Personwerte verbunden ist. Bei großer Itemzahl kann man auch ein Konfidenzintervall für einen zu schätzenden Personwert angeben. Obwohl die Anzahl der Items zu gering ist, wollen wir auch die letztgenannten Punkte am vorliegenden Beispiel illustrieren.

Da das Rasch-Modell im Falle der Subskala „Rechnerisches Denken" für einzelne Altersgruppen nicht verworfen werden muß, können die oben dargestellten Itemselektionskriterien in einzelnen (altershomogenen) Subpopulationen angewandt werden. Zur Veranschaulichung wählen wir die Altersgruppe der 6- bis 7jährigen Kinder aus. Die von Kubinger et al. (1983) geschätzten Schwierigkeitsparameter sind in der rechten Spalte der Tabelle 17.1 zusammengestellt. Da die Aufgaben 8–16 von keinem Kind gelöst wurden, mußten diese Aufgaben von der Analyse ausgeschlossen werden.

Veranschaulichung der Informationsfunktion anhand von 4 Items

Aus Gründen der Übersichtlichkeit sind in Abb. 17.2 nur die geschätzten Informationsfunktionen $I(Y_i|\xi)$ von 4 ausgewählten Items (1, 2, 6, 7) und deren Summe $\sum_i I(Y_i|\xi)$ dargestellt. Wie man dieser Abbildung entnehmen kann, hat die Informationsfunktionen einer einzelnen Antwortvariablen an derjenigen Stelle ihre Maximum, die gleich dem Schwierigkeitsparameter ist (s. Tab. 17.1). Die Summe der Informationsfunktionen hat an den Stellen $\xi \approx -2$ und $\xi \approx 2.5$ relative Maxima (s. Abb. 17.2). Die Beantwortung der Items liefert an diesen beiden Stellen die meiste Information. Um mehr Information über den Personwert auch in *anderen* Bereichen der latenten Variablen ξ zu erhalten, müssen weitere Items, mit anderen Schwierigkeitskoeffizienten, aufgenommen werden. Wie aus Tabelle 17.1 zuersehen ist, würde z.B.

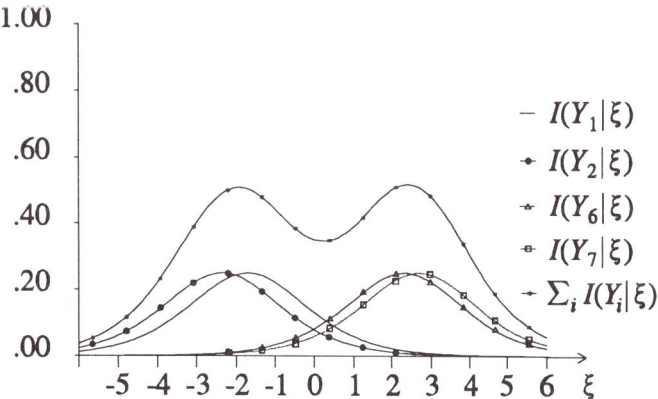

Abb. 17.2. Darstellung der Informationsfunktionen $I(Y_i|\xi)$ ausgewählter Items des Subtests „Rechnerisches Denken" und ihrer Summe $\sum_i I(Y_i|\xi)$

die Hinzunahme der Items 4 und 5 zu einer Verbesserung der Schätzung im mittleren Fähigkeitsbereich ($\xi \approx 0$) führen, da die Schwierigkeitsparameter dieser Items im mittleren Bereich ($\hat{\kappa}_4 = -.12$ und $\hat{\kappa}_5 = .23$) liegen, also dort, wo die Summe der Informationsfunktionen ein „Tal" aufweist.

17.3 Alternativen zum Rasch-Modell

Das Rasch-Modell mit bedingter stochastischer Unabhängigkeit stellt hohe Anforderungen an die Antwortvariablen der Items, die in ein Rasch-homogenes psychometrisches Testverfahren aufgenommen werden können. In vielen Anwendungsfällen sind diese Annahmen nicht erfüllt. Es wurden jedoch verschiedene Alternativen zum Rasch-Modell vorgelegt, von denen einige kurz erläutert werden sollen.

17.3.1 Modelle für heterogene Populationen

1. Problem:
Die Itemparameter unterscheiden sich zwischen Subpopulationen

Mögliche Ursachen

In vielen Fällen ist die Annahme, daß die Itemparameter für alle Personen der Population denselben Wert annehmen, nicht erfüllt. Wie wir auch anhand des obigen Beispiels gesehen haben, kann es sein, daß das Rasch-Modell zwar nicht für die Gesamtpopulation, wohl aber für einzelne Subpopulationen gilt. Dies kann bei Leistungstests z.B. dann der Fall sein, wenn Personen verschiedener Subpopulationen unterschiedliche Lösungsstrategien wählen. Bei Einstellungsskalen und Persönlichkeitstests unterscheiden sich Versuchspersonen häufig bezüglich ihres Antwortstils (z.B. Akquieszenz, Tendenz zum mittleren Urteil etc., s. hierzu z.B. Häcker & Schwenkmezger, 1984). So bedeutet die Zustimmung zu einem Item bei einer Person mit einer Jasage-Tendenz nicht dasselbe wie bei einer Person, die diesen Antwortstil nicht aufweist. Dies widerspricht jedoch dem Rasch-Modell, da sich Unterschiede im Antwortstil in unterschiedlichen Schwierigkeitsparametern niederschlagen würden. Betrachtet man dagegen Subpopulationen mit homogenen Antwortstilen, dann kann durchaus für beide Subpopulationen jeweils das Rasch-Modell gelten, wenn auch mit Schwierigkeitsparametern, die sich zwischen diesen Subpopulationen unterscheiden. Es ist daher von großer Bedeutung, Subpopulationen ausfindig zu machen, für die das Rasch-Modell (mit unterschiedlichen Schwierigkeitsparametern) gilt.

Mischverteilungs-Rasch-Modell

Während bei dem oben dargestellten Beispiel aus der Intelligenzmessung die Subpopulationen anhand eines externen Kriteriums getrennt wurden, wird man in vielen Fällen ein geeignetes Trennungskriterium nicht kennen. Das *Mischverteilungs-Rasch-Modell* (z.B. Rost & von Davier, 1992) kommt auch ohne ein externes Trennungskriterium aus. Bei diesem Modell nimmt man an, daß die Gesamtpopulation aus mehreren (unbekannten) Subpopulationen besteht, in denen das Rasch-Modell mit unterschiedlichen Schwierigkeitsparametern gilt. Ziel der Analyse mit solchen Modellen ist es, herauszufinden, wieviele derartige Subpopulationen unterschieden werden müssen und mit welcher Wahrscheinlichkeit die einzelnen Personen zu diesen Subpopulationen gehören. Eine für alle Subpopulationen einheitliche theoretische Größe wird mit diesen Modellen jedoch nicht eingeführt, so daß die Personwerte aus verschiedenen Subpopulationen auch hier nicht miteinander verglichen werden können (s. hierzu Abschnitt 17.2).

17.3.2 Modelle mit heterogenen Itemdiskriminationen

2. Problem: Nichtparallelität der Itemcharakteristiken

Ein weiterer Umstand, der zu einer Verwerfung des Rasch-Modells führt, ist die Nichtparallelität der Itemcharakteristiken. Wie wir in Kap. 16 gezeigt haben, wird beim Rasch-Modell vorausgesetzt, daß die Itemcharakteristiken parallel verlaufen. Dies hat z.B. auch zur Folge, daß die Informationsfunktionen der Antwortvariablen dieselbe Gestalt aufweisen (s. Abb. 16.2) und durch eine Verschiebung entlang der Abszisse ineinander überführt werden können. Dies bedeutet auch, daß sich die Items nur darin unterscheiden, in welchen Bereichen der latenten Variablen ξ eine Beantwortung maximale Information über ξ bringt. Ähnlich wie das Modell essentiell τ-äquivalenter Variablen zum Modell τ-kongenerischer Variablen erweitert werden kann, läßt sich auch das Rasch-Modell so verallgemeinern, daß die Itemcharakteristiken nicht mehr parallel verlaufen müssen, sondern unterschiedliche Steigungen haben können. Items mit steilerer Itemcharakteristik reagieren in der Nähe des Punktes $\xi = \kappa_i$ sensibler als solche mit flacherer Itemcharakteristik, d.h. bei gleicher Fähigkeitsdifferenz δ ist der Unterschied in der Lösungswahrscheinlichkeit bei Items mit steilerer Itemcharakteristik größer (s. Abb. 16.2). Items mit steilerer Itemcharakteristik weisen eine größere *Itemdiskrimination* auf.

Itemdiskrimination

Birnbaum-Modell

Eine direkte Erweiterung des Rasch-Modells mit unterschiedlichen (heterogenen) Itemdiskriminationen ist das *Birnbaum-Modell* (Birnbaum, 1968):

$$P(Y_i=1 \,|\, p_U) = \frac{\exp[\beta_i(\xi - \kappa_i)]}{1 + \exp[\beta_i(\xi - \kappa_i)]}. \tag{1}$$

Dieses Modell enthält neben dem Schwierigkeitskoeffizienten κ_i einen weiteren Itemparameter β_i, der ein Maß für die Steigung der Itemcharakteristik und somit der Itemdiskrimination ist. Dies Modell wird daher auch zweiparametriges logistisches Modell genannt. Ein anderes Modell der Item-Response-Theorie, das ebenfalls unterschiedliche Itemdiskriminationen zuläßt, ist das *Normal-Ogiven-Modell* (s. z.B. de Gruijter & van der Kamp, 1984; Lord & Novick, 1968). Bei diesen Modellen muß man allerdings auf theoretisch weniger zufriedenstellende Schätzmethoden als beim Rasch-Modell zurückgreifen.

Normal-Ogiven-Modell

17.3.3 Modelle mit Ratewahrscheinlichkeit

3. Problem: Personen können die richtige Antwort erraten

Bei der Vorgabe eines Leistungstests kann es durchaus vorkommen, daß einige Personen mit einer sehr niedrigen Fähigkeitsausprägung sehr schwierige Aufgaben lösen. Dies kann häufig darauf zurückgeführt werden, daß diese Personen die richtige Antwort erraten. Passiert dies zu häufig, hat es zur Folge, daß das Fundamentalgesetz des Rasch-Modells verletzt ist, da die Wahrscheinlichkeit, daß Personen mit einer sehr geringen Fähigkeit schwierige Aufgaben lösen, im Rasch-Modell nur unwesentlich von 0 verschieden ist (s. Abb. 16.2). In diesen Fällen kann man auf ein anderes logistisches Testmodell zurückgreifen, das im Gegensatz zum Rasch- und Birnbaum-Modell auch einen Rateparameter γ_i enthält (s. z.B. Hambleton & Swaminathan, 1985). Die Erweiterung des Birnbaum-Modells, das sog. dreiparametrige logistische Modell hat die Form:

Rateparameter γ_i

$$P(Y_i=1|p_U) = \gamma_i + (1 - \gamma_i) \frac{\exp[\beta_i(\xi - \kappa_i)]}{1 + \exp[\beta_i(\xi - \kappa_i)]}. \tag{2}$$

Der Rateparameter γ_i ist der untere Grenzwert (Asymptote) für die Lösungswahrscheinlichkeit. Das heißt, die (personbedingte) Wahrscheinlichkeit, daß das i-te Item gelöst wird, strebt gegen γ_i, wenn der Wert der Variablen ξ gegen $-\infty$ geht.

17.4 Zusammenfassung

Wichtige Kenngrößen im Rasch-Modell

In diesem Kapitel wurde illustriert, wie man die Annahmen des Rasch-Modells überprüfen kann und wie man dieses Modell zur Itemselektion und Testkonstruktion verwenden kann. Können die Annahmen als gültig vorausgesetzt werden, bleiben als wichtigste Kriterien zur Itemselektion die *Informationsfunktionen der Antwortvariablen*, die mit deren *bedingten Varianzfunktionen* identisch sind. Für die Zusammenstellung der Items zu einem Test ist beim Rasch-Modell mit bedingter stochastischer Unabhängigkeit die *Summe dieser Informationsfunktionen der Antwortvariablen* das wichtigste Kriterium. Bei Verwendung der Maximum-Likelihood-Schätzung ist die Varianz des Schätzers eines Personwertes ξ asymptotisch (d.h. bei großer Itemzahl) gleich dem Kehrwert der Summe der Informationsfunktionen $I(Y_i|\xi = \xi)$.

Befunde zum Rechnerischen Denken

Am Beispiel der Subskala „Rechnerisches Denken" des HAWIK wurde die Überprüfung der Gleichheit der Itemschwierigkeiten in Subpopulationen illustriert. Dabei zeigte sich, daß die Hypothese der Gleichheit der Itemschwierigkeiten in der Gesamtpopulation verworfen werden mußte. Damit ist der Versuch gescheitert, den Begriff *Rechnerisches Denken* als einen für die Gesamtpopulation einheitlichen theoretischen Begriff einzuführen. Alle Aussagen über das *Rechnerische Denken*, die über die altershomogenen Subpopulationen hinausgehen, haben derzeit keine meßtheoretische Grundlage. *Innerhalb* altershomogener Subpopulationen dagegen konnte man diese Hypothese beibehalten. Das Itemselektionskriterium der Informationsmaximierung wurde dann am Beispiel der Altersgruppe der 6- bis 7jährigen Kinder illustriert.

Alternativen zum Rasch-Modell

Abschließend wurden verschiedene Alternativen zum Rasch-Modells erwähnt: ein Modell, das *heterogene Populationen mit unterschiedlichen Schwierigkeitskoeffizienten* erlaubt, zwei Modelle, die *verschiedene Steigungen der Itemcharakteristiken* zulassen, und ein Modell, das *Ratewahrscheinlichkeiten* berücksichtigt.

Fragen

1. Welches sind die 3 Itemselektionskriterien, die im Rasch-Modell von Bedeutung sind?
2. Welche Strategien des adaptiven Testens kennen Sie und was ist deren Grundidee?
3. Welche Umstände können zu einer Verwerfung des Rasch-Modells führen?
4. Warum ist es nicht ganz unproblematisch, von einem „Rasch-homogenen Testverfahren" zu sprechen?

Antworten

1. Im Rasch-Modell sind folgende 3 Itemselektionskriterien von Bedeutung: Die Antwortvariablen der ausgewählten Items müssen das Fundamentalgesetz des Rasch-Modells (die *Rasch-Homogenität*) und die Annahme der *bedingten stochastischen Unabhängigkeit* erfüllen. Außerdem werden unter den Items, deren Antwortvariablen diese beiden Annahmen erfüllen, solche Items ausgewählt, deren Schwierigkeitskoeffizienten gewährleisten, daß ihre Beantwortung ein Maximum an Information über den zu schätzenden Personwert ξ erbringt. Bei großer Itemzahl bedeutet dies auch, daß sich die Personwerte dann am präzisesten schätzen lassen (s. Abschnitt 16.6).
2. Beim *Tailored testing* wird jedes vorzugegebende *Item* danach ausgewählt, ob es für die betreffende Person im Vergleich zu den anderen Items maximale Information über den Personwert ξ liefert. Beim *Branched testing* dagegen werden verschiedene *Subtests* vorgegeben, wobei der jeweilige Subtest entsprechend der Fähigkeit der zu diagnostizierenden Person ausgewählt wird, derart, daß der Subtest maximale Information erbringt.
3. Das Rasch-Modell muß z.B. dann verworfen werden, wenn sich die Itemparameter (bei gleicher Normierung) in verschiedenen Subpopulationen unterscheiden. Ein weiterer Umstand, der zur Verwerfung des Rasch-Modells führt, sind *heterogene Itemdiskriminationen*, d.h. nichtparallele, sich schneidende Itemcharakteristiken. Das Rasch-Modell ist auch dann nicht gültig, wenn Items selbst von Personen mit geringer Fähigkeit durch *Raten* gelöst werden können.
4. Gemeint ist dabei ein Testverfahren, dessen Items „Rasch-homogen" sind, was wiederum bedeutet, daß die den Items zugeordneten Variablen Y_i Rasch-homogen sind. Die Rasch-Homogenität ist also eine *Eigenschaft von Zufallsvariablen*, nicht aber von Items oder eines Tests. Das Beispiel *Rechnerisches Denken* hat gezeigt, daß die Variablen Y_i in einer Subpopulation (hier: der 6- bis 7jährigen Kinder) Rasch-homogen sein können, ohne daß dies auch für die Gesamtpopulation gelten muß. Die Items in der Sub- und Gesamtpopulation sind aber dieselben!

Übungen

1. Zeigen Sie, daß sich im Rasch-Modell mit bedingter stochastischer Unabhängigkeit die bedingte Varianz $Var(S|p_U)$ der Summenvariablen $S := Y_1 + ... + Y_m$ additiv aus den bedingten Varianzen $Var(Y_i|p_U)$ der Variablen Y_i zusammensetzt! Machen Sie dabei von der folgenden Rechenregel für bedingte Varianzen Gebrauch:

$$Var(\sum_{i=1}^{m} Y_i | p_U) = \sum_{i=1}^{m} Var(Y_i | p_U) + 2 \sum_{i=1}^{m} \sum_{j=1, j \neq i}^{m} Cov(Y_i, Y_j | p_U).$$

2. Für einen 6jährigen Jungen, der die ersten 7 Aufgaben der Subskala „Rechnerisches Denken" des HAWIK (s. Tab. 17.1) bearbeitet hat, wurde der latente Personwert auf 1.0 geschätzt. Darüber hinaus wurde für diesen geschätzten Personwert anhand der Itemparameter aus Tabelle 17.1 die Summe der Informationsfunktionen der Antwortvariablen an der Stelle $\xi = 1.0$ auf den Wert $= .89$ geschätzt. Wie breit wäre das 95%-Konfidenzintervall, wenn man Gleichung 16.16 anwenden würde?

Lösungen

1. Aus der stochastischen Unabhängigkeit zweier Variablen Y_i und Y_j folgt, daß ihre Kovarianz 0 ist (s. Anhang F2.3). Dies läßt sich auch auf den Fall der *bedingten* stochastischen Unabhängigkeit übertragen: Da die Y-Variablen p_U-bedingt stochastisch unabhängig sind, ist ihre p_U-bedingte Kovarianz gleich 0. Daher folgt nach der in der Aufgabenstellung angegebenen Rechenregel für bedingte Varianzen:

$$Var(S|p_U) = Var(Y_1 + \dots + Y_m|p_U) = Var(Y_1|p_U) + \dots + Var(Y_m|p_U).$$

2. Man beachte hier, daß Gleichung 16.16 nur bei großer Itemzahl gilt. Um das 95%-Konfidenzintervall berechnen zu können, braucht man zunächst den Wert $z_{\alpha/2}$, der zu einer Irrtumswahrscheinlichkeit von $\alpha = .05$ gehört und den man in einer Tabelle der Standardnormalverteilung nachschlagen kann (s. z.B. Bortz, 1993). Er beträgt $z_{.05/2} = -1.96$. Die Intervallgrenzen lassen sich daher nach Gleichung 16.16 wie folgt berechnen:

$$\hat{\xi} \pm 1.96 \frac{1}{\sqrt{.89}} \approx \hat{\xi} \pm 2.08.$$

Dies bedeutet, daß der Wert ξ der Person mit einer Wahrscheinlichkeit von .95 im Intervall zwischen −1.08 und 3.08 liegt.

Weiterführende Literatur

Das Buch von Embretson (1985) enthält Beiträge zu Anwendungsbereichen und Erweiterungen des Rasch-Modells. Speziell mit dem adaptiven Testen beschäftigen sich Beiträge in den Büchern von Kubinger (1988) und Weiss (1983). Probleme der Itemauswahl werden ausführlich von Hambleton und Swaminathan (1985) sowie von Wright und Stone (1979) behandelt. Methoden zur Auswahl von Personen, für die das Rasch-Modell nicht gilt, werden z.B. von Klauer (1991) diskutiert. Klauer (1990) setzt sich auch mit Konfidenzintervallen für die Personschätzwerte auseinander. Mischverteilungsmodelle werden z.B. von Rost (1990, 1991) sowie Rost und Georg (1991) dargestellt. Kempf (1992) hat ein Rasch-Modell formuliert, bei dem die Annahme der bedingten stochastischen Unabhängigkeit durch die Annahme der lokalen seriellen Abhängigkeit ersetzt wurde. Kempf und Keller (1992) haben das Beck-Depressionsinventar (BDI) einer psychometrischen Analyse mit dem Rasch-Modell und anderen Modellen für kategoriale Variablen unterzogen. Einen Überblick über deutschsprachige psychometrische Testverfahren, die auf der Grundlage des Rasch-Modells konstruiert wurden bzw. deren Verträglichkeit mit dem Rasch-Modell analysiert wurde, geben Kubinger (1987) sowie Rost und Strauß (1992).

Anmerkungen

Die Subskala „Rechnerisches Denken" des HAWIK (Hardesty & Priester, 1966) enthält folgende Aufgaben, von denen die Aufgaben 1 – 12 den Kindern vorgelesen und die Aufgaben 13 bis 16 auf Karten vorgelegt werden: (1) Der Versuchsleiter (VL) stellt 9 Klötze in einer Reihe vor die Versuchsperson (VP) und sagt: „Zähle diese Klötze mit dem Finger." (2) Der VL stellt 9 Klötze in einer Reihe vor die VP und sagt: „Nimm so viele Klötze weg, daß 4 vor dir liegen bleiben. Also nur 4 Klötze sollen vor dir liegen bleiben." (3) Der VL stellt 9 Klötze in einer Reihe vor die VP und sagt: „Nimm so viele Klötze weg, daß 7 Klötze vor dir liegen bleiben. Also nur 7 Klötze sollen vor dir liegen bleiben." (4) Wie viele Stücke habe ich, wenn ich einen Apfel einmal durchschneide? (5) Fritz hatte 4 Pfennige, und seine Mutter gab ihm 2 Pfennige dazu. Wie viele Pfennige hat er nun zusammen? (6) Otto hat 8 Murmeln (Marmeln, Knicker usw.) und kauft 6 dazu. Wie viele Murmeln hat er nun zusammen? (7) Ein Mann hatte 12 Zeitungen und verkaufte 5 davon. Wie viele Zeitungen behielt er übrig? (8) Wenn eine Zigarette 7 Pfennige kostet, wieviel kosten dann 3 Zigaretten? (9) Ein Milchmann hatte 25 Flaschen Milch und verkaufte davon 11. Wie viele Flaschen behielt er übrig? (10) 4 Jungen haben zusammen 72 Pfennige. Sie teilen diese gleichmäßig auf. Wie viele Pfennige hat dann jeder Junge? (11) Ein Botenjunge verdiente sich 36 Mark. Er erhielt 4 Mark pro Tag. Wie viele Tage hat er gearbeitet? (12) Wenn du 3 Dutzend Druckknöpfe, das Dutzend zu 30 Pfennige, kaufst und eine Mark bezahlst, wieviel Geld würdest du zurückerhalten? (13) Wenn 3 Schreibfedern 5 Pfennige kosten, wieviel kosten dann 24 Schreibfedern? (14) 36 ist 2/3 von welcher Zahl? (15) Wenn ein Taxi für den ersten Viertelkilometer 20 Pfennige kostet und für jeden weiteren Viertelkilometer 5 Pfennige, wie teuer wird eine 2-km-Fahrt sein? (16) Müller und Schulze beginnen ein Kartenspiel. Jeder von ihnen besitzt 27 Mark. Sie kommen überein, daß der Verlierer am Ende eines jeden Spiels dem Gewinner 1/3 des Betrags zahlen soll, den er dann noch besitzt. Müller gewinnt die ersten 3 Spiele. Wieviel Geld hat Schulze noch bei Beginn des vierten Spiels?

18 Vertiefung des Rasch-Modells

Überblick

Nachdem in Kap. 16 eine Einführung in das Rasch-Modell gegeben wurde, sollen nun die dort behandelten Inhalte vertieft werden. Zunächst werden wir die Annahme der Rasch-Homogenität einführen, ohne dabei schon auf die latente Personvariable ξ Bezug zu nehmen. Aus der Rasch-Homogenität folgt ohne weitere Annahmen die *Existenz* der theoretischen Größen des Modells: der latenten Personvariablen und der Itemparameter. Die *Eindeutigkeits-* und *Bedeutsamkeitssätze*, die in Kap. 16 bereits angesprochen wurden, werden in diesem Kapitel formal dargestellt. Darüber hinaus werden weitere Möglichkeiten der *Testbarkeit* der Modellannahmen vorgestellt und die *Schätzbarkeit der theoretischen Größen* des Modells präziser dargestellt, als dies im Einführungskapitel möglich war.

18.1 Existenz

Praktischer Zweck der Vorgabe eines Rasch-homogenen Testverfahrens: Bestimmung der latenten Personwerte

Theoretischer Zweck: Einführung eines metrischen Begriffs

Wie anhand der Beispiele in Kap. 16 dargelegt wurde, besteht ein wesentliches Ziel der praktischen Anwendung eines Rasch-homogenen Testverfahrens darin, von den manifesten Antworten der befragten Personen auf deren Ausprägung bezüglich einer latenten (nichtbeobachtbaren) Variablen (Personeigenschaft, Einstellung oder Fähigkeit) zurückzuschließen. Diese latente Personvariable haben wir in Kap. 16 mit ξ bezeichnet. In diesem Abschnitt werden wir eine notwendige und hinreichende Bedingung vorstellen, aus der die Existenz der in Kap. 16 betrachteten Variablen ξ und der Itemparameter κ_i folgt. Während es sich bei den manifesten Ausgangsvariablen um *qualitative* Variablen handelt, die jeweils nur zwei verschiedene Werte annehmen können, kann die latente Variable ξ jeden Wert zwischen $-\infty$ und $+\infty$ (ausschließlich) annehmen. Die Definition der latenten Variablen ξ im Rasch-Modell ist somit ein Beispiel dafür, wie durch die Einführung von Modellannahmen ein *metrischer Begriff* eingeführt werden kann, wenn die Ausgangsbeobachtungen selbst nur qualitativer Natur sind. Allerdings greifen wir dabei schon auf einen metrischen Begriff, nämlich den der (bedingten) Wahrscheinlichkeit zurück.

18.1.1 Rasch-Homogenität

$Y_i : \Omega \rightarrow \{0, 1\}$

Ausgangspunkt des Rasch-Modells: eine klassische Meßstruktur

$\langle \Omega, \mathcal{A}, P \rangle$
$E(y\,|\,p_U)$
$E(Y_i\,|\,p_U)$

Das Rasch-Modell wurde als stochastisches Meßmodell für dichotome (zweiwertige) Variablen eingeführt, da die Modelle der KTT aus den in Abschnitt 16.1.1 beschriebenen Gründen für dichotome Variablen nicht geeignet sind. Unter der Voraussetzung, daß die Zufallsvariablen Y_i ausschließlich die Werte 0 und 1 annehmen dürfen, sind die bedingten Erwartungen $E(Y_i\,|\,p_U)$ mit den bedingten Wahrscheinlichkeiten $P(Y_i = 1\,|\,p_U)$ identisch. Auch für das Rasch-Modell ist daher eine klassische Meßstruktur $\mathbb{M} := \langle \langle \Omega, \mathcal{A}, P \rangle, E(y\,|\,p_U) \rangle$, wie sie in Kap. 9 eingeführt wurde, der Ausgangspunkt der weiteren Überlegungen.

Zur Erinnerung: Eine **klassische Meßstruktur** besteht aus einem Wahrscheinlichkeitsraum $\langle \Omega, \mathcal{A}, P \rangle$, der das betreffende Zufallsexperiment beschreibt, und einem Vektor $E(y\,|\,p_U)$ von Regressionen $E(Y_i\,|\,p_U)$ der Variablen Y_i auf die Personprojektion p_U. Darüber hinaus wird nur noch die Annahme gemacht, daß die Varianzen aller Variablen Y_i positiv und endlich sind. Die Menge Ω der möglichen Ergebnisse des zugrundegelegten Zufallsexperiments wird durch das Kreuzprodukt $\Omega = U \times M$ dargestellt. Dabei ist U die Menge der Beobachtungseinheiten, im Falle des Rasch-Modells meist eine Menge von Personen, und $M = M_1 \times ... \times M_m$ bezeichnet die Menge der Merkmalsausprägungen, d.h. das m-tupel der Antwortmöglichkeiten auf m Items. So interessieren z.B. im Falle einer Fähigkeitsmessung als Merkmalsausprägungen zunächst die Lösung bzw. Nicht-Lösung der m Aufgaben (Items). Die Mengen $M_i := \{+, -\}$ enthalten dabei als Elemente „+" und „–", die besagen, daß das i-te Item gelöst bzw. nicht gelöst wird. Sowohl die Antwortvariablen $Y_i : \Omega \rightarrow \{0, 1\}$, $i = 1, ..., m$, als auch die Projektion $p_U : \Omega \rightarrow U$, die jedem Ergebnis ω eine Person u zuordnet, sind Zufallsvariablen auf $\langle \Omega, \mathcal{A}, P \rangle$.

Zentrale Annahme: Parallelität der Logitvariablen

Im Gegensatz zu den Modellen der KTT beziehen sich die das Rasch-Modell definierenden Annahmen nicht direkt auf die personbedingten Erwartungen der stochastischen Variablen Y_i, sondern auf bestimmte Funktionen dieser bedingten Erwartungen, die sogenannten **Logitvariablen** (s. Abschnitt 16.1.2). Die zentrale Annahme des Rasch-Modells ist, daß sich die Logitvariablen aller betrachteten Antwortvariablen Y_i nur um eine Konstante unterscheiden, also Translationen voneinander sind. Rasch-homogene Variablen können dann wie folgt definiert werden:

Definition: Rasch-Homogenität

Definition. Seien $\mathbb{M} := \langle \langle \Omega, \mathcal{A}, P \rangle, E(y\,|\,p_U) \rangle$ eine klassische Meßstruktur, die Variablen $Y_i : \Omega \rightarrow \{0, 1\}$, $i = 1, ..., m$, Zufallsvariablen auf $\langle \Omega, \mathcal{A}, P \rangle$, und für die Werte $P(Y_i = 1\,|\,p_U = u)$ der bedingten Wahrscheinlichkeitsfunktionen $P(Y_i = 1\,|\,p_U)$ gelte: $0 < P(Y_i = 1\,|\,p_U = u) < 1$. Die Variablen $Y_1, ..., Y_m$ heißen **Rasch-homogen** genau dann, wenn zu jedem Paar $\langle i, j \rangle$, $i, j = 1, ..., m$, ein $\kappa_{ij} \in \mathbb{R}$ existiert mit:

$$\ln \frac{P(Y_i = 1\,|\,p_U)}{P(Y_i = 0\,|\,p_U)} \; = \; \ln \frac{P(Y_j = 1\,|\,p_U)}{P(Y_j = 0\,|\,p_U)} \; + \; \kappa_{ij}. \tag{1}$$

Erläuterungen. Die zentrale Annahme des Rasch-Modells ist also, daß sich die logarithmierten Wettquotienten (Logitvariablen) zweier Antwortvariablen Y_i und Y_j nur um eine Konstante unterscheiden. Zur Veranschaulichung dieser zentralen Annahme betrachten wir im folgenden wieder das Beispiel eines Fähigkeitstests.

Tabelle 18.1. Lösungswahrscheinlichkeiten und Logits zweier Rasch-homogener Variablen

Person	$P(Y_1 = 1 \mid p_U)$	$P(Y_2 = 1 \mid p_U)$	$\ln \dfrac{P(Y_1 = 1 \mid p_U)}{P(Y_1 = 0 \mid p_U)}$	$\ln \dfrac{P(Y_2 = 1 \mid p_U)}{P(Y_2 = 0 \mid p_U)}$
u_1	.10	.20	-2.20	-1.39
u_2	.40	.60	-0.405	0.405
u_3	.80	.90	1.39	2.20

Anmerkung. In diesem Beispiel gilt $\kappa_{12} = -.81$.

Beispiel:
Lösungswahrschein-
lichkeiten dreier
Personen bei 2
Rasch-homogenen
Antwortvariablen

Beispiel. In Tabelle 18.1 sind die Lösungswahrscheinlichkeiten von 3 verschiedenen Personen u_1, u_2 und u_3 für 2 verschiedene Rasch-homogene Aufgaben zusammengestellt. Darüber hinaus wurden die Werte der logarithmierten Wettquotienten berechnet. Wie man dieser Tabelle entnehmen kann, unterscheiden sich die Logits der Personen bei verschiedenen Aufgaben jeweils um dieselbe Konstante $\kappa_{ij} = -.81$. Dagegen sind die bedingten Wahrscheinlichkeiten $P(Y_i = 1 \mid p_U)$, die mit den bedingten Erwartungen $E(Y_i \mid p_U)$ identisch sind, nichtlinear voneinander abhängig.

18.1.2 Die latente Variable ξ

Gemäß dem nächsten Korollar folgt aus der Definition 18.1.1 ohne weitere Annahmen die Existenz einer theoretischen Größe, die die latente Eigenschaft (in vielen Anwendungsfällen die „Fähigkeit") einer Person kennzeichnet. Darüber hinaus folgt aus Definition 18.1.1 auch für jede Variable Y_i die Existenz eines Parameters, der das Meßinstrument charakterisiert und in vielen Anwendungsfällen als „Schwierigkeit" interpretiert werden kann.

Existenzsatz

Existenz von
ξ und κ$_i$

Korollar. Unter den in Definition 18.1.1 gegebenen Voraussetzungen gilt:

(i) Die Variablen Y_1, ..., Y_m sind *Rasch-homogen* genau dann, wenn eine reelle Zufallsvariable ξ auf $\langle \Omega, \mathcal{A}, P \rangle$ und für jedes $i = 1, ..., m$ eine reelle Konstante κ_i existieren, für die gilt:

$$\ln \frac{P(Y_i = 1 \mid p_U)}{P(Y_i = 0 \mid p_U)} = \xi - \kappa_i. \qquad (2)$$

(ii) Die Gleichung 2 gilt genau dann, wenn gilt:

$$P(Y_i = 1 \mid p_U) = \frac{\exp(\xi - \kappa_i)}{1 + \exp(\xi - \kappa_i)}. \qquad (3)$$

Beweis. Zum Beweis betrachte man in Gleichung 1 z.B. den Fall $j = 1$ und definiere

$$\kappa_i := -\kappa_{i1} \quad \text{und} \quad \xi := \ln \frac{P(Y_1 = 1 \,|\, p_U)}{P(Y_1 = 0 \,|\, p_U)}.$$

Setzt man diese beiden Definitionsgleichungen für ξ und κ_i in Gleichung 1 ein, sieht man sofort, daß Gleichung 2 aus Gleichung 1 folgt. Umgekehrt folgt Gleichung 1 aus 2, da für die Logitvariablen zweier verschiedener Antwortvariablen Y_i gilt:

$$\ln \frac{P(Y_i = 1 \,|\, p_U)}{P(Y_i = 0 \,|\, p_U)} = \xi - \kappa_i \quad \text{und} \quad \ln \frac{P(Y_j = 1 \,|\, p_U)}{P(Y_j = 0 \,|\, p_U)} = \xi - \kappa_j.$$

Löst man die rechte Gleichung nach ξ auf und setzt dann ξ in die linke Gleichung ein, kann man feststellen, daß Gleichung 1 aus 2 folgt mit $\kappa_{ij} := \kappa_j - \kappa_i$. Gleichung 3 folgt durch Umformen aus Gleichung 2 (s. Übung 1).

Subtraktive
Parametrisierung

Erläuterungen. Die Gleichungen 2 und 3 bezeichnen wir als die **subtraktive Parametrisierung** des Rasch-Modells, da die latente Variable ξ und die Itemparameter κ_i durch eine subtraktive Beziehung miteinander verknüpft sind. Die Wahrscheinlichkeit, daß ein Item von einer Person gelöst wird, hängt nur von der *Differenz* des Werts dieser Person auf der latenten Variablen ξ und der Schwierigkeit κ_i des Items ab. Dieser Zusammenhang wird klarer, wenn man sich wie bei den Modellen der KTT verdeutlicht, daß sich die Variable ξ als Komposition einer reellen Funktion ϕ mit der

$\xi = \phi(p_U)$

Projektion p_U darstellen läßt, d.h. $\xi = \phi(p_U)$. Hierdurch wird deutlich, daß auch durch die Variable ξ jeder *Person u* ein Wert zugewiesen wird, obwohl der Definitionsbereich von ξ die Menge Ω ist. Durch die Funktion ϕ und somit auch durch die Variable ξ wird jeder Person u ein Wert aus der Menge der reellen Zahlen zugewiesen.

$P(Y_i = 1 \,|\, \xi)$

Auf der linken Seite der Gleichungen 2 und 3 kann man übrigens $P(Y_i = 1 \,|\, p_U)$ durch $P(Y_i = 1 \,|\, \xi)$ ersetzen. Die Gleichheit dieser beiden bedingten Wahrscheinlichkeiten ist dadurch gegeben, daß ξ eine Funktion der Projektion p_U ist (s. Box G.1, Regel v), sowie durch die Tatsache, daß $P(Y_i = 1 \,|\, p_U)$ eine Funktion von ξ ist (s. Gl. 3 und Box G.1, Regel iv). Bezeichnet man den Wert einer Person u auf ξ mit ξ_u, d.h.

$\xi_u := \phi(u) = \xi(\omega)$

$\xi_u := \phi(u) = \xi(\omega)$, dann kann man das Rasch-Modell auch in der Form

$$P(Y_i = 1 \,|\, \xi = \xi_u) = \frac{\exp(\xi_u - \kappa_i)}{1 + \exp(\xi_u - \kappa_i)}, \tag{4}$$

für alle $u \in U$ und alle $i = 1, ..., m$, schreiben. Diese Schreibweise bedeutet, daß die Lösungswahrscheinlichkeit von der Differenz zweier *Parameter*, ξ_u und κ_i, abhängt.

Spezifische Objektivität. Bei Gültigkeit des Rasch-Modells gilt für die Differenz der Fähigkeitswerte ξ_1 und ξ_2 zweier Personen u_1 und u_2 die folgende Gleichung:

$$\xi_1 - \xi_2 = \ln \frac{P(Y_i = 1 \,|\, p_U = u_1)}{P(Y_i = 0 \,|\, p_U = u_1)} - \ln \frac{P(Y_i = 1 \,|\, p_U = u_2)}{P(Y_i = 0 \,|\, p_U = u_2)}, \tag{5}$$

*Unabhängigkeit der
Fähigkeitsdifferenz
zweier Personen
von den Items*

$i = 1, ..., m$. Die Differenz der Fähigkeitswerte ist also gleich der Differenz der Logits der betrachteten Personen und für jede Antwortvariable Y_i gleich. Der Vergleich der Fähigkeitswerte zweier Personen hängt daher nicht von den ausgewählten Items und deren Parametern, den Itemschwierigkeiten, ab. Er ist darüber hinaus von den Fähigkeitswerten aller anderen Personen unabhängig. Umgekehrt hängt die

*Unabhängigkeit der
Differenz zweier
Itemparameter von
den Personwerten*

Differenz der Schwierigkeitsparameter zweier Items weder von den Fähigkeiten der Personen noch von den Parametern der anderen Items ab, da die Differenz der Schwierigkeitsparameter der Differenz der Logits dieser Variablen entspricht und somit für jede gezogene Person u gleich ist:

$$\kappa_j - \kappa_i = \ln \frac{P(Y_i = 1 \,|\, p_U = u)}{P(Y_i = 0 \,|\, p_U = u)} - \ln \frac{P(Y_j = 1 \,|\, p_U = u)}{P(Y_j = 0 \,|\, p_U = u)}. \tag{6}$$

*Spezifische
Objektivität*

Die mit den Gleichungen 5 und 6 beschriebenen Eigenschaften des Rasch-Modells werden als **spezifische Objektivität** bezeichnet. Die spezifische Objektivität besagt allgemein, daß der Vergleich zweier Objekte (hier zweier Personen) nicht von dem Instrument abhängt, anhand dessen der Vergleich durchgeführt wird, und daß der Vergleich zweier Meßinstrumente (hier zweier Items) unabhängig von den untersuchten Objekten ist (s. hierzu auch weiterführend Fischer, 1988; Rasch, 1977, 1980; Tutz, 1989).

Multiplikative Parametrisierung. Durch die Gleichungen 1 bis 4 wurden 4 äquivalente Formulierungen der Rasch-Homogenität vorgestellt. Bei der Ableitung der Existenz der latenten Personvariablen und der Itemparameter haben wir uns auf die subtraktive Parametrisierung beschränkt. Daneben gibt es aber noch andere Parametrisierungen des Modells, auf die wir bei spezifischen Problemstellungen (z.B. der Parameterschätzung) zurückgreifen werden. Unterwirft man beispielsweise die latente

*Multiplikative
Parametrisierung*

$\theta := \exp(\xi)$
$\delta_i := \exp(-\kappa_i)$

Variable ξ und die Itemparameter κ_i jeweils einer exponentiellen Transformation der Form $a = \exp(b)$, so erhält man die latente Variable $\theta := \exp(\xi)$ und die Itemparameter $\delta_i := \exp(-\kappa_i)$. Die Variable θ und die Itemparameter δ_i sind die Komponenten der *multiplikativen Parametrisierung* des Rasch-Modells. Für die bedingten Wahrscheinlichkeiten gelten dann für $i = 1, ..., m$:

$$P(Y_i = 1 \,|\, p_U) = \frac{\theta \cdot \delta_i}{1 + \theta \cdot \delta_i} \quad \text{und} \quad P(Y_i = 0 \,|\, p_U) = \frac{1}{1 + \theta \cdot \delta_i} \tag{7}$$

(s. Übung 2). Im Gegensatz zur subtraktiven Parametrisierung werden die Itemparameter δ_i der multiplikativen Parametrisierung als *Itemleichtigkeit* interpretiert, da die Lösungswahrscheinlichkeit bei gegebener Personfähigkeit umso größer ist, je größer der Itemparameter δ_i ist. Die obigen beiden Gleichungen kann man auch in einer einzigen Gleichung zusammenfassen:

$$P(Y_i = y_i \,|\, p_U) = \frac{(\theta \cdot \delta_i)^{y_i}}{1 + \theta \cdot \delta_i}. \tag{8}$$

Setzt man in diese Gleichung für y_i die Werte 0 bzw. 1 ein, sieht man sofort, daß diese Formulierung mit der multiplikativen Parametrisierung nach Gleichung 7 äquivalent ist.

18.1.3 Rasch-Modell

Zur Vereinfachung der Schreibweise führen wir analog zu den Modellen der KTT die folgenden Definitionen ein, wobei wir wieder zwischen dem Rasch-*Modell* und verschiedenen *Parametrisierungen* dieses Modells unterscheiden.

Definitionen. Gegeben seien die Voraussetzungen aus Definition 18.1.1.

Rasch-Modell

(i) $\mathbb{M}_0 := \langle \langle \Omega, \mathcal{A}, P \rangle, E(y|p_U) \rangle$ heißt **Rasch-Modell** genau dann, wenn für jedes Paar $\langle i, j \rangle$, $i, j = 1, ..., m$, ein $\kappa_{ij} \in \mathbb{R}$ existiert, so daß Gleichung 1 gilt.

Subtraktive Parametrisierung

(ii) $\mathbb{M}_s := \langle \langle \Omega, \mathcal{A}, P \rangle, E(y|p_U), \xi, \boldsymbol{\kappa} \rangle$ heißt **subtraktiv parametrisiertes Rasch-Modell** genau dann, wenn für ξ und die Komponenten κ_i des Vektors $\boldsymbol{\kappa} := \langle \kappa_1, ..., \kappa_m \rangle$ die Gleichung 2 gilt.

Multiplikative Parametrisierung

(iii) $\mathbb{M}_m := \langle \langle \Omega, \mathcal{A}, P \rangle, E(y|p_U), \theta, \boldsymbol{\delta} \rangle$ heißt **multiplikativ parametrisiertes Rasch-Modell** genau dann, wenn für θ und die Komponenten δ_i des Vektors $\boldsymbol{\delta} := \langle \delta_1, ..., \delta_m \rangle$ die Gleichungen 7 gelten.

(iv)   Sei $\mathbb{M}_0 := \langle \langle \Omega, \mathcal{A}, P \rangle, E(y|p_U) \rangle$ ein Rasch-Modell. Dann heißt $\mathbb{M}_0$ **Rasch-Modell mit bedingter stochastischer Unabhängigkeit** genau dann, wenn gilt:

Bedingte stochastische Unabhängigkeit

$$P(Y_i = 1 \,|\, p_U, Y_1, ..., Y_{i-1}, Y_{i+1}, ..., Y_m) = P(Y_i = 1 \,|\, p_U), \quad i = 1, ..., m. \tag{9}$$

Erläuterungen. Ein Rasch-Modell in der hier definierten Form besteht also immer aus einem Wahrscheinlichkeitsraum $\langle \Omega, \mathcal{A}, P \rangle$, den stochastischen Variablen Y_i, die nur die Werte 0 und 1 annehmen können, und dem m-tupel $E(y|p_U)$ der Regressionen der Variablen Y_i auf die Personprojektion p_U. Darüber hinaus muß die Bedingung, daß die Logitvariablen (s. Gl. 1) Translationen voneinander sind, erfüllt sein. Bei einem subtraktiv parametrisierten Modell kommt hinzu, daß die Variable ξ und die Itemparameter κ_i die Gleichung 2 und die damit äquivalente Gleichung 3 erfüllen müssen. Bei einem multiplikativ parametrisierten Modell müssen für die Variable θ und die Itemparameter δ_i die Gleichungen 7 gelten.

In Punkt iv wird als zweite Annahme die *bedingte stochastische Unabhängigkeit* eingeführt, die besagt, daß die Antwort auf ein Item — gegeben eine Person u — unabhängig davon ist, wie die anderen Items des Tests beantwortet werden. Somit sind z.B. Lerneffekte, die durch die Bearbeitung verschiedener Aufgaben induziert werden könnten, ausgeschlossen. Da diese Annahme nicht für alle Modelltests benötigt wird und durchaus alternative Annahmen denkbar sind, unterscheiden wir zwischen Rasch-Modellen mit und ohne bedingte stochastische Unabhängigkeit. Natürlich ist diese Unterscheidung auch für die verschiedenen Parametrisierungen des Rasch-Modells sinnvoll.

Bemerkung 1. Gleichung 9 ist logisch äquivalent mit der Schreibweise der bedingten stochastischen Unabhängigkeit in der Form

$$P(I_{\{Y_1 = y_1, \ldots, Y_m = y_m\}} = 1 \mid p_U) \; = \; \prod_{i=1}^{m} \; P(I_{\{Y_i = y_i\}} = 1 \mid p_U) \qquad (10)$$

(s. Übung 4). Mit $\{Y_1 = y_1, \ldots, Y_m = y_m\} := \{\omega \in \Omega : Y_1(\omega) = y_1, \ldots, Y_m(\omega) = y_m\}$ wird dabei das Ereignis bezeichnet, daß die Variable Y_1 den Wert y_1, die Variable Y_2 den Wert y_2, ... und die Variable Y_m den Wert y_m annehmen. Dieses Ereignis kann man durch die Indikatorvariable $I_{\{Y_1 = y_1, \ldots, Y_m = y_m\}}$ repräsentieren, die den Wert 1 annimmt, falls dieses Ereignis eintritt, und den Wert 0 in allen anderen Fällen.

$I_{\{Y_1 = y_1, \ldots, Y_m = y_m\}}$

Bemerkung 2. Da ξ und θ Funktionen der Projektion p_U sind, gilt für ein *subtraktiv parametrisiertes Rasch-Modell mit bedingter stochastischer Unabhängigkeit* die Gleichung

$$P(I_{\{Y_1 = y_1, \ldots, Y_m = y_m\}} = 1 \mid \xi) \; = \; \prod_{i=1}^{m} \; P(I_{\{Y_i = y_i\}} = 1 \mid \xi) \qquad (11)$$

und für ein *multiplikativ parametrisiertes Rasch-Modell mit bedingter stochastischer Unabhängigkeit*:

$$P(I_{\{Y_1 = y_1, \ldots, Y_m = y_m\}} = 1 \mid \theta) \; = \; \prod_{i=1}^{m} \; P(I_{\{Y_i = y_i\}} = 1 \mid \theta) \qquad (12)$$

(s. Box G.1, Regeln iv und v).

18.2 Zulässige Transformationen und Eindeutigkeit

ξ und κ_i sind nicht völlig eindeutig bestimmt

Existenz einer Familie von Variablen ξ und Koeffizienten κ_i

Wie wir schon in Kap. 16 dargelegt haben, sind die latente Variable ξ und die reellen Konstanten $\kappa_1, \ldots, \kappa_m$ durch die Modellannahmen nicht völlig eindeutig bestimmt. Wie bei den Modellen essentiell τ-äquivalenter und τ-kongenerischer Variablen gibt es auch im Rasch-Modell eine ganze Familie solcher latenter Variablen ξ mit jeweils zugehörigen Koeffizienten κ_i, die die Gleichung 2 erfüllen. Einen beliebigen *Repräsentanten* dieser Familie bezeichnen wir mit ξ bzw. ξ' und den dazugehörigen Vektor der Koeffizienten κ_i bzw. κ_i' mit κ bzw. κ'. In den folgenden beiden Abschnitten wird untersucht, welche Transformationen der theoretischen Größen im Rasch-Modell zulässig sind und wie eindeutig die theoretischen Größen definiert sind. Hierbei ist zu beachten, daß im folgenden immer die subtraktive Parametrisierung des Modells vorausgesetzt wird. (Der Grad der Eindeutigkeit der theoretischen Größen im multiplikativ parametrisierten Modell wird in Übung 3 betrachtet.)

18.2.1 Zulässige Transformationen

Zulässige
Transformationen

Im folgenden Korollar werden die zulässigen Transformationen der theoretischen Größen ξ und κ_i im subtraktiv parametrisierten Rasch-Modell angegeben. Unter *zulässigen Transformationen* verstehen wir diejenigen Transformationen, die zu transformierten Größen führen, die wiederum die Gleichungen 2 und 3 erfüllen.

Korollar. Sei $M_s := \left\langle \langle \Omega, \mathcal{A}, P \rangle, E(y \mid p_U), \xi, \kappa \right\rangle$ ein subtraktiv parametrisiertes Rasch-Modell und die Variable ξ' und der Vektor κ' seien wie folgt definiert:

Translationen von ξ

$$\xi' := \xi + \alpha \quad \text{und} \tag{13}$$

und κ_i

$$\kappa' := \langle \kappa'_1, ..., \kappa'_m \rangle := \langle \kappa_1 + \alpha, ..., \kappa_m + \alpha \rangle, \quad \text{wobei } \alpha \in \mathbb{R}. \tag{14}$$

Dann ist auch $M'_s := \left\langle \langle \Omega, \mathcal{A}, P \rangle, E(y \mid p_U), \xi', \kappa' \right\rangle$ ein subtraktiv parametrisiertes Rasch-Modell.

Beweis. Durch Einsetzen von $\xi = \xi' - \alpha$ und $\kappa_i = \kappa'_i - \alpha$ in Gleichung 2 erhält man für alle $i = 1, ..., m$:

$$\ln \frac{P(Y_i = 1 \mid p_U)}{P(Y_i = 0 \mid p_U)} = \xi' - \kappa'_i.$$

Erläuterungen. Nach diesem Korollar sind im subtraktiv parametrisierten Rasch-Modell *Translationen* der latenten Variablen ξ die zulässigen Transformationen. Dabei muß beachtet werden, daß jede Translation von ξ eine entsprechende Translation des Vektors κ nach sich zieht.

18.2.2 Eindeutigkeit

Nur Translationen
sind zulässig

Im folgenden Theorem wird gezeigt, daß im subtraktiv parametrisierten Rasch-Modell *nur* Translationen der latenten Variablen ξ und der Itemparameter κ_i zulässig sind.

Eindeutigkeits-
theorem

Theorem. $M_s := \left\langle \langle \Omega, \mathcal{A}, P \rangle, E(y \mid p_U), \xi, \kappa \right\rangle$ und $M'_s := \left\langle \langle \Omega, \mathcal{A}, P \rangle, E(y \mid p_U), \xi', \kappa' \right\rangle$ seien subtraktiv parametrisierte Rasch-Modelle. Dann gibt es ein $\alpha \in \mathbb{R}$ mit:

$$\xi' = \xi + \alpha \quad \text{und} \quad \kappa'_i = \kappa_i + \alpha, \quad i = 1, ..., m. \tag{15}$$

Beweis. Da M_s und M'_s subtraktiv parametrisierte Rasch-Modelle sind, gelten für $i = 1, ..., m$:

$$\ln \frac{P(Y_i = 1 \mid p_U)}{P(Y_i = 0 \mid p_U)} = \xi - \kappa_i \quad \text{und} \quad \ln \frac{P(Y_i = 1 \mid p_U)}{P(Y_i = 0 \mid p_U)} = \xi' - \kappa'_i.$$

Zieht man die linke Gleichung von der rechten Gleichung ab und löst diese dann nach ξ' auf, erhält man

$$\xi' = \xi + (\kappa_i' - \kappa_i). \qquad (16)$$

Da diese Gleichung für alle $i = 1, ..., m$ gilt, ist die Differenz $\kappa_i' - \kappa_i$ für alle $i = 1, ..., m$ gleich und kann daher als Konstante α definiert werden: $\alpha := \kappa_i' - \kappa_i$. Nach Umformen dieser Gleichung folgt die Gleichung $\kappa_i' = \kappa_i + \alpha$ bzw. nach Einsetzen der Definitionsgleichung von α in Gleichung 16 die Gleichung $\xi' = \xi + \alpha$.

ξ und κ_i sind differenzskaliert

Erläuterungen. Die latente Variable ξ und die Itemparameter κ_i sind also im subtraktiv parametrisierten Rasch-Modell *differenzskaliert*, d.h. im subtraktiv parametrisierten Rasch-Modell sind diese beiden Größen bis auf Translationen eindeutig definiert.

Bemerkungen. Je nachdem, welcher Weg zur Herleitung und Definition des Rasch-Modells gewählt wird, unterscheiden sich die Antworten auf die Frage nach der Eindeutigkeit der theoretischen Größen. Definiert man das Rasch-Modell aufbauend auf der Bedingung, die durch Gleichung 1 an die Logitvariablen gestellt wird, so sind die theoretischen Größen in der subtraktiven Parametrisierung des Modells differenzskaliert. Einen anderen Weg zur Einführung des Rasch-Modells wählt z.B. Fischer (1988), der das Rasch-Modell aus dem Postulat der spezifischen Objektivität in Verbindung mit 4 weiteren Zusatzannahmen herleitet. Fischer (1988) kommt zu dem Ergebnis, daß eine ganze Familie von Rasch-Modellen den Anforderungen der spezifischen Objektivität genügt, sofern bei allen Modellen die Itemcharakteristiken parallel verlaufen und spezifisch objektive Vergleiche gewährleistet sind. Diese Familie von Rasch-Modellen läßt sich dann in der Form

$$P(Y_i = 1 \mid p_U) = \frac{\exp[\,c\,(\xi - \kappa_i) + d\,]}{1 + \exp[\,c\,(\xi - \kappa_i) + d\,]}$$

schreiben, wobei $c \neq 0$ und d reelle Konstanten sind. Diese Konstanten können — sofern sie für alle Variablen Y_i gleich sind — beliebig gewählt werden. Auch bei dieser Darstellung des Rasch-Modells ist die Differenz der Logits zweier Personen gleich der Differenz der Werte dieser Personen auf der latenten Variablen ξ und für die Differenz zweier Schwierigkeitsparameter ist ebenfalls Gleichung 6 gültig. Bei dieser Formulierung des Rasch-Modells sind die latente Variable ξ und die Itemparameter κ_i eindeutig bis auf *lineare* Transformationen bestimmt (s. Fischer, 1988, S. 101). Aussagen über die Eindeutigkeit der theoretischen Größen eines Modells können daher nicht unabhängig von den definierenden Modellannahmen und den gewählten Parametrisierungen getroffen werden. Es ist daher solange nicht möglich, von den zulässigen Transformationen der theoretischen Größen des Rasch-Modells zu sprechen, solange man nicht die definierenden Modellannahmen und die gewählte Form der Parametrisierung expliziert hat.

18.3 Bedeutsamkeit

Beispiele für
bedeutsame
Aussagen

Wählt man die subtraktive Parametrisierung des Modells, so sind im Rasch-Modell Aussagen über die Differenzen zwischen den Werten von ξ und über die Differenzen zwischen den Koeffizienten κ_i bedeutsam, d.h. die Wahrheitswerte dieser Aussagen sind dann invariant unter den zulässigen Transformationen. Bedeutsam ist beispielsweise die Aussage $\xi_1 - \xi_2 = \alpha$, wobei ξ_1, ξ_2 zwei Werte der latenten Variablen ξ und $\alpha \in \mathbb{R}$ eine reelle Zahl sind. Bedeutsam sind auch Aussagen über die Varianz $Var(\xi)$, z.B. $Var(\xi) = \alpha$, $\alpha \in \mathbb{R}$, und über die Differenzen zweier Itemparameter κ_i und κ_j. Aussagen über diese Größen sind im subtraktiv parametrisierten Rasch-Modell bedeutsam, da die Differenzen der Werte zweier Personen bzw. der Itemparameter zweier Items sowie der Varianz $Var(\xi)$ für alle Repräsentanten der theoretischen Größen gleich sind. Dies wird im folgenden Korollar gezeigt.

Bedeutsamkeitssatz

Korollar. $\mathcal{M}_s := \langle\langle \Omega, \mathcal{A}, P\rangle, E(y\,|\,p_U), \xi, \kappa\rangle$ und $\mathcal{M}'_s := \langle\langle \Omega, \mathcal{A}, P\rangle, E(y\,|\,p_U), \xi', \kappa'\rangle$ seien subtraktiv parametrisierte Rasch-Modelle. Dann gelten:

(i)   für $u_1, u_2 \in U$: $\xi_1 - \xi_2 = \xi'_1 - \xi'_2,$ (17)

(ii)   für $i, j = 1, ..., m$: $\kappa_i - \kappa_j = \kappa'_i - \kappa'_j,$ (18)

(iii) $Var(\xi) = Var(\xi').$ (19)

Beweis. Die Gleichungen 17 bis 19 sind unmittelbare Folgerungen aus den Eindeutigkeitssätzen. Durch Einsetzen der Definitionen von ξ' und κ' (Gleichungen 15) in die Gleichungen 17 und 18 kann man sich von der Gültigkeit dieser Gleichungen überzeugen. Gleichung 19 ist eine Folgerung aus den Rechenregeln für Varianzen (s. Box F.1, Regel vi).

Beispiele für
nichtbedeutsame
Aussagen

Erläuterungen. Neben den bereits genannten bedeutsamen Aussagen können im subtraktiv parametrisierten Rasch-Modell auch verschiedene nichtbedeutsame Aussagen formuliert werden. *Nichtbedeutsam* sind im subtraktiv parametrisierten Rasch-Modell Aussagen, die sich auf einzelne Werte der latenten Variablen ξ beziehen, wie z.B. $\xi_u = \alpha$, $\alpha \in \mathbb{R}$, und Aussagen über den Erwartungswert von ξ, z.B. $E(\xi) = \alpha$. Auch Aussagen über einzelne Werte von κ_i, z.B. $\kappa_i = \alpha$, und über das Verhältnis zweier Werte ξ_1 und ξ_2, z.B. $\xi_1 / \xi_2 = \alpha$, sind nichtbedeutsam. Ebenso ändern Aussagen über das Verhältnis zweier Itemparameter κ_i und κ_j, z.B. $\kappa_i / \kappa_j = \alpha$, ihren Wahrheitswert beim Übergang von κ zu κ'. Im multiplikativ parametrisierten Modell sind die theoretischen Größen θ und δ_i hingegen verhältnisskaliert. Daher sind Aussagen über das Verhältnis zweier Werte θ_1 und θ_2 und über das Verhältnis zweier Itemparameter δ_i und δ_j bedeutsam, nicht jedoch Aussagen über die Differenzen $\theta_1 - \theta_2$ und $\delta_i - \delta_j$.

18.4 Testbarkeit

Die in Kap. 16 vorgestellten testbaren Konsequenzen des Rasch-Modells sollen in diesem Abschnitt durch weitere Überprüfungsmöglichkeiten ergänzt werden. Wir werden als erste, bereits in Kap. 16 beschriebene, testbare Konsequenz ableiten, daß alle Itemparameter in Subpopulationen gleich sein müssen. Dies hat zur Folge, daß auch die Rangfolge der unbedingten Lösungswahrscheinlichkeiten beim Übergang zur Betrachtung von Subpopulationen erhalten bleibt. Weitere testbare Konsequenzen beziehen sich auf verschiedene bedingte Wahrscheinlichkeitsfunktionen und die gemeinsame Wahrscheinlichkeitsverteilung der Antwortvariablen Y_i. Schließlich wird als letzte testbare Konsequenz die Gleichheit der Personwerte in reduzierten Rasch-Modellen behandelt, worunter wir solche Modelle verstehen, die sich nur auf einen ausgewählten Teil von Rasch-homogenen Testaufgaben beziehen und somit nur eine Teilmenge der ursprünglichen Menge Rasch-homogener Antwortvariablen Y_i zum Gegenstand haben.

Reduziertes Rasch-Modell

18.4.1 Gleichheit der Itemparameter in Subpopulationen

Aus dem Rasch-Modell folgt ohne weitere Annahmen, daß die Werte der Itemparameter beim Übergang zur Betrachtung einer Subpopulation erhalten bleiben. Zur formalen Beschreibung dieses Sachverhaltes werden im folgenden die Teilmengen $U^{(s)} \subset U$ betrachtet, die die Subpopulationen der Gesamtpopulation U bezeichnen. Das Ereignis, daß eine Person u aus der Subpopulation $U^{(s)}$ gezogen wird, wird definiert durch

Subpopulation $U^{(s)}$

$$\Omega^{(s)} := \{\omega \in \Omega\colon p_U(\omega) \in U^{(s)}\}, \quad U^{(s)} \subset U, \tag{20}$$

wobei die Wahrscheinlichkeit $P(\Omega^{(s)})$ dieses Ereignisses größer als 0 sein soll. Für ein solches Ereignis existiert immer ein Wahrscheinlichkeitsmaß $P^{(s)}\colon \mathcal{A} \to [0, 1]$ auf $\langle \Omega, \mathcal{A} \rangle$, das durch

$$P^{(s)}(A) := P(A \mid \Omega^{(s)}), \quad \text{für alle } A \subset \mathcal{A}, \tag{21}$$

definiert wird. Der Übergang zum Wahrscheinlichkeitsraum $\langle \Omega, \mathcal{A}, P^{(s)} \rangle$ entspricht dem Übergang von der Betrachtung der Gesamtpopulation U zur Subpopulation $U^{(s)}$. Ereignisse A, die mit Personen zu tun haben, die nicht in der Subpopulation $U^{(s)}$ enthalten sind, haben dann die Wahrscheinlichkeit $P^{(s)}(A) = 0$.

Theorem. Sei $M_s := \langle \langle \Omega, \mathcal{A}, P \rangle, E(y \mid p_U), \xi, \boldsymbol{\kappa} \rangle$ ein subtraktiv parametrisiertes Rasch-Modell und $P^{(s)}$ das durch die Gleichung 21 definierte Wahrscheinlichkeitsmaß. Dann ist auch $M_s^{(s)} := \langle \langle \Omega, \mathcal{A}, P^{(s)} \rangle, E^{(s)}(y \mid p_U), \xi, \boldsymbol{\kappa} \rangle$ ein subtraktiv parametrisiertes Rasch-Modell, und es gilt:

$$P(Y_i = 1 \,|\, p_U) \ = \ P^{(s)}(Y_i = 1 \,|\, p_U) \ = \ \frac{\exp(\xi \, - \, \kappa_i)}{1 \, + \, \exp(\xi \, - \, \kappa_i)}. \tag{22}$$

Beweis. Wir zeigen, daß die Gleichung $P^{(s)}(Y_i = 1 \,|\, p_U = u) = P(Y_i = 1 \,|\, p_U = u)$ aus den Voraussetzungen folgt, da mit der Gleichheit dieser beiden Wahrscheinlichkeiten die Gleichungen 2 und 3 beim Übergang zur Betrachtung von Subpopulationen erhalten bleiben. Mit $\{Y_i = 1\} := \{\omega \in \Omega: Y_i(\omega) = 1\}$ und $\{p_U = u\} := \{\omega \in \Omega: p_U(\omega) = u\}$ gilt für $i = 1, ..., m$ und $u \in U^{(s)}$:

$$
\begin{aligned}
P^{(s)}(Y_i = 1 \,|\, p_U = u) \ &= \ \frac{P^{(s)}(\{Y_i = 1\} \cap \{p_U = u\})}{P^{(s)}(\{p_U = u\})} && \text{(Def. der bed.} \\
&&& \text{Wahrscheinlichkeit)} \\[2mm]
&= \ \frac{P(\{Y_i = 1\} \cap \{p_U = u\} \cap \Omega^{(s)}) \,/\, P(\Omega^{(s)})}{P(\{p_U = u\} \cap \Omega^{(s)}) \,/\, P(\Omega^{(s)})} && \text{(Def. der bed.} \\
&&& \text{Wahrscheinlichkeit)} \\[2mm]
&= \ \frac{P(\{Y_i = 1\} \cap \{p_U = u\})}{P(\{p_U = u\})}, && \text{da } u \in U^{(s)} \text{ und somit} \\
&&& \{p_U = u\} \cap \Omega^{(s)} = \{p_U = u\} \\[2mm]
&= P(Y_i = 1 \,|\, p_U = u). && \text{(Def. der bed. Wahrscheinlichkeit)}
\end{aligned}
$$

Daher gelten $P^{(s)}(Y_i = 1 \,|\, p_U = u) = P(Y_i = 1 \,|\, p_U = u)$ sowie $P^{(s)}(Y_i = 1 \,|\, p_U) = P(Y_i = 1 \,|\, p_U)$. Setzt man die letzte Gleichung in die Gleichungen 2 und 3 ein, sieht man sofort, daß sowohl die Annahme Rasch-homogener Variablen erhalten bleibt als auch Gleichung 22 folgt.

Erläuterungen. Die wichtigste Konsequenz aus diesem Theorem ist, daß die Itemparameter wie auch die Werte der Variablen ξ beim Übergang zur Betrachtung einer Subpopulation erhalten bleiben. Bei der Überprüfung des Rasch-Modells wird allerdings meistens nur von der Eigenschaft des Modells, daß die Itemparameter in Subpopulationen ihren Wert nicht ändern, Gebrauch gemacht. Dies bedeutet, daß für alle *Gleichheit der Item-* *parameter und der* *Personwerte in Sub-* *populationen* $i, j = 1, ..., m$ und alle Subpopulationen $U^{(s)}$ die Gleichung

$$\kappa_i^{(s)} \ = \ \kappa_i^{(t)} \tag{23}$$

gelten muß. Zur direkten Überprüfung dieser Annahme existieren verschiedene Teststatistiken, z.B. der Likelihood-Quotienten-Test von Andersen (1973), bei dem jedoch zusätzlich die Annahme der bedingten stochastischen Unabhängigkeit gemacht werden muß. Einen Überblick über weitere Teststatistiken geben Rost (1988) sowie van den Wollenberg (1988).

Bemerkungen. Da die Gleichung $P^{(s)}(Y_i = 1 \,|\, p_U) = P(Y_i = 1 \,|\, p_U)$ gilt, bleibt auch das Rasch-Modell in seiner unparametrisierten Form und das multiplikativ parametrisierte Rasch-Modell beim Übergang zur Betrachtung von Subpopulationen erhalten. Diese Modelle werden dann mit $\mathbb{M}_0^{(s)} := \langle\langle \Omega, \mathcal{A}, P \rangle, E^{(s)}(y\,|\,p_U) \rangle$ bzw. mit $\mathbb{M}_m^{(s)} := \langle\langle \Omega, \mathcal{A}, P^{(s)} \rangle, E^{(s)}(y\,|\,p_U), \theta, \delta \rangle$ notiert.

18.4.2 Gleichheit der Rangfolge der Lösungswahrscheinlichkeiten in Subpopulationen

Wie wir schon in Kap. 16 erwähnt haben, hat die Gleichheit der Itemparameter in Subpopulationen auch Folgen für die (unbedingten) Lösungswahrscheinlichkeiten der Items in Subpopulationen, ohne daß man dabei die bedingte stochastische Unabhängigkeit voraussetzen muß.

Gleichheit der Rangfolge der Lösungswahrscheinlichkeiten in Subpopulationen

Korollar. Seien $\mathbb{M}_0 := \langle\langle \Omega, \mathcal{A}, P \rangle, E(y\,|\,p_U) \rangle$ und $\mathbb{M}_0^{(s)} := \langle\langle \Omega, \mathcal{A}, P^{(s)} \rangle, E^{(s)}(y\,|\,p_U) \rangle$ Rasch-Modelle. Dann gilt für jedes Paar $\langle i, j \rangle$, $i, j = 1, ..., m$ und für jede Subpopulation $U^{(s)} \subset U$:

$$P(Y_i = 1) \le P(Y_j = 1) \quad \text{genau dann, wenn} \quad P^{(s)}(Y_i = 1) \le P^{(s)}(Y_j = 1). \quad (24)$$

Beweis. Nach Gleichung 6 gilt für $i, j = 1, ..., m$:

$$\kappa_i \le \kappa_j \quad \leftrightarrow \quad \ln \frac{P(Y_i = 1\,|\,p_U = u)}{P(Y_i = 0\,|\,p_U = u)} \le \ln \frac{P(Y_j = 1\,|\,p_U = u)}{P(Y_j = 0\,|\,p_U = u)}.$$

Da der Logit einer Variablen eine streng monotone Funktion der Lösungswahrscheinlichkeit ist, folgt hieraus:

$$\kappa_i \le \kappa_j \quad \leftrightarrow \quad P(Y_i = 1\,|\,p_U = u) \le P(Y_j = 1\,|\,p_U = u).$$

Diese Aussage gilt für jedes $u \in U$. Daraus folgen nach dem *Satz der totalen Wahrscheinlichkeit* (s. Anhang E.2.1):

$$P(Y_i = 1) = \sum_u P(Y_i = 1\,|\,p_U = u) \cdot P(p_U = u),$$

$$P(Y_j = 1) = \sum_u P(Y_j = 1\,|\,p_U = u) \cdot P(p_U = u).$$

Da jeder Summand $P(Y_j = 1\,|\,p_U = u)$ in der Gleichung für $P(Y_j = 1)$ einen gleich hohen bzw. höheren Wert aufweist als der entsprechende Summand $P(Y_i = 1\,|\,p_U = u)$ in der Gleichung für $P(Y_i = 1)$, folgt hieraus die Aussage

$$\kappa_i \le \kappa_j \quad \leftrightarrow \quad P(Y_i = 1) \le P(Y_j = 1).$$

Hieraus folgt Gleichung 24, da die Werte der Itemparameter und der Wahrscheinlichkeiten $P(Y_i = 1\,|\,p_U = u)$ sowie $P(Y_j = 1\,|\,p_U = u)$ beim Übergang zur Betrachtung einer Subpopulation erhalten bleiben (s. Theorem 18.4.1).

Erläuterungen. Da alle Itemparameter bezüglich ihrer Werte in eine Rangreihe gebracht werden können, bleibt beim Übergang zur Betrachtung einer Subpopulation auch die Rangreihe der unbedingten Lösungswahrscheinlichkeiten erhalten

(s. hierzu auch Hamerle, 1982, S. 237f.). Auf Möglichkeiten zur Überprüfung dieser testbaren Bedingung wurde in Abschnitt 16.5 hingewiesen.

18.4.3 Bedingte Lösungswahrscheinlichkeiten gegeben die Summe aller Antwortvariablen

Überblick

$S = Y_1 + ... + Y_m$

In diesem Abschnitt zeigen wir, daß für die Summe $S := Y_1 + ... + Y_m$ im Rasch-Modell für alle $i = 1, ..., m$ gilt: $P(Y_i = 1 | \xi, S) = P(Y_i = 1 | S)$. Die Antwortvariable Y_i ist also von der latenten Variablen ξ bedingt unabhängig, gegeben S. Wir werden zeigen, daß die entsprechende Eigenschaft auch in jeder Subpopulation gilt. Daher sind die S-bedingten Lösungswahrscheinlichkeiten in verschiedenen Subpopulationen gleich. Dies kann man in Anwendungen leicht überprüfen. Darüber hinaus läßt sich die S-bedingte Lösungswahrscheinlichkeit eines Items allein aus den Schwierigkeitsparametern der Items berechnen. Die so berechneten, *vom Modell implizierten S-be*dingten Lösungswahrscheinlichkeiten lassen sich dann mit den *empirischen S-beding*ten Lösungswahrscheinlichkeiten vergleichen. Diese testbaren Konsequenzen sind auch schon dann erfüllt, wenn die Summe S nicht über *alle* Antwortvariablen, sondern nur über einen Teil der Antwortvariablen gebildet wird. Sie gelten bereits für die Betrachtung zweier Antwortvariablen Y_i und Y_j. Aus didaktischen Gründen werden wir zunächst diesen Spezialfall betrachten, bevor wir den allgemeinen Fall darstellen. Zur Herleitung der genannten testbaren Konsequenzen reicht die Annahme der Rasch-Homogenität nicht aus, sondern es muß zusätzlich die bedingte stochastische Unabhängigkeit vorausgesetzt werden (s. Abschnitt 18.1.3).

$S_{ij} := Y_i + Y_j$

Betrachtung zweier Antwortvariablen. Zunächst betrachten wir den Spezialfall zweier Antwortvariablen, aus dem wir die bereits in Gleichung 16.14 angegebene testbare Konsequenz ableiten können. Die Summenvariable $S_{ij} := Y_i + Y_j$ kann dann die Werte 0, 1 und 2 annehmen. Mit $S_{ij} = 1$ wird z.B. das Ereignis repräsentiert, daß *entweder* das Item i *oder aber* das Item j gelöst wird. Die Wahrscheinlichkeit, daß die Variable S_{ij} den Wert 1 annimmt, ist dann gleich der Wahrscheinlichkeit des Ereignisses, daß Y_i den Wert 1 und Y_j den Wert 0 annimmt plus der Wahrscheinlichkeit, daß Y_i den Wert 0 und Y_j den Wert 1 annimmt:

$$\begin{aligned} P(S_{ij} = 1) &:= P(\{Y_i = 1,\ Y_j = 0\} \cup \{Y_i = 0,\ Y_j = 1\}) \\ &= P(Y_i = 1,\ Y_j = 0) + P(Y_i = 0,\ Y_j = 1). \end{aligned} \tag{25}$$

Aufgrund der einfacheren mathematischen Handhabbarkeit in der Beweisführung greifen wir auf die multiplikative Parametrisierung des Modells zurück und betrachten zunächst die Beziehungen zwischen verschiedenen Lösungswahrscheinlichkeiten und den Itemparametern, aus denen dann testbare Konsequenzen für empirisch schätzbare Größen abgeleitet werden können.

Theorem 1. Seien $\mathbb{M}_m := \langle\langle \Omega, \mathcal{A}, P \rangle, E(y | p_U), \theta, \delta \rangle$ ein multiplikativ parametrisiertes Rasch-Modell mit bedingter stochastischer Unabhängigkeit und $S_{ij} := Y_i + Y_j$. Dann gilt für alle $i, j = 1, ..., m$ und alle $u \in U$:

$$P(Y_i = 1 \,|\, p_U = u,\ S_{ij} = 1)\ =\ P(Y_i = 1 \,|\, S_{ij} = 1)\ =\ \frac{\delta_i}{\delta_i + \delta_j}. \tag{26}$$

Beweis. Zum Beweis dieses Theorems betrachten wir zunächst die bedingte Wahrscheinlichkeit

$$P(Y_i = 1 \,|\, p_U = u,\ S_{ij} = 1) = P_{p_U = u}(Y_i = 1 \,|\, S_{ij} = 1).$$

Definieren wir:

$$\{Y_i = y_i,\ Y_j = y_j\} := \{\omega \in \Omega:\ Y_i(\omega) = y_i \text{ und } Y_j(\omega) = y_j\},$$

dann gilt für jedes Paar $\langle i, j \rangle$, $i, j = 1, ..., m$:

$$P_{p_U = u}(Y_i = 1 \,|\, S_{ij} = 1) = \frac{P_{p_U = u}\big(\big(\{Y_i=1, Y_j=0\} \cup \{Y_i=1, Y_j=1\}\big) \cap \big(\{Y_i=1, Y_j=0\} \cup \{Y_i=0, Y_j=1\}\big)\big)}{P_{p_U = u}(\{Y_i=1, Y_j=0\} \cup \{Y_i=0, Y_j=1\})}$$

$$= \frac{P_{p_U = u}(Y_i=1, S_{ij}=1)}{P_{p_U = u}(S_{ij}=1)}$$

$$= \frac{P_{p_U = u}(Y_i=1, Y_j=0)}{P_{p_U = u}(Y_i=1, Y_j=0)\ +\ P_{p_U = u}(Y_i=0, Y_j=1)}.$$

Da diese Beziehung für alle $u \in U$ gilt, folgt aus dieser Gleichung für die bedingte Wahrscheinlichkeit $P_{S_{ij}=1}(Y_i = 1 \,|\, p_U)$:

$$P_{S_{ij}=1}(Y_i=1 \,|\, p_U)\ =\ \frac{P(I_{\{Y_i=1, Y_j=0\}} = 1 \,|\, p_U)}{P(I_{\{Y_i=1, Y_j=0\}} = 1 \,|\, p_U) + P(I_{\{Y_i=0, Y_j=1\}} = 1 \,|\, p_U)}.$$

Aufgrund der bedingten stochastischen Unabhängigkeit (Gl. 10) gilt darüber hinaus:

$$P_{S_{ij}=1}(Y_i=1 \,|\, p_U)\ =\ \frac{P(Y_i=1 \,|\, p_U) \cdot P(Y_j=0 \,|\, p_U)}{P(Y_i=1 \,|\, p_U) \cdot P(Y_j=0 \,|\, p_U)\ +\ P(Y_i=0 \,|\, p_U) \cdot P(Y_j=1 \,|\, p_U)}.$$

Nach Einsetzen der multiplikativen Parametrisierung des Rasch-Modells (Gl. 7) und Kürzen erhält man:

$$P_{S_{ij}=1}(Y_i=1 \,|\, p_U)\ =\ \frac{\delta_i}{\delta_i + \delta_j}.$$

Damit haben wir gezeigt, daß die linke Seite von Gleichung 26 mit der rechten Seite übereinstimmt. Es bleibt nur noch zu zeigen, daß der Mittelteil von Gleichung 26 mit der rechten Seite übereinstimmt. Da Y_i eine Indikatorvariable ist, gilt (s. Anhang G.1):

$$P_{S_{ij}=1}(Y_i=1) \; = \; E_{S_{ij}=1}(Y_i).$$

Nach Anwendung von Rechenregel iii aus Box G.1 folgt weiter:

$$E_{S_{ij}=1}(Y_i) \; = \; E_{S_{ij}=1}[E_{S_{ij}=1}(Y_i|p_U)] \; = \; E_{S_{ij}=1}[P_{S_{ij}=1}(Y_i=1|p_U)]$$

$$= \; E_{S_{ij}=1}\left(\frac{\delta_i}{\delta_i + \delta_j}\right) \; = \; \frac{\delta_i}{\delta_i + \delta_j}.$$

Erläuterungen. Gleichung 26 weist auf eine weitere wichtige Eigenschaft des Rasch-Modells mit bedingter stochastischer Unabhängigkeit hin: Das Ereignis, daß eine Person u eines der Items i oder j löst, ist bedingt unabhängig vom Wert dieser Person auf der latenten Variablen θ, gegeben $S_{ij} = 1$. Diese Eigenschaft ist nicht von einer spezifischen Parametrisierung des Modells abhängig. Dieser Sachverhalt läßt sich in analoger Weise für die anderen Werte der Summenvariablen S_{ij} und sogar für die Betrachtung der Summe *aller* Antwortvariablen herleiten, wie wir später zeigen werden. Liegen erst einmal Schätzungen der Parameter δ_i vor, können als testbare Konse-

1. testbare Konsequenz

quenz die aufgrund von Gleichung 26 im Rasch-Modell *erwarteten* Lösungshäufigkeiten mit den empirisch *beobachteten* Lösungshäufigkeiten verglichen werden.

Aus dem obigen Theorem folgen aber auch weitere testbare Konsequenzen, wenn man *verschiedene* Subpopulationen miteinander vergleicht. Man kann nämlich zeigen, daß die bedingte stochastische Unabhängigkeit auch in Subpopulationen gilt (s. das folgende Lemma). Aus diesem Lemma (Hilfssatz) und dem letzten Theorem folgt dann, daß die zu Gleichung 26 analoge Gleichung auch für Subpopulationen gilt.

Lemma. Seien $\mathcal{M}_0 := \langle \langle \Omega, \mathcal{A}, P \rangle, E(y|p_U) \rangle$ ein Rasch-Modell mit bedingter stochastischer Unabhängigkeit und $P^{(s)}$ das in Gleichung 21 definierte Wahrscheinlichkeitsmaß. Dann ist auch $\mathcal{M}_0^{(s)} = \langle \langle \Omega, \mathcal{A}, P^{(s)} \rangle, E^{(s)}(y|p_U) \rangle$ ein Rasch-Modell mit bedingter stochastischer Unabhängigkeit.

Beweis. Wegen Theorem 18.4.1 ist nur noch zu zeigen, daß aus der Annahme der bedingten stochastischen Unabhängigkeit in der Gesamtpopulation U die bedingte stochastische Unabhängigkeit in Subpopulationen $U^{(s)} \subset U$ folgt. Dies wurde schon in Abschnitt 12.4.3 bewiesen, da im Falle des Rasch-Modells die bedingte stochastische Unabhängigkeit mit der regressiven Unabhängigkeit äquivalent ist.

Korollar. Seien $\mathcal{M}_0 := \langle \langle \Omega, \mathcal{A}, P \rangle, E(y|p_U) \rangle$ ein Rasch-Modell mit bedingter stochastischer Unabhängigkeit und $S_{ij} := Y_i + Y_j$. Dann gilt für alle $i, j = 1, ..., m$ und 2 beliebige Subpopulationen $U^{(s)}, U^{(t)} \subset U$:

$$P^{(s)}(Y_i = 1 | S_{ij} = 1) \; = \; P^{(t)}(Y_i = 1 | S_{ij} = 1). \tag{27}$$

Beweis. Da das Rasch-Modell beim Übergang zur Betrachtung von Subpopulationen erhalten bleibt, bleiben auch die Itemparameter beim Übergang zu den Subpopulationen erhalten, d.h. Gleichung 26 gilt auch für die Wahrscheinlichkeitsmaße $P^{(s)}$ und $P^{(t)}$. Daraus folgt Gleichung 27.

2. testbare
Konsequenz

Erläuterungen. Zur Überprüfung dieser testbaren Konsequenz werden in allen Subpopulationen ausschließlich diejenigen Personen betrachtet, die nur ein Item eines Itempaares gelöst haben. Die Anzahl dieser Personen kann in Subpopulationen natürlich durchaus verschieden sein, d.h. die Wahrscheinlichkeiten $P^{(s)}(S_{ij} = 1)$ und $P^{(t)}(S_{ij} = 1)$ können verschiedene Werte annehmen. Die Wahrscheinlichkeit, daß in dieser Personengruppe Item i gelöst wird, muß jedoch in allen Subpopulationen gleich sein. Aus Gleichung 27 folgt für 2 Antwortvariablen i und j natürlich auch die Gleichheit des Wahrscheinlichkeitsverhältnisses

$$\frac{P^{(s)}(Y_i = 1 \,|\, S_{ij} = 1)}{P^{(s)}(Y_j = 1 \,|\, S_{ij} = 1)} = \frac{P^{(t)}(Y_i = 1 \,|\, S_{ij} = 1)}{P^{(t)}(Y_j = 1 \,|\, S_{ij} = 1)}. \tag{28}$$

Wie man sich leicht klarmachen kann, sind Gleichung 28 und Gleichung 16.14 äquivalent. Ein statistisches Verfahren zur Überprüfung dieser testbaren Konsequenz ist beispielsweise bei Andrich (1988) beschrieben. Das Testverfahren basiert auf dem Vergleich der beobachteten Antworthäufigkeiten mit den aufgrund Gleichung 28 berechneten erwarteten Häufigkeiten der vier möglichen Kombinationen von Antworten auf ein Itempaar. Der bisher für Item*paare* beschriebene Sachverhalt soll nun auf die Betrachtung *aller* Antwortvariablen übertragen werden.

$S := Y_1 + ... + Y_m$

Betrachtung aller Antwortvariablen. Im folgenden werden wir die oben dargelegten Beziehungen und testbaren Konsequenzen auf die Summe *aller* Rasch-homogenen Variablen Y_i übertragen. Für $S := Y_1 + ... + Y_m$ läßt sich zeigen, daß die Antwortvariablen Y_i bedingt unabhängig von der latenten Personvariablen ξ (bzw. θ im multiplikativ parametrisierten Modell) sind, gegeben S. Im subtraktiv parametrisierten Rasch-Modell mit bedingter stochastischer Unabhängigkeit gilt also: $P(Y_i = 1 \,|\, \xi, S) = P(Y_i = 1 \,|\, S)$. Außerdem zeigen wir, daß und wie sich die bedingte Wahrscheinlichkeit $P(Y_i = 1 \,|\, S = s)$ aus den Schwierigkeitsparametern der Items berechnen läßt.

Beispiel. Wir betrachten zunächst das Beispiel dreier Items ($m = 3$), von denen 2 Items gelöst werden ($S = 2$) und beschränken uns auf die Darstellung der ($S = 2$)-bedingten Lösungswahrscheinlichkeit des *ersten* Items:

$$P(Y_1 = 1 \,|\, S = 2) = \frac{\delta_1 \cdot \delta_2 + \delta_1 \cdot \delta_3}{\delta_1 \cdot \delta_2 + \delta_1 \cdot \delta_3 + \delta_2 \cdot \delta_3} = \frac{\delta_1(\delta_2 + \delta_3)}{\delta_1 \cdot \delta_2 + \delta_1 \cdot \delta_3 + \delta_2 \cdot \delta_3}.$$

Die ($S = 2$)-bedingte Wahrscheinlichkeit, daß das erste Item gelöst wird, ist demzufolge durch das Verhältnis zweier Summen bestimmt. Sowohl im Zähler als auch im Nenner besteht jeder Summand aus dem Produkt *zweier* Itemparameter, was dadurch bedingt ist, daß die Summenvariable S in diesem Beispiel den Wert 2 annimmt. Die Produkte im Zähler enthalten jeweils den Schwierigkeitsparameter desjenigen Items (hier: Item 1), dessen Lösungswahrscheinlichkeit betrachtet wird, und den Schwierigkeitsparameter jedes anderen Items (hier: Items 2 und 3). Im Nenner stehen alle Kombinationen von Produkten *zweier* Itemparameter, die bei der Betrachtung dreier Items möglich sind. Dieses Prinzip der Berechnung der ($S = 2$)-bedingten Lösungswahrscheinlichkeit eines Items soll nun auf den allgemeinen Fall der $(S = s)$-bedingten Lösungswahrscheinlichkeit eines Items übertragen werden.

*Definition
wichtiger Mengen*

Notation. Zur einfacheren Darstellung des allgemeinen Theorems definieren wir zunächst drei verschiedene Mengen A, B und C. Für einen festen Index $i \in \{1, ..., m\}$ enthält die Menge

$$A := \{\langle y_1, ..., y_m\rangle: Y_i = 1\} \tag{29}$$

alle m-tupel $\langle y_1, ..., y_m\rangle$ von Werten der Antwortvariablen $Y_1, ..., Y_m$, bei denen die Antwortvariable Y_i den Wert 1 annimmt. (Der Einfachheit halber verzichten wir darauf, A mit i zu indizieren.) Außerdem betrachten wir für einen festen Wert s von $S := Y_1 + ... + Y_m$ die Menge

$$B := \{\langle y_1, ..., y_m\rangle: S = s\}, \tag{30}$$

*t: Anzahl der
möglichen Antwort-
muster für S = s*

die aus allen m-tupeln $\langle y_1, ..., y_m\rangle$ von Werten der Antwortvariablen $Y_1, ..., Y_m$ besteht, für die S den Wert s annimmt. Ein Element dieser Menge notieren wir mit $\langle y_1^{(b)}, ..., y_m^{(b)}\rangle$, $b = 1, ..., t$. Mit t bezeichnen wir die Anzahl der möglichen Antwortmuster, die zu $S = s$ gehören. Schließlich ist die Menge

$$C := A \cap B \tag{31}$$

*v: Anzahl der
Elemente von C*

die Schnittmenge der beiden Mengen A und B. Sie beinhaltet als Elemente alle m-tupel $\langle y_1, ..., y_m\rangle$, für die die Zufallsvariable S den Wert s *und* die Antwortvariable Y_i den Wert 1 annehmen. Ein Element dieser Menge notieren wir mit $\langle y_1^{(c)}, ..., y_m^{(c)}\rangle$, $c = 1, ..., v$. Der Buchstabe v steht für die Anzahl der möglichen Antwortmuster, die Elemente der Menge C sind. Da im Fall $S = 0$ die Menge C die leere Menge ist und der Zähler der im folgenden Korollar hergeleiteten Gleichung 32 nicht definiert ist, schließen wir diesen Fall aus.

Die oben definierten Mengen von Antwortmustern A, B und C lassen sich z.B. für die Variablen Y_1, Y_2, Y_3 des obigen Beispiels dreier Items, von denen 2 gelöst werden, wie folgt schreiben, wenn die $(S = 2)$-bedingte Lösungswahrscheinlichkeit des ersten Items ($i = 1$) von Interesse ist: $A = \{\langle 1, 0, 0\rangle, \langle 1, 1, 0\rangle, \langle 1, 0, 1\rangle, \langle 1, 1, 1\rangle\}$, $B = \{\langle 1, 1, 0\rangle, \langle 1, 0, 1\rangle, \langle 0, 1, 1\rangle\}$ und $C = \{\langle 1, 1, 0\rangle, \langle 1, 0, 1\rangle\}$.

Theorem. Seien:

(a) $\mathbb{M}_m := \langle \langle \Omega, \mathcal{A}, P\rangle, E(y\,|p_U), \theta, \boldsymbol{\delta}\rangle$ ein multiplikativ parametrisiertes Rasch-Modell mit bedingter stochastischer Unabhängigkeit,

(b) B und C die in den Gleichungen 30 und 31 definierten Mengen,

(c) $y_j^{(b)}$ der Wert der Variablen Y_j, der zum b-ten Antwortmuster der Menge B gehört, und $y_j^{(c)}$ der Wert der Variablen Y_j, der zum c-ten Antwortmuster der Menge C gehört, und

(d) $S := Y_1 + ... + Y_m$.

Dann gilt für alle $i, j = 1, ..., m, b = 1, ..., t, c = 1, ..., v, s = 1, ..., m$ und $u \in U$:

$$P(Y_i = 1 \,|\, p_U = u, \, S = s) \;=\; P(Y_i = 1 \,|\, S = s) \;=\; \frac{\displaystyle\sum_{c=1}^{v} \prod_{j=1}^{m} \delta_j^{y_j^{(c)}}}{\displaystyle\sum_{b=1}^{t} \prod_{j=1}^{m} \delta_j^{y_j^{(b)}}}. \tag{32}$$

Beweis. Wir betrachten zunächst die bedingte Wahrscheinlichkeit, daß eine Person u mit dem Wert s auf der Summenvariablen S das i-te Item löst. Unter Rückgriff auf die oben definierten Mengen A, B und C und Anhang E.2.1 gilt für diese Wahrscheinlichkeit:

$$P(Y_i = 1 \,|\, p_U = u, S = s) \;=\; P_{p_U = u}(Y_i = 1 \,|\, S = s) \;=\; \frac{\displaystyle\sum_{c=1}^{v} P(\{Y_1 = y_1^{(c)}, ..., Y_m = y_m^{(c)}\} \,|\, p_U = u)}{\displaystyle\sum_{b=1}^{t} P(\{Y_1 = y_1^{(b)}, ..., Y_m = y_m^{(b)}\} \,|\, p_U = u)}.$$

Aus der Annahme der bedingten stochastischen Unabhängigkeit folgt zudem:

$$P(Y_i = 1 \,|\, p_U = u, S = s) \;=\; \frac{\displaystyle\sum_{c=1}^{v} P(Y_1 = y_1^{(c)} \,|\, p_U = u) \cdot ... \cdot P(Y_m = y_m^{(c)} \,|\, p_U = u)}{\displaystyle\sum_{b=1}^{t} P(Y_1 = y_1^{(b)} \,|\, p_U = u) \cdot ... \cdot P(Y_m = y_m^{(b)} \,|\, p_U = u)}.$$

Da diese Beziehung für alle $u \in U$ gilt, folgt:

$$P_{S=s}(Y_i = 1 \,|\, p_U) \;=\; \frac{\displaystyle\sum_{c=1}^{v} \prod_{j=1}^{m} P(Y_j = y_j^{(c)} \,|\, p_U)}{\displaystyle\sum_{b=1}^{t} \prod_{j=1}^{m} P(Y_j = y_j^{(b)} \,|\, p_U)}.$$

Ersetzt man die p_U-bedingten Wahrscheinlichkeiten durch die multiplikativen Parametrisierungen nach Gleichung 8, so erhält man:

$$P_{S=s}(Y_i = 1 \,|\, p_U) \;=\; \frac{\displaystyle\sum_{c=1}^{v} \prod_{j=1}^{m} \frac{(\theta \cdot \delta_j)^{y_j^{(c)}}}{1 + \theta \cdot \delta_j}}{\displaystyle\sum_{b=1}^{t} \prod_{j=1}^{m} \frac{(\theta \cdot \delta_j)^{y_j^{(b)}}}{1 + \theta \cdot \delta_j}}.$$

Durch Ausklammern von $\prod_{j=1}^{m} 1/(1 + \theta \cdot \delta_j)$ erhält man:

$$P_{S=s}(Y_i=1 \mid p_U) = \frac{\prod\limits_{j=1}^{m} \dfrac{1}{(1+\theta \cdot \delta_j)} \sum\limits_{c=1}^{v} \prod\limits_{j=1}^{m} (\theta \cdot \delta_j)^{y_j^{(c)}}}{\prod\limits_{j=1}^{m} \dfrac{1}{(1+\theta \cdot \delta_j)} \sum\limits_{b=1}^{t} \prod\limits_{j=1}^{m} (\theta \cdot \delta_j)^{y_j^{(b)}}} = \frac{\sum\limits_{c=1}^{v} \prod\limits_{j=1}^{m} (\theta \cdot \delta_j)^{y_j^{(c)}}}{\sum\limits_{b=1}^{t} \prod\limits_{j=1}^{m} (\theta \cdot \delta_j)^{y_j^{(b)}}}.$$

Da in jedem Antwortmuster im Zähler und im Nenner genau s Aufgaben gelöst werden, kommt θ in jedem Summanden s-mal als Faktor vor. Durch Ausklammern folgt:

$$P_{S=s}(Y_i=1 \mid p_U) = \frac{\theta^s \sum\limits_{c=1}^{v} \prod\limits_{j=1}^{m} \delta_j^{y_j^{(c)}}}{\theta^s \sum\limits_{b=1}^{t} \prod\limits_{j=1}^{m} \delta_j^{y_j^{(b)}}} = \frac{\sum\limits_{c=1}^{v} \prod\limits_{j=1}^{m} \delta_j^{y_j^{(c)}}}{\sum\limits_{b=1}^{t} \prod\limits_{j=1}^{m} \delta_j^{y_j^{(b)}}}.$$

Damit ist gezeigt, daß die linke Seite von Gleichung 32 mit der rechten Seite übereinstimmt. Es bleibt zu zeigen, daß der Mittelteil von Gleichung 32 mit der rechten Seite übereinstimmt. Hierzu macht man von der Gültigkeit der Gleichungen $E_{S=s}(Y_i) = P_{S=s}(Y_i = 1)$ und $E_{S=s}[E_{S=s}(Y_i \mid p_U)] = E_{S=s}[P_{S=s}(Y_i = 1 \mid p_U)]$ Gebrauch. Nach Regel iii der Box G.1 gilt:

$$E_{S=s}(Y_i) = E_{S=s}[E_{S=s}(Y_i \mid p_U)].$$

Einsetzen 'der vorletzten Gleichung in die letzte Gleichung ergibt nach Regel i der Box F.1 die rechte Seite von Gleichung 32.

Erläuterungen. Sowohl der Zähler als auch der Nenner in Gleichung 32 setzen sich aus einer Summe von Produkten der Schwierigkeitsparameter zusammen. Die Summanden des Zählers sind die Produkte der Schwierigkeitsparameter jener Items, die bei Betrachtung eines Antwortmusters, das ein Element von C ist, gelöst wurden. Die Summanden des Nenners sind die Produkte der Schwierigkeitsparameter derjenigen Items, die bei einem zu $S = s$ gehörigen Antwortmuster gelöst werden. Diese Summe von Produkten der Schwierigkeitsparameter, die zu einem Wert $S = s$ gehört, wird auch als ***symmetrische Grundfunktion s-ter Ordnung*** bezeichnet (s. hierzu Fischer, 1974) und spielt bei verschiedenen Parameterschätzmethoden und Modellüberprüfungsmöglichkeiten eine wichtige Rolle.

Symmetrische Grundfunktion s-ter Ordnung

Bemerkungen. Diesem Theorem zufolge sind also die Antwortvariablen Y_i bedingt unabhängig von der Person, gegeben ($S = s$). Da sowohl θ als auch ξ Funktionen der Personprojektion p_U sind, folgt aus diesem Theorem auch:

$$P(Y_i = 1 \mid \theta, S) = P(Y_i = 1 \mid \xi, S) = P(Y_i = 1 \mid S) \tag{33}$$

(s. Box G.1, Regeln iv und v).

Zur Überprüfung der mit Gleichung 32 beschriebenen testbaren Konsequenz haben sowohl Martin-Löf (1973; s. auch Gustafsson, 1980) als auch van den Wollenberg (1988) Teststatistiken entwickelt. Diese Teststatistiken basieren auf dem Vergleich

Testbare Konsequenz:

Vergleich der erwarteten und beobachteten Lösungshäufigkeit

der *theoretisch erwarteten Lösungshäufigkeit* eines Items aufgrund von Gleichung 32 und der *empirisch beobachteten Lösungshäufigkeit* eines Items, gegeben den Wert der Summenvariablen. Die empirisch beobachtete Lösungshäufigkeit eines Items, gegeben $S = s$, entspricht der Anzahl von Personen mit dem Wert s auf S, die dieses Item gelöst haben.

Beispiel zur symmetrischen Grundfunktion

Beispiel. Für das oben bereits eingeführte Beispiel mit 3 Items läßt sich die Wahrscheinlichkeit, daß das erste Item gelöst wird, gegeben das Ereignis, daß 2 Items gelöst werden, nach Gleichung 32 wie folgt bestimmen:

$$P(Y_1 = 1 \mid S = 2) = \frac{\delta_1^1 \delta_2^1 \delta_3^0 + \delta_1^1 \delta_2^0 \delta_3^1}{\delta_1^1 \delta_2^1 \delta_3^0 + \delta_1^1 \delta_2^0 \delta_3^1 + \delta_1^0 \delta_2^1 \delta_3^1}$$

$$= \frac{\delta_1 \delta_2 + \delta_1 \delta_3}{\delta_1 \delta_2 + \delta_1 \delta_3 + \delta_2 \delta_3} = \frac{\delta_1 (\delta_2 + \delta_3)}{\delta_1 \delta_2 + \delta_1 \delta_3 + \delta_2 \delta_3}.$$

Die Summe $\delta_1 \delta_2 + \delta_1 \delta_3 + \delta_2 \delta_3$ im Nenner ist die symmetrische Grundfunktion *zweiter Ordnung* der Parameter δ_1, δ_2 und δ_3. Sie ist die Summe aller möglichen Produkt*paare* der betrachteten Itemparameter.

Bemerkungen. Wie man sich selbst in Analogie zu Korollar 18.4.3 herleiten kann, bleibt auch die mit den Gleichungen 32 und 33 formulierte Konsequenz beim Übergang zur Betrachtung von Subpopulationen erhalten. Daher sind auch die $(S = s)$-bedingten Lösungswahrscheinlichkeiten eines Items in 2 Subpopulationen gleich, d.h. für 2 Subpopulationen $U^{(r)}$, $U^{(t)} \subset U$ gilt ($i = 1, ..., m$):

Eine weitere testbare Konsequenz

$$P^{(r)}(Y_i = 1 \mid S = s) = P^{(t)}(Y_i = 1 \mid S = s). \tag{34}$$

Diese Konsequenz aus dem Rasch-Modell mit bedingter stochastischer Unabhängigkeit ist sogar einfacher zu überprüfen als Gleichung 32, da nicht einmal die Schwierigkeitsparameter, sondern nur gewöhnliche bedingte Wahrscheinlichkeiten (z.B. durch die entsprechenden relativen Häufigkeiten) geschätzt und miteinander verglichen werden müssen.

Analog zu dem Beweisprinzip des obigen Theorems läßt sich auch die folgende Gleichung ableiten:

$$P(Y_1 = y_1, ..., Y_m = y_m \mid \theta = \theta, S = s) = P(Y_1 = y_1, ..., Y_m = y_m \mid \xi = \xi, S = s)$$

$$= P(Y_1 = y_1, ..., Y_m = y_m \mid S = s). \tag{35}$$

S ist eine suffiziente Statistik für den Wert der Person auf θ und ξ

Die Summenvariable S enthält somit auch die gesamte Information, die ein Antwortmuster über die Ausprägungen der latenten Personvariablen beinhaltet. Man bezeichnet die Summenvariable S daher als *suffiziente* oder *erschöpfende Statistik* für den Wert einer Person auf θ. Das Entsprechende gilt auch für die Variable ξ des subtraktiv parametrisierten Modells. Diese Eigenschaft ist also nicht von der speziellen Parametrisierung abhängig. Besonders hervorzuheben ist, daß das Rasch-Modell das *einzige* Modell für dichotome Variablen ist, bei dem die Anzahl der gelösten Aufgaben (der Wert der Summenvariablen S) eine suffiziente Statistik für die Werte der latenten Personvariable ist.

Eine weitere testbare Konsequenz des Rasch-Modells, die sich auf die Wahrscheinlichkeit eines Antwortmusters bezieht, werden wir im folgenden Abschnitt betrachten.

18.4.4 Wahrscheinlichkeitsverteilung der Antwortmuster

Gemeinsame Wahrscheinlich-keitsverteilung

$P(Y_1 = y_1, ..., Y_m = y_m)$

P^ξ

In diesem Abschnitt betrachten wir testbare Konsequenzen für die *gemeinsame* Wahrscheinlichkeitsverteilung der Antwortvariablen $Y_1, ..., Y_m$. Bezeichnet y_i den Wert einer Variablen Y_i, dann ist $P(Y_1 = y_1, ..., Y_m = y_m)$ mit $y_1, ..., y_m \in \{0, 1\}$ ein Wert der gemeinsamen Verteilung der Variablen $Y_1, ..., Y_m$. In empirischen Untersuchungen kann man überprüfen, ob die gemeinsame Wahrscheinlichkeitsverteilung der Antwortvariablen Y_i der vom Rasch-Modell implizierten Verteilung entspricht. Zur Ableitung der vom Rasch-Modell implizierten Verteilung der Antwortvariablen braucht man wieder die Annahme der bedingten stochastischen Unabhängigkeit. Darüber hinaus muß man auf die Verteilung P^ξ der latenten Variablen ξ zurückgreifen.

Korollar. Seien $M_s := \langle \langle \Omega, \mathcal{A}, P \rangle, E(y|p_U), \xi, \kappa \rangle$ ein subtraktiv parametrisiertes Rasch-Modell mit bedingter stochastischer Unabhängigkeit und P^ξ die Verteilung von ξ. Dann gilt:

$$P(Y_1 = y_1, ..., Y_m = y_m) = E\left[\prod_{i=1}^{m} P(Y_i = y_i | \xi = \xi) \right]$$

$$= \int \left[\prod_{i=1}^{m} P(Y_i = y_i | \xi = \xi) \right] \cdot P^\xi(d\xi). \tag{36}$$

Beweis. Unter Verwendung der in Abschnitt 18.1.3 definierten Indikatorvariablen $I_{\{Y_1 = y_1, ..., Y_m = y_m\}}$ und Anwendung der Regel iii aus Box G.1 folgt:

$$P(Y_1 = y_1, ..., Y_m = y_m) = E(I_{\{Y_1 = y_1, ..., Y_m = y_m\}}) = E[E(I_{\{Y_1 = y_1, ..., Y_m = y_m\}} | \xi)].$$

Aufgrund der bedingten stochastischen Unabhängigkeit nach Gleichung 11 folgt:

$$P(Y_1 = y_1, ..., Y_m = y_m) = E[P(Y_1 = y_1 | \xi) \cdot ... \cdot P(Y_m = y_m | \xi)].$$

Aus der allgemeinen Definition des Erwartungswerts (Anhang F.2.4) erhält man dann die zweite Zeile von Gleichung 36.

Erläuterungen. Um die mit Gleichung 36 formulierte Konsequenz empirisch überprüfen zu können, muß nicht nur die Annahme der bedingten stochastischen Unabhängigkeit erfüllt sein, sondern es muß auch die Verteilung der latenten Variablen ξ

Verteilung der latenten Personvariablen muß bekannt sein

bekannt sein. Da diese jedoch in den meisten Anwendungen nicht bekannt ist, muß man zur Überprüfung dieser testbaren Konsequenz entweder zusätzlich die Verteilung der latenten Variablen *a priori* festlegen, oder aber man schätzt die Verteilung der Variablen ξ *a posteriori* aus den Daten (s. hierzu Andersen & Madsen, 1977; Bock & Aitkin, 1981; Harwell et al., 1988; Mislevy, 1984). Diese testbare Konsequenz kann über den Vergleich der beobachteten und erwarteten Häufigkeit eines Antwortvektors überprüft werden (s. z.B. Andersen, 1990) und ist z.B. im Computerprogramm MULTILOG (Thissen, 1988) implementiert.

Diese testbare Konsequenz gilt auch in Subpopulationen

Bemerkungen. Die mit Korollar 18.4.4 formulierte testbare Konsequenz bleibt auch erhalten, wenn man von der Betrachtung der Gesamtpopulation zur Betrachtung von Subpopulationen übergeht. Wie wir in Theorem 18.4.1 gezeigt haben, bleibt das Rasch-Modell (einschließlich der Annahme der bedingten stochastischen Unabhängigkeit) beim Übergang zur Betrachtung von Subpopulationen erhalten. Für die Wahrscheinlichkeit des Ereignisses $\{Y_1 = y_1, ..., Y_m = y_m\}$ in Subpopulationen gilt daher:

$$P^{(s)}(Y_1 = y_1, ..., Y_m = y_m) \ = \ \int \left[\prod_{i=1}^{m} P^{(s)}(Y_i = y_i | \xi = \xi) \right] \cdot P^{(s)\xi}(d\xi), \qquad (37)$$

$P^{(s)\xi}$

wobei $P^{(s)\xi}$ die Verteilung der latenten Variablen ξ in der Subpopulation $U^{(s)}$ bezeichnet. Zur Überprüfung dieser testbaren Konsequenz müssen die Verteilungen der latenten Variablen ξ in den verschiedenen Subpopulationen bekannt sein bzw. a priori festgelegt oder a posteriori geschätzt werden. Dabei dürfen sich die Verteilungen der Variablen ξ in Subpopulationen durchaus unterscheiden. Die Restriktionen, die an die Verteilungen der Antwortvariablen in Subpopulationen durch Gleichung 37 gestellt werden, kann man z.B. mit dem Programm MULTILOG (Thissen, 1988) simultan überprüfen.

Die Verteilungen der Variablen ξ dürfen zwischen Subpopulationen verschieden sein

18.4.5 Gleichheit der Personwerte in reduzierten Rasch-Modellen

Während bei der im Abschnitt 18.4.1 behandelten Möglichkeit der Modellüberprüfung die Menge der *Personen* in Teilmengen unterteilt und die Gleichheit der *Item*kennwerte überprüft werden, wird bei der in diesem Abschnitt darzustellenden testbaren Konsequenz die Menge der *Antwortvariablen* in Teilmengen aufgeteilt und die Gleichheit der *Personwerte* zwischen den auf diese Weise reduzierten Rasch-Modellen überprüft. Teilt man beispielsweise einen Test, der aus 20 Rasch-homogenen Antwortvariablen besteht, in 2 Teile mit jeweils 10 Antwortvariablen auf, so bedeutet dies, daß die Werte der Personen auf der Variablen ξ in beiden Subtests gleich sein müssen. Durch diese Aufteilung der Testitems werden also die Rasch-homogenen Variablen Y_i in 2 disjunkte Mengen aufgeteilt. Dies muß jedoch nicht zwangsläufig so sein. Wie man dem folgenden Korollar entnehmen kann, können verschiedene reduzierte Rasch-Modelle auch durchaus gemeinsame Antwortvariablen enthalten.

Ein reduziertes Rasch-Modell umfaßt nur einige Antwortvariablen des ursprünglichen Rasch-Modells

Korollar. Seien $M_s := \langle \langle \Omega, \mathcal{A}, P \rangle, E(y\,|p_U), \xi, \kappa \rangle$ ein subtraktiv parametrisiertes Rasch-Modell,

$$E(y_t|p_U) := \langle E(Y_1|p_U), ..., E(Y_l|p_U) \rangle \tag{38}$$

und

$$\kappa_t := \langle \kappa_1, ..., \kappa_l \rangle, \tag{39}$$

wobei $l \in \{2, ..., m\}$. Dann ist auch $M_{s(t)} := \langle \langle \Omega, \mathcal{A}, P \rangle, E(y_t|p_U), \xi, \kappa_t \rangle$ ein subtraktiv parametrisiertes Rasch-Modell.

Beweis. Da nach den Voraussetzungen die Gleichungen 1 bis 4 für alle stochastischen Variablen gelten, folgt dieses Korollar unmittelbar aus den Voraussetzungen.

Erläuterungen. Ein reduziertes Rasch-Modell hat also denselben Wahrscheinlichkeitsraum wie das ursprüngliche Rasch-Modell, besteht jedoch aus weniger Antwortvariablen. Die wichtigste Konsequenz aus diesem Korollar ist, daß die Werte der Personen auf der latenten Variablen ξ erhalten bleiben, wenn man von der Betrachtung des ursprünglichen Modells zur Betrachtung von reduzierten Modellen übergeht, d.h. es gelten in jedem reduzierten Rasch-Modell die Gleichungen 1 bis 4. Als testbare Konsequenz kann man die Personwerte anhand verschiedener Subtests eines Tests schätzen, der aus Rasch-homogenen Variablen besteht. Die Werte der Personen, die anhand der Subtests geschätzt werden, dürfen sich dann nur zufällig voneinander unterscheiden, wobei man allerdings voraussetzen muß, daß jeweils dieselbe Normierung der Personwerte gewählt wurde. Rost (1988) gibt einen Überblick über statistische Methoden zur Überprüfung dieser testbaren Konsequenz.

18.5 Schätzbarkeit

Schätzung der Itemparameter

Schätzung der Personwerte

Im folgenden Abschnitt untersuchen wir die Frage, ob und wie die theoretischen Größen des Rasch-Modells geschätzt werden können. Wie wir anhand der bisherigen Ausführungen gesehen haben, ist im Rasch-Modell die Schätzung von 2 verschiedenen Größen von Bedeutung. Aus dem Blickwinkel der Konstruktion eines Rasch-homogenen Tests ist man vor allem an der Schätzung der *Itemparameter* interessiert, da diese das psychometrische Testverfahren charakterisieren. Bei *psychodiagnostischen Fragestellungen* steht dagegen die Schätzung der *Personwerte* im Mittelpunkt der Betrachtung, d.h. die Ausprägung der zu messenden latenten Eigenschaft bei den interessierenden Personen.

18.5.1 Schätzbarkeit der Itemparameter

Die *Schätzbarkeit* eines theoretischen Parameters ist nachgewiesen, wenn man zeigen kann, daß er aus schätzbaren Kennwerten der Verteilungen der (manifesten!) Antwortvariablen Y_i berechnet werden kann. Wie wir bereits in Abschnitt 16.5 dargelegt haben, kann die Differenz zweier Itemparameter im Rasch-Modell über das Verhältnis bestimmter Wahrscheinlichkeiten berechnet werden, wenn die subtraktive Parametrisierung des Modells vorausgesetzt wird. Dies soll im folgenden formal bewiesen werden, wobei wir wegen der einfacheren mathematischen Handhabbarkeit zunächst wieder auf die multiplikative Parametrisierung des Modells zurückgreifen. Wie wir im folgenden Theorem sehen, kann in der multiplikativen Parametrisierung des Modells das Verhältnis zweier Itemparameter durch das in Kap. 16 vorgestellte Wahrscheinlichkeitsverhältnis berechnet werden.

Berechnung der Differenz zweier Itemparameter über das Verhältnis bestimmter Wahrscheinlichkeiten

Theorem. Wenn $\mathbb{M}_m := \langle \langle \Omega, \mathcal{A}, P \rangle, E(y \,|\, p_U), \theta, \delta \rangle$ ein multiplikativ parametrisiertes Rasch-Modell mit bedingter stochastischer Unabhängigkeit ist, dann gilt für jedes Paar $\langle i, j \rangle$, $i, j = 1, ..., m$:

$$\frac{P(Y_i = 1, \; Y_j = 0)}{P(Y_i = 0, \; Y_j = 1)} \;=\; \frac{\delta_i}{\delta_j}. \tag{40}$$

Beweis. Zum Beweis greifen wir auf Gleichung 26 zurück, derzufolge gelten:

$$P(Y_i = 1 \,|\, S_{ij} = 1) \;=\; \frac{\delta_i}{\delta_i + \delta_j} \quad \text{und} \quad P(Y_j = 1 \,|\, S_{ij} = 1) \;=\; \frac{\delta_j}{\delta_i + \delta_j}.$$

Dividiert man die linke Gleichung durch die rechte, so erhält man:

$$\frac{P(Y_i = 1 \,|\, S_{ij} = 1)}{P(Y_j = 1 \,|\, S_{ij} = 1)} \;=\; \frac{\delta_i}{\delta_j}.$$

Für jedes Paar $\langle i, j \rangle$, $i, j = 1, ..., m$ gelten: $P(Y_i = 1 \,|\, S_{ij} = 1) = P(Y_i = 1, Y_j = 0 \,|\, S_{ij} = 1)$ und $P(Y_j = 1 \,|\, S_{ij} = 1) = P(Y_j = 1, Y_i = 0 \,|\, S_{ij} = 1)$. Daher gilt für die linke Seite der letzten Gleichung:

$$\frac{P(Y_i{=}1, Y_j{=}0 \,|\, S_{ij}{=}1)}{P(Y_i{=}0, Y_j{=}1 \,|\, S_{ij}{=}1)} \;=\; \frac{P\big(\{Y_i{=}1, Y_j{=}0\} \cap \{S_{ij}{=}1\}\big) / P(S_{ij}{=}1)}{P\big(\{Y_i{=}0, \; Y_j{=}1\} \cap \{S_{ij}{=}1\}\big) / P(S_{ij}{=}1)}$$

$$= \frac{P\big(\{Y_i{=}1, Y_j{=}0\} \cap \{\{Y_i{=}1, Y_j{=}0\} \cup \{Y_i{=}0, Y_j{=}1\}\}\big) \cdot P(S_{ij}{=}1)}{P(S_{ij}{=}1) \cdot P\big(\{Y_i{=}0, \; Y_j{=}1\} \cap \{\{Y_i{=}0, Y_j{=}1\} \cup \{Y_i{=}1, Y_j{=}0\}\}\big)}$$

$$= \frac{P(Y_i{=}1, Y_j{=}0)}{P(Y_i{=}0, Y_j{=}1)},$$

woraus Gleichung 40 folgt.

*Schätzung über die
relativen Lösungs-
häufigkeiten*

Erläuterungen. Das Verhältnis zweier Itemparameter kann im multiplikativ parametrisierten Rasch-Modell durch das Verhältnis aus der Wahrscheinlichkeit, daß das i-te, nicht aber das j-te Item gelöst wird, und der Wahrscheinlichkeit, daß das j-te, nicht aber das i-te Item gelöst wird, berechnet werden. Der Zähler kann durch die relative Häufigkeit der Personen, die das i-te Item gelöst haben, nicht aber das j-te, geschätzt werden. Dies gilt in analoger Weise für den Nenner. Mit Gleichung 40 wurde gezeigt, daß die Schätzbarkeit des Verhältnisses zweier Itemparameter im Rasch-Modell anhand der empirisch schätzbaren Verteilungen der manifesten Variablen Y_i sichergestellt ist.

In Abschnitt 16.6 wurde schon auf die Problematik hingewiesen, die mit der *Schätzung* der Parameter auf der Grundlage von Gleichung 40 verbunden ist. Diese besteht darin, daß für *jedes* Item $(m-1)$ Wahrscheinlichkeitsverhältnisse geschätzt werden können. Als Schätzverfahren, die eine eindeutige Parameterschätzung anhand *aller* Wahrscheinlichkeitsverhältnisse ermöglichen, wurden bereits in Kap. 16 das *Symmetrisierungsverfahren* (s. z.B. Fischer, 1974) und die *Pairwise-Estimation*-Methode (s. z.B. Andrich, 1988) genannt. Zur vertiefenden Auseinandersetzung mit Möglichkeiten und Problemen der Parameterschätzung im Rasch-Modell seien Baker (1992) und Rost (1988) empfohlen.

*Berechnung der
Itemparameter im
subtraktiv parametrisierten Modell*

Bemerkung. Da für die Beziehung zwischen den Itemparametern des multiplikativ parametrisierten und des subtraktiv parametrisierten Rasch-Modells die Gleichung $\delta_i = \exp(-\kappa_i)$ gilt, folgt für die Itemparameter des subtraktiv parametrisierten Modells nach Einsetzen von $\delta_i = \exp(-\kappa_i)$ in Gleichung 40 und Logarithmieren beider Seiten:

$$\ln \frac{P(Y_i{=}1,\ Y_j{=}0)}{P(Y_i{=}0,\ Y_j{=}1)} \ =\ \ln\delta_i \ -\ \ln\delta_j \ =\ \kappa_j \ -\ \kappa_i. \tag{41}$$

18.5.2 Schätzung der Personwerte

In Gleichung 5 haben wir bereits gezeigt, daß die Differenz zweier Personwerte im subtraktiv parametrisierten Rasch-Modell gleich der Differenz der Logits der beiden Personen ist. Im Gegensatz zu den Schwierigkeitsparametern (s. Gl. 40 und 41) können die Logits der Personen nicht anhand unbedingter Wahrscheinlichkeiten geschätzt werden. Zur *Schätzung der Personwerte* muß man daher auf andere Methoden zurückgreifen, von denen wir eine Methode im folgenden vorstellen werden.

*Ausgangspunkt:
Werte einer Person
auf allen
Y-Variablen*

Während im Modell essentiell τ-äquivalenter Variablen der Wert *einer* Variablen Y_i selbst ein guter Schätzwert für die Eigenschaft der Person ist, ist er im Rasch-Modell nicht zur Schätzung der latenten Personwerte geeignet, da die manifesten Variablen Y_i nur 2 Werte annehmen können, die latente Variable ξ jedoch beliebig viele Werte. Zur Schätzung der latenten Personwerte greift man daher auf die Werte der Personen auf *allen* Variablen Y_i zurück. Betrachten wir zuerst den einfachen Fall zweier Antwortvariablen. In diesem Fall kann eine Person u entweder beide Aufgaben lösen, beide Aufgaben nicht lösen oder aber nur eine Aufgabe von beiden lösen.

Beispiel

Somit kann der Vektor $y := \langle Y_1, Y_2 \rangle$ nur die Werte $\langle 1, 1 \rangle$, $\langle 1, 0 \rangle$, $\langle 0, 1 \rangle$ und $\langle 0, 0 \rangle$ annehmen. Wie kann man aufgrund dieser Werte auf den Wert einer Person auf der latenten Variablen ξ zurückschließen? Es leuchtet ein, daß man aufgrund von nur 4 verschiedenen Ausprägungen des Vektors y nicht alle Werte auf der latenten Variablen ξ schätzen kann. Man kennt bei Gültigkeit des Rasch-Modells vielmehr nur Bereiche auf der latenten Variablen ξ, in denen ein bestimmtes Lösungsmuster wahrscheinlicher ist, und Bereiche, in denen es weniger wahrscheinlich ist. Betrachten wir hierzu Abb. 18.1, in der die gemeinsame *Lösungswahrscheinlichkeit* zweier Items in Abhängigkeit von der latenten Variablen ξ dargestellt ist. Personen, die einen Wert auf ξ haben, der kleiner als 0 ist, haben eine geringe Wahrscheinlichkeit ($< .06$), beide Aufgaben zu lösen (s. Abb. 18.1), während Personen, die einen Wert $\xi_u > 2$ haben, eine hohe Wahrscheinlichkeit ($> .44$) haben, beide Aufgaben zu lösen, wenn man die bedingte stochastische Unabhängigkeit voraussetzt.

Zuordnung des Wertes ξ_u, bei dem das manifeste Lösungsverhalten am wahrscheinlichsten ist

Kennt man die Werte der Personen auf ξ nicht, was üblicherweise der Fall ist, so kann man der Person denjenigen Wert auf ξ zuordnen, bei dem ihr Lösungsverhalten am wahrscheinlichsten ist. Die ξ-bedingte Wahrscheinlichkeit, daß z.B. das erste Item gelöst und das zweite Item nicht gelöst wird, ist bei Annahme der bedingten stochastischen Unabhängigkeit wie folgt bestimmt:

$$P(Y_1{=}1,\ Y_2{=}0\,|\,\xi)\ =\ \frac{\exp(\xi - \kappa_1)}{1 + \exp(\xi - \kappa_1)} \cdot \left[1 - \frac{\exp(\xi - \kappa_2)}{1 + \exp(\xi - \kappa_2)} \right], \quad (42)$$

da gilt: $P(Y_i = 0\,|\,\xi) = 1 - P(Y_i = 1\,|\,\xi)$. Kennt man die Itemparameter, dann hängt diese Funktion nur von der latenten Variablen ξ ab und hat eine glockenförmige Gestalt (s. Abb. 18.1). Es gibt also nur einen Wert von ξ, an dem die Funktion ihr Maximum hat. An der Stelle des Maximums ist die Steigung der Kurve gleich Null. Daher wird zur mathematischen Berechnung des betreffenden ξ-Werts die bedingte Wahrscheinlichkeitsfunktion des manifesten Antwortmusters der Person nach ξ abgeleitet und die Ableitung gleich Null gesetzt. Der resultierende ξ-Wert

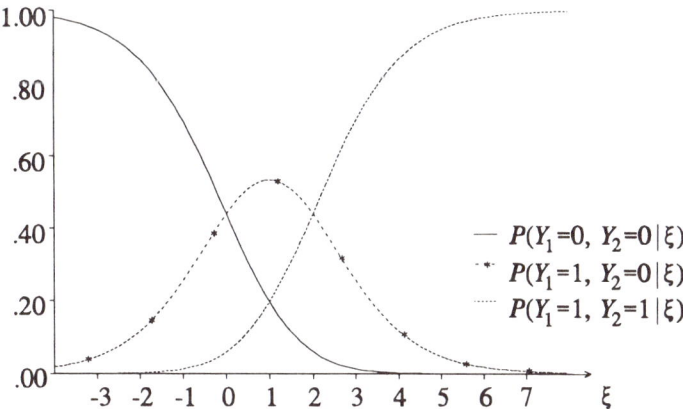

Abb. 18.1. Darstellung von drei bedingten Wahrscheinlichkeitsfunktionen $P(Y_1 = 1, Y_2 = 1\,|\,\xi)$, $P(Y_1 = 1, Y_2 = 0\,|\,\xi)$ und $P(Y_1 = 0, Y_2 = 0\,|\,\xi)$ für 2 Items mit den Itemparametern $\kappa_1 = 0$ und $\kappa_2 = 2$

Beschränkungen   wird als Schätzer $\hat{\xi}$ für den betreffenden Personwert ξ interpretiert; er kann im allgemeinen nur iterativ berechnet werden. Im vorliegenden Fall ergäbe sich $\hat{\xi} = 1$ (vgl.
Abb. 18.1).

Einer Person, die beide Aufgaben gelöst hat, und einer Person, die keine Aufgabe
gelöst hat, kann allerdings kein Schätzwert zugeordnet werden, da die Wahrscheinlichkeit dieser Lösungsmuster dem maximalen Wert 1 zustrebt, wenn ξ im ersten Fall
gegen $+\infty$ und im zweiten Fall gegen $-\infty$ strebt (s. Abb. 18.1). Da die Variable ξ
jedoch nur reell, nicht aber numerisch ist, kann ξ die uneigentlichen Zahlen $+\infty$ und
$-\infty$, an dem diese Lösungsmuster ihren maximalen Wert (nämlich 1) hätten, nicht
annehmen. Da also die in Abb. 18.1 dargestellten bedingten Wahrscheinlichkeitsfunk-
tionen $P(Y_1 = 1, Y_2 = 1 | \xi)$ und $P(Y_1 = 0, Y_2 = 0 | \xi)$ keine Maxima im Wertebereich
der latenten Variablen ξ aufweisen, kann diesen Personen kein eindeutiger Schätzwert

Maximum-Likeli-   zugeordnet werden. Im allgemeinen Fall kann nach dieser Vorgehensweise nur den-
hood-Schätzverfah-   jenigen Personen ein Wert auf ξ zugewiesen werden, die mindestens ein Item und
ren   höchstens $m - 1$ Items gelöst haben. Für diese Personen läßt sich der Wert auf ξ
anhand des Maximums der ξ-bedingten Wahrscheinlichkeit des Lösungsmusters
schätzen. Dieses Verfahren nennt man *Maximum-Likelihood-Schätzung*. Wie man sich
leicht vorstellen kann, nimmt die Genauigkeit, mit der der wahre Wert einer Person
auf ξ geschätzt werden kann, in dem Maße zu, in dem zusätzliche Items in ein Testverfahren aufgenommen werden. Weitere Schätzmethoden sind beispielsweise bei
Rost (1988) beschrieben.

18.6 Zusammenfassung

Definition Rasch-   In diesem Kapitel wurde die Definition Rasch-homogener Variablen vorgelegt und
homogener   wichtige Konsequenzen aus dieser Definition behandelt. Rasch-homogene Variablen
Variablen   sind dadurch gekennzeichnet, daß sich ihre Logitvariablen (die logarithmierten Wettquotienten) nur um eine Konstante unterscheiden, wobei die betrachteten Antwortvariablen lediglich die Werte 0 und 1 annehmen dürfen. Diese Definition Rasch-
homogener Variablen reicht bereits aus, um die Existenz einer latenten Variablen ξ,
die die Personen kennzeichnet, und der Itemparameter κ_i abzuleiten. Da diese
theoretischen Größen im subtraktiv parametrisierten Rasch-Modell nur eindeutig bis

Eindeutigkeit   auf Translationen definiert und somit differenzskaliert sind, sind nicht alle Aussagen
über diese Größen bedeutsam. Bedeutsam sind jedoch Aussagen über die Differenz

Bedeutsamkeit   zweier Personwerte und die Differenz zweier Itemparameter. Beide Differenzen
hängen im subtraktiv parametrisierten Rasch-Modell nicht von den anderen

Spezifische   theoretischen Größen ab und werden daher als „spezifisch objektiv" bezeichnet. Dies
Objektivität   gilt im übrigen auch für das Modell essentiell τ-äquivalenter Variablen.

Das Rasch-Modell hat verschiedene testbare Konsequenzen, die bei einer empirischen Anwendung zu einer Verwerfung des Modells führen können. Empirisch test-

Testbare   bar sind z.B.
Konsequenzen

- die Gleichheit der Itemparameter in Subpopulationen,
- die Gleichheit der Rangfolge der Lösungswahrscheinlichkeiten in Subpopulationen,
- die Gleichheit der Personwerte in verschiedenen reduzierten Rasch-Modellen.

Darüber hinaus impliziert das Rasch-Modell mit bedingter stochastischer Unabhängigkeit verschiedene empirisch testbare Restriktionen an die Lösungswahrscheinlichkeit eines Items und die Wahrscheinlichkeit eines Antwortvektors, wenn diese Wahrscheinlichkeiten auf die Anzahl der gelösten Aufgaben bedingt werden oder wenn die Wahrscheinlichkeitsverteilung der latenten Personvariablen gegeben ist.

Bestimmung der theoretischen Größen

Die *Differenz zweier Itemparameter* läßt sich im subtraktiv parametrisierten Rasch-Modell aus dem Verhältnis bestimmter (unbedingter) Wahrscheinlichkeiten berechnen. Damit ist aber die Schätzbarkeit einer solchen Differenz sichergestellt. Die *Differenz der Personwerte* zweier Personen ist gleich der Differenz der Logits dieser Personen. Allerdings können die Personwerte nicht mit einem einfachen Verfahren geschätzt werden. Es ist im Rasch-Modell nur möglich, einer Person den Wert auf der latenten Personvariablen zuzuweisen, an dem ihr manifestes Antwortmuster maximale Wahrscheinlichkeit hat. Dieser Wert, der bei bekannten Itemparametern nur von der Anzahl der von der Person gelösten Aufgaben abhängt, kann bestimmt werden, indem die Likelihood des manifesten Antwortmusters der Person als Funktion des Werts der Person auf der latenten Personvariablen ξ maximiert wird. Der betreffende Schätzwert kann allerdings nur in einem iterativen numerischen Verfahren errechnet werden.

Fragen

1. Warum sind im Rasch-Modell Vergleiche (a) zweier Personen und (b) zweier Items spezifisch objektiv?
2. Worin unterscheidet sich die Definition essentiell τ-äquivalenter Variablen von der Definition Rasch-homogener Variablen?
3. Nennen Sie 3 testbare Konsequenzen des Rasch-Modells.
4. Was ist damit gemeint, wenn man die Summenvariable $S = Y_1 + ... + Y_m$ als suffiziente Schätzfunktion für den Wert einer Person auf der latenten Variablen ξ bezeichnet?

Antworten

1. (a) Vergleiche zwischen Personen sind im Rasch-Modell spezifisch objektiv, da der Vergleich zweier Personwerte nicht von den betrachteten Items abhängt.
   (b) Auch der Vergleich zweier Items ist im Rasch-Modell spezifisch objektiv, da der Vergleich zweier Itemparameter nicht von der betrachteten Person abhängt.
2. Die Definitionen unterscheiden sich in 2 Punkten. Erstens werden beim Rasch-Modell nur dichotome Variablen betrachtet. Zweitens unterscheiden sich beim Rasch-Modell die Logits zweier Variablen Y_i um eine Konstante, wohingegen sich beim Modell essentiell τ-äquivalenter Variablen die bedingten Erwartungen zweier Variablen Y_i um eine Konstante unterscheiden.
3. Die Gültigkeit des Rasch-Modells kann getestet werden, indem z.B. die Gleichheit der Itemparameter in Subpopulationen oder die Gleichheit der Personwerte in verschiedenen reduzierten Rasch-Modellen überprüft wird. Eine weitere testbare Konsequenz des

Rasch-Modells, die zusätzlich die bedingte stochastische Unabhängigkeit voraussetzt, bezieht sich auf den Vergleich der erwarteten mit der beobachteten Lösungshäufigkeit eines Items bzw. eines Antwortvektors.

4. Unter der Eigenschaft der Suffizienz der Summenvariablen für die latente Personvariable versteht man im Rasch-Modell den Sachverhalt, daß ein Antwortmuster bei gegebener Ausprägung s von S vom Wert der latenten Personvariablen unabhängig ist (s. Gl. 35) und die Summenvariable S somit die gesamte Information enthält, die ein Antwortmuster über die Ausprägungen der latenten Personvariablen beinhaltet.

Übungen

1. Zeigen Sie, daß aus Gleichung 2 durch Umformen Gleichung 3 folgt!

2. Zeigen Sie, daß die multiplikative Parametrisierung des Rasch-Modells nach Gleichung 7 aus der subtraktiven Parametrisierung nach Gleichung 3 folgt, wenn man die latente Variable θ und die Itemparameter δ_i als Transformation der latenten Variablen ξ bzw. der Itemparameter κ_i wie folgt definiert: $\theta := \exp(\xi)$ und $\delta_i = \exp(-\kappa_i)$.

3. (a) Gegeben sei ein multiplikativ parametrisiertes Rasch-Modell $M_m := \left\langle \langle \Omega, \mathcal{A}, P \rangle, E(y|p_U), \theta, \boldsymbol{\delta} \right\rangle$ und die Variable θ' und der Vektor $\boldsymbol{\delta}'$ seien wie folgt definiert: $\theta' := \alpha \cdot \theta$ und $\boldsymbol{\delta}' := \langle \delta_1', ..., \delta_m' \rangle := \langle (1/\alpha) \cdot \delta_1, ..., (1/\alpha) \cdot \delta_m \rangle$, wobei $\alpha > 0$, $\alpha \in \mathbb{R}$. Zeigen Sie, daß auch $M_m' := \left\langle \langle \Omega, \mathcal{A}, P \rangle, E(y|p_U), \theta', \boldsymbol{\delta}' \right\rangle$ ein multiplikativ parametrisiertes Rasch-Modell ist!

   (b) Zeigen Sie unter Rückgriff auf die Lösung von (a), daß die Variable θ und die Parameter δ_i im multiplikativ parametrisierten Rasch-Modell verhältnisskaliert, d.h. eindeutig bis auf Ähnlichkeitstransformationen der Art $\theta' = \alpha \cdot \theta$ und $\delta_i' = (1/\alpha) \cdot \delta_i$ sind!

4. Zeigen Sie, daß die Gleichungen 9 und 10 logisch äquivalent sind, indem Sie beweisen, daß (a) Gleichung 10 aus Gleichung 9 und (b) Gleichung 9 aus Gleichung 10 folgt!

Lösungen

1. Ersetzt man $P(Y_i = 0 | p_U)$ durch $1 - P(Y_i = 1 | p_U)$, so erhält man:

$$\ln \frac{P(Y_i = 1 | p_U)}{1 - P(Y_i = 1 | p_U)} = \xi - \kappa_i.$$

Bildet man auf beiden Seiten dieser Gleichung die Exponentialfunktion, so folgt:

$$\frac{P(Y_i = 1 | p_U)}{1 - P(Y_i = 1 | p_U)} = \exp(\xi - \kappa_i).$$

Aus der Multiplikation beider Seiten mit $1 - P(Y_i = 1 | p_U)$ folgt:

$$P(Y_i = 1 | p_U) = [1 - P(Y_i = 1 | p_U)] \cdot \exp(\xi - \kappa_i).$$

Ausmultiplizieren der rechten Seite und Umformen ergibt:

$$P(Y_i{=}1\,|p_U) \ + \ P(Y_i{=}1\,|p_U) \cdot \exp(\xi - \kappa_i) \ = \ \exp(\xi - \kappa_i).$$

Nach Ausklammern von $P(Y_i = 1\,|p_U)$ und Division beider Seiten durch $[1 + \exp(\xi - \kappa_i)]$ erhält man Gleichung 3.

2. Zunächst formt man die Definitionsgleichungen der Variablen θ und der Itemparameter δ_i um in $\xi = \ln(\theta)$ und $\kappa_i = -\ln(\delta_i)$. Diese Gleichungen setzt man nun in Gleichung 3 ein und macht von den Rechenregeln $\exp(a + b) = \exp(a) \cdot \exp(b)$ und $\exp[\ln(a)] = a$ Gebrauch:

$$P(Y_i{=}1\,|p_U) = \frac{\exp(\xi - \kappa_i)}{1 + \exp(\xi - \kappa_i)} = \frac{\exp[\ln(\theta) + \ln(\delta_i)]}{1 + \exp[\ln(\theta) + \ln(\delta_i)]}$$

$$= \frac{\exp[\ln(\theta)] \cdot \exp[\ln(\delta_i)]}{1 + \exp[\ln(\theta)] \cdot \exp[\ln(\delta_i)]} = \frac{\theta \cdot \delta_i}{1 + \theta \cdot \delta_i}.$$

3. (a) Durch Einsetzen von $\theta = (1/\alpha) \cdot \theta'$ und $\delta_i = \alpha \cdot \delta_i'$ in Gleichung 7 erhält man für alle $i = 1, ..., m$:

$$P(Y_i{=}1\,|p_U) = \frac{\theta' \cdot \delta_i'}{1 + \theta' \cdot \delta_i'}. \tag{43}$$

   (b) Aus den Gleichungen 7 und 43 folgt durch Gleichsetzen:

$$\frac{\theta \cdot \delta_i}{1 + \theta \cdot \delta_i} = \frac{\theta' \cdot \delta_i'}{1 + \theta' \cdot \delta_i'}.$$

Bildet man auf beiden Seiten den Kehrwert, ergibt sich:

$$\frac{1}{\theta \cdot \delta_i} + 1 = \frac{1}{\theta' \cdot \delta_i'} + 1,$$

so daß $\theta \cdot \delta_i = \theta' \cdot \delta_i'$. Durch Auflösen nach θ' erhält man:

$$\theta' = \frac{\delta_i}{\delta_i'}\,\theta. \tag{44}$$

Da diese Gleichung für alle $i = 1, ..., m$ gilt, ist das Verhältnis δ_i / δ_i' für alle $i = 1, ..., m$ gleich und kann daher als Konstante α definiert werden: $\alpha := \delta_i / \delta_i'$. Nach Umformen dieser Gleichung folgt die Gleichung $\delta_i' = (1/\alpha) \cdot \delta_i$ bzw. nach Einsetzen der Definition von α in Gleichung 44 die Gleichung $\theta' = \alpha \cdot \theta$.

4. Zum Beweis betrachten wir die in Abschnitt 18.1.3 definierte Indikatorvariable $I_{\{Y_1=y_1, ..., Y_m=y_m\}}$ und die Indikatorvariablen $I_{\{Y_i=y_i\}}$, die den Wert 1 annehmen, wenn die betrachtete Variable Y_i den Wert y_i annimmt, und den Wert 0 sonst. Um die Darstellung des Beweises zu vereinfachen, definieren wir:

$$I_A := I_{\{Y_1=y_1, ..., Y_m=y_m\}}.$$

Zur weiteren Vereinfachung notieren wir die linke Seite von Gleichung 9 mit $P[Y_i = 1\,|p_U, (Y_j, j{\neq}i)]$, d.h.:

$$P[Y_i = 1 \,|\, p_U, (Y_j, j \neq i)] := P(Y_i = 1 \,|\, p_U, Y_1, ..., Y_{i-1}, Y_{i+1}, ..., Y_m).$$

(a) Die linke Seite von Gleichung 10 läßt sich dann wie folgt schreiben (s. Box G.1, Regel iv):

$$E(I_A \,|\, p_U) = E\big(E[I_A \,|\, p_U, (Y_j, j \neq i)] \,|\, p_U\big). \tag{45}$$

Da $I_A = I_{\{Y_1 = y_1, ..., Y_m = y_m\}} = I_{\{Y_1 = y_1\}} \cdot ... \cdot I_{\{Y_m = y_m\}}$, folgt aus Gleichung 45:

$$E(I_A \,|\, p_U) = E\big(E[I_{\{Y_1 = y_1\}} \cdot ... \cdot I_{\{Y_m = y_m\}} \,|\, p_U, (Y_j, j \neq i)] \,|\, p_U\big). \tag{46}$$

Da die Indikatorvariablen $I_{\{Y_j = y_j\}}$, $j \neq i$, jeweils Funktionen der entsprechenden Variablen Y_j sind, folgt nach Rechenregel iv aus Box G.1:

$$E(I_A \,|\, p_U) = E\left[\left(\prod_{j=1, j \neq i}^{m} I_{\{Y_j = y_j\}}\right) \cdot E[I_{\{Y_i = y_i\}} \,|\, p_U, (Y_j, j \neq i)] \,\bigg|\, p_U\right]. \tag{47}$$

Aus Gleichung 9 folgt nun

$$E(I_A \,|\, p_U) = E\left[\left(\prod_{j=1, j \neq i}^{m} I_{\{Y_j = y_j\}}\right) \cdot E(I_{\{Y_i = y_i\}} \,|\, p_U) \,\bigg|\, p_U\right]. \tag{48}$$

Da $E(I_{Y_i = y_i} \,|\, p_U)$ eine Funktion von p_U ist, folgt nach Rechenregel iv aus Box G.1

$$E(I_A \,|\, p_U) = E\left[\prod_{j=1, i \neq j}^{m} I_{\{Y_j = y_j\}} \,\bigg|\, p_U\right] \cdot E(I_{\{Y_i = y_i\}} \,|\, p_U). \tag{49}$$

Nun definiert man die Indikatorvariable

$$I_{A_i} := \prod_{j=1, j \neq i}^{m} I_{\{Y_j = y_j\}},$$

nimmt deren p_U-bedingte Erwartung anstelle von $E(I_A \,|\, p_U)$ als Ausgangspunkt für die Gleichung 45 und reduziert die Anzahl der Y-Regressoren um einen weiteren Regressor Y_j. Man erhält analog zu Gleichung 47:

$$E(I_{A_i} \,|\, p_U) = E\left[\left(\prod_{\substack{k=1 \\ k \neq i, k \neq j}}^{m} I_{\{Y_k = y_k\}}\right) \cdot E[I_{\{Y_j = y_j\}} \,|\, p_U, (Y_k, k \neq i, k \neq j)] \,\bigg|\, p_U\right]. \tag{50}$$

Für diese bedingte Erwartung leitet man nun nach dem vorgestellten Verfahren eine Gleichung ab, die Gleichung 49 entspricht, und setzt dieses Ergebnis in Gleichung 49 ein. Daraufhin führt man diesen Beweiszyklus so lange fort, bis man schließlich die Gleichung

$$E(I_{\{Y_1 = y_1, ..., Y_m = y_m\}} \,|\, p_U) = E(I_{\{Y_1 = y_1\}} \,|\, p_U) \cdot ... \cdot E(I_{\{Y_m = y_m\}} \,|\, p_U) \tag{51}$$

erhält, die der Gleichung 10 entspricht.

(b) Zur Herleitung von Gleichung 9 aus Gleichung 10 betrachtet man die bedingte Erwartung $E[E(I_{\{Y_i=y_i\}} \cdot I_{A_i}|p_U, Y_1, ..., Y_{i-1}, Y_{i+1}, ..., Y_m)|p_U]$, die gleich der linken Seite von Gleichung 51 ist. Da die Indikatorvariable I_{A_i} eine Funktion von $(p_U, Y_1, ..., Y_{i-1}, Y_{i+1}, ..., Y_m)$ ist, folgt nach Regel vi aus Box G.1:

$$E\big(E[I_{\{Y_i=y_i\}} \cdot I_{A_i}|p_U, (Y_j, j\neq i)]|p_U\big) = E\big(I_{A_i} \cdot E[I_{\{Y_i=y_i\}}|p_U, (Y_j, j\neq i)]|p_U\big)$$

$$= E(I_{A_i}|p_U) \cdot E[I_{\{Y_i=y_i\}}|p_U, (Y_j, j\neq i)]. \tag{52}$$

Da nach Gleichung 51 sowohl

$$E\big(E[I_{\{Y_i=y_i\}} \cdot I_{A_i}|p_U, (Y_j, j\neq i)]|p_U\big) = E(I_{\{Y_1=y_1\}}|p_U) \cdot ... \cdot E(I_{\{Y_m=y_m\}}|p_U)$$

als auch

$$E(I_{A_i}|p_U) = \prod_{j=1, j\neq i}^{m} E(I_{\{Y_j=y_j\}}|p_U)$$

gilt, folgt aus Gleichung 52:

$$E[I_{\{Y_i=y_i\}}|p_U, (Y_j, j\neq i)] = E(I_{\{Y_i=y_i\}}|p_U).$$

Weiterführende Literatur

Neben den bereits in Kap. 16 und 17 genannten Arbeiten empfehlen wir zur Vertiefung der hier besprochenen Sachverhalte die Arbeiten von Andrich (1988), Bartholomew (1987), Fischer (1981, 1988), Hamerle (1979, 1982), Irtel (1987) und Tutz (1989). Insbesondere mit Fragen der Testbarkeit der Modellannahmen setzen sich Formann (1981, 1983), Gustafsson (1980), Holland (1981), Holland und Rosenbaum (1986), Kelderman (1984), Klauer (1988), Rosenbaum (1984, 1987), Stelzl (1979) sowie van den Wollenberg (1988) auseinander. Schätzmethoden für Modelle der Item-Response-Theorie sind Gegenstand des Buchs von Baker (1992).

19 Ausblick

Überblick

Nachdem wir in den vorangegangenen Kapiteln verschiedene Meßmodelle im Detail behandelt haben, ist es angebracht, sich das sich nun bietende *Gesamtbild* noch einmal aus etwas größerer Distanz anzusehen. Wir betrachten zunächst die *Rolle von Meßmodellen im Wissenschaftsprozeß*, ihren *Stellenwert im Rahmen einer deduktivistischen Methodologie*, und schließlich werfen wir einen Blick auf die *Problemstellungen nicht behandelter Meßmodelle*.

19.1 Was leisten Meßmodelle?

Empirisches oder qualitatives Relativ?

Im einführenden Kapitel haben wir als wichtigste Ziele von Meßmodellen die *Verknüpfung von Theorie und Empirie* genannt, d.h. die Einführung von *theoretischen* Größen, deren Beziehung zu *empirischen* Begriffen und deren logische Struktur expliziert ist. Bei den üblichen vorwissenschaftlichen Begriffen ist dagegen in der Regel sowohl unklar, welche logische Struktur dieser Begriff hat, als auch seine Beziehung zu Beobachtbarem. Mit der logischen Struktur ist z.B. gemeint, ob es sich um eine klassifikatorische, komparative oder metrische Größe handelt und welches Skalenniveau sie hat, aber auch, ob es sich um eine ein- oder aber mehrdimensionale Größe handelt. Quantitative Aussagen jeglicher Art, die sich auf vorwissenschaftliche Begriffe beziehen, sind daher äußerst fragwürdig. Auch die üblichen Vorgehensweisen der *Operationalisierung* helfen hier nicht weiter: Entweder wird dabei die theoretische Größe unter Mißachtung des Meßfehlerproblems und anderer Probleme, z.B. der situationalen Spezifität, mit einer empirischen Größe gleichgesetzt, oder die theoretische Größe bleibt weiter im Nebel umgangssprachlicher Formulierungen verborgen, ohne daß eine logische Beziehung zu empirischen Größen expliziert wird.

Meßmodelle haben also die Aufgabe, die logische Struktur theoretischer Größen und ihre Verknüpfung mit empirischen Größen zu explizieren. Mit unseren Überlegungen im Abschnitt 8.5, ob man nicht das *empirische Relativ* besser *qualitatives Relativ* nennen sollte, wurde schon in Frage gestellt, ob Modelle der Repräsentationstheorie des Messens die Verknüpfung zwischen Theorie und Empirie tatsächlich leisten. Wenn das qualitative Relativ nicht tatsächlich die empirische Basis der Theorie ist, sondern andere Beobachtungen, die erst mit dem qualitativen Relativ in

Messen oder Metrisieren?

Beziehung gesetzt werden müssen, dann ist mit diesen Modellen, strenggenommen, die Verknüpfung zwischen Theorie und Empirie gar nicht geleistet. So könnte man bei den in Kap. 8 dargestellten extensiven und additiv verbundenen Meßmodellen argumentieren, daß es sich hier gar nicht um *Meßmodelle*, sondern um Modelle der *Metrisierung* handelt, d.h. um Modelle, die metrische Größen auf der Basis qualitativer Annahmen in unsere Sprache einführen. Der eigentliche Meßvorgang, d.h. die Verknüpfung empirischer Beobachtungen mit dem numerischen oder metrischen Begriff, würde demzufolge auf weiteren Überlegungen, Gesetzmäßigkeiten und Fehlertheorien beruhen, die hier nicht oder nur am Rande behandelt wurden.

Unseres Erachtens spricht eine ganze Menge für diese Sichtweise, nicht zuletzt das tatsächliche Vorgehen empirischer Wissenschaftler. Nur wenige Wissenschaftler gewinnen mit ihren Experimenten zunächst ein „empirisches Relativ". Dies mag zwar in Ausnahmefällen möglich sein, die Regel aber sieht anders aus: Nachdem der Begriff bereits eingeführt ist — und die im Teil I dargestellte Theorie zeigt, wie man dies tun kann —, sucht man Gesetzmäßigkeiten, die Beobachtbares mit der theoretischen Größe in Beziehung setzen. Ein Beispiel ist das *Hookesche Gesetz*, das uns erlaubt, die mittels einer Federwaage gemachten Beobachtungen zum Begriff der Masse in Beziehung zu setzen. Ein anderes Beispiel ist das *Gesetz der großen Zahl*, das die Verbindung zwischen der (beobachtbaren) relativen Häufigkeit eines Ereignisses und der betreffenden Wahrscheinlichkeit herstellt. Auch wenn man den Begriff der Wahrscheinlichkeit durch die Metrisierung des qualitativen Wahrscheinlichkeitsbegriffs einführt (s. z.B. von Kutschera, 1972), wird man dennoch die Wahrscheinlichkeit eines Ereignisses am ehesten über die relative Häufigkeit dieses Ereignisses in vielen unabhängigen Versuchen messen oder schätzen, d.h. konkret zu bestimmen versuchen. Die Beziehung zwischen Theorie und Empirie wird also durch empirische Gesetze hergestellt, die nicht unbedingt mit den Gesetzen und Annahmen identisch sein müssen, mittels derer der theoretische Begriff eingeführt wurde. Folgt man dieser Sichtweise, dann sollten wir vielleicht besser die Bezeichnung „Meßtheorie" durch „Metrisierungstheorie" ersetzen.

Meßtheorie oder Metrisierungstheorie?

Diese Betrachtungen kann man in analoger Weise auch auf die im ersten Teil dieses Buchs vorgestellten Nominal- und Ordinalskalenmodelle übertragen, in denen keine *metrischen*, sondern klassifikatorische bzw. komparative Begriffe eingeführt wurden. Allgemeiner formuliert wäre dann also aus dieser Sicht statt Meßtheorie eher die Bezeichnung „Begriffstheorie empirischer Wissenschaften" angebracht.

Stochastische Meßmodelle oder stochastische Metrisierungsmodelle?

Wie aber steht es dann mit den stochastischen Meßmodellen? Handelt es sich wenigstens dabei um Meßmodelle in dem Sinn, daß hier die Verknüpfung zwischen Theorie und Empirie geleistet wird? Auch hier ist festzustellen, daß nur eine Verknüpfung der theoretischen Begriffe mit den *Verteilungen beobachtbarer Zufallsvariablen* geleistet wird. Nur wenn man diese als empirisch ansähe, wäre die Verknüpfung zwischen Theorie und Empirie hergestellt. Diese Verteilungen sind aber höchstens als idealisierte Empirie anzusehen; sie sind nicht direkt beobachtbar, obwohl sie in einem wohldefinierten Sinn geschätzt werden können. Auch hier werden also bei Lichte gesehen keine direkten Verknüpfungen zwischen Theorie und Empirie hergestellt. Was geleistet wird, ist die Einführung bestimmter theoretischer Begriffe und zwar auf der Basis von Annahmen über bereits bekannte Begriffe wie

Fazit

bedingte Erwartungen und Wahrscheinlichkeiten. Allerdings stehen dann die bekannten statistischen Gesetze — z.B. das Gesetz der großen Zahl — zur Verfügung, um schließlich doch die Verknüpfung zwischen Theorie und Empirie herzustellen.

Sowohl bei den deterministischen als auch bei den stochastischen Meßmodellen werden also eigentlich neue Begriffe in die Wissenschaftssprache eingeführt. Die letztendliche Verknüpfung zwischen diesen so eingeführten Begriffen und der Empirie geschieht jedoch über zusätzliche Theorien und Gesetze, die hier nur am Rande angesprochen wurden.

Damit wird die Sicht frei auf das, was die hier behandelten Meßmodelle eigentlich leisten: Sie führen auf eine rationale Weise neue, oft metrische Begriffe in die Wissenschaftssprache ein, Begriffe, die wohldefiniert sind, deren logische Struktur und Skalenniveau man kennt. Meß- oder Metrisierungsmodelle sind also keine technischen Nebensächlichkeiten, um die man sich als inhaltlich orientierter Wissenschaftler nicht zu kümmern braucht, sondern sie sind der Kern unserer Theorien, jedenfalls dann, wenn wissenschaftliche Theorien den Prinzipien der Logik unterliegen sollen. Damit sind wir allerdings dabei angelangt, den wissenschaftstheoretischen Rahmen etwas näher zu betrachten, in dem dieses Buch und Meßmodelle überhaupt zu sehen sind.

19.2 Deduktivistische Methodologie

*Poppers
Falsifizierbarkeits-
postulat*

Diesen Rahmen sehen wir in der ***deduktivistischen Methodologie empirischer Wissenschaften***, deren Kernpunkt die auf Popper (1934/1984) zurückgehende Forderung nach der ***Falsifizierbarkeit*** empirischer Theorien (d.h. von Theorien über empirische Phänomene) ist. Das Falsifizierbarkeitspostulat hat zur Folge, daß eine Theorie so formuliert sein sollte, daß aus ihr auch solche Aussagen über die Empirie *logisch deduziert* werden können, die ihrer Natur nach falsch sein können. Nur in diesem Fall kann der Falsifikationsmechanismus greifen, demzufolge man dann auf die Falschheit einer Theorie schließen kann, wenn aus der Theorie eine bestimmte Aussage über die Empirie folgt, diese Aussage sich aber als falsch erweist.

*Bemerkungen
zum
Strukturalismus*

Dazu sei angemerkt, daß man auch den strukturalistischen Ansatz in der Wissenschaftstheorie (Balzer et al., 1987; Gähde, 1983; Gähde & Stegmüller, 1986; Gähde et al., 1992; Stegmüller, 1979; Stephan, 1990; Westermann, 1987; Westmeyer, 1989, 1992) als einen wichtigen Ansatz im Rahmen einer deduktivistischen Methodologie empirischer Wissenschaften ansehen kann, ist doch sein Hauptanliegen, die *logische Struktur wissenschaftlicher Theorien* (s. Sneed, 1971) zu explizieren. Auch wenn sich in den Untersuchungen der strukturalistischen Wissenschaftstheorie herausgestellt hat, daß bestimmte Theorieteile in der Regel für sich genommen nicht falsifizierbar sind, ist damit das Falsifizierbarkeitspostulat keineswegs ad acta gelegt. In Termini des Strukturalismus bedeutet es nichts anderes, als daß der *empirische Gehalt* (s. Diederich, 1981) einer empirischen wissenschaftlichen Theorie nicht leer sein darf.

Zur Relevanz der Unterscheidung zwischen deduktiven und induktiven Schlüssen

Sicherlich kommen Wissenschaftler bei ihrer Theorienentwicklung nicht nur mit Deduktion aus, sondern müssen auch an vielen Stellen induktive Schritte tun. Aber dennoch sollte man nicht verwischen, wo man induktiv und wo man deduktiv arbeitet. Im letzteren Fall weiß man nämlich, wo absolute Sicherheit über die Gültigkeit der Schlußfolgerungen gegeben ist, im ersteren Fall dagegen fehlt diese Sicherheit. Die Unterscheidung zwischen deduktiven und induktiven Schlüssen ist also insbesondere bei der Theorienkritik und -revision von Bedeutung, da sie unsere Aufmerksamkeit auf diejenigen Stellen zu richten erlaubt, die möglicherweise falsch sein können, wohingegen andere Teile der Theorie schon aus logischen Gründen nicht falsch sein können. In Kap. 9 haben wir ein Beispiel für den letzteren Fall kennengelernt, nämlich die Unkorreliertheit von Fehler- und True-Score-Variablen.

Man mag bemängeln, daß wir in diesem Buch fast ausschließlich die *deduktive* Seite, also die *Logik von Meßmodellen*, nicht aber die *induktive* Seite bei der Konstruktion solcher Meßmodelle behandelt haben, die natürlich nicht weniger wichtig für den Wissenschaftsprozeß ist. Wie kommt man beispielsweise zu den beobachtbaren Variablen, die den Ausgangspunkt stochastischer Meßmodelle bilden? Die Begründung für die fast ausschließliche Behandlung der dekutiven Aspekte ist, daß u.E. die induktiven Prozesse und Verfahren der *Konstruktion* konkreter Meßmodelle nicht allgemein, sondern nur unter unter Rückgriff auf spezielle substanzwissenschaftliche Theorien behandelt werden können (s. hierzu auch Westermann & Gerjets, in Druck). So braucht man z.B. spezielle Theorien der Kognitiven und der Differentiellen Psychologie, um ein konkretes Modell zur Messung von Ängstlichkeit zu konstruieren. Die Auswahl der Items, die Festlegung der Auswertungsvorschriften und damit der Definition der beobachtbaren Variablen bedürfen inhaltlicher Begründungen. Zwar können die hier dargestellten Verfahren bei der Itemselektion helfen, aber erst dann, wenn zu einer bestimmten Itemmenge empirische Daten vorliegen. Die *Vorauswahl* der Items, mit denen man in eine Untersuchung hineingeht, kann nur *inhaltlich* begründet werden. Konkrete Meßmodelle zu konstruieren, ist also Aufgabe der verschiedenen Teildisziplinen der empirischen Wissenschaften. Wir verweisen dazu auf die einschlägige Literatur, z.B. die Artikel von Feger (1983), Schwarzer (1983) und Tränkle (1983).

Konkrete Meßmodelle ohne inhaltliche Theorie?

Welche Aufgaben stellen sich der deduktivistischen Methodologie neben der in diesem Buch behandelten Konstruktion von Meß- oder Metrisierungsmodellen? Um die Deduzierbarkeit empirischer Aussagen zu gewährleisten, sind mindestens 2 Dinge vonnöten: *Erstens* müssen — wie in diesem Buch exemplarisch für einige einfache Meßmodelle dargelegt — die in der Theorie vorkommenden theoretischen Begriffe (z.B. „Frustration" und „Aggression") mit Beobachtbarem verknüpft werden. Dies ist die Aufgabe von *Meßmodellen*. *Zweitens* müssen aber auch die postulierten Abhängigkeiten zwischen den theoretischen Begriffen in einer Sprache formuliert werden, die logische Ableitungen für beobachtbare Sachverhalte erlaubt. Die umgangssprachliche Formulierung „Frustration *führt zu* Aggression" gestattet vielleicht Folgerungen nach Plausibilitätsüberlegungen, aber keinerlei *logische* Ableitungen von Aussagen über die Empirie, selbst dann nicht, wenn die theoretischen Begriffe „Frustration" und „Aggression" über Meßmodelle mit der Empirie verknüpft wären. Solche Abhängigkeitsbegriffe kann man im Rahmen von *Abhängigkeitsmodellen* explizieren (s. hierzu Steyer, 1992, in Druck). Eine Weiterführung der Methodologie kann also

Weitere Aufgabenstellungen für die deduktivistische Methodologie:

Weitere Meßmodelle

Abhängigkeitsmodelle

an mindestens 2 Stellen ansetzen: der Behandlung weiterer *Meßmodelle* und einer Einführung von *Abhängigkeitsmodellen*. Außerdem sind natürlich die statistischen Verfahren der Parameterschätzung und Hypothesenbewertung von Bedeutung, die — zumindest bei den stochastischen Meßmodellen — die eigentliche Verknüpfung von Theorie und Empirie herstellen.

Was haben wir in diesem Buch zum Thema „Meßmodelle" geleistet und was nicht? In diesem Buch wurde an einigen wenigen Fällen exemplarisch dargelegt, wie man neue theoretische Begriffe in deterministischen und in stochastischen Meß- oder Metrisierungsmodellen einführen kann. Damit wird die Beziehung zwischen Theorie und Empirie enger geknüpft. Die hier behandelten Meßmodelle waren alle relativ einfach. So sind selbst die behandelten *stochastischen* Meßmodelle lediglich dazu in der Lage, ein einziges von mehreren allgemeinen Problemen des Messens in den Sozialwissenschaften zu lösen, nämlich das **Meßfehlerproblem**. Diese Meßmodelle können

Meßfehler berücksichtigen und darüber Auskunft geben, wie *stark* die Meßfehlerbehaftetheit ist (s. hierzu die *Fehlervarianz* und die *Reliabilität* in Kap. 9 und deren Bestimmung in den Modellen essentiell τ-äquivalenter Variablen und τ-kongenerischer Variablen, aber auch die Ausführungen zur *bedingten Schätzfehlervarianz* im Rahmen des Rasch-Modells). Andere Problemstellungen des Messens sollen im nun folgenden Abschnitt kurz skizziert werden.

19.3 Problemstellungen nicht behandelter Meßmodelle

In den Anwendungskapiteln haben wir bereits verschiedentlich auf einige Probleme hingewiesen, die einer Anwendung des jeweils behandelten Meßmodells im Wege stehen bzw. die zur Verwerfung des Meßmodells in der jeweiligen Anwendung führen können. Diese Gründe werden nun etwas systematischer dargestellt und mit Hinweisen auf die Literatur ergänzt, in der entsprechend komplexere Meßmodelle behandelt werden.

Situationale Spezifität. Neben dem Meßfehlerproblem erschwert auch die *situationale Kodetermination* das Messen in den Sozialwissenschaften. Dies bedeutet, daß auch mit situationsbedingten Effekten auf die zu messenden Eigenschaften und Zustände von Personen, Gruppen oder sozialer Institutionen zu rechnen ist. Derartige Messungen können nicht in einem situationalen Vakuum stattfinden. Wie können wir z.B. abschätzen, welcher Anteil eines Testwerts zurückgeht auf:

- Meßfehler
- die Besonderheit der Situation, in der der Test vorgelegt wird, und die Interaktion zwischen Person und Situation,
- die zu messende, nicht situationsspezifische Eigenschaft des betrachteten Objekts?

Am Beispiel eines beobachteten Ängstlichkeitswertes formuliert: Inwieweit ist er durch die Ängstlichkeit der betreffenden Person als (nicht situationsspezifische) *Per-*

soneigenschaft determiniert, inwieweit von der *Situation* und der *Interaktion* und inwieweit ist er *meßfehlerbehaftet*?

Lediglich für das Meßfehlerproblem haben wir in diesem Buch Lösungsmöglichkeiten vorgestellt, nicht aber für das Problem der *situationalen Spezifität*. Verallgemeinerungen der hier behandelten Modelle der Klassischen Theorie psychometrischer Tests (KTT), in denen die situative Kodetermination psychologischer Messungen mitberücksichtigt werden, wurden von Tack (1980) vorgestellt und von Steyer (1987, 1988), Schmitt und Steyer (1990a, b, 1993), Steyer et al. (1992) sowie Steyer und Schmitt (1990a, b) zur *Latent-State-Trait-Theorie* weiterentwickelt. Die im Rahmen dieser Theorie entwickelten Modelle sind spezielle *Kovarianzstrukturmodelle*. Das Problem der situationalen Spezifität kann man auch im Rahmen der *Generalisierbarkeitstheorie* (Cronbach et al. 1972; de Gruijter & van der Kamp, 1991; Fyans, 1983; Shavelson et al., 1981) angehen, die allerdings auf varianzanalytischen Modellen basiert.

Grundsätzlich ist das Problem der situationalen Spezifität nur in solchen Modellen zu lösen, in denen *wiederholte Messungen* berücksichtigt werden. Dies ist beispielsweise im Rahmen von allgemeinen Strukturgleichungsmodellen für wiederholte Messungen möglich (s. dazu Arminger & Müller, 1990; Jöreskog & Sörbom, 1977; Magnusson et al., 1991; Möbus & Schneider, 1986; Rudinger et al., 1991). Auch im Rahmen der Item-Response-Theorie gibt es dazu Ansätze (s. z.B. Andersen, 1985, 1988; Fischer, 1989; Fischer & Formann, 1982; Formann & Spiel, 1989; Langeheine & van de Pol, 1990a, b; Meiser, 1993; Rost & Spada, 1983; Spada, 1983).

Methodenspezifität. In vielen Fällen hat sich herausgestellt, daß die Berücksichtigung von Meßfehlern und situativen Effekten noch immer nicht differenziert genug ist, um der tatsächlichen Komplexität psychologischer Messungen gerecht zu werden, da es auch *Meßmethoden-spezifische Effekte* gibt. Selbst wenn Tests konstruiert werden, um dasselbe Merkmal zu messen, gelingt dies oft nicht perfekt. Neben der zu messenden Eigenschaft hängen die Testwerte auch noch von systematischen Effekten ab, die für den Test (das Meßinstrument) spezifisch sind. Dies kommt dadurch zum Ausdruck, daß die Testwertvariablen Y_{ik} und Y_{il}, die durch denselben Test i zu 2 verschiedenen Meßgelegenheiten k und l erhoben werden, höher miteinander korrelieren, als es durch Modelle erklärbar wäre, die nur Meßfehler, Personeigenschaften und situative Effekte berücksichtigen. Bei Jöreskog (1979), Saris und van Meurs (1990) sowie Steyer et al. (1992) findet man Modelle, in denen neben den o.g. Problemen auch dieses *Problem der Methoden-Spezifität* berücksichtigt wird. Modelle, die das Problem der Methodenspezifität berücksichtigen, werden oft *Multitrait-Multimethod-Modelle* genannt (Browne, 1984, 1993; Ostendorf et al., 1986; von Saldern, 1983 Schwarzer, 1984, 1986.).

Problem der Multidimensionalität. Oft ist es der Fall, daß bestimmte Testwertvariablen von *mehreren* Faktoren oder Dimensionen abhängen. So hängt z.B. die Lösung von Aufgaben zum räumlichen Vorstellungsvermögen zum einen vom *Raumvorstellungsvermögen*, zum anderen aber auch von der *Konzentrationsfähigkeit* ab. Wenn nun der Einfluß dieser beiden Faktoren bei unterschiedlichen Aufgaben verschieden ist, dann können die hier dargestellten Meßmodelle, die ja nur die Erfassung einer

Latent-State-Trait-Theorie

Andere Ansätze zur Lösung des Problems situationaler Spezifität

Multitrait-Multimethod-Modelle

Faktorenanalyse

Multidimensionale Skalierung (MDS)

Nichtmetrische Skalen

einzigen Personeneigenschaft zum Gegenstand haben, nicht gelten. Hier sind dann eher mehrfaktorielle *faktoranalytische Modelle* (Bartholomew, 1987; Bentler 1989; Jöreskog & Sörbom, 1989; Mislevy, 1986) oder Modelle der *Multidimensionalen Skalierung (MDS)* angebracht. Zielsetzung der Multidimensionalen Skalierung (MDS), die beispielsweise von Ahrens (1974), Borg (1981), Borg und Staufenbiel (1989) sowie Schönemann und Borg (1983) behandelt wird, ist z.B. die Erklärung des Beurteilungsverhaltens durch einige wenige Dimensionen. Diese Verfahren erlauben sowohl die Einführung *metrischer* als auch *nichtmetrischer Skalen* bzw. Dimensionen.

Problem heterogener Subpopulationen. Ein weiteres Problem, zu dem es inzwischen im Rahmen stochastischer Meßmodelle Lösungsansätze gibt, ist das *Problem heterogener Subpopulationen*. Oft zeigt sich beispielsweise, daß sich Personen in ihren *Antwortstilen* bei der Beantwortung von Items eines Fragebogens voneinander unterscheiden. Dies kann man in einem stochastischen Meßmodell berücksichtigen, indem man davon ausgeht, daß eine heterogene Population vorliegt, bei der in jeder Subpopulation eine andere Beziehung zwischen den Antworten auf die Items und den latenten Variablen besteht. So bedeutet „volle Zustimmung" bei einer Person mit einer Tendenz zu extremen Antworten in bezug auf die zu messende Einstellung nicht dasselbe wie die gleiche Antwort einer Person, die keine solche Tendenz zu Extremantworten aufweist. Innerhalb der Item-Response-Theorie können Mischverteilungsmodelle (Kelderman & Macready, 1990; Mislevy & Verhelst, 1990; Rost, 1990, 1991; Rost & Langeheine, 1991) diese Problematik adäquat berücksichtigen, ohne daß dabei die Subpopulationen bekannt sein müssen, innerhalb derer unterschiedliche Antwortstile gelten.

Mischverteilungs-modelle

Mehrkategorielle Antwortvariablen. Neben diesen allgemeinen Problemen sozialwissenschaftlichen Messens und den entsprechenden Meßmodellen, die zur Lösung dieser Probleme entwickelt wurden, gibt es eine Vielzahl von Meßmodellen, die sich mit anderen Antwortvariablen beschäftigen. So wurde beispielsweise das Rasch-Modell für mehr als 2 Antwortkategorien erweitert (s. z.B. Andrich, 1978, 1982, 1988a, b; Fischer, 1974; Masters, 1982; Masters & Wright, 1984; Müller, 1987; Samejima, 1969; Rost, 1988; Tutz, 1989).

Rasch-Modell für mehrkategorielle Antwortvariablen

Adaptives Testen. Daneben gibt es Modelle, die spezielle Arten der Anwendung und Darbietung von Tests berücksichtigen. Beim *Tailored testing* beispielsweise werden den Probanden nur solche Items zur Bearbeitung vorgelegt, die der geschätzten Ausprägung des Probanden hinsichtlich der zu messenden Eigenschaft (z.B. in ihrer Schwierigkeit) angemessen sind (s. z.B. Hornke, 1982, 1985; Kubinger, 1987, 1988; Weiss, 1982, 1983). Beim sogenannten *Branched testing* werden dagegen verschiedene *Subtests* vorgegeben, wobei der jeweilige Subtest entsprechend der vorläufig geschätzten Fähigkeit der zu diagnostizierenden Person ausgewählt wird. Zur adäquaten Umsetzung adaptiver Teststrategien eignen sich vor allem computerunterstützte Testverfahren. Beim *computerisierten Testen* kann nach jeder Itembeantwortung der Wert der Person auf der latenten Variablen ξ neu geschätzt und das für die weitere Analyse geeignetste Item ausgewählt werden (s. auch Kisser, 1988). Man beachte jedoch, daß sich sowohl die Testnormen als auch die Testgütekriterien bei einer computer-

Tailored testing

Branched testing

gestützten Vorgabe des Tests gegenüber einer Standardvorgabe ändern können, selbst dann, wenn es sich dabei nicht um eine adaptive Teststrategie handelt (s. z.B. Neubauer, 1991).

Kriteriumsorientiertes Testen. Spezielle Meßmodelle und -verfahren wurden auch zum *kriteriums-* oder *lehrzielorientierten Testen* (s. z.B. Fricke, 1974; Hambleton & Rogers, 1991; Klauer, 1983) entwickelt, die insbesondere in den Erziehungswissenschaften von Bedeutung sind. Dabei ist nicht das Ziel, die Position einer Person auf einer kontinuierlichen Eigenschaftsdimension festzustellen, sondern zu ermitteln, ob die Person ein bestimmtes Lehrziel erreicht hat oder nicht.

Kriteriums- oder lehrzielorientiertes Testen

Psychophysikalische Skalierung. Eine weitere Modellklasse, die wir in diesem Buch nicht berücksichtigt haben, sind die *Skalierungsmodelle der Psychophysik*, die auf den Arbeiten von Gustav Theodor Fechner (1801–1887) und Louis Leon Thurstone (1887 – 1955) basieren und erstmals zusammenfassend von Torgerson (1958) dargestellt wurden. Neuere Darstellungen findet man z.B. bei Falmagne (1985, 1986). Generell geht es bei diesen Modellen um die Frage nach der Beziehung zwischen der Größe bzw. Stärke physikalischer Reize (z.B. Gewichte, Flächen, Gerüche) einerseits und deren Wahrnehmung bzw. psychische Empfindung andererseits. Dabei beachte man, daß diese Modelle durchaus auch in anderen Kontexten, z.B. in der Sozialpsychologie bei der Skalierung von Einstellungen, angewendet werden können (s. die klassischen Arbeiten von Thurstone, 1927a, b). Deutschsprachige Überblicke geben Borg und Staufenbiel (1989), Mausfeld (in Druck), Tack (1983) und van der Ven (1980).

Psychophysikalische Skalierungsmodelle

Latente Klassen. Eine weitere wichtige Modellklasse bilden die *Latent-Class-Modelle*, die auf Paul Lazarsfeld zurückgehen (s. z.B. Lazarsfeld & Henry, 1968) und in den letzten Jahren durch verbesserte Schätz- und Testalgorithmen wieder an Bedeutung gewonnen haben (s. z.B. Clogg, 1988; Formann, 1984, 1989; Haberman, 1979a, b; Krauth, 1983; Langeheine, 1984, 1988; Langeheine & Rost, 1988; McCutcheon, 1985; Rost, 1988). Bei diesen Modellen werden keine metrischen, sondern klassifikatorische (und in speziellen Fällen auch komparative) latente Eigenschaften im Rahmen eines stochastischen Meßmodells eingeführt.

Latent-Class-Modelle

Weitere Modelle. Ein Blick in einschlägige Monographien oder Überblicksartikel zeigt, daß auch mit der obigen Aufzählung keinerlei Vollständigkeit erreicht ist. So finden sich allein in dem Buch „A theory of data" von Coombs (1964) und der Darstellung von Roskam (1983) zum selben Thema Dutzende Modelle, die wir nicht behandelt haben. Weitere Modelle findet man auch in den Lehrbüchern „Mathematische Psychologie" von Sydow und Petzold (1982), „Messung und Modellbildung in der Psychologie" von Gigerenzer (1981), „Einführung in die Skalierung" von van der Ven (1980), im Reader von Kempf und Repp (1977) über „Mathematical Models for Social Psychology" sowie im Reader von Kubinger (1988) über „Moderne Testtheorie".

Wichtige Bücher

*Wichtige
Zeitschriften*

Die wichtigsten Zeitschriften. Schließlich sei noch einmal explizit auf die wichtigsten Zeitschriften hingewiesen, in denen viele Meßmodelle publiziert werden. Die meisten Modelle der Klassischen Testtheorie und der Item-Response-Theorie erscheinen in folgenden Zeitschriften: *Applied Psychological Measurement, British Journal of Mathematical and Statistical Psychology, Educational and Psychological Measurement, Diagnostica, Econometrica, European Journal of Psychological Assessment, Journal of Econometrics, Journal of Educational Statistics, Multivariate Behavioral Research, Methodika, Psychometrika, Sociological Methodology* und *Sociological Methods & Research, Zeitschrift für Differentielle und Diagnostische Psychologie.*

Deterministische Meßmodelle werden meist im *Journal of Mathematical Psychology*, aber auch in *Mathematical Social Sciences* publiziert.

Anhang

Mathematische Grundbegriffe

ÜBERBLICK

Um Meßmodelle — und damit die formale Struktur eines theoretischen Begriffs — präzise formulieren zu können, braucht man eine formale Sprache. In der Regel sind das Teile der Logik und der Mathematik. Die Explikation der formalen Struktur eines theoretischen Begriffs sollte möglichst in einer mathematischen Sprache erfolgen, da nur mathematische Sprachen einen — im strengen Sinn — logischen Aufbau haben. Inhalt und formale Struktur der Theorie werden dabei getrennt. Dies ist auch aus psychologischer Sicht in mancher Hinsicht sehr hilfreich: Wird eine solche Trennung nicht vorgenommen, steigt nämlich die Wahrscheinlichkeit von Fehlschlüssen. Ähnlich wie uns die aus der Wahrnehmungspsychologie bekannten Täuschungen lehren, unserer Wahrnehmung zu mißtrauen, legen die Befunde der Denkpsychologie nahe, unseren intuitiven Schlüssen zu mißtrauen.

In der Logik wird u.a. geklärt, was mit so harmlos erscheinenden Worten wie „und", „oder", „wenn ..., dann" etc. gemeint ist. Außerdem werden dort die Regeln des logischen Schließens behandelt. Neben diesen elementaren Bestandteilen der *Logik* sind aber auch einige Grundbegriffe der *Mengenlehre* — neben den Mengen und Operationen mit Mengen sind dies Begriffe wie *Relation* und *Funktion* — unerläßlich für eine Behandlung von Meßmodellen. Bei der Behandlung stochastischer Meßmodelle werden darüber hinaus einige Grundbegriffe der *Wahrscheinlichkeitstheorie* benötigt. Die wichtigsten mathematischen Grundbegriffe sind im folgenden zusammengestellt. Mit den Anhängen A – D sollte man vertraut sein, bevor man sich mit den deterministischen Meßmodellen (Teil I) befaßt. Die Anhänge E – G verhelfen zu einem vertieften Verständnis der stochastischen Meßmodelle (Teil II).

A Aussagen- und Prädikatenlogik

In diesem Anhang behandeln wir einige Grundbegriffe der *Aussagenlogik* und der *Prädikaten-* oder *Quantorenlogik*. Grundkenntnisse der Logik sind sowohl zum Verständnis innertheoretischer Beziehungen als auch der Beziehungen zwischen Theorie und Empirie unerläßlich.

A.1 Aussagenlogik

Zur Aussagenlogik gehören die Begriffe *Aussage*, *Junktor* und *allgemeingültige Aussage-* und *Schlußformen*, die wir in den nun folgenden Abschnitten behandeln.

A.1.1 Aussagen

Zentraler Gegenstand der Logik sind Aussagen und deren Verknüpfung durch Junktoren zu neuen komplexeren Aussagen. Zunächst betrachten wir Beispiele für Aussagen und ihre Wahrheitswerte, danach die Definition einer Aussage.

Beispiele für Aussagen und ihre Wahrheitswerte

- A_1: Die Rose ist eine Pflanze: $w(A_1) = W$.
- A_2: Der Wal ist ein Fisch: $w(A_2) = F$.
- A_3: Psychologie ist eine Geisteswissenschaft $w(A_3) = F$.
- A_4: 3 ist eine Primzahl: $w(A_4) = W$.

Aussage und ihr Wahrheitswert

Definition. Eine *Aussage* ist jedes sprachliche Gebilde, dem entweder der Wahrheitswert *wahr* (W) oder *falsch* (F) zukommt (Zweiwertigkeitsprinzip). Ist A eine Aussage, so soll $w(A)$ der zugehörige *Wahrheitswert* sein.

Zweiwertigkeitsprinzip

Erläuterungen. Nicht jede sinnvolle Buchstabenreihe ist eine Aussage. So sind Befehls-, Frage- und Ausrufesätze weder wahr noch falsch und daher keine Aussagen. Beispiel: Guten Morgen! Ausgeschlafen? Das Zweiwertigkeitsprinzip dürfte bereits klarmachen, daß es sich bei der Logik um eine künstliche Sprache handelt, die nicht mit der Umgangssprache verwechselt werden darf. In der Umgangssprache ist es durchaus üblich, daß die in ihr formulierten Aussagen mehr oder weniger wahr sind. In der Aussagenlogik dagegen gibt es nur „wahr" oder „falsch", auch in solchen Fällen, in denen man den Wahrheitswert nicht kennt. Ob man den Wahrheitswert einer Aussage kennt oder nicht, ist also irrelevant. Entscheidendes Kriterium für eine Aussage ist einzig und allein, ob wir bereit sind, nur die beiden Wahrheitswerte „wahr" oder „falsch" in Betracht zu ziehen.

Man beachte, daß die Symbole $A_1, A_2, \ldots$ selbst keine Aussagen *sind*, da sie keinen eindeutigen Wahrheitswert besitzen, sondern lediglich Aussagen *repräsentieren*, d.h. durch Aussagen mit eindeutigem Wahrheitswert ersetzbar sind. Man nennt diese Symbole daher *aussagenlogische **Variablen***.

Aussagenlogische Variable

Negation. Auch die Negation einer Aussage ist wieder eine Aussage. Die Negationen der oben aufgeführten Beispiele und ihre Wahrheitswerte sind:

Beispiele für Negationen

- $\neg A_1$: Die Rose ist keine Pflanze: $w(\neg A_1) = F$.
- $\neg A_2$: Der Wal ist kein Fisch: $w(\neg A_2) = W$.
- $\neg A_3$: Psychologie ist keine Geisteswissenschaft $w(\neg A_3) = W$.
- $\neg A_4$: 3 ist keine Primzahl: $w(\neg A_4) = F$.

Definition der Negation $\neg A$

Für die Negation von A verwenden wir das Symbol $\neg A$. Die Aussage $\neg A$ ist wahr, wenn A falsch ist, und sie ist falsch, wenn A wahr ist.

A.1.2 Verknüpfungen von Aussagen: Junktoren

Junktor

Eine neue Aussage entsteht auch dann, wenn 2 Aussagen A und B miteinander verknüpft werden. Dies geschieht durch die sogenannten ***Junktoren***. Die wichtigsten Junktoren, ihre umgangssprachliche Bedeutung und ihre Namen sind in Tabelle A.1 zusammengestellt. Da die Aussagen A und B je 2 Wahrheitswerte annehmen können, gibt es bei der Verknüpfung zweier Aussagen 4 verschiedene Wahr-Falsch-Kombinationen: Entweder sind beide Aussagen wahr oder beide falsch, oder A ist wahr und B ist falsch, oder B ist wahr und A ist falsch. Dies führt zu ***Wahrheitstafeln***, wie sie in Tabelle A.2 dargestellt sind.

Wahrheitstafel

Tabelle A.1. Die wichtigsten Junktoren und ihre umgangssprachliche Bedeutung

Symbol	umgangssprachliche Bedeutung	Name des Junktors
∧	und	Konjunktion
∨	oder	Adjunktion
→	wenn, dann	Implikation
↔	dann und nur dann, wenn	Äquivalenz
	(auch: genau dann, wenn)	

Tabelle A.2. Wahrheitstafeln zur Definition der wichtigsten Junktoren

A	B	$A \wedge B$	$A \vee B$	$A \rightarrow B$	$A \leftrightarrow B$
W	W	W	W	W	W
W	F	F	W	F	F
F	W	F	W	W	F
F	F	F	F	W	W

Die Definition der wichtigsten Junktoren. Anders als in unserer Umgangsspra che gilt in der Logik, daß der Wahrheitswert einer bestimmten Verknüpfung zwei er Aussagen A und B eindeutig durch die Wahrheitswerte von A und B bestimm ist. Durch Belegung der Aussagen A und B mit Wahrheitswerten erhält man den Wahrheitswert der zusammengesetzten Aussage nach sogenannten Wahrheitstafeln, mit denen die Verknüpfungen definiert werden. Die Tabelle A.2 gibt die Wahr heitstafeln für die in Tabelle A.1 genannten Junktoren an.

Merkregeln: Zur obigen Wahrheitstafel können wir folgende *Merkregeln* formulieren:

$\wedge$
$\vee$
$\rightarrow$
$\leftrightarrow$

- Eine Verknüpfung zweier Aussagen durch den Junktor „und" ($\wedge$) hat definitionsgemäß dann und nur dann den Wahrheitswert „wahr", wenn beide Aussagen wahr sind.
- Eine Verknüpfung zweier Aussagen durch den Junktor „oder" ($\vee$) hat definitionsgemäß dann und nur dann den Wahrheitswert „falsch", wenn beide Aussagen falsch sind.
- Eine Verknüpfung zweier Aussagen durch den Junktor „wenn, dann" ($\rightarrow$) hat definitionsge mäß dann und nur dann den Wahrheitswert „falsch", wenn die 1. Aussage wahr und die 2. Aussage falsch ist.
- Eine Verknüpfung zweier Aussagen durch den Junktor „genau dann, wenn" ($\leftrightarrow$) hat defini tionsgemäß dann und nur dann den Wahrheitswert „wahr", wenn beide Aussagen wahr oder beide falsch sind.

Zur umgangssprachlichen Bedeutung der Junktoren. Man beachte, daß die so de finierten Junktoren nicht immer dem Alltagsverständnis entsprechen. So ist „oder" im nicht ausschließenden Sinn definiert. Besonders bei der Verwendung des Implika tionszeichens sollte man bedenken, daß viele umgangssprachliche Sätze, die eine Wenn-Dann-Konstruktion enthalten, *nicht* mittels der aussagenlogischen Implikation formalisiert werden können. Sie enthalten oft verborgene Allaussagen, die erst mit Hilfe der Quantoren- oder Prädikatenlogik (s. Abschnitt A.2) formal darstellbar sind.

Umgangssprach- liche Wenn-Dann- Aussagen sind oft Allaussagen!

So ist etwa der Satz „Wenn jemand frustriert wird (A), dann reagiert er aggressiv (B)" keine Aussage, sondern nur eine Aussageform, da weder „Jemand wird frustriert" (A) noch „Er reagiert aggressiv" (B) eine Aussage im oben definierten Sinne mit einem eindeutigen Wahrheitswert ist. „Jemand" und „er" sind nämlich *Variablen*. Für deren unterschiedliche mögliche Ausprägungen (Susi, Karl, ...) resultieren verschiedene Wahrheitswerte für die Aussagevariablen A und B und damit auch für die Aussageform $A \rightarrow B$ (zur angemessenen Formalisierung dieser Wenn-Dann-Aussage s. Abschnitt A.2).

Auch Sätze wie „Wenn es regnet, (dann) wird die Straße naß" werden im Sinne von „Immer wenn es regnet, (dann) wird die Straße naß" gebraucht und enthalten somit implizit eine Allgemeinheitsbehauptung (diesmal nicht — wie in der Frustrations-Aggressions-Hypothese — hinsichtlich Personen, sondern hinsichtlich Zeitpunkten).

Am ehesten läßt sich die formale Definition der Implikation an Aussagen wie „Wenn Karl die 1. Aufgabe des Tests richtig bearbeitet, dann bearbeitet er auch die 2. Aufgabe richtig" einsichtig machen. Diese Aussage ist dann falsch, wenn er die 1. Aufgabe richtig löst, nicht aber die 2. Aufgabe.

Bindungsstärke der Junktoren. Würde man in einer verknüpften Aussageform, z.B. $(A \rightarrow B) \wedge \neg B$, die Klammer, die die Implikation $A \rightarrow B$ einschließt, weglassen, so hätte man eine andere verknüpfte Aussageform. Ähnlich den Regeln in der Algebra (z.B. „Punkt vor Strich") gibt es in der Logik bestimmte Regeln, denen zufolge man Klammern weglassen kann, ohne daß eine verknüpfte Aussageform eine andere Bedeutung bekommt.

Merkregeln

Folgende Regeln wurden in der Logik festgelegt (s. z.B. von Kutschera & Breitkopf, 1979):

- Die Negation $\neg$ bindet stärker als die Konjunktion $\wedge$. Man kann daher statt $(\neg A) \wedge B$ auch $\neg A \wedge B$ (lies: nicht A, aber B) schreiben, nicht aber $\neg A \wedge B$ für $\neg (A \wedge B)$ (lies: es ist nicht der Fall, daß A und B).
- Die Negation $\neg$ und die Konjunktion $\wedge$ binden stärker als die Adjunktion $\vee$. Man schreibt z.B. $\neg A \vee B$ statt $(\neg A) \vee B$ und $A \wedge B \vee C$ statt $(A \wedge B) \vee C$ (lies: A und B, oder aber C).
- Negation, Konjunktion und Adjunktion binden stärker als die Implikation. Daher bedeutet z.B. $(A \rightarrow B) \wedge \neg B \rightarrow \neg A$ (lies: aus der Konjunktion von „A impliziert B" und „$\neg B$" folgt „$\neg A$") etwas anderes als $(A \rightarrow B) \wedge (\neg B \rightarrow \neg A)$ (lies: aus A folgt B und aus $\neg B$ folgt $\neg A$).
- Negation, Konjunktion, Adjunktion und Implikation binden stärker als die Äquivalenz.

Im Zweifelsfall und zur besseren Lesbarkeit kann man auch Klammern hinzufügen.

A.1.3 Allgemeingültige Aussage- und Schlußformen

Von besonderer Bedeutung sind die *allgemeingültigen Aussageformen*, die durch jede *beliebige* Ersetzung von Aussagevariablen (A, B, ...) durch Aussagen in eine wahre Aussage übergehen.

Tabelle A.3. Wahrheitstafeln zur Prüfung der Allgemeingültigkeit (a) des Satzes vom ausgeschlossenen Dritten, (b) des Satzes vom Widerspruch und (c) der Adjunktion $A \vee B$

(a)			(b)			(c)		
A	$A \vee \neg A$		A	$\neg(A \wedge \neg A)$		A	B	$A \vee B$
W	W		W	W		W	W	W
F	W		F	W		W	F	W
						F	W	W
						F	F	F

Box A.1. Wichtige Schlußformen der Aussagenlogik

Satz von der doppelten Verneinung	(a) $\neg(\neg A) \leftrightarrow A$
1. Satz von de Morgan	(b) $\neg(A \vee B) \leftrightarrow (\neg A \wedge \neg B)$
2. Satz von de Morgan	(c) $\neg(A \wedge B) \leftrightarrow (\neg A \vee \neg B)$
Modus ponens	(d) $[(A \rightarrow B) \wedge A] \rightarrow B$
Modus tollens	(e) $[(A \rightarrow B) \wedge \neg B] \rightarrow \neg A$
Modus barbara	(f) $[(A \rightarrow B) \wedge (B \rightarrow C)] \rightarrow (A \rightarrow C)$
1. Distributivsatz	(g) $[A \wedge (B \vee C)] \leftrightarrow [(A \wedge B) \vee (A \wedge C)]$
2. Distributivsatz	(h) $[A \vee (B \wedge C)] \leftrightarrow [(A \vee B) \wedge (A \vee C)]$
Kontrapositionssatz	(i) $(A \rightarrow B) \leftrightarrow (\neg B \rightarrow \neg A)$

Beispiele für allgemeingültige Aussageformen

Allgemeingültigkeit läßt sich etwa für die Aussageform $A \vee \neg A$ (**Satz vom ausgeschlossenen Dritten**) und die Aussageform $\neg(A \wedge \neg A)$ (**Satz vom Widerspruch**) nachweisen (s. die ersten beiden Teile von Tab. A.3), während für die Aussageform $A \vee B$ die Belegung von A und B mit dem Wahrheitswert „falsch" eine falsche Aussage ergibt (s. die letzte Spalte von Tab. A.3). Die Aussageform $A \vee B$ ist somit *nicht* allgemeingültig.

Schlußformen

Allgemeingültige Aussageformen, die den Implikationsjunktor so enthalten, daß sie in die Form $A \rightarrow B$ gebracht werden können, nehmen eine wichtige Stellung ein. Diese Aussageformen heißen *Schlußformen*. Dabei beachte man, daß die Aussageform $A \leftrightarrow B$ logisch äquivalent ist mit $(A \rightarrow B) \wedge (B \rightarrow A)$. Die Äquivalenz setzt sich daher aus der Konjunktion zweier Implikationen zusammen. In Box A.1 sind die wichtigsten Schlußformen zusammengestellt (s. Reinhardt & Soeder, 1976, S. 16). Mit Hilfe von Schlußformen lassen sich Ableitungen (Deduktionen) von Sätzen aus anderen Sätzen durchführen und auf ihre Richtigkeit prüfen.

Beispiel für Schlußform: Modus tollens

Das soll am Beispiel des *Modus tollens* illustriert werden. Die Aussageform $[(A \rightarrow B) \wedge \neg B] \rightarrow \neg A$ ist allgemeingültig (s. Tab. A.4) und hat die Form $V \rightarrow H$ (mit dem dem Vorderglied V: $(A \rightarrow B) \wedge \neg B$ und dem Hinterglied H: $\neg A$). Aus $[(A \rightarrow B) \wedge \neg B]$ läßt sich also $\neg A$ logisch ableiten, d.h. aus der Richtigkeit des Vordergliedes folgt die Richtigkeit des Hintergliedes. Der Modus tollens ist die aussagenlogische Basis für das *Falsifikationsprinzip* von Karl Popper, das den Kern der deduktivistisch orientierten Wissenschaftstheorie ausmacht. Wenn aus einer Theorie A die Aussage B deduziert werden kann und sich bei der empirischen Überprüfung B als falsch herausstellt, kann man daraus auf die Nichtgültigkeit der Theorie A schließen. Stellt sich dagegen B als richtig heraus, kann man daraus nicht auf die Gültigkeit der Theorie schließen. Eine *Verifikation* einer Theorie ist in diesem Sinn also nicht möglich.

Tabelle A.4. Wahrheitstafel zur Prüfung der Allgemeingültigkeit des Modus tollens

A	B	$A \rightarrow B$	$(A \rightarrow B) \wedge \neg B$	$[(A \rightarrow B) \wedge \neg B] \rightarrow \neg A$
W	W	W	F	W
W	F	F	F	W
F	W	W	F	W
F	F	W	W	W

A.2 Prädikaten- oder Quantorenlogik

In der Prädikaten- oder Quantorenlogik werden u.a. *Prädikate* sowie die *Existenz-* und *Allquantoren* eingeführt. Die in den Sozialwissenschaften interessierenden Sätze, Hypothesen und Ableitungsbeziehungen lassen sich unter ausschließlicher Verwendung der Aussagenlogik *nicht* angemessen formulieren. Aus der Hypothese H: „Frustration erzeugt Aggression" sowie dem Sachverhalt A: „Fritz wurde frustriert" möchten wir in unserem formalen Sprachsystem gerne B: „Fritz reagiert aggressiv" ableiten können. In der Aussagenlogik ist das aber nicht möglich. Das Problem besteht darin, daß zwar aus dem Inhalt, nicht aber aus der logischen Binnenstruktur von H folgt, daß H auch etwas über Fritz aussagt. Um auch eine formale Verknüpfung zwischen H und A herzustellen, müssen wir unser formales System erweitern, indem wir auch Strukturen *innerhalb* einzelner Aussagen formalisieren. Hierzu liefert die Quantoren- oder Prädikatenlogik, die auf Gottlob Frege (1848 – 1925) zurückgeht, die formalsprachlichen Möglichkeiten.

A.2.1 Prädikate und Quantoren

Prädikatsvariablen
E, F, G, ...

Individuenvariablen
x, y, z, ...

Fx

n-stelliges Prädikat

Quantoren

Eine Aussage wird aufgefaßt als Zusammensetzung aus einem *Prädikat* und einem oder mehreren *Namen*. Beispiele für Prädikate, die durch Großbuchstaben E, F, G — die *Prädikatsvariablen* — dargestellt werden sind: „ist männlich", „ist frustriert worden", „ist größer als". Beispiele für Namen dagegen sind Fritz, Susi, Peter, ... Namen werden durch kleine Buchstaben: $x, y, z, ...$, die *Individuenvariablen*, repräsentiert. So läßt sich etwa die Aussage „Fritz ist männlich" formal als Fx darstellen, mit dem Prädikat F: „ist männlich" und dem Namen x: Fritz.

Bei Prädikaten unterscheidet man 1-, 2-, und allgemein *n-stellige Prädikate*. F: „ist männlich" ist ein 1stelliges Prädikat, da es sich nur auf 1 Individuum bezieht. G: „ist größer als" dagegen ist ein 2stelliges Prädikat, da 2 Individuen involviert sind.

Allgemeine wissenschaftliche Hypothesen lassen sich jetzt mittels sogenannter *Quantoren* darstellen. Quantoren treten immer in Verbindung mit Variablen ($x, y, z,$ ...) auf und beziehen sich auf eine bestimmte Menge von Elementen (in der Psychologie oft eine Menge von Personen). Es gibt 2 Arten von Quantoren:

$\forall x$

$\exists x$

- den *Allquantor:* $\forall x$ („Für alle x gilt") und
- den *Existenzquantor:* $\exists x$ („Es gibt mindestens ein x, für welches gilt").

Dabei bezieht man sich immer auf eine zugrundegelegte Menge (z.B. von Personen). Treten die bei einem Quantor stehenden Individuenvariablen x, y, z, ... in Zusammenhang mit einem Prädikat im Bereich des Quantors auf, entsteht eine Aussage mit eindeutigem Wahrheitswert.

$\forall x\ Fx$

$\exists x\ Fx$

Wenn z.B. mit F das Prädikat „ist größer als 1,90 m" bezeichnet wird und x eine Variable ist, die die Elemente (Mitglieder) einer Population $U = \{u_1, u_2, ..., u_n\}$ als mögliche Werte annimmt, so besagt die Aussage $\forall x\ Fx$, daß alle Elemente von U größer als 1,90 m sind. Sie kann also durch die Konjunktion $Fu_1 \wedge Fu_2 \wedge ... \wedge Fu_n$ ersetzt werden. Die Aussage $\exists x\ Fx$ dagegen behauptet, daß mindestens ein Element aus U größer als 1,90 m ist. Letztere Aussage ist logisch äquivalent mit der Adjunktion $Fu_1 \vee Fu_2 \vee ... \vee Fu_n$.

Beispiel

Die zu Beginn dieses Abschnitts angesprochene Ableitung läßt sich mit diesen neu eingeführten Begriffen bewerkstelligen. Die Hypothese wird nun wie folgt formalisiert:

$$H:\ \forall x\ (Fx \rightarrow Ax),$$

mit F: „wird frustriert" und A: „reagiert aggressiv". Die Hypothese H liest man wie folgt: „Für jedes Mitglied der Population gilt: Wenn es frustriert wird, reagiert es aggressiv".

Der quantorenlogische Ausdruck H kann ersetzt werden durch:

$$H^*:\ (Fu_1 \rightarrow Au_1) \wedge (Fu_2 \rightarrow Au_2) \wedge ... \wedge (Fu_n \rightarrow Au_n).$$

Da $(A_1 \wedge A_2 \wedge ... \wedge A_n) \rightarrow A_1$ allgemeingültig ist, kann man aus H auch die Aussage ableiten, daß ein bestimmtes Mitglied der zugrundegelegten Menge von Personen, z.B. Fritz, aggressiv reagiert, wenn es frustriert wird.

A.2.2 Schlußformen

Die wichtigsten Schlußformen der Prädikatenlogik, die bei solchen Ableitungen verwendet werden können, sind in Box A.2 zusammengestellt (s. Reinhardt & Soeder, 1976, S. 16). Dabei liest man z.B. den Verneinungssatz (a) wie folgt: Die Aussage „Es ist nicht der Fall, daß für alle x die Eigenschaft F gilt" ist logisch äquivalent mit der Aussage „Es gibt mindestens ein x, das nicht die Eigenschaft F hat". Der Vertauschbarkeitssatz (g) besagt: Aus der Aussage „Es existiert (mindestens) ein x derart, daß für alle y gilt, daß x und y die Eigenschaft F haben", folgt die Aussage „Für jedes y gibt es mindestens ein x, so daß x und y die Eigenschaft F haben. Mit der Eigenschaft $F(x, y)$ ist immer ein *2stelliges Prädikat* gemeint, z.B. „x ist größer als y".

2stelliges Prädikat F(x, y)

Der Schlußform (h) kann man folgendes entnehmen: Wenn für alle x die Eigen-schaft F gilt, kann man schließen, daß diese Eigenschaft auch für irgendein beliebiges solches x (in der Box mit y bezeichnet) zutrifft. Bei den Sätzen (h) und (i) beachte man, daß x und y aus derselben Individuenmenge sind.

Box A.2. Wichtige Schlußformen der Prädikatenlogik

Verneinungssätze

(a) $\neg\forall x\, Fx \leftrightarrow \exists x\, \neg Fx$

(b) $\neg\forall x\, \neg Fx \leftrightarrow \exists x\, Fx$

(c) $\neg\exists x\, Fx \leftrightarrow \forall x\, \neg Fx$

(d) $\neg\exists x\, \neg Fx \leftrightarrow \forall x\, Fx$

Vertauschbarkeitssätze

(e) $\forall x\, \forall y\, F(x, y) \leftrightarrow \forall y\, \forall x\, F(x, y)$
(f) $\exists x\, \exists y\, F(x, y) \leftrightarrow \exists y\, \exists x\, F(x, y)$
(g) $\exists x\, \forall y\, F(x, y) \rightarrow \forall y\, \exists x\, F(x, y)$

Andere

(h) $\forall y\, (\forall x\, Fx \rightarrow Fy)$
(i) $\forall y\, (Fy \rightarrow \exists x\, Fx)$

Fragen

1. Was versteht man unter einer (a) Aussage, (b) Aussagevariablen, (c) Aussageform?
2. Welche Wahrheitstafeln definieren: (a) die Konjunktion $A \wedge B$; (b) die Adjunktion $A \vee B$; (c) die Implikation $A \rightarrow B$; (d) die Äquivalenz $A \leftrightarrow B$?
3. Was besagt der Satz vom ausgeschlossenen Dritten?
4. Auf welcher logischen Schlußform beruht das Falsifikationsprinzip, und warum ist sie für eine empirische Wissenschaft von großer Bedeutung?
5. Was ist eine logische Schlußform?
6. Was ist die aussagenlogische Bedeutung einer Allaussage?
7. Was ist die aussagenlogische Bedeutung einer Existenzaussage?

Antworten

1. (a) Eine Aussage ist ein sprachliches Gebilde, das entweder wahr oder aber falsch ist.
   (b) Eine Aussagevariable steht für eine beliebige Aussage. Erst durch ihre Ersetzung durch eine konkrete Aussage entsteht daraus eine Aussage, die „wahr" oder „falsch" sein kann.
   (c) Auch bei *Aussageformen*, z.B. $A \vee B$ oder $A \rightarrow B$, sind A und B noch keine konkreten Aussagen, sondern Aussagevariablen. Auch eine Aussageform wird also erst durch Einsetzung konkreter Aussagen zu einer Aussage.
2. Siehe Tabelle A.2.
3. Die Aussageform $A \vee \neg A$ ergibt für jede Ersetzung der Aussagevariableln A durch eine Aussage und jede Belegung von A mit einem Wahrheitswert eine wahre Aussage. Diese Aussageform ist somit allgemeingültig. Es kann daher keine Aussagen — im hier definierten logischen Sinn — geben, die weder wahr noch falsch sind. Es gibt in der Aussagenlogik also keinen dritten Wahrheitswert.
4. Der Modus tollens ist die Basis für das Falsifikationsprinzip. Wenn aus einer Theorie A die Aussage B deduziert werden kann und bei der empirischen Überprüfung sich B als falsch herausstellt, kann man daraus auf die Nichtgültigkeit der Theorie schließen.

5. Eine Schlußform ist eine allgemeingültige Aussageform, die für *beliebige* Einsetzungen von Aussagen für die Aussagevariablen (A, B, ...) in eine wahre Aussage übergeht und die (mindestens implizit) einen Implikationsjunktor enthält.

6. Eine Allaussage läßt sich als Konjunktion der betreffenden Aussagen für alle Individuen der betrachteten Menge ausdrücken.

7. Eine Existenzaussage läßt sich als Adjunktion der betreffenden Aussagen für alle Individuen der betrachteten Menge ausdrücken.

Übungen

1. Zeigen Sie, daß die folgenden Aussageformen allgemeingültig sind (s. auch Box A.1):
(a) $\neg(A \wedge \neg A)$ (Satz vom Widerspruch); (b) $\neg(A \vee B) \leftrightarrow (\neg A \wedge \neg B)$ (1. Satz von de Morgan); (c) $[(A \rightarrow B) \wedge A] \rightarrow B$ (Modus ponens); (d) $\neg(A \wedge B) \leftrightarrow (\neg A \vee \neg B)$ (2. Satz von de Morgan); (e) $[(\neg A \vee \neg B) \wedge B] \rightarrow \neg A$.

2. (a) Formalisieren Sie die Hypothese H, daß depressive Patienten an Appetitlosigkeit leiden, und die Aussage C, daß Patient Karl depressiv ist. Leiten Sie aus H und C die Aussage B, daß Karl an Appetitlosigkeit leidet, nach logischen Regeln ab.

(b) Leiten Sie aus der so bewiesenen Implikation $[(H \wedge C) \rightarrow B]$, der Aussage C, und der Aussage ($\neg B$), daß Karl *nicht* an Appetitlosigkeit leidet, die Falschheit der Hypothese (d.h.: $\neg H$) logisch ab.

Lösungen

1. (a) Wahrheitstafel für die Aussageform $\neg(A \wedge \neg A)$:

A	$\neg A$	$(A \wedge \neg A)$	$\neg(A \wedge \neg A)$
W	F	F	W
F	W	F	W

(b) Wahrheitstafel für die Aussageform $\neg(A \vee B) \leftrightarrow (\neg A \wedge \neg B)$:

A	B	$A \vee B$	$\neg(A \vee B)$	$\neg A \wedge \neg B$	$\neg(A \vee B) \leftrightarrow (\neg A \wedge \neg B)$
W	W	W	F	F	W
W	F	W	F	F	W
F	W	W	F	F	W
F	F	F	W	W	W

(c) Wahrheitstafel für die Aussageform $[(A \rightarrow B) \wedge A] \rightarrow B$:

A	B	$(A \rightarrow B)$	$(A \rightarrow B) \wedge A$	$[(A \rightarrow B) \wedge A] \rightarrow B$
W	W	W	W	W
W	F	F	F	W
F	W	W	F	W
F	F	W	F	W

(d) Wahrheitstafel für die Aussageform $\neg(A \wedge B) \leftrightarrow (\neg A \vee \neg B)$:

A	B	$\neg(A \wedge B)$	$(\neg A \vee \neg B)$	$\neg(A \wedge B) \leftrightarrow (\neg A \vee \neg B)$
W	W	F	F	W
W	F	W	W	W
F	W	W	W	W
F	F	W	W	W

(e) Wahrheitstafel für die Aussageform $[(\neg A \vee \neg B) \wedge B] \to \neg A$:

A	B	$(\neg A \vee \neg B)$	$(\neg A \vee \neg B) \wedge B$	$[(\neg A \vee \neg B) \wedge B] \to \neg A$
W	W	F	F	W
W	F	W	F	W
F	W	W	W	W
F	F	W	F	W

2. (a) D bezeichnet das Prädikat „ist depressiv" und A das Prädikat „leidet an Appetitlosigkeit". Dann kann man die Hypothese, daß depressive Patienten an Appetitlosigkeit leiden, wie folgt formalisieren:

$$H: \forall x \, (Dx \to Ax).$$

Die Aussage, daß Karl depressiv ist, können wir mit

$$C: Du_1, \text{ wobei } u_1 = \text{Karl},$$

notieren. Die Hypothese H ist aber äquivalent mit $(Du_1 \to Au_1) \wedge ... \wedge (Du_n \to Au_n)$ [s. Box A.2 (h)], so daß nun nach dem Modus ponens folgt, daß Karl an Appetitlosigkeit leidet, also: $B: Au_1$.

(b) In (a) haben wir $(H \wedge C) \to B$ nachgewiesen. Außerdem wissen wir, daß C gilt. Aus der Aussage, daß Karl nicht an Appetitlosigkeit leidet ($\neg B$), folgt nun nach dem Modus tollens $\neg(H \wedge C)$. Nach dem 2. Satz von de Morgan [s. Box A.1 (c)] ist dies äquivalent mit $\neg H \vee \neg C$. Da C aber vorausgesetzt ist, folgt, daß die Hypothese falsch ist: $\neg H$.

Weiterführende Literatur

In diesem Anhang konnten nur einige der elementarsten Grundbegriffe der Logik behandelt werden. An den meisten Universitäten gibt es mindestens eine einsemestrige Einführung in die Logik, die in der Regel von Philosophen durchgeführt wird.

Eine klassische Einführung in die Logik ist Copi (1986). Ausführlichere Einführungen geben z.B. Freund und Sorger (1976), Hilbert und Ackermann (1972), von Kutschera und Breitkopf (1979), Menne (1986) und Tarski (1971). Bocheński (1978) skizziert die philosophie-historische Entwicklung formallogischer Systeme bis in die Neuzeit. Eine im engeren Sinn philosophische Auseinandersetzung mit logischen Problemen findet sich bei Quine (1961, 1970). Einen weitreichenden Überblick über verschiedene logische Kalküle und Paradoxien sowie logische Theorien der Semantik geben Stegmüller und Kibéd (1984). Weitere vertiefende Darstellungen der Logik findet man unter dem Stichwort „Modelltheorie" (s. z.B. Kreisel & Krivine, 1972; Schwabhäuser, 1971, 1972).

B Mengen und Mengenoperationen

Überblick

Neben der Logik ist die Mengenlehre die wichtigste Grundlage fast jeden Teilgebiets der modernen Mathematik. Auch für die Präzisierung empirischer Theorien sind die Grundbegriffe der Mengenlehre unerläßlich. Neben den Begriffen *Menge* und *Mengensystem* sind dies vor allem die verschiedenen *Mengenoperationen*, z.B. die Vereinigungs- und die Schnittmengenbildung. Relationen und Abbildungen, die in den nächsten beiden Anhangkapiteln behandelt werden, sind spezielle Mengen. Relationen werden die empirischen Ausgangspunkte und Abbildungen die theoretischen Größen der Modelle der Repräsentationstheorie des Messens sein, die wir im Teil I dieses Buchs behandeln.

B.1 Menge, Teilmenge und Mengensystem

Auf dem Begriff der Menge baut fast die gesamte Mathematik auf. Relationen sind spezielle Mengen. Abbildungen und Funktionen sind Relationen mit speziellen Eigenschaften, was die grundlegende Bedeutung des Mengenbegriffs zeigt.

B.1.1 Menge

Die folgende Definition einer Menge geht auf Cantor zurück. Sie genügt zwar nicht den formalen Ansprüchen an die moderne Mathematik, da einige undefinierte Begriffe verwendet werden, ist aber für unsere Zwecke völlig ausreichend.

Menge,
Element,
$a \in A,$
$a \notin A$

Definition. Eine *Menge* ist eine Zusammenfassung von bestimmten, wohlunterschiedenen Objekten unserer Anschauung oder unseres Denkens zu einem Ganzen. Die Objekte einer Menge heißen *Elemente*. Es bedeuten: $a \in A$, daß a Element der Menge A ist, und $a \notin A$, daß a nicht Element der Menge A ist.

1. Art der Definition
einer Menge

Beispiele. Eine Menge kann man durch die *Aufzählung ihrer Elemente* definieren. So wird z.B. durch $A := \{1, 2, 3, 4, 5, 6, 7, 8, 9, 10\}$ die Menge A mit den

:=

2. Art der Definition einer Menge

Elementen 1, 2, ..., 10 definiert. (Das Zeichen „ := " bedeutet in der Mathematik „definitionsgemäß gleich".)

Will man nicht alle Elemente einer Menge nennen, so kann man sie durch *Angabe ihrer Eigenschaften* definieren, z.B. P := {Person: Der IQ der Person ist größer als 120}. Dies bedeutet, die Menge P ist definitionsgemäß gleich der Menge aller Personen, die einen IQ größer als 120 haben. Alternativ zu dem Zeichen „ : " innerhalb der Mengenklammern kann auch ein senkrechter Strich benutzt werden.

B.1.2 Teilmenge

Neben der Element-Beziehung ist die Teilmengen-Beziehung ein wichtiger Bestandteil der Mengenlehre. Zunächst einige Beispiele: Sei A := {1, 2, 3, 4, 5, 6, 7, 8, 9, 10}. Dann sind z.B. {1}, {2, 3} und A Teilmengen von A.

Definitionen. Sei A eine Menge.

Teilmenge

(i)   Eine Menge B heißt *Teilmenge* von A genau dann, wenn gilt: Wenn x ein Element von B ist, dann ist x auch ein Element von A. Formal:

$B \subset A$

$$B \subset A \quad :\leftrightarrow \quad \forall x \, (x \in B \rightarrow x \in A).$$

:↔

Gleichheit zweier Mengen

(Das Zeichen :↔ bedeutet „per definitionem äquivalent mit".)

(ii) 2 Mengen A und B heißen *gleich* genau dann, wenn für alle x gilt: x ist Element von A genau dann, wenn x Element von B ist. Formal:

$A = B$

$$A = B \quad :\leftrightarrow \quad \forall x \, (x \in A \leftrightarrow x \in B).$$

Leere Menge
$\varnothing$ *oder* { }

(iii) Die *leere Menge* ist diejenige Menge, die keine Elemente hat. Sie wird mit den Symbolen $\varnothing$ oder { } notiert.

Erläuterungen. Hier steht x für ein beliebiges Objekt unserer Anschauung (s. Def. B.1.1). Jede Menge ist Teilmenge von sich selbst. In manchen Büchern wird anstelle von „ $\subset$ " auch das Zeichen „ $\subseteq$ " verwendet (s. z.B. Reinhardt & Soeder, 1976), und mit „ $\subset$ " wird dort die „echte Teilmenge" bezeichnet. Will man in der hier gewählten Notation ausdrücken, daß eine *echte Teilmenge* vorliegt, kann man schreiben: $B \subset A$ und $A \neq B$. Die leere Menge ist übrigens Teilmenge *jeder* Menge, denn die in der obigen Definition i vorkommende Wenn-Dann-Aussage ist für $B = \varnothing$ immer wahr, da $x \in B$ für alle x immer falsch ist (s. Tabelle A.2).

B.1.3 Mengensysteme

Beispiele für Mengensysteme

Auch Mengen lassen sich zu Mengen zusammenfassen, deren Elemente selbst Mengen sind. Solche Mengen nennt man *Mengensysteme* oder *Mengenfamilien*. Ist B eine Teilmenge von A, sind z.B. $\{A, B\}$, $\{A\}$ und $\{\varnothing, A, B\}$ Mengensysteme auf A.

Definitionen. Sei A eine Menge.

Mengensystem oder
Mengenfamilie

(i) $\mathcal{A}$ heißt *Mengensystem* oder *Mengenfamilie* auf A genau dann, wenn für alle $B \in \mathcal{A}$ gilt: $B \subset A$.

Potenzmenge

(ii) Die Menge $\mathcal{P}(A) := \{B: B \subset A\}$ heißt *Potenzmenge* von A.

Achtung:
$\{A\} \neq A!$

Erläuterungen. Man beachte: $\{A\} \neq A$, d.h. die Menge mit dem Element A ist ungleich der Menge A. Ist z.B. $A := \{1, 2\}$, so sieht man, daß A nicht Element von A ist. Die Menge $\{A\} = \{\{1, 2\}\}$ ist nicht gleich der Menge $\{1, 2\}$.

Potenzmenge hat
2^n *Elemente*

Die Potenzmenge einer Menge A, d.h. die Menge aller Teilmengen von A, enthält 2^n Elemente. Dabei ist n die Anzahl der Elemente der Menge A. Ist beispielsweise

Beispiel

$A := \{a, b\}$, dann ist $\mathcal{P}(A) = \{\varnothing, \{a\}, \{b\}, A\}$ die Potenzmenge von A. Sie hat $2^n = 2^2 = 4$ Elemente. $\mathcal{P}(A)$ ist ein Mengensystem auf A.

B.2 Mengenoperationen

Wie bei der Aussagenlogik die Verknüpfung von Aussagen mit Junktoren zu neuen Aussagen führt, kommt man auch in der Mengenlehre durch *Mengenoperationen* zu neuen Mengen.

B.2.1 Schnitt- und Vereinigungsmenge

Aus 2 Mengen A und B lassen sich unter Verwendung der in diesem Abschnitt behandelten Operationen neue Mengen herstellen.

Definitionen. Seien A und B Mengen.

Schnittmenge
$A \cap B$
Disjunkte Mengen
Vereinigungsmenge
$A \cup B$ *oder* $A + B$,
falls $A \cap B = \varnothing$

(i) Die *Schnittmenge* von A und B ist die Menge aller Elemente, die in A *und* in B Elemente sind: $A \cap B := \{x: x \in A \wedge x \in B\}$.

(ii) Gilt $A \cap B = \varnothing$, heißen A und B *disjunkt*.

(iii) Die *Vereinigung* von A und B ist die Menge aller Elemente, die in A *oder* in B Element sind: $A \cup B := \{x: x \in A \vee x \in B\}$. Gilt $A \cap B = \varnothing$, schreibt man auch $A + B$ anstelle von $A \cup B$.

a   **b**

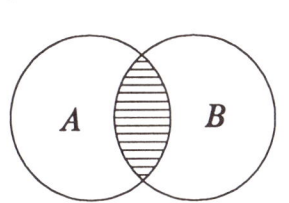   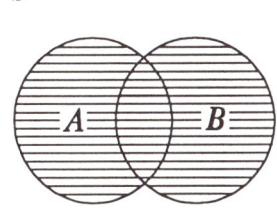

Abb. B.1. Venn-Diagramme zur Veranschaulichung (a) des Durchschnitts und (b) der Vereinigung zweier Mengen

Box B.1. Eigenschaften der Vereinigungs- und Schnittmengenbildung

Kommutativität:

$A \cap B = B \cap A$

$A \cup B = B \cup A$

Adjunktivität:

$A \cap (A \cup B) = A$

$A \cup (A \cap B) = A$

Idempotenz:

$A \cap A = A$

$A \cup A = A$

Assoziativität:

$(A \cap B) \cap C = A \cap (B \cap C)$

$(A \cup B) \cup C = A \cup (B \cup C)$

Distributivität:

$A \cap (B \cup C) = (A \cap B) \cup (A \cap C)$

$A \cup (B \cap C) = (A \cup B) \cap (A \cup C)$

Beispiele. Seien $A = \{1, 2, 3\}$ und $B = \{3, 4, 5, 6\}$. Dann sind $A \cap B = \{3\}$, $A \cup B = \{1, 2, 3, 4, 5, 6\}$. A und B sind *nicht* disjunkt, da sie ein gemeinsames Element haben, nämlich das Element 3.

Beziehungen zwischen Aussagenlogik und Mengenlehre

Erläuterungen. Die *Schnittmenge* hat eine enge Beziehung zur logischen Konjunktion (dem Junktor $\wedge$). Man liest: „A geschnitten B". Die Schnittmenge kann man auch graphisch mit Hilfe eines sogenannten Venn-Diagramms darstellen (s. Abb. B.1a).

Die *Vereinigung* zweier Mengen hat eine enge Beziehung zur logischen Adjunktion (dem Junktor $\vee$). Man liest: „A vereinigt B". Ein Venn-Diagramm zur Vereinigung zweier Mengen findet man in Abbildung B.1b. Die wichtigsten Eigenschaften der Vereinigung und des Durchschnitts von Mengen sind in Box B.1 zusammengestellt. Auch diese Eigenschaften erschließen sich am leichtesten, wenn man sie sich durch Venn-Diagramme veranschaulicht.

B.2.2 Mengendifferenz und Komplement

Definitionen. Seien A und B Mengen.

Mengendifferenz $A \setminus B$

Komplement

(i)   Die *Restmenge* oder *Mengendifferenz* $A \setminus B$ ist die Menge aller Elemente in A, die nicht Element in B sind: $A \setminus B := \{x : x \in A \wedge x \notin B\}$.

(ii) Sei $B \subset A$. Dann heißt $A \setminus B$ das *Komplement* von B bezüglich A.

Beispiele. Seien $A = \{1, 2, 3\}$, $B = \{3, 4, 5, 6\}$ und $C = \{4, 5, 6\}$. Dann sind $A \setminus B = \{1, 2\}$, $A \setminus C = \{1, 2, 3\}$ und $\{3\}$ das Komplement von C bezüglich B.

Erläuterungen. Man liest das Symbol „$A \setminus B$" als „A ohne B" oder auch „A minus B". Die Mengendifferenz kann man durch das in Abbildung B.2a angegebene Venn-Diagramm veranschaulichen.

Ein Spezialfall der Mengendifferenz ist das *Komplement* einer Menge B bezüglich einer Menge A. Bei der Definition des Komplements wird jedoch vorausgesetzt, daß B Teilmenge der Menge A ist. Ist klar, welches die Menge A ist, so kann man auch

$\bar{B}$ oder B^c

einfach $\bar{B}$ oder B^c anstelle von $A \setminus B$ schreiben. Auch das Komplement kann man sich durch ein Venn-Diagramm veranschaulichen (s. Abb. B.2b).

a **b**

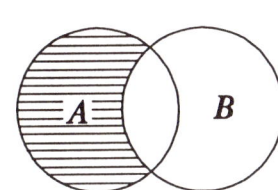 

Abb. B.2. Venn-Diagramme zur Veranschaulichung (a) der Mengendifferenz und (b) des Komplements einer Menge

Fragen

1. Was versteht man unter den folgenden Begriffen: (a) Teilmenge B einer Menge A; (b) Mengensystem auf einer Menge A; (c) Potenzmenge einer Menge A; (d) Komplement von B bezüglich A; (e) Vereinigung der Mengen A und B?
2. Wann nennt man die Mengen A und B disjunkt?

Antworten

1. (a) B ist *Teilmenge* von A genau dann, wenn jedes Element von B auch Element von A ist.
   (b) Ein *Mengensystem* auf einer Menge A ist eine Menge, deren Elemente selbst wieder Mengen sind, und zwar Teilmengen von A.
   (c) Die *Potenzmenge* einer gegebenen Menge A ist die Menge aller Teilmengen von A. Die leere Menge und die Menge A selbst sind immer Elemente der Potenzmenge von A.
   (d) Das *Komplement* einer Menge B bezüglich einer Menge A ist die Menge aller Elemente von A, die nicht auch Element von B sind.
   (e) Die *Vereinigung* zweier Mengen A und B ist die Menge aller Elemente, die in A oder B oder in beiden Mengen Element sind.
2. Zwei Mengen A und B heißen *disjunkt* genau dann, wenn ihre Schnittmenge leer ist, wenn sie also keine gemeinsamen Elemente haben.

Übungen

1. Sei $A := \{1, 2\}$. Zeigen Sie anhand der Definition der Gleichheit von Mengen, daß $\{A\} \neq A$.
2. Sei $A := \{a, b, c\}$. Bilden Sie die Potenzmenge $\mathbb{P}(A)$.
3. Stellen Sie folgende Mengen als Venn-Diagramme dar: (a) $(A \cap B) \cap C$; (b) $A \cup (B \cap C)$; (c) $A \cap (B \cup C)$; (d) $A \cup (A \cap B)$.
4. Seien $A = \{1, 2, 3, 4\}$, $B = \{3, 4\}$, $C = \{a, b, c\}$, $D = \{1, 2, a\}$. Entscheiden Sie über die Wahrheit der folgenden Aussagen: (a) $A = B \cup D$; (b) $B \cap C = \varnothing$; (c) $D \subset A$; (d) $A \cup B = A$; (e) $A \setminus D = B$.

5. Gegeben seien die Mengen A, B, C und D aus Aufgabe 4. Bilden Sie: (a) das Komplement von B hinsichtlich A; (b) die Mengendifferenz $A \setminus D$; (c) die Schnittmenge von C und D; (d) die Vereinigung von C und D; (e) die Menge $C \cup (A \cap B)$.

Lösungen

1. Gegeben ist die Menge $A := \{1, 2\}$ und die Menge $B := \{A\}$, deren Element A ist. Definitionsgemäß ist $A = B$ genau dann, wenn für alle x gilt: $x \in A \leftrightarrow x \in B$. Setzt man für $x = 1$ (1 ist Element der Menge A), so sieht man sofort, daß $1 \in A$, aber $1 \notin B$. Also sind die beiden Mengen ungleich.
2. Die Potenzmenge von $A := \{a, b, c\}$ ist

$$\mathscr{P}(A) := \left\{ \varnothing, \{a\}, \{b\}, \{c\}, \{a, b\}, \{a, c\}, \{b, c\}, \{a, b, c\} \right\}.$$

3. (a)   (b)   (c)   (d)

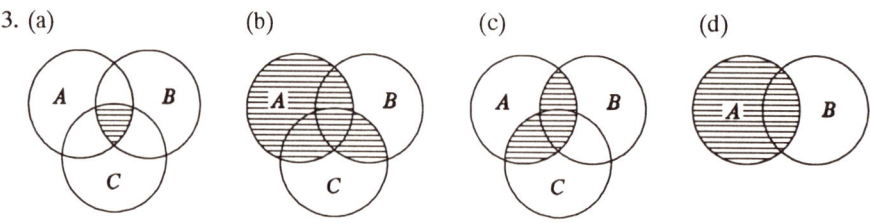

4. (a) falsch; (b) wahr; (c) falsch; (d) wahr; (e) wahr.
5. (a) $A \setminus B = \{1, 2\}$; (b) $A \setminus D = \{3, 4\}$; (c) $C \cap D = \{a\}$;
   (d) $C \cup D = \{a, b, c, 1, 2\}$; (e) $C \cup (A \cap B) = \{a, b, c, 3, 4\}$.

Weiterführende Literatur

Elementare Einführungen in die Mengenlehre geben Bishir und Drewes (1970), Heuser et al. (1971a, b) und Lubeseder (1970), bei denen man auch einiges über Relationen und Funktionen findet. Rhenius (1983) gibt ebenfalls eine Einführung, die sich an Sozialwissenschaftler wendet. Schmidt (1966) richtet sich an Mathematiker, für die auch Halmos (1976) empfohlen sei.

C Relationen und Relative

Überblick Ist festgelegt, welche Elemente zu einer Menge gehören, dann hat man noch keine Aussage darüber, welche Beziehungen zwischen den Elementen einer Menge bestehen. Wenn wir die Menge $U := \{$Peter, Hans, Erich, Karl$\}$ betrachten und sagen „Peter steht neben Hans" oder „Hans steht neben Erich", so sind dies Aussagen, die eine *Beziehung* zwischen jeweils 2 Personen zum Ausdruck bringen. Dieser Sachverhalt kann mathematisch durch eine *Relation* dargestellt werden. Die zugehörige *Relationsvorschrift* lautet „a steht neben b". Am häufigsten werden *2stellige* oder *binäre* Relationen verwendet, mit denen wir uns zunächst beschäftigen. Danach werden die Begriffe *n-stellige Relation* und *Relativ* eingeführt. Diese Begriffe spielen bei Modellen der Repräsentationstheorie des Messens eine zentrale Rolle.

C.1 Relation

Relationen werden im Teil I des Haupttextes die Rolle der empirischen Begriffe spielen. Wir behandeln zunächst den Spezialfall einer *binären* oder *2stelligen Relation*. Ausgangspunkt ist der Begriff des *Kartesischen Produkts* von Mengen.

C.1.1 2faches Kartesisches Produkt

Geordnetes Paar $\langle a, b \rangle$ In die Definition des Kartesischen Produkts zweier Mengen geht der Begriff eines *geordneten Paares* $\langle a, b \rangle$ ein. Im Gegensatz zur Menge $\{a, b\}$ spielt hier die *Reihenfolge* der Komponenten a und b eine wichtige Rolle (daher „geordnet").

Produkt zweier Mengen **Definition.** Das (*Kartesische*) *Produkt zweier Mengen* A und B ist definiert als die Menge aller (geordneten) Paare $\langle a, b \rangle$, deren erste Komponente Element in A und deren zweite Komponente Element in B ist. Formal:

$A \times B$
$$A \times B := \{\langle a, b \rangle : a \in A \land b \in B\}.$$

A^2 Gilt $A = B$, schreibt man auch A^2 anstelle von $A \times A$.

Erläuterungen. Auch $A \times B$ ist eine Menge. Ihre Elemente sind jedoch *Paare*. Man liest „A kreuz B" oder auch „das Produkt von A und B". Während bei einer *Menge* die Anordnung der Elemente irrelevant ist, ist die Abfolge innerhalb eines *Paares* wichtig: Die erste Komponente ist Element der ersten Menge (hier: A), die zweite Komponente des Paares Element der zweiten Menge (hier: B).

Beispiele

Sind $A := \{$Fritz, Franz, Ferdinand$\}$ und $B := \{$Max, Moritz$\}$, dann sind

$$A \times B = \{\langle\text{Fritz, Max}\rangle, \langle\text{Franz, Max}\rangle, \langle\text{Ferdinand, Max}\rangle,$$
$$\langle\text{Fritz, Moritz}\rangle, \langle\text{Franz, Moritz}\rangle, \langle\text{Ferdinand, Moritz}\rangle\}$$

und

$$A \times A = \{\langle\text{Fritz, Fritz}\rangle, \langle\text{Fritz, Franz}\rangle, \langle\text{Fritz, Ferdinand}\rangle,$$
$$\langle\text{Franz, Franz}\rangle, \langle\text{Franz, Fritz}\rangle, \langle\text{Franz, Ferdinand}\rangle,$$
$$\langle\text{Ferdinand, Ferdinand}\rangle, \langle\text{Ferdinand, Fritz}\rangle, \langle\text{Ferdinand, Franz}\rangle\}.$$

das Kartesische Produkt der Mengen A und B bzw. der Menge A mit sich selbst.

C.1.2 Binäre oder 2stellige Relation

Eine binäre Relation wird nun einfach als Teilmenge des Kartesischen Produkts zweier Mengen A und B definiert. Eine binäre Relation ist also eine Menge und zwar eine Menge derjenigen Paare, die in der betrachteten Relation stehen.

2stellige Relation a R b

Definition. Eine Teilmenge R des Kartesischen Produkts $A \times B$ der Mengen A und B heißt (*2stellige* oder *binäre*) *Relation* auf $A \times B$. Gilt $A = B$, dann heißt $R \subset A^2$ auch binäre Relation auf A. Statt $\langle a, b \rangle \in R$ schreibt man auch $a \, R \, b$.

Erläuterungen. Eine binäre Relation ist immer eine Menge von Paaren. Der Begriff einer *Relation* darf also nicht mit dem einer *Relationsvorschrift* verwechselt werden. Beispiele für Relationsvorschriften sind: „a ist verheiratet mit b", „a ist größer als b", „a schmeckt besser als b" etc. Sind die Mengen A und B gegeben, kann man mit einer Relationsvorschrift eine spezielle Relation definieren.

Kleiner-Gleich-Relation ≤

Seien $A := \{1, 2, 3\}$ und die Relationsvorschrift „a ist kleiner oder gleich b". Dies definiert die Kleiner-Gleich-Relation $\{\langle 1, 1 \rangle, \langle 1, 2 \rangle, \langle 1, 3 \rangle, \langle 2, 2 \rangle, \langle 2, 3 \rangle, \langle 3, 3 \rangle\}$, für die wir anstelle des Symbols R das Symbol $\leq$ verwenden. Es gilt also $1 \leq 1$, $1 \leq 2$ etc., denn $\langle 1, 1 \rangle \in \leq$, $\langle 1, 2 \rangle \in \leq$ etc.

Gleichheits-relation =

Die Menge $A := \{1, 2, 3\}$ und die Relationsvorschrift „a ist gleich b" definieren die Gleichheitsrelation $\{\langle 1, 1 \rangle, \langle 2, 2 \rangle, \langle 3, 3 \rangle\}$, für die wir das Symbol $=$ verwenden. Es gilt $1 = 1$, denn $\langle 1, 1 \rangle \in =$, nicht aber $1 = 2$, denn $\langle 1, 2 \rangle \notin =$.

Matrixdarstellung einer Relation

Darstellung binärer Relationen. Eine binäre Relation kann nicht nur durch eine Menge von Paaren, sondern auch durch eine *Matrix* dargestellt werden. Dabei werden die Elemente der Menge A in den Zeilen und die Elemente der Menge B in den Spalten notiert. Steht nun ein Paar $\langle a, b \rangle$ in der betrachteten Relation R, so wird die zur Zeile a und Spalte b gehörige Zelle markiert (s. Tabelle C.1).

Tabelle C.1. Darstellung zweier binärer Relationen in Tabellenform.

	männlich	weiblich		Säugetier	Fisch
Hans	✓		Forelle		✓
Fritz	✓		Löwe	✓	
Klaus	✓		Tiger	✓	
Ernst	✓		Stein		

Relationsdiagramm   Eine andere Darstellungsart binärer Relationen ist ein *Relationsdiagramm*. Dabei werden diejenigen Paare, die (Elemente) in der Relation sind, durch Verbindungslinien gekennzeichnet (s. Abb. C.1).

C.1.3 Eigenschaften binärer Relationen auf $A \times B$

Die folgenden Eigenschaften binärer Relationen definieren spezielle Relationen. Diese Eigenschaften werden z. T. im Anhang D über Abbildungen verwendet.

Definitionen. Seien A und B Mengen. Dann heißt eine Relation $R \subset A \times B$:

Linkstotalität   (i)   *linkstotal* genau dann, wenn für alle $a \in A$ ein $b \in B$ existiert derart, daß $a\,R\,b$.
Rechtstotalität   (ii) *rechtstotal* genau dann, wenn für alle $b \in B$ ein $a \in A$ existiert derart, daß $a\,R\,b$.

Bitotalität   (iii) *bitotal* genau dann, wenn R links- und rechtstotal ist.
Linkseindeutigkeit (iv) *linkseindeutig* genau dann, wenn für alle $a_1, a_2 \in A$ und alle $b \in B$ gilt: $a_1\,R\,b \wedge a_2\,R\,b \rightarrow a_1 = a_2$.

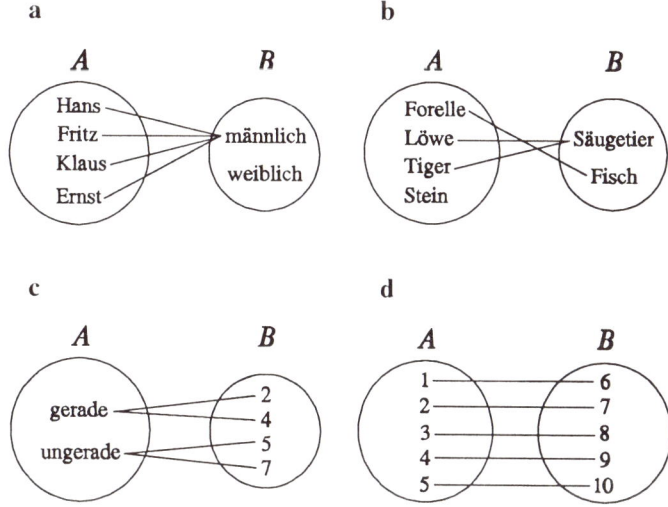

Abb. C.1. Darstellung von Relationen durch Relationsdiagramme

Rechtseindeutigkeit   (v)   *rechtseindeutig* genau dann, wenn für alle $a \in A$ und alle $b_1, b_2 \in B$ gilt:
$a \, R \, b_1 \wedge a \, R \, b_2 \to b_1 = b_2$.

Eineindeutigkeit   (vi) *eineindeutig* genau dann, wenn R links- und rechtseindeutig ist.

Erläuterungen. Bei einer *linkstotalen* Relation $R \subset A \times B$ ist *jedes* Element $a \in A$ mit mindestens einem Element $b \in B$ gepaart. Dagegen ist bei einer *rechtstotalen* Relation $R \subset A \times B$ jedes Element $b \in B$ mit mindestens einem Element $a \in A$ gepaart. Bei einer (nach) *linkseindeutigen* Relation $R \subset A \times B$ darf kein Element $b \in B$ mit mehr als einem Element aus A gepaart sein. Bei einer (nach) *rechtseindeutigen* Relation $R \subset A \times B$ dagegen darf kein Element $a \in A$ mit mehr als einem Element aus B gepaart sein.

Beispiele   Beispiele zu diesen Eigenschaften findet man in den Abbildungen C.1a bis d. Die Paare, die Elemente in der Relation sind, werden durch Verbindungslinien gekennzeichnet. Dabei sind: (a) linkstotal, nicht rechtstotal, nicht bitotal, nicht linkseindeutig, rechtseindeutig und nicht eineindeutig; (b) nicht linkstotal, rechtstotal, nicht bitotal, nicht linkseindeutig, rechtseindeutig und nicht eineindeutig; (c) linkstotal, rechtstotal, bitotal, linkseindeutig, nicht rechtseindeutig und nicht eineindeutig; (d) linkstotal, rechtstotal, bitotal, linkseindeutig, rechtseindeutig und eineindeutig.

C.1.4 Eigenschaften binärer Relationen auf A^2

Im folgenden sind einige Eigenschaften binärer Relationen R definiert, für die gilt: $R \subset A \times A$. Diese Eigenschaften werden wir im Teil I des Haupttextes verwenden.

Definitionen. Sei A eine Menge. Dann heißt $R \subset A^2$:

Reflexivität   (i)   *reflexiv* genau dann, wenn für alle $a \in A$ gilt: $a \, R \, a$.
Symmetrie   (ii) *symmetrisch* genau dann, wenn für alle $a, b \in A$ gilt: $a \, R \, b \to b \, R \, a$.
Asymmetrie   (iii) *asymmetrisch* genau dann, wenn für alle $a, b \in A$ gilt: $a \, R \, b \to \neg (b \, R \, a)$.
Identitivität   (iv) *identitiv* oder *antisymmetrisch* genau dann, wenn für alle $a, b \in A$ gilt:
$a \, R \, b \wedge b \, R \, a \to a = b$.

Konnexität   (v)   *konnex* oder *linear* genau dann, wenn für alle $a, b \in A$ gilt: $a \, R \, b \vee b \, R \, a$.
Transitivität   (vi) *transitiv* genau dann, wenn für alle $a, b, c \in A$ gilt:
$a \, R \, b \wedge b \, R \, c \to a \, R \, c$.

Erläuterungen. In den obigen Definitionen kann durchaus $a = b$ sein, da nur $a, b \in A$, nicht aber $a \neq b$ verlangt wird. Das Entsprechende gilt für a und c in vi. In ii bis v ist von allen $a, b \in A$ die Rede, nicht von allen Paaren in der Relation R, obwohl mit den aufgeführten Bedingungen die Relation R charakterisiert wird. Man beachte auch, daß Asymmetrie nicht die Negation der Symmetrie ist. Die Negation der Symmetrie würde man wie folgt schreiben: es ist *nicht* der Fall, daß für alle $a, b \in A$ gilt: $(a \, R \, b \to b \, R \, a)$.

Beispiele   Die Relationen $\leq$ und $\geq$ auf der Menge $\mathbb{R}$ der reellen Zahlen sind reflexiv, nicht symmetrisch, nicht asymmetrisch, antisymmetrisch, konnex und transitiv. Die Relationsvorschrift „ist verheiratet mit" definiert eine Relation, die nicht reflexiv, symmetrisch, nicht asymmetrisch, nicht antisymmetrisch und nicht konnex ist, vorausgesetzt, daß die Grundmenge A aus mehr als 2 Personen besteht. Sie ist auch nicht transitiv wie der Fall „$(a\ R\ b\ \wedge\ b\ R\ a) \rightarrow a\ R\ a$" zeigt, denn man kann nicht mit sich selbst verheiratet sein.

C.1.5 *n*-faches Kartesisches Produkt

Beziehungen zwischen *mehr* als 2 Elementen lassen sich ebenfalls durch mathematische Relationen darstellen. Dazu muß man allerdings den Begriff einer 2stelligen Relation zum Begriff einer *n-stelligen Relation* verallgemeinern. Ausgangspunkt ist das *n-fache Kartesische Produkt*, bei dessen Definition man auf den Begriff eines ***geordneten n-tupels*** $\langle a_1, ..., a_n \rangle$ zurückgreifen muß. Im Fall $n = 2$ ist dies wieder ein geordnetes Paar, im Fall $n = 3$ ein geordnetes Tripel etc.

Geordnetes n-tupel
$\langle a_1, ..., a_n \rangle$

n-faches Mengenprodukt

Definition. Das *(Kartesische) Produkt der Mengen* $A_1, ..., A_n$ ist definiert als die Menge aller *n*-tupel $\langle a_1, ..., a_n \rangle$, deren erste Komponente Element in A_1 ist, deren zweite Komponente Element in A_2 ist usw. Formal:

$A_1 \times ... \times A_n$

$$A_1 \times ... \times A_n := \{\langle a_1, ..., a_n \rangle : a_1 \in A_1 \wedge ... \wedge a_n \in A_n\}.$$

Gilt $A := A_1 = ... = A_n$, schreibt man auch: A^n anstelle von $A_1 \times ... \times A_n$.

C.1.6 *n*-stellige Relation

n-stellige Relation

Definition. Eine Teilmenge R des Kartesischen Produkts $A_1 \times ... \times A_n$ der Mengen A_1 bis A_n heißt (*n-stellige*) *Relation* auf $A_1 \times ... \times A_n$. Gilt $A := A_1 = ... = A_n$, heißt $R \subset A^n$ auch *n*-stellige Relation auf A.

Beispiele. Die Relationsvorschrift „u ist Kind von v und w" führt zu einer 3stelligen Relation auf einer Menge U von Menschen, die mindestens 1 Elternpaar und ihr Kind bzw. ihre Kinder als Elemente enthält. Es gilt natürlich $u, v, w \in U$.

Sei $A := \{a, b\}$ eine Menge mit den Elementen a, b, und sei $\mathbb{P}(A) := \{\varnothing, \{a\}, \{b\}, A\}$ die Potenzmenge von A. Dann führt die Relationsvorschrift „u ist die Vereinigung von v und w" zu der 3stelligen Relation auf der Potenzmenge $\mathbb{P}(A)$:

$$
\begin{aligned}
R := \{ &\langle \varnothing, \varnothing, \varnothing \rangle, \langle \{a\}, \{a\}, \varnothing \rangle, \langle \{a\}, \varnothing, \{a\} \rangle, \langle \{a\}, \{a\}, \{a\} \rangle, \\
&\langle \{b\}, \{b\}, \varnothing \rangle, \langle \{b\}, \varnothing, \{b\} \rangle, \langle \{b\}, \{b\}, \{b\} \rangle, \\
&\langle A, A, \varnothing \rangle, \langle A, \varnothing, A \rangle, \langle A, A, A \rangle, \langle A, A, \{a\} \rangle, \langle A, A, \{b\} \rangle, \\
&\langle A, \{a\}, A \rangle, \langle A, \{b\}, A \rangle, \langle A, \{b\}, \{a\} \rangle, \langle A, \{a\}, \{b\} \rangle \}.
\end{aligned}
$$

Gemäß dem ersten Element von R gilt: $\varnothing$ ist die Vereinigung von $\varnothing$ und $\varnothing$. Nach dem zweiten Element von R gilt: $\{a\}$ ist die Vereinigung von $\{a\}$ und $\varnothing$. Entsprechend sind die anderen Elemente von R zu lesen.

C.2 Relativ

Hat man eine Menge mit einer oder mehreren Relationen vorliegen, spricht man auch von einem *Relativ* oder einem *relationalen System*. Die dabei beteiligten Relationen können durchaus verschiedene Stelligkeiten haben. Liegen m Relationen vor, so heißt das m-tupel ihrer Stelligkeiten der *Typ des Relativs*.

Definitionen. Seien A eine nichtleere Menge und jedes R_i, $i = 1, ..., m$, eine Relation auf A.

(i) Das $(m + 1)$-tupel $\mathbb{A} := \langle A, R_1, ..., R_m \rangle$, heißt dann **Relativ** oder auch ***relationales System*** auf A.

(ii) $\langle n_1, ..., n_m \rangle$ heißt **Typ** des Relativs $\mathbb{A}$ genau dann, wenn n_i, $i = 1, ..., m$, jeweils die Stelligkeit der Relation R_i ist.

Erläuterungen. Bei der in der obigen Definition eines Relativs vorkommenden Ausgangsmenge A kann es sich durchaus auch um ein Kartesisches Produkt zweier oder auch mehrerer Mengen handeln. Demnach kann auch $\langle A \times B, R_1, ..., R_m \rangle$ ein Relativ sein, wobei allerdings vorausgesetzt wird, daß $R_1, ..., R_m$ Relationen auf $A \times B$ sind.

Beispiele

Wir betrachten 3 Beispiele mit Relationen auf der Menge $\mathbb{R}$ der reellen Zahlen.

1. $\langle \mathbb{R}, = \rangle$ ist ein Relativ auf $\mathbb{R}$ vom Typ $\langle 2 \rangle$.
2. $\langle \mathbb{R}, =, < \rangle$ ist ein Relativ auf $\mathbb{R}$ vom Typ $\langle 2, 2 \rangle$.
3. $\langle \mathbb{R}, =, + \rangle$ ist ein Relativ auf $\mathbb{R}$ vom Typ $\langle 2, 3 \rangle$.

Die Gleichheitsrelation $=$ auf $\mathbb{R}$ ist also 2stellig. Die Addition $+$ mit der Relationsvorschrift „a plus b ergibt c" ist eine 3stellige Relation auf $\mathbb{R}$.

Fragen

1. Was versteht man unter den folgenden Begriffen: (a) Kartesisches Produkt der Mengen A und B; (b) 2stellige Relation auf $A \times B$; (c) n-stellige Relation auf $A_1 \times ... \times A_n$?
2. Kennen Sie ein Beispiel für eine 3stellige Relation auf einer Menge A?
3. Was bedeuten bei 2stelligen Relationen $R \subset A \times B$ die folgenden Begriffe: (a) Linkstotalität; (b) Rechtstotalität; (c) Bitotalität; (d) Linkseindeutigkeit; (e) Rechtseindeutigkeit; (f) Eineindeutigkeit?

Antworten

1. (a) Das (*Kartesische*) *Produkt* zweier Mengen A und B ist die Menge aller Paare $\langle a, b \rangle$, für die gilt: a ist Element in A und b ist Element in B.
   (b) R heißt *2stellige Relation* auf $A \times B$ genau dann, wenn R eine Teilmenge von $A \times B$ ist.
   (c) Eine *n-stellige Relation* $R \subset A_1 \times ... \times A_n$ ist eine Teilmenge des n-fachen Produkts $A_1 \times ... \times A_n$, also eine Menge von n-tupeln $\langle a_1, ..., a_n \rangle$ mit: $a_1 \in A_1, ..., a_n \in A_n$.

2. Sei $A =:$ {Fritz, Franz, Herr Meier, Frau Meier}. Dann ist

   $R := \{\langle$Fritz, Herr Meier, Frau Meier$\rangle, \langle$Franz, Herr Meier, Frau Meier$\rangle\}$

   eine 3stellige Relation auf A. Die hier verwendete Relationsvorschrift ist: a_1 ist Kind von a_2 und a_3.

3. Genau dann heißt eine 2stellige Relation $R \subset A \times B$

   (a) linkstotal: wenn *jedes* Element der Menge A mit mindestens einem Element aus B gepaart ist, d.h. wenn gilt: Für alle $a \in A$ gibt es mindestens ein $b \in B$, so daß $\langle a, b \rangle \in R$.

   (b) rechtstotal: wenn *jedes* Element aus B mit mindestens einem Element aus A gepaart ist, d.h. wenn gilt: Für alle $b \in B$ gibt es mindestens ein $a \in A$, so daß $\langle a, b \rangle \in R$.

   (c) bitotal: wenn R links- und rechtstotal ist.

   (d) linkseindeutig: wenn jedes Element aus B nur mit höchstens einem Element aus A gepaart ist (nach links eindeutig).

   (e) rechtseindeutig: wenn jedes Element aus A nur mit höchstens einem Element aus B gepaart ist (nach rechts eindeutig).

   (f) eineindeutig: wenn die R links- und rechtseindeutig ist.

Übungen

1. Bilden Sie das Kartesische Produkt für folgende Mengen:

   (a) $A := \{$Inge, Karl, Fritz$\}$, $B := \{1, 2\}$. (b) $A := \{1, 2, 3, 4\}$, $B := \{+, -\}$.

2. Gegeben sei die Menge $B := \{$Brocken, Zugspitze, Matterhorn, Mont Blanc$\}$.

   (a) Bilden Sie eine Relation $R \subset B^2$ nach der Relationsvorschrift „a ist höher als b".

   (b) Prüfen Sie, welche der folgenden Eigenschaften auf die Ergebnisrelation aus (a) zutreffen: reflexiv, symmetrisch, asymmetrisch, identitiv, konnex und transitiv.

3. Gegeben seien die Mengen $A := \{6, 7, 8, 9\}$ und $B := \{4, 6\}$.

   (a) Bilden Sie eine Relation auf $A \times B$ nach der Relationsvorschrift „a ist größer als b" und geben Sie die Relation sowohl durch Aufzählung ihrer Elemente als auch durch ein Relationsdiagramm an (vgl. Abb. C.1).

   (b) Prüfen Sie welche der folgenden Eigenschaften auf die Relation aus (a) zutrifft: linkstotal, rechtstotal, bitotal, linkseindeutig, rechtseindeutig und eineindeutig.

4. Gegeben seien die Menge $A := \{a: a$ ist ein Politiker$\}$ und die durch die Relationsvorschrift „a ist in derselben Partei wie b" auf der Menge A definierte Relation R. Welche der in C.1.4, genannten Eigenschaften 2stelliger Relationen treffen auf R zu?

5. Gegeben seien die Mengen $A := \{7, 11, 8, 12\}$, $B := \{1, 2\}$ und $C := \{6, 10\}$ sowie eine 3stellige Relation $R \subset A \times B \times C$, die durch die Relationsvorschrift „a ist Summe von b und c." definiert ist. Welche Elemente hat die Relation R?

Lösungen

1. (a) $A \times B = \{\langle$Inge, 1$\rangle, \langle$Inge, 2$\rangle, \langle$Karl, 1$\rangle, \langle$Karl, 2$\rangle, \langle$Fritz, 1$\rangle, \langle$Fritz, 2$\rangle\}$.

   (b) $A \times B = \{\langle 1, + \rangle, \langle 2, + \rangle, \langle 3, + \rangle, \langle 4, + \rangle, \langle 1, - \rangle, \langle 2, - \rangle, \langle 3, - \rangle, \langle 4, - \rangle\}$.

2. (a) $R \subset B^2 = \{\langle$Zugspitze, Brocken$\rangle, \langle$Matterhorn, Brocken$\rangle, \langle$Matterhorn, Zugspitze$\rangle, \langle$Mont Blanc, Brocken$\rangle, \langle$Mont Blanc, Zugspitze$\rangle, \langle$Mont Blanc, Matterhorn$\rangle\}$.

   (b) Die obige Relation $R \subset B^2$, die nach der Relationsvorschrift „a ist höher als b" gebildet wird, ist: *nicht reflexiv*, weil z.B. nicht gilt „Brocken ist höher als Brocken"; *nicht symmetrisch*, weil z.B. nicht gilt „Wenn Zugspitze höher als Brocken, dann ist Brocken höher als Zugspitze"; *asymmetrisch*, weil z.B. für 2 beliebige Elemente $a, b \in B$ aus „a ist höher als b" folgt, daß b nicht höher als a ist; *identitiv*, weil für 2 beliebige Elemente $a, b \in B$ gilt: *wenn a höher als b und b höher als a, dann ist a gleich b* [es gilt nämlich für kein Paar $\langle a, b \rangle$ aus B^2 die Voraussetzung, daß a höher als b und b höher als a ist, daher ist die Implikation hier immer wahr (s. Tab. A.2)]; *nicht konnex*, denn für $a = b$ gilt *nicht:* a größer als b oder b größer als a; *transitiv*, denn für $a, b, c \in B$ gilt: Wenn a größer als b und b größer als c, dann a größer als c.

3. (a) $R := \{\langle 6, 4 \rangle, \langle 7, 4 \rangle, \langle 8, 4 \rangle, \langle 9, 4 \rangle, \langle 7, 6 \rangle, \langle 8, 6 \rangle, \langle 9, 6 \rangle\}$. Als Relationsdiagramm kann man R auch wie folgt darstellen:

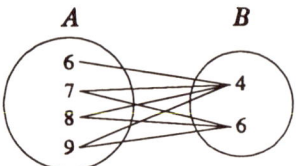

(b) Die Relation ist linkstotal, rechtstotal, bitotal, nicht linkseindeutig, nicht rechtseindeutig und nicht eineindeutig.

4. Die auf der Menge A von Politikern verschiedener Parteien durch die Relationsvorschrift „a ist in derselben Partei wie b" gegebene Relation R ist reflexiv, symmetrisch und transitiv. Sie ist nicht asymmetrisch, nicht identitiv und nicht konnex.

5. Die Relation R hat die folgenden Elemente: $\langle 7, 1, 6 \rangle, \langle 11, 1, 10 \rangle, \langle 8, 2, 6 \rangle, \langle 12, 2, 10 \rangle$.

Weiterführende Literatur

Im Anhang B haben wir bereits auf Lubeseder (1970) sowie auf Heuser et al. (1971a, b) hingewiesen, die eine Einführung in Mengen und Relationen geben. Auch die anderen dort aufgeführten Hinweise wie Bishir und Drewes (1970), Halmos (1976), Rhenius (1983) und Schmidt (1966) sind hier einschlägig. Zum Nachschlagen sei auf das „Mathemecum" (Maurer, 1981) und das „Mathematische Begriffswörterbuch" (Meschkowski, 1976) aufmerksam gemacht.

D Abbildungen und Homomorphismen

Abbildungen spielen im Rahmen von Meßmodellen in der Regel die Rolle der theoretischen Begriffe. Daher sind sie für das Verständnis des vorliegenden Buchs besonders wichtig. Wir führen zunächst den allgemeinen Begriff einer Abbildung und die damit zusammenhängenden Begriffe ein (Abschnitt D.1) und behandeln dann Homomorphismen, wie wir sie bei deterministischen Meßmodellen in Teil I des Buchs brauchen werden (Abschnitt D.2).

D.1 Abbildung

D.1.1 Abbildung, Bild und Urbild

Abbildungen sind spezielle Relationen. Zwei Beispiele für eine (mathematische) Abbildung wurden bereits in Abb. C.1a und C.1d dargestellt. Die in Abb. C.1b und C.1c dargestellten Relationen dagegen sind keine Abbildungen im nun zu definierenden mathematischen Sinn, da die in Abb. C.1b dargestellte Relation nicht linkstotal und die in Abb. C.1c dargestellte Relation nicht rechtseindeutig sind. Dies aber sind die beiden definierenden Bedingungen, die Abbildungen von anderen Relationen abheben.

Definitionen. Sei $f \subset A \times B$ eine Relation.

Abbildung
$f: A \rightarrow B$

(i) f heißt **Abbildung** auf der Menge A in die Menge B genau dann, wenn f linkstotal und rechtseindeutig ist. Anstelle von „f ist eine Abbildung auf der Menge A in die Menge B" schreibt man einfach $f: A \rightarrow B$. Statt $\langle a, b \rangle \in f$ schreibt man auch $f(a) = b$.

Wert $f(a)$,
Argument a

(ii) Das Element $f(a)$ aus der Menge B heißt der **Wert** der Abbildung f für das **Argument a**.

Definitionsbereich
Bildbereich

(iii) Die Menge A heißt der **Definitionsbereich** und B der **Wertebereich** oder auch **Bildbereich** der Abbildung f.

Bild $f(C)$

(iv) Sei $C \subset A$. Dann heißt $f(C) := \{f(a): a \in C\}$ das **Bild** von C unter der Abbildung f.

Urbild $f^{-1}(D)$

(v) Sei $D \subset B$. Dann heißt $f^{-1}(D) := \{a: f(a) \in D\}$ das **Urbild** von D bezüglich der Abbildung f.

Gleichheit zweier Abbildungen

(vi) Zwei Abbildungen $f_1, f_2 \subset A \times B$ heißen **gleich** genau dann, wenn für alle $a \in A$ gilt: $f_1(a) = f_2(a)$.

Erläuterungen. Entscheidend ist bei einer Abbildung, daß *jedem* Element a von A (Linkstotalität) *ein und nur ein* Element b von B (Rechtseindeutigkeit) zugeordnet ist. Jedem Argument $a \in A$ ist also durch f ein, aber auch nur ein einziger Wert $f(a)$ zugeordnet. Für $C \subset A$ ist das Bild $f(C)$ Teilmenge des Wertebereichs B und für $D \subset B$ ist das Urbild $f^{-1}(D)$ Teilmenge des Definitionsbereichs A.

Beispiele

Die in Abb. D.1a dargestellte Relation ist eine Abbildung. Dabei sind: „männlich" der Wert der Abbildung f für die Argumente „Hans", „Fritz", „Klaus" und „Ernst", {weiblich, männlich} das Bild von {Klaus, Angelika} unter f, {Angelika} das Urbild von {weiblich, sächlich} bezüglich f.

D.1.2 Surjektivität, Injektivität und Bijektivität

Abbildungen können spezielle Eigenschaften und entsprechende spezielle Namen haben. Einige davon sind im folgenden angegeben. Diese Begriffe sollte man sich mit einem Beispiel anhand eines Venn-Diagramms veranschaulichen.

Definitionen. Sei $f: A \to B$ eine Abbildung.

Surjektivität

(i) f heißt **surjektiv** genau dann, wenn $f(A) = B$ gilt.

Injektivität

(ii) $f: A \to B$ heißt **injektiv** genau dann, wenn für alle $b \in B$ gilt: $f^{-1}(\{b\}) = \{a\}$, $a \in A$, oder $f^{-1}(\{b\}) = \varnothing$.

Bijektivität

(iii) $f: A \to B$ heißt **bijektiv** genau dann, wenn f surjektiv und injektiv ist.

Bemerkungen. Surjektive Abbildungen sind bitotale und rechtseindeutige Relationen. Injektive Abbildungen sind linkstotale und eineindeutige Relationen. Bijektive Abbildungen sind bitotale und eineindeutige Relationen.

Beispiele

Die in Abb. D.1a dargestellte (mathematische) Abbildung ist weder surjektiv noch injektiv, noch bijektiv. Die in Abb. D.1b angegebene Abbildung dagegen ist surjektiv, nicht aber injektiv oder bijektiv.

a   **b**

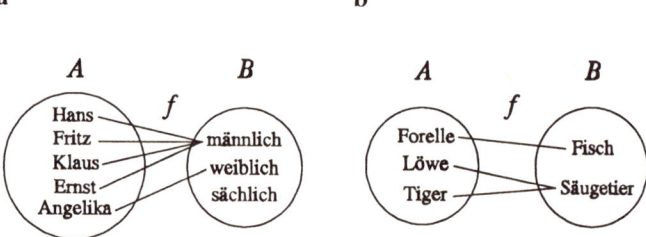

Abb. D.1. Darstellung zweier Abbildungen (linkstotaler und rechtseindeutiger Relationen). A ist jeweils der Definitionsbereich, B der Wertebereich. Die in (b) dargestellte Abbildung ist surjektiv

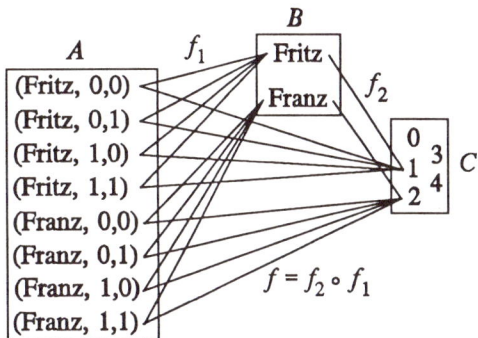

Abb. D.2. Darstellung der Komposition $f = f_2 \circ f_1$ einer Abbildung f_2 mit einer Abbildung f_1. Der Wert der Abbildung f_1 gibt an, um welche Person es sich handelt, der Wert der Abbildung f_2 ist der Person zugeordnet. f_1 ist eine Projektion

D.1.3 Konstante Abbildung, Folge, Komposition

Eine besondere Art von Abbildung liegt beispielsweise dann vor, wenn jedem Argument derselbe, *konstante* Wert zugeordnet wird. Weitere wichtige spezielle Abbildungen sind *Folgen*. Oft werden zwei Abbildungen miteinander verknüpft. Das Resultat ist eine neue Abbildung, die man *Komposition* nennt (s. Abb. D.2).

Definitionen. Sei $f: A \rightarrow B$ eine Abbildung.

Konstante Abbildung

(i) f heißt **konstant** genau dann, wenn für alle $a_1, a_2 \in A$ gilt: $f(a_1) = f(a_2)$. Ist b der Wert, der durch f allen Argumenten $a \in A$ zugeordnet wird, so schreibt man der Einfachheit halber auch die Konstante b anstelle der Abbildung f.

Folge $b_1, b_2, ...$

(ii) Eine Abbildung $f: A \rightarrow B$, deren Definitionsbereich A die Menge der natürlichen Zahlen $\mathbb{N} = \{1, 2, ...\}$ ist, heißt **Folge**. Anstelle von $\{\langle 1, f(1)\rangle, \langle 2, f(2)\rangle, ... \}$ kann man auch $b_1, b_2, ...$ schreiben, wobei $b_1 = f(1)$, $b_2 = f(2)$ etc.

Komposition $f_2 \circ f_1$ *oder*

(iii) Eine Abbildung $f: A \rightarrow C$ heißt **Komposition** der Abbildung $f_2: B \rightarrow C$ mit $f_1: A \rightarrow B$ genau dann, wenn für alle $a \in A$ gilt: $f(a) := f_2[f_1(a)]$. Anstelle von f schreibt man auch $f_2 \circ f_1$ (lies: f_2 komponiert oder verknüpft mit f_1).

$f_2(f_1)$

Erläuterungen. Man vergewissere sich anhand der Abb. D.2, daß man die Komposition $f_2 \circ f_1$ als die Hintereinanderschaltung der Abbildungen f_1 und f_2 verstehen kann. Eine andere Schreibweise für die Komposition ist auch $f_2(f_1)$.

D.1.4 Funktion, Transformation, Operation, Projektion

Schließlich seien noch die Begriffe Funktion, Transformation, Operation und Projektion eingeführt, die im Haupttext eine wichtige Rolle spielen.

Definitionen. Sei $f: A \rightarrow B$ eine Abbildung.

Funktion

(i) f heißt **Funktion** auf A genau dann, wenn $B = \mathbb{R}$ die Menge der reellen Zahlen ist.

Transformation

(ii) Gilt dabei $A \subset \mathbb{R}$, heißt f auch **Transformation**.

Operation
Projektion

(iii) f heißt **Operation** genau dann, wenn $A = B \times B$ ist.

(iv) f heißt die j-te **Projektion** genau dann, wenn

(a) $A = A_1 \times ... \times A_n$ das Kartesische Produkt der Mengen A_i ist,

(b) $B = A_j$, $j \in \{1, ..., n\}$ und

(c) $f(\langle a_1, ..., a_j, ..., a_n \rangle) = a_j$ für alle $\langle a_1, ..., a_j, ..., a_n \rangle \in A$.

Erläuterungen. Der Name *Projektion* rührt daher, daß man ein Objekt im n-dimensionalen Raum auf eine der Dimensionen projiziert. Man betrachte z.B. den Punkt $\langle 5, 10 \rangle$ im 2-dimensionalen Raum $\mathbb{R} \times \mathbb{R}$. Die 1. Projektion ergibt dann den Punkt 5 in der ersten Dimension $\mathbb{R}$, die zweite Projektion ergibt den Punkt 10 in der zweiten Dimension $\mathbb{R}$. Zur Veranschaulichung zeichne man sich ein 2-dimensionales Koordinatensystem.

Beispiele

Eine Operation ist eine Abbildung $f: B \times B \to B$. Beispiele sind die Additionsoperation und die Produktbildung auf der Menge der reellen Zahlen. Auch die Vereinigungs- und Schnittmengenbildung mit Teilmengen einer Grundmenge A sind Operationen, wobei $B = \mathbb{P}(A)$.

D.2 Homo- und Isomorphismus

Besonders wichtig sind im Teil I dieses Buchs „strukturerhaltende Abbildungen", die man auch *Homo-* bzw. *Isomorphismen* nennt. Bevor wir die allgemeine Definition behandeln, betrachten wir zunächst den einfachsten Fall mit einem Relativ $\mathbb{A} := \langle A, R \rangle$, einem weiteren Relativ $\mathbb{B} := \langle B, S \rangle$, wobei R und S binäre Relationen sind, und einer Abbildung $f: A \to B$. Dann heißt f homomorph genau dann, wenn gilt:

Spezielle
Definition

$$a_1 \, R \, a_2 \quad \text{genau dann, wenn} \quad f(a_1) \, S \, f(a_2), \quad \text{für alle } a_1, a_2 \in A.$$

In der folgenden Definition verallgemeinern wir diesen Begriff, damit er auch auf Relative mit mehreren Relationen, die verschiedene Stelligkeiten haben können, anwendbar ist. Dabei greifen wir auf den in Anhang C bereits eingeführten Begriff des Relativs $\langle A, R_1, ..., R_m \rangle$ eines bestimmten Typs $\langle n_1, ..., n_m \rangle$ zurück, wobei n_i die Stelligkeit der Relation R_i, $i = 1, ..., m$, bezeichnet.

Definition. Seien $\mathbb{A} := \langle A, R_1, ..., R_m \rangle$ und $\mathbb{B} := \langle B, S_1, ..., S_m \rangle$ Relative gleichen Typs $\langle n_1, ..., n_m \rangle$ und $f: A \to B$ eine Abbildung.

Homomorphismus

(i) f heißt **homomorph** (*Homomorphismus* von A nach B) genau dann, wenn für alle $i = 1, ..., m$ und alle $a_1, ..., a_{n_i} \in A$ gilt:

$$\langle a_1, ..., a_{n_i} \rangle \in R_i \quad \text{genau dann, wenn} \quad \langle f(a_1), ..., f(a_{n_i}) \rangle \in S_i.$$

Isomorphismus

(ii) f heißt *isomorph* und (*Isomorphismus* von A nach B) genau dann, wenn f außerdem bijektiv ist.

Beispiel. In Kap. 5 des Haupttextes wird ein relativ einfacher Fall einer homomorphen Abbildung vorkommen. Das erste Relativ ist dabei $\mathbb{A} = \langle A, \approx, \succ \rangle$, also eine Menge A mit einer Äquivalenzrelation (d.h. $\approx$ ist reflexiv, symmetrisch und transitiv) und einer strengen Ordnungsrelation (d.h. $\succ$ ist asymmetrisch und transitiv). Das zweite Relativ ist $\mathbb{B} = \langle \mathbb{R}, =, > \rangle$, d.h. die Menge der reellen Zahlen mit der Gleichheitsrelation und der strengen Ordnungsrelation $>$. Wir werden dann eine Abbildung $f\colon A \to \mathbb{R}$ betrachten, bei der für alle $a_1, a_2 \in A$ gelten:

$$a_1 \approx a_2 \quad \text{genau dann, wenn} \quad f(a_1) = f(a_2),$$

$$a_1 \succ a_2 \quad \text{genau dann, wenn} \quad f(a_1) > f(a_2).$$

Eine solche Abbildung f ist ein Homomorphismus im Sinne der obigen Definition. Die beiden Relationen $\approx$ und $\succ$ auf dem Definitionsbereich A werden auf den Wertebereich $\mathbb{R}$ übertragen und dort durch die Relationen $=$ und $>$ repräsentiert.

Damit sind alle Grundbegriffe eingeführt, die wir im Teil I des Buchs über deterministische Meßmodelle benötigen. Die Anhänge E – G werden erst bei der Vorbereitung des Teils II über stochastische Meßmodelle relevant.

Fragen

1. Was versteht man unter einer Abbildung?
2. Was ist das Urbild einer Menge C bezüglich einer Abbildung $f\colon A \to B$?
3. Was versteht man unter einem Relativ?
4. Sei A die Menge der Studierenden des 3. Semesters Psychologie in Trier und B die Menge der Seminare, die für sie angeboten werden. Außerdem sei die Relation $R \subset A \times B$ durch die Vorschrift „a will am Seminar b teilnehmen" definiert.
   (a) Unter welchen Voraussetzungen ist R eine Abbildung?
   (b) Für eines der Seminare finden sich keine Teilnehmer. Kann R dann eine Abbildung sein? Begründen Sie Ihre Antwort!

Antworten

1. $f \subset A \times B$ ist eine Abbildung genau dann, wenn f linkstotal und rechtseindeutig ist. Jedem Element von A wird also durch f genau ein Element aus B zugeordnet. Anstelle von $f \subset A \times B$ schreibt man dann auch $f\colon A \to B$.
2. Das Urbild einer Menge $C \subset B$ bezüglich einer Abbildung $f\colon A \to B$ ist die Menge aller Elemente a aus A, für die gilt, daß $f(a)$ Element von C ist. Beispiel: Die Menge $A := \{1, 2, 3, 4, 5, 6\}$ enthalte alle möglichen Ergebnisse beim einmaligen Werfen eines Würfels. Die Menge A wird durch eine Abbildung $f\colon A \to \mathbb{N}$ in die Menge $\mathbb{N}$ der natürlichen Zahlen derart abgebildet, daß bei gerader Augenzahl der Wert 1, bei ungerader Augenzahl der Wert 2 zugewiesen wird. Laut Definition enthält jedes Urbild einer Menge C bezüglich f nur Elemente aus der Menge A. Betrachten wir nun die Menge $C := \{1\} \subset \mathbb{N}$. Das Urbild dieser Menge sind diejenigen Elemente aus A, denen f den Wert 1 zuordnet: also $f^{-1}(C) := \{2, 4, 6\}$. Ist $C := \{2\}$, so gilt entsprechend: $f^{-1}(C) = \{1, 3, 5\}$ und ist $C := \{1, 2\}$ so ist $f^{-1}(C) = A$.

3. Ein Relativ ist ein $(m + 1)$-tupel $\langle A, R_1, ..., R_m \rangle$, das aus einer Menge A und m Relationen auf A besteht.

4. (a) Damit R als Abbildung bezeichnet werden kann, muß R linkstotal und rechtseindeutig sein. Inhaltlich bedeutet dies, daß jede(r) Studierende des 3. Semesters an einem Seminar teilnehmen will (Linkstotalität) und daß jeder Studierende nur an genau einem Seminar teilnehmen will (Rechtseindeutigkeit).

   (b) Ja! Bei der Definition einer Abbildung wird Rechtstotalität nicht vorausgesetzt.

Übungen

1. Bestimmen Sie das Bild der Menge $C := \{$Ernst, Angelika$\}$ unter der in Abb. D.1a vorkommenden Abbildung f.
2. Bestimmen Sie das Urbild der Menge $D := \{$weiblich, sächlich$\}$ bezüglich der in Abb. D.1a vorkommenden Abbildung f.
3. Stellen Sie die in Abb. D.1a vorkommende Abbildung f in Matrixform dar.
4. Geben Sie ein Beispiel für eine Komposition in Form einer Skizze.
5. Geben Sie ein Beispiel für eine Projektion in Form einer Skizze.

Lösungen

1. Das Bild von $C := \{$Ernst, Angelika$\}$ unter der in Abb. D.1a vorkommenden Abbildung f ist $\{$weiblich, männlich$\}$: $f(\{$Ernst, Angelika$\}) = f(C) = \{$weiblich, männlich$\}$.
2. Das Urbild der Menge $D := \{$weiblich, sächlich$\}$ bezüglich der in Abb. D.1 vorkommenden Abbildung f ist die Menge $\{$Angelika$\}$. Formal: $f^{-1}(\{$weiblich, sächlich$\}) = f^{-1}(D) = \{$Angelika$\}$.
3. Die in Abb. D.1a vorkommende Abbildung f kann man auch in Matrixform darstellen:

	männlich	weiblich	sächlich
Hans	✓		
Fritz	✓		
Klaus	✓		
Ernst	✓		
Angelika		✓	

4. Siehe $f = f_2 \circ f_1$ in Abb. D.2.
5. Siehe f_1 in Abb. D.2.

Weiterführende Literatur

Die hier anzuführende Literatur deckt sich auch hier mit der im Anhang B angegebenen, also Lubeseder (1970) sowie Heuser et al. (1971a, b). Auch die anderen dort aufgeführten Hinweise wie Bishir und Drewes (1970), Halmos (1976), Rhenius (1983) und Schmidt (1966) sind hier einschlägig. Gleiches gilt für das „Mathemecum" (Maurer, 1981) und das „Mathematische Begriffswörterbuch" (Meschkowski, 1976).

E Wahrscheinlichkeit

Überblick

Im folgenden werden einige Grundbegriffe der Wahrscheinlichkeitstheorie eingeführt, die man benötigt, wenn man *stochastische* Meßmodelle betrachten will. Einem stochastischen Modell liegt immer ein *Wahrscheinlichkeitsraum* zugrunde, der das betrachtete empirische Phänomen charakterisiert. Außer dem Wahrscheinlichkeitsraum werden wir auch die *bedingte Wahrscheinlichkeit* und die *stochastische Unabhängigkeit* von Ereignissen behandeln. Im Anhang F folgen dann weitere wichtige Bestandteile stochastischer Modelle, nämlich Zufallsvariablen, ihre Verteilung und deren Kennwerte wie Erwartungswerte, Varianzen, Kovarianzen und Korrelationen.

E.1 Zufallsexperiment und Wahrscheinlichkeit

Zufallsexperiment

Beispiel

Ein Zufallsexperiment ist dadurch charakterisiert, daß es zu verschiedenen Ausgängen oder Ergebnissen führen kann, die vor seiner Durchführung nicht festliegen. Ein Zufallsexperiment liegt z.B. vor, wenn wir eine Person aus einer Menge von Personen ziehen und diese einen psychologischen Test ausfüllt (s. dazu Kap. 9). Dabei liegt weder fest, welche Person gezogen wird, noch zu welchem Ergebnis der Test führt.

Ω

Zur Einführung betrachten wir der Einfachheit halber das einmalige Werfen eines sechsseitigen Würfels. Dieses Zufallsexperiment kann sechs verschiedene Ausgänge haben: der Würfel kann 1 Auge zeigen, er kann aber auch 2, 3, 4, 5 oder 6 Augen zeigen. Die möglichen Ausgänge eines Zufallsexperiments nennen wir „mögliche Ergebnisse" und fassen sie zu einer Menge Ω zusammen, der ***Menge der möglichen Ergebnisse***. Dieses Zufallsexperiment könnte z.B. dann von Bedeutung sein, wenn Sie mit Ihrem Mitbewohner folgendes festlegen: Würfeln Sie eine gerade Zahl, dann müssen Sie das Bad wischen, würfeln Sie eine ungerade Augenzahl, dann muß Ihr Mitbewohner dies tun. In diesem Fall möchten Sie z.B. wissen, ob beide Ereignisse (gerade/ungerade Augenzahl) die gleiche Wahrscheinlichkeit haben.

Ereignis vs. Ergebnis

Im obigen Beispiel betrachten Sie nicht mehr ein einzelnes *Ergebnis* (z.B. Würfel zeigt 2 Augen), sondern eine *Menge von Ergebnissen*, ein sogenanntes *Ereignis*. Das Ereignis „gerade Augenzahl" ist dann eine Menge, die die Ergebnisse „2 Augen", „4 Augen" und „6 Augen" als Elemente enthält. Alle möglichen Ereignisse können Sie wieder zu einer Menge zusammenfassen, dem Mengensystem $\mathbb{P}(\Omega)$, der ***Menge aller***

$\mathcal{P}(\Omega)$

möglichen Ereignisse. Dies ist die Potenzmenge von Ω. Jedem Ereignis können Sie dann durch das *Wahrscheinlichkeitsmaß P* eine Wahrscheinlichkeit zuordnen. Das Ereignis „gerade Zahl" bekäme dann ebenso wie das Ereignis „ungerade Zahl" die Wahrscheinlichkeit 1/2 zugeordnet, wobei ein „fairer" Würfel vorausgesetzt wird.

P

Durch die beiden Mengen Ω und $\mathcal{P}(\Omega)$ sowie das Wahrscheinlichkeitsmaß P ist ein Zufallsexperiment beschreibbar. Wir fassen sie daher zusammen und nennen das Tripel $\langle \Omega, \mathcal{P}(\Omega), P \rangle$ *elementaren Wahrscheinlichkeitsraum* eines Zufallsexperiments. Ein Wahrscheinlichkeitsraum besteht also aus 3 Bestandteilen:

$\langle \Omega, \mathcal{P}(\Omega), P \rangle$

- der *Menge der möglichen Ergebnisse* des betrachteten Zufallsexperiments,
- der *Menge der möglichen Ereignisse* und
- dem *Wahrscheinlichkeitsmaß*, das jedem möglichen Ereignis seine Wahrscheinlichkeit zuordnet.

Man muß jedoch nicht immer *alle* Teilmengen von Ω als mögliche Ereignisse betrachten. Wahrscheinlichkeiten können auch dann schon sinnvoll definiert werden, wenn man nur eine Teilmenge von $\mathcal{P}(\Omega)$ betrachtet, die man als σ-*Algebra* bezeichnet und mit Zeichen, z.B. $\mathcal{A}$, notiert. Im folgenden werden wir auf die Bestandteile eines Wahrscheinlichkeitsraums im Detail zu sprechen kommen.

E.1.1 Menge der möglichen Ergebnisse

Menge Ω der möglichen Ergebnisse ω oder ω_i

Die Menge Ω bezeichnet die Ergebnismenge oder genauer, die Menge aller möglichen Ergebnisse eines Zufallsexperiments. Die Elemente von Ω kann man mit ω oder ω_i bezeichnen. Die Ergebnismenge Ω ist immer so konstruiert, daß ein $\omega_i \in \Omega$ auftreten muß und nur eines auftreten kann. Ω ist also nicht etwa die Menge der Ergebnisse, die sich realisiert *haben*, sondern die Menge aller Ergebnisse, die sich realisieren *können*. Die Wahrscheinlichkeitstheorie befaßt sich also nicht mit einem bereits durchgeführten, sondern mit einem noch durchzuführenden Zufallsexperiment. So macht es auch nur dann Sinn, von der Wahrscheinlichkeit eines Ereignisses aus der Perspektive des Noch-Nicht-Eingetreten-Seins zu reden.

Einmaliges Werfen eines Würfels

Beispiel 1. Das zu betrachtende Zufallsexperiment sei das einmalige Werfen eines Würfels und ω_i bezeichne das Ergebnis, daß der Würfel nach erfolgtem Werfen i Augen zeigt. Dann ist

$$\Omega = \{\omega_1, ..., \omega_6\}$$

die Menge der möglichen Ergebnisse. Dabei kann der Würfel immer nur eine Seite zeigen, er muß aber auch eine Seite zeigen, d.h. nur ein Ergebnis *kann* und eines *muß* auftreten.

Urnenexperiment

Beispiel 2. In einer Dreier-Wohngemeinschaft wird nach jedem Essen ausgelost, wer spülen muß. Dabei seien die Lose mit den Namen der Mitglieder bezeichnet, und es wird nach jedem Essen nur ein Los gezogen. In diesem Fall ist z.B.

$$\Omega = \{\text{Peter, Karin, Marion}\}$$

die Menge der möglichen Ergebnisse. Auch hier *muß* eine(r), es kann aber auch nur *eine(r)* gezogen werden.

E.1.2 Menge der möglichen Ereignisse

Menge $\mathcal{A}$ der möglichen Ereignisse $A \subset \Omega$

Die Menge $\mathcal{A}$ der möglichen Ereignisse ist eine *Menge von Teilmengen* von Ω. Für ein Ereignis A gilt somit: $A \subset \Omega$. Ein Ereignis A tritt dann ein, wenn ein Ergebnis $\omega_i \in \Omega$, das Element von A ist, in einem Zufallsexperiment eintritt. Ein Ereignis, das nur aus einem einzigen Element von Ω besteht (beim obigen Beispiel des einmaligen Würfelwurfs, z.B. $\{\omega_1\}$), bezeichnen wir als *Elementarereignis*. Die wichtigste Eigenschaft der Ereignismenge $\mathcal{A}$ ist, daß jedem Element dieser Menge, also jedem Ereignis, seine Wahrscheinlichkeit zugeordnet werden kann. Genau dies hebt ein Ereignis von beliebigen anderen Teilmengen einer Menge ab. Ein *Ereignis* ist also eine mit einer Wahrscheinlichkeit versehene Teilmenge einer Menge Ω möglicher Ergebnisse.

Elementarereignis $\omega_i \in \Omega$

Ereignis $A \in \mathcal{A}$

ω_i versus $\{\omega_i\}$

Ein *Element* $\omega_i \in \Omega$ kann also kein Ereignis sein, dagegen kann die *Teilmenge* $\{\omega_i\}$ als Ereignis bezeichnet werden. Ein Vorteil der Bildung einer Ereignismenge ist, daß mehrere Ergebnisse zu einem Ereignis zusammengefaßt werden können. So bezeichnet beispielsweise $A = \{\omega_1, \omega_3, \omega_5\}$ im Kontext des Beispiels 1 das Ereignis, daß der Würfel eine ungerade Augenzahl zeigt. Solche Ereignisse könnte man nicht betrachten, würde man die Ergebnismenge Ω als Ereignismenge definieren.

Beispiel

Besondere Teilmengen von Ω und somit auch besondere Ereignisse sind die leere Menge $\varnothing$ und Ω selbst. Da ein Ergebnis niemals Element von $\varnothing$ sein kann, heißt $\varnothing$ *unmögliches Ereignis*. Es ist plausibel, daß diesem Ereignis die Wahrscheinlichkeit 0 zugeordnet wird. Ω dagegen heißt *sicheres Ereignis*, da jedes Ergebnis Element von Ω ist. Ω wird daher die Wahrscheinlichkeit 1 zugeordnet. Die Wahrscheinlichkeit eines Ereignisses ist daher eine Zahl, die zwischen 0 und 1 (einschließlich) liegt.

Unmögliches Ereignis $\varnothing$

Sicheres Ereignis Ω

Außer der Potenzmenge $\mathcal{P}(\Omega)$ gibt es noch andere Mengensysteme auf Ω, die die Eigenschaft einer Ereignismenge haben können. Diese Mengen müssen bestimmten Anforderungen genügen, die wir unten behandeln werden.

Würfelwurf

Beispiele. Das Ereignis „2 oder 4 Augen" ist die Menge $A = \{\omega_2, \omega_4\}$. Da ein Ereignis eintritt, wenn sich in dem Zufallsexperiment ein Ergebnis realisiert hat, das zu A gehört, tritt in diesem Fall das Ereignis A ein, wenn der Würfel *entweder* 2 *oder* 4 Augen zeigt.

Urne

Das Ereignis „ein weibliches WG-Mitglied wird gezogen" ist die Menge $A_1 = \{\text{Karin, Marion}\}$, falls $\Omega = \{\text{Peter, Karin, Marion}\}$ die Menge der Mitglieder der WG ist. Wenn also Karin oder Marion gezogen wird, tritt dieses Ereignis ein. Das Ereignis „ein männliches WG-Mitglied wird gezogen" ist demnach die Menge $A_2 = \{\text{Peter}\}$. Das Ereignis A_2 ist also ein Elementarereignis. A_1 und A_2 sind Teilmengen der Ergebnismenge Ω. Die Menge $\mathcal{P}(\Omega)$ aller möglichen Ereignisse ist bei diesem Zufallsexperiment

$$\mathcal{P}(\Omega) = \big\{\ \varnothing, \{\text{Peter}\}, \{\text{Karin}\}, \{\text{Marion}\},$$
$$\{\text{Peter, Karin}\}, \{\text{Peter, Marion}\}, \{\text{Karin, Marion}\}, \Omega\ \big\}.$$

Ist $\Omega = \{\text{Peter, Karin, Marion}\}$ die Menge der Mitglieder der WG, dann ist

$$\mathcal{A} := \big\{\ \varnothing, \{\text{Karin, Marion}\}, \{\text{Peter}\}, \Omega\ \big\}$$

eine σ-Algebra auf Ω. Diese Menge genügt als Ereignismenge, wenn nur von Interesse ist, ob ein weibliches oder aber ein männliches Mitglied der WG gezogen wird. Eine Ereignismenge muß immer die im folgenden aufgeführten Eigenschaften einer σ-Algebra erfüllen.

Definition. Sei $\mathcal{A}$ eine Menge von Teilmengen einer Menge Ω. $\mathcal{A}$ heißt σ-*Algebra* genau dann, wenn gelten:

(a) $\Omega \in \mathcal{A}$;
(b) wenn $A \in \mathcal{A}$, dann $A^c \in \mathcal{A}$ (A^c bezeichnet das Komplement von A);
(c) wenn $A_1, A_2, \dots$ eine Folge von Elementen aus $\mathcal{A}$ ist, dann ist auch deren Vereinigung $A_1 \cup A_2 \cup \dots$ Element von $\mathcal{A}$.

Erläuterungen. Zu einer σ-Algebra gehören also immer die Grundmenge Ω selbst sowie die leere Menge $\varnothing$, denn $\Omega^c = \varnothing$. Gemäß Bedingung (c) gehört mit beliebig (auch abzählbar unendlich) vielen Mengen auch deren Vereinigung zu $\mathcal{A}$. Das gleiche gilt übrigens auch für die Schnittmengen, wie man aus den Bedingungen (a) bis (c) ableiten kann. Eine σ-Algebra ist daher *abgeschlossen gegenüber abzählbaren Vereinigungs- und Schnittmengenbildungen*. Für unsere Zwecke genügt es in der Regel, als σ-Algebra $\mathcal{A}$ auf Ω die Potenzmenge $\mathcal{P}(\Omega)$, also die Menge aller Teilmengen von Ω, heranzuziehen. Jede Potenzmenge ist nämlich eine σ-Algebra, aber nicht jede σ-Algebra ist die Potenzmenge der zugrundegelegten Menge Ω.

E.1.3 Wahrscheinlichkeitsmaß

Wie oben bereits erwähnt, soll die Wahrscheinlichkeit eines Ereignisses eine Zahl zwischen 0 und 1 (einschließlich) sein. Eine weitere wichtige definierende Eigenschaft ist die *Additivität* eines Wahrscheinlichkeitsmaßes, d.h. die Eigenschaft

$$P(A_1 \cup A_2) = P(A_1) + P(A_2), \quad \text{falls } A_1 \cap A_2 = \varnothing.$$

Wenn sich also 2 Ereignisse gegenseitig ausschließen (disjunkt sind), addieren sich ihre Wahrscheinlichkeiten zur Wahrscheinlichkeit dafür, daß das eine Ereignis *oder* (im Sinne der logischen Adjunktion ∨) das andere eintritt. Man beachte, daß es erst mit der Einführung eines Wahrscheinlichkeitsmaßes sinnvoll wird, von Ereignissen etc. zu sprechen. Vorher handelt es sich nur um Teilmengen von Ω.

Definition. Seien $\mathcal{A}$ eine σ-Algebra auf einer Menge Ω und $P: \mathcal{A} \to \mathbb{R}$ eine Funktion auf $\mathcal{A}$. Man betrachte nun die Bedingungen:

*Kolmogoroff-
Axiome
der
Wahrscheinlichkeit*

(a) $P(A) \geq 0$, für alle $A \in \mathcal{A}$ (Nichtnegativität);

(b) wenn $A_1, A_2, \ldots$ eine Folge von paarweise disjunkten Mengen $A_i \in \mathcal{A}$ ist, dann gilt: $P(A_1 \cup A_2 \cup \ldots) = P(A_1) + P(A_2) + \ldots$ (Additivität);

(c) $P(\Omega) = 1$ (Normierung).

Genau dann, wenn die Bedingungen (a) bis (c) gelten, heißen:

*W-Maß P
W-Raum $\langle \Omega, \mathcal{A}, P \rangle$
Ereignisse $A \in \mathcal{A}$
Wahrscheinlichkeit
Elementarereignis
Ergebnismenge Ω*

(i)   die Funktion P **Wahrscheinlichkeitsmaß**,

(ii) das Tripel $\langle \Omega, \mathcal{A}, P \rangle$ **Wahrscheinlichkeitsraum**,

(iii) die Elemente $A \in \mathcal{A}$ **Ereignisse**,

(iv) der Wert $P(A)$ **Wahrscheinlichkeit** des Ereignisses A,

(v)   die Mengen $\{\omega\}$, $\omega \in \Omega$, **Elementarereignisse** und

(vi) die Menge Ω **Menge der möglichen Ergebnisse**.

Erläuterungen. Ein Wahrscheinlichkeitsmaß P ist also eine Funktion, die jedem Ereignis der Ereignismenge eine reelle Zahl zuordnet. Die zugeordneten reellen Zahlen sind nichtnegativ [s. Bedingung (a)] und sie können höchstens den Wert 1 annehmen [s. Bedingung (c)]. Zum Verständnis der Bedingung (c) ist an den Begriff „paarweise disjunkte Mengen" zu erinnern. Zwei Mengen heißen *disjunkt*, wenn ihre Schnittmenge leer ist. Eine Folge von Ereignissen heißt *paarweise disjunkt* genau dann, wenn die Schnittmenge zweier beliebiger Mengen aus dieser Folge leer ist.

*Paarweise disjunkte
Mengen*

Würfel

Beispiel 1. Betrachten wir wieder das Zufallsexperiment des einmaligen Werfens eines 6-seitigen Würfels. Wir ordnen jedem Elementarereignis $\{\omega_i\}$, $i = 1, \ldots, 6$, die Wahrscheinlichkeit $P(\{\omega_i\}) = \frac{1}{6}$ zu. Dabei beachte man, daß wir mit dieser Zuordnung der Wahrscheinlichkeiten eine theoretische *Annahme* über das betrachtete Würfelwerfen eingeführt haben, die Annahme des „fairen" Würfels. Prinzipiell könnten die 6 Elementarereignisse auch ganz andere, ungleiche Wahrscheinlichkeiten haben, ohne daß dabei die Gültigkeit der Kolmogoroffschen Axiome in Frage gestellt wäre. Unter der oben vorgenommenen Zuordnung der Wahrscheinlichkeiten hat das Ereignis „gerade Augenzahl" die Wahrscheinlichkeit

$$P(\{\omega_2, \omega_4, \omega_6\}) = P(\{\omega_2\}) \cup \{\omega_4\} \cup \{\omega_6\}) =$$

$$P(\{\omega_2\}) + P(\{\omega_4\}) + P(\{\omega_6\}) = \tfrac{1}{6} + \tfrac{1}{6} + \tfrac{1}{6} - \tfrac{3}{6} - \tfrac{1}{2}.$$

Urne

Beispiel 2. In der „Dreier-WG" ist die Wahrscheinlichkeit, daß das Los mit Peters Namen gezogen wird, $P(\{\text{Peter}\}) = \frac{1}{3}$. (Auch hier setzen wir also „faires" Losen voraus.) Diese Wahrscheinlichkeit gilt auch für die beiden anderen Elementarereignisse. Für das Ereignis $\{\text{Karin, Marion}\}$, daß eine Frau gezogen wird, gilt:

$$P(\{\text{Karin}\} \cup \{\text{Marion}\}) = P(\{\text{Karin}\}) + P(\{\text{Marion}\}) = \tfrac{1}{3} + \tfrac{1}{3} = \tfrac{2}{3}.$$

Für das Ereignis, daß Peter, Marion oder Karin gezogen wird, gilt:

$$P(\{\text{Peter, Karin, Marion}\}) = P(\{\text{Peter}\}) + P(\{\text{Karin, Marion}\}) = \tfrac{1}{3} + \tfrac{2}{3} = \tfrac{3}{3} = 1.$$

Einer von den Dreien wird also in diesem Experiment mit Sicherheit gezogen und muß der Vereinbarung gemäß spülen.

Vorbemerkungen. Im folgenden Theorem sind einige elementare Eigenschaften eines Wahrscheinlichkeitmaßes zusammengestellt. Dabei machen wir von den Begriffen *Mengendifferenz* und *Komplement* Gebrauch (s. Anhang B).

Eigenschaften der Wahrscheinlichkeit

Theorem. Seien $\langle \Omega, \mathcal{A}, P \rangle$ ein Wahrscheinlichkeitsraum und $A, B \in \mathcal{A}$ Ereignisse. Dann gelten:

(i)   wenn $B \subset A$, dann $P(A \setminus B) = P(A) - P(B)$ und $P(A) \geq P(B)$;

(ii) $P(A \setminus B) = P(A) - P(A \cap B)$;

(iii) für $A^c := \Omega \setminus A$ gilt: $P(A^c) = 1 - P(A)$;

(iv) $P(A \cup B) = P(A) + P(B) - P(A \cap B)$.

$A \setminus B$

Erläuterungen. Das in i und ii vorkommende Symbol $A \setminus B$ liest man: „A ohne B" oder auch „die Mengendifferenz von A und B" (s. Anhang B). Zur Veranschaulichung der in diesem Theorem zusammengefaßten Sätze kann man die Venn-Diagramme in Anhang B betrachten. Da ein Wahrscheinlichkeitsmaß die gleiche formale Struktur (s. insbesondere die Additivitätseigenschaft) wie ein Flächenmaß hat, kann man die Flächen in den Venn-Diagrammen mit den Wahrscheinlichkeiten der betreffenden Ereignisse gleichsetzen, wenn man der Menge Ω die Fläche 1 zuordnet.

Urne

Beispiel 1. Bei der „Dreier-WG" war die Wahrscheinlichkeit des Ereignisses, daß eine Frau gezogen wird und daher spülen muß, $P(\{\text{Karin, Marion}\}) = \frac{2}{3}$, die Wahrscheinlichkeit des Ereignisses, daß Karin gezogen wird, $P(\{\text{Karin}\}) = \frac{1}{3}$. Dann ist die Wahrscheinlichkeit des Ereignisses, daß Marion gezogen wird,

$$P(\{\text{Marion}\}) = P(\{\text{Karin, Marion}\} \setminus \{\text{Karin}\}) =$$

$$P(\{\text{Karin, Marion}\}) - P(\{\text{Karin}\}) = \frac{2}{3} - \frac{1}{3} = \frac{1}{3}.$$

Es gilt außerdem $P(\{\text{Karin, Marion}\}) \geq P(\{\text{Karin}\})$.

Würfelwurf

Beispiel 2. Betrachten wir beim Würfelwurf das Ereignis $A = \{\omega_1, \omega_2, \omega_3\}$ („1, 2 oder 3 Augen") und das Ereignis $B = \{\omega_2, \omega_4, \omega_6\}$ („gerade Augenzahl"), dann gilt für das Ereignis $C = \{\omega_1, \omega_3\}$ („der Würfel zeigt 1 oder 3 Augen"):

$$P(C) = P(A \setminus B) = P(A) - P(A \cap B) = P(A) - P(\{\omega_2\}) = \frac{1}{2} - \frac{1}{6} = \frac{1}{3}.$$

E.2 Bedingte Wahrscheinlichkeit und Unabhängigkeit

Neben dem oben behandelten Begriff der unbedingten Wahrscheinlichkeit spielt auch der Begriff einer bedingten Wahrscheinlichkeit $P(A \,|\, B)$ eines Ereignisses A

gegeben ein Ereignis B eine große Rolle. Ist die bedingte Wahrscheinlichkeit $P(A\,|\,B)$ verschieden von $P(A)$, dann sind die beiden Ereignisse A und B *abhängig*.

E.2.1 Bedingte Wahrscheinlichkeit

Bedingte Wahr-
scheinlichkeit
gegeben ein
Ereignis

Definition. Seien $\langle \Omega, \mathcal{A}, P \rangle$ ein Wahrscheinlichkeitsraum, $A, B \in \mathcal{A}$ und $P(B) > 0$. Die Zahl $P(A\,|\,B)$ heißt *bedingte Wahrscheinlichkeit des Ereignisses A gegeben das Ereignis B* (kurz: *B-bedingte Wahrscheinlichkeit von A*) genau dann, wenn

$$P(A\,|\,B) := \frac{P(A \cap B)}{P(B)}.$$

Zwei Schreibweisen:
$P(A\,|\,B)$ *und* $P_B(A)$

Bemerkungen. Die linke Seite der obigen Gleichung ist nicht etwa so zu lesen, daß $A\,|\,B$ eine Wahrscheinlichkeit P zugeordnet wird. Da A und B Mengen sind, ist der Ausdruck $A\,|\,B$ gar nicht definiert. Statt dessen ist der Ausdruck $P(A\,|\,B)$ so zu lesen, daß dem Ereignis A eine bedingte Wahrscheinlichkeit gegeben B zugewiesen wird. Um dies auch in der Schreibweise auszudrücken, kann man statt $P(A\,|\,B)$ auch $P_B(A)$ schreiben. P_B ist auch ein Wahrscheinlichkeitsmaß auf $\mathcal{A}$ und verfügt daher über alle oben behandelten Eigenschaften eines Wahrscheinlichkeitsmaßes. Für verschiedene Ereignisse B und C ist im allgemeinen natürlich auch die B-bedingte Wahrscheinlichkeit $P(A\,|\,B) = P_B(A)$ von der C-bedingten Wahrscheinlichkeit $P(A\,|\,C) = P_C(A)$ verschieden. Beispiele für bedingte Wahrscheinlichkeiten werden in den Übungen 2 und 3 behandelt.

Bedingtes W-Maß

Definition. Seien $\langle \Omega, \mathcal{A}, P \rangle$ ein Wahrscheinlichkeitsraum, $A, B \in \mathcal{A}$ und $P(B) > 0$. Dann heißt die durch

$$P_B(A) := P(A\,|\,B), \quad \text{für alle } A \in \mathcal{A},$$

P_B

definierte reelle Funktion $P_B \colon \mathcal{A} \to \mathbb{R}$ das (*zu P gehörige*) *B-bedingte Wahrscheinlichkeitsmaß auf $\mathcal{A}$.*

Vorbemerkungen. Wir behandeln nun den *Satz von der totalen Wahrscheinlichkeit* und das *Bayes-Theorem*. Auf ersteren werden wir bei der Behandlung stochastischer Meßmodelle zurückgreifen. Von seiner Gültigkeit kann man sich anhand eines Venn-Diagramms überzeugen (s. Abb. E.1), wenn man zusätzlich die obige Definition der bedingten Wahrscheinlichkeit benutzt. Das Bayes-Theorem folgt aus diesem ersten Satz und der Definition der bedingten Wahrscheinlichkeit.

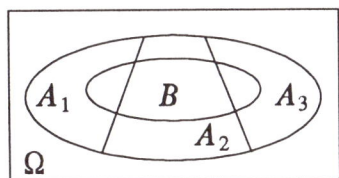

Abb. E.1. Venn-Diagramm zur Veranschaulichung des Satzes von der totalen Wahrscheinlichkeit

Theorem. Seien $\langle \Omega, \mathcal{A}, P \rangle$ ein Wahrscheinlichkeitsraum und $A_1, ..., A_i, ..., A_n$ paarweise disjunkte Ereignisse mit $P(A_i) > 0$, für $i = 1, ..., n$. Gilt dabei außerdem $B \subset A_1 \cup ... \cup A_i \cup ... \cup A_n$, dann folgen:

(i) $P(B) = P(B \cap A_1) + \cdots + P(B \cap A_i) + \cdots + P(B \cap A_n)$

$\qquad = P(B|A_1)\, P(A_1) + \cdots + P(B|A_i)\, P(A_i) + \cdots + P(B|A_n)\, P(A_n)$

und

(ii) $P(A_i|B) = \dfrac{P(B|A_i)\, P(A_i)}{P(B|A_1)\, P(A_1) + \cdots + P(B|A_i)\, P(A_i) + \cdots + P(B|A_n)\, P(A_n)}$.

E.2.2 Unabhängigkeit von Ereignissen

Im folgenden soll nun der Begriff der Unabhängigkeit zweier Ereignisse definiert werden. Im Falle der Unabhängigkeit müssen die bedingten und unbedingten Wahrscheinlichkeiten gleich sein, d.h. es gelten sowohl $P(A|B) = P(A)$ als auch $P(B|A) = P(B)$. In diesem Fall gelten also:

$$P(A|B) = \frac{P(A \cap B)}{P(B)} = P(A) \quad \text{und} \quad P(B|A) = \frac{P(A \cap B)}{P(A)} = P(B).$$

Um auch den Fall $P(B) = 0$ und/oder $P(A) = 0$ zuzulassen, multipliziert man beide Seiten dieser Gleichungen mit $P(B)$ bzw. $P(A)$ und definiert die Unabhängigkeit über die resultierende Gleichung.

Definition 1. Sei $\langle \Omega, \mathcal{A}, P \rangle$ ein Wahrscheinlichkeitsraum. Zwei Ereignisse $A, B \in \mathcal{A}$ heißen **unabhängig** hinsichtlich des Wahrscheinlichkeitsmaßes P (kurz: *P-unabhängig*) genau dann, wenn

$$P(A \cap B) = P(A) \cdot P(B).$$

Erläuterungen. Der oben definierte Begriff der Unabhängigkeit zweier Ereignisse ist ein symmetrischer Begriff. Sprechweisen, die eine Asymmetrie nahelegen, wie „das Ereignis A ist unabhängig vom Ereignis B" sollte man daher möglichst vermeiden. Man beachte, daß hier ein spezieller Begriff der Unabhängigkeit definiert wird, der sich auf eine bestimmte Eigenschaft der *Wahrscheinlichkeiten* der beiden Ereignisse und ihrer Schnittmenge bezieht. Daher spricht man auch von *stochastischer* Unabhängigkeit oder Unabhängigkeit *hinsichtlich des Wahrscheinlichkeitsmaßes P*.

Theorem. Sei $\langle \Omega, \mathcal{A}, P \rangle$ ein Wahrscheinlichkeitsraum. Wenn $A, B \in \mathcal{A}$ und $P(A) = 0$ oder $P(A) = 1$, dann sind die Ereignisse A und B unabhängig.

Erläuterungen. Die im obigen Theorem genannten Eigenschaften folgen direkt aus der Definition der Unabhängigkeit von Ereignissen. Zwei Ereignisse sind also auch dann stochastisch unabhängig, wenn ein Ereignis das unmögliche Ereignis $\varnothing$ oder das

Box E.1 Das Wichtigste zur Wahrscheinlichkeit

A. Definitionen

Wahrscheinlichkeitsraum $(\Omega, \mathcal{A}, P)$

Repräsentiert das betrachtete Zufallsexperiment. Dabei sind:

- Ω die *Menge der möglichen Ergebnisse,*
- $\mathcal{A}$ die *Menge der möglichen Ereignisse* $A \subset \Omega$ und
- $P: \Omega \to [0, 1]$ ein *Wahrscheinlichkeitsmaß* auf $\mathcal{A}$.

Bedingte Wahrscheinlichkeit

$$P(A \,|\, B) := \frac{P(A \cap B)}{P(B)}$$

Bedingtes Wahrscheinlichkeitsmaß P_B

$$P_B(A) := P(A \,|\, B) \quad \text{für alle } A \in \mathcal{A}$$

Unabhängigkeit der Ereignisse $A_1, ..., A_n$

$$P(A_1 \cap ... \cap A_n) = P(A_1) \cdot ... \cdot P(A_n)$$

B. Rechenregeln und Sätze

(i) $P(A \cup B) = P(A) + P(B) - P(A \cap B)$

(ii) $P(A \cap B) = P(B) \cdot P(A \,|\, B)$

Sind die Ereignisse $A_1, ..., A_i, ..., A_n$ paarweise disjunkt, ist $P(A_i) > 0$, für $i = 1, ..., n$, und $B \subset A_1 \cup ... \cup A_i \cup ... \cup A_n$, dann gelten:

(iii) $P(B) = P(B \cap A_1) + \cdots + P(B \cap A_i) + \cdots + P(B \cap A_n)$

$\qquad = P(B|A_1)\, P(A_1) + \cdots + P(B|A_i)\, P(A_i) + \cdots + P(B|A_n)\, P(A_n)$

(Satz von der totalen Wahrscheinlichkeit) und

(iv) $P(A_i|B) = \dfrac{P(B|A_i)\, P(A_i)}{P(B|A_1)\, P(A_1) + \cdots + P(B|A_i)\, P(A_i) + \cdots + P(B|A_n)\, P(A_n)}$

(Bayes-Theorem)

Stochastische Unabhängigkeit und andere Begriffe der Unabhängigkeit

sichere Ereignis Ω ist. Das obige Theorem zeigt auch, daß intuitive Vorstellungen von Unabhängigkeit nicht mit dem Begriff der stochastischen Unabhängigkeit verwechselt werden dürfen. Man könnte argumentieren, daß Ω von einer seiner Teilmengen A nicht unabhängig sein können, da mit dem Ereignis A immer auch das Ereignis Ω eintritt. Die hinter dieser Argumentation liegende Vorstellung ist jedoch nicht mit dem wahrscheinlichkeitstheoretischen Begriff der Unabhängigkeit zweier Ereignisse vereinbar, der impliziert, daß Ω und alle Ereignisse A unabhängig sind.

Meehlsches Paradoxon

Vorbemerkungen. Wenn wir z.B. 3 Ereignisse *A*, *B* und *C* betrachten, dann kann es durchaus sein, daß für alle 3 möglichen Paare stochastische Unabhängigkeit besteht, man aber dennoch aus 2 von ihnen das dritte perfekt vorhersagen kann. Dieser Fall ist als *Meehlsches Paradoxon* bekannt (vgl. Krauth & Lienert, 1973). Würde man sich also nur auf die Betrachtung *paarweiser* Abhängigkeit oder Unabhängigkeit beschränken, würde man in einem solchen Fall eine perfekte Abhängigkeit nicht entdecken. In der folgenden Definition wird daher die Unabhängigkeit beliebig vieler Ereignisse $A_1, ..., A_n$ betrachtet.

Unabhängigkeit mehrerer Ereignisse

Definition 2. Sei $\langle \Omega, \mathcal{A}, P \rangle$ ein Wahrscheinlichkeitsraum. Die Ereignisse $A_1, ..., A_n \in \mathcal{A}$ heißen **unabhängig** hinsichtlich des Wahrscheinlichkeitsmaßes *P* (kurz: *P-unabhängig*) genau dann, wenn

$$P(A_1 \cap ... \cap A_n) = P(A_1) \cdot ... \cdot P(A_n).$$

Abhängigkeit

Gilt diese Gleichung nicht, dann heißen $A_1, ..., A_n$ *stochastisch abhängig*.

Bemerkungen. Die Unabhängigkeit der Ereignisse $A_1, ..., A_n$ impliziert deren paarweise Unabhängigkeit. Die umgekehrte Implikationsrichtung gilt *nicht*.

Fragen

1. Welche Bestandteile gehören zu einem Wahrscheinlichkeitsraum und was bedeuten sie?
2. Worin besteht der Unterschied zwischen Unabhängigkeit und Disjunktheit zweier Ereignisse *A* und *B*?
3. Wie ist der Ausdruck $P(A \mid B)$ zu lesen?
4. Wie groß ist die Wahrscheinlichkeit des Komplements von *A*, wenn $P(A) = .4$? Beschreiben Sie mit einem Satz, worum es sich beim Komplement von *A* handelt!

Antworten

1. Zu einem Wahrscheinlichkeitsraum gehören eine Menge Ω, eine σ-Algebra $\mathcal{A}$ auf Ω sowie ein Wahrscheinlichkeitsmaß *P*. Dabei bezeichnet Ω die Menge der möglichen Ergebnisse des betrachteten Zufallsexperiments und $\mathcal{A}$ die Menge der möglichen Ereignisse. *P* ist eine Abbildung, die jedem Element *A* der Ereignismenge $\mathcal{A}$ eine Wahrscheinlichkeit $P(A)$ zuweist.
2. Zwei Ereignisse *A* und *B* heißen *disjunkt*, wenn sie sich gegenseitig ausschließen, d.h. wenn gilt: $A \cap B = \emptyset$. Zwei Ereignisse *A* und *B* heißen *stochastisch unabhängig* genau dann, wenn $P(A \cap B) = P(A) \cdot P(B)$. Beide Begriffe haben *nichts* miteinander zu tun! Disjunktheit ist ein Begriff der Mengenlehre, Unabhängigkeit ein Begriff der Wahrscheinlichkeitstheorie.
3. Der Ausdruck $P(A \mid B)$ ist als bedingte Wahrscheinlichkeit des Ereignisses *A* zu lesen, wenn *B* gegeben ist. Es ist nicht etwa die Wahrscheinlichkeit von $A \mid B$. Der Ausdruck $A \mid B$ ist *nicht* definiert, insbesondere handelt es sich bei $A \mid B$ um kein Ereignis!
4. Die Wahrscheinlichkeit des Komplements von *A* ist $1 - P(A) = .6$. Beim Komplement von *A* handelt es sich um das Ereignis, daß *A* nicht eintritt.

Übungen

1. Beim zweimaligen Werfen einer fairen Münze ist die Menge der möglichen Ergebnisse $\Omega = \{\langle K, K\rangle, \langle K, Z\rangle, \langle Z, K\rangle, \langle Z, Z\rangle\}$, wobei K Kopf und Z Zahl bedeuten.
   (a) Ordnen Sie jedem Element A der Potenzmenge $\mathcal{P}(\Omega)$ eine Wahrscheinlichkeit $P(A)$ zu. Gehen Sie davon aus, daß jedes Elementarereignis die Wahrscheinlichkeit 1/4 hat.
   (b) Wie groß ist die Wahrscheinlichkeit, daß beim ersten oder (im Sinne des einschließenden Oder) zweiten Münzwurf „Zahl" geworfen wird?
   (c) Wie groß ist die Wahrscheinlichkeit, daß weder beim ersten noch beim zweiten Münzwurf „Zahl" geworfen wird?
2. Wir betrachten das Zufallsexperiment des zweimaligen Werfens eines fairen Würfels.
   (a) Wie groß ist die Wahrscheinlichkeit, daß die 2 Würfel die Augensumme 9 zeigen?
   (b) Wie groß ist die bedingte Wahrscheinlichkeit, daß die beiden Würfel die Augensumme 9 zeigen, wenn beim ersten Werfen eine 4 gewürfelt wurde?
3. Aus langjährigen Statistiken über Zusammenhänge zwischen Mathematiknoten in der Schule und Prüfungsnoten in der Methodenklausur des Vordiploms in Psychologie seien folgende Wahrscheinlichkeiten bekannt:

	Vordiplom-Klausur		
Mathematiknote	sehr gut	höchstens gut	
mindestens gut	.15	.25	.40
höchstens befriedigend	.05	.55	.60
	.20	.80	1.00

Berechnen Sie die Wahrscheinlichkeiten dafür, daß eine zufällig aus der betrachteten Population gezogene Person die Methodenklausur mit „sehr gut" besteht, falls sie in der Schule höchstens ein „befriedigend" in Mathematik hatte sowie dafür, daß sie höchstens ein „befriedigend" in Mathematik hatte, falls sie in der Methodenklausur ein „sehr gut" erzielt.
4. Zeigen Sie, daß Ω und jedes andere Ereignis stochastisch unabhängig sind.
5. Die Ereignisse A und B seien (stochastisch) unabhängig, $P(A) = .5$ und $P(B) = .2$. Wie groß sind dann: (a) $P(A \cap B)$? (b) $P(A \cup B)$? (c) $P(A \setminus B)$?
6. Die Ereignisse A und B seien sowohl disjunkt als auch stochastisch unabhängig. Außerdem sei $P(A) = .50$. Wie groß ist dann $P(B)$? Begründen Sie Ihre Antwort!

Lösungen

1. (a) Den Elementen der Potenzmenge von Ω sind die folgenden Wahrscheinlichkeiten zugeordnet:

$$P(\varnothing) = 0, \quad P(\Omega) = 1,$$

$$P(\{\langle K, K\rangle\}) = P(\{\langle K, Z\rangle\}) = \ldots = 1/4,$$

$$P(\{\langle K, K\rangle, \langle K, Z\rangle\}) = P(\{\langle K, K\rangle, \langle Z, K\rangle\}) = \ldots = 1/2,$$

$$P(\{\langle K, K\rangle, \langle K, Z\rangle, \langle Z, K\rangle\}) = P(\{\langle K, K\rangle, \langle K, Z\rangle, \langle Z, Z\rangle\}) = \ldots = 3/4.$$

(b) Die Wahrscheinlichkeit, daß beim ersten oder zweiten Münzwurf „Zahl" geworfen wird, ist: $P(\{\langle Z, K \rangle, \langle K, Z \rangle, \langle Z, Z \rangle\}) = 3/4$.

(c) Die Wahrscheinlichkeit, daß weder beim ersten noch beim zweiten Münzwurf „Zahl" geworfen wird, ist $P(\{\langle K, K \rangle\}) = 1/4$.

2. (a) Beim Zufallsexperiment des zweimaligen Werfens eines fairen Würfels ist die Wahrscheinlichkeit, daß die beiden Würfel die Augensumme 9 zeigen

$$P(\{\langle 6, 3 \rangle, \langle 5, 4 \rangle, \langle 4, 5 \rangle, \langle 3, 6 \rangle\}) = 4/36 = 1/9.$$

(b) Die bedingte Wahrscheinlichkeit, daß die beiden Würfel die Augensumme 9 zeigen, wenn beim ersten Werfen eine 4 gewürfelt wurde, ist

$$\frac{P(\{\langle 6, 3 \rangle, \langle 5, 4 \rangle, \langle 4, 5 \rangle, \langle 3, 6 \rangle\} \cap \{\langle 4, 1 \rangle, \langle 4, 2 \rangle, \langle 4, 3 \rangle, \langle 4, 4 \rangle, \langle 4, 5 \rangle, \langle 4, 6 \rangle\})}{P(\{\langle 4, 1 \rangle, \langle 4, 2 \rangle, \langle 4, 3 \rangle, \langle 4, 4 \rangle, \langle 4, 5 \rangle, \langle 4, 6 \rangle\})} =$$

$$\frac{P(\{\langle 4, 5 \rangle\})}{P(\{\langle 4, 1 \rangle, \langle 4, 2 \rangle, \langle 4, 3 \rangle, \langle 4, 4 \rangle, \langle 4, 5 \rangle, \langle 4, 6 \rangle\})} = \frac{1/36}{6/36} = 1/6.$$

3. Die Wahrscheinlichkeit dafür, daß eine zufällig aus der betrachteten Population gezogene Person die Methodenklausur mit „sehr gut" besteht (A), falls sie in der Schule höchstens ein „befriedigend" in Mathematik hatte (B) ist $P(A | B) = P(A \cap B)/P(B) = .05/.60 \approx .083$. Die Wahrscheinlichkeit dafür, daß eine zufällig aus der betrachteten Population gezogene Person höchstens ein „befriedigend" in Mathematik hatte (B), falls sie in der Methodenklausur ein „sehr gut" erzielt (A) ist $P(B | A) = P(A \cap B)/P(A) = .05/.20 = .25$.

4. Ω und jedes andere Ereignis $A \in \mathcal{A}$ sind stochastisch unabhängig, da für alle $A \in \mathcal{A}$ gilt: $P(\Omega \cap A) = P(A) = 1 \cdot P(A) = P(\Omega) \cdot P(A)$.

5. Wenn A und B unabhängig sind, $P(A) = .5$ und $P(B) = .2$, dann folgen:

(a) $P(A \cap B) = P(A) \cdot P(B) = .5 \cdot .2 = .1$.

(b) $P(A \cup B) = P(A) + P(B) - P(A \cap B) = .5 + .2 - .1 = .6$.

(c) $P(A \setminus B) = P(A) - P(A \cap B) = .5 - .1 = .4$.

6. Wenn A und B disjunkt sind, folgt: $P(A \cap B) = P(\emptyset) = 0$. Aus der zusätzlichen Voraussetzung der Unabhängigkeit von A und B folgt: $0 = P(A \cap B) = P(A) \cdot P(B)$. Wegen $P(A) = .5$ muß daher $P(B) = 0$ sein.

Weiterführende Literatur

Als eher elementare Einführungen in die Wahrscheinlichkeitstheorie seien Basler (1968), Bosch (1984), Hamerle und Kemény (1981) und Oberhofer (1984) genannt. Auf mittlerem Niveau sind Bandelow (1981), Bellach et al. (1978), Dinges und Rost (1982), Hinderer (1980) und Rényi (1977) anzusiedeln. Dies gilt auch für die klassische Arbeit von Kolmogoroff (1933/1977), die nicht nur von geschichtlichem Interesse ist. Anspruchsvolle Einführungen, die sich eher an Mathematiker richten, sind Ash (1972), Bauer (1991), Gänssler und Stute (1977) und Loève (1977, 1978). Zum Nachschlagen empfehlen wir Müller (1975). Zur Verwendung stochastischer Modelle in den Sozialwissenschaften sei auf Steyer (in Druck) verwiesen.

F Zufallsvariablen, Verteilungen und ihre Kennwerte

Überblick

Zufallsvariablen ordnen jedem Element ω der Menge Ω der möglichen Ergebnisse, also jedem Ergebnis des betrachteten Zufallsexperiments, einen Wert zu. Diese Werte können Zahlen, aber auch Elemente beliebiger anderer Mengen sein. Sind die Werte der Zufallsvariablen reelle Zahlen, dann sind *Erwartungswerte* (theoretische Mittelwerte), *Varianzen*, *Kovarianzen* und *Korrelationen* definiert. Diese Größen kennzeichnen die *Verteilung* einer Zufallsvariablen.

F.1 Einführung

Wir werden zunächst die genannten Begriffe informell einführen, und die exakten und allgemeinen Definitionen in einem Vertiefungsabschnitt am Ende dieses Anhangkapitels nachholen.

F.1.1 Zufallsvariable

Zufallsvariable

Eine *Zufallsvariable X* ist eine Abbildung $X: \Omega \to \Omega'$, die im konkreten Fall durch 2 Angaben eindeutig definiert ist:

- Für welche Ergebnisse $\omega_i \in \Omega$ nimmt X welche Werte aus Ω' an?
- Mit welcher Wahrscheinlichkeit nimmt X die jeweiligen Werte an?

Verteilung

Die Funktion, die angibt, mit welcher Wahrscheinlichkeit die Zufallsvariable einen Wert jeweils in einer Teilmenge ihres Wertebereichs Ω' annimmt, nennt man die *Verteilung* dieser Zufallsvariablen.

Die Ergebnisse ω sind zufällig, nicht die durch die Zufallsvariable X repräsentierte Wertezuordnung!

Zufallsvariablen bilden die Ergebnisse $\omega \in \Omega$ eines Zufallsexperimentes nach einer festen Zuordnungsvorschrift ab. Die Ergebnisse $\omega \in \Omega$ sind zufällig und damit indirekt auch die Werte einer Zufallsvariablen. Die Zuordnungsvorschrift der Werte von X zu den Ergebnissen $\omega \in \Omega$ ist jedoch fest und keineswegs zufällig. Die Bezeichnung *Zufalls*variable ist hier u.U. irreführend, da sie die Konnotation „unsystematisch" hervorruft. Zufallsvariablen können aber sehr systematisch voneinander abhängen, auch wenn diese Systematik in der Regel nicht deterministisch ist. So kann man beispielsweise die Körpergröße (X) und das Geschlecht (Y) als Zufallsvariablen in einem Zufallsexperiment einführen, das z.B. aus dem Ziehen einer Person aus einer Population und dem Registrieren des X- und Y-Wertes besteht. Die beiden Variablen X und Y sind nicht unabhängig. Der Name „stochastische Variable" wäre daher vielleicht zweckmäßiger als der Name „Zufallsvariable", der aber im folgenden weiter verwendet wird, da er sich in der Literatur am weitesten durchgesetzt hat.

Würfelwurf

Beispiel 1. Wir betrachten als erstes Beispiel das Zufallsexperiment des einmaligen Werfens eines Würfels mit der Menge $\Omega = \{\omega_1, \omega_2, \omega_3, \omega_4, \omega_5, \omega_6\}$ der möglichen Ergebnisse, wobei ω_i das Ergebnis bezeichne, daß der Würfel i Augen zeigt. Durch eine Zufallsvariable $X: \Omega \to \Omega'$ kann nun jedem Ergebnis $\omega \in \Omega$ ein Wert aus Ω' zugewiesen werden. Eine mögliche Zuordnungsvorschrift wäre z.B.:

$$X(\omega) = \begin{cases} 0, \text{ falls } \omega \in \{\omega_1, \omega_3, \omega_5\}, \\ 1, \text{ falls } \omega \in \{\omega_2, \omega_4, \omega_6\}. \end{cases}$$

Zweck:
Vereinfachung

In diesem Fall könnte der Wertebereich von X die Menge $\Omega' = \{0, 1\}$ sein, aber auch jede andere Menge, die Zahlen 0 und 1 als Elemente enthält. Durch diese Zuordnungsvorschrift würde jeder ungeraden Augenzahl der Wert 0, jeder geraden Augenzahl der Wert 1 zugeordnet. Anstelle der Zahlen 0 und 1 könnte man aber auch ebensogut durch eine andere Zufallsvariable Y die Werte „ungerade" und „gerade" zuordnen. In beiden Fällen würde man die gleiche Vereinfachung erreichen, daß man nur noch 2 Ergebnisse des Zufallsexperiments betrachtet: 0 oder 1 bzw. ungerade oder gerade Augenzahl.

Rätsellösen

Beispiel 2. Wir betrachten ein Experiment vom folgenden Typ: Aus einer endlichen Menge von Personen, z.B. der Menge $U = \{$Marion, Peter, Karin$\}$, wird eine Person u zufällig gezogen und es wird festgestellt, ob die gezogene Person ein bestimmtes vorgelegtes Rätsel löst oder nicht. Die Menge der möglichen Ausprägungen ist dann $M := \{+, -\}$. Dabei bedeutet +, daß die gezogene Person das vorgelegte Rätsel löst und −, daß sie es nicht löst. Bei einem solchen Experiment ist $\Omega = U \times M$ die Menge aller möglichen Ergebnisse des betrachteten Zufallsexperiments. Als σ-Algebra $\mathcal{A}$ wählen wir wieder die Potenzmenge $\mathcal{P}(\Omega)$. Vom W-Maß P auf $\mathcal{A}$ sei nur bekannt, daß jede Person die gleiche Wahrscheinlichkeit hat, gezogen zu werden. Damit ist der W-Raum $\langle \Omega, \mathcal{A}, P \rangle$ angegeben, der das betrachtete Zufallsexperiment repräsentiert.

Beispiel für eine
nichtreellwertige
Zufallsvariable

   Als Beispiel für eine Zufallsvariable, die nicht reellwertig ist, betrachten wir nun die Abbildung $p_U: \Omega \to \Omega'$, wobei $\Omega' = U$ die oben bereits angegebene Menge von Personen ist und $\mathcal{A}'$ die Potenzmenge $\mathcal{P}(\Omega')$. Dabei gelte:

$$p_U(\omega) = p_U(\langle u, m \rangle) = u \quad \text{für alle } \omega \in \Omega.$$

Durch die Abbildung p_U wird also jedem Paar $\omega = \langle u, m \rangle$ seine erste Komponente u zugewiesen, es gilt also z.B.: $p_U(\langle \text{Peter}, + \rangle) = $ Peter. Hier spielt Peter die Rolle von u und + die Rolle von m. Die Abbildung $p_U: \Omega \to U$ heißt **Projektion** von Ω auf U,

Projektion p_U

weswegen wir auch das Zeichen p_U (anstelle der sonst üblichen Buchstaben X, Y, Z) verwenden. Das kleine „p" wird verwendet, um Verwechslungen mit dem Wahrscheinlichkeitsmaß P auszuschließen. Die Abbildung p_U ist eine Zufallsvariable, die

Projektion p_M

bei stochastischen Meßmodellen eine wichtige Rolle spielen wird. Selbstverständlich könnte man bei diesem Beispiel auch die Projektion p_M: $\Omega \to M$ betrachten. Deren Werte + und − würden in diesem Beispiel angeben, ob das vorgelegte Rätsel gelöst wurde oder nicht.

Indikatorvariable I_A

Beispiel 3. Ein Spezialfall liegt mit solchen Zufallsvariablen vor, die nur die Werte 0 und 1 annehmen können. Mit dem Wert 1 zeigen sie an, daß ein bestimmtes Ereignis eingetreten ist. Bei der in Beispiel 1 definierten Variablen X ist dies das Ereignis $A := \{\omega_2, \omega_4, \omega_6\}$, daß eine gerade Augenzahl gewürfelt wird. Eine solche Variable nennt man daher auch **Indikatorvariable** und verwendet für sie die Schreibweise I_A (Indikator des Ereignisses A). Eine Indikatorvariable auf einem W-Raum $\langle \Omega, \mathcal{A}, P \rangle$ ist also definiert durch

$$I_A(\omega) = \begin{cases} 0, \text{ falls } \omega \notin A, \\ 1, \text{ falls } \omega \in A. \end{cases}$$

F.1.2 Erwartungswert

Reelle Zufallsvariable

Zufallsvariablen, die reelle *Zahlen* als Werte annehmen, nennen wir *reell* oder *reellwertig*. Für solche reellen Zufallsvariablen ist der *Erwartungswert* definiert, der „theoretische Mittel- oder Durchschnittswert", dessen Entsprechung in einer Stichprobe auch als *arithmetisches Mittel* bezeichnet wird. Zunächst führen wir den Erwartungswert für eine Zufallsvariable X ein, die nur endlich viele reelle Zahlen $x_1, ..., x_n$

Diskrete Zufallsvariable

als Werte annehmen kann, d.h. X ist *diskret*. Die Notation $P(X = x_i)$ verwenden wir für die Wahrscheinlichkeit, daß X den Wert x_i annimmt.

Erwartungswert $E(X)$

Definition. Sei X eine reellwertige Zufallsvariable auf dem Wahrscheinlichkeitsraum $\langle \Omega, \mathcal{A}, P \rangle$ mit endlich vielen Werten $x_1, ..., x_n$. Dann heißt die Zahl

$$E(X) := \sum_{i=1}^{n} x_i \cdot P(X = x_i) \tag{1}$$

der *Erwartungswert* von X (bezüglich P).

$\mu_X := E(X)$

Bemerkungen. Anstelle von $E(X)$ verwendet man oft das Symbol μ_X (griechisches My). Der Erwartungswert einer diskreten reellen Zufallsvariablen mit endlich vielen Werten ist der obigen Definition nach die mit den Wahrscheinlichkeiten $P(X = x_i)$ gewichtete Summe der Werte x_i von X.

Würfelwurf

Beispiel 1. Wir betrachten wieder das einmalige Werfen eines Würfels mit der Ergebnismenge $\Omega = \{\omega_1, ..., \omega_6\}$, wobei ω_i das Ergebnis bezeichnet, daß der Würfel i Augen zeigt. Weiter sei $\mathcal{A}$ die Potenzmenge von Ω und P: $\mathcal{A} \to \mathbb{R}$ das durch

$$P(\{\omega\}) := \tfrac{1}{6}, \quad \text{für alle } \omega \in \Omega,$$

definierte W-Maß. (Dabei beachte man, daß mit dieser Definition auch die Wahrscheinlichkeiten aller anderen Ereignisse $A \in \mathcal{A}$ festliegen.) Schließlich betrachten wir auch die reelle Zufallsvariable $X: \Omega \rightarrow \mathbb{R}$, die durch

$$X(\omega_i) := i, \quad \text{für alle } \omega_i \in \Omega,$$

definiert ist. X gibt die Anzahl der Augen an, die der Würfel nach dem Werfen zeigt. Dann ist X eine Zufallsvariable auf $\langle \Omega, \mathcal{A}, P \rangle$ und es gilt für den Erwartungswert $E(X)$ von X:

$$E(X) = 1 \cdot \tfrac{1}{6} + 2 \cdot \tfrac{1}{6} + \ldots + 6 \cdot \tfrac{1}{6} = (1 + 2 + \ldots + 6) \cdot \tfrac{1}{6} = 3.5.$$

Indikatorvariable

Beispiel 2. Sei Y eine Zufallsvariable, die nur die Werte 0 und 1 annehmen kann (z.B. für ungerade vs. gerade Augenzahl beim Würfeln). Dann gilt

$$E(Y) \;=\; 0 \cdot P(Y = 0) + 1 \cdot P(Y = 1) \;=\; P(Y = 1).$$

Der Erwartungswert einer Zufallsvariablen, die nur die Werte 0 und 1 annehmen kann, ist also gleich der Wahrscheinlichkeit $P(Y = 1)$, daß Y den Wert 1 annimmt.

Numerische Zufallsvariable mit dem Wertebereich $\overline{\mathbb{R}}$

Eigenschaften des Erwartungswerts. Wir kommen nun zu den wichtigsten Eigenschaften des Erwartungswerts numerischer Zufallsvariablen X. *Numerische* Zufallsvariablen können außer den reellen Zahlen auch die uneigentlichen Zahlen $+\infty$ und $-\infty$ als Werte annehmen. Der Wertebereich numerischer Zufallsvariablen wird dann mit $\overline{\mathbb{R}}$ bezeichnet. Die in Box F.1 zusammengefaßten Eigenschaften i und ii sind Rechenregeln, auf die wir immer wieder zurückgreifen werden. Sie gelten nicht nur für die Erwartungswerte *diskreter*, sondern auch für *stetige* Zufallsvariablen, die jeden Wert in einem beliebigen Intervall der reellen Zahlen annehmen können.

Bei Regel i beachte man, daß mit der Schreibweise $E(\alpha)$ der Erwartungswert einer Zufallsvariablen gemeint ist, die für alle Ergebnisse des Zufallsexperiments den gleichen Wert α annimmt, für die also gilt: $X(\omega) = \alpha$, für alle $\omega \cap \Omega$. Eine Konstante muß also immer in diesem Sinn uminterpretiert werden, da andernfalls ihr Erwartungswert nicht definiert wäre. Entsprechend wird bei Regel ii durch die gewichtete Summe der Werte zweier Zufallsvariablen X und Y die neue Zufallsvariable $\alpha X + \beta Y$ definiert, deren Erwartungswert die gewichtete Summe der Erwartungswerte der beiden Zufallsvariablen ist.

F.1.3 Varianz, Kovarianz und Korrelation

Kennwerte für Lokalisation, Dispersion und Kovariation

Neben dem Begriff des Erwartungswerts sind auch die Begriffe der Varianz, Kovarianz und Korrelation von großer Wichtigkeit für viele Anwendungen. Während der Erwartungswert eine Kennzahl für die *Lokalisation* einer Variablen ist, ist die Varianz eine Kennzahl für die *Streubreite* oder *Dispersion*. Kovarianz und Korrelation sind Kenngrößen für die *Kovariation* zweier Variablen, also für eine bestimmte Form der Abhängigkeit zwischen zwei numerischen Zufallsvariablen. In Box F.1 sind die De-

Box F.1. Das Wichtigste zu Erwartungswerten, Varianzen und Kovarianzen

A. Definitionen

Erwartungswert E(X)   Falls X nur die Werte $x_1, ..., x_n$ annimmt:

$$E(X) := \sum_{i=1}^{n} x_i \cdot P(X = x_i).$$

Kovarianz Cov(X, Y) $Cov(X, Y) := E\big[\, [X - E(X)] \cdot [Y - E(Y)]\,\big]$

Varianz Var(X) $Var(X) := Cov(X, X) = E\big[\, [X - E(X)]^2\,\big]$

Standardabweichung $Std(X) := +[Var(X)]^{1/2}$
oder Streuung Std(X)

Korrelation Kor(X, Y) $Kor(X, Y) := \begin{cases} \dfrac{Cov(X, Y)}{Std(X) \cdot Std(Y)}, & \text{falls } Std(X) > 0 \\[2mm] & \text{und } Std(Y) > 0 \\[2mm] 0, & \text{sonst.} \end{cases}$

Unkorreliertheit $Cov(X, Y) = Kor(X, Y) = 0$

B. Rechenregeln für Erwartungswerte, Varianzen und Kovarianzen

Sind X und Y numerische Zufallsvariablen auf $\langle \Omega, \mathcal{A}, P \rangle$ mit endlichen Erwartungswerten sowie α und $\beta \in \mathbb{R}$, dann gelten:

(i) $E(\alpha) = \alpha$

(ii) $E(\alpha X + \beta Y) = \alpha E(X) + \beta E(Y)$

(iii) $Var(X) = E(X^2) - E(X)^2$

(iv) $Var(X) = 0, \quad$ falls $X = \alpha$

(v) $Var(\alpha X) = \alpha^2 Var(X)$

(vi) $Var(\alpha + X) = Var(X)$

(vii) $Var(\alpha X + \beta Y) = \alpha^2 Var(X) + \beta^2 Var(Y) + 2\,\alpha\,\beta\, Cov(X, Y)$

(viii) $Cov(X, Y) - E(X \cdot Y) \quad E(X) \cdot E(Y)$

(ix) $Cov(X, Y) = 0, \quad$ falls $X = \alpha$

(x) $Cov(\alpha X, \beta Y) = \alpha\beta\, Cov(X, Y)$

(xi) $Cov(\alpha + X, \beta + Y) = Cov(X, Y)$

Sind X_1, X_2, Y_1 und Y_2 numerische Zufallsvariablen auf $\langle \Omega, \mathcal{A}, P \rangle$ mit endlichen Erwartungswerten und $\alpha_1, \alpha_2, \beta_1, \beta_2 \in \mathbb{R}$, dann gelten:

(xii) $Cov(\alpha_1 X_1 + \alpha_2 X_2, \beta_1 Y_1 + \beta_2 Y_2) =$

$\alpha_1\beta_1\, Cov(X_1, Y_1) + \alpha_1\beta_2\, Cov(X_1, Y_2) + \alpha_2\beta_1\, Cov(X_2, Y_1) + \alpha_2\beta_2\, Cov(X_2, Y_2)$

finitionen und einige Rechenregeln angegeben. Bei der Definition der Varianz, Kovarianz und Korrelation wird nur vorausgesetzt, daß die beteiligten Zufallsvariablen X und Y endliche Erwartungswerte haben, d.h. $-\infty < E(X), E(Y) < +\infty$.

Alternative Notationen: σ_{XY}, σ_X^2 und ρ_{XY}

Die Varianz und die Streuung können nicht negativ sein, wohl aber die Kovarianz und die Korrelation. Die Korrelation kann höchstens gleich 1 und nicht kleiner als -1 sein. Anstelle von $Cov(X, Y)$ verwendet man auch oft das Zeichen σ_{XY} (griechisches Sigma), anstelle von $Var(X)$ das Zeichen σ_X^2 und anstelle von $Kor(X, Y)$ das Zeichen ρ_{XY} (griechisches Rho). Kovarianz und Korrelation sind offensichtlich symmetrisch, d.h. $Cov(X, Y) = Cov(Y, X)$ und $Kor(X, Y) = Kor(Y, X)$. Anstelle von (Un)korreliertheit spricht man auch von korrelativer (Un)abhängigkeit.

Rechenregeln für Varianzen und Kovarianzen

In Box F.1 sind auch die wichtigsten Rechenregeln für Varianzen und Kovarianzen zusammengestellt. Demnach ist die Varianz einer numerischen Zufallsvariablen X, die für alle $\omega \in \Omega$ einen konstanten Wert α annimmt (Kurzschreibweise $X = \alpha$), also 0 (s. Regel iv). Die Multiplikation einer Variablen mit einer Konstanten verändert die Varianz (s. Regel v), wohingegen durch die Addition einer Konstanten die Varianz nicht verändert wird (s. Regel vi). Ähnliches gilt für die Kovarianz (s. die Regeln viii − xi).

Für $\alpha = \beta = 1$ folgt aus Regel vii, daß die Varianz einer Summenvariablen nur dann gleich der Summe der Varianzen ist, wenn die beteiligten Variablen *unkorreliert* sind. Für die Differenz $X - Y$ *unkorrelierter* numerische Zufallsvariablen folgt aus Regel vii (mit $\alpha = 1$ und $\beta = -1$):

$$Var(X - Y) = Var(X) + Var(Y), \quad \text{falls } Cov(X, Y) = 0. \tag{2}$$

Die Varianz einer Differenzvariablen ist also gleich der *Summe* der Varianzen, falls die beiden Variablen unkorreliert sind. Andernfalls gilt: $Var(X - Y) = Var(X) + Var(Y) - 2\,Cov(X, Y)$.

F.2 Vertiefung

Die Begriffe *Zufallsvariable* und *Verteilung* wurden oben nur auf informelle Weise eingeführt. Daher sollen nun formale und allgemeine Definitionen nachgeholt werden. Darüber hinaus werden die Begriffe der Unabhängigkeit von Zufallsvariablen und die allgemeine Definition des Erwartungswerts behandelt.

F.2.1 Zufallsvariable (Allgemeine Definition)

Neue Ergebnismenge Ω'

Beim Beispiel 1 in Abschnitt F.1.1 (Würfelwurf) wurde als Zweck der Einführung von Zufallsvariablen die damit verbundene Vereinfachung genannt. In formaler Hinsicht zeigt sich diese Vereinfachung wie folgt: Anstatt des relativ komplexen Wahrscheinlichkeitsraums $\langle \Omega, \mathcal{P}(\Omega), P \rangle$, bei dem die Menge Ω der möglichen Ergebnisse 6 Elemente und die Menge $\mathcal{A}$ der möglichen Ereignisse, die Potenzmenge $\mathcal{P}(\Omega)$

*und neue
Ereignismenge $\mathcal{A}'$*

bereits $2^6 = 64$ Elemente hat, betrachtet man nun einen neuen Wahrscheinlichkeits-
raum mit der Menge $\Omega' = \{0, 1\}$ der möglichen Ergebnisse und der Menge $\mathcal{A}' = \mathcal{P}(\Omega') = \big\{\{0\}, \{1\}, \Omega', \varnothing\big\}$ der möglichen Ereignisse. Damit wird also die Komplexität erheblich reduziert. Zufallsvariablen, deren Werte Zahlen sind, haben in vielen
Fällen darüber hinaus noch den Vorteil, daß man mit ihrer Hilfe relativ einfach Gesetzmäßigkeiten beschreiben kann, die das Zufallsexperiment charakterisieren.

Zur allgemeinen Definition einer Zufallsvariablen $X: \Omega \to \Omega'$ benötigen wir neben
dem W-Raum $\langle \Omega, \mathcal{A}, P \rangle$ und einem beliebigen Wertebereich Ω', in dem X ihre Werte
annimmt, auch eine σ-Algebra $\mathcal{A}'$ auf Ω'. Bei dem oben aufgeführten Beispiel war $\mathcal{A}'$
die Potenzmenge von $\Omega' = \{0, 1\}$. Außerdem greifen wir auf den Begriff eines Ur-

Urbild $X^{-1}(A')$

bilds zurück. Zur Erinnerung: Das **Urbild $X^{-1}(A')$** von A' unter X ist das Ereignis
$\{\omega \in \Omega: X(\omega) \in A'\}$, daß X einen Wert in der Menge A' annimmt.

Zufallsvariable

Definition 1. Seien $\langle \Omega, \mathcal{A}, P \rangle$ ein W-Raum, Ω' eine Menge und $\mathcal{A}'$ eine σ-Algebra
auf Ω'. Eine Abbildung $X: \Omega \to \Omega'$ heißt **Zufallsvariable** genau dann, wenn für das
Urbild $X^{-1}(A')$ von jedem $A' \in \mathcal{A}'$ gilt: $X^{-1}(A') \in \mathcal{A}$.

Erläuterungen. Die Bedingung, daß die Urbilder $X^{-1}(A')$ Elemente der zugrundeliegenden σ-Algebra $\mathcal{A}$ sind, stellt sicher, daß die mit der Zufallsvariablen X dar-
stellbaren Ereignisse $X^{-1}(A')$ eine Wahrscheinlichkeit haben, nämlich $P[X^{-1}(A')]$,
denn das W-Maß P weist definitionsgemäß *allen* Elementen aus $\mathcal{A}$ ihre Wahrscheinlichkeit zu. In der folgenden Definition werden verschiedene Arten von Zufallsvariablen unterschieden.

Zufallsvariablen:

Definitionen 2. Sei $X: \Omega \to \Omega'$ eine Zufallsvariable auf $\langle \Omega, \mathcal{A}, P \rangle$.

diskrete

(i) Ist die Menge $X(\Omega)$ der Werte von X höchstens abzählbar unendlich, so heißt X *diskret*.

reelle

(ii) Ist $\Omega' \subset \mathbb{R}$, so heißt X *reell* oder *reellwertig*.

numerische

(iii) Gilt $\Omega' \subset \bar{\mathbb{R}} := \mathbb{R} \cup \{+\infty, -\infty\}$, so heißt X *numerisch*.

stetige

(iv) Ist $\Omega' \subset \bar{\mathbb{R}}$ und ist die Menge $X(\Omega)$ der Werte von X nicht endlich und nicht
abzählbar unendlich, dann heißt X *stetig*.

F.2.2 Verteilung

Eng mit dem Begriff einer Zufallsvariablen ist der Begriff der *Verteilung* verbunden, der nun definiert werden soll. Dabei greifen wir wieder auf das *Urbild*
$X^{-1}(A')$ einer Menge $A' \in \mathcal{A}'$ unter der Abbildung $X: \Omega \to \Omega'$ zurück.

*Verteilung P^X einer
Zufallsvariablen*

Definition 1. Seien $\langle \Omega, \mathcal{A}, P \rangle$ ein W-Raum und $X: \Omega \to \Omega'$ eine Zufallsvariable auf
$\langle \Omega, \mathcal{A}, P \rangle$ und $\mathcal{A}'$ eine σ-Algebra auf Ω'. Dann heißt die durch

$$P^X(A') := P[X^{-1}(A')], \quad \text{für alle } A' \in \mathcal{A}', \tag{3}$$

definierte Funktion $P^X: \mathcal{A}' \to \mathbb{R}$ die **Verteilung** *von X (hinsichtlich P).*

Durch Zufalls-
variable X
erzeugter W-Raum
$\langle \Omega', \mathcal{A}', P^X \rangle$

Bemerkungen. Die Verteilung P^X einer Zufallsvariablen X ist ein W-Maß auf $\mathcal{A}'$, d.h. die in Box E.1 angegebenen Rechenregeln für P gelten entsprechend für P^X. Mit einer Zufallsvariablen X ist daher immer ein neuer W-Raum $\langle \Omega', \mathcal{A}', P^X \rangle$ verbunden, mit dem Wertebereich Ω' als Ausgangsmenge.

Der Begriff einer Verteilung darf nicht mit dem Begriff der *kumulativen Verteilung* verwechselt werden, den man für numerische Zufallsvariablen $X: \Omega \to \bar{\mathbb{R}}$ definieren kann. In der folgenden Definition bezeichnet $\bar{\mathcal{B}}$ die *Borelsche σ-Algebra* auf $\bar{\mathbb{R}}$, in der z.B. die geschlossenen Intervalle $[-\infty, \alpha]$ als Elemente enthalten sind, die jeweils alle reellen Zahlen zwischen $-\infty$ und α (einschließlich) als Elemente enthalten.

Kumulative
Verteilung F^X

Definition 2. Seien $\langle \Omega, \mathcal{A}, P \rangle$ ein W-Raum, $X: \Omega \to \bar{\mathbb{R}}$ eine numerische Zufallsvariable auf $\langle \Omega, \mathcal{A}, P \rangle$ und $\bar{\mathcal{B}}$ die Borelsche σ-Algebra auf $\bar{\mathbb{R}}$. Die durch

$$F^X(\alpha) := P^X([-\infty, \alpha]), \quad \alpha \in \bar{\mathbb{R}}, \tag{4}$$

definierte Funktion $F^X: \bar{\mathbb{R}} \to \mathbb{R}$ heißt dann die **kumulative Verteilung** oder die **Verteilungsfunktion** *von X (hinsichtlich P).*

Erläuterungen. Die Werte $F^X(\alpha)$ einer kumulativen Verteilung geben die Wahrscheinlichkeit an, daß X einen Wert annimmt, der höchstens so groß wie α ist. Kann X nur endlich viele Werte annehmen, dann kann man die kumulative Verteilung auch auf eine andere, vielleicht anschaulichere Weise definieren. In diesem Fall können wir mit $P^X(\{x\})$ die Wahrscheinlichkeit bezeichnen, daß X den Wert x annimmt. Eine äquivalente Schreibweise dafür ist $P(X = x)$, d.h. wir definieren:

$P(X = x)$

$$P(X = x) := P^X(\{x\}). \tag{5}$$

Die obige Gleichung für $F^X(\alpha)$ kann man dann auch wie folgt schreiben:

$$F^X(\alpha) := \sum_{x \leq \alpha} P(X = x), \quad \alpha \in \mathbb{R}. \tag{6}$$

Es werden also die Wahrscheinlichkeiten aller Werte x von X summiert (oder „kumuliert"), die kleiner oder gleich der gewählten Zahl α sind. Da X immer nur einen einzigen Wert annehmen kann, gibt ein Wert der kumulativen Verteilung F^X für jede reelle Zahl α an, wie groß die Wahrscheinlichkeit ist, daß X einen Wert kleiner oder gleich α annimmt.

F.2.3 Unabhängigkeit von Zufallsvariablen

Für zwei Zufallsvariablen stellt sich die Frage nach ihrer Abhängigkeit voneinander. Für Zufallsvariablen gibt es verschiedene Arten von Abhängigkeiten und Unabhängigkeiten. Die stärkste Art der Unabhängigkeit zweier stochastischer Variablen ist ihre *stochastische* Unabhängigkeit, bei der wir wieder auf das *Urbild* $X^{-1}(A')$ einer Menge $A' \in \mathcal{A}'$ unter der Abbildung $X: \Omega \to \Omega'$ zurückgreifen.

<table>
<tr><td>

Unabhängigkeit von
Zufallsvariablen

</td><td>

Definition. Seien $\langle \Omega, \mathcal{A}, P \rangle$ ein W-Raum, $X: \Omega \to \Omega'_X$ und $Y: \Omega \to \Omega'_Y$ Zufallsvariablen, $\mathcal{A}'_X$ eine σ-Algebra auf Ω'_X und $\mathcal{A}'_Y$ eine σ-Algebra auf Ω'_Y. Dann heißen X und Y *(stochastisch)* **unabhängig** (hinsichtlich P) genau dann, wenn

</td></tr>
</table>

$$P[X^{-1}(A') \cap Y^{-1}(B')] = P[X^{-1}(A')] \cdot P[Y^{-1}(B')], \qquad (7)$$
$$\text{für alle } (A', B') \in \mathcal{A}'_X \times \mathcal{A}'_Y,$$

Abhängigkeit

und *(stochastisch)* **abhängig** andernfalls.

Bemerkungen. Zwei Zufallsvariablen X und Y heißen also unabhängig genau dann, wenn für alle $A' \in \mathcal{A}'_X$ und $B' \in \mathcal{A}'_Y$ gilt, daß die Ereignisse, daß X einen Wert in A' bzw. Y einen Wert in B' annimmt, unabhängig sind. In Box F.1 haben wir bereits den Begriff der *Unkorreliertheit* bzw. *korrelativen Unabhängigkeit* eingeführt, der in dem Sinne weniger stark ist, daß stochastisch unabhängige Variablen immer auch korrelativ unabhängig sind, nicht aber umgekehrt. Im allgemeinen folgt aus der korrelativen Unabhängigkeit *nicht* die stochastische Unabhängigkeit zweier stochastischer Variablen, obwohl es Spezialfälle gibt, z.B. *bivariat normalverteilte* Zufallsvariablen, bei denen dies zutrifft.

Beziehungen
zwischen
korrelativer und
stochastischer
Unabhängigkeit

F.2.4 Allgemeine Definition des Erwartungswerts

Die Definition des Erwartungswerts für diskrete Zufallsvariablen und seine Eigenschaften wurden bereits in Box F.1 angegeben. Diese Eigenschaften gelten auch für solche Zufallsvariablen X, bei denen die Menge $X(\Omega)$ ihrer Werte nicht mehr endlich oder abzählbar unendlich ist. Bei der allgemeinen Definition müssen wir auf den Begriff des Integrals hinsichtlich des Wahrscheinlichkeitsmaßes P zurückgreifen (s. Bauer, 1991), das als Verallgemeinerung der in Gleichung 1 verwendeten Summe der mit ihren Wahrscheinlichkeiten gewichteten Werte angesehen werden kann.

Erwartungswert
$E(X)$

Definition. Sei X eine numerische Zufallsvariable auf dem W-Raum $\langle \Omega, \mathcal{A}, P \rangle$ und P^X ihre Verteilung. $E(X)$ heißt der **Erwartungswert** *von X* (hinsichtlich P) genau dann, wenn

$$E(X) := \int x \, P^X(dx). \qquad (8)$$

Fragen

1. Was versteht man unter einer Indikatorvariablen? Geben Sie ein Beispiel!
2. (a) Welche Rolle spielt der Zufall im Zusammenhang mit Zufallsvariablen?
   (b) Inwieweit ist die Verwendung der Bezeichnung „Zufallsvariable" mißverständlich?
3. Geben Sie ein Beispiel für eine Projektion!

4. Was versteht man unter (a) dem Erwartungswert, (b) der Varianz und (c) der Streuung einer Zufallsvariablen?

5. Was versteht man unter (a) der Kovarianz bzw. (b) der Korrelation zweier stochastischer Variablen?

6. Wann liegt eine diskrete, wann eine stetige Zufallsvariable vor?

7. Welche Implikationsbeziehungen bestehen zwischen numerischen und reellen Zufallsvariablen?

8. (a) Worin besteht der Unterschied zwischen stochastischer und korrelativer Unabhängigkeit von Zufallsvariablen?

   (b) Welche Implikationsbeziehungen bestehen zwischen stochastischer und korrelativer Unabhängigkeit von Zufallsvariablen?

Antworten

1. Unter einer Indikatorvariablen für das Ereignis B versteht man eine Zufallsvariable $X: \Omega \to \mathbb{R}$, die nur die beiden Werte 0 und 1 annehmen kann. Sie nimmt den Wert 1 an, wenn das Ereignis B eintritt, und den Wert 0 andernfalls, d.h. $X(\omega) = 1$ falls $\omega \in B$, und $X(\omega) = 0$ andernfalls. Im Beispiel 2 des Abschnitts F.1.1 könnte man eine solche Indikatorvariable $X: \Omega \to \mathbb{R}$ wie folgt einführen: Sei

$$B := \left\{ \omega \in \Omega: p_U(\omega) \in \{\text{Marion, Karin}\} \right\}$$

das Ereignis, daß eine Frau gezogen wird. Die durch

$$X(\omega) = \begin{cases} 1, \text{ falls } \omega \in B, \\ 0, \text{ andernfalls,} \end{cases}$$

definierte Variable $X: \Omega \to \mathbb{R}$ ist dann eine Indikatorvariable, die mit dem Wert 1 das Ereignis B anzeigt, daß eine Frau gezogen wird.

2. (a) Bei Zufallsvariablen spielt der Zufall nur insofern eine Rolle, als ihre Werte vom Ergebnis ω des Zufallsexperiments abhängen. Dabei ist das Eintreten der Ergebnisse ω zufällig. Die Zuordnung der Werte der Variablen zu den Ergebnissen des Zufallsexperiments dagegen ist nicht zufällig, sondern liegt völlig fest.

   (b) Die Verwendung der Bezeichnung „Zufallsvariable" kann insofern mißverständlich sein, als man fälschlicherweise glauben könnte, daß die Zuordnung der Werte der Zufallsvariablen zu den Ergebnissen des Zufallsexperiments zufällig wäre! Außerdem ist zu bedenken, daß Zufallsvariablen sehr systematisch voneinander abhängen können. Sie können z.B. sogar zu 1 korrelieren und damit deterministische lineare Funktionen voneinander sein, d.h. für zwei Zufallsvariablen X und Y kann gelten $Y = \beta_0 + \beta_1 \cdot X$, wobei $\beta_0, \beta_1 \in \mathbb{R}$.

3. Im Beispiel 2 des Abschnitts F.1.1 ist $p_U: \Omega \to U$ eine Projektion. Im selben Beispiel kann man auch die Projektion $p_M: \Omega \to M$ definieren durch: $p_M(\omega) := m$ für alle $\omega = \langle u, m \rangle \in \Omega$.

4. (a) Der Erwartungswert $E(X)$ ist der theoretische Mittelwert einer numerischen Zufallsvariablen X. Im diskreten Fall ist $E(X)$ die Summe der mit ihren jeweiligen Auftrittswahrscheinlichkeiten gewichteten Werte von X.

   (b) Die Varianz $Var(X)$ ist ein Kennwert für die Streubreite einer numerischen Zufallsvariablen. Sie ist definiert als Erwartungswert der quadrierten Differenzvariablen $[X - E(X)]^2$.

(c) Die Streuung $Std(X)$ ist ebenfalls ein Kennwert für die Streubreite einer numerischen Zufallsvariablen. Sie ist definiert als positive Quadratwurzel aus der Varianz. Sie gibt in etwa an, inwieweit im Durchschnitt die Werte der Variablen von ihrem theoretischen Mittelwert abweichen.

5. (a) Die Kovarianz zweier stochastischer Variablen X und Y ist ein Kennwert für eine bestimmte Art ihrer stochastischen Abhängigkeit (s. dazu auch Anhang G). Sie ist definiert als Erwartungswert der Produktvariablen $[X - E(X)] \cdot [Y - E(Y)]$.

(b) Die Korrelation zweier stochastischer Variablen X und Y ist ein Kennwert für die gleiche Art ihrer stochastischen Abhängigkeit wie die Kovarianz. Im Gegensatz zur Kovarianz ist die Korrelation jedoch *normiert*, d.h. ihre Werte liegen im Intervall $[-1, +1]$. Sie ist definiert als Kovarianz geteilt durch das Produkt der beiden Standardabweichungen.

6. Eine *diskrete* Zufallsvariable $X\colon \Omega \to \Omega'$ liegt vor, wenn die Menge $X(\Omega)$ der Werte von X endlich oder abzählbar unendlich ist. Eine *stetige* Zufallsvariable $X\colon \Omega \to \overline{\mathbb{R}}$ liegt dann vor, wenn die Menge $X(\Omega)$ der Werte von X weder endlich noch abzählbar unendlich ist.

7. Jede reelle Zufallsvariable ist auch eine numerische. Die Umkehrung gilt jedoch nicht, denn eine numerische Zufallsvariable, die auch die Werte $+\infty$ oder $-\infty$ annehmen kann, ist keine reelle Zufallsvariable.

8. (a) Bei stochastischer Unabhängigkeit zweier Zufallsvariablen X und Y sind alle mit X und Y verknüpften Ereignisse voneinander stochastisch unabhängig. Bei korrelativer Unabhängigkeit dagegen muß nur gelten: $Cov(X, Y) = 0$.

(b) Aus der stochastischen Unabhängigkeit folgt die korrelative Unabhängigkeit. Im allgemeinen gilt die Umkehrung nicht.

Übungen

1. X und Y seien *unkorrelierte* Zufallsvariablen mit Erwartungswert 100 und Varianz 10. Wie groß sind dann: (a) Der Erwartungswert von $X - Y$? (b) Die Varianz von $X - Y$? (c) Der Erwartungswert von $(X + Y)/2$? (d) Die Varianz von $(X + Y)/2$?

2. Die Wahrscheinlichkeit $P(A)$ eines Ereignisses A sei .6. Wie groß sind dann:
(a) der Erwartungswert des Indikators I_A von A? (b) die Varianz des Indikators I_A?

3. Zeigen Sie, daß bei unkorrelierten reellen Zufallsvariablen X und Y gilt: $E(X \cdot Y) = E(X) \cdot E(Y)$.

4. Bei einer linearen regressiven Abhängigkeit der Variablen Y von X gelten:
(a) $Y = \alpha_0 + \alpha_1 X + \varepsilon$, (b) $Cov(X, \varepsilon) = 0$ und (c) $E(\varepsilon) - 0$, wobei neben Y und X auch ε eine numerische Zufallsvariable (die „Fehlervariable") ist. Zeigen Sie, daß dann folgen: $\alpha_1 = Cov(X, Y)/Var(X)$ und $\alpha_0 = E(Y) - \alpha_1 E(X)$.

Lösungen

1. (a) $E(X - Y) = E(X) - E(Y) = 100 - 100 = 0.$ (Box F.1 ii)

   (b) $Var(X - Y) = Var(X) + Var(Y) - 2 \cdot Cov(X, Y)$ (Box F.1 vii)

   $= 10 + 10 - 2 \cdot 0 = 20.$

   (c) $E[0.5 \cdot (X + Y)] = 0.5 \cdot E(X + Y) = 0.5 \cdot [E(X) + E(Y)]$ (Box F.1 ii)

   $= 0.5 \cdot [100 + 100] = 100.$

(d) $Var[(X + Y)/2] = 0.25 \cdot Var(X + Y)$ (Box F.1 v)

$\qquad\qquad\qquad = 0.25 \cdot [Var(X) + Var(Y) + 2 \cdot Cov(X, Y)]$ (Box F.1 vii)

$\qquad\qquad\qquad = 0.25 \cdot [10 + 10 + 2 \cdot 0] = 5.$

2. (a) Die Indikatorvariable I_A nimmt den Wert 1 an, wenn das Ereignis A eintritt und den Wert 0, wenn A nicht eintritt. Also sind: $P(I_A = 1) = P(A) = 0.6$ und $P(I_A = 0) = P(A^c) = 0.4$. Somit gilt:

$$E(I_A) = 0 \cdot P(I_A = 0) + 1 \cdot P(I_A = 1) = P(A) = 0.6.$$

(b) Nach Regel iii der Box F.1 gilt: $Var(I_A) = E(I_A^2) - E(I_A)^2$. Da $I_A = I_A^2$, ist $E(I_A^2) = E(I_A) = 0.6$. Folglich ist $Var(I_A) = 0.6 - 0.6^2 = 0.24$.

3. Die Umstellung der Regel viii aus Box F.1 ergibt sofort $E(X \cdot Y) = E(X) \cdot E(Y)$, falls $Cov(X, Y) = 0$.

4. Wir betrachten zunächst die Kovarianz zwischen X und Y:

$Cov(X, Y) = Cov(X, \alpha_0 + \alpha_1 X + \varepsilon)$ (Einsetzen von a)

$\qquad\qquad = Cov(X, \alpha_0) + \alpha_1 Cov(X, X) + Cov(X, \varepsilon)$ (Box F.1 xii)

$\qquad\qquad = \alpha1 \, Cov(X, X)$ (Box F.1 ix, b)

$\qquad\qquad = \alpha_1 \, Var(X).$ (Box F.1 x)

Die erste Behauptung folgt durch Division beider Seiten dieser Gleichung durch die Varianz $Var(X)$.

Zum Beweis des zweiten Teils der Behauptung betrachten wir zunächst den Erwartungswert

$E(Y) = E(\alpha_0 + \alpha_1 X + \varepsilon)$ (Einsetzen von a)

$\qquad = \alpha_0 + \alpha_1 E(X) + E(\varepsilon)$ (Box F.1 i, ii)

$\qquad = \alpha_0 + \alpha_1 E(X)$ (c)

Die Behauptung folgt nun durch Umstellung dieser Gleichung.

Weiterführende Literatur

Die schon in Anhang E angeführte Literatur ist auch hier zu nennen: Die eher elementaren Einführungen in die Wahrscheinlichkeitstheorie von Basler (1968), Bosch (1984) und Oberhofer (1984), auf mittlerem Niveau Bandelow (1981), Bellach et al. (1978), Dinges und Rost (1982), Hinderer (1980), Kolmogoroff (1933/1977) und Rényi (1977) und als anspruchsvolle Einführungen, die sich eher an Mathematiker richten, Ash (1972), Bauer (1991), Gänssler und Stute (1977) und Loève (1977, 1978). Zum Nachschlagen sei wieder Müller (1975) empfohlen und zur Verwendung stochastischer Modelle in den Sozialwissenschaften Steyer (in Druck).

G Bedingter Erwartungswert und Regression

Überblick

In diesem Anhang werden zunächst der *bedingte Erwartungswert* und, darauf aufbauend, die *Regression* einer Zufallsvariablen Y auf eine Zufallsvariable X und – damit zusammenhängend – die Begriffe *Regressor*, *Regressand*, *Residuum*, *regressive Abhängigkeit* und *Unabhängigkeit* eingeführt. Danach werden die wichtigsten Eigenschaften der Regression und ihres Residuums dargestellt. Schließlich wird der Begriff des *Determinationskoeffizienten* behandelt, mit dem man angeben kann, wie *stark* eine regressive Abhängigkeit ist.

Anwendungsgebiete bedingter Erwartungswerte und Regressionen

Mit bedingten Erwartungswerten und Regressionen (synonym: *bedingten Erwartungen*) haben wir es in den Sozialwissenschaften in den verschiedensten Kontexten zu tun. Beim *t-Test* für unabhängige Gruppen geht es beispielsweise um den Vergleich der theoretischen (oder Populations-) Mittelwerte zweier Gruppen, oder in der hier einzuführenden Terminologie, um den Vergleich zweier bedingter Erwartungswerte. In der *Varianzanalyse mit fixierten Faktoren* werden mehr als 2 bedingte Erwartungswerte miteinander verglichen. In der *Varianzanalyse mit Zufallsfaktoren* geht es um die Varianz bedingter Erwartungswerte. In der einfachen *linearen Regressionsanalyse* wird mit einer Geraden beschrieben, wie die bedingten Erwartungswerte einer Variablen Y von Werten x einer Variablen X abhängen. In der *multiplen Regressionsanalyse* hat man die gleiche Fragestellung, allerdings ist X dann eine m-dimensionale Variable, d.h. $X = \langle X_1, ..., X_m \rangle$. In der *Klassischen Testtheorie* werden die wahren Werte einer Beobachtungseinheit als bedingte Erwartungswerte gegeben die Beobachtungseinheit definiert. Auch in der *Faktorenanalyse* werden bedingte Erwartungswerte betrachtet, wobei die bedingenden Variablen allerdings nicht direkt beobachtbare, sondern latente Variablen sind.

G.1 Einführung

Wie im Anhang über Zufallsvariablen werden wir auch hier zunächst die genannten Begriffe informell einführen und die formellen Definitionen im Vertiefungsabschnitt nachliefern.

G.1.1 Bedingter Erwartungswert

Bedingter Erwartungswert E(Y|X = x)

Ein *bedingter Erwartungswert* $E(Y|X=x)$ ist der theoretische Mittelwert der reellen Zufallsvariablen Y unter der Bedingung, daß die Zufallsvariable X einen bestimmten Wert x annimmt. Im Fall einer Variablen Y mit endlich vielen Werten $y_1, ..., y_n$ und $P(X = x) > 0$ ist der bedingte Erwartungswert von Y gegeben $X = x$ die mit den bedingten Wahrscheinlichkeiten $P(Y = y_i|X = x)$ gewichtete Summe ihrer Werte:

$$E(Y|X=x) := \sum_{i=1}^{n} y_i \cdot P(Y=y_i|X=x). \tag{1}$$

Der einzige Unterschied zu einem (unbedingten) Erwartungswert ist also die Gewichtung mit den *bedingten* anstelle der unbedingten Wahrscheinlichkeiten. Daher sind auch die Rechenregeln i und ii aus Box F.1 sinngemäß anwendbar, d.h. es gelten $E(\alpha|X = x) = \alpha$ und $E(\alpha Y_1 + \beta Y_2|X = x) = \alpha E(Y_1|X = x) + \beta E(Y_2|X = x)$. Beim bedingten Erwartungswert findet man oft die Schreibweise μ_B, wobei der Index B irgendeine Bedingung (z.B. Versuchsgruppe, Teilpopulation o.ä.) anzeigt. Diese Schreibweise darf nicht mit der nahezu identischen Schreibweise μ_X für $E(X)$ verwechselt werden (vgl. Abschnitt F.1.2), bei der der Index die Zufallsvariable (hier: X) anzeigt, deren Erwartungswert betrachtet wird.

Kann Y nur die beiden Werte 1 und 0 annehmen, dann folgt aus Gleichung 1:

$$E(Y|X=x) = 1 \cdot P(Y=1|X=x) + 0 \cdot P(Y=0|X=x) = P(Y=1|X=x).$$

$P(Y = 1|X = x)$

Anstelle von $E(Y|X = x)$ können wir in diesem Spezialfall auch $P(Y = 1|X = x)$ schreiben. Die obige Gleichung zeigt, daß der $(X = x)$-bedingte Erwartungswert einer Zufallsvariablen Y, die nur die Werte 1 und 0 annehmen kann, gleich ist mit der $(X = x)$-bedingten Wahrscheinlichkeit, daß Y den Wert 1 annimmt.

Experiment mit 3 Versuchs-bedingungen

Beispiel 1. Eine Person u wird aus einer Menge U von Personen zufällig ausgewählt, nach Zufall einer von 3 Versuchsbedingungen (A, B, C) zugewiesen, die durch die Zufallsvariable X mit Werten A, B und C repräsentiert werden. Nach der experimentellen Behandlung wird der Wert der Person auf einer reellen Zufallsvariablen Y erhoben. Führt man einen solchen Versuch mehrmals durch, kann man z.B. die Hypothese prüfen, daß die bedingten Erwartungswerte von Y unter allen 3 Versuchsbedingungen gleich sind: $\mu_A = \mu_B = \mu_C$ bzw. $E(Y|X = A) = E(Y|X = B) = E(Y|X = C)$, wenn wir die oben eingeführte Schreibweise verwenden.

Rätsellösen

Beispiel 2. Aus einer endlichen Menge U von Personen, z.B. U = {Marion, Peter, Karin}, wird eine Person u zufällig gezogen, und es wird festgestellt, welche von m vorgelegten Rätseln von der gezogenen Person gelöst werden und welche nicht. Bei einem solchen Zufallsexperiment ist $\Omega = U \times M$ die *Menge der möglichen Ergebnisse*, wobei $M := \{+, -\} \times \{+, -\} \times ... \times \{+, -\} = \{+, -\}^m$. Dabei bedeutet +, daß die gezogene Person das i-te Rätsel löst, und −, daß sie es nicht löst.

Als Beispiel für eine *Zufallsvariable*, die nichtnumerisch ist, betrachten wir wieder die Abbildung $p_U: \Omega \rightarrow \Omega'$, wobei $\Omega' = U$ die oben bereits angegebene Menge von Personen ist. Dabei gelte:

$$p_U(\omega) = p_U(\langle u, m \rangle) = u, \quad \text{für alle } \omega \in \Omega.$$

Projektion p_U

Die Abbildung p_U ist also eine Projektion, die jedem Paar $\omega = \langle u, m \rangle$ seine erste Komponente u zuweist. Beträgt die Anzahl der zu lösenden Rätsel $m = 4$, dann gilt also z.B.:

$$p_U(\langle \text{Peter}, +, +, -, + \rangle) = \text{Peter}.$$

Hier spielt Peter die Rolle von u und das Quadrupel $m := \langle +, +, -, + \rangle$ besagt, daß Peter alle vorgelegten Rätsel gelöst hat, nur nicht das dritte.

Hier:
$E(Y_i | p_U = u) =$
$P(Y_i = 1 | p_U = u)$

Intraindividuelle Lösungswahrscheinlichkeit

Neben der Projektion p_U, die eine nichtnumerische Zufallsvariable ist, können wir die 4 *numerischen Zufallsvariablen* $Y_1, ..., Y_4$ einführen, die mit den Werten 1 und 0 anzeigen, ob das betreffende Rätsel gelöst wurde oder nicht. Dann sind die *bedingten Erwartungswerte* $E(Y_i | p_U = u)$, $i = 1, ..., 4$, mit den *bedingten Wahrscheinlichkeiten* $P(Y_i = 1 | p_U = u)$ identisch, daß die gezogene Person u daß i-te Rätsel löst. Der bedingte Erwartungswert $E(Y_1 | p_U = \text{Peter})$ ist also mit der bedingten Wahrscheinlichkeit $P(Y_1 = 1 | p_U = \text{Peter})$ identisch, daß Peter das erste Rätsel löst, falls er gezogen wird.

Beim selben Zufallsexperiment kann man z.B. auch die Variable $S := \sum_{i=1}^4 Y_i$ betrachten, die die Werte 0, 1, 2, 3 und 4 annehmen kann, je nachdem wieviele Aufgaben von der gezogenen Person gelöst werden. Den bedingten Erwartungswert $E(S | p_U = u)$ könnte man als Fähigkeit der Person u interpretieren, Rätsel des vorgelegten Typs zu lösen, oder zumindest als eine Funktion dieser Fähigkeit. Die bedingten Erwartungswerte $E(Y_i | p_U = u)$ und $E(S | p_U = u)$ sind von zufälligen Einflüssen (z.B. Tagesform, Raten etc.) bereinigte Größen. Sie spielen bei vielen stochastischen Meßmodellen eine zentrale Rolle und werden ausführlich in Kap. 9 eingeführt. Wenn man auf die Person u bedingt, sind die bedingten Erwartungswerte $E(Y_i | p_U = u)$ und $E(S | p_U = u)$ die Erwartungswerte der *intraindividuellen* Verteilungen der Variablen Y_i bzw. S. In der Klassischen Testtheorie nennt man diese bedingten Erwartungswerte auch *wahre Werte* von Y_i bzw. S (s. dazu auch Kap. 9).

Wahrer Wert

G.1.2 Regression oder bedingte Erwartung

Regression $E(Y|X)$
$E(Y | X_1, ..., X_m)$
$P(Y = 1 | X)$

Regressand Y, Regressor X und Residuum ε

Eine Regression (synonym: bedingte Erwartung) $E(Y|X)$ ist diejenige Zufallsvariable, deren Werte die bedingten Erwartungswerte $E(Y|X = x)$ sind. Ist X m-dimensional, z.B. mit Werten in $\mathbb{R}^m$, dann notiert man die Regression von Y auf X auch mit $E(Y | X_1, ..., X_m)$. Kann Y nur die Werte 0 und 1 annehmen, schreiben wir auch $P(Y = 1 | X)$ und sprechen von der *bedingten Wahrscheinlichkeit* für $Y = 1$ gegeben (die Zufallsvariable) X. Ist $E(Y|X)$ eine Regression, nennt man Y auch den *Regressanden*, X den *Regressor* und $\varepsilon := Y - E(Y|X)$ das *Residuum* von Y bzgl. $E(Y|X)$.

Die Regression $E(Y|X)$ von Y auf X ist eine numerische Zufallsvariable auf dem W-Raum $\langle \Omega, \mathcal{A}, P \rangle$. Der Definitionsbereich von $E(Y|X)$ ist also die Menge Ω der möglichen Ergebnisse. Die Werte der Regression $E(Y|X)$ sind die bedingten Erwartungswerte $E(Y|X = x_i)$ von Y gegeben $X = x_i$. Der wichtigste Punkt ist, daß die Regression $E(Y|X)$ jedem Wert x_i von X einen Wert $E(Y|X = x_i)$ zuordnet. Demnach

$E(Y|X) = f(X)$

ist die Regression $E(Y|X)$ eine Funktion des Regressors X, d.h. es gilt: $E(Y|X) = f(X)$, wobei die Funktion f jedem Wert x_i von X den bedingten Erwartungswert $E(Y|X = x_i)$ zuordnet.

Die Regression $E(Y|X)$ ist ein sehr allgemeiner Begriff. So ist z.B. die *lineare* Regression nur ein Spezialfall, bei dem gilt: $E(Y|X) = \alpha_0 + \alpha_1 X$, mit α_0, $\alpha_1 \in \mathbb{R}$. `m allgemeinen ist die Regression $E(Y|X)$ *irgendeine* Funktion von X. Unter Umständen läßt sich eine Regression nur durch eine Tabelle angeben, aus der hervorgeht, welcher Wert $E(Y|X = x)$ jeweils einem Wert x zugeordnet ist. In manchen Fällen können Regressionen auch als Säulendiagramm, Regressionskurve oder als Gleichungen dargestellt werden. Die gemeinsame Grundidee dabei ist die Zuordnung der bedingten Erwartungswerte $E(Y|X = x)$ eines Regressanden Y zu den Werten x eines *Regressors* X. Während Y numerisch sein muß, kann der Regressor X seine Werte in einer *beliebigen* Menge annehmen, d.h. die Werte von X müssen keineswegs Zahlen sein.

*Spezialfall:
lineare Regression*
$E(Y|X) = \alpha_0 + \alpha_1 X$

*Grundidee der
Regression*

Beispiel. Die in Abb. G.1 angegebenen bedingten Wahrscheinlichkeiten (fiktive Daten nach Novick, 1980) mögen aus einer Evaluationsstudie zu einem Rehabilitationsprogramm für entlassene Strafgefangene stammen. Da wir es hier mit einer Variablen Y zu tun haben, die nur die Werte 0 und 1 annimmt, sind die bedingten Wahrscheinlichkeiten zugleich die bedingten Erwartungswerte $E(Y|X = x)$.

*Hier gilt:
$E(Y|X = x) =
P(Y = 1|X = x)$*

Die Daten scheinen gegen das Rehabilitationsprogramm zu sprechen, denn die Wahrscheinlichkeit, nicht rückfällig zu werden, ist in der Personengruppe, die am Programm nicht teilgenommen hat, größer als in der Gruppe der Teilnehmer. Demnach hätte das Rehabilitationsprogramm einen negativen Effekt. Ausgedrückt als Differenz zwischen den beiden bedingten Wahrscheinlichkeiten beträgt er:

$$P(Y = 1|X = 1) - P(Y = 1|X = 0) \ = \ .50 - .60 \ = \ -.10.$$

Dieser Sachverhalt läßt sich auch durch die lineare *Regressionsgleichung*

Lineare Regression

$$E(Y|X) \ = \ P(Y = 1|X) \ = \ \alpha_0 + \alpha_1 X \ = \ .60 - .10 \cdot X$$

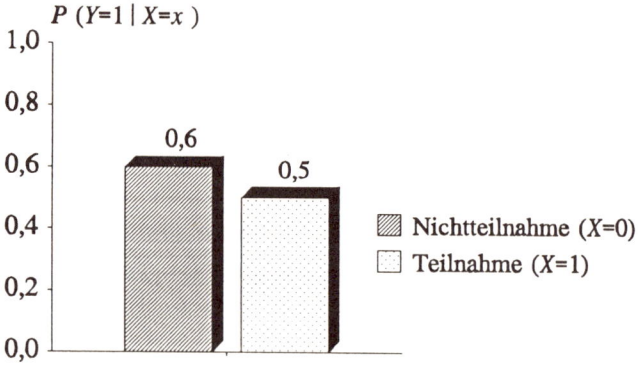

Abb. G.1. Bedingte Wahrscheinlichkeiten, nicht rückfällig zu werden, gegeben Teilnahme und Nichtteilnahme am Rehabilitationsprogramm darstellen, deren Koeffizienten man aus den beiden Gleichungen $P(Y = 1 \mid X = 0)$ $= \alpha_0 + \alpha_1 \cdot 0 = \alpha_0$ und $P(Y = 1 \mid X = 1) = \alpha_0 + \alpha_1 \cdot 1 = \alpha_0 + \alpha_1$ berechnen kann. Einsetzen der Werte 0 bzw. 1 in die Regressionsgleichung ergibt dann wieder die bedingten Wahrscheinlichkeiten $P(Y = 1 \mid X = 0)$ bzw. $P(Y = 1 \mid X = 1)$. Die Regression $E(Y \mid X)$ kann also nicht nur als Säulendiagramm dargestellt werden (s. Abb. G.1), sondern auch als Gleichung.

Vorsicht bei kausalen Interpretationen!

Man beachte jedoch, daß die Frage der Effektivität des Programms nur im Rahmen eines randomisierten Experiments mit *zufälliger Zuweisung* der Personen zu den experimentellen Bedingungen eindeutig zu beantworten ist (s. Steyer, 1992, Kap. 3).

G.1.3 Regressive Unabhängigkeit

Regressive Abhängigkeit und regressive Unabhängigkeit

Wir können nun die Begriffe der *regressiven Abhängigkeit* und *Unabhängigkeit* wie folgt einführen: Seien X und Y Zufallsvariablen auf dem W-Raum $\langle \Omega, \mathcal{A}, P \rangle$ und $E(Y \mid X)$ die Regression von Y auf X. Dann heißt Y von X **regressiv unabhängig** genau dann, wenn gilt:

$$E(Y \mid X) = E(Y). \tag{2}$$

Andernfalls heißt Y von X **regressiv abhängig.**

Im Fall der regressiven Unabhängigkeit eines Regressanden Y vom Regressor X ist die Regression $E(Y \mid X)$ also zu einer Konstanten degeneriert, dem Erwartungswert von Y. Trägt man die Werte x eines numerischen Regressors X und die ihnen zugeordneten bedingten Erwartungswerte $E(Y \mid X = x)$ in einem 2-dimensionalen Koordinatensystem ein, dann liegen alle Werte $E(Y \mid X = x)$ und damit die Regression $E(Y \mid X)$ parallel zur X-Achse, wenn Y von X regressiv unabhängig ist. Regressive Unabhängigkeit impliziert die korrelative Unabhängigkeit. Außerdem folgt aus der stochastischen Unabhängigkeit von X und Y, daß Y von X regressiv unabhängig ist.

Stochastische Unabhängigkeit → regressive Unabhängigkeit → korrelative Unabhängigkeit

Für die 3 bisher eingeführten Arten der Unabhängigkeit zweier Zufallsvariablen X und Y gelten demnach die folgenden Implikationsbeziehungen: Stochastische Unabhängigkeit impliziert die regressive und diese die korrelative Unabhängigkeit von X und Y, falls X und Y numerisch mit endlichen Erwartungswerten sind (andernfalls ist die Korrelation nicht definiert).

G.1.4 Eigenschaften der Regression

Rechenregeln für Regressionen

In Box G.1 sind die wichtigsten Rechenregeln der Regression einer numerischen Zufallsvariablen Y auf eine Zufallsvariable X zusammengestellt. Dabei muß X nicht numerisch sein, d.h. X kann seine Werte in einer beliebigen Menge Ω' annehmen.

Nach Regel i ist die Regression einer Konstanten α die Konstante selbst. Gemäß Regel ii ist die Regression einer gewichteten Summe zweier Zufallsvariablen die gewichtete Summe der Regressionen der beiden Zufallsvariablen. Ein Spezialfall mit $\beta = 0$ ist: $E(\alpha Y \mid X) = \alpha E(Y \mid X)$. Nach Regel iii ist der Erwartungswert der Regression der Erwartungswert des Regressanden. Nach Regel iv ist die Regression einer numerischen Funktion des Regressors gleich der Funktion des Regressors. So gilt z.B. für $f(X) = \alpha X$ die Regel $E(\alpha X|X) = \alpha X$. Nach Regel v ist die bedingte Erwartung einer Regression gegeben eine Funktion des Regressors gleich der bedingten Erwartung des Regressanden gegeben die Funktion des Regressors. Ein Spezialfall von Regel v mit $f(X) = X_1$ und der 2-dimensionalen Zufallsvariablen $X = \langle X_1, X_2 \rangle$ ist die Gleichung $E[E(Y|X_1, X_2)|X_1] = E(Y|X_1)$. Regel vi schließlich besagt, daß man eine numerische Funktion des Regressors aus der Regression herausziehen kann, wenn der Regressand das Produkt dieser Funktion des Regressors und einer anderen Zufallsvariablen ist. In den Übungen 3, 5, 6 und 7 werden mehrere dieser Rechenregeln ausführlich demonstriert.

G.1.5 Eigenschaften des Residuums

$\varepsilon := Y - E(Y|X)$

Das Residuum $\varepsilon := Y - E(Y|X)$ ist ebenfalls eine Zufallsvariable und verfügt über allgemeingültige Eigenschaften, die ganz unabhängig davon gelten, welche Aussagen über $E(Y|X)$ formuliert werden. Diese allgemeingültigen Eigenschaften, die bereits aus der Definition des Residuums folgen, sind ebenfalls in Box G.1 zusammengefaßt. Sie werden uns auch in Kap. 9 bei der Einführung stochastischer Meßmodelle wieder beschäftigen.

Rechenregeln für das Residuum

Die erste Eigenschaft des Residuums (s. Regel vii) ist, daß sein Erwartungswert Null ist. Nach Regel viii sind das Residuum und die Regression unkorreliert. Eine Konsequenz daraus ist, daß nicht nur die *Variable Y* additiv in die beiden Komponenten $E(Y|X)$ und ε dekomponiert werden kann, sondern daß sich auch die *Varianz* von Y additiv aus der Varianz der Regression $E(Y|X)$ und der Varianz des Residuums ε zusammensetzt (s. Regel ix). Dabei ist $Var[E(Y|X)]$ der Teil der Varianz von Y, der durch X determiniert wird. $Var(\varepsilon)$ ist die Varianz des Residuums oder die *Residualvarianz*, also der Teil der Varianz von Y, der *nicht* durch X determiniert ist.

Eine weitere Eigenschaft des Residuums ε ist, daß die Regression von ε auf X gleich Null ist (s. Regel x). Das Residuum ε ist also regressiv unabhängig von X. Ist X eine reelle Zufallsvariable, so kann man $E(\varepsilon|X)$ in ein 2-dimensionales Koordinatensystem mit Abszisse X und Ordinate ε einzeichnen. Der Graph der Funktion $E(\varepsilon|X)$ verläuft parallel zur X-Achse. Regel x impliziert, daß auch die bedingten Erwartungswerte $E(\varepsilon|X = x)$ alle gleich 0 sind. Dies ist eine weit stärkere Aussage als die mit Regel vii formulierte. Die regressive Unabhängigkeit des Residuums von seinem Regressor beinhaltet jedoch nicht die stochastische Unabhängigkeit des Residuums und seines Regressors. In Abb. G.2 sind z.B. die bedingten Varianzen $Var(\varepsilon|X = x)$ des Residuums ε von X abhängig.

Nach Regel xi ist auch die Regression des Residuums auf eine beliebige Funktion des Regressors gleich 0. Die Kovarianz zwischen einem Residuum und einer Funktion des Regressors ist ebenfalls gleich 0 (s. Regel xii), wobei allerdings vorausgesetzt werden muß, daß die betreffende Funktion numerisch ist. Andernfalls wäre die betreffende Kovarianz nicht definiert.

Von den genannten Rechenregeln für Regressionen und Residuen werden wir in diesem Buch immer wieder Gebrauch machen. Auf weitere Beispiele können wir daher an dieser Stelle verzichten (s. allerdings die Übungen 3, 5, 6 und 7).

Box G.1. Das Wichtigste zum bedingten Erwartungswert und zur Regression

A. Definitionen

Bedingter Erwartungswert
$E(Y|X = x)$

Bei diskretem Y und $P(X = x) > 0$:
$E(Y|X = x) := \sum_{i=1}^{n} y_i \cdot P(Y = y_i | X = x)$

Regression oder
bedingte Erwartung
$E(Y|X)$
$E(Y|X_1, ..., X_m)$

$E(Y|X)$ ist diejenige Zufallsvariable, deren Werte die bedingten Erwartungswerte $E(Y|X = x)$ sind, d.h. sie ist eine Funktion von X. Dabei heißt Y der *Regressand* und X der *Regressor*, der auch aus mehreren Zufallsvariablen $X_1, ..., X_m$ bestehen kann

Residuum
ε

$\varepsilon := Y - E(Y|X)$ ist die nicht durch die Regression $E(Y|X)$ determinierte Komponente von Y

Determinationskoeffizient
$R^2_{Y|X}$
und Multiple Korrelation
$R_{Y|X}$

$R^2_{Y|X} := Var[E(Y|X)] / Var(Y)$, falls $Var(Y) > 0$, und $R^2_{Y|X} := 0$, andernfalls. $R^2_{Y|X}$ ist der durch die Regression $E(Y|X)$ determinierte Varianzanteil von Y. Er gibt die Stärke der regressiven Abhängigkeit an, ist invariant unter eineindeutigen Abbildungen von X und unter linearen Transformationen von Y

Regressive Unabhängigkeit

$E(Y|X) = E(Y)$

B. Rechenregeln für Regressionen

(i) $E(\alpha|X) = \alpha, \quad \alpha \in \mathbb{R}$

(ii) $E(\alpha Y_1 + \beta Y_2|X) = \alpha E(Y_1|X) + \beta E(Y_2|X), \quad \alpha, \beta \in \mathbb{R}$

(iii) $E[E(Y|X)] = E(Y)$

(iv) $E[f(X)|X] = f(X), \quad$ falls $f(X)$ numerisch ist

(v) $E[E(Y|X)|f(X)] = E[Y|f(X)]$

(vi) $E[f(X) \cdot Y|X] = f(X) \cdot E(Y|X), \quad$ falls $f(X)$ numerisch ist

C. Eigenschaften des Residuums

(vii) $E(\varepsilon) = 0$

(viii) $Cov[\varepsilon, E(Y|X)] = 0$

(ix) $Var(Y) = Var[E(Y|X)] + Var(\varepsilon)$

(x) $E(\varepsilon|X) = 0$

(xi) $E[\varepsilon|f(X)] = 0$

(xii) $Cov[\varepsilon, f(X)] = 0, \quad$ falls $f(X)$ numerisch ist

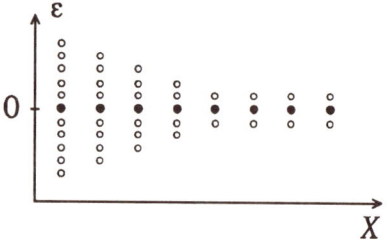

Abb. G.2. Darstellung der Regression des Residuums ε auf einen Regressor X. Das Zeichen ● markiert die Werte der Regression $E(\varepsilon|X)$ und o die Werte des Residuums ε

G.1.6 Determinationskoeffizient

Determinations-koeffizient
$R^2_{Y|X}$

Wenn man mit Hilfe einer Regression formuliert hat, *wie* eine Zufallsvariable Y von einer anderen Zufallsvariablen X abhängt, ist auch von Interesse, *wie stark* diese Abhängigkeit ist. Ein gebräuchlicher und in *jedem* Regressionsmodell anwendbarer Kennwert für die Stärke der regressiven Abhängigkeit ist der *Determinationskoeffizient* $R^2_{Y|X}$, dessen Definition in Box G.1 angegeben ist. Der Kennwert $R^2_{Y|X}$ ist also als Quotient der Varianz der Regression $E(Y|X)$ und der Varianz des Regressanden Y definiert, falls $Var(Y)$ größer 0 ist. Der Determinationskoeffizient läßt sich dann als der von X determinierte Varianzanteil von Y interpretieren. Er addiert sich mit dem Residualvarianzanteil von Y zu 1 auf:

$$1 \; = \; \frac{Var(Y)}{Var(Y)} \; = \; \frac{Var[E(Y|X)]}{Var(Y)} \; + \; \frac{Var(\varepsilon)}{Var(Y)}. \tag{3}$$

Erklärter Varianzanteil

Man spricht in diesem Kontext auch von dem durch die Regression *erklärten Varianzanteil*. Der Regressor X braucht dabei nicht unbedingt reellwertig zu sein. Ebensowenig ist irgendeine Annahme darüber notwendig, um welche Funktion von X es sich bei der Regression $E(Y|X)$ handelt. Der Determinationskoeffizient kann also bei *jedem* Regressionsmodell als Kennwert für die Stärke der regressiven Abhängigkeit verwendet werden.

Multiple Korrelation
$R_{Y|X}$

Die positive Quadratwurzel aus dem Determinationskoeffizienten $R^2_{Y|X}$ heißt die *multiple Korrelation von Y bezüglich X* und wird mit $R_{Y|X}$ notiert. Die Werte von $R^2_{Y|X}$ und $R_{Y|X}$ liegen zwischen 0 und 1. Sie sind beide gleich 0, wenn $E(Y|X) = E(Y)$, d.h. wenn Y von X regressiv unabhängig ist. Da $E(Y)$ eine Konstante ist, gilt dann nämlich $Var[E(Y|X)] = Var[E(Y)] = 0$. Beide Koeffizienten sind gleich 1, wenn $E(Y|X) = Y$, wenn also Y vollständig von X abhängt.

Invarianz-eigenschaften des Determinations-koeffizienten
$R^2_{Y|X} = R^2_{Y|f(X)}$

$R^2_{Y|X} = R^2_{\alpha+\beta Y|X}$

In Box G.1 sind auch die *Invarianzeigenschaften des Determinationskoeffizienten* $R^2_{Y|X}$ angesprochen: die Invarianz bezüglich eineindeutiger Abbildungen von X und die Invarianz bezüglich linearer Transformationen von Y. Für eine eineindeutige Funktion $f(X)$ gilt $R^2_{Y|X} = R^2_{Y|f(X)}$. Für eine lineare Funktion $\alpha + \beta Y$, $\beta \neq 0$, $\alpha, \beta \in \mathbb{R}$, gilt $R^2_{Y|X} = R^2_{\alpha+\beta Y|X}$. Bei einem reellen Regressor X sind demnach auch eineindeutige Abbildungen erlaubt, bei denen $f(X)$ seine Werte in einer Menge qualitativer Werte annimmt. Ist z.B. X die Variable „Alter in Jahren", dann kann X auch in eine Variable $f(X)$ transformiert werden, deren Werte die Altersgruppen A – Z sind, wobei allerdings die Zahl dieser Altersgruppen genauso groß sein muß wie die Anzahl der Werte, die X annehmen kann. Umgekehrt können auch eineindeutige Abbildungen vorgenommen werden, bei denen man einen qualitativen Regressor X in einen quantitativen Regressor $f(X)$ überführt.

G.2 Vertiefung

Der *bedingte Erwartungswert* und die *Regression* werden nun formell und allgemein eingeführt. Diese Begriffe sind nämlich nicht nur für den Fall diskreter, sondern auch stetiger Regressoren und Regressanden definiert.

G.2.1 Bedingter Erwartungswert

Wir betrachten zunächst die Definition eines *bedingten Erwartungswerts*, bei der wir die Begriffe des Erwartungswerts und des bedingten Wahrscheinlichkeitsmaßes verwenden, die in den beiden letzten Anhangkapiteln eingeführt wurden.

Bedingter Erwartungswert von Y gegeben ein Ereignis B $E_B(Y)$

Definition. Seien $\langle \Omega, \mathcal{A}, P \rangle$ ein Wahrscheinlichkeitsraum, $B \in \mathcal{A}$ mit $P(B) > 0$, P_B das B-bedingte Wahrscheinlichkeitsmaß auf $\mathcal{A}$ und Y eine numerische Zufallsvariable auf $\langle \Omega, \mathcal{A}, P \rangle$. Dann heißt der Erwartungswert von Y hinsichtlich des bedingten Wahrscheinlichkeitsmaßes P_B *bedingter Erwartungswert von Y gegeben* das *Ereignis B*. Er wird mit $E_B(Y)$ notiert.

Notation. Sind außerdem X eine Zufallsvariable auf $\langle \Omega, \mathcal{A}, P \rangle$,

Ereignis X = x

$$X = x := \{\omega \in \Omega : X(\omega) = x\}, \tag{4}$$

das Ereignis, daß X den Wert x annimmt, und ist $P(X = x) > 0$, dann heißt $E_{X=x}(Y)$ auch *bedingter Erwartungswert von Y gegeben $X = x$*. Ist Y eine diskrete reelle Zufallsvariable auf $\langle \Omega, \mathcal{A}, P \rangle$ mit den Werten $y_1, ..., y_n$, dann ist der bedingte Erwartungswert von Y gegeben $X = x$ also definiert durch:

$E_{X=x}(Y)$

$$E_{X=x}(Y) := \sum_{i=1}^{n} y_i \cdot P_{X=x}(Y = y_i). \tag{5}$$

$E(Y|X = x)$

(s. die Definition des Erwartungswerts in Box F.1). Anstelle von $E_{X=x}(Y)$ schreibt man auch $E(Y|X = x)$ und anstelle von $P_{X=x}(Y = y_i)$ auch $P(Y = y_i|X = x)$. Mit dieser Notation erhalten wir die bereits in der Einführung verwendete Gleichung

$$E(Y|X = x) := \sum_{i=1}^{n} y_i \cdot P(Y = y_i|X = x). \tag{6}$$

G.2.2 Regression bei diskreten Regressoren

Eine Regression $E(Y|X)$ wird nun als diejenige Zufallsvariable definiert, deren Werte die bedingten Erwartungswerte $E(Y|X = x)$ sind. Im Gegensatz zum Einführungsabschnitt sollen jedoch hier bei der Definition nur wohldefinierte Begriffe verwendet werden. Zunächst befassen wir uns mit dem einfacheren Fall, in dem der Regressor X eine *diskrete* Zufallsvariable ist, die alle ihre Werte mit positiver Wahrscheinlichkeit annimmt. Analog zu der oben eingeführten Notation für bedingte Wahrscheinlichkeiten und Erwartungswerte verwenden wir auch bei einer Indikatorvariablen für ein Ereignis $X = x$ die Notation $I_{X=x}$. Die Indikatorvariable zeigt mit ihrem Wert an, ob die Zufallsvariable X den speziellen Wert x annimmt. Für eine Zufallsvariable X, die n verschiedene Werte x_i annehmen kann, gibt es also n Indikatorvariablen $I_{X=x_i}$, die in der folgenden Definition vorkommen.

$I_{X=x_i}$

Definition. Seien $\langle \Omega, \mathcal{A}, P \rangle$ ein Wahrscheinlichkeitsraum, Y eine numerische Zufallsvariable auf $\langle \Omega, \mathcal{A}, P \rangle$ mit endlichem Erwartungswert [d.h. $-\infty < E(Y) < +\infty$] und X eine diskrete Zufallsvariable auf $\langle \Omega, \mathcal{A}, P \rangle$ mit den Werten $x_1, ..., x_n$, für die jeweils $P(X = x_i) > 0$ gilt.

Regression $E(Y|X)$ (i)   Dann heißt die Zufallsvariable

$$E(Y|X) := \sum_{i=1}^{n} E(Y|X = x_i) \cdot I_{X=x_i} \tag{7}$$

Regression von Y auf X oder *bedingte Erwartung* von Y unter X.

Regressionsmodell   (ii)   Das geordnete Paar $\mathbb{M} = \langle \langle \Omega, \mathcal{A}, P \rangle, E(Y|X) \rangle$ heißt **Regressionsmodell**, wenn außerdem $Var(Y) > 0$ gilt.

Erläuterungen. Auch die Regression $E(Y|X)$ von Y auf X ist der obigen Definition zufolge eine numerische Zufallsvariable auf $\langle \Omega, \mathcal{A}, P \rangle$, da sie als gewichtete Summe von Zufallsvariablen (nämlich der Indikatorvariablen für die Ereignisse $X = x_i$) definiert ist. Der Definitionsbereich der Funktion $E(Y|X)$ ist also die Menge Ω der möglichen Ergebnisse. Die Werte $E(Y|X)(\omega)$ der Regression $E(Y|X)$ sind die bedingten Erwartungswerte $E(Y|X = x_i)$ von Y gegeben $X = x_i$. Der wichtigste Punkt bei der obigen Definition ist, daß die Regression $E(Y|X)$ jedem Wert x_i von X einen Wert $E(Y|X = x_i)$ zuordnet. Nimmt nämlich X den Wert x_i an (und demzufolge keinen der Werte x_j, $i \neq j$), dann nimmt nur die Indikatorvariable $I_{X=x_i}$ den Wert 1 an. Alle anderen Indikatorvariablen $I_{X=x_j}$, $i \neq j$, nehmen dagegen den Wert 0 an. Folglich ergibt sich aus der obigen Definitionsgleichung

$$E(Y|X)(\omega) := E(Y|X = x_i) \cdot 1 \; + \sum_{j=1, j \neq i}^{n} E(Y|X = x_j) \cdot 0$$
$$= E(Y|X = x_i).$$

Demnach hängt der Wert der Regression $E(Y|X)$ ausschließlich davon ab, welchen Wert X annimmt. Das heißt aber nichts anderes, als daß die bedingte Erwartung

$E(Y|X) = f \circ X$

$E(Y|X)$ eine Funktion des Regressors X ist, d.h. $E(Y|X)$ läßt sich als Komposition einer Funktion $f: \Omega' \to \mathbb{R}$ mit dem Regressor $X: \Omega \to \Omega'$ darstellen: $E(Y|X) = f \circ X$. Dabei weist f jedem Wert x_i von X den Wert $E(Y|X = x_i)$ zu.

Bei der unter ii angegebenen Definition eines Regressionsmodells wird die Voraussetzung $Var(Y) > 0$ deswegen gemacht, weil es sich andernfalls bei Y um eine Konstante handeln würde und der Regressor X daher keine Varianz des Regressanden Y erklären könnte.

G.2.3 Allgemeine Definition der Regression

Aus didaktischen Gründen wurde die obige Definition einer Regression zunächst auf den Fall beschränkt, in dem X eine Zufallsvariable auf $\langle \Omega, \mathcal{A}, P \rangle$ ist, mit endlich vielen Werten $x_1, ..., x_n$, die jeweils eine Wahrscheinlichkeit $P(X = x_i) > 0$ haben. Die allgemeine Definition, die auch den Fall $P(X = x_i) = 0$ einschließt, sei nun für den mathematisch interessierten Leser nachgeliefert. Man beachte, daß die in Box G.1 aufgeführten Rechenregeln für Regressionen auch für den hier definierten allgemeinen Fall gelten.

Regression $E(Y|X)$

Auch für stetige Zufallsvariablen X und Y definiert

Definition. Seien $\langle \Omega, \mathcal{A}, P \rangle$ ein Wahrscheinlichkeitsraum, Y eine numerische Zufallsvariable auf $\langle \Omega, \mathcal{A}, P \rangle$ mit endlichem Erwartungswert, $X: \Omega \to \Omega'$ eine Zufallsvariable auf $\langle \Omega, \mathcal{A}, P \rangle$, $\mathcal{A}'$ eine σ-Algebra auf Ω', $\bar{\mathcal{B}}$ die Borelsche σ-Algebra auf $\bar{\mathbb{R}}$ und $X^{-1}(\mathcal{A}') := \{X^{-1}(A'): A' \in \mathcal{A}'\}$ die *Urbild-σ-Algebra* von X. Dann heißt jede numerische Zufallsvariable $Z: \Omega \to \bar{\mathbb{R}}$ auf $\langle \Omega, \mathcal{A}, P \rangle$ **bedingte Erwartung** oder **Regression** von Y auf X, falls sie die folgenden Bedingungen erfüllt:

(a) $Z^{-1}(B) \in X^{-1}(\mathcal{A}')$, für alle $B \in \bar{\mathcal{B}}$;
(b) $E(I_C \cdot Z) = E(I_C \cdot Y)$, für alle $C \in X^{-1}(\mathcal{A}')$.

Anstelle von Z schreibt man für eine Regression von Y auf X meist $E(Y|X)$. Die Bemerkungen zur Notation der Regression in Abschnitt G.1.2 gelten hier entsprechend.

Erläuterungen. Wenn wir im folgenden also von einer Regression $E(Y|X)$ sprechen, dann wird vorausgesetzt, daß alle oben aufgeführten Bedingungen erfüllt sind. Gemäß Bedingung (a) müssen die Urbilder $Z^{-1}(B)$ aller Elemente B der erweiterten Borelschen σ-Algebra $\bar{\mathcal{B}}$ Elemente der Urbild-σ-Algebra von X sein. Dies stellt sicher, daß eine Regression Z von Y auf X eine Funktion von X ist, d.h. daß es eine Funktion $f: \Omega' \to \bar{\mathbb{R}}$ gibt derart, daß Z als Komposition $f \circ X$ von f mit X dargestellt werden kann. Die Bedingung (b) dagegen garantiert, daß die bedingte Erwartung Z den Wert $Z(\omega) = E(Y|X = x)$ annimmt, falls X den Wert $X(\omega) = x$ annimmt und x eine Wahrscheinlichkeit $P(X = x) > 0$ hat. Zur Vertiefung sei der mathematisch interessierte Leser z.B. auf Bauer (1991, S. 115ff) verwiesen.

Fragen

1. Wozu braucht man den Begriff der Regression in den empirischen Wissenschaften?
2. Wie ist der Begriff der Regression oder bedingten Erwartung definiert?
3. Welche Beziehung besteht zwischen der X-bedingten Wahrscheinlichkeit $P(Y = 1 \,|\, X)$ einer Variablen Y mit den Werten 0 und 1 und der Regression $E(Y \,|\, X)$?
4. In welchem Zusammenhang stehen die Begriffe Regression, Regressor, Regressand und Residuum und welche Eigenschaften hat das Residuum?
5. Wie ist die regressive Unabhängigkeit einer numerischen Zufallsvariablen Y von einer beliebigen Zufallsvariablen X definiert?
6. Wie ist der Determinationskoeffizient $R^2_{Y|X}$ definiert und was besagt er?
7. Warum kann im Beispiel des Abschnitts G.1.2 die Regression $E(Y\ X)$ als eine *lineare* Funktion von X dargestellt werden?
8. Welche Implikationsbeziehungen bestehen zwischen der stochastischen, der regressiven und der korrelativen Unabhängigkeit zweier numerischer Zufallsvariablen?
9. Was versteht man unter einem Regressionsmodell?

Antworten

1. Mit dem Begriff der Regression kann man die Abhängigkeit einer numerischen Zufallsvariablen Y von einer (möglicherweise mehrdimensionalen) Variablen X beschreiben. Mit Aussagen über die Regression $E(Y|X)$ kann man angeben, wie die bedingten Erwartungswerte $E(Y|X = x)$ des Regressanden Y von den Werten x des Regressors X abhängen.
2. Die Regression oder bedingte Erwartung $E(Y|X)$ ist diejenige Zufallsvariable, deren Werte die bedingten Erwartungswerte $E(Y|X = x)$ sind.
3. Die X-bedingte Wahrscheinlichkeit $P(Y = 1|X)$ einer Variablen Y mit den Werten 0 und 1 ist mit der Regression $E(Y|X)$ identisch.
4. Bei einer Regression $E(Y|X)$ ist X der Regressor, Y der Regressand. Das Residuum $\varepsilon = Y - E(Y|X)$ ist der nicht durch die Regression $E(Y|X)$ determinierte Anteil von Y. Die wichtigsten Eigenschaften des Residuums sind:
   $E(\varepsilon) = 0$; $E(\varepsilon|X) = 0$; $Cov[\varepsilon, E(Y|X)] = 0$; $Var(\varepsilon) = Var(Y) - Var[E(Y|X)]$.
   Dabei beachte man, daß sowohl X als auch $E(Y|X)$ Funktionen des Regressors X sind.
5. Y ist regressiv unabhängig von X genau dann, wenn $E(Y|X) = E(Y)$.
6. Der Determinationskoeffizient $R^2_{Y|X} := Var[E(Y|X)]/Var(Y)$ ist der durch die Regression $E(Y|X)$ determinierte Varianzanteil von Y. Er gibt die Stärke der regressiven Abhängigkeit an und ist invariant gegenüber eineindeutigen Abbildungen von X und linearen Transformationen von Y.
7. Im Beispiel des Abschnitts G.1.2 kann die Regression $E(Y|X)$ als eine *lineare* Funktion von X dargestellt werden, weil X nur 2 verschiedene Werte annehmen kann. Die Regression besteht daher nur aus der Zuordnung des bedingten Erwartungswerts $E(Y|X = x_1)$ zum ersten Wert x_1 von X und der Zuordnung des bedingten Erwartungswerts $E(Y|X = x_2)$ zum zweiten Wert x_2 von X. In einem 2-dimensionalen Koordinatensystem kann man diese Zuordnung als 2 Punkte darstellen. Diese beiden Punkte liegen immer auf der Geraden $E(Y|X) = \alpha_0 + \alpha_1 X$, wenn die Regressionskoeffizienten α_0 und α_1 entsprechend gewählt werden.
8. Die stochastische Unabhängigkeit zweier numerischer Zufallsvariablen impliziert ihre gegenseitige regressive und diese ihre korrelative Unabhängigkeit.
9. Ein Regressionsmodell besteht aus einem Wahrscheinlichkeitsraum $\langle \Omega, \mathcal{A}, P \rangle$ und einer Regression $E(Y|X)$. Dabei ist der Erwartungswert des Regressanden Y endlich und

seine Varianz ist größer als 0. (Wäre die Varianz gleich 0, dann wäre Y eine Konstante und es gäbe keine Variation, die man mit dem Regressor X erklären könnte.) Der Regressor X kann seine Werte in einer beliebigen Menge Ω' annehmen.

Übungen

1. Geben Sie für die im Beispiel 2 des Abschnitts G.1.1 definierten Abbildungen p_U und Y die Funktion $f: U \to \mathbb{R}$ an, für die gilt: $E(Y|p_U) = f(p_U)$.
2. Die folgenden bedingten Erwartungswerte einer Variablen Y seien bekannt:
   $E(Y|X_1 = 0, X_2 = 0) = 140$, $E(Y|X_1 = 1, X_2 = 0) = 120$, $E(Y|X_1 = 0, X_2 = 1) = 120$, und $E(Y|X_1 = 1, X_2 = 1) = 100$. (Dies seien die wahren Zellmittelwerte in einem 2×2 kreuzfaktoriellen varianzanalytischen Design.) Bestimmen Sie die β-Koeffizienten der folgenden Regressionsgleichung:

$$E(Y|X_1, X_2) = \beta_0 + \beta_1 X_1 + \beta_2 X_2 + \beta_3 X_1 X_2.$$

   Hinweis: Gehen Sie wie im Beispiel des Abschnitts G.1.2 von den aus dieser Gleichung folgenden Gleichungen für die bedingten Erwartungswerte aus:

$$E(Y|X_1 = 0, X_2 = 0) = \beta_0, \quad E(Y|X_1 = 1, X_2 = 0) = \beta_0 + \beta_1,$$
$$E(Y|X_1 = 0, X_2 = 1) = \beta_0 + \beta_2, \quad E(Y|X_1 = 1, X_2 = 1) = \beta_0 + \beta_1 + \beta_2 + \beta_3,$$

   und lösen Sie diese Gleichungen nach den β-Koeffizienten auf.
3. Leiten Sie unter Verwendung der Rechenregeln für die Regression $E(Y|X)$ die folgenden Gleichungen ab: (a) $E(\varepsilon) = 0$; (b) $E(\varepsilon|X) = 0$; (c) $Cov[\varepsilon, E(Y|X)] = 0$; (d) $Var(Y) = Var[E(Y|X)] + Var(\varepsilon)$. Geben Sie dabei für jeden einzelnen Schritt an, welche Rechenregel aus Box F.1 und Box G.1 Sie verwendet haben.
4. Zeigen Sie, daß die Korrelation $Kor[Y, E(Y|X)]$ zwischen dem Regressanden Y und der Regression $E(Y|X)$ gleich der multiplen Korrelation $R_{Y|X}$ ist.
5. Zeigen Sie, daß der Determinationskoeffizient $R^2_{Y|X}$ invariant unter linearen Transformationen von Y ist.
6. Gegeben seien eine Variable Y mit Erwartungswert 100 und Varianz 100 und eine 2-wertige Variable X mit den Werten 0 und 1, die beide gleich wahrscheinlich seien. Außerdem gelten $E(Y|X = 0) = 90$ und $E(Y|X = 1) = 110$.
   (a) Wie groß ist dann der Determinationskoeffizient?
   (b) Was besagt der Determinationskoeffizient?
7. Es mögen sowohl
   (a) $E(Y|X, Z) = \beta_0 + \beta_1 X + \beta_2 Z, \quad \beta_0, \beta_1, \beta_2 \in \mathbb{R}$,
   als auch
   (b) $E(Z|X) = \gamma_0 + \gamma_1 X, \quad \gamma_0, \gamma_1 \in \mathbb{R}$,
   gelten. Was folgt daraus für die Regression $E(Y|X)$, wenn Sie die Rechenregeln für Regressionen benutzen?

Lösungen

1. Für die im Beispiel 2 des Abschnitts G.1.1 definierten Abbildungen p_U und Y ist die Funktion $f: U \to \mathbb{R}$, für die gilt: $E(Y|p_U) = f(p_U)$, definiert durch die folgenden Wertezuordnungen:
   $f(\text{Marion}) = E(Y|p_U = \text{Marion})$, $f(\text{Peter}) = E(Y|p_U = \text{Peter})$, $f(\text{Karin}) = E(Y|p_U = \text{Karin})$.

2. Für die bedingten Erwartungswerte $E(Y|X_1 = x_1, X_2 = x_2)$ gelten die 4 Gleichungen:

$E(Y|X_1 = 0, X_2 = 0) = \beta_0 = 140$, $E(Y|X_1 = 1, X_2 = 0) = \beta_0 + \beta_1 = 120$,

$E(Y|X_1 = 0, X_2 = 1) = \beta_0 + \beta_2 = 120$, $E(Y|X_1 = 1, X_2 = 1) = \beta_0 + \beta_1 + \beta_2 + \beta_3 = 100$.

Daher sind: $\beta_0 = 140$, $\beta_1 = 120 - 140 = -20$, $\beta_2 = 120 - 140 = -20$, und
$\beta_3 = 100 - 140 - (-20) - (-20) = 0$.

3. (a) $E(\varepsilon) = E[Y - E(Y|X)]$ (Def. von ε)

$= E(Y) - E[E(Y|X)]$ (Box F.1 ii)

$= E(Y) - E(Y) = 0$.   (Box G.1 iii)

(b) $E(\varepsilon|X) = E[Y - E(Y|X)|X]$ (Def. von ε)

$= E(Y|X) - E[E(Y|X)|X]$ (Box G.1 ii)

$= E(Y|X) - E(Y|X) = 0$.   (Box G.1 iv)

(c) $Cov[\varepsilon, E(Y|X)] = E[\varepsilon \cdot E(Y|X)] - E(\varepsilon) \cdot E[E(Y|X)]$ (Box F.1 viii)

$= E(E[\varepsilon \cdot E(Y|X)|X]) - 0 \cdot E[E(Y|X)]$ (Box G.1 iii, Üb. 3a)

$= E[E(Y|X) \cdot E(\varepsilon|X)]$ (Box G.1 vi)

$= E[E(Y|X) \cdot 0]$ (Üb. 3b)

$= E(0) = 0$.   (Box F.1 i)

(In der zweiten Zeile spielt $\varepsilon \cdot E(Y|X)$ die Rolle des Regressanden Y aus Box G.1.)

(d) $Var(Y) = Var[E(Y|X) + \varepsilon]$ $[\varepsilon := Y - E(Y|X)]$

$= Var[E(Y|X)] + Var(\varepsilon) + 2 \cdot Cov[E(Y|X), \varepsilon]$ (Box F.1 vii)

$= Var[E(Y|X)] + Var(\varepsilon)$.   (Üb. 3c)

4. Für die Korrelation zwischen Y und $E(Y|X)$ gilt:

$$Kor[Y, E(Y|X)] = \frac{Cov[Y, E(Y|X)]}{Std(Y) \cdot Std[E(Y|X)]},$$

wobei $Std(Y)$ die Standardabweichung von Y bezeichnet. Wegen $\varepsilon := Y - E(Y|X)$ und

$Cov[Y, E(Y|X)] = Cov[E(Y|X) + \varepsilon, E(Y|X)]$

$= Cov[E(Y|X), E(Y|X)] + Cov[\varepsilon, E(Y|X)]$ (Box F.1 xii)

$= Var[E(Y|X)]$ (Def. der Varianz, Üb. 3c)

gilt

$$Kor[Y, E(Y|X)] = \frac{Var[E(Y|X)]}{Std(Y) \cdot Std[E(Y|X)]}$$

$$= \frac{Std[E(Y|X)] \cdot Std[E(Y|X)]}{Std(Y) \cdot Std[E(Y|X)]} = +\sqrt{\frac{Var[E(Y|X)]}{Var(Y)}}$$

$$= R_{Y|X}.$$

5. Der Determinationskoeffizient $R^2_{Y|X}$ ist invariant unter linearen Transformationen $\alpha + \beta \cdot Y$ von Y, denn es gelten:

$$Var[E(\alpha + \beta\,Y|X)] = Var[\alpha + \beta \cdot E(Y|X)] \qquad \text{(Box G.1 ii)}$$

$$= Var[\beta \cdot E(Y|X)] \qquad \text{(Box F.1 vi)}$$

$$= \beta^2 \cdot Var[E(Y|X)] \qquad \text{(Box F.1 v)}$$

und

$$Var(\alpha + \beta\,Y) = \beta^2 \cdot Var(Y), \qquad \text{(Box F.1 vi, v)}$$

so daß sich β^2 bei der Bildung des Bruches

$$R^2_{\alpha + \beta \cdot Y|X} = Var[E(\alpha + \beta\,Y|X)]/Var(\alpha + \beta\,Y) = Var[E(Y|X)]/Var(Y)$$

wegkürzt.

6. (a) Der Determinationskoeffizient ist definiert durch:

$$R^2_{Y|X} := \frac{Var[E(Y|X)]}{Var(Y)}.$$

Zunächst ist also die Varianz $Var[E(Y|X)]$ der Regression $E(Y|X)$ zu berechnen. Für die $Var[E(Y|X)]$ gilt die Formel

$$Var[E(Y|X)] = E[E(Y|X)^2] - E[E(Y|X)]^2 \qquad \text{(Box F.1 iii)}$$

$$= E[E(Y|X)^2] - E(Y)^2. \qquad \text{(Box G.1 iii)}$$

Wir berechnen zuerst den Erwartungswert $E[E(Y|X)^2]$: Die Variable $E(Y|X)^2$ nimmt jeweils mit der Wahrscheinlichkeit .5 die Werte 90^2 und 110^2 an. Daher gilt:

$$E[E(Y|X)^2] = 90^2 \cdot .5 + 110^2 \cdot .5 = 10100.$$

Davon ist gemäß der obigen Formel $E(Y)^2 = 10000$ abzuziehen. Demnach ist $Var[E(Y|X)] = 100$, der Determinationskoeffizient also $R^2_{Y|X} = 1$.

   (b) Der Determinationskoeffizient $R^2_{Y|X}$ besagt, welcher Anteil der Varianz von Y durch die Regression auf X determiniert ist.

7. $$E(Y|X) = E[E(Y|X, Z)|X] \qquad \text{(Box G.1 v)}$$

$$= E[\beta_0 + \beta_1 X + \beta_2 Z|X] \qquad \text{(Vor. a)}$$

$$= E(\beta_0|X) + E(\beta_1 X|X) + E(\beta_2 Z|X) \qquad \text{(Box G.1 ii)}$$

$$= \beta_0 + \beta_1 X + \beta_2 E(Z|X) \qquad \text{(Box G.1 i, iv, ii)}$$

$$= \beta_0 + \beta_1 X + \beta_2(\gamma_0 + \gamma_1 X) \qquad \text{(Vor. b)}$$

$$= (\beta_0 + \beta_2\gamma_0) + (\beta_1 + \beta_2\gamma_1) \cdot X.$$

Demnach ist $E(Y|X)$ eine *lineare* Regression mit dem Ordinatenabschnitt $\beta_0 + \beta_2\gamma_0$ und dem Steigungskoeffizienten $\beta_1 + \beta_2\gamma_1$. [In der ersten Zeile spielt die 2-dimensionale Zufallsvariable $\langle X, Z \rangle$ die Rolle des Regressors X aus Box G.1 und X die Rolle der Funktion $f(X)$. Man vergewissere sich anhand der Definition einer Zufallsvariablen, daß $\langle X, Z \rangle$ auch als *eine* Zufallsvariable, und anhand der Definition der Komposition, daß X als Komposition $f(X)$ einer Funktion f mit $\langle X, Z \rangle$ aufgefaßt werden kann. Nur dann kann nämlich in der ersten Zeile Regel v aus Box G.1 angewendet werden.]

Weiterführende Literatur

Der Begriff der Regression oder bedingten Erwartung wurde von Kolmogoroff (1933/ 1977) eingeführt. Eine recht gute Darstellung geben auch Bellach et al. (1978). Anspruchsvolle Einführungen bieten Bauer (1991), Gänssler und Stute (1977) und Loève (1977, 1978). Zur Verwendung stochastischer Modelle in den Sozialwissenschaften sei noch einmal auf Steyer (in Druck) verwiesen.

Im Gegensatz zu der hier gewählten Darstellung als Populationsmodelle werden Regressionsmodelle in der sozialwissenschaftlichen Literatur meist als Stichprobenmodelle dargestellt. Klassische Artikel zu Anwendungsproblemen in den Sozialwissenschaften sind Cohen (1968) und Darlington (1968). Als weiterer Artikel dazu sei Schubö et al. (1983) genannt. Gute Einführungsbücher hierzu sind z.B. Cohen und Cohen (1983), Draper und Smith (1981), Fahrmeir und Hamerle (1984), van de Geer (1971) und Pedhazur (1982). Mehr mathematisch orientierte Darstellungen sind Bock (1975), Fox (1984), Graybill (1976), Johnston (1972), Scheffé (1959), Searle (1971). Deutschsprachige Darstellungen sind Gaennslen und Schubö (1973), Moosbrugger (1978) sowie Moosbrugger und Klutky (1987). Eine etwas ausführlichere Darstellung verschiedener Arten regressiver Abhängigkeit findet man bei Steyer (in Druck). Die Frage der kausalen Interpretierbarkeit regressiver Abhängigkeiten wird detailliert von Steyer (1992) behandelt.

Literaturverzeichnis

Ahrens, H. J. (1974). *Multidimensionale Skalierung*. Weinheim: Beltz.

Allen, M. J. & Yen, W. M. (1979). *Introduction to measurement theory*. Monterey, CA: Brooks/Cole.

Andersen, E. B. (1973). *Conditional interference and models for measuring*. Kopenhagen: Mentalhygiejnisk Forlag.

Andersen, E. B. (1985). Estimating latent correlation between repeated testings. *Psychometrika, 50*, 3-16.

Andersen, E. B. (1988). Comparison of latent structure models. In R. Langeheine & J. Rost (Eds.), *Latent trait and latent class models* (pp. 207-229). New York: Plenum.

Andersen, E. B. (1990). *The statistical analysis of categorical data*. Berlin: Springer.

Andersen, E. B. & Madsen, M. (1977). Estimating the parameters of the latent population distribution. *Psychometrika, 42*, 357-374.

Andrich, D. (1978). A rating formulation for ordered response categories. *Psychometrika, 43*, 561-573.

Andrich, D. (1982). An extension of the Rasch model for ratings providing both location and dispersion parameters. *Psychometrika, 47*, 105-113.

Andrich, D. (1988a). A general form of Rasch's extended logistic model for partial credit scoring. *Applied Measurement in Education, 1*, 363-378.

Andrich, D. (1988b). *Rasch models for measurement*. Newbury Park: Sage.

Arminger, G. & Müller, F. (1990). *Lineare Modelle zur Analyse von Paneldaten*. Opladen: Westdeutscher Verlag.

Ash, R. B. (1972). *Real analysis and probability*. New York: Academic Press.

Backhaus, K., Erichson, B., Plinke, W. & Weiber, R. (1990). *Multivariate Analysemethoden. Eine anwendungsorientierte Einführung* (6. bearbeitete Aufl.). Berlin: Springer.

Baker, F. B. (1992). *Item response theory*. New York: Marcel Dekker.

Bales, R. F. (1950). *Interaction process analysis*. Cambridge, MA: Addison-Wesley.

Balzer, W., Moulines, C. U. & Sneed, J. D. (1987). *An architectonic for science*. Dordrecht: Reidel.

Bandelow, C. (1981). *Einführung in die Wahrscheinlichkeitstheorie*. Mannheim: Bibliographisches Institut.

Bartholomew, D. J. (1987). *Latent variable models and factor analysis*. Oxford: Oxford University Press.

Basler, H. (1968). *Grundbegriffe der Wahrscheinlichkeitsrechnung und statistische Methodenlehre*. Würzburg: Physica.

Bauer, H. (1991). *Wahrscheinlichkeitstheorie* (4. völlig überarbeitete und neugestaltete Aufl. des Werkes: Wahrscheinlichkeitstheorie und Grundzüge der Maßtheorie). Berlin: de Gruyter.

Bellach, J., Franken, P. & Warmuth, W. (1978). *Maß, Integral und bedingter Erwartungswert*. Berlin: Akademie-Verlag.

Bentler, P. M. (1989). *EQS. Structural equations program manual*. Los Angeles: BMDP Statistical Software.

Birnbaum, A. (1968). Some latent trait models and their use in inferring an examinee's ability. In F. M. Lord & M. R. Novick (Eds.), *Statistical theories of mental test scores* (pp. 395-479). Reading, MA: Addison-Wesley.

Bishir, J. W. & Drewes, D. W. (1970). *Mathematics in the behavioral and social sciences*. New York: Harcourt, Brace & World.

Bocheński, J. M. (1978). *Formale Logik*. Freiburg: Alber.

Bock, R. D. (1975). *Multivariate statistical methods in behavioral research*. New York: McGraw-Hill.

Bock, R. D. & Aitkin, M. (1981). Marginal maximum likelihood estimation of item parameters: Applications of an EM algorithm. *Psychometrika, 46*, 443-459.

Bollen, K. A. (1989). *Structural equations with latent variables*. New York: Wiley.

Borg, I. (1981). *Anwendungsorientierte multidimensionale Skalierung*. Berlin: Springer.

Borg, I. & Staufenbiel, T. (1989). *Theorien und Methoden der Skalierung*. Bern: Huber.

Bortz, J. (1993). *Statistik für Sozialwissenschaftler*. Berlin: Springer.

Bosch, K. (1984). *Elementare Einführung in die Wahrscheinlichkeitsrechnung*. Braunschweig: Vieweg.

Brandtstädter, J. (1982). Apriorische Elemente in psychologischen Forschungsprogrammen. *Zeitschrift für Sozialpsychologie, 13*, 267-277.

Brandtstädter, J. (1984). Apriorische Elemente in psychologischen Forschungsprogrammen: Weiterführende Argumente und Beispiele. *Zeitschrift für Sozialpsychologie, 15*, 151-158.

Brandtstädter, J. (1987). On certainty and universality in human development: Developmental psychology between apriorism and empirism. In M. Chapman & R. A. Dixon (Eds.), *Meaning and the growth of understanding. Wittgenstein's significance for developmental psychology* (pp. 69-84). Berlin: Springer.

Bridgman, P. (1931). *Dimensional analysis* (2nd ed.). New Haven: Yale University Press. (1. Aufl. erschienen 1922.)

Browne, M. W. (1984). The decomposition of multitrait-multimethod data. *Educational and Psychological Measurement, 30*, 833-853.

Browne, M. W. (1993). Models for multitrait-multimethod matrices. In R. Steyer, K. F. Wender & K. F. Widaman (Eds.), *Psychometric methodology. Proceedings of the 7th European Meeting of the Psychometric Society in Trier* (pp. 61-73). Stuttgart: Gustav Fischer.

Campbell, N. R. (1920). *Physics: The elements*. Cambridge, MA: Cambridge University Press.

Campbell, N. R. (1928). *An account of the principles of measurement and calculation*. London: Longsman, Green.

Cliff, N. (1992). Abstract measurement theory and the revolution that never happened. *Psychological Science, 3*, 186-190.

Clogg, C. C. (1988). Latent class models for measuring. In R. Langeheine & J. Rost (Eds.), *Latent trait and latent class models* (pp. 173-206). New York: Plenum.

Cohen, J. (1968). Multiple regression as a general data-analytic system. *Psychological Bulletin, 70*, 426-443.

Cohen, J. & Cohen, P. (1983). *Applied multiple regression/correlation analysis for the behavioral sciences* (2nd ed.). Hillsdale: Erlbaum.

Cohen, M. & Falmagne, J. C. (1990). Random utility representations of binary choice probabilities: A new class of conditions. *Journal of Mathematical Psychology, 34*, 88-94.

Colonius, H. (1980). Latent-Trait-Modelle als Spezialfall probabilistischer Meßstrukturen. *Archiv für Psychologie, 132*, 180-183.

Colonius, H. (1982). Bemerkung zu Hamerle's „Berichtigung". *Archiv für Psychologie, 134*, 315-317.

Coombs, C. H. (1964). *A theory of data*. New York: Wiley.

Copi, I. M. (1986). *Introduction to logic*. New York: Macmillan.

Cronbach, L. J., Gleser, G. C., Nanda, H. & Rajaratnam, N. (1972). *The dependability of behavioral measurements: Theory of generalizability of scores and profiles*. New York: Wiley.

Croon, M. (1990). Latent class analysis with ordered classes. *British Journal of Mathematical and Statistical Psychology, 43*, 171-192.

Croon, M. (1991). Investigating Mokken scalability of dichotomous items by means of ordinal latent class analysis. *British Journal of Mathematical and Statistical Psychology, 44*, 315-331.

Darlington, R. B. (1968). Multiple regression in psychological research and practice. *Psychological Bulletin, 69*, 161-182.

Debreu, G. (1960). Topological methods in cardinal utility theory. In K. J. Arrow, S. Karlin & P. Suppes (Eds.), *Mathematical methods in the social sciences* (pp. 16-26). Stanford, CA: Stanford University Press.

Diederich, W. (1981). *Strukturalistische Rekonstruktionen: Untersuchungen zur Bedeutung, Weiterentwicklung und interdisziplinären Anwendung des strukturalistischen Konzepts wissenschaftlicher Theorien*. Braunschweig: Vieweg.

Dinges, H. & Rost, H. (1982). *Prinzipien der Stochastik*. Stuttgart: Teubner.

Draper, N. & Smith, H. (1981). *Applied regression analysis*. New York: Wiley.

Dunn-Rankin, P. (1983). *Scaling methods*. Hillsdale, NJ.: Erlbaum.

Embretson, S. E. (1985). Introduction to the problem of test design. In S. E. Embretson (Ed.), *Test design: Developments in psychology and psychometrics* (pp. 3-17). Orlando: Academic Press.

Epstein, S. (1984). The stability of behavior across time and situations. In R. A. Zucker, J. Aronoff & A. I. Rabin (Eds.), *Personality and the prediction of behavior* (pp. 209-268). New York: Academic Press.

Epstein, S. (1990). Comment on the effects of aggregation across and within occasions on consistency, specificity, and reliability. *Methodika, 4*, 95-100.

Epstein, S. & O'Brien, E. (1985). The person-situation debate in historical and current perspective. *Psychological Bulletin, 98*, 513-537.

Fahrenberg, J., Hampel, R. & Selg, H. (1984). *Das Freiburger Persönlichkeitsinventar (FPI und FPI-R): Handbuch* (4. Aufl.). Göttingen: Hogrefe.

Fahrmeir, L. & Hamerle, A. (1984). *Multivariate statistische Verfahren*. Berlin: de Gruyter.

Falmagne, J. C. (1985). *Elements of psychophysical theory*. New York: Oxford University Press.

Falmagne, J. C. (1986). Psychophysical measurement and theory. In K. R. Boff, L. Kaufman & J. P. Thomas (Eds.), *Handbook of perception and human performance, Vol. I.: Sensory processes and perception* (pp. 1-66). New York: Wiley.

Falmagne, J. C. (1992). Measurement theory and the research psychologist (Feature review of Foundations of Measurement, Vols. I-III). *Psychological Science, 3*, 88-93.

Feger, H. (1983). Planung und Bewertung von wissenschaftlichen Beobachtungen. In H. Feger & J. Bredenkamp (Hrsg.), *Datenerhebung (Enzyklopädie der Psychologie. The-*

menbereich B: Methodologie und Methoden, Serie 1: Forschungsmethoden der Psychologie, Band 2, S. 1-75). Göttingen: Hogrefe.

Ferguson, A., Meyers, C. S., Bartlett, R. J., Banister, H., Bartlett, F. C., Brown, W., Campbell, N. R., Craik, K. J. W., Drever, J., Guild, J., Houstoun, R. A., Irwin, J. O., Kaye, G. W. C., Philpott, S. J. F., Richardson, L. F., Shaxby, J. H., Smith, T., Thouless, R. H. & Tucker, W. S. (1940). Quantitative estimates of sensory events. *The advancement of science. The report of the British Association for the Advancement of Science, 2*, 331-349.

Fischer, G. H. (1974). *Einführung in die Theorie psychologischer Tests*. Bern: Huber.

Fischer, G. H. (1981). On the existence and uniqueness of maximum likelihood estimates in the Rasch model. *Psychometrika, 46*, 59-77.

Fischer, G. H. (1987). Applying the principles of specific objectivity and generalizability to the measurement of change. *Psychometrika, 52*, 565-587.

Fischer, G. H. (1988). Spezifische Objektivität. In K. D. Kubinger (Hrsg.), *Moderne Testtheorie* (S. 87-111). Weinheim: Beltz.

Fischer, G. H. (1989). An IRT-based model for dichotomous longitudinal data. *Psychometrika, 54*, 599-624.

Fischer, G. H. & Forman, A. K. (1982). Veränderungsmessung mittels linear-logistischer Modelle. *Zeitschrift für Differentielle und Diagnostische Psychologie, 3*, 75-99.

Fischer, G. H. & Scheiblechner, H. H. (1970). Algorithmen und Programme für das probabilistische Testmodell von Rasch. *Psychologische Beiträge, 12*, 23-51.

Fishburn, P. C. (1967). Conjoint measurement in utility theory with incomplete product sets. *Journal of Mathematical Psychology, 4*, 104-119.

Formann, A. K. (1981). Über die Verwendung von Items als Teilungskriterium für Modellkontrollen im Rasch-Modell. *Zeitschrift für Experimentelle und Angewandte Psychologie, 28*, 541-560.

Formann, A. K. (1983). Modelltest für das Rasch-Modell durch Teilgruppenbildung mittels Latent-Class-Analyse. *Zeitschrift für Experimentelle und Angewandte Psychologie, 30*, 45-66.

Formann, A. K. (1984). *Die Latent-Class-Analyse*. Weinheim: Beltz.

Formann, A. K. (1989). Constrained latent class models: Some further applications. *The British Journal of Mathematical and Statistical Psychology, 42*, 37-54.

Formann, A. K. & Spiel, C. (1989). Measuring change by means of a hybrid variant of the linear logistic model with relaxed assumptions. *Applied Psychological Measurement, 13*, 91-103.

Fox, J. (1984). *Linear statistical models and related methods*. New York: Wiley.

Freund, H. & Sorger, P. (1976). *Logik, Mengen, Relationen. Praxis des mathematischen Beweisens*. Stuttgart: Teubner.

Fricke, R. (1974). *Kriteriumsorientierte Leistungsmessung*. Stuttgart: Kohlhammer.

Fyans, L. J., Jr. (1983). *New directions for testing and measurement: Generalizability theory*. San Francisco: Jossey-Bass.

Gadenne, V. (in Druck). Theorien. In W. H. Tack & T. Herrmann (Hrsg.), *Methodologische Grundlagen der Psychologie (Enzyklopädie der Psychologie. Themenbereich B: Methodologie und Methoden, Serie 1: Forschungsmethoden in der Psychologie, Band 1)*. Göttingen: Hogrefe.

Gaennslen, H. & Schubö, W. (1973). *Einfache und komplexe statistische Analyse*. München: Reinhard.

Gähde, U. (1983). *T-Theoretizität und Holismus*. Frankfurt am Main: Lang.

Gähde, U. & Stegmüller, W. (1986). An argument in favor of the Duhem-Quine-Thesis. From the structuralist point of view. In L. E. Hahn & P. H. Schilpp (Eds.), *The philo-*

sophy of W. v. Quine. The library of living philosophers, Vol. 15. La Salle, Il: Open Court Publishing Company.

Gähde, U., Jagodzinski, W. & Steyer, R. (1992). On a structuralist reconstruction of latent state-trait theory. In H. Westmeyer (Ed.), *The structuralist program in psychology: Foundations and applications* (pp. 105-119). Toronto: Hogrefe & Huber.

Gänssler, P. & Stute, W. (1977). *Wahrscheinlichkeitstheorie.* Berlin: Springer.

Geer, J. P. van de (1971). *Introduction to multivariate analysis for the social sciences.* San Francisco: Freeman.

Gigerenzer, G. (1981). *Messung und Modellbildung in der Psychologie.* München: Reinhardt.

Gigerenzer, G. & Strube, G. (1983). Are there limits to binaural additivity of loudness? *Journal of Experimental Psychology: Human Perception and Performance, 9,* 126-136.

Gittins, R. (1985). *Canonical analysis. A review with applications in ecology.* Berlin: Springer.

Graybill, F. A. (1976). *Theory and application of the linear model.* Belmont, CA: Wadsworth.

Greenacre, M. J. (1984). *Theory and applications of correspondence analysis.* London: Academic Press.

Gruijter, D. N. M. de & Kamp, L. J. T. van der (1984). *Statistical models in educational and psychological testing.* Lisse: Swets & Zeitlinger.

Gruijter, D. N. M. de & Kamp, L. J. T. van der (1991). Generalizability theory. In R. K. Hambleton & J. N. Zaal (Eds.), *Advances in educational and psychological testing: Theory and applications* (pp. 45-68). Boston: Kluwer Academic Publishers.

Gulliksen, H. (1950). *Theory of mental tests.* New York: Wiley.

Gustafsson, J. E. (1980). Testing and obtaining fit of data to the Rasch model. *British Journal of Mathematical and Statistical Psychology, 33,* 205-233.

Guthke, J. Böttcher, H.-R. & Sprung, L. (1990). *Psychodiagnostik. Ein Lehr- und Arbeitsbuch für Psychologen sowie empirisch arbeitende Humanwissenschaftler. Band 1.* Berlin: Deutscher Verlag der Wissenschaften.

Haberman, S. J. (1979a). *Analysis of qualitative data: Vol. 1. Introductory topics.* New York: Academic Press.

Haberman, S. J. (1979b). *Analysis of qualitative data: Vol. 2. New developments.* New York: Academic Press.

Häcker, H. & Schwenkmezger, P. (1984). Persönlichkeitsfragebogen. In L. R. Schmidt (Hrsg.), *Lehrbuch der Klinischen Psychologie* (2. Aufl., S. 220-246). Stuttgart: Enke.

Hagenaars, J. A. (1990). *Categorical longitudinal data: Log-linear panel, trend, and cohort analysis.* Newbury Park: Sage.

Hager, W. (1987). Grundlagen einer Versuchsplanung zur Prüfung empirischer Hypothesen in der Psychologie. In G. Lüer (Hrsg.), *Allgemeine experimentelle Psychologie* (S. 43-264). Stuttgart: Gustav Fischer.

Halmos, P. R. (1976). *Naive Mengenlehre.* Göttingen: Vandenhoeck & Ruprecht.

Hambleton, R. K. & Rogers, H. J. (1991). Advances in criterion-referenced measurement. In R. K. Hambleton & J. N. Zaal (Eds.), *Advances in educational and psychological testing* (pp. 3-43). Boston: Kluwer Academic Publishers.

Hambleton, R. K. & Swaminathan, H. (1985). *Item response theory. Principles and applications.* Boston: Kluwer Academic Publisher.

Hambleton, R. K., Zaal, J. N. & Pieters, J. P. M. (1990). Computerized adaptive testing: Theory, applications, and standards. In R. K. Hambleton & J. N. Zaal (Eds.), *Advances in educational and psychological testing* (pp. 341-366). Boston: Kluwer Academic Publishers.

Hamerle, A. (1979). Über die meßtheoretischen Grundlagen von Latent-Trait-Modellen. *Archiv für Psychologie, 132*, 19-39.

Hamerle, A. (1982). *Latent-Trait-Modelle. Die meßtheoretische und multivariate statistische Analyse kategorialer Reaktionsmodelle.* Weinheim: Beltz.

Hamerle, A. & Kemény, P. (1981). *Einführung in die Mathematik für Sozialwissenschaftler.* München: Oldenbourg.

Hamerle, A. & Tutz, G. (1980). Zur experimentellen Validierung von probabilistischen verbundenen Meßstrukturen. *Zeitschrift für Experimentelle und Angewandte Psychologie, 27*, 213-230.

Hardesty, F. P. & Priester, H. J. (1966). *Hamburg-Wechsler-Intelligenztest für Kinder. HAWIK.* Bern: Huber.

Hartung, J., Elpelt, B. & Klösner, K. H. (1991). *Statistik: Lehr- und Handbuch der angewandten Statistik* (8. durchgesehene Aufl.). München: Oldenbourg.

Harwell, M. R., Baker, F. B. & Zwarts, M. (1988). Item parameter estimation via marginal maximum likelihood and an EM algorithm: A didactic. *Educational and Psychological Measurement, 13*, 243-271.

Hayduk, L. A. (1987). *Structural equation modeling with LISREL.* Baltimore: The Johns Hopkins University Press.

Helmholtz, H. von (1959). Die Tatsachen in der Wahrnehmung. Zählen und Messen erkenntnistheoretisch betrachtet. Darmstadt: Wissenschaftliche Buchgesellschaft. (Original des Aufsatzes „Zählen und Messen" erschienen 1887 in „Philosophische Aufsätze" Leipzig: Fues.)

Hempel, C. G. (1952). *Fundamentals of concept formation in empirical science.* Chicago: University of Chicago Press.

Heuser, H., Tillmann, H. G., Fraunholz, W., Neunzig, W., Sorger, P., Weber, F., Winter, H. & Ziegler, T. (1971a). *Mathematik 1.* Frankfurt am Main: Fischer.

Heuser, H., Tillmann, H. G., Fraunholz, W., Neunzig, W., Sorger, P., Weber, F., Winter, H. & Ziegler, T. (1971b). *Mathematik 2.* Frankfurt am Main: Fischer.

Heyer, D. & Niederèe, R. (1992). Generalizing the concept of binary choice systems induced by rankings: One way of probabilizing deterministic measurement structures. *Mathematical Social Sciences, 23*, 31-44.

Hilbert, D. & Ackermann, W. (1972). *Grundzüge der theoretischen Logik.* Berlin: Springer.

Hinderer, K. (1980). *Grundbegriffe der Wahrscheinlichkeitstheorie* (2. korrigierter Nachdruck der ersten Aufl.). Berlin: Springer.

Hodapp, V. (1984). *Analyse linearer Kausalmodelle.* Bern: Huber.

Hölder, O. (1901). Die Axiome der Quantität und die Lehre vom Mass. *Berichte über die Verhandlungen der Königlich Sächsischen Gesellschaft der Wissenschaften zu Leipzig. Mathematisch-Physische Klasse, 53*, 1-64.

Holland, P. W. (1981). When are item response models consistent with observed data? *Psychometrika, 46*, 71-92.

Holland, P. W. & Rosenbaum, P. R. (1986). Conditional association and uni-dimensionality in monotone latent variable models. *The Annals of Statistics, 14*, 1523-1543.

Hornke, L. F. (1982). Testdiagnostische Untersuchungsstrategien. In K. J. Groffmann & L. Michel (Hrsg.), *Grundlagen psychologischer Diagnostik (Enzyklopädie der Psychologie. Themenbereich B: Methodologie und Methoden, Serie 2: Psychologische Diagnostik, Band 1*, S. 130-172). Göttingen: Hogrefe.

Hornke, L. F. (1985). Konstruktionsprobleme adaptiv-antwortabhängiger Testverfahren. *Zeitschrift für erziehungswissenschaftliche Forschung, 19*, 177-190.

Huber, G. (1987). *Psychiatrie. Systematischer Lehrtext für Studenten und Ärzte* (4. neubearbeitete und erweiterte Aufl.). Stuttgart: Schattauer.

Irtel, H. (1987). On specific objectivity as a concept of measurement. In E. E. Roskam & R. Suck (Eds.), *Progress in mathematical psychology* (pp. 35-45). Amsterdam: North-Holland.

Johnston, J. J. (1972). *Econometric methods* (2nd ed.). New York: McGraw-Hill.

Jöreskog, K. G. (1971). Simultaneous factor analysis in several populations. *Psychometrika, 36,* 409-426.

Jöreskog, K. G. (1979). Statistical estimation of structural models in longitudinal-developmental investigations. In J. R. Nesselroade & P. B. Baltes (Eds.), *Longitudinal research in the study of behavior and development* (pp. 303-351). New York: Academic Press.

Jöreskog, K. G. & Sörbom, D. (1977). Statistical models and methods for analysis of longitudinal data. In D. J. Aigner & A. S. Goldberger (Eds.), *Latent variables in socio-economic models* (pp. 285-325). Amsterdam: North-Holland.

Jöreskog, K. G. & Sörbom, D. (1988). *PRELIS. A program for multivariate data screening and data summarization* (2nd ed.). Mooresville, IN: Scientific Software Inc.

Jöreskog, K. G. & Sörbom, D. (1989). *LISREL 7. A guide to the program and its applications* (2nd ed.). Chicago: SPSS.

Kelderman, H. (1984). Loglinear Rasch model tests. *Psychometrika, 49,* 223-245.

Kelderman, H. & Macready, G. B. (1990). The use of loglinear models for assessing differential item functioning across manifest and latent examinee groups. *Journal of Educational Measurement, 27,* 307-327.

Kempf, W. (1992). *On the analysis of local serial dependence in the Rasch-model* (Diskussionsbeiträge Nr. 20 der Projektgruppe Friedensforschung), Universität Konstanz: Projektgruppe Friedensforschung.

Kempf, W. & Keller, F. (1992). *Psychometrische Analysen des Beck-Depressions-Inventars (BDI). (Forschungsbericht).* Weissenau: Psychiatrisches Landeskrankenhaus.

Kempf, W. & Meder, G. (1993). Theoretische und empirische Untersuchungen zur Restriktivität der Klassischen Testtheorie. *Diagnostica, 39,* 1-21.

Kempf, W. F. & Repp, H. (1977). *Mathematical models for social psychology.* Bern: Huber.

Kenny, D. A. (1979). *Correlation and causality.* New York: Wiley.

Kisser, R. (1988). Adaptive Strategien. In R. S. Jäger (Hrsg.), *Psychologische Diagnostik. Ein Lehrbuch* (S. 123-130). München: Psychologie Verlags Union.

Klauer, K. C. (1988). Tests von Latent-Trait-Annahmen: Ein Schluß von der Population auf die Person. *Zeitschrift für Differentielle und Diagnostische Psychologie, 9,* 97-104.

Klauer, K. C. (1990). Asymptotic properties of the ML estimator of the ability parameter when item parameters are known. *Methodika, 4,* 23-36.

Klauer, K. C. (1991). An exact and optimal standardized person test for assessing consistency with the Rasch model. *Psychometrika, 56,* 213-228.

Klauer, K. J. (1983). Kriteriumsorientierte Tests. In H. Feger & J. Bredenkamp (Hrsg.), *Messen und Testen (Enzyklopädie der Psychologie. Themenbereich B: Methodologie und Methoden, Serie 1: Forschungsmethoden in der Psychologie, Band 3,* S. 693-726). Göttingen: Hogrefe.

Klauer, K. J. (1987). *Kriteriumsorientierte Tests. Lehrbuch der Theorie und Praxis lehrzielorientierten Messens.* Göttingen: Hogrefe.

Knoche, N. (1990). *Modelle der empirischen Pädagogik.* Mannheim: Bibliographisches Institut.

Kohlberg, L. (1976). Moral stages and moralization: The cognitive-developmental approach. In T. Lickona (Ed.), *Moral development and behavior* (pp. 31-53). New York: Holt, Rinehart & Winston.

Kohlberg, L. (1981). *The philosophy of moral development. Moral stages and the idea of justice.* San Francisco: Harper & Row.

Kohlberg, L. (1984). *The psychology of moral development. The nature and validity of moral stages.* San Francisco: Harper & Row.

Kolmogoroff, A. (1977). *Grundbegriffe der Wahrscheinlichkeitsrechnung.* Berlin: Springer. (1. Aufl. erschienen 1933)

Krantz, D. H. (1964). Conjoint measurement: The Luce-Tukey axiomatization and some extensions. *Journal of Mathematical Psychology, 1,* 248-277.

Krantz, D. H., Luce, R. D., Suppes, P. & Tversky, A. (1971). *Foundations of measurement. Vol. 1.* New York: Academic Press.

Krauth, J. (1983). Bewertung der Änderungssensitivität von Items. *Zeitschrift für Differentielle und Diagnostische Psychologie, 4,* 7-28.

Krauth, J. & Lienert, G. A. (1973). *Die Konfigurationsfrequenzanalyse (KFA) und ihre Anwendung in Psychologie und Medizin: Ein multivariates nichtparametrisches Verfahren zur Aufdeckung von Typen und Syndromen.* Freiburg: Alber.

Kreisel, G. & Krivine, J.-L. (1972). *Modelltheorie. Eine Einführung in die mathematische Logik und Grundlagentheorie.* Berlin: Springer.

Kristof, W. (1983). Klassische Testtheorie und Testkonstruktion. In H. Feger & J. Bredenkamp (Hrsg.), *Messen und Testen (Enzyklopädie der Psychologie. Themenbereich B: Methodologie und Methoden, Serie 1: Forschungsmethoden der Psychologie, Band 3,* S. 544-603). Göttingen: Hogrefe.

Kubinger, K. D. (1987). Adaptives Testen. In R. Horn, K. Ingenkamp & R. S. Jäger (Hrsg.), *Tests und Trends 6. Jahrbuch der Pädagogischen Diagnostik* (S. 103-127). München: Psychologie Verlags Union.

Kubinger, K. D. (1988). *Moderne Testtheorie.* Weinheim: Psychologie Verlags Union.

Kubinger, K. D., Rop, I., Knoll, E. & Wurst, E. (1983). Ergebnisse der testtheoretischen Analysen des HAWIK. In K. D. Kubinger (Hrsg.), *Der HAWIK - Möglichkeiten und Grenzen seiner Anwendung* (S. 115-186). Weinheim: Beltz.

Kubinger, K. D. & Wurst, E. (1985). *Adaptives Intelligenz Diagnosticum (AID).* Weinheim: Beltz.

Kutschera, F. von (1972). *Wissenschaftstheorie 1.* München: Wilhelm Fink.

Kutschera, F. von & Breitkopf, A. (1979). *Einführung in die moderne Logik* (4. erweiterte Aufl.). Freiburg: Alber.

Langeheine, R. (1984). Neuere Entwicklungen in der Analyse latenter Klassen und latenter Strukturen. *Zeitschrift für Sozialpsychologie, 15,* 199-210.

Langeheine, R. (1988). New developments in latent class theory. In R. Langeheine & J. Rost (Eds.), *Latent trait and latent class models* (pp. 77-108). New York: Plenum.

Langeheine, R. & Pol, F. van de (1990a). Veränderungsmessung bei kategorialen Daten. *Zeitschrift für Sozialpsychologie, 21,* 88-100.

Langeheine, R. & Pol, F. van de (1990b). A unifying framework for Markov modeling in discrete space and discrete time. *Sociological Methods and Research, 18,* 416-441.

Langeheine, R. & Rost, J. (Eds.). (1988). *Latent trait and latent class models.* New York: Plenum.

Laux, L., Glanzmann, P., Schaffner, P. & Spielberger, C. D. (1981). *Das State-Trait-Angstinventar. Theoretische Grundlagen und Handanweisung.* Weinheim: Beltz.

Lazarsfeld, P. F. & Henry, N. W. (1968). *Latent structure analysis.* Boston: Houghton Mifflin.

Lehmann, G. (1983). Testtheorie. In H. Feger & J. Bredenkamp (Hrsg.), *Messen und Testen (Enzyklopädie der Psychologie. Themenbereich B: Methodologie und Methoden, Serie 1: Forschungsmethoden der Psychologie, Band 3*, S. 427-543). Göttingen: Hogrefe.

Levelt, W. J. M., Riemersma, J. B. & Bunt, A. A. (1972). Binaural additivity of loudness. *British Journal of Mathematical and Statistical Psychology, 25*, 51-68.

Lewis, C. (1986). Test theory and Psychometrika: The past twenty-five years. *Psychometrika, 1*, 11-22.

Lickona, T. (1976). Research on Piaget's theory of moral development and behavior. In T. Lickona (Ed.), *Moral development and behavior* (pp. 219-240). New York: Holt, Rinehart & Winston.

Lienert, G. A. (1989). *Testaufbau und Testanalyse* (4. neu ausgestattete Aufl.). München: Psychologie Verlags Union.

Loehlin, J. C. (1987). *Latent variable models: An introduction to factor, path and structural analysis*. Hillsdale: Erlbaum.

Loève, M. (1977). *Probability theory 1* (4th ed.). New York: Springer.

Loève, M. (1978). *Probability theory 2* (4th ed.). New York: Springer.

Long, J. S. (1983). *Covariance structure models - an introduction to LISREL*. Beverly Hills: Sage.

Lord, F. M. (1953). On the statistical treatment of football numbers. *American Psychologist, 8*, 750-751.

Lord, F. M. (1970). Item characteristic curves estimated without knowledge of their mathematical form - a confrontation of Birnbaum's logistic model. *Psychometrika, 35*, 43-50.

Lord, F. M. & Novick, M. R. (1968). *Statistical theories of mental test scores*. Reading, MA: Addison-Wesley.

Lubeseder, U. (1970). *Mengen, Formen, Relationen*. Hannover: Schroedel, Diesterweg & Schöningh.

Luce, R. D., Krantz, D. H., Suppes, P. & Tversky, A. (1990). *Foundations of measurement. Vol. 3*. San Diego: Academic Press.

Luce, R. D. & Tukey, J. W. (1964). Simultaneous conjoint measurement: A new type of fundamental measurement. *Journal of Mathematical Psychology, 1*, 1-27.

Lumsden, J. (1976). Test theory. *Annual Review of Psychology, 27*, 251-280.

Magnusson, D., Bergman, L. R., Rudinger, G. & Törestad, B. (Eds.). (1991), *Problems and methods in longitudinal research*. Cambridge: Cambridge University Press.

Marley, A. A. J. (1990). A historical and contemporary perspective on random scale representations of choice probabilities and reaction times in the context of Cohen and Falmagne's (1990, Journal of Mathematical Psychology, 34) results. *Journal of Mathematical Psychology, 34*, 81-87.

Marley, A. A. J. (1992). Measurement, models, and autonomous agents. *Psychological Science, 3*, 93-96.

Martin-Löf, P. (1973). *Statistiska modeller. Ansteckningar fran seminarier laesaret 1969-70 utarbetade av Rolf Sundberg. 2:a uppl. (Statistische Modelle. Aufzeichnungen von Seminaren, die von 1969 bis 70 von Rolf Sundberg gehalten wurden. 2. Aufl.)* Stockholm: Institut foer foerssaekringsmatematik och matematisk vid Stockholms Universitet.

Martz, E. (1991). *Die Einstellungen von Landwirten im Raum Hunsrück/Eifel zum Verhältnis von Ökologie und Landwirtschaft*. Unveröff. Dipl. Arbeit. Universität Trier, Trier.

Masters, G. N. (1982). A Rasch model for partial credit scoring. *Psychometrika, 47*, 149-174.

Masters, G. N. & Wright, B. D. (1984). The essential process in a family of measurement models. *Psychometrika, 49*, 529-544.

Maurer, J. (1981). *Mathemecum*. Braunschweig: Vieweg.

Mausfeld, R. (in Druck). Von Zahlzeichen zu Skalen. In W. H. Tack & T. Herrmann (Hrsg.), *Methodologische Grundlagen der Psychologie (Enzyklopädie der Psychologie. Themenbereich B: Methodologie und Methoden, Serie 1: Forschungsmethoden in der Psychologie, Band 1)*. Göttingen: Hogrefe.

McCutcheon, A. L. (1985). A latent class analysis of tolerance for nonconformity in the the American public. *Public Opinion Quarterly, 49*, 474-488.

Meijer, R. R., Sijtsma, K. & Smid, N. G. (1990). Theoretical and empirical comparison of the Mokken and the Rasch approach to IRT. *Applied Psychological Measurement, 14*, 283-298.

Meiser, T. (1993). Loglinear Rasch models: Theory and applications in longitudinal research. *Berichte aus dem Psychologischen Institut der Universität Bonn, 19*, Heft 2.

Menne, A. (1986). *Einführung in die Logik*. Bern: Francke.

Meschkowski, H. (1976). *Mathematisches Begriffswörterbuch*. Mannheim: Bibliographisches Institut.

Michel, L. & Conrad, W. (1982). Theoretische Grundlagen psychometrischer Tests. In K. J. Groffmann & L. Michel (Hrsg.), *Grundlagen psychologischer Diagnostik (Enzyklopädie der Psychologie, Themenbereich B: Methodologie und Methoden, Serie 2: Psychologische Diagnostik, Band 1*, S. 1-128). Göttingen: Hogrefe.

Michell, J. (1990). *An introduction to the logic of psychological measurement*. Hillsdale, NJ: Erlbaum.

Mislevy, R. J. (1984). Estimating latent distributions. *Psychometrika, 49*, 359-381.

Mislevy, R. J. (1986). Recent developments in the factor analysis of categorical variables. *Journal of Educational Statistics, 11*, 3-31.

Mislevy, R. J. & Verhelst, N. (1990). Modeling item responses when different subjects employ different solution strategies. *Psychometrika, 55*, 195-215.

Möbus, C. & Schneider, W. (1986). *Strukturmodelle für Längsschnittdaten und Zeitreihen*. Bern: Huber.

Mokken, R. J. (1971). *A theory and procedure of scale analysis*. The Hague: Mouton.

Mokken, R. J. & Lewis, C. (1982). A nonparametric approach to the analysis of dichotomous item responses. *Applied Psychological Measurement, 6*, 417-430.

Montada, L. (1982). Entwicklung moralischer Urteilsstrukturen und Aufbau von Werthaltungen. In R. Oerter & L. Montada (Hrsg.), *Entwicklungspsychologie* (S. 633-673). München: Urban & Schwarzenberg.

Moosbrugger, H. (1978). *Multivariate statistische Analyseverfahren*. Stuttgart: Kohlhammer.

Moosbrugger, H. & Klutky, N. (1987). *Regressions- und Varianzanalysen auf der Basis des Allgemeinen Linearen Modells*. Bern: Huber.

Moosbrugger, H. & Müller, H. (1981). Ein klassisches latent-additives Testmodell (KLA-Modell). In W. Michaelis (Hrsg.), *Bericht über den 32. Kongreß der Deutschen Gesellschaft für Psychologie in Zürich 1980, Band 2* (S. 483-486). Göttingen: Hogrefe.

Moosbrugger, H. & Zistler, R. (1993). Wie befreit man die Item-Trennschärfe von den Zwängen der Item-Schwierigkeit? Das SPS-Verfahren. *Diagnostica, 39*, 22-43.

Müller, H. (1987). A Rasch model for continuous ratings. *Psychometrika, 52*, 165-181.

Müller, P. H. (1975). *Wahrscheinlichkeitsrechnung und mathematische Statistik*. Berlin: Akademie-Verlag.

Muthén, B. (1988). *LISCOMP: Analysis of linear structural equations with a comprehensive measurement model* (2nd ed.). Mooresville, IN: Scientific Software.

Narens, L. (1981a). A general theory of ratio scalability with remarks about the measurement-theoretic concept of meaningfulness. *Theory and Decision, 13*, 1-70.

Narens, L. (1981b). On the scales of measurement. *Journal of Mathematical Psychology, 24*, 249-275.

Narens, L. (1985). *Abstract measurement theory.* Cambridge, MA: MIT Press.

Narens, L. & Luce, R. D. (1986). Measurement: The theory of numerical assignments. *Psychological Bulletin, 99*, 166-180.

Narens, L. & Luce, R. D. (1993). Further comments on the "non-revolution" arising from axiomatic measurement theory. *Psychological Science, 4*, 127-130.

Narens, L. & Mausfeld, R. (1992). On the relationship of the psychological and the physical in psychophysics. *Psychological Review, 99*, 467-479.

Neubauer, A. (1991). Der Vergleich von computergestützter Testdarbietung und Standardvorgabe am Beispiel von Ravens Advanced Progressive Matrices. In H. Schuler & U. Funke (Hrsg.), *Eignungsdiagnostik in Forschung und Praxis. Psychologische Information für Auswahl, Beratung und Förderung von Mitarbeitern* (S. 81-84). Stuttgart: Verlag für angewandte Psychologie.

Niederée, R. (1992a). *Maß und Zahl: Logisch-modelltheoretische Untersuchungen zur Theorie der fundamentalen Messung.* Frankfurt am Main: Peter Lang.

Niederée, R. (1992b). What do numbers measure? A new approach to fundamental measurement. *Mathematical Social Sciences, 24*, 237-276.

Niederée, R. (in Druck). There is more to measurement than just measurement: Measurement theory, symmetry, and substantive theorizing. *Journal of Mathematical Psychology.*

Nishisato, S. (1980). *Analysis of categorical data: Dual scaling and its applications.* Toronto: University of Toronto Press.

Novick, M. R. (1966). The axioms and principal results of classical test theory. *Journal of Mathematical Psychology, 3*, 1-18.

Novick, M. R. (1980). Statistics as psychometrics. *Psychometrika, 45*, 411-424.

Oberhofer, W. (1984). *Wahrscheinlichkeitstheorie.* München: Oldenbourg.

Olsson, U., Drasgow, F. & Dorans, N. J. (1982). The polyserial correlation coefficient. *Psychometrika, 47*, 337-347.

Orth, B. (1974). *Einführung in die Theorie des Messens.* Stuttgart: Kohlhammer.

Orth, B. (1983). Grundlagen des Messens. In H. Feger & J. Bredenkamp (Hrsg.), *Messen und Testen (Enzyklopädie der Psychologie. Themenbereich B: Methodologie und Methoden, Serie 1: Forschungsmethoden der Psychologie, Band 3*, S. 136-180). Göttingen: Hogrefe.

Ostendorf, F., Angleitner, A. & Ruch, W. (1986). *Die Multitrait-Multimethod Analyse. Konvergente und diskriminante Validität der Personality Research Form.* Göttingen: Hogrefe.

Pedhazur, E. J. (1982). *Multiple regression in behavioral research.* New York: Holt, Rinehart and Winston.

Pfanzagl, J. (1971). *Theory of measurement.* Würzburg: Physica.

Pfeifer, A. & Schmidt, P. (1987). *LISREL. Die Analyse komplexer Strukturgleichungsmodelle.* Stuttgart: Gustav Fischer.

Piaget, J. (1932). *Le jugement moral chez l'enfant.* Paris: Alcan.

Popper, K. R. (1984). *Logik der Forschung* (8. Aufl.). Tübingen: J. C. B. Mohr. (1. Aufl. erschienen 1934).

Quine, W. V. (1961). *From a logical point of view.* New York: Harper.

Quine, W. V. (1970). *Philosophy of logic.* Englewood Cliffs, NJ: Prentice-Hall.

Rasch, G. (1960). *Probabilistic models for some intelligence and attainment tests.* Kopenhagen: Nissen & Lydicke.

Rasch, G. (1977). On specific objectivity. An attempt at formalizing the request for generality and validity of scientific statements. In M. Blegvad (Ed.), *The Danish yearbook of philosophy* (pp. 58-94). Kopenhagen: Munsgard.

Rasch, G. (1980). *Probabilistic models for some intelligence and attainment tests* (expanded ed.). Chicago: University of Chicago Press.

Reinhardt, F. & Soeder, H. (1976). *dtv-Atlas zur Mathematik. Band I. Grundlagen, Algebra und Geometrie.* München: dtv.

Reisenzein, R. (1984). Empirie und Analytizität: Einige Anmerkungen zu Brandtstädters „Apriorische Elemente in psychologischen Forschungsprogrammen". *Zeitschrift für Sozialpsychologie, 15,* 74-80.

Rényi, A. (1977). *Wahrscheinlichkeitsrechnung.* Berlin: VEB Deutscher Verlag der Wissenschaften.

Rhenius, D. (1983). *Mathematik für die Psychologie: eine Einführung. Teil I: Grundlagen, Vektorräume, Mathematik ohne Zahlen.* Bern: Huber.

Rhenius, D. (1986). *Mathematik für die Psychologie: eine Einführung. Teil II: Wahrscheinlichkeitstheorie.* Bern: Huber.

Rijckevorsel, J. L. A. van & Leeuw, J. de (1988). *Component and correspondence analysis.* Chichester: Wiley.

Roberts, F. (1979). *Measurement theory.* Reading, MA: Addison-Wesley.

Roberts, F. & Luce, R. D. (1968). Axiomatic thermodynamics and extensive measurement. *Synthese, 18,* 311-326.

Rogers, H. & Hattie, J. A. (1987). A Monte Carlo investigation of several person and item fit statistics for item response models. *Applied Psychological Measurement, 11,* 47-57.

Rosenbaum, P. R. (1984). Testing the conditional independence and monotonicity assumptions of item response theory. *Psychometrika, 49,* 425-435.

Rosenbaum, P. R. (1987). Comparing item characteristic curves. *Psychometrika, 52,* 217-234.

Roskam, E. E. (1983). Allgemeine Datentheorie. In H. Feger & J. Bredenkamp (Hrsg.), *Messen und Testen. (Enzyklopädie der Psychologie. Themenbereich B: Methodologie und Methoden, Serie 1: Forschungsmethoden der Psychologie, Band 3, S. 1-135).* Göttingen: Hogrefe.

Rost, J. (1982). Testtheoretische Modelle für die klinisch-psychologische Forschung und Diagnostik. In U. Baumann, H. Berbalk & G. Seidenstücker (Hrsg.), *Klinische Psychologie. Trends in Forschung und Praxis 5* (S. 58-110). Bern: Huber.

Rost, J. (1988). *Quantitative und qualitative probabilistische Testtheorie.* Bern: Huber.

Rost, J. (1990). Rasch models in latent classes: An integration of two approaches to item analysis. *Applied Psychological Measurement, 14,* 271-282.

Rost, J. (1991). A logistic mixture distribution model for polytomous item responses. *British Journal of Mathematical and Statistical Psychology, 44,* 75-92.

Rost, J. & Davier, M. von (1992). *MIRA - a pc-program for mixed Rasch model. User manual.* Kiel: Institut für die Pädagogik der Naturwissenschaften.

Rost, J. & Georg, W. (1991). *Alternative Skalierungsmöglichkeiten zur klassischen Testtheorie am Beispiel der Skala „Jugendzentrismus".* Köln: ZA-Information 28.

Rost, J. & Langeheine, R. (1991). Mischverteilungsmodelle: Die Methodologie der kommenden Jahre. In D. Frey (Hrsg.), *Bericht über den 37. Kongreß der Deutschen Gesellschaft für Psychologie in Kiel 1990, Band 2* (S. 622-626). Göttingen: Hogrefe.

Rost, J. & Spada, H. (1983). Die Quantifizierung von Lerneffekten anhand von Testdaten. *Zeitschrift für Differentielle und Diagnostische Psychologie, 4,* 29-49.

Rost, J. & Strauß, B. (1992). Review: Recent developments in psychometrics and test theory. *The German Journal of Psychology, 16*, 91-119.

Rudinger, G., Andres, J. & Rietz, C. (1991). Structural equation models for studying intellectual development. In D. Magnusson, L. R. Bergman, G. Rudinger & B. Törestad, (Eds.), *Problems and methods in longitudinal research* (pp. 274-307). Cambridge: Cambridge University Press.

Saldern, M. von (1983). Die Auswertung von Multitrait-Multimethod-Matrizen durch LISREL. Einführung und Kritik. *Psychologische Beiträge, 25*, 255-279.

Samejima, F. (1969). *Estimation of ability using a response pattern of graded scores.* Psychometric Monograph No. 17.

Saris, W. E. & Meurs, A. van (1990). *Evaluation of measurement instruments by meta-analysis of multitrait multimethod studies.* Amsterdam: North-Holland.

Saris, W. E. & Stronkhorst, L. H. (1984). *Causal modeling in nonexperimental research.* Amsterdam: Sociometric Research Foundation.

Scheffé, H. (1959). *The analysis of variance.* New York: Wiley.

Schmidt, J. (1966). *Mengenlehre 1.* Mannheim: Bibliographisches Institut.

Schmitt, M. J. & Steyer, R. (1990a). Beyond intuition and classical test theory: A reply to Epstein. *Methodika, 4*, 101-107.

Schmitt, M. J. & Steyer, R. (1990b). Latent state-trait models in attitude research. *Quality and Quantity, 24*, 427-445.

Schmitt, M. J. & Steyer, R. (1993). A latent state-trait model (not only) for social desirability. *Personality and Individual Differences, 14*, 519-529.

Schönemann, P. H. & Borg, I. (1983). Grundlagen der mehrdimensionalen metrischen Skalierungsmethoden. In H. Feger & J. Bredenkamp (Hrsg.), *Messen und Testen (Enzyklopädie der Psychologie. Themenbereich B: Methodologie und Methoden, Serie 1: Forschungsmethoden in der Psychologie, Band 3*, S. 257-345). Göttingen: Hogrefe.

Schubö, W., Hagen, K. & Oberhofer, W. (1983). Regressions- und kanonische Analyse. In J. Bredenkamp & H. Feger (Hrsg.), *Strukturierung und Reduzierung von Daten (Enzyklopädie der Psychologie. Themenbereich B: Methodologie und Methoden, Serie 1: Forschungsmethoden in der Psychologie, Band 4*, S. 206-292). Göttingen: Hogrefe.

Schwabhäuser, W. (1971). *Modelltheorie 1.* Mannheim: Bibliographisches Institut.

Schwabhäuser, W. (1972). *Modelltheorie 2.* Mannheim: Bibliographisches Institut.

Schwarzer, R. (1983). Befragung. In H. Feger & J. Bredenkamp (Hrsg.), *Messen und Testen (Enzyklopädie der Psychologie. Themenbereich B: Methodologie und Methoden, Serie 1: Forschungsmethoden in der Psychologie, Band 3*, S. 302-320). Göttingen: Hogrefe.

Schwarzer, R. (1984). The evaluation of convergent and discriminant validity by use of structural equations. *Archiv für Psychologie, 135*, 219-243.

Schwarzer, R. (1986). Evaluation of convergent and discriminant validity by use of structural equations. In A. Angleitner & J. S. Wiggins (Eds.), *Personality assessment via questionnaires. Current issues in theory and measurement* (pp. 191-213). New York: Springer.

Schwenkmezger, P. (1984). Kann durch das Prinzip der Aggregation von Daten die Konsistenzannahme von Eigenschaften beibehalten werden? *Zeitschrift für Differentielle und Diagnostische Psychologie, 5*, 251-272.

Scott, D. & Suppes, P. (1958). Foundational aspects of theories of measurement. *Journal of Symbolic Logic, 23*, 113-128.

Searle, S. R. (1971). *Linear models.* New York: Wiley.

Shavelson, R. J. & Webb, N. M. (1981). Generalizability theory: 1973-1980. *British Journal of Mathematical and Statistical Psychology, 34*, 133-166.

Shavelson, R. J., Webb, N. M. & Rowley, G. L. (1989). Generalizability theory. *American Psychologist, 44*, 922-932.

Sixtl, F. (1982). *Meßmethoden der Psychologie: Theoretische Grundlagen und Probleme* (2. überarbeitete und erweiterte Aufl.). Weinheim: Beltz.

Sneed, J. D. (1971). *The logical structure of mathematical physics*. Dordrecht: Reidel.

Spada, H. (1983). Die Analyse von Veränderungen im Rahmen unterschiedlicher testtheoretischer Modelle. In W. R. Minsel & R. Scheller (Hrsg.), *Diagnostik* (S. 83-105). München: Kösel.

Spearman, C. (1904). General intelligence objectively determined and measured. *American Journal of Psychology, 15*, 201-293.

Spielberger, C. D. (1983). *Manual for the State-Trait Anxiety Inventory (STAI Form Y)*. Palo Alto, CA: Consulting Psychologists Press.

Stegmüller, W. (1979). *The structuralist view of theories*. Berlin: Springer.

Stegmüller, W. & Kibéd, M. V. von (1984). *Probleme und Resultate der Wissenschaftstheorie und Analytischen Philosophie (Bd. 3): Strukturtypen der Logik*. Berlin: Springer.

Stelzl, I. (1979). Ist der Modelltest des Rasch-Modells geeignet, Homogenitätshypothesen zu prüfen? *Zeitschrift für Experimentelle und Angewandte Psychologie, 26*, 652-672.

Stephan, E. (1990). *Zur logischen Struktur psychologischer Hypothesen*. Berlin: Springer.

Stevens, S. S. (1946). On the theory of scales of measurement. *Science, 103*, 677-680.

Stevens, S. S. (1951). Mathematics, measurement and psychophysics. In S. S. Stevens (Ed.), *Handbook of experimental psychology* (pp. 1-49). New York: Wiley.

Steyer, R. (1987). Konsistenz und Spezifität: Definition zweier zentraler Begriffe der Differentiellen Psychologie und ein einfaches Modell zu ihrer Identifikation. *Zeitschrift für Differentielle und Diagnostische Psychologie, 8*, 245-258.

Steyer, R. (1988). Conditional expectations: An introduction to the concept and its applications in empirical sciences. *Methodika, 2*, 52-78.

Steyer, R. (1989). Models of classical psychometric test theory as stochastic measurement models: Representation, uniqueness, meaningfulness, identifiability, and testability. *Methodika, 3*, 25-60.

Steyer, R. (1992). *Theorie kausaler Regressionsmodelle*. Stuttgart: Gustav Fischer.

Steyer, R. (in Druck). Stochastische Modelle. In W. H. Tack & T. Herrmann (Hrsg.), *Methodologische Grundlagen der Psychologie. (Enzyklopädie der Psychologie. Themenbereich B: Methodologie und Methoden, Serie 1: Forschungsmethoden der Psychologie, Band 1)*. Göttingen: Hogrefe.

Steyer, R., Ferring, D. & Schmitt, M. (1992). On the definition of states and traits. *European Journal of Psychological Assessment, 2*, 79-98.

Steyer, R., Majcen, A.-M., Schwenkmezger, P. & Buchner, A. (1989). A latent state-trait anxiety model and its application to determine consistency and specificity coefficients. *Anxiety Research, 1*, 281-299.

Steyer, R. & Schmitt, M. J. (1990a). The effects of aggregation across and within occasions on consistency, specificity, and reliability. *Methodika, 4*, 58-94.

Steyer, R. & Schmitt, M. J. (1990b). Latent state-trait models in attitude research. *Quality and Quantity, 24*, 427-445.

Steyer, R., Schwenkmezger, P. & Auer, A. (1990). The emotional and cognitive components of trait anxiety: A latent state-trait anxiety model. *Personality and Individual Differences, 11*, 125-134.

Steyer, R., Schwenkmezger, P., Notz, P. & Eid, M. (1993). Mehrdimensionaler Befindlichkeitsfragebogen, MDBF. In Zentralstelle für Psychologische Information und Dokumentation (Hrsg.), *PSYTKOM. Datenbank psychologischer und pädagogischer Testverfahren.* Köln: DIMDI.

Steyer, R., Wender, K. F. & Widaman, K. F. (Eds.). (1993). *Psychometric methodology. Proceedings of the 7th European Meeting of the Psychometric Society in Trier.* Stuttgart: Gustav Fischer.

Suck, R. (1986). *Axiomatization of error* (Forschungsbericht 1/1986). Osnabrück: Universität, Fachbereich Psychologie.

Suck, R. (1992). Geometric and combinatorial properties of the polytope of choice probabilities. *Mathematical Social Sciences, 23,* 81-102.

Suppes, P. (1983). Warum Formalisierung in der Wissenschaft erwünscht ist. In W. Balzer & M. Heidelberger (Hrsg.), *Zur Logik empirischer Theorien* (S. 24-39). Berlin: de Gruyter.

Suppes, P., Krantz, D. H., Luce, R. D. & Tversky, A. (1989). *Foundations of measurement, Vol. 2.* San Diego: Academic Press.

Suppes, P. & Zinnes, J. L. (1963). Basic measurement theory. In R. D. Luce, R. R. Bush & E. Galanter (Eds.), *Handbook of mathematical psychology. Vol. 1* (pp. 1-76). New York: Wiley.

Sydow, H. & Petzold, P. (1982). *Mathematische Psychologie.* Berlin: Springer.

Tack, W. H. (1980). Zur Theorie psychometrischer Verfahren: Formalisierung der Erfassung von Situationsabhängigkeit und Veränderung. *Zeitschrift für Differentielle und Diagnostische Psychologie, 1,* 87-106.

Tack, W. H. (1983). Psychophysische Methoden. In H. Feger & J. Bredenkamp (Hrsg.), *Messen und Testen. (Enzyklopädie der Psychologie. Themenbereich B: Methodologie und Methoden, Serie 1: Forschungsmethoden in der Psychologie, Band 3,* S. 346-426). Göttingen: Hogrefe.

Tarski, A. (1971). *Einführung in die mathematische Logik.* Göttingen: Vandenhoeck & Ruprecht.

Thissen, D. (1988). *MULTILOG. Multiple, categorical item analysis and test scoring using item response theory.* Mooresville: Scientific Software.

Thissen, D. & Steinberg, C. (1986). A taxonomy of item response models. *Psychometrika, 51,* 566-577.

Thurstone, L. L. (1927a). A law of comparative judgement. *Psychological Review, 34,* 273-286.

Thurstone, L. L. (1927b). Psychophysical analysis. *American Journal of Psychology, 38,* 368-389.

Thurstone, L. L. (1931). *The reliability and validity of tests.* Ann Arbor: Edwards Brothers.

Torgerson, W. S. (1958). *Theory and methods of scaling.* New York: Wiley.

Tränkle, U. (1983). Fragebogenkonstruktion. In H. Feger & J. Bredenkamp (Hrsg.), *Messen und Testen. (Enzyklopädie der Psychologie. Themenbereich B: Methodologie und Methoden, Serie 1: Forschungsmethoden in der Psychologie, Band 3,* S. 222-301). Göttingen: Hogrefe.

Tutz, G. (1989). *Latent-Trait-Modelle für ordinale Beobachtungen: Die statistische und meßtheoretische Analyse von Paarvergleichsdaten.* Heidelberg: Springer.

Tutz, G. (1990). *Modelle für kategoriale Daten mit ordinalem Skalenniveau.* Göttingen: Vandenhoeck & Ruprecht.

Ven, A. van der (1980). *Einführung in die Skalierung.* Bern: Huber.

Wainer, H. & Braun, H. I. (Eds.). (1988). *Test validity.* Hillsdale, NJ.: Erlbaum.

Weiss, D. J. (1982). Improving measurement quality and efficiency with adaptive testing. *Applied Psychological Measurement, 6,* 473-492.

Weiss, D. J. (1983). *New horizons in testing: Latent trait test theory and computerized adaptive testing.* New York: Academic Press.

Weiss, D. J. & Davison, M. L. (1981). Test theory and methods. *Annual Review of Psychology, 32,* 629-658.

Westermann, R. (1987). *Strukturalistische Theorienkonzeption und empirische Forschung in der Psychologie: Eine Fallstudie.* Berlin: Springer.

Westermann, R. & Gerjets, P. (in Druck). Induktion. In W. H. Tack & T. Herrmann (Hrsg.), *Methodologische Grundlagen der Psychologie. (Enzyklopädie der Psychologie. Themenbereich B: Methodologie und Methoden, Serie 1: Forschungsmethoden der Psychologie, Band 1).* Göttingen: Hogrefe.

Westmeyer, H. (1989). *Psychological theories from a structuralist point of view.* New York: Springer.

Westmeyer, H. (1992). *The structuralist program in psychology: Foundations and applications.* Toronto: Hogrefe & Huber.

Wollenberg, A. L. van den (1988). Testing a latent trait model. In R. Langeheine & J. Rost (Eds.), *Latent trait and latent class models* (pp. 31-50). New York: Plenum.

Wottawa, H. (1985). *Grundriß der Testtheorie* (3. Aufl.). München: Juventa.

Wright, B. D. & Masters, G. N. (1982). *Rating scale analysis: Rasch measurement.* Chicago: Mesa.

Wright, B. D. & Stone, M. H. (1979). *Best test design.* Chicago: Mesa.

Zimmerman, D. W. (1975). Probability spaces, Hilbert spaces and the axioms of test theory. *Psychometrika, 40,* 395-412.

Zimmerman, D. W. (1976). Test theory with minimal assumptions. *Educational and Psychological Measurement, 36,* 85-96.

Zimmerman, D. W. & Williams, R. H. (1977). The theory of test validity and correlated errors of measurement. *Journal of Mathematical Psychology, 16,* 135-152.

Namenverzeichnis

Sachverzeichnis

Wie können wir unsere Lehrbücher noch besser machen?

Diese Frage können wir nur mit Ihrer Hilfe beantworten. Zu den unten angesprochenen Themen interessiert uns Ihre Meinung ganz besonders. Natürlich sind wir auch für weitergehende Kommentare und Anregungen dankbar.

Unter allen Einsendern der ausgefüllten Karten aus **Springer-Lehrbüchern** verlosen wir pro Semester Überraschungspreise im Wert von insgesamt **DM 2000,–**!

Der Rechtsweg ist ausgeschlossen.

Springer- Verlag

Wie bewerten Sie die gegebenen Lernhilfen?

	1 sehr	2	3	4	5 wenig hilfreich
Übungen/Lösungen	☐	☐	☐	☐	☐
Fragen/Antworten	☐	☐	☐	☐	☐
Zusammenfassungen (Boxen)	☐	☐	☐	☐	☐
Weiterf. Literatur	☐	☐	☐	☐	☐
Hervorhebung von Beispielen, Formeln etc.	☐	☐	☐	☐	☐

Wünschen Sie sich weitere didaktische Hilfen?

☐ nein
☐ ja, mehr Beispiele
☐ ja, mehr Bezug zur testpsychologischen Praxis
☐ ja, weitere Erläuterungen mathematischer Fachbegriffe

☐ _____

_____

_____

Welche Kapitel sind Ihrer Meinung nach besonders gut gelungen?

_____

_____

_____

Welche Kapitel sollten bei einer Neuauflage am ehesten verbessert werden?

_____

_____

_____

Welche Erwartungen hatten Sie an das Lehrbuch?

☐ Ich suchte ein Lehrbuch, das den **Zusammenhang** von Messen und Testen aufzeigt

☐ _____

_____

_____

Hat das Buch diesen Erwartungen entsprochen?

☐ ja, vollkommen
☐ nein, weil _____

STEYER, EID: **Messen und Testen**

Absender:

_____

_____

_____

Ich bin:

☐ Student/in im
    Fach _____
    im . . . . . Fachsemester
    an der Universität _____

☐ _____

    _____

Bitte
freimachen

An
Springer-Verlag
Frau Heike Berger
Tiergartenstraße 17

69121 Heidelberg